红军长征纪实丛书

沿途亲历者忆长征卷

1

中共中央党史研究室 编

中共党史出版社

图书在版编目(CIP)数据

红军长征纪实丛书．沿途亲历者忆长征卷/中共中央党史研究室编．—北京：中共党史出版社，2019.12
ISBN 978-7-5098-3848-8

Ⅰ．①红… Ⅱ．①中… Ⅲ．①中国工农红军长征—史料
Ⅳ．①K264.406

中国版本图书馆CIP数据核字(2016)第212915号

出版发行：中共党史出版社
协调编辑：潘　鹏
协理编辑：李晓倩
责任编辑：吕佳音　韩冬梅
责任校对：龚秀华
责任印制：谷智宇
责任监制：贺冬英
社　　址：北京市海淀区芙蓉里南街6号院1号楼
邮　　编：100080
网　　址：www.dscbs.com
经　　销：新华书店
印　　刷：北京汇林印务有限公司
开　　本：170mm×240mm　1/16
字　　数：1050千字
印　　张：79.5
印　　数：3001—5015册
版　　次：2016年10月第1版
印　　次：2019年12月第2次印刷

ISBN 978-7-5098-3848-8
定　　价：160.00元(全三册)

此书如有印制质量问题，请与中共党史出版社出版业务部联系
电话：010—82517197

#《红军长征纪实丛书》编纂说明

编纂《红军长征纪实丛书》，是党中央部署的党史工作重点项目。在中央领导同志亲切关怀和有力指导下，在各方面的大力支持下，经过十年艰苦努力，在中国共产党成立95周年、红军长征胜利80周年之际，这项工作终于完成。现将这套丛书有关编纂情况说明如下。

一、编纂过程

2006年11月5日，时任中共中央政治局常委李长春同志在《文献与研究》第45期刊载的《关于毛泽东亲自发起、集体编纂的〈红军长征记〉（上）》一文上批示："长征精神是我党光荣革命传统的集中体现，是中华民族伟大民族精神的生动展现"，为弘扬伟大的长征精神，建议"重编'长征纪实'，作为完整的党史、军史的一部分"。

根据李长春同志指示精神，中共中央宣传部召集有关单位举行协调会议，决定由中共中央党史研究室牵头承担此项任务。时任中央党史研究室主任李景田同志和室委会对此高度重视，立即进行了认真研究、全面统筹，确定该项工作为室重点工作，决定由室副主任李忠杰同志分管，第一研究部具体承担编纂任务。2006年11月下旬，第一研究部拟出初步方案，提出《红军长征纪实丛书》拟集中编纂长征亲历者回忆录、长征日记等文献资料。经专家论证和室领导修改审定后，以中共中央党史研究室名义将工作方案报中共中央宣传部。

2006年至2010年，第一研究部向全国各地党史工作部门和中央、军队的其他研究机构发函，征集相关文稿线索。在此基础上，收集了散存于各种书籍报刊中的有关长征文献，从中筛选、整理、编辑文稿900余万字，并一一撰写了作者简介，形成丛书初稿。初稿曾经中央党史研究室和解放军军事科学院、国防大学、中国人民革命军事博物馆、解放军后勤指挥学院等单位党史、军史专家审阅。随后按照专家意见和建议进行了调整和修改。

2013年7月，第一研究部进一步调整编纂体例，扩大资料收集范围，增加编纂内容，再次对全国各类党史、军史、文史刊物，以及其他社科期刊、老干部报刊、港台书刊等，进行系统排查和资料补充，最后共整理编纂文稿1600余万字。2014年初，曲青山同志担任中央党史研究室主任后，室委会明确提出必须在纪念红军长征胜利80周年之际完成该套丛书的编纂出版。同年10月，在张树军副主任具体指导下，该书进入最后的编辑、审核阶段。在第一研究部共同努力和中共党史出版社的大力配合下，终于在纪念红军长征胜利80周年之际，完成此书的编辑工作。全书共分十卷42册。

在长达十年的编纂过程中，中央党史研究室室委会多位领导同志和有关工作人员付出很多的精力和心血。丛书编纂过程中，三任室主要领导同志李景田主任、欧阳淞主任和曲青山主任，始终对这项工作给予认真指导；两任分管室领导李忠杰副主任和张树军副主任对这项工作高度负责，亲自进行工作部署、把关和审查；第一研究部积极组织力量攻坚克难，保证了工作的顺利开展。第一研究部先后参与编纂工作的有：原主任霍海丹，原副主任刘益涛、李蓉，以及王新生、覃艺、杨青、王继凯、王树林、魏雪莲、刘慧娟、光新伟、黄亚楠、徐嘉等同志。第一研究部主任蒋建农同志具体主持了2013年7月以来的编辑工作，并逐篇审阅修订了全部书稿。第一研究部副主任孙丽萍同志审核了全书的编辑体例和文稿的作者简介。各卷责任编辑在出版社三审三校基础上再次进行文稿通读和审校。中共甘肃省委党史研究室李荣珍、孙瑛等同志参加了本丛书副编中《西路军卷》书稿的编辑工作。其他曾对这项工作给予支持、作出贡献的中央党史研究室和军队方面的党史、军史老专家主要有韩泰华、叶心瑜、阎景堂、姜廷玉、朱玉、肖甡、徐占权、陈力、王健英等同志。

二、稿件来源

20世纪50年代以来，为继承发扬党和人民军队的光荣传统，解放军总政治部曾按照中央军委指示精神，组织力量陆续编辑出版革命回忆录《星火燎原》丛书，至2009年完成《星火燎原全集》20卷，共1066万字，文稿1705篇，其中有关长征的文章约400篇。几乎在同一时期，中国青年出版社也陆续编辑出版了《红旗飘飘》丛书共32集，约400篇文章，包括回忆录、传记、小说、诗歌、日记等，其中与红军长征相关的文章约有五分之一。这些丛书中收集的革命回忆录包括长征回忆录，不仅史料价值高，而且记述生动，真实感人，数十年来成为党史、军史教育的生动教材，影响和激励着一代代青年献身祖国建设事业。

专门编辑红军长征回忆录的权威资料书，主要是20世纪90年代由中国人民解放军历史资料丛书编审委员会编辑出版的《红军长征·回忆史料》两册，共120篇，约100万字。该书大部分文章是丛书编审委员会约请参加过长征的老同志撰写，部分是选用党和红军一些领导人及其他老同志过去发表过的，系统记载了红军长征的光辉历程，具有很高的学术价值和宣传教育意义。

实际上，反映长征历史的回忆录和回忆文章十分丰富，散见于境内外各类书籍、报刊、杂志和内部资料中。在新的历史时期，很多老同志、老红军还相继撰写发表了新的回忆文章或专著。因此，编纂一部能够更全面反映长征历史的大型纪实丛书十分必要。我们在编纂《红军长征纪实丛书》过程中，尽最大努力从各部门、各地方、各方面搜集了所有能够找到的相关资料，主要包括以下几方面：

一是境内出版的综合性回忆文集。如《中国工农红军第一方面军长征记》《星火燎原》《红旗飘飘》《红军长征·回忆史料》《革命回忆录》《回顾长征》《苦斗十年》《红六军团征战记》《艰苦的历程》《红二十五军长征纪实》《钢铁子弟兵》《长征女战士》《女兵列传》《中国工农红军西路军·回忆录卷》等。

二是党的领导人、红军将领和其他老红军个人文集、回忆录、日记和关于他们的纪念文集。如《毛泽东选集》《毛泽东自述》《周恩来选集》《周恩来自述》《朱德自述》《任弼时选集》《陈云文集》《张闻天文集》《杨尚昆回忆录》《叶剑英选集》《彭德怀自述》《刘伯承回忆录》《聂荣臻回忆录》《杨成武回忆录》《杨得志回忆录》《张宗逊回忆录》《李坚真回忆录》《萧克回忆录》、徐向前《历史的回顾》、《康克清回忆录》《陈锡联回忆录》《洪学智回忆录》《程子华回忆录》《张震回忆录》《刘华清回忆录》《王诚汉回忆录》等；林伯渠、陆定一、陈伯钧、赖传珠、彭绍辉、韦国清、李黎林、张南生、赵镕、伍云甫、童小鹏、林伟、萧锋、莫休、关向应、张子意、王恩茂、吴德峰等的长征日记；《回忆贺龙》《无名英雄蔡威》《徐海东纪念文集》《卓越的青年将领：纪念吴焕先同志牺牲五十周年专辑》《刘英纪念文集》等。

三是中央、军队有关部门编写的内部资料集或公开出版物。如中共中央宣传部党史资料室编《红四方面军和鄂豫皖边区、川陕边区史料》（1945年版）、《党史资料》（1953—1955年版）；中共中央文献研究室编《文献与研究》；中共中央党史研究室编《中共党史资料》《党史资料通讯》；中国人民解放军历史资料丛书编审委员会编《军史资料》；沈阳军区政治部编研室编《红军将士忆长征》；成都军区党史资料征集委员会办公室编《红军长征回忆与研究》；解放军北京部队后勤部政治部编《为了红色中华》；解放军兰州部队党史资料征集办公室编《戎马春秋》等。

四是各地方党史资料集和地方党史部门提供的内部资料。如《中国工农红军北上抗日先遣队》（中共福建省委党史研究室等编）、《江西党史资料》《红军长征过云南》《峥嵘岁月：红军长征在湖南专号》《甘肃党史资料》《红旗漫卷：红军长征西征在宁夏》、《豪情忆征程》（中共新疆区委组织部编）、《红军长征在通道》《红军长征过扎西暨扎西会议资料（选编）》《定西地区党史资料汇编》《酒泉地区党史资料汇编》、《红西路军史料》（中共张掖地委党史资料征集办公室编）、《滇黔桂边区革命根据地》（中共广西百色地委党史办公室等编），以及有关省、市、县党史研究室采编收集的当地红军的内部资料等。

五是全国和地方政协部门编写的文史资料。如全国政协编辑的《文史资料选辑》《文史资料存稿选编》，广西、云南、四川、甘肃、青海、陕西、山西、宁夏、新疆等省区编辑的《文史资料选辑》，以及有关市、县如遵义、兴义、威信、晋宁、成都、江安、叙永、岷县、稷山、高台、乌鲁木齐、酒泉、霍县等地区编辑的文史资料。

六是新中国成立前后的有关期刊杂志和报纸。新中国成立前的期刊有《自由中国》（1938年）、《北方文化》（1946年）等。新中国成立后，五六十年代的报刊有《解放军文艺》《民族团结》《新观察》《人民空军》《中国工人》《中国青年》《人民文学》《边疆文艺》《红岩》《山花》《新港》《延河》《新文萃》《旅行家》等；

改革开放新时期以来的期刊有《学习与研究》《党的文献》《中共党史研究》《百年潮》《纵横》《军事历史》《人民铁道》《近代史研究》，以及各地党史、档案部门和高校出版的期刊等；报纸主要有《人民日报》《光明日报》《解放军报》《工人日报》《中国青年报》《人民铁道报》以及有关省、自治区、直辖市、地级市出版的日报等。

七是境内外出版的有关国民党将领长征回忆录和长征日记。如大陆出版的《围追堵截红军长征亲历记：原国民党将领的回忆》《白崇禧回忆录》《万耀煌将军日记》等；台湾出版的《陈诚先生回忆录》《陈布雷回忆录》《万耀煌先生访问记录》等。

三、编辑体例

（一）关于丛书的主要内容和卷次。《红军长征纪实丛书》是红军长征历史亲历者回忆录、口述史料、长征日记等的大型历史文献资料集辑。在选材内容上，要求必须是亲历者自己撰写或本人口述资料，以保证文献的史料价值。在卷次分类上，主要以参加长征的各路红军和有关亲历者为专题，分为《红一方面军卷》《红二方面军卷》《红四方面军卷》《红二十五军卷》《沿途亲历者忆长征卷》《日记卷》《中国工农红军北上抗日先遣队卷》《南方三年游击战争卷》《西路军卷》《国民党军围追堵截卷》共十卷。

（二）关于各卷文章的编排顺序。各卷主要按历史发展过程分为若干阶段，每个阶段拟定一个标题作为一部分。第一部分一般为各专题概述，不便划入各阶段的文章以“其他”为标题编在最后一部分。有些卷次由于内容繁杂，又单独列出小专题，如“女红军忆长征”“回忆长征人物”等。每一部分的文章仍主要按历史时间顺序编排，并把重要领导人的文章排在前面。

（三）关于文章内容的处理。对所选文章坚持力求保持原貌，尽量不作改动。对史实错误等问题，一般采取在页下加注释的方式予以说明。文中注明编者对原文有修订的，主要是以下内容：一是删去一些与长征无关或关系不大的部分；二是明显的提法错误；三是逻辑不清、前后矛盾之处；四是语句不通、字词标点错误。为便于查阅利用，文末按照学术规范注明文章来源或出处。

（四）关于所选文章的作者简介。丛书各卷在作者第一次出现时，在文末附作者简介。简介主要写明作者姓名、女红军性别、少数民族族别、出生年、籍贯、参加中国工农红军和加入中国共产党时间、红军长征时（或相应历史时期）任职、新中国成立后主要任职和最高职务、卒年卒地等。由于缺乏相关资料，有些作者简介信息还不完整。

（五）关于具体编辑规范。由于所选文章来源多样，原有编辑规范不统一，现全部按照一般通行标准重新修订，具体如下：

1.关于数字用法。记数词：除引文外，十（包括十）以内用汉字，十以上用阿拉伯数字；概数一律用汉字。时间数字：表示公历时间的，包括年、月、日、时，均用阿拉伯数字；表示农历的，月份和日期用汉字，年和钟点用阿拉伯数字。部队番号：统一用汉字；表示部队番号的“廿”不作改动，但“红廿五军”一律改为“红二十五军”。

2.关于固定术语。除引文外的历史事件、会议等固定术语的写法作规范修改，不加引号、圆点等符号，如：九一八事变、八七会议。

3.关于混用字。除引文外的常见字混用，按规范写法修改。如：“的地得”“底的”“呆待”“象像”“份分”“枝支”“它他”等的混用，均作修改。对于《日记卷》，为保持文献原貌，固定术语和混用字等，尽量不作修改。

4.关于口述者和整理者的编辑。原版本中注有口述者和整理者的，将口述者名字放在文章标题下，不出现“口述”字样，整理者放在文末最后一行加括号注明，如：（××整理）。

由于我们水平有限，加之时间紧、任务重，丛书编纂难免有一些疏漏和不妥之处，恳请读者批评指正。

中央党史研究室

2016 年 9 月 15 日

目　录

一、红一方面军途经地亲历者回忆

二、红二方面军途经地亲历者回忆

三、红四方面军途经地亲历者回忆

四、红二十五军途经地亲历者回忆

本册收入第一部分文章165篇

一、红一方面军途经地亲历者回忆

红军长征胜利通过汝城见闻

何秉松①

1934年10月下旬的一个晚上（大概是农历九月二十二日），汝城县挨户团一个连长带领士兵来到启明高小（汝城二中的前身）敲打校门，校长亲自开门后，这个连长说："据报，红军已到了热水，你们快躲开！"原来，国民党反动派散布谣言说，红军所到之处，烧杀抢掠，共产共妻，抓丁拉夫，无恶不作。这些反动言论，使人民群众对红军产生了恐惧心理。因此，校长听了连长的话，马上宣布放假，叫全校一百多个师生各自连夜回家。当时，我在启明高小教书。听到消息后，我于次日凌晨和另一位老师一起回到了益将老家。到家中时，益将还没有什么动静。

第二天早饭时，由热水方面来的红军，冲下乌石岭，径直到益将圩集合后，便兵分两路：一路沿通往县城大道，经益将山田转腊岭，穿过木栏隘出土桥；一路经流溪黄排小道出五里庙。

上午，由集龙方面来的红军，翻过台弯岭，沿通往县城大道，经远光、上腊岭、破石界出土桥。这支红军没有进入益将圩。

与此同时，从上堡进入濠头的红军，经过永丰，也向土桥前进。

---

① 何秉松，1914年生，口述时为汝城一中退休教师。1934年10月，红军长征经过汝城时，何秉松时年21岁，在启明高小（今汝城二中）任教。

这三支红军，听说是长征的右路军。他们从江西崇义出发，分三路由文英、丰洲、上堡进入汝城。这一支红军，听说是彭德怀将军指挥的。

益将的乌石岭、台弯岭都筑有碉堡，并有汝城挨户团防守。听说，在红军来的前一天，碉堡里的守军，全部撤走了。所以，红军进入益将时，未费一枪一弹。

红军经过益将有五天时间，部队日夜行军，为了躲避敌机空袭，晚上行军的人多些；每天上午，都有三至六架敌机，从江西丰州方向飞来，在集龙、益将、土桥、苏仙岭等地上空盘旋，发现目标，即狂轰乱炸。在益将远光村的上洞至芭蕉垅之间的寨湾里（有的说叫倒坑口）轰炸了两次；在热水至益将的石板桥炸了一次，红军均有伤亡。

红军初进益将时，一般群众，因受国民党反动谣言的影响，对红军很害怕。一些人，特别是青年男女都躲进深山老林。但到了下午，外间传进消息说，红军纪律严明，与老百姓和睦相处。这些人便一批一批地走出山林，回到家里。他们看见红军确实和蔼，买卖公平，使用苏区流通券和苏区制元角硬币，也使用“袁大头”银币。

红军在行军作战的百忙中，也很重视宣传工作。他们经常对老百姓说：红军这次长征，是“北上抗日”。因此，有关“抗日救国十大纲领”和“打土豪，分田地，建立苏维埃政权”等标语，都写在墙壁上。

为了掩护红军大部队向西转移，红军在苏仙岭发生了激战，并强占了苏仙岭制高点，掩护红军大部队沿苏仙岭脚向西南转移。这时，驻守在县城的汝城挨户团和湘军，派出大部队，几次向苏仙岭进攻，企图阻止红军西进，均遇到红军猛烈还击。汝城挨户团和湘军损失惨重。听说有一次挨户团长胡凤璋率部潜出县城，企图再攻苏仙岭，行至津江草坪头，突遭埋伏在上水东凉亭一带的红军袭击；国民党军及汝城挨户团猝不及防，惊惶失措，转头便跑，红军围追，胡凤璋险些送了性命。自此，国民党湘军及汝城挨户团就龟缩在城内，不敢再出。

土桥水口村附近的坳口，地势险要，碉堡内有汝城挨户团防守。红军到达土桥时，这些喽啰自不量力，竟敢出来骚扰，红军当头痛击，打得挨户团落花流水。

经过苏仙岭和坳口等地的多次激战，狠狠打击了国民党反动派嚣张的气焰，红军也掌握了沿苏仙岭脚向县境西南进军的主动权。

进入汝城的红军各路军，经苏仙岭脚向县境西南各地挺进，其间行军、作战，大约经历了半个月才到达文明，与广东城口前来的中央红军汇合后，齐向宜章县开拔。至此，红军胜利地粉碎了国民党在汝城至广东城口布下的第二道封锁线，胜利前进。

选自政协湖南省汝城县委员会编、朱惠芳主编：《红军长征在汝城》，中央文献出版社2011年9月版，第129—131页。

我亲见了濠头圩战斗

陈名俊①

我叫陈名俊，今年81岁，红军长征时我11岁，回忆起红军长征在濠头圩与国民党部队作战的情景，70年来还历历在目。

记得1934年11月4日，国民党补充第五团三营四连连长谢畴九抢占濠头圩附近五里牌炮楼；而红军二十师一部人枪1000余，则抢占濠头圩附近庙下店碉堡（庙下店碉堡与五里牌炮楼互为掎角之势，相距500米左右）。国民党守军怕坚守不住，忙向桂东守军求援，该团长钟涤松在桂东楂坪得报，命令两个排匆匆赶往濠头圩。但被石壁山的红军阻挡。对五里牌炮楼，红军则采取围而不打的办法，困敌三日三夜后，掩护红军大部队从濠头上河、下河经埠头，向县城南面挺进。红军部队占领濠头圩后，进驻濠头乡公所，并在此招募红军战士。在三楼墙壁上至今仍留有"中国共产党万岁；自愿参加红军，在此洋楼报名"等30余条红军标语。

红军纪律严明，他们不拿群众一针一线，白天晚上不进村，不住老百姓房子，晚上用稻草睡在田头、空坪上。休整时，红军战士主动帮助群众，有的为村民修房补窗，有的在晚上帮助村民割禾。看到红军纪律严明，族长组织本村十多个妇女帮红军砻米、煮饭、挑水、烧开水等；

① 陈名俊，1924年生，口述时为离休干部，曾任中共汝城县委党史办主任。

又找红军领导要求战士到陈家祠堂宿营，红军领导向群众宣传共产党北上抗日主张和红军纪律，群众多次要求都没有进村。

红军部队那种官兵一致的作风，不怕艰苦、不怕牺牲的革命精神至今记忆犹新。当时，每个官兵均脚穿草鞋、背带斗笠和几十斤重的行李、军械，分不清谁是军官、谁是士兵。从桂东通过濠头地段时，国民党部队用飞机侦察红军长征路线，飞机一来，红军头顶柳圈伏在地上，飞机过后继续行军，有的战士草鞋磨破了，则赤脚走路，有的脚破了，则用布包着走路，那种艰苦奋斗的革命精神和严明的军纪，赢得了濠头人民一致赞扬。

红军离开濠头圩时，当地老百姓自动组织十多个劳力为红军挑行李、军械送到土桥、大坪圩一带，这就是我所见的红军长征在濠头圩战役的真实情况。

选自政协湖南省汝城县委员会编、朱惠芳主编：《红军长征在汝城》，中央文献出版社2011年9月版，第132—133页。

回忆红军长征经过热水

何希贡①

我叫何希贡，今年 82 岁，红军长征时 12 岁，回忆起红军长征经过热水的情况，70 多年来还记忆犹新。

记得 1934 年深秋的一天下午（大概是农历九月二十三日），我正在山上捡松果，突然听见狐狸集方向一阵枪声，循声而去，只见陆国屏手下几十个团丁正四散奔逃，看到这些平日为非作歹的家伙逃命的样子，我心里乐滋滋的。心想，可能是红军来了（早几天就听说红军要来了。听团丁们讲，红军共产共妻，抓丁拉夫，什么都干）。想到这，我心里忽地紧张起来，躲在茅草丛中，一动也不敢动。不久，一阵急促的脚步声传来，屏息凝望，只见一队头戴草圈，脚穿草鞋的士兵匆匆而过。待这支队伍通过，我急忙往家赶。当日正值热水逢圩，圩场熙熙攘攘，人头攒动。我不敢有丝毫停留，匆匆赶回家。

回到家后，只见家家户户紧闭门窗，我抽身躲进了屋子里。不久，外面的响声越来越大，有脚步声、马蹄声、哭喊声……我从窗户的裂缝边向外望去，只见红军大队人马排列得整整齐齐，大踏步进入了村子。一进村，红军战士们打扫巷道，修补窗户。村里黑大爷陪着一个长官模样的人正在谈着什么，一会儿便听到黑大爷在喊:“乡亲们，都出来吧，

① 何希贡，1923年生，口述时为退休教师，热水镇热水村范屋场组人。

'陆乌龟'[1]家的粮食被红军没收了。"听到黑大爷粗犷的嗓音,村民们推开紧闭的门,陆续来到平头脑坪场上。坪场上搭了一个简易的木台,台上站着几个头戴灰军帽,身着灰军服的中年汉子,台前摆着一筐筐稻谷衣物,两旁站着一排排穿着简朴的士兵。一会儿,全场安静下来。台上一个中年汉子发表了简短的讲话:"乡亲们,我们是中国共产党领导的中国工农红军,是你们自己的队伍……劳苦大众要团结起来,打土豪、分田地,建立苏维埃政府……"接着,红军战士们将陆国屏家粮食与衣物分发给了到场的乡亲们。后来听说,红军还将长塘官溪坑吕协宗、吕宗绍等土豪的粮食与衣物也分给了乡亲们。

红军各路部队陆陆续续经过热水有五天时间。有些部队是匆匆而过,有些部队曾在黄石、黄家洞、热水圩、长塘、东江水、鱼王等村子宿营。据说,红军总部就设在热水老街的一栋民房里(解放后才得知)。在热水圩附近村子宿营的红军向益将、土桥方向走了,在东江水、鱼王等村子宿营的红军则向西南方向的三江口、大坪走了。

红军初进热水时,乡亲们因受陆国屏手下团丁恐吓和谣言的影响,大多数乡亲都躲进了山里,一些乡民则躲在家里。但到了下午,外面传进消息,红军打土豪为穷人出恶气,乡民们便纷纷走出山林,回到家里。

红军经过热水,虽然只有短短几天,但他们那严于律己、助民为乐的作风赢得了乡亲们的爱戴和拥护。乡亲们采取各种形式帮助红军,有的替红军砻谷,有的帮红军烧水做饭,有的给红军带路,有的带红军伤员到汤河疗伤……至今在热水汤河边还留有红军洗澡用过的池子,乡亲们都叫它"红军池"。(陈健春、朱征整理)

选自政协湖南省汝城县委员会编、朱惠芳主编:《红军长征在汝城》,中央文献出版社2011年9月版,第134—136页。

---

① 陆乌龟指陆国屏,热水大土豪,汝城县保安团副团长,因家住热水乌龟背,群众戏称"陆乌龟"。

红军长征经过苏仙岭见闻

何伦伟① 朱早生②

值此红军长征 70 周年之际，土桥镇坳背村县背组 80 岁老翁何伦伟、附城乡道南村 81 岁老翁朱早生回忆起红军长征过汝城的往事还历历在目。

记得 1934 年深秋那段日子里，红军到来之前，驻扎在汝城的国民党军队、胡凤璋保安团和地主财户到处造谣惑众，说红军“烧杀抢掠，共产共妻”，胁迫群众躲到山上去，叫“走共产”，还说“不走的将按通匪论处”。苏仙岭、东岗岭周边的群众，被迫拖儿带女往东岗岭的深山老林躲去。当时年仅十来岁的何伦伟，刚好在土桥矮寨李家外婆家作客，也夹杂在逃走的人群中。走出村不远，只见北边大路上来了一批大队伍，每个人都头戴草圈，脚穿草鞋。他们拦住我们的去路，和颜悦色地对我们说：“老乡们，我们是共产党领导的工农红军，是为穷人打天下的队伍，现在我们北上抗日经过这里……”在红军的询问下，我们当中有胆大的说出“走共产”的缘由。队伍中马上有红军战士接声应：“我们都是穷苦出身，天下穷人是一家，我们有三大纪律八项注意，我们打的是土豪劣绅，大家不要相信国民党反动派和土豪劣绅的谣言，回到你们自己的家里去吧”。在红军的耐心劝说下，我们都陆陆续续回到家里。

① 何伦伟，口述时80岁，土桥镇坳背村农民。

② 朱早生，口述时81岁，附城乡道南村农民。

红军一进村，就帮助村里打扫卫生，帮老百姓挑水、劈柴，与老百姓拉家常，调查土豪劣绅的情况。时值深秋，秋风萧瑟，不少穷苦百姓饥寒交迫，红军就把打土豪得来的粮食、猪肉、衣物分给穷苦百姓。红军纪律严明，买卖公平，他们用苏维埃货币向老百姓购买鸡、鸭、猪肉、蔬菜等物，宁愿睡在巷道、屋檐下也不闯民房。老百姓很受感动，纷纷腾出闲房、杂屋，铺上稻草，请红军进屋住宿。红军对穷苦百姓很和气。小伦伟很快和红军混熟了。红军开饭时，叫他一块吃饭；晚上，与红军战士一起枕着步枪睡觉。

道南村朱早生老翁回忆说："红军对我们穷人可好了，有个红军见我穿着破烂的单衣瑟瑟发抖，就把身上一件毛蓝衫脱下来送给我。我父母过意不去，推辞不肯接，并说：'好人呀，你要行军打仗，你把衣服给了我们，你将挨冻受寒，你冻坏了身子怎么办？'红军战士耐心地说：'大爹大娘，我是江西人，自小家里穷，小孩挨冻受饿的滋味我知道，小弟弟身子瘦弱，穿的像几根破布条一样的衣服，怎么过这一冬啊，请不要推辞，就当他是我的亲弟弟，哥哥把衣服给弟弟穿不是合情合理嘛！我不要紧，有部队发的军衣，冻不着。'就这样，红军战士亲手给我穿好衣服，系好钮扣，我顿时感到无比温暖。"多少年来，红军的恩情，朱早生脑海里还记忆犹新，永难忘却。

那时的朱早生家，就住在一间回廊房里，门窗正对着苏仙岭战场主阵地苏仙庵，相距不过半里远。1934 年 10 月 31 日下午约 5 点钟，一阵爆炸声过后，枪声大作，只见国民党军队从苏仙岭脚往苏仙庵的红军阵地冲击，红军奋力抵抗，被击中的敌人从陡峭的悬崖上翻滚下来。战斗一直打到下半夜，国民党军队的进攻才被打退，红军牢牢控制了苏仙岭阵地，国民党兵及胡凤璋保安团则龟缩在县城不敢动弹。后来，在苏仙岭战斗中牺牲的红军烈士遗体，就掩埋在苏仙庵旁。

时间流逝，岁月沧桑，苏仙岭上已很难找到当年掩埋红军烈士的地方，虽然没有坟堆，也没有墓碑，只有一抔抔黄土和一簇簇青草、野花，但烈士的精神永在。每当朱早生割茅到这里时，看到满山的荆棘和野花，总是怀着无比崇敬的心情，默默悼念这些不知姓名的红军战士。（曹应普整理）

选自政协湖南省汝城县委员会编、朱惠芳主编:《红军长征在汝城》，中央文献出版社2011年9月版，第137—139页。

回忆红军长征经过我们家乡①

唐玉甫②

民国二十三年冬天，红军来到我们这里，用光洋买了两头猪，叫我帮他们杀了。他们把猪肉抬到板桥铺去煮吃。抬走时，给我了一吊钱作为工钱，问我够了没有，我回答说："够了！"他们待人很和气，有的称我为同志，有的叫我做老乡。还跟我们讲打土豪、分田地的事。那时，我们弟兄三个都在帮地主打长工，听到有田分，心里高兴得很呢！心想：这样的好军队，打灯笼火把都找不到。

红军来了以后，李宗仁的军队也占领了我们村子对面那座狮子山。红军问我，从什么地方好打狮子山？我马上带他们去占领虎形山。到了虎形山边，敌人立即向我们扫射，子弹打得很低。红军赶快把我按倒在地上，对我说："我们知道上山的路了，你没有打过仗，不懂得躲枪子弹，这里危险，赶快回去。"

我回到家里，看见有两个红军正在我家粪屋的墙上挖枪眼，挖了很久还没挖开，我就去拿了个铁耙齿来挖，一下子就撬开了一个洞。我还想继续挖大点，他们说："好了！不要挖得太大了。只要能架上机枪、

① 标题为编者所拟，原标题为《访问群众记录》，是中共广西党史研究室整理的访问群众记录。原文共28篇，本次收录时删除了非本人亲历的采访记录，共收录25人的谈话记录。注释中涉及的被访者年龄，均为1986年访问时的年龄。

② 唐玉甫，78岁，灌阳县红旗乡排埠江村农民。

能瞄准就行了。”我一让开身子，他们就架起机枪朝敌人扫射起来。几个红军在那里足足打了一天。过后，我在粪屋里，光子弹壳就捡到了一畚箕。另外，我还带了几个红军到对面大石头脚去打，那里的子弹壳还要多。

红军确实勇敢，一点不怕死。有五个红军在钟山上打了一天，最后只剩下一个人，还在打。后来，敌人追过来了。我看到有个红军脚受了伤，正在流血。一大群敌人快到他眼前了，我劝他快跑，他说：“不怕，没关系！”

红军部队撤走后，有五个同志牺牲在公路边，其中有一个是连长。我邀集几个穷弟兄把他们埋了。

黄荣新①

我父亲的生日是民国二十三年旧历十月十八日。过了三天，即十月二十一日，红军开始打仗。第一天小打，第二天、第三天大打。打仗时，我在家。红军对穷人很好，与穷人握手，我们很高兴。他们说：“走了几天未见到老百姓，你胆大，在家好。”我们请他吃红薯，他们要给钱，你不要他的钱，他们就不要红薯。我们村荣秀、小文、荣甫等20多人帮红军磨米。我还跟着他们送饭到杨柳井战场上，红军叫我莫到前面去，说那里打得很厉害。红军第一天打了一个多钟头，敌人败了，退到马渡桥。后来敌人从峡里包围过来，红军就撤下来退到另一个高山。

红军在我们村的黄荣进、黄荣升家安了电话机，日夜电话不停。

---

① 黄荣新，66岁，灌阳县新圩乡板桥铺农民。

文定勋①

红军在文市架桥渡江，我们村去了50多人。第二天，他们找我带路。我带他们经过田湾、岩头坝、界山岭到全州聂家，又经古岭头、新富洞、石塘圩、余粮铺到麻子渡。到麻子渡后，红军叫我给卫生员挑药箱。担子不重，我一直挑到资源县五排才回来。红军给了我一张路条，遇到红军时，我就拿出来给他们看。他们看了路条后，都热情地跟我打招呼。红军还给我四块花边（光洋），说感谢我给他们带路。

聂昌善②

红军来到我们村时请我带路。我和红军一起经隔壁山、古岭头村走到深富洞。这时听到国民党两架飞机在聂家村丢下炸弹的爆炸声。还听到了机枪声。我和红军不停脚地走，经罗板田、枫木山、本子拉、石田、背竹到古塘，在铁炉头村住了一夜。第二天，经余粮铺、麻市走到凤凰嘴，又过河到李家村住了一夜。第三天经咸水走到龙田，在五里山口又住下了。

第四天早晨，红军往资源去了，我便回来了。

① 文定勋，灌阳县文市镇西就村农民。

② 聂昌善，76岁，全州县两河乡深富洞聂家村农民。

蒋福琪①

红军是从我们这里往界首去的。他们纪律很好，穷人东西一点也不要。我哥哥蒋授理跟红军去了，那时他才 17 岁。红军来时，他正在放牛，丢下牛鞭子就走了，一去就是几十年。现在他在云南省林学院工作。

罗柏生②

红军在界首的湘江上架了浮桥，架桥时我帮红军扛过木板。红军大队人马从浮桥上过来，都是穿草鞋的。有些背着雨帽，手上拿根棍子。红军在关帝庙演过戏，演完戏就分猪肉给群众，两斤一块或四五斤一块的。

唐家银、唐家珍③

红军在民国二十三年旧历十月二十六日，从全州过三千界到达八坊、唐家，住在大江口、护卫、唐家等地。我兄弟三人都帮红军挑担带路，走白竹洞、黑岩界，出水埠塘、千家寺的高田，翻老山界到塘洞住一夜，从高桥出蓬洞。送到湖南我们才回来。

---

① 蒋福琪，62岁，全州县凤凰乡学里村人。解放战争时期曾参加党领导的桂北游击队。

② 罗柏生，74岁，兴安县界首镇人。

③ 唐家银、唐家珍，资源县中峰乡八坊唐家村农民。

王贵卿①

民国二十三年，红军战士曾广贵因跌断脚掉队了，红军连长把他交给水车村翟三二和翟顺发两人照顾，给了他们两块光洋。后来钱用光了，他们无力再照顾曾广贵。我很同情这位十六七岁的小红军，自己虽然也很穷，但我决心要救他。于是我叫自己的徒弟翟太全把曾广贵背到我屋里。

一星期后，曾广贵被村长发现，天天带人来搜查，把他抓去了。村长又硬逼着要我交出曾广贵的手枪来，问了我两三夜，我始终不承认有什么枪。后来村长把曾广贵押到乡公所关了十多天。副乡长翟畅文来问我，要我交出枪来，不然就要把曾广贵枪毙了。我回答说："枪没有，要枪毙就连我一起枪毙，先把我枪毙好了。"乡公所见威胁不成，就罚我出九块光洋作为曾广贵的伙食费。罚款通知是乡警蒋超权送来的。

后来，乡公所要把曾广贵送到外县②去，我想，曾广贵的脚还未好，送到外县去必定是死。我告诉蒋超权，他送到半路后就让我接回来。我叫徒弟翟太全将曾广贵悄悄地背回来藏到我家牛栏上面。直到第二年3月，曾广贵的脚好些了，我才把他转移到邻居翟佑春家后面的小屋里，又治疗了几个月。到12月，乡政府对红军的搜查松缓些了，我就叫曾广贵写封信回家去探问一下消息，看能否与家里取得联系。后来，他家里来了信。他父亲又亲自来接他。遗憾的是，他走的时候我不在家，到大田村做木工去了，没能亲自送他。

解放后，曾广贵一直在打听我的消息，直到1971年才找到我的地址，和我通了信。从这以后，他每年春节前总要给我寄些钱来，至今总

---

① 王贵卿，71岁，灌阳县文市镇五里坪村农民。

② "送到外县"，大概是当时桂系军阀要各地把流散的红军伤病员抓来集中，或杀害，或押解回原籍。

共寄了 320 多元。还写了许多感谢信，称我是他的救命恩人。

王发婆①

红军从我们这里过了三天，我跟红军到了油榨坪才回来。我们村收养了三个红军，到 1935 年正月十九日才送他们回江西去，走时还给了他们路费。我父亲收养的那个叫王树栋，王厚仔收养的那个叫熊才。他们走时都非常感激我们。

黄耀燕②

红军是民国二十三年旧历十月扯豆子时来的，在大凸岭与敌人作战，打死湘军三四人。红军也牺牲了三人。村里人出钱把牺牲的红军安葬了。红军早上来，下午就走了。

鲁昌显③

我 1929 年参加红军，1930 年成立红六军团时④，我被编在十八师

① 王发婆，66岁，全州县朝南乡祥屋村农民。

② 黄耀燕，68岁，全州县绍水镇高田竹木洞村农民。

③ 鲁昌显，原名陈昭显，原籍江西上犹县营前人。长征时因负伤留下，后到兴安县东界五弓丘入赘。

④ 根据萧克《红六军团的成立·北上和西征》记述，1933年6月奉军委命令将红八军改编为红六军团十七师。当时，红六军团没有设立领导机关，也没有使用过红六军团的番号。

五十三团二营四连当通讯员。师长是龙云，团长谢东生，营长林标，连长黄斌。

长征时进广西，我们五十三团到湖南蒋家岭，已经是中午 12 点了，在那里吃中午饭。正在吃饭时，敌人追来了，我们边打边退，从杨梅岭翻山到了广西境，进入灌阳的文村。我团是后卫，到文村，过了浮桥，我们就砍断浮桥绳子。那时白天晚上都行军。我们经过石塘到麻子渡。中午到达炭棚岭，就在炭棚岭渡湘江。

过了湘江，到全州咸水的野鸡田，在这里住了一天两夜。再往前走时，桂军已把守了鲁塘关口。我们二营就绕道去古留，路上遇桂军就打了起来。在鲁塘花果园的油榨边，我的左腿受伤，不能行走。营长、连长便把我留下寄在群众家里养伤。连长留下十块光洋，四套衣服，两床被单，他们就走了。

我留在赵明轩家里。赵明轩的父亲是草医，他们给我医伤。赵明轩和唐建章把我藏在山洞里，给我送饭、治伤。伤好后，为了报答两人的恩情，我装哑巴在他家劳动了一年。后又帮唐建章的堂兄唐仲元劳动半年，又到石门秧田铺村学了两年裁缝。后来到黄泥湾砍柴为生。1941 年，到兴安东界村五弓丘入赘成家。现在政府每月给我补助，一家人生活得很好。

陈新州①

1934 年长征时，我调到军委总供给部运输队管理科。运输队有 100 多人，每个人挑 1000 块光洋，跟总司令部走。在古亭过夜。第二天夜里进入湖南桂阳。又从临武、蓝山，到道州，也是夜间行军。再

① 陈新州，长征时在军委总供给部运输队管理科。现在全州石枧林场工作。

从寿福闹子①，过蒋家岭，在新圩翻大山到蕉江过万板桥。第二天从万板桥又翻个大山到界首，过浮桥，到列水桥、鲁塘祥寿寺，村里群众放炮竹杀猪欢迎。部队正准备休息，又接到命令，马上走过山口进洛江，翻三千界，到护卫煮早饭，吃过饭到中峰沙洲坪石田村。我们准备洗澡时，上级又命令我们往回走，到余家田后面的松林里休息了半天。吃过晚饭又出发，从枫木到社岭翻老山界，我脚痛掉了队。第二天天亮部队都走远了，我碰到一个姓肖的瓦匠师傅（湖南永州人），他说桂军追来了，叫我躲到高山里去。桂军一个连追到半山腰就回去了。我在山上躲了一天一夜，后下山到肖师傅那里学瓦匠，碰到湖南祁阳的陈开兵，他说我们是家门②，我就跟他们走到兴安冷水岭（瑶山里）扛木料子，过牛塘界到油榨坪。第二年就散伙了，我又到龙溪帮工，在粟传祯家里帮了三年工。朱镇中、廖排长他们也在帮工。第二年他们就回去了。1949 年，我又参加了游击队活动。现在在全州石枧林场工作。

粟传亮③

红军过境时，在我们这里留下了五个伤病员，他们躲在中峰龙溪村附近的山庙里。因几天未吃东西，加上伤痛，已是奄奄一息。有一天，我上山去砍柴，看见了他们，就回家煮好饭偷偷地送去给他们吃，并找了一些药给他们治伤。我给他们送了七天饭，因为自己家穷，便向地主

① “闹子”，当地对集市、圩场之俗称。

② 同姓的人称家门。

③ 粟传亮，资源县龙溪村的铁匠。这篇访问抄自桂林地区文化局《红军长征过广西》调查组1977年访问记录。记录中有些具体细节与朱振中所写的回忆录《青山绵绵情意长》稍有出入，由于粟传亮老人已于1982年去世，无法核对，可作朱文参阅件。

家借了四担谷子。后来地主知道是给红军吃的，就逼着我还谷。这样，四个伤好一点的红军只好去帮工。有个叫周富贵的红军踝仔骨受伤，我把他背回自己家里医治，治了 20 多天后，被乡公所发现抓了去。幸亏有个乡公所炊事员叫钱满帮忙，才把他救了出来。这以后又只好把他藏到山里。乡公所追查这件事，我概不承认。后来敌人的追查松懈些了，我又把周富贵背回家，治好了他的伤。一年后，五个红军邀集一起同回江西，我送了他们两吊钱、四块光洋。他们回家后又参加了游击队。周富贵后来还参加了新四军，改名叫朱振中。1954 年，朱振中来信说他在南京，叫我去玩。我后来去南京看了他。1962 年，他调到北京，我又去看过他一次。他也来资源看过我。

粟显章①

甲戌年 11 月初，红军到我们这里，那一天正是我生小孩的第五天。家里人听了敌人的反动宣传，都躲到山上去了。我不能上山，就在家里住。桂兵②追赶红军经过我的屋子背后，有个名叫谢心杰的红军，被敌人机枪打中大腿，正好滚到我家楼底下。我怕桂兵来抓他，就用稻草将他盖好。桂兵过后，我才帮他换衣服。我又用侗家土布给他缝了一套侗人衣服，给他一床被子，叫他在柴火堆里睡，让他藏起来。后来，我们村的村长林忠知道了这件事，就冲进我家来恶狠狠地说："你家收藏了红军，赶快把他交出来处死！"我说："我不仅收藏了红军，还天天送饭给他吃。红军大队伍来时，你跑到哪里去了？那时，你为什么不敢去打。现在人家受了伤，走不动了，你却要来打死他。"我拍了拍胸膛说："我的年纪比他大一点，要杀就杀我。"村长无奈，只得灰溜溜地走了。

① 粟显章，女，侗族，龙胜县瓢里乡光明村农民。

② 桂兵，指桂系军队。

后来，老谢伤好了些，提出要回部队去。我爱人杨进付送他过庖田亭，两人难舍难分。老谢哭了，我爱人也哭了，两人又同路回来。我们怕他藏在家里久了不安全，就把老谢送到对面的一间空屋里藏着。我们一直用南瓜芯替他治伤，每天送饭。逢年过节，我们不管吃什么东西，都给老谢送一份。就这样，老谢的伤渐渐好了。后来他经常出去做点竹器手艺，把得来的钱交给我们保管。

还有一个姓刘的红军伤员，跟老谢是同乡。他也以我们这里为家，帮地主做长工得来的钱也交我们保管。老谢和老刘在我们这里住了14年才回家。我为老谢做了一个通袋，将积攒的500个银毫放在通袋里，我爱人送他俩到瓢里街上，才依依不舍地分别。

杨德友①

红军是旧历十一月初一日经过我们这里的。他们的纪律很好，吃了群众的红薯付给铜板。他们在哪里宿营，哪里就打扫得干干净净。住黄泥包的红军失火烧了一座房子，赔了300元大洋。

红军在万人界打仗牺牲了16个人，原来没有埋在一起。解放后，民兵们将烈士遗骨收在一起，用地主家的棺材重新埋葬。棺材里只有14个人的尸骨，还有两个找不到了。现在在那里修了一个红军烈士的纪念塔。

红军大队伍过后，有一个红军伤员住在苏植品家的瞭棚里，苏植品每天给他送饭。一个星期后的早上，苏植品又给那个伤员送稀饭去，发现他已经牺牲了。苏植品很悲痛，用自家的楼板做了一副棺材将他安葬了。

---

① 杨德友，82岁，龙胜县牛头村农民。

杨胜宏 ①

红军长征那年，我父母救护了两个红军伤员，一个叫韦伍量，还有一个名字记不起了。这两个受伤红军走到我们这里时，再也走不动了。我父亲把他们背进屋里来。一个红军有一支手枪，另一个有一支步枪。他们还带着两桶猪油、两床被子。我们在家里挖了个大洞，把他俩藏起来。父母亲都帮着找草药给他俩治伤。伤势稍好一点，叫他俩清早上山躲起来，天黑后才进屋。半年以后，他俩的伤好了，村长杨利文带人来把他俩抓走了，还把我母亲也捆起来。我母亲口口声声说那两个红军是好人，村长只得把我母亲放了。两个押送红军的人，走到半路就把红军放了。那两个红军在我家就像在他们自己的家里一样，跟我一样称呼我的父母，我们之间也以兄弟相称。

陆英钟 ②

1934 年旧历十月，有一支红军后卫部队在星子坪、板桥铺一带，突破敌人包围，向宝界山方向走去。走到我们村后的狗头山，红军派了一个代表到我们村打听情况，受到村里穷苦农民的热情接待。那个代表看到我们村人穷地薄，是个开展革命活动的好地方，于是回到部队，把所有人员都带进村里，并决定把多余的枪发给我们。

发枪之前，召开了群众大会，红军连长在会上讲了话。他说：“红军的大队伍已经北上抗日打鬼子，我们把多余的枪送给你们，以后军民

① 杨胜宏，龙胜县马堤乡大湾新寨村农民。

② 陆英钟，73岁，灌阳县新圩乡立田村农民。解放战争时期曾参加党领导的桂北游击队。

共同抗日，打土豪分田地，实行耕者有其田，人人有饭吃。”会后他们把 60 多支步枪、数百发子弹以及几十个麻尾手榴弹送给我们。为了感谢红军，我们杀了一头猪款待他们。

1944 年，日寇入侵灌阳，我们村成立了抗日自卫队，在全、灌地下党的领导下，扛起红军送给我们的枪，开到公路旁边的龙塘、板桥铺打日本鬼子，打了十多次仗。打死、打伤日本鬼各一名，缴得步枪一支、雨衣一件、望远镜一副，还有其他军用东西。此外，还多次从鬼子搜山队手中夺回被抢去的东西归还群众。

1947 年 7 月 24 日，在全、灌地下党领导下，我们这里举行了桂北武装起义。我们村 40 多个青年，积极响应党的号召，拿起红军送给的武器，参加游击队。在游击战争中，我们村有七个同志牺牲了。

翟顺修①

1934 年旧历十月十九日上午，水车村长翟运军带着一个村警，到处威胁群众，要我们把粮食藏起来后，赶快到山上去躲，说是红军来了。那时，我孩子刚满两岁，又正在发高烧。走到半路，他哭着要回家。我没有办法，只好提心吊胆地回到家里。有一个年轻的红军来到我家，看见孩子有病，转身就从左边巷道走去。约莫过了半餐饭的时间，这个红军带着一个约 50 岁左右的医官（脸上有麻子），提着一盏旧式大马灯，走进我的火炉②问了几声：“小孩有病？”我抱起孩子给他看，医官用手电照了一下孩子的嘴说：“孩子病冇③关系。”他又摸了一下小孩的额头说：“小孩发高烧，冇关系，吃点药就好了。”医官给了三包药，说：

① 翟顺修，灌阳县水车村农民。

② “火炉”，当地群众习惯称厨房为火炉。

③ “冇”，没有的意思，以下同。

“现在吃一包，睡觉时吃一包，明天早晨吃一包，用滚水送。”我用双手接过药，心里很高兴。到了半夜，我用手摸小孩的头，没有那么热了。孩子醒来要喝水，也能吃奶了，我们夫妇很高兴。

第二天早上，医官又来了，看了看孩子的口，满嘴白块。他叫我拿来一碗水，自己从口袋里摸出一个红色的胶囊，有手指头那么大，在孩子嘴里边绞边洗，一碗清水一下子变成了米汤一样的颜色。然后，医官用巴掌那么大的一张纸，开了一个药单给我，说：“来，到司药那里去拿药。”我说没有钱。他说不要钱，红军是为老百姓治病的，叫我跟他去拿药。

半个上午光景，那医官又来看孩子的病。这时，孩子已能说话了。他又给了我一些药，还对我说，他们今天要走了。我和爱人商量了一下，拿了六个鸭蛋、40 个铜板、八个柑子，用篮子装好，上面盖层红纸，高高兴兴地送给医官。医官连连摇手，边推边说：“红军是帮穷人治病的，不要老百姓的东西，快快拿回去，我们就要出发了。”医官笑眯眯地拍着我的肩膀，把我推回去了。

红军这样好，我不知道怎样感谢他们。我看到很多红军扛着木料往江边走，一打听，原来是准备架桥过江。我急忙跑回去，把家里的大桌子、门板都扛来给他们架桥用。江中间的水又深又急，桥固定不了。我脱掉衣服，走到江心去跟他们一起打桩。年轻时我身体很好，那时虽然是白霜天已经蛮冷了，但是，我在齐胸深的水里，一直干了几个钟头也不觉得冷，他们都夸奖我，后来还送给我一床棉被。1977 年，我把它送给县文化馆了。

唐德卿①

红军来到界首，用四条渡船和货船连在一起，上面放上了门板，架起很宽的浮桥。红军过浮桥后，就往鲁塘方向去了。

红军在界首把源泰和盛昌林这些财主的20多万斤粮食分给穷人，还在关帝庙召开了群众大会，杀了20多头猪，把猪肉切成三四斤一块的分给穷人。

杨进芳②

民国二十三年红军来时，我们都跑了。后来看见红军的纪律好，我们才从山上回村来。见墙上写了不少大幅标语，其中有"红军绝对保护瑶民！"群众不在家，红军就在屋檐底下睡，不进屋。第二天，红军叫我带路到矮岭河口去。刚过白面村屋底，发现有五六个瑶民往龙舌岩③跑去。红军一位领导人马上叫我喊他们莫跑。我去一看，原来是几个瑶民起义领袖，因为害怕国民党反动派抓捕，所以东藏西躲到处跑。这些人中间，有我们村的起义小头领杨进六，还有孟山、犁子根的。这位红军领导人和和气气地请他们不要怕，邀他们大家一起到龙舌岩里面开个座谈会。在座谈会上，又讲了很多革命道理，鼓励他们不要怕国民党反动派，要跟他们斗争到底。

---

① 唐德卿，兴安县界首乡农民。

② 杨进芳，75岁，瑶族，龙胜县江底矮岭村农民。

③ 龙舌岩里，至今仍留有"红军绝对保护瑶民"、"继续斗争，再寻光明"的标语。

邓茂英①

红军来之前，乡公所、村公所派人到各村开会说“共产党杀人放火，共产共妻”。红军来时，村子里的人都不在家，他们把东西如粮食等挑到山上藏起来，能搬的就搬走。

我家里养有一头大母猪，来不及抬走，就煮了一锅俏，用三个脚盆装起来放在栏里。十多只老鸭婆关在天井里，把生红薯捣碎做饲料，撒在地上。

红军来了，住在我家。五六天后，我回家一看，13只老鸭婆还在。猪栏除了那只大母猪外，还多了12只小猪仔和一些半饭半粥的猪仔俏，楼上的谷子一颗未动。

陈业正②

我家住在石塘圩街上。1934年旧历十月下旬，红军队伍来了，前后过了好几天。

红军来的第一天，群众听了国民党的反动宣传，对红军有些畏惧，所以蛮多人都跑上山了，只有我父亲在家里没有走。红军见到我父亲就问：“你为什么不走呢？”我父亲说：“我是看屋的。”中午，红军带领穷苦的群众到土豪家里去破仓分粮，很多人去地主唐祚元和唐源泰铺子里挑了谷子。

那时中华苏维埃的票子，大多是一元一张的，票面上印了列宁的

① 邓茂英，女，灌阳县水车乡宾家桥村农民。

② 陈业正，采访时任全州县石塘高中副校长。

像，我看过这样的票子。其余是五角的、二角的、一角的。我家曾杀了一头猪去卖，换得许多这样的票子。苏维埃政府管银行的来了，就叫群众拿苏维埃票子去兑换光洋，我父亲也拿票子去换回了光洋。

红军纪律很好。我有一个房族的祖父养了五头各200多斤的大肥猪，原是准备讨媳妇用的。红军来了，他天天念着“靠菩萨保佑，红军莫杀我的猪”。红军了解到他家不是土豪，连他家的门都没有进去。他这才放了心，口里喃喃地说：“红军真好！”

廖秀甫①

1934年11月28日，红军来到了湴田村，村里的群众轻信国民党的谣言都上山了。我走得太匆忙，家里的几十斤糯米糍粑来不及挑走，还有50只在田里的老鸭婆也来不及赶回来。到了山上，我心想，这些东西都完了，今年这个年怎么过法？我越想越心疼。第二天，我冒危险偷偷跑回村里，进门一看，我有点发呆了。奇怪！只见屋子里打扫得干干净净，根本不像过了兵的样子。房里几十斤糯米粑粑，一个也不少；田里50只老鸭婆，仍然在田里找吃。这下我才放了心。再到房里看，木桶里的鸭蛋不但没有少，反而多了几十个，大概是昨天晚上鸭婆生的蛋，红军帮我拣回来放进木桶了。看到这些，我感动得流下了眼泪。心想，天下哪有这样好的军队啊！第二天，我逢人就说：“红军好，不拿穷人的东西！”

红军走后，地主民团来了。到处捕杀掉队的红军伤病员。有一个姓温的红军掉了队，我就把他隐藏在自己家里，一年以后这个红军才回江西去。

---

① 廖秀甫，全州县两合乡田村农民。

赵良德①

那时我家住在包岭（属同仁），我们是瑶族。红军经过同仁到我们村，有个姓郭的红军副团长，很关心我们瑶族。他见我家生活很苦，吃的尽是红薯、苞谷，一家六人没有衣服穿，就送给我们一丈二尺布。红军吃我们的红薯、苞谷都给钱，还说革命成功后再来报答我们。

黄月英②

民国二十三年来红军，国民党到处造谣说："共产党来了要共产共妻，杀人放火，见人就杀，见妇女就抢。"所以，我们村里的人听见红军来了，都躲上山去了。那年我23岁，带着嫩人③，一下子来不及上山，红军就进村了。这时大约有20多人来到我家，要求住宿，我怕得要命。红军见我很惊慌，就和气地对我讲："表嫂！不要怕，我们队伍和穷人是一家人。"红军进屋后，没有任何人到我内房里去。夜里，红军全部在堂屋里打地铺。我见红军很尊重妇女，才打消了疑虑，放心在家，不上山躲了。晚上，仗着胆子在内房里睡。

我见红军这样好，我就帮红军烧热水、烧茶。红军见我带着嫩人，都叫我不要做。第二天清早，红军就出发了。

---

① 赵良德，80岁，兴安县华江乡千祥平头山村农民。

② 黄月英，女，71岁，兴安县华江乡，老山界山脚下潘家寨村农民。

③ 刚生下不久的小孩。一般不满周岁的小孩都可以称嫩人。

杨通玉①

红军是旧历十一月初四日早饭后到我们这里的。当天晚上七八点钟龙坪起了大火。我们躲在对河的盘喜山上，还未吃晚饭。火是从中寨头的马孔起的，接着中寨下田段都着了火。

朱总司令住在冲边杨通武家。大火后宣布了纵火犯的罪行。两个纵火犯被拉到中寨寨头的河边枪毙了。红军在朱总司令住房隔壁的杨通宝家屋前的小坪里，向群众发了救济款。

石万树②

红军过我们这里时，我家住有五个红军。他们吃了我家挂在炕上的四个苞谷，把苞谷芯挂在原来的地方，上面有一张纸条和两块苏维埃币。字条上写着："大伯！你们家的苞谷，我们吃了，现留两块钱给你买种子，一本万利。"

伍户斌③

红军离开龙坪时，我帮红军带路，一共去了十多天，直到贵州境内。我跟红军里的大、小官员，士兵都接近，无话不说。有一天，部队

① 杨通玉，88岁，龙胜县龙坪村农民。

② 石万树，63岁，龙胜平等村农民。

③ 伍户斌，98岁，龙胜县平等乡龙坪人。

进驻通道大寨时，人多拥挤。在经过一个大鱼塘边时，一位管伙食的红军同志不小心把我挤跌进塘中，岸上的战士赶忙把我捞上岸来。这件事给一个红军首长看见了，他就传令把那位司务员抓起来，五花大绑，准备严刑处理。后来,有一位亲眼看见这事的红军同志半夜里来找到我说：那位管伙食的同志将要被处死，我若不去讲句公道话，他恐怕就难以活命了。开始，我还不相信这会是真的。后来，这位同志又告诉我，红军的纪律是很严格的，特别是对侵犯了群众利益的事情，处理更加严格。我才相信了他的话。当时，我觉得一个无意中挤我下水的同志也要被杀头，红军的纪律真是太够严明了。于是，我马上跑到师部去把实际情况讲了，证明那位司务员不是有意撞我下水的。经我这么一说，才减轻了对那位司务员的处分。

赵业勤①

1934 年 9 月初，红军长征第一次经过石溪村时，两架敌机从全州方向飞来，在西延附近低飞侦察。正在这个时候，蔡石界附近突然响起密集的机枪声，一架中弹的飞机低空盘旋一阵子，坠落到石溪村边的稻田中。从敌机中跳下来的一个驾驶员，刚刚逃上山圳边，就被红军开枪打死了。同机另一个驾驶员顽固不投降，也被红军一枪打死了。接着，红军用机上的油和田里的稻草一起，放火焚烧飞机和被打死的驾驶员，最后，只剩下一点残骸。隔了两三天时间，国民党又从桂林派来一架飞机，空投了人员和工具，把机头的发动机连同两名驾驶员的尸体，由石溪村派出民伕赵福坤、莫千华、赵国栋等 40 多人，从西延区的石溪村抄着山路抬到兴安大溶江。

① 赵业勤，59岁，资源县石溪村农民。

选自《红军长征过广西》，广西人民出版社1986年11月版，第406—428页。

红军过瑶山

盘贵荣①

1934年旧历十月三十日，中央红军长征来到我们兴安县两金瑶族聚居区的新文乡伦江村。有个刘连长带着一连人住在我们村里，第二天准备过才喜界。

才喜界是桂北有名的越城岭的一个大界，地势非常险要，从山下看上去，好似和天连在一起，才喜界又是红军必经之地，因此国民党反动派强迫附近村庄的老百姓，用石头和大树在才喜界上修了一道又高又厚的堵墙，并强迫附近村上的瑶族青年组织了一个几十人的后备队，由伪村长刘金发率领把守在这里。

红军在我们村里虽然只住了一夜，但就是这一天的接触，他们买卖公平，不拿群众的一针一线，对老百姓可亲热哪。我们完全相信红军是我们瑶族人民自己的队伍。所以第二天刘连长请我和大道师周福昌、造纸工人马康林带路，我们就高兴地答应了。

我们伦江村，在桂北来说，已经算是山尖尖的村子了，但从我们村子到才喜界顶，还要爬十五六里很陡的山路，红军同志走山路并不慢，我们吃过早饭出发，不到中午就接近界顶了。刚爬近界顶，界上一个后备队兵便发觉了我们。他们喊了一声，所有的后备队兵都排开枪瞄准我

---

① 盘贵荣，瑶族，兴安县金石乡文家洞人。

们。后备队的士兵全是瑶族人，他们喊话，我们听得懂，红军同志们听不懂。当我听到后备队喊瞄准的时候，我吓了一大跳，因为我们距离堵墙只不过九丈多远，地形又不好，这些后备队兵一开枪，我们红军就会吃亏，我和周道师急忙把情况告诉刘连长，刘连长不慌不忙地摇了摇头，叫我们隐蔽好。随后用帽子向后面的红军打了个暗号，他们马上分成两路向界的两侧山顶爬去了。刘连长接着向后备队喊话说："瑶胞兄弟们，我们是穷人的队伍，和瑶胞兄弟是一家人，不要开枪，我们是向你们借路过的。"界上那些后备队兵都是年轻人，他们听不懂刘连长的话，他们不晓得红军说什么，加上看到红军爬到界的两侧山顶，架好了机枪，也都紧张起来。这些后备队兵我们是知道的，因为他们过去长期受国民党反动派的欺骗宣传，要是真的打起来，我们三人的好歹倒是小事，让红军同志受损失怎么行呢，再说这些后备队兵也大多数是穷人受欺骗来的，打死了良心上也过不去。我们正在急得无办法的时候，这时有一个姓冯的红军团长跑来了，他叫刘连长通知部队不许开枪，又问我敢不敢向界上的后备队兵喊话，我说敢，于是他说一句，我就用瑶话对界上的后备队喊一句，经过一段喊话之后，见到堵墙内有几个人头在交头接耳，说什么话。冯团长说：同年伯你再喊。我想了一下，于是，我就把红军在我们村住，所见所闻的情况，用瑶话对他们喊。我大声喊道："瑶族弟兄们，不要怕，红军不是坏人，他们到我伦江村住的时候，可守规矩啦！一根茅草都不动我们的，我们伦江村造纸匠马康林老人家，家里养着一个鸡，顶多可卖八毫子，可是红军给他买了，就给了一块光洋，红军对我们瑶族人民可亲热啦，他们是从这里过路的，你们让他们过去吧！"我刚喊完话，看到有个青年爬到墙角上，也用瑶话大喊："表叔，是你呀！"我一听原来是我的一个表侄，我急忙就喊："表侄，是你呀！告诉弟兄们，把墙拆开吧！红军是好人。"这时界上堵墙内的人乱哄哄地嚷成一团，像是在商议什么。一会儿，有一个长得蛮结实，个子蛮高大的青年人，爬上了堵墙顶，现出了半个身子对我说道："表叔！

你个人先上来吧！”冯团长问我，他在喊什么，我告诉冯团长说：“他喊要我个人先上去。”冯团长和刘连长面对面笑了一下，问我敢不敢上去，我说敢上去，冯团长交代了我很多话，要我好好把亲眼看到的情况跟他们讲清楚，叫他们不要怕，红军只是借路而过，绝不伤害他们。这样我个人就先上去了。

这堵墙可高啦，全是石头和大树砌成的，平人头高的地方有大小不同的炮眼。我怎么爬也爬不上去，里面丢出一根绳子，才把我拉上去。我到了堵墙里面之后，他们有的站着，有的爬着，用粉枪瞄准红军队伍，只有刚才喊话那个高大个子和我表侄等几个人跑来跟我打招呼接头，我问那个高大个子说：“兄弟，你是后备队长吗？”他说：“我不是，队长今早晨到下边村子去了，还没回来。”我的表侄赶忙补充说：“表叔！他不是队长，现在由他代理负责，他是好人。”我便照着冯团长交代的话，都对他们讲了，有的人有顾虑，提出一些疑问，我都作了解释。有的说：“表叔！你能保证吗？”我说：“我完全可以保证。”我表侄也跟着说道：“我表叔一向是老老实实的人，界那边哪个不知道，放心吧！”这样他们几个又分头跑去跟各兄弟们商量了一会儿，他们相信了我，大家放下了枪，一齐动手拆开堵墙，拆开了一个角落，高大个子叫我喊红军上来，我大声地告诉冯团长叫他们上来，刘连长带了一个班先上来，我给他们作了介绍，刘连长很亲热地跟他们打招呼，一个个地握了手。就在这时，突然发现界那边山下有一个穿着长袍的人，带着一个背步枪的后生上来了，还没有到我们跟前，我表侄就告诉我说：“这就是后备队的队长刘金发。”我把这情况转告了刘连长，刘连长叫我问问后备队那个高大个子怎么办，他说：“不管他，上来之后他不同意再说吧！”

刘金发刚爬到界上，突然看见刘连长他们，大吃一惊，转身就向旁边的一条小路逃跑，谁知他刚转过弯去，就给一个红军战士抓住了。

后来红军又上来两个班，不一会儿，冯团长也上来了，并且向后备队的人讲了很多话，宣传了红军对待兄弟民族的政策。

红军队伍一线线地通过才喜界了，后备队的人用敬佩的眼光目不转珠地看着他们。最后，冯团长挨个握了手说：同年伯，辛苦你们了，谢谢你们,你们带路就带到这里吧。走远了,家里的人不放心,你们回去吧。

看着走远了的红军队伍和冯团长，我心里想，这才真正是我们瑶族人民的队伍。国民党反动派就是筑起再高再厚的堵墙，也隔不开瑶族人民和红军的心连心。

选自中国人民政治协商会议兴安县委员会文史资料委员会编:《兴安县文史资料》第1辑, 1986年12月版, 第17—20页。

瑶族姑娘机智救红军

黄月英①

红军大部队过去五天了，还陆陆续续地有伤病员从后面赶来。有一天，我下楼喂养牲口，发现牛栏门口躺着一位大个子红军。我问他伤着哪里，他说伤着腰，站不起来，是从山上爬到这里来的。这时，不远的山旮旯里传来了乱七八糟的吆喝声，听声音是国民党的追兵追过来了。大个子红军向我投来求救的目光。看他那目光，我产生了一种强烈的责任感。红军是好人，我不能让好人落入国民党的手里。但怎么个救法呢？楼下空荡荡的，没有一处隐藏的地方。而楼上，只不过是多两个厢房，也没有保险的安身之处。前些天，虽然迎送了一批又一批的红军，但像这样危急的情况还是头一次遇到。现在想把他转移到山上去已不可能，只要跨出屋檐就有被敌人发现的危险。此刻恨不得生对翅膀飞出去，把大个子红军送到安全的地方去。

“吆！”——栏里的牛见我愣得无法，冲我大叫一声，我转过脸去看牛，那双又大又亮的眼睛对我眨个不停，好像有话要对我说似的。我心里在想你这畜生倒挺通人情的，难道你还能帮我不成？想着想着，我的视线从它的身上移到它旁边的那堆蓬松的稻草上，心头突然一亮！就让大个子红军躲在那堆草下面。主意打定，我急忙走到屋边望一下，

① 黄月英，女，1986年受访时74岁，传素瑶族乡古孟村人。

虽还未见国民党追兵的人影，但吆喝声已越来越近，真是刻不容缓。我转身打开牛栏门，就去扶那位大个子红军。天呀，我使尽全身力气也没能挪动一步，而国民党追兵近在咫尺，我心如火燎。大个子红军见我焦急的样子，他便拼命地往里爬。这样爬，谈何容易，本来只有几步远，不要一分钟就可到达的距离，他却爬了怕有四五分钟。算好，他手劲大，还是赶在国民党追兵到来之前爬到了草堆旁。我赶忙往他身上堆草，由于他人太长了，原有的草不够，我只好把牛栏外面的几把草都拿进去，才算盖住了他的头脚。我刚关好牛栏准备上楼，国民党追兵就到了，他们冲着我问："你看到红军没有？"我说："看到过。"

他们又问："到哪里去了？"

我说："往前面走了，已经四五天了。"

"他妈的，谁不知道他们是往前走的，难道还退着走不成？"国民党兵一边骂一边逼近我，走在前面的一个家伙阴森森地问："你家藏有红军没有？"我说："我家每天都有李兵（李宗仁的部队）来搜，哪藏得下红军哟。"一个当官模样的接过我的话茬说："我们就是李兵，我们是专打红军的。"说完指使几个李兵押着我到楼上搜了一遍，没搜到什么就下楼走了。他们刚走，后面又来四个李兵，走到我楼下就停下不走了。这可把我吓坏了。要是他们搜查那牛栏可就坏事了，急得我气都不敢出，渗出一身汗来。怎么办？李兵在楼下多留一分钟，就给大个子红军多增加一分危险，我不能只在楼上干着急，一定要想办法把李兵引走。前面的李兵走去很远了，看着那队远去的李兵，我灵机一动，冲着他们大喊："前面的弟兄等一等，你们还有几位兄弟在这里呢。""他妈的，叫他们快点赶来。"听声音又是那个当官模样的家伙。这一喊，真奏效，楼下那四个李兵各叼一支"喇叭筒"气鼓鼓地走了。这时，我才松了一口气。

李兵走远以后，我的丈夫劳动回来了，我俩把那位大个子红军抬到楼上，用草药帮他治疗腰伤。经过三天的治疗，他就能站立起来走路了。

他刚能站起来就要走,怎么也留不住。临走时,我们给了他几天的干粮,这干粮并不是什么好东西,只是几个生红薯。他那高大的身影慢慢消失在蜿蜒的山路上,去寻找自己的队伍了。(姚奉彪记录整理)

选自中共通道侗族自治县委党史办编:《红军长征过通道》,1986年10月,第232—234页。

活埋之前

黄月英

那是50年前的一个冬天。

那天，我正在家里忙家务。只见我家满叔黄银钱气喘吁吁地跑进屋来，上气不接下气地对我说："月英，快，帮我找那件旧棉衣出来，还要装一碗饭。快！"找棉衣？装饭？我心里纳闷，满叔那么急着要棉衣和饭干什么呢？是谁怎样了呢？我满腹狐疑地帮他找出了棉衣、装了一大碗饭。他自己拿了一条尽是补丁的裤子，抓了一把锋利的斧头。他见我找出了棉衣、装了饭，对我招呼一声："快，跟我来。"便急匆匆地出了门。我见他急成那样，心里更是疑惑不解。想问又不好问，只好跟他往外走。一直走到狗冲口，见路边躺着一个素不相识的人。他身上除了一条裤衩之外，再没别的衣物了。我的天啊，隆冬季节，一身裸露，冻得他浑身哆嗦，像筛糠似的，可怜极了。这时，我心里才明白是怎么回事了。

原来，这是一个红军伤病员，名叫江德胜，他是在广西马蹄河口打仗时受伤的，一颗子弹打穿了右臂。受伤后，在广西广南一带走了三天，第四天才来到传素的。他当时一拐一拐地走到传素村外的一座牛栏边，又饿又冷，便钻进牛栏里，拼命地扒草裹身取暖。栏里关着一头黄牛，被江德胜的举动吓坏了，噗哧噗哧地直喘着粗气，用两只尖角顶开栏门逃跑了。

第二天早晨，牛主人来到牛栏边，发现牛没有了，顿时慌了神，大声叫喊起来：“我的牛没有了！我的牛没有了！”他一边喊一边直跺脚。这一喊，惊动了躺在草下面的江德胜，他掀开草探出一个头来。不探还好，这一探可招了大祸：牛主人一见，怒不可遏地冲进牛栏，一把将江德胜拖了出来，不分青红皂白就是一顿毒打。口中还厉声骂道：“就是你这贼古子偷了我的牛，我打死你，我打死你。”江德胜苦苦哀求不要打他，并声明自己是红军。可牛主人是瑶族，听不懂汉话，仍不停地对江德胜拳打脚踢，还不停地骂：“那牛是我的命啊，偷我的牛，等于要我的命。你要我的命，我也要你的命，我活埋了你。”说着，把江德胜双脚捆在杠子上，头吊在粪箕里，捆好后，要随后来到牛栏边的三个老头帮他抬去活埋。那三个老人起初不愿帮他抬，他气得胡子直翘，骂道：“你们都心向贼古子了，啊！”三位老人面面相觑，无可奈何，只得违心地帮他抬了。

当四个人抬着江德胜走到传素和古孟之间的狗冲口时，碰见了我满叔黄银钱。我满叔见他们抬人像抬猪一样，向前问道：“你们这是干什么？”一个老头回答说：“这人要不得，他偷了我们的牛，埋掉他算了。”这时，江德胜大声呼救：“老板，救命喔！老板，救命喔！我是红军哩。”我满叔一听说是红军，便大声对他们说：“你们太不像话了，他是红军，你们知道不知道呀？！他怎么会偷牛？前几天红军过我们村的时候，宁愿在屋外挨冷受冻，也不进屋来打扰我们。吃个红薯都要给钱，这样好的红军怎么会偷你们的牛呢？快把他放下，不然的话，我对你们不客气。”我满叔的话义正辞严，句句在理。那三个老人不停地点头称是，随即将抬着的江德胜放下来，解开绳索。牛主人也软了心，不敢再说什么，愤愤地走了。

他们四人走后，我满叔便急急忙忙跑回家，要我找衣盛饭。我和满叔带上衣、饭赶到狗冲口，就给红军伤员江德胜喂饭、穿衣服，还在一个僻静的地方为江德胜搭了个茅棚。安顿后，又跋山涉水，跑到传素村请来草医给江德胜治伤。后来为了安全和方便起见，我满叔和满公黄秀恒一起把江德胜转移到离家只有几丈远的一个庙里。这样，我满叔对江德胜照料得更勤了。一有空就到庙里去看他，问寒问暖，倒屎倒尿。为了使江德胜早日恢复健康，我们不仅每天给他送水送饭，还把平时用来换钱的鸡蛋煮给他吃，补养身体。经过几个月的疗养，江德胜的伤完全好了。我满叔见了，心里很高兴。他觉得江德胜这个人诚实可爱，索性接到家里来住，成了我们家里的人。后来又帮他娶了媳妇、成了家。江德胜十分感激我满叔的救命之恩。把他老人家视为再生父亲，一直奉养到终生。（姚奉彪整理）

选自中共通道侗族自治县委党史办编:《红军长征过通道》, 1986年10月, 第229—231页。

五姑嫂舂米

梁甫耀①

红军是一支什么样的队伍，我们都不了解。听说红军要来，反动派就造谣惑众，进行种种欺骗宣传：什么“共产党共产共妻”、“红军见人就杀”等等。还鼓动不明真相的老百姓，把粮食物品、生活用具都搬上山去收藏起来。我们听说红军到了牙屯堡，就纷纷收藏东西，跑上山去了。

当时，我妈妈年纪大了没有跑，我嫂嫂也只好留下来，在家照顾我妈。我那几个嫁出去的姐妹也都跑回来陪我妈妈，她们一共七个人，还挺热闹的。

我们跑出去的第二天，红军真的来了。红军到播阳后的一举一动、一言一行与反动派的宣传完全相反，他们不仅不杀人放火，不侮辱妇女，反而待人亲切，秋毫无犯。消息传到山里，我于第二天傍晚回到家里。回来时，心里还有点害怕。但刚一到家，红军就来看我，一见面亲切地喊老乡，接着宣传说：“不要怕，我们是红军，是为穷苦人打天下的，你们家有老小，不要跑，要他们都回来吧。”说话和蔼可亲，很快就消除了我原来的恐惧和戒备心理。他们要我们帮他们找付石碓舂米，再就是问我愿不愿帮他们带路到黄垢，对红军提出的这两点要求，我都一一

① 梁甫耀，湖南省通道县播阳镇人，采访时76岁。

照办。

第二天，就找了一副石碓安装在我家里，在我去给红军带路之前，我还动员了我家姑嫂五人给红军舂米。她们舂啊，舂啊，一连舂了五天五夜。这五天五夜，我家简直成了粮食供应站。红军这一批送谷子来，那一批领白米去，一批接着一批，络绎不绝。石碓在她们五姑嫂的脚下不停地叫，那声音不大不小，那节奏不快不慢，真像一支悠扬动听的抒情曲；她们手中的簸箕上下翻飞，雪白的米粒在簸箕里欢腾跳跃，仿佛在欢迎红军的到来。

她们五姑嫂白天黑夜不停地舂米，很辛苦。但她们分文不要红军的工钱。红军来取米的时候都开工钱给她们，她们几个总是咯咯一笑，没有一个伸手接钱的。红军只好把钱扔在簸箕里就走。你走你的，她们也不着急，等后面一批红军来取米的时候，她们又悄悄地把钱和米一起灌进了红军的米袋里，而红军战士丝毫没有察觉。当红军战士背上米袋抬脚出门的时候，他们几个便抿着嘴，扮着鬼脸咯咯发笑。年轻的战士往往被这种笑声搞懵了，十分尴尬地前瞅后看，以为自己出了什么洋相。越是这样，她们几个笑得越欢，把人家笑得面红耳赤、怪不好意思的，恨不得长对翅膀快快飞走，脱离这“可怕”然而又可亲的笑声。（姚奉彪搜集整理）

选自中共通道侗族自治县委党史办编：《红军长征过通道》，1986年10月，第246—247页。

送　谷

刘玉坤①

1934年12月12日，红军从双江来到金殿陈冲团，住在一户宽敞的地主家里。我们几个带路的也被留下来，受到了红军的热情款待。

我们住处附近有一个老头子。他养着两只母鸡，红军问他卖不卖，他说穷得揭不开锅想留着生蛋换点米吃。听他这么说，一个当官的红军马上命令两个战士到地主仓里挑来两担谷子送到老人家里。老人看着两担金灿灿的谷子摆摆脑壳说：“这是别人的东西，我不能要。”红军说：“老人家，不要怕，您饿着肚子怎么活下去，这是我们送给你的，收下吧，没您的事，地主要报复，我们还会回来的。”老人终于打消了顾虑，收下了谷子。为了报答红军的恩德，老人把那两只母鸡送给红军，可红军战士说：“我们是工农子弟兵，是专门为穷人办事的，您的困难也是我们的困难，不要客气。谷子请您收下，鸡我们不能要”。说完便走了。老人望着红军的背影激动得眼泪直涌。（李华柱记录整理）

选自中共通道侗族自治县委党史办编：《红军长征过通道》，1986年10月，第211页。

---

① 刘玉坤，湖南省通道县双江寨人，采访时89岁。

猪嘴里吐出了铜钱

杨光斌①

红军长征过我们流源时，我才七岁，当时国民党造谣说：红军是绿眉毛、红眼睛、共产共妻，凶暴残忍。所以村里的人听说红军要来，都收拾家什，赶着牲口躲到深山里去了。我和母亲也随乡亲们一起进山躲藏。因母亲要照顾我，只好把一头百多斤重的肥猪丢在家里。

红军从广西翻山过来，在我们流源宿营。躲在山里的人，经常派人到村后的山顶上瞭望，有一天，瞭望回山的人对我母亲说："嫂子，今天听见村里有猪叫，会不会把你家的猪杀吃了。"我母亲听了连连叫苦，难过得流下了眼泪。自从父亲去世后，母亲为生活所迫，不得不起早摸黑地辛勤劳动，田里地里都是她一人在忙，喂那么一头猪真不容易。想靠它换几个钱用，而现在被红军杀吃了，叫她怎么不心痛呢？

母亲天天都盼望红军快些走，好早些回家看个究竟。直到进山后的第八天，听说红军走了，我母亲带着我最先走进村子。到楼下一看，猪栏里真的空了。我母亲靠在猪栏边伤心地大哭起来。过了一阵，我母亲带我上楼去看，看看是不是还丢了别的东西。到了楼上，我就走进我睡的房间，见到窗子边写着一行字："我们是工农的子弟兵。"（当时我不认识，后来读书了才知道。）在这行字的下面，红军把我床上铺的稻草

① 杨光斌，湖南省通道县流源小学教师。

扒成一堆。见此情景，心里很气愤，猪没了，还把我的床铺草堆起来。于是我跳到床上，三脚两脚就把草堆踢散了。这一踢，竟然踢出一个血乎乎的猪头来，把我吓了一跳，连忙喊母亲来看。我母亲进来一见那猪头，刚刚平息的哭声又响了起来。她哭着把猪头提出去放在火炉边，猪头没放稳，“咚！”的一声倒在地板上，便“哗啦、哗啦”地从猪嘴里掉出一堆铜钱来，母亲擦干眼泪，小心翼翼地把铜钱拣起来，接着又从猪嘴里抠出了一些，一数足足300枚。我母亲转忧为喜，又一次掉下了眼泪，不过这次掉的不是痛苦的泪水，而是充满感激的热泪。

后来，还发现红军烧掉的柴、吃了的红薯都留下了钱。我母亲有生以来没有见过这么多的钱，她捧着那300多枚铜钱笑了，笑得多么甜呀！

（姚奉彪整理）

选自中共通道侗族自治县委党史办编：《红军长征过通道》，1986年10月，第209—210页。

红军在铜鼓

刘春莲①

1934年冬，红军从敦寨来打铜鼓，我拖着两个孩子想跑。红军见到我后，对我说："老乡，不要跑，我们是红军。我们公买公卖，打富济贫，莫怕"。我就没走了。我见他们口渴，就挑了一挑水给他们喝，他们喝得光光的。他们在铜鼓，出地主的谷子，杀地主的猪，穷人的东西一点也不动。铜鼓街上有个地主叫徐本优，外号祖孙胡子，他家的东西被红军抄了，谷子分给穷人。他们送给我一谷桶谷子。红军还用藤篮盛两个米花送给我的孩子吃，还送一件灰布军服给我。我们几个妇女帮他们舂米、筛米，我舂得快，他们每人都开给锑毫子做工钱，还送给我些米头。有个红军还送给我两块绣花的枕头布，说是给我小孩做兜兜的。红军在铜鼓住了两天就走了。红军走后，分得地主的东西又被地主退回去了。

选自锦屏县史志办公室编:《绿色锦屏的红色记忆——红军长征在锦屏》, 2008年10月, 第78—79页。

① 刘春莲, 女, 铜鼓群众。

我给红军带路

李文科①

那是 8 月间，我家没饭吃，就去小里买谷子。当时买了两挑谷子挑回来，在路上遇见红军队伍，红军叫我给他们带路去隆里和鳌市。我心里害怕，就说我家里还有七八十岁的老人等着吃饭。红军说，老乡，你不要怕。你是穷苦百姓，我们是一家人。他们打发和我一起挑谷子的伙计替我把谷子送回家，过一会儿有个红军战士对我说，师长请你过去。当时师部设在小里一个姓杨的家里，他们在堂屋里开会，长桌上铺着红布，摆着地图。师长问我到剑河柳寨还有多远，走小路好还是走大路好。我告诉他们，去柳寨有 120 里，走隆里这边大路好走些。师长说:“好，你去休息”。我给他们带路到隆里、鳌市后，就要求回家。那个红军要我等师长来后再走，他说 :“你家里穷，我们要打发你钱回去”。师长回来后，给我七块光洋让我回家。我高高兴兴回家，还请那个帮我挑谷子的伙计吃了一顿。

红军在沿路写了很多标语，我记得的有 :“打倒恶霸地主！”“我们穷人分田地！”“我们是共产党！”“挖富填贫！”街上贴的布告还有毛主席的名字。我回到新化所后，看到街上有很多红军。有个红军指着前面穿袜子的人问我:“这个穿袜子的是什么人？”我没敢讲。他说:“他

① 李文科，新化所群众。

是吃冤枉的。”红军到各家打开谷仓查看，哪家谷子多就担，谷子少的就不动。新化所街上被担谷子的几家都是地主，穷人家的都没有动。红军还叫那些地主帮他们抬伤病员。

选自锦屏县史志办公室编：《绿色锦屏的红色记忆——红军长征在锦屏》，2008年10月，第79—80页。

红军过地茶

杨再锦①

红军来的头天，我也跑了。第二天，我出来瞅红军走了没有。只见寨子里写有“红军不拿群众一针一线！”“打倒王家烈！”“只有苏维埃才能救中国！”“打土豪分田地！”等标语。我来到寨上,见有很多红军。红军见了我，就过来拍我的肩膀说：“老乡，不要怕，我们是穷人自己的军队。”他们又去看我的家，问我有没有田地，我说没有。他们说，以后会有田地给你们种的。又说：“我们要去贵阳打王家烈。”晚上叫我别回去，明天给他们带路，他们还让床铺给我睡。

第二天麻麻亮，红军就起身走。临走时，他们还送给我两箩筐米，有 80 来斤。我带他们到瑶光，当天就回来了。回来时，红军还送给我两块大洋。有个姓杨的营长还送我一张名片。我走了好远，有个红军追过来，要我回去一下，那杨营长写了张路条给我。红军穿的衣服很杂，有穿便衣的，有穿制服的，有灰的、青的、黄的，长官穿的是黄大衣。红军有些马，但大多是驮东西的，人骑的很少。

选自锦屏县史志办公室编：《绿色锦屏的红色记忆——红军长征在锦屏》，2008年10月，第80页。

① 杨再锦，地茶群众。

红军过偶里

龙道才[1]

红军来到偶里的时候，天快黑了，天下着毛毛雨。听说红军要来，保甲长们早就跑了，受他们的蒙骗和威胁，群众大都跟着跑上两边山躲避。偶里千家苗寨，空空如也，只有几个老年人在提心吊胆地留守。

红军是在稳江人带引下上来的。来到偶里，看见两边山上树林间有人在走动，就大声叫喊："老乡，你们不要跑，请你们下来。红军是好人，不侵犯你们，不拿你们的东西，只是路过"。听了红军的喊话，我们几个便大胆地走下山来。一个背着写"王友华"斗笠的干部模样的红军走过来对我们说："我们是红军，是穷人的队伍，你们莫怕"。说着，将一张名片递给我，把我们带到设在联保办公处的团部，见他们的团长。团长约30多岁，很客气地对我们说："我们路过你们这里，明天想请你们给我们带路，不要你们挑担子扛东西"。

晚上，红军团长留我们吃晚饭。红军吃的是乡公所里的米，那时乡公所里有几十担大米。伙食开得很差，菜是萝卜，没有油没有盐，而且煮得糊兮兮的。晚上留我们一起睡觉。虽然是深冬，但红军穿得都很单薄，多数人没有棉衣。盖的是两层单被。晚上，红军反复告诉我们，红军是穷人的队伍，是为穷人打天下的。深夜，红军还起来看我们，交代

① 龙道才，偶里群众。

我们“盖好被子，别着凉”。帛阶山脚有一棵三四人才能抱得过来的大樟树，晚上红军有人在树下站岗和睡觉。

第二天早上，寨上写有很多标语，如“农民起来，暴动起来，不交租，不还债”等。寨上和两边坡上都站满红军，约有几千人。哨子响了几声，队伍集合准备出发，红军首长对部队训话：“我们是红军，是人民的军队。劳动人民不能侵犯。吃了人家的菜把钱放在菜地里，喝人家的酒把钱放在酒坛边，不能乱拿老百姓的东西”。我杀了一只鸡给红军吃，红军开给我一个单银毫和20个铜毫。后来，很多人都在自己的菜地里、柴堆边、灶台上拾到银元和铜钱。有些人还收到红军送给的筷子、书本等东西。

部队开拔时，寨上有些人还送粑粑、草鞋等东西给红军。怕我们带路的人路上饿饭，红军给我们每人都包有饭，而红军每人只发几把炒得很香的黄豆。一个红军战士提一盏马灯想要我帮提，红军首长马上批评：“人家是来给我们带路的，不是来给你拿东西的”。有一些马匹，是用来驮大行李和重枪械的。路上，有一个背包扛枪的红军首长不断和空手的我说话：“你看红军和国民党军队有什么不同？红军是人骑马，国民党是人骑人”。红军从阿狼冲经过。阿狼冲有五六里长，两边树木阴森，绝壁处处。走在前面的红军便在岩壁上写“注意，危险冲！”等标语提醒后面部队。

我把红军送上八洋到归朝就回来。红军给我打发六个双银毫做路费，并交代回去好好种庄稼。偶里给红军带路的还有龙景川、龙有泽、龙世清、龙道修等十多个人，每人回去都得到红军打发给的路费。

选自锦屏县史志办公室编：《绿色锦屏的红色记忆——红军长征在锦屏》，2008年10月，第80—82页。

帮红军架浮桥

吴延真

那是甲戌年的 11 月 13 日上午，太阳照着山头暖洋洋的，红军大队人马来到了八舟。当时我站在八舟的后龙山顶上，见红军从黎平向八舟开来，像蚂蚁牵线一样，队伍一直拉长到距八舟十几里的杉树坳。他们背的东西不少，但走得不慢。有的红军拄着拐棍，有的在路旁打快板做宣传工作。其中有这样几句："嘿！嘿！莫掉队，冲过黎平到遵义！"这时，我想起吴之焕老人讲他放木排到中黄碰上萧克带领的红军的故事。他说："红军纪律严明，秋毫无犯，是从古以来没有见过的好军队，是解放穷人的队伍，当红军来时你们不要跑。"想到这里，我立即跑回寨子。红军果然与其他军队不一样。他们有的跟老人们谈心；有的拉出财主的猪来杀，把肉分给穷人；有的打开财主的仓，把谷子挑给穷人。我家也分得谷子 80 多斤、猪肉三斤、猪肠子两斤多。寨上的群众看到红军打大户、救穷人，爱护百姓，是天底下最好的军队，也纷纷帮助红军做事情。

当时我忽然想起八舟河上木桥很不稳固，红军大队人马要从上面通过，十分不便，就拿起斧头、船篙跑去修理。跑到河边，只见吴之焕与吴之运两位老人早已站在冰冷刺骨的河中用木排给红军架浮桥。

原来，吴之焕见八舟桥年久失修，摇摇欲坠，中间还缺了两搭横枋，只剩两块仄仄的桥板，单人通过都很不安全，想到红军大部队抬枪抬炮，还有大骡马驮着东西，从上面过就更危险，便决定把八舟河里上下的木排拉拢来给红军搭座浮桥。但有些木排一人拉不动，这时吴之运正好来到河边，之焕就叫他帮忙，于是两人就忙碌起来。他们把木排拉拢来后，又把它沿着原来的桥墩一挂挂地连接起来，然后用木桩固定。我赶到时，只见他俩累得满头大汗，双脚冻得发红，我立即跳下水去，帮着打桩固定和用绳子、藤子连接木排。这时，红军的大队人马已来到河边。他们看见我们在搭浮桥，热情地向我们道谢，许多红军战士跳进水里和我们一道打整浮桥。我们军民团结，并肩战斗，足足忙了一个上午，浮桥终于搭通了。但是，木排是圆的，走起来还会转动，大骡马不能走。我们又急忙到桥头铺和八舟寨搬来了很多散板和门板，横铺在木排上，这样浮桥就稳了，使红军大队人马平安通过。

当天中午，很多红军战士来感谢我们。有个高高大大的红军长官，拿着一匣银子，大约有三四斤重，送给吴之焕，说："感谢你们对我们红军的大力支援，如果没有你们，我们过河就会碰到大困难。我代表全体红军向你们表示感谢！这点银子，数量不多，拿给你们买点酒肉驱风寒，请收下吧！"吴之焕谢绝说："我们做这么点事哪能收你们这么多钱？帮财主干几年的活都得不到这么多。你们是为我们穷人打天下才来到我们这山沟鱼洞的，你们拿去路上用吧。"有个红军笑着问："你们知道我们红军的纪律吗？""知道。你们不乱侵犯老百姓的利益。""对啦！你们不收下工钱，我们就成了侵犯老百姓利益的军队了。"

这样，吴之焕就只好把那一匣银子收下。

整整 50 年过去了。当年我们帮红军架浮桥的情形，以及红军对待穷人的深情厚意，一直久久地留在人们的记忆里。那些年还有人编了四句山歌：

甲戌红军过黎境，寒冬之焕架桥迎。

大队人马横江过，一匣银子表深情。（志强、杨家顺整理）

选自中共黔东南州委党史资料征集办公室编印:《红军在黔东南》,1985年7月,第162—164页。

人民的军队就是好

——回忆红军在大稼①

潘光植

“我从来没有见过这样好的军队。”这句话，是我们村上杨故规格老（侗语一老人），在52年前对我们村的一伙青年人说过的。事情发生在1934年（民国二十三年）冬，正是风寒刺骨，路断人稀、富人欢喜穷人愁的时候。一天，传来红军来了的消息。那时候，凡经受过兵荒马乱之苦和受到国民党反共宣传的人们无不成了惊弓之鸟，四处奔逃。我们岑鲁全村人，除了少数老人之外，家家户户，慌慌忙忙，提轻带细，扶老搀幼，关门闭户，深山躲藏，直到傍晚听到红军已往大稼去了之后，大家才陆续回家。回到村上，互相打听，杨格老兴致勃勃地告诉村里人说：“这些军队好得很，他们不拿老百姓的东西，烧柴、吃菜用钱买，你们看，他们还送给我这包盐巴，我活60多岁了，从来没有见过这样好的军队啊！”那时，我才14岁，听了十分敬佩，我们一伙年轻人出于好奇，我和大哥潘兴成、潘光大和杨胜甫相约去看。第二天，我们壮起胆子，每人挑一担柴火去大稼看个究竟。当我们走到大稼寨子屋背，看到大稼田坝的田埂上，威武雄壮的红军队伍像蚂蚁牵线似的往西北方

① 标题有改动，原标题为《人民的军队就是好——回忆红军、解放军在大稼的二三事》。内容有所删节。

向走去。我们转身走进寨子里，就有红军向我们打招呼："老乡，你们是什么地方的？柴火卖不卖？要多少钱一担？"我大哥答：你们给多少都行！红军们亲善地接过担子，按照柴火的轻重不同，分别付钱给我们。我这一担最小，大约40多斤重，给我40文铜板（铜币），我们内心都很高兴。我们看到衣着端庄、精神抖擞、顶风冒寒、不畏艰辛而长途跋涉的红军们，有马不骑，用来运武器。而红军们却肩负枪弹，背负行囊，脚蹬草履，意气风发地急行军。使人感动的是，红军的脚被草鞋打起血泡，用棕衣包扎，坚持行军；有的夜歇解足，脓疱溃烂，用盐水洗涤，痛而无怨，仍然谈笑风生。他们所住之处，都打扫得干干净净。在大稼寨上红军的一匹军马吃了吴家的稻草，一位红军马上收缰另拴，去向吴家道歉赔偿。目睹这些，与国民党军队、地方政客及他们的爪牙们往日欺压百姓，鱼肉人民，甚至掳抢、烧杀、奸淫的行为相比，使我年轻的心热血沸腾。对杨老曾经说过的"我从来没有见过这样好的军队"的这一句话，深深地印入我这颗年轻的心。同时，初步得到了"这样好的军队"他们为了什么的解答。

选自中国人民政治协商会议贵州省黎平县委员会文史资料征集研究委员会编：《黎平文史资料选辑》第3辑，1987年，第28—30页。

红军过响水

张胜英

记得是甲戌年十一月中旬(1934 年 12 月下旬),天气已经有点冷了，红军长征来到马号时，我家住在双井乡的响水村，那天下午天色黑了，我在家做饭，看到有四个穿黄棉衣的军人来到我家。他们尽说湖南口音的话，态度很和气，说要在我家找歇处，我指他们去我家下面的大房子，他们不去（那是一家财主），要住我家。我问他们从哪里来，他们说是施洞，又说他们是专门打富济贫的，是红军，是干人的队伍，叫我不要怕。我见他们说话和气，态度好，就答应他们歇一夜，我烧热水给他们洗脚，又煮饭给他们吃。晚饭后有两个去门外，有两个和我摆龙门阵。说他们是红军，是打救穷人的队伍，主张天下穷人是一家。他们写了一张“天下穷人大团结”的纸条给我看，并说不过三天，他们的大部队就要来了，穷人要团结起来，接着他们又拿出一张照片来给我看，他们先问我要不要，我说要，他们要我好好保存，谁也莫送看，他们指着照片上一个穿长衣服的年轻人说：“将来我们的幸福就靠这个人。”

其实,财主家房子就在我家屋坎脚,要是当晚有人晓得,我们也完了。

第二天，天还没亮他们要走，叫我带他们上大路去，从响水到中大路有一两里路。我提个菜篮装成打猪菜的样子带红军出去，走到十字路口，有个红军在路上画个符号，我看不懂，走上了大路后，指他们去镇远的方向我才回来。

第二天，我去冒龙井打菜，一上山就看见很多红军来了，有男有女，有老有少，穿的衣服各种颜色都有。他们是过响水去镇远，过了一天一夜。

听说有一股走施秉，人更多。（任祥润记录整理）

选自中共施秉县委党史资料征集办公室编印:《红军长征过施秉》, 1985年12月, 第41—42页。

红军过老渡桥

罗炳胜

红军是甲戌年冬月二十一（1934年12月27日）过我们这里。那晚上我们睡了个把钟头，他们便来喊醒我，问去余庆有好多路，我说30来里路，这里到平波浪五里，下大塘铺又是五里，大塘铺到肖家屯五里，肖家屯到土地塘五里，土地塘下余庆十里。吃饭时搞起肉喊我们吃。第二天我跟他们带路下余庆，那天晚上我还问他们："你们这个军队喊哪样军队？"他们说："喊红军。"我说你们来得苦哇，从哪来？他说山东济南府大队，他们那些队伍净是大枪，八二迫击炮和重机枪、轻机枪。转来我在大塘铺捡得包脚布（绑腿）郎大一捆背起转来，给我家娃娃整背带，我若不送红军下余庆去，我布都扯不起一尺，回来还送给我几吊钱，就是那个毫子。有一个是湖南人，那个人好个人。山东来那个就说："拿布匹送老板。"他说不要拿布，他是挑柴卖草的人，二天余庆人认得他，我们不要紧，我们是在这过路，不久他们来赶场，就要捉去整他。他们就把一张纸递到我胸前，不巴纸又要喊我带路。二十二到二十四连到过三天，赶后到红山开会，清历史，我还是这样说，那年款子确实派得多得很，赶后红军一来就没要了，甲戌年毛主席来那年，我们这街上啊，草都是铺满完了的，我到唐家弯去，后阳沟都铺满了，没得睡处啰，我说："红军，我家昨天才生娃娃，睡起屋头你们不好得。"他说："哎呀，没要紧，我们是为你们好，我们屋里还不是一样的。"他就是这样和我说的。

他们在路上写的好大的字：打倒王家烈！活捉毛光翔！我认不到字，听他们郎格说，在十字路口写得有这些字。在唐家弯杀了土豪罗应方家猪一头，大窝地主王久成、罗秉生家各两头，那时我做生意有一个猪在罗家要杀了，认为是他家的，后说明也就没杀了。红军杀猪把皮子一刮，那晚上我们吃，啊啊！说不尽，就拿那脚盆装起吃！因为国民党宣传得久了，街上的人都跑了（我家有月母子，我不能跑），那末我就带红军下余庆去了。（黄克雷整理）

选自中共施秉县委党史资料征集办公室编印：《红军长征过施秉》，1985年12月，第51—52页。

红军过白洗

吴占和　吴够东　吴老相　吴够你①

1934年冬，红军从谷陇、九溪到白洗。谷陇克麻惯匪雷九面、雷九王、雷九金等一伙，到杨柳塘杨四力家，等待红军路过，以便行劫红军枪支。但红军行动神速，众匪无防，红军抵达杨柳塘时，雷九面等一伙匪众发觉红军，即从杨四力家冲出，向山上逃窜。红军举枪射击，打断雷九王腿，余匪跑到项牙冷，红军又把雷九金击毙，残匪见势不妙，仓皇逃窜。

红军行至白洗，群众逃进山林，寨子无人。有一红军骑着高头大马向山林大喊:“老乡，不要害怕，我们是穷人的队伍，我们不害百姓，你们快回来招扶家里的东西，以防被盗。”懂汉话的男人，向群众翻译，群众消除顾虑纷纷回家，称赞红军纪律严明，秋毫无犯。

有一红军战士到苗族农民吴三龙家门口，看挂着草鞋一对，便把草鞋拿走，把钱放在挂鞋的地方。红军到了白洗，兵分两路向施秉前进，一路经将军坳至施秉，一路从翁兵到岩头，顺小河下施秉。红军路过，从早到太阳偏西。将军坳苗民吴多定给红军带路到施秉，红军送他一匹布。白洗长田寨苗民吴报清给红军带路到施秉，红军送给他盐巴、钱，他说 :“红军是穷人的队伍，我分文不要。”红军战士杨大哥，河南人，

① 均为苗族群众。

因病掉队，流落岩头寨，常住杨汉清、杨再清家，经常帮群众纺纱织布，与群众关系密切，群众亲切称呼杨大哥。杨大哥住岩头近十年，解放前夕，群众为其凑足路费，送他回乡去了。（吴征尧根据录音整理）

选自中共施秉县委党史资料征集办公室编印：《红军长征过施秉》，1985年12月，第53—54页。

红军驻扎宰练寨

杨老先①

红军长征到朗洞时，人很多，朗洞城住不下。有一支红军部队（不知番号）到我们宰练寨扎营宿食。当时我们寨里的人听信国民党反动宣传，说红军要共产共妻，烧杀掳抢。因此，我们寨的人，听说有红军到来，都跑进山里躲了，只留有老人守家。红军进入我们宰练寨后，从不乱来。红军向我们在家的老人讲解红军是打富济贫的军队，是为穷苦人民翻身求解放、建立新中国而奋斗的人民军队。不是共产共妻，大家不要怕，不要在山里躲了，快回家招呼你们家的牲畜。我听了红军的宣传，并亲眼见了红军的军纪严格，确实秋毫不犯。于是，我用侗语叫喊在山里躲藏的人回到家里。他们看见红军部队与国民党军队大不一样。红军对人民很好，说话和气，平等待人，不乱拿群众一针一线，全寨男女老幼都喜欢红军，让住房，借炊具，拿吃的东西给红军，亲如一家人。（钱开泰记录）

1983 年 9 月 17 日

选自中共榕江县委党史办公室编印:《红军进榕江》，1986年12月，第81页。

① 杨老先，侗族，采访时84岁，宰练寨人。

红军在返排

杨忠　徐正清　杨正全

“红军到革东了，就要到返排来了。”风声一传开，全寨顿时忙乱起来。旧乡公所的人员吓破了胆，都逃走了。老百姓由于听信国民党的宣传，也都跑上山躲，全寨空无一人。

红军果然来到了返排，那是甲戌年 11 月下旬的一天下午。当时，在革东督阵修碉堡阻击红军的当地恶霸蒋大六已跑回返排寨上。红军进寨时，蒋大六身穿长衫，骑一匹大白马，头也不回地飞快过河向新龙坪深山老林方向奔跑。红军见此人行动，认定不是老百姓，而是坏人，举枪就打，只听砰砰几枪，那人往右歪了一下，就跑进森林里面去了。这几枪只在长衫上打穿了几个洞。虽然没有结果蒋大六的狗命，但也使他丧魂失魄。

红军进返排后，见没有老百姓在家，纪律非常严明，杀老百姓的猪吃，就把钱放在猪圈里，吃了老百姓的腌鱼，就把钱放在坛子里，没有随便动老百姓的东西。同时，在板壁上写大幅标语：“打倒土豪分田地。”有的老百姓见红军不像国民党那样，也就想回家看一看。杨正全是全寨回来最早的一个。他进寨时，红军还给他饭吃，他感到这是支好队伍，的确是维护穷人的。于是，就给红军带路到南哨。红军给他 50 个银毫。

选自中共剑河县委党史办公室编印：《红军过剑河》，1987年，第54页。

高定苗族人民忆红军

姜兴作等①

那是甲戌年 11 月的一天，红军从高洋过来，前后走了三天三夜，有 1000 多人在高定住一夜。

当时，高定、盘贾、八书、高洋是联保，联保主任是八书人王永祯，自卫队长是德化人李烈英。他们带领乡丁和地方老百姓去高洋阻拦红军，跟红军打了一仗。打不赢红军，就各自逃散了。这支红军是从南加过康中到德化、高洋，又从高洋走八书、盘贾到朗洞的。

过高定这支队伍是从尚重那边来的。他们到高定停宿时，不杀群众一鸡一鸭。因我们不知是什么队伍，很害怕，都跑上坡去了。红军见我们慌忙逃散，就喊:“不要怕，我们是红军，是红苗！”红军过这里，寨上头人都害怕，不敢惊扰红军，红军也不惊扰他们。红军说：“我们是借路过的，你们不要怕。”

红军进寨食宿，因人很多，困难很大，多数老百姓又关了门，他们就在露天坝煮饭吃、睡觉，连粪棚里的草堆也住了，还住不下，就睡在白洋坡脚一带路上。吃的也很差。他们也到老百姓家找米来煮吃，但尽是煮些稀饭。过后都发现他们把钱放在米桶里。

红军很重视安全防火和环境卫生。他们拿稻草来铺睡，走前收拾得

---

① 本文为姜兴作、杨贵发、吴往翻、姜女改（女）、吴甫引保（女）、吴金斗、姜兴成等老人和姜兴章口述。

很好。后来我们问掉队的红军战士："你们为什么要捆好稻草，打扫干净？"那战士说："不收拾怕失火烧房子！"

红军真的艰苦，他们尽是穿草鞋，好些人脚都起泡了，有的脚已经灌脓，出血，走不起路。结果有五个战士跟不上队伍，留在高定。其中有一个住在吴兴连家，这个人穿戴都比较好，可能是个领导。吴兴连对他照护也很好（当时吴有 70 多岁）。住了四五天，这个红军的脚好了些，就从东北方向走了。走时，他留下一条青缎子给吴兴连（这条缎子已被吴家妇女用光）。有两个住在姜兴作家。因为这两个红军脚都肿了，姜兴作用烧红的斧子泡在人尿里，然后用人尿涂脚，后来消肿了。他们在姜兴作家吃了三餐饭，其余都在寨上讨吃，不久也走了。后来听说有一个在久仪当家，解放后回江西去了。还有两个战士，是寨上派人搭了个木皮棚给他们住，砍柴给他们烧，送饭给他们吃，但他两个都吃不下饭。这样大概有十多天，两个都病死了。死后，地方上出点酒肉、工钱请胡家和姜引保胆几个人抬到白故岭嘴上埋，两个共一个坑，用他俩住过的木皮当棺材。

由于红军纪律严明，秋毫无犯，和我们苗家心连心，真的像"红苗"。不仅我们穷人不怕，很多人从坡上陆续回家，主动照护伤病员，而且这里的地主势力，包括当时的保长姜益盛在内，也认定红军是好军队，不加干扰，对伤病员也不加迫害。

选自中共剑河县委党史办公室编印：《红军过剑河》，1987年，第55—56页。

红军为民除害

何士超　李世发①

甲戌年11月14日，大军进南哨，走了九天九夜。那时群众还不知道是红军，因为人太多，就喊叫大军。大军一部分从高定、九当方向来，一部分从九虎来，一部分从返排上来。离开南哨时，大部分从久仪方向走大田角到台江，一部分上章汉走剑河。

在大军未到之前，南哨区公所组织一个名叫“保安自卫队”的地方武装，约有三四十人，陈光禄是国民党退伍兵，穿的是国民党军装，神气十足，充当“保安自卫队”队长后，更是耀武扬威，盛气凌人，欺压人民，不可一世。

听说大军来了，老百姓不知道是什么样的军队，都害怕，跑光了。街上有些地富跑进乌当沟躲起来，正遇上一股红军，他们就跑来报。陈光禄、陈光锡等就带“自卫队”持甲板枪、土火之类，赶到白土地坳上阻击红军。红军一部分已经从乌当沟屋背到桃子寨包围了南哨，一部分从沟内直接下来。红军从沟边出来到溪口，“自卫队”就开枪射击。一股红军冲出来架机枪还击。陈光禄眼看抵挡不过，就溃逃，逃到南哨就被红军抓住。和陈光禄一起被抓的还有张发成、吴子魁、吴子奎、陈光锡、陈光泽。11月15日早晨，红军把前五人拿到河沙坝处决了。然后，

① 均为南哨群众。

问陈光泽是搞什么的，陈说：“我是教书匠。”红军便放了他。不知何故，肖发森（外号叫“铁脑壳”）也被红军抓了，拿到杀场陪杀。

红军处决了陈光禄、陈光锡等称王称霸的家伙，为民除了害，人民无不拍手称快。红军对人民却秋毫无犯。李世发的叔妈有一头百多斤重的肥猪，来不及赶上坡藏，被红军杀吃了，她就哭。红军就劝她说：“别哭了伯妈，杀了你的猪，付给你钱。”结果给了她23块银元。

选自中共剑河县委党史办公室编印：《红军过剑河》，1987年，第57—58页。

红军来到剑河城[①]

姚福秀等

①红军是好人，是人民子弟兵

姚福秀（女）老人说：民国二十三年冬天月圆的时候，城关家家户户都住满了红军。他们不进老百姓房间，都是睡在堂屋、灶边、屋檐下，在门口露天坝煮饭，用的是自带的铜锅和活动铜灶。红军看到我家男人不在家，劝我去把亲人接回来，还说："同志嫂！等我们革命胜利了，你们就吃饱饭了。"

向素英（女）老人说：红军来时连续过了七天七夜，我家干儿子王光荣忙着为红军煮稀饭、炒菜昼夜不息。红军吃了东西都付钱，不收钱的东西，他们不要。红军真好。

吴朝英（女）老人说：红军住在剑河城，从不听说过他们白拿老百姓的一针一线，有的去打菜吃，找不到主人就把钱放在菜蔸上。

潘年八老人说：红军是维护我们穷人的。红军战士在柳利街头杀了架子猪一对，是苗族刘老奶的。红军干部得知后，立即去找了刘老奶赔礼道歉："我们红军人多，杀了你的猪，请原谅！"同时付给刘老奶银洋 28 元。我种有一丘七挑田的大白菜，红军割吃了。有个田角，每个

① 标题为编者所拟，原标题为《剑河城关老人谈红军》。

菜莌放一个大铜钱。红军走后，我去田角的粪坑舀粪浇菜时，发现坑里有一堆铜毫，洗来数一下，有四吊多。

谢培松老人说：我在北伐军当兵三年，没见过像红军这样纪律严明的。红军走到哪里都是买卖公平，向老百姓要粮、菜以及其他东西，人在直接付钱，人不在都放钱在拿走东西的地方。出发前，都要把住处周围打扫干干净净。

徐金玉（女）老人说：红军来前，国民党造谣说，共产党来了，要共产共妻。我们当时确实害怕得很，听说红军快进城了，就只顾背着娃娃跑。我跑到巫仰溪大山里躲了五夜，回到家查看东西，一样也没有丢失和损坏。红军拿的吃的都是大户人家的，我们才晓得红军是好军队。

②严格政策　打富济贫

谢培松老人说：红军占领剑河城之前，镇长杨狗就逼群众跑躲，否则“坚壁清野”，火烧房子，要以“通共”罪名处死。当时，大家害怕得很。所以，除老弱病残外，其余全都跑躲一空。

李淑珍（女）老人说：红军在剑河城里打土豪劣绅，抓不到人。轻软贵重东西都被地主老财带走了。只杀得一些肥猪，没收到一些大米和一些布匹、被子、衣物、麻线……没收到的东西，分给了穷人。地主回来后，嘲骂在家的群众：“你们搭赖‘共匪’发财了吧？”

郃昌烈老人说：红军在城里打富济贫，刺痛了土豪劣绅。红军大队伍走后，土豪劣绅寻机复仇。地主蒋三和他的亲戚赵秉成抓到一个掉队的红军战士，绑在人家屋柱子上毒打。地主走后，我们就悄悄放走了红军战士。

向素英（女）老人说：红军在县府衙门院里开会，在我家帮磨豆腐的苗族大妈参加了。红军给他一份肉，他接过后就作揖感谢，红军又递一份给她，她又作揖感谢。因为互不懂话，红军误解她作揖的意思，所以一连送了四份肉。

杨群芳（女）老人说：红军喊我们到县府衙门庭院开会，会后发给东西，我得到一把麻线和两段布。红军在我家煮饭吃，让我跟着他们一起吃了七天。

红军进城的第三天，在县府衙门（现县委住址）庭院里召开群众大会，红军干部出面向群众宣传党的路线、方针、政策，打土豪分田地，北上抗日等道理。随后，把没收大户人家的浮财分给穷人。

③红军护穷人　穷人帮红军

杨群芳（女）老人说：我和刘正堂母亲一起给红军补了几天几夜的鞋子，红军走时，还送给我们钱、送我家两套家机布衣料。

姚福秀（女）老人说：我帮红军缭了五夜米袋，每夜缭 16 个。红军走时，送我一件短皮衣，我穿了几十年。

苗族老人杨老欧说：红军来时，我也跑躲了。我婆婆祝老讲在家，还有李板湾、李欧牛、李闷姣都在家。红军由土豪家挑谷子来，她们几个帮红军舂米一天一晚，筛好了交给红军。

吴朝英（女）老人说:我的老伴龙志清给红军带路到中都，红军说：“没有什么给你，你就拿这床被子去吧！”

还有龙成富、曾兴德、唐三宝等都给红军带路到展架、革东等地。还有唐成权老人给红军送盐巴到展架。

谭礼铨老人回忆说：有个叫谢银球的红军战士因病掉队，流落剑河城里，李麒麟收留了他，并认做义子。五六年后，谢银球被保长杨文兴抓走，下落不明。（中共剑河县委党史办整理）

选自中共剑河县委党史办公室编印:《红军过剑河》,1987年版,第64—66页。

我所见到的红军

白军狗样跑　红军分肉粮

李银成等

1931 年 1 月[①] 的一天，我从乡下做道场回来，听说红军快到猪场（今珠藏）了，只见国民党侯之担的部队像垮水一样退出猪场，那些当官的平时耀武扬威，现在连滑竿都来不及坐就勾着腰杆像狗一样奔逃。我心里害怕，也跑到乡下躲了起来。第二天，知道红军到猪场后不伤害老百姓，纪律严明，我又返回了家。到家刚坐下，就被叫到万寿富（寺庙）开会，没多久，红军把从富户家里赶来的猪杀了，来不及刨去猪毛就分给老百姓每人一块。接着，红军又到土豪文崇德家，将他家挂着的苞谷提下来分给大家。当时，我不敢要，几个红军便对我说："你做哪样不要，这是拿给你的，怕什么。"听他们一说我大起胆子把苞谷拿回了家去。

① 红军长征三过瓮安，第一次是1934年10月上旬，红六军团进入瓮安；第二次是1934年底中央红军抵达；第三次是1936年1月红二、六军团从湘西突围至此。此处回忆的应是中央红军过瓮安的情况。

要杀就快开枪

张绍清

红军要渡过江界河，在对岸扎了一些筏子，筏子上拴着长绳，有些红军牵着绳子的另一头，凫过河来，拉筏子横江。有个红军被侯家兵捉住了，押到猪场区公所，每天晚上严审逼供：

“你是哪里来的？”

“我们在江西、湖南、广州等地，乃至全国都有革命的红军。”

“你们河对岸有多少人，多少枪？”

“多得不知道数目哪！你们自己去看嘛。”

“讲不讲，不讲就干掉你！”

“我已经讲了，就这些，杀了我，你们也没命，要杀就快开枪，别穷啰嗦。”

有人听了这些对话，在街上转告，大家都说红军是硬汉子，是咱们穷人的军队。后来红军过了江界河，向猪场逼来，侯家兵知道末日到了，狠心地把这个红军杀后，就跑得没了影子。

天寒地冻睡檐下，毛委员拄棍步行军

李顺廷

红军到猪场后为了赶路去遵义，我送他们到羊岩河边，他们给了一些钱叫我回家，我不收，给钱的红军说这是上面的规定，不接不行。我接了钱，看着他们都过河后，才转身回到羊岩关，那里有几家烟铺子，我看见一家的屋檐下睡有一个红军，当时正是寒冬腊月，天气很冷，我想那个红军肯定疲倦极了，叫他进屋休息。进屋不久，我听到外面有人过路，便从门缝往外看，只见 30 多个红军正走得雄赳赳的，有的背着小包，有的抬着行李，有的掮着长、短枪，最前面是两匹驮背包的马。队伍中有个 40 多岁的大个子红军，身穿灰色人字呢长外衣，头戴军帽，拄着一根竹竿，走路很有精神。这时，我顺口对身后的红军说。你们年轻人还走不得，你看那位老人家走得多快，他凑过来一看，马上对我说："他是毛委员，这些过路的人都是红军领袖，有总司令、参谋长……"说着，他卷起自己的毯子，出门跟着他们走了。

我高兴得流泪了

皮云青

红军要到遵义那边去，有位长官对我说："老乡，请你帮我们搬点东西，我们付钱，你愿不愿意？"我这个大个子，本来就是搬东西、挑老担过日子的。国民党的部队曾多次叫我抬东西，他们不但不给钱，而且从不征求意见，愿不愿都得去。这次碰到红军我非常高兴，对他们说："长官，我愿意去，我不要钱"，随后，把东西搬到了团溪，他们叫我回家并给了一些钱硬叫我收下。当时，我高兴得流下了眼泪。

不牯吃霸占

李顺廷

我们几个卖粑粑的摊子摆在一起。一天，有个红军病了，很瘦，精神也不好，他从我摊子前走过，我拿起两个粑粑送他，他摆摆手说:“我没有钱，不吃”，我说 :“送给你吃的，不要钱。”他接过粑粑正准备吃的时候，突然一个红军走过来问他开钱没有，当知道真情后，严肃地说:“吃老百姓的东西不拿钱，这叫牯吃霸占，红军绝不能这样做。”说完，便拿过粑粑还给了我，我再三申明是送的，他坚持说不行。

之前，听说红军要来猪场，国民党的兵都跑了，我也把摊子收起来躲进家中。第二天红军真的来了，进街不久，就听到他们宣传“我们是红军，不像国民党的兵那样压迫老百姓，你们不要怕，不要跑，要照护好自家的东西，免得蚀了。有吃的东西抬出来卖，我们付钱”。听了这话，我冒着胆子把粑粑摊子摆了出来。不久，一个红军过来买了一个粑粑，把它分成两半。我以为他饿了，一口要吃半个。谁知，他将半个递给我:“老乡我们一起吃”，我赶快推辞:“粑粑是我卖的，我不吃，你快吃吧。”他硬塞给我 :“你们做小生意的舍不得吃，我请你吃”，我拿着这半边粑粑，心里热乎起来，买粑粑的送粑粑给卖粑粑的吃，真是奇闻，不知不觉，我的眼里滚出了热泪。

红军送饭进家门　受苦农民当区长

兰开云

我家住在羊关，隔猪场有十几里，国民党侯之担的部队知道红军要经猪场去遵义，便派兵把守，妄想堵住。街上扎满了兵，他们天天逼着穷苦老百姓为他们送粮送草，弄得老百姓白天夜晚睡不成觉，日子难过得很。但他们却怕红军，红军还没到，就跑得没了影子。

红军到猪场后，分散住下。羊关住有一个班，扎在我家对面的一个庙里，在卡予上布了一个哨。红军没来以前，国民党宣传说："红军最爱杀人"，我们很害怕，红军来后，都不敢露面。我家有个侄子，那时只有几岁，没有怕惧，他跑出去玩，被红军发现了，他们端饭给他吃，最后还把饭送到家里来。一进家门，就用手挽住我的胳膊，我吓虚了，心想他们是来抓我的，谁知，红军问长说短，亲热得很，我们全家都消除了顾虑。有一天，红军来到家对我们说："你们穷了几辈子，受尽了土豪劣绅的压迫，我们红军是打富济贫，帮老百姓办事的，老乡，跟我们一道去干吧"。那时，我们家穷得一条被子都没有，听说要去打富救贫过好日子，哪有不愿去的。不久，我三弟兰光明（兰斗蓬）就跟他们去猪场，还当了区长。

我们没有忌讳

皮云青

红军来我家住，我要让铺，怎么说他们都不同意，他们拿些谷草铺在地上，睡地铺。有天晚上，我起床到外面去，地铺中间留有窄窄的过道，但我还是怕踩着他们不敢出去，军队嘛，是惹不起的。我只好轻声喊道："请让让，我要出去，怕踩着你们"，他们却说："你过去吧，就是从我们头上跨过也没关系，我们没有那么多忌讳。"

红军在晚上常常打草鞋，打草鞋的红绫子全是从土豪劣绅家收来分给穷人剩余的，他们对穷人的东西一点不白拿，一天晚上，红军要连夜出发赶路，四处找干竹子捶碎照明，我家有一根晾衣服的朽竹竿放在墙角，我拿出给他们，开始不接，待我说它不能用后才拿去捶了，还硬付了钱。红军纪律严明，处处为老百姓着想，真是穷人的好军队。（李家祥整理）

选自中国人民政治协商会议瓮安县委员会文史资料研究委员会编：《瓮安县文史资料》第2辑，1990年，第26—31页。

不可磨灭的印象
——红军经过镇远点滴

许咏讽

1935 年，红军长征路过镇远，[①] 当时虽然我才六岁，但耳目所及，至今尚能记忆，印象之深，岁月难以磨灭。

当时我家住在“第一栈”（位于现在的县供销社新址）楼上，房间紧挨可通向韭菜坪的一条大巷（即通向现在的印刷厂这条巷）。头一天黄昏时刻，巷道忽然嘈杂起来，人们扶老携幼，手提肩挑，纷纷经过巷道，向后山方向涌去。听我妈说，红军打来了，这些人在逃奔。当时我根本不理解，所以并不惊奇，也不害怕，更不过问。

第二天上午，忽听有人用力拍大门，并叫喊着什么。我妈走下楼去开门，卖菜的孙伯妈接着也走下楼去（这是“第一栈”内唯一没有外逃的两户）。门开后，进来一位身穿灰色军装的人，对她俩说了几句话就走了。这时我也到了楼下。我妈同孙伯妈商量了几句，就拉着我上街了。一到街上，首先看到的是横街设立的已经残破的一排铁丝网。走不多远，到黄柏承店铺前（在现在县委会的左对面），看到许多人挤在店铺前面，隔着柜台向内伸手。店里面，有两三个红军递出粉条、鼎罐杂物。

① 红军长征三过镇远：1934年10月8日，红六军团西征过镇远；1934年12月24日，中央红军长征过镇远；1936年1月14日，红二、六军团长征过镇远。攻占镇远县城的应为第二次。此处回忆时间有误。

我印象最深的，是当时住在莱市那位彭伯妈，她喊得最响，手也举得最高，在店铺的另一端，有一个男子被两手绑在一条长凳上，旁边有两三个拿枪的红军，像在拷问他。我妈没有走近，带着我站在街这边（现在的县委会门口）观望。一位红军走过来动员我妈到店铺前去领取东西，我妈笑着摇摇头。于是这位红军走到店铺前去，用洋瓷缸在一个大簸箕里舀了一满缸黑豆，走来倒给我妈。我妈牵起两边衣角，往怀里接过黑豆，然后把两只衣角合在一起，用一只手提着，腾出一只手来，拉着我回家。

……

选自《镇远文史资料》第1辑，1986年8月，第17—18页。

红军渡乌江的回忆

周世昌 ①

1934 年的农历十月间，侯之担的队伍就开到了乌江江界河渡口的北岸，那些军阀部队的兵，经常窜到南岸抢掠老百姓的鸡鸭，还乱拿东西。老百姓都把他们恨之入骨，有些有钱人就摆酒请军阀队伍的官长吃饭，就没有遭抢。

侯之担的队伍还在两岸拉了许多民伕去北岸修工事，江边挖有战壕，还修了两个碉堡，一个在江边，一个在半山，前后共修了个把月。他们还把唯一的一只船拉到北岸去，让船工也跟着到北岸，让船工自己煮饭吃，就睡在江边。当时所有的老百姓一律不准过江，但有些行商给他们行贿，就准过江了。

冬月二十四那天，侯之担的队伍听说红军快要来了，一个营长就派兵到南岸来烧老百姓的房子。刚刚放火不久，红军的先头部队就来到了江边，白军慌忙吹哨子集合，上了渡船，顾不上船工，他们自己把船划到北岸去了，到了北岸又把渡船凿沉了。

红军到了江界河渡口以后，就号房子找宿营地。红军纪律严明，一律不进老百姓家的内房。当时这里有 30 多户人家，各家堂房都住满了，还有许多红军只铺点谷草睡在田坝里。休息时，红军就打草鞋。

① 周世昌，江界河新渡口船工。

红军来了以后，就在新渡口扎竹筏，还动员群众帮助抬门板、粗绳、石磨等，做搭浮桥的材料。为了保护群众，红军不让群众靠近江边，以免被敌人开枪伤害。冬月二十八，红军开始搭浮桥，三个多小时就搭好了，浮桥有七八尺宽。红军从浮桥上过江，三天三夜才过完。（刘昕 1971 年 4 月调查整理）

选自黔南布依族苗族自治州史志编纂委员会办公室：《红军在黔南》，1983年12月，第134—135页。

经商途中喜逢红军

郭宗良

民国二十四年（1935 年），我由四川成都购买少数民族商品来黔丹寨推销，路经遵义到瓮安所属孙家渡，碰上黔军侯之玺部队约千把人阻塞渡口，听该部说红军已由余庆方向进入江界河过渡至瓮安，故他们闻风而逃，狼狈不堪。我等计八人，同行至皂角树时，部队竟阻止我们前进，说什么共匪见人就杀，不去为妙等谣言威胁我们，我们只得就地住下。次日早上遇自瓮安方向来的挑运盐客四人，我们探问究竟，他们回答说："红军好得很，见到商人保护；恨的是贪官污吏，土豪劣绅"。我们就放心乐意地前进至孙家渡口，不料船舶已经隐蔽。我们等待了几小时后，对面河岸有人见我们是商人，立即呼叫说："你们是不是要过河？" 我们说要过渡。划船人迅将隐藏在河湾湾里面的船划过江来，将我们接上船，渡过江口上岸，在木引槽小街休息吃饭。后来又遇挑运盐客数人，我们立即又探问，他们也都回答说"红军好得很，不拉伕，不搜腰包"。我们更加放心，前进至岩坑场，闻来人所说与前无异。

次日我们动身前进至瓮安县城，有红军向我们问候老板好，由哪里来？我们说由四川来。"你们做生意的人也很苦，我们是要保护的。我们红军对土豪劣绅、贪官污吏、恶霸地主是不客气的。"我们住在侯家客栈三天，听说红军又要行动往牛场，直向平越（福泉）进军。我们曾同他们一路到牛场住一宿。实际感到红军的温暖，一路同行，受到热情关怀，红军沿途访问人民疾苦，尊重各地风俗习尚。至于别有用心者宣传红军怎样怎样不好，杀人抢劫等，那完全是国民党反动派对红军的诬蔑造谣。次日又动身行至平越(福泉)。我们住的是北门外一家客栈。红军在平越城内也住有少部分，住在庙宇内；乡下也住有，住在农民家里。第二天，听说北门外提了一位卡员姓白的，当时就地枪决，出有布告，布告内容已记不清。但知道这位卡员吃人民的血膏不少，如我们行商经过该卡，都要给验票钱，敲诈勒索，为所欲为，民愤极大。

后来我们往都匀方向走，红军往贵阳方向前进，就分别了。到都匀后转去丹寨推销商品，售完后就束装回四川家乡去。途经贵阳，见到城墙上用斗大的字写的标语是："打倒土豪劣绅、贪官污吏。"行至南北镇一带，见有穿青衣服的队伍，我们问别人时，他们说那些就是红军，至于坐滑竿的，都是病人，走不动，受特殊照顾的。我们到了遵义，见城墙上也有用土红粉写的大标语，同样是"打倒土豪劣绅、贪官污吏"等内容。我们再探问时，说红军已经北上，听说到了茅台、土城、赤水一带，直往金沙江方向进军。那时我们已匆匆返回家乡去了。

选自中国人民政治协商会议贵州省都匀市委员会编：《都匀文史资料选辑》第2辑，1983年10月，第60—61页。

红军长征过遵义时的回忆

陈福彬

1935 年 1 月上旬，中国工农红军冒着大寒天气，长征经过遵义，北上抗日。只见街上劳苦大众成群集队，熙熙攘攘，人山人海。队伍前头打着“欢迎红军入城”等横标，队伍里，人人手上擎着彩色小旗，分别写上“欢迎共产党”、“欢迎红军”、“欢迎毛主席、朱总司令”等话语。

当时，我十一二岁，在迴山镇小学（现在的丰乐小学）读书。我们十来个小同学，不约而同地聚集拢来，站成行列，在大人的游行群众那里，各自要了小红旗，跟着大人一路走一路呼起口号来。经过街口，往丰乐桥(现迎红桥）走去。我们这个儿童队伍，也跟大人的一样，边走边在壮大。

到了丰乐桥头的“接官厅”，见周司和同志和一些穿深灰色粗布军服，戴五角星帽的红军在那里。“接官厅”的场地上，鞭炮声大作，成千上万的小彩旗在空中挥舞起来。又是一列红军队伍来了。就是那天，就有好几个长长的队列入城。之中，曾有一个队列最大最长（四个一排)，在下午到来时，整个山城都沸腾起来了。队伍中有几个骑着马的。他们和周司和等同志握手后，接着又和欢迎群众握手。听大人们说，他们就是我们欢迎的毛主席、朱总司令等中央首长。有两个长大胡子的，后来听说白胡子是林伯渠同志，黑胡子是周恩来同志。紧跟在这最大最长的队伍后面，欢迎的工农群众队伍，浩浩荡荡，拥拥挤挤，一起入城了。

红军入城后，每天天刚亮就看见他们头戴树枝叶编扎成的斗笠，全副武装，分单行两路从大街的两侧屋檐下，从城内向城外开出，军纪严明，行动敏捷；傍晚，又见他们从域外回来，但队列就是双行，走的就是街心了。有的队列，走到我家斜对门的大水沟就成单行，一个挨一个地向红花岗山坡上登。天黑静，有星无月之夜，只见葵花秆、破竹片做成的火把点燃起来，我站在家门前，从山脚往山腰，再往山顶望去，就如陆定一同志在《老山界》这一散文名篇中所描写的那样，“满天都是星光,火把也亮起来了。从山脚向上望,只见火把排成许多‘之’字形，一直连到天上，跟星光接起来，分不出是火把还是星星。这真是我生平没见过的奇观。”此情此景，至今记忆犹新，在解放后的30多年来，作为语文教师，每当我教学到陆定一同志的《老山界》的这一章节时，那真情实感便油然而生,讲给学生听时,增强了我教学的形象性和生动性。

由于学校放寒假，有的红军就住在我们丰乐小学内。我们不时到学校去玩，去打秋千，有时看到红军操练，严肃整齐，有时听到红军唱歌，激昂跳动，有时碰上煮锣锅饭，喷香喷香；有时正逢吹口琴，调子优美；……处处都觉得新鲜，我越看越起劲，越听越高兴，不由得越靠他们越近，越挨他们越拢。一个个红军战士对我们都笑眯眯的，很喜欢我们。在他们中间，当时我们看不出哪是指挥员，哪是战斗员，穿着都一样，待人都很好，我们去的次数多了，越来越熟悉了，他们就教我们歌唱，摆故事给我们听，还把口琴给我们吹，把飞鹰牌“纸烟画”给我们玩，把锣锅饭底下的黄焦焦的锅粑大块大块地给我们吃。有时，我舍不得吃完，带回家里给父母、姐妹们尝。家里的人吃着，听我谈着，都感动了，就叫二姐把小菜园正长得绿油油的青口白菜，劈了一大提篓，我给红军送了去。我乐呵呵地送到他们厨房，他们笑眯眯的，可一个也不肯收下，我赖着不走，他们算收下了。可我提着空篓前脚刚回到家，那个年纪不很大，却长了短短胡须的红军战士后脚就追上来了，将菜用绳绳围抱着进来。他热情地，笑容可掬地走拢，连声对我家的大人说:“谢谢，谢谢！”并说:“菜很好，但我们不能收。”经父母再三劝说都不行。

后来，同意了红军战士的意见，合了价，算了钱，才算解决了问题。虽是小事一桩，但这个情节给我印象确实太深了。在以后给学生讲到党的革命传统，介绍到红军优良品质，进行“五讲四美三热爱”教育时，这些例子，便活灵活现地夺口而出。作为一个人民教师，灵魂的工匠，这对美化我们的心地，规范我们的情操，做大有利于人民教育事业的人，该是多好的教材啊。

在这段时间，还有个事实，至今不时浮现在我眼前，促我深思，鞭我进步，使我久久忘怀不了。那是一个头戴五角星帽，身着深灰色布军服，光脚穿上一双旧线耳草鞋的年轻女红军战士，约十八九岁，一只手提着一个黑墨桶，一只手端着一根长板凳，只身一人，来到丰乐小学旁的“玉皇观”庙门前，在两侧八字形的粉墙上，站着板凳，用斗大的字，书写了两幅标语：左边是“白军弟兄不打红军，北上抗日去！”右边是“只有苏维埃，才能救中国！”字迹工整有力，笔锋刚劲圆熟。她边写，观众边增多，写完，已吸引了黑压压的一大堆人，你看她刚写完两幅大型标语，紧接着又一个人把黑墨桶和长板凳提着、端着就走下“玉皇观”，这个庙子的石台阶，放下提桶，站上板凳，唱起“顺口溜”来。唱声未停，群众聚拢，越围越多，她就开始讲“红军长征，北上抗日”；讲“只有共产党，才能救中国”；讲“打土豪，分田地”等道理。小女红军讲得头头是道，大家听得津津有味。后来，她号召大家“组织起来干革命，闹翻身”。一讲就是一个多钟头，结尾时，她说：“老乡们，天不早了，不讲了，改天再来。”她提着标语桶，端起长板凳走了，一个个听众都以目相送。有个鬓发斑白的老苦力，边回家，边点头，边说：“讲得真是有道理哟，有道理哟！”

选自政协遵义市议史资料研究委员会、遵义军分区党史资料征集办公室合编：《纪念红军长征胜利五十周年》，《遵义文史资料》第10辑，1986年10月，第170—173页。

红军一分队的生活趣事

冯开津

红军长征于1935年冬第一次路过遵义时，部分部队是从湄潭，经虾子场、老卜场路线进入遵义城的。为巩固遵义外围据点，老卜场街上也驻着不少红军部队。

那时，我刚由学校毕业，分在老卜场我的故乡小学教书。红军来了，我没有去躲藏。相反，还与少数红军接触过。

我家有一间失修的堂屋，住着红军某连连部和一个分队，有40多人。当他们知道我是本地小学的穷教员后，对我非常和气，开饭时总要请我一同吃饭。

有一次，他们杀了一头猪，连皮毛宰成几大块。把要吃的一块刨剔掉皮毛，肥的熬成油，再将瘦的全放进锅里加盐炒熟。他们还盛情地端了一碗送我。我尝了几片，虽没有任何佐料，但也还有盐有味。

饭后，已接近天黑。几个红军扛来一些破烂木柴，在堂屋正中升起一炉熊熊柴火，主动和习惯地拿来几条矮脚凳和长木板，沿着堂屋四周，搭成一个不规则的圆形座。他们枪托夹在双腿间，一个挨着一个地坐着烤火取暖。

一个和蔼而又严肃的红军首先站了起来，喊了声："同志们辛苦了！"接着大家一致回答道："首长辛苦了！"这位首长又继续说："我们开个娱乐会：能讲故事的讲故事，能作口技、打金钱板、说顺口溜、唱歌的都可以发挥出来，消除一下我们整天行军的疲劳。”接着，有一位红军战士拍拍双腿，表示公鸡拍翅，学了几声公鸡报晓；又有一位红军战士学了几声奶娃啼哭；最使大家捧腹大笑的是：一个红军战士踩在一块破门板上，用双腿使劲不停地模仿出火车开动时的轰隆声。同时，用嘴学着火车汽笛的长鸣。那副一本正经的憨厚样子，赢得了大家的掌声和欢笑声。

接着，大家一致要求指导员表演节目。我才明白被大家先呼喊“首长辛苦”的那位红军，就是连指导员。

指导员在大众的催促下，站了起来，可他没有表演，却神情严肃地说：“同志们，我们今后进军的方向，是贵州的省会——贵阳。上级已通知我们，蒋介石已在昨天乘飞机来贵阳督战，想凭借乌江天险，把我们整个红军消灭在贵州山区地带。同志们，我们都是身经百战的红军战士。蒋介石在江西第五次‘围剿’我们时，用了 17 个步兵师，八个步兵旅，约 20 万兵力，都没奈何我们。今天又能把我们怎么样呢？因此，我们要奋勇前进。要在三天内赶到贵阳，会合友军，围攻贵阳，活捉蒋介石，活捉贵州军阀王家烈。所以，我们今后的战斗任务还很重，行军路线也长，休息的时间无疑是很少的。现在马上就寝，随时准备着出发。”

随即他们就你靠着我，我靠着你，半躺半坐地闭上了双眼。

夜，静悄悄的。那位指导员，时而轻脚轻手拨弄着火舌，唯恐没有被子盖的同志们受凉；时而又在逐个逐个细心观察红军同志们的睡态；时而用手去摸每个红军同志双脚上裹的长布带是否干透；真像一位慈祥的母亲。

选自中国人民政治协商会议遵义市委员会文史资料研究委员会编：《纪念遵义会议五十周年》，《遵义文史资料》第6辑，1985年1月，第166—168页。

红军守纪如铁

冯开津

1935 年，红军长征第一次到达遵义。在整休的日子里，有几天，几乎全城都有身穿全青军服，头戴鲜红色五星的红军队伍。有的连队或分队，听到指挥员下达原地待命的命令后，就很肃静地一队一队地挨着坐在街道两旁屋檐下的石坎上。他们两手握枪，将枪托夹在两腿中间，鸦雀无声，决不左顾右盼，更没有看见他们跨进居民家里问七问八，借东借西，找茶水喝等情形。像这样严格遵守军纪的军队，我终生只看到过这一次。那时，谁也感到新鲜和新奇。

我们“红军之友社”的男女青年们，十个八个地组成宣传小组，要经常去街头宣传。特别是女青年们，大都穿着鲜蓝色或银灰色的旗袍，配上白袜青布鞋，常从红军列队旁穿过，却没有任何一个红军有斜视一眼或嬉皮笑脸等行为。这说明红军真正是人民的子弟兵。

15 年后，遵义解放前，国民党反动派大肆谣传共产党来了要杀人放火，奸淫妇女等等，很多人惊恐不安。有人问到我，我就把当年红军在遵义时的实际见闻告诉了他们，使一些人消除了恐惧。

选自中国人民政治协商会议遵义市委员会文史资料研究委员会编：《纪念遵义会议五十周年》，《遵义文史资料》第6辑，1985年1月，第169页。

回忆在“红军之友社”中的小事

冯开津

1935年红军北上抗日，在遵义作短暂休整期同，约有70多个男女青年，参加了以李小侠为首的“红军之友社”，协助红军做一些宣传工作和救济工作。

“红军之友社”设在中营沟杜家公馆，由红军总政治部指派洪水同志来指导大家进行工作。工作内容为：1. 书写大量的小张标语，遍贴大街小巷，宣传红军北上抗日的伟大宗旨；2. 以七八人为一组的青年宣传组，分赴人口较集中的街道向群众宣传：红军是抗日的队伍、不拉兵、不拉伕、不派款、不扰民、不入民房、买卖公平；3. 将红军总政治部转来的一批批没收官僚、土豪劣绅的衣被等物分发给穷苦老百姓。每个红军的实际行动，深得群众信赖，许多穷苦老人感动得热泪盈眶，声泪俱下地说：活了这样大年纪，还是第一次见到这样好的军队！

最使我难忘的一件事是：有一天，洪水同志要我们大家去豫章小学（现市府内，原为市武装部所在地）去听讲话，我们去那里的一间教室内，见到一位身体瘦弱而精神非常旺盛的老同志，须发银白，正坐在用四张课桌拼成的床铺上看书。见到我们进屋去，立刻笑容满面地下床来谦和地招呼大家坐，待大家坐定，这位老同志就讲起有关苏维埃政权的问题来。他说：苏维埃是俄语“代表会议”的译音，在我国江西省的大部分地区都已实行这种制度。简单地说，就是由工人、农民的代表组成各级政权机构，分别冠上省、县、区、乡的地名。各级苏维埃政府都得绝对遵从苏维埃中央和广大人民的意志进行工作，并为这个政权巩固、发展、壮大而奋斗终身。

在江西，我各级政权机构长期被包围在白色恐怖之中，遭到国民党反动派几十万大军的五次“围剿”。由于我们奋起保卫，与强大的敌人进行了反复斗争，才摆脱了被扼杀的危险。

为了使我们苏维埃政权永远立于不败之地，我们与广大爱国分子紧密合作，毅然北上抗日。因为只有把日本鬼子赶出国土，才有我们民族的出路，才能摆脱做亡国奴的命运，苏维埃政权才能巩固，伟大的祖国才能在世界的东方站得起来……

这位老同志是谁呢？讲话之前没有人介绍，老同志也没有自我介绍，但他给我留下的印象很深。他那么大的年纪，不辞辛苦，随红军朝日跋涉，北上抗日，时至今日，回想起来我心里仍是十分敬佩。

1949 年 10 月 1 日，一声惊雷震响大地，第一面五星红旗在蔚蓝的空中飘扬，天安门城楼上，毛主席庄严地向全世界宣告：“伟大的中华人民共和国诞生了。中华民族主宰自己国家的时刻终于来到，今后这 960 万平方公里的土地再不是一个冒险家的乐园，更不是任何列强角逐的场所……”这些豪言壮语，震动了每个炎黄子孙的心灵，发自内心地激动，不禁高呼：伟大的中国共产党万岁！伟大的毛主席万岁！

遵义解放后的一天，我在中华人民共和国开国盛典的画卷上，见到毛主席身后，屹立着一位银须白发的老人，那不正是 15 年前向我们讲“苏维埃政权问题”的红军老同志吗？是他，果真是他，我找了好几个朋友请教，才知道他就是政务院秘书长林伯渠同志。

选自中国人民政治协商会议遵义市委员会文史资料研究委员会编：《纪念遵义会议五十周年》，《遵义文史资料》第6辑，1985年1月，第170—172页。

“红军之友社”的观感

余明璘

“红军之友社”，是遵义青年学生于红军长征时组织起来的革命团体之一。它的前身是1934年12月的冬天，女中学生李小侠和三中图书管理员谢树中等为了迎接红军,成立的“红军之友协会”。1935年1月，红军长征在遵义，邓发同志建议把“红军之友协会”改名为“红军之友社”,打算在老城天主堂（现为“遵义会议”纪念馆辅助陈列室）召开“红军之友社”成立大会，由红军战士洪水宣布“红军之友社”正式成立。但当时由于天主堂是法国传教的地方，群众不经常进去，所以为了方便群众，改在中营沟当时所谓的杜家公馆（现时市委食堂附近）召开成立大会。把厢房内四张方桌连接起来陈列着《资本论》、《中国社会各阶级的分析》、《中国红色政权为什么能够存在？》、《星星之火、可以燎原》等书。那些书都是用粗糙的纸印的（谢老觉哉有句云：马兰纸虽粗，印出马列篇）。每本书的开面很小，如现时大的笔记本，厚薄不一。书面印有弧形的“中国工农红军苏维埃政府”。弧形字的中间，印有镰刀和斧头交叉的图案。此外有《新华日报》（印的纸有浅红色和浅蓝色），还有很多挂图，内容丰富多彩。桌上有一盏马灯、地板上有铁皮书籍（大约有50厘米高,30厘米厚）。若干个墙壁上有标语:“干人们！！打土豪、分田地、杀土豪的猪来过年（当时正是农历腊月）”、“中国工农红军是抗日先锋军”、“白军兄弟们！把枪口转过来，北上抗日去”。当时泥水工周司和、女教师张世明在负责组织儿童，女中学生李小侠担任组织妇女工作。红军战士洪水教唱油印的抗战歌曲。内容是：“炮火连天响，决死在今朝……”“工农兵！联合起来！向前进，我们起来、我们团结、我们前进、我们暴动、我们牺牲、杀向那日本帝国主义的大本营……”有女红军战士在那里宣传说：“朋友们不要怕，我们是抗日的先锋队。日本帝国主义侵略我们中国的领土，凡有血性的中国人，都是不能容忍的。我们是不能让他们横行的。”

当 1935 年时我正在遵义县立杨柳街小学教书，因为听说红军不打人、不骂人，我上街在桥头（现时的新华桥）见有一女红军，身穿浅灰色军服，迎面而来，对人和蔼可亲，平易近人。她叫我到“红军之友社”去看书，因此在那里逗留一个多小时，给我很深刻的印象，尤其对知识分子的关怀，从一些实际行动当中，给青年学生们以反帝斗争的教育，激发青年学生们的爱国热情、鼓励青年北上抗日。这与国民党反动派的“不抵抗主义”形成鲜明的对比。通过红军战士的宣传，给我上了一节永生难忘的政治课。

“红军之友社”成立的时间很短，但是，播下了革命的火种，对青年学生们追求革命真理起了很大的启蒙作用，从而使很多青年学生积极参加红军，奔赴前线，参加抗日救亡工作。

选自中国人民政治协商会议遵义市委员会议史资料研究委员会编：《遵义文史资料》第6辑，1985年1月，第173—174页。

徐老长征在遵义

余选华

要说我几十年生活历程里，有什么值得回忆的革命活动，那就是45年前，在遵义城里欢迎红军和陪同徐特立老人在遵义的活动。事既有几分偶然，时间也不过几天，至今仍记忆犹新。

今年春天，是红军长征途经遵义45周年，曾为此写下一首词《沁园春——遵义》，以作纪念：

记得当年，红军北上，遵义观兵。想乌江飞渡，霆奔电闪；娄山摧敌，雨骤风横；三中广场，万人大会，如纶天语听分明。最难忘，是壶浆夹道，三辔偕行！

工农遍树红旗，更红军之友结成社。今桥访枇杷，街寻杨柳，低徊往迹，缱绻深情。卅年来，天翻地覆，红透江山宇玉清。凝眸处，看红楼耀日，历史名城！

1935年1月9日下午，已是红军先头部队占领遵义后的第三天，毛主席、周恩来副主席和朱总司令率领中央机关，由新城南门关入城，过丰乐桥（迎红桥）、狮子桥，经来勋门、德耀门，由丁字口拐弯向西，经盘安门，再过万寿桥（新华桥）进入老城东门，直抵旧府衙门（今军分区所在地）。当时，遵义各阶层人民潮水般涌向街头夹道欢迎，锣鼓喧天，鞭炮齐鸣，沉浸在一片欢腾之中。

当时，我也站在老城予尹路口欢迎红军。当纵队行列中有七八个红军首长，骑着高头大马远远走来的时候，人群中爆发出一阵阵欢呼声：“欢迎中国工农红军！”“欢迎毛主席、朱总司令！”欢呼声此起彼伏，震撼山城，响彻云霄。

我那时才22岁，怀着兴奋和好奇心，挤过人群，站到最前面，想看看谁是毛主席，谁是朱总司令。首长们走近了，只见一个个身穿灰布军装，头戴八角红星帽，满面春风，神采奕奕。我瞪着双眼，瞧了又瞧，始终分辨不出哪个是毛主席、哪个是朱总司令。后来想起也好笑，当时贵州在封建军阀统治下，实行思想禁锢，从来没有见过毛主席、朱总司令的相片，怎么能分辨得出来呢？最后一个骑马的是高鼻子洋人，我当时十分惊奇：中国工农红军怎么还会有洋人呢？在场观看的人们，众说纷纭，但都和我一样迷惑不解。

我这个人有个怪脾气，凡是弄不清的问题，总喜欢打破沙锅问到底。当晚，我怀着激动的心情回到我爱人家中。一进门，恰好遇着为首组织“红军之友社”欢迎红军的地下党员周司和。我迫不及待地问了他，骑在马上的红军领导人是哪些人？周司和高兴地告诉我说，走在最前面的是毛主席和朱总司令，紧跟在后面的是周恩来、王稼祥、洛甫、博古等人，那个外国人是第三国际派来的顾问李德（华夫）。过去，只听说共产党、红军里有个朱德、毛泽东，这时，才知道还有这么多领袖人物。

紧接着第二天，红军总政治部在老城协台坝省立三中大操场，召开万人大会。我听了高兴极了，心想这回又可以看到毛主席、朱总司令等领导人了。我怀着急切的心情，很早就跑去参加，站在主席台前面的左边，看得非常清楚。从大会司仪周守如宣布在会上讲话的名字，我这时才弄清楚了，第一个讲话的是毛主席，第二个是朱总司令，第三个是总政治部代主任李富春。使人感到失望的是还有周恩来副主席等领导人没有参加大会，未能亲眼见到，真是美中不足，令人遗憾。

当时，毛主席的讲话给我留下的印象最深。毛主席身材瘦长，头发留得较长，身穿灰布军装，温文尔雅。在雷鸣般的欢呼声中，毛主席站在台上，右手向上一挥，开始讲道：“大家都说苏维埃来了，什么叫苏维埃呢？”毛主席讲话的嗓音很尖，一口湖南腔。过去在三中读书时，曾看过一些进步书刊，懂得“苏维埃”这个词的意思就是“工农兵代表会议”。所以，毛主席开头的这两句话一直铭刻在心，至今仍像在耳边回响。这是我第一次见到像毛主席这样伟大的革命领袖讲话，心情非常激动。从毛主席、朱总司令和李富春主任的讲话里，更加深了我对共产党和红军的认识，初步懂得红军是工农自己的队伍，是为工农打天下的，是为劳苦大众求解放的，是主张抗日救亡的，是一支真正的革命的军队。

在万人如海，旗帜如林的会场上，我曾瞥见一幅写在一支旧对子背面的“革命知识分子联合会”的会标，深深吸引了我。会后，我便到新城杜家公馆“红军之友社”去。由李小侠介绍认识了红军总政治部派来领导“红军之友社”的洪水、女红军阚世英、王全爱。他们对我非常热情，十分欢迎。

1 月 11 日，在老城天主堂召开“红军之友社”成立大会，我和新婚的爱人一道去参加了。到会的约有百余人，多是知识分子，老、中、青皆有,其中女学生最多。会上,由洪水宣布“红军之友社”正式成立，并作了简短的讲话。接着大家你一言我一语发言，非常活跃。当时，给我印象最深的是张治平老先生的发言，他戴副深度近视眼镜，咬文嚼字，慢条斯理地说：“红军长征，乃古今中外未有的奇事，必出古今中外未有的奇人也。”当时，我并不理解他那“预言”。后来才知道有个成为革命历史转折点的“遵义会议”，那么这奇人不是别人，就是从那时起把中国革命一步步引向胜利的伟大领袖毛主席。

最后，谈到起草“红军之友社”的章程，洪水指定李小侠、张世民和我三个人负责起草，曾在我家中研究过几次。记得有一次洪水也参加了。在谈到参加“红军之友社”应具备什么条件时，我说：“吃大烟的人不能参加。”洪水听了，笑着对我说：“贵州是个大烟王国，不要吃大烟的人参加，就会把许多人关在门外。”这件事给我的教育很深刻，红军还在战火纷飞的年代，就非常注意团结一切可以团结的知识分子，充分发挥他们的作用。

有一天，我去“红军之友社”准备同阚世英到新城川祖庙红军总政工农文工团排演节目，洪水突然对我说：“你今天不要去了，徐老正在找你。”我听他这么一说，大吃一惊，心中暗想这徐老是谁呢？他找我有什么事呢？我正在纳闷。一位头戴八角红星帽，身穿一件二马裾皮袄，举止斯文的老红军进门来了。洪水见了急忙招呼道：“徐老来了。”只见他笑容满面地问道：“余选华在这里吗？”我急忙站起来，洪水把我向徐特立老人作了介绍。当时，我非常惊异，这位慈祥的红军老人，怎么会知道我这个无名小卒的名字呢？

徐老招呼我坐下，然后轻言细语地对我说，他在老城文通书局遵义分局，打听到遵义教育界的赵迺康、朱穆伯、李筱全、朱季瑜老先生，年轻的提到我，并知道我在“红军之友社”。我听了非常感动，徐老这样重视文化人，实在令人敬佩。当然，赵迺康、朱穆伯两位老先生都是贵州负有盛名的人物。赵迺康先生继郑子尹、莫友之先生编的《遵义府志》之后，独自完成了《续遵义府志》。此外，他对古诗、文的造诣也很深。赵、朱两先生长期从事教学，从未涉足宦场，皎然不疵，远近闻名。而我只不过是他们喜爱的一个学生，现在我虽然是个小学教师了，仍常受教于两位老先生的门下，想不到徐老竟然把我也算作是一个青年文人，当着那么多人，我面红耳赤，深感羞愧。

当徐老同我谈到郑子尹、莫友之两先生编的《遵义府志》很好，要想找一本来看看，以了解遵义地区的风土人情时，我便向徐老推荐了赵迺康先生编的《续遵义府志》。徐老听了很高兴，马上要我陪同前往赵先生家。我和徐老走出“红军之友社”，路过杨干之先生家，见大门敞开，院内遍地是书，当即引起了徐老的注意，并问我说：“这是谁家？”我回答说：“这是杨干之先生家，早年曾当过周西成的民政厅长，后告老还乡，专心从事郑子尹的《巢经巢诗》的注释。他家的藏书很多。”徐老听后说:“进去看看。”我们进到书房内观看,他家的藏书的确很多,有樟木书箱装的《二十四史》、《巢经巢诗文集》、《古逸丛书》等等。当徐老看到《古逸丛书》时，惊喜地对我说：“我读书的时候，要二两银子才能买到一本。”《古逸丛书》是清代遵义黎纯斋先生担任日本公使期间，他搜集留存于日本的唐、宋、元、明典籍，刻印《古逸丛书》26种凡200卷，木刻线装本，蓝色封面，十分精致，当时运回国内，轰动了出版界。因为这些古典书籍在国内早已失传了。徐老高度评价黎纯斋先生了不起，赞扬他抢救文化遗产的功绩。

徐老终于找到了《遵义府志》和《续遵义府志》,他粗略看了一遍，非常称赞郑、莫两先生很有学问。

我和徐老离开杨干之先生家，沿着石梯向上攀登，去赵迺康先生家。我关心地问徐老，像他这样的老红军怎么能和年轻的红军战士一道爬山涉水，行军打仗。徐老才告诉我，说他是中华苏维埃人民教育委员会副委员长，专门给他配备了一匹马。我见徐老举步敏捷，精神健旺，心中暗自佩服徐老真不愧是一位革命的老英雄。

到了赵迺康先生家，当他听说红军徐特立老人专门来拜访，他非常惊奇，急忙说：“不敢当，不敢当！”记得红军初到时，曾将赵先生误作土豪劣绅，关在新城福音堂里。红军上级领导知道后，当天晚上便派人将赵先生礼送回家。现在，见徐老登门拜访，非常感动。两位老人一见面互相亲切地问道：

“徐老高龄多少？”

“快60了。”

“赵先生高龄多少？”

“痴长几岁。”

彼此寒暄问好后，徐老详细地同赵先生交谈了遵义地区的文化教育情况和风土人情。徐老十分称赞遵义的书多，是珍贵的文化遗产。徐老特别提到黎纯斋先生编的《古逸丛书》很少见到，应当好好保存。临走时，徐老向赵先生建议说：

“你们遵义的书多，很珍贵，望赵先生都收集起来，妥为保存。”

“遵义藏书人家确实多，我家地方小，又潮湿，都收来恐放不下。”

赵先生主张收来放在他家旁边的文庙里，里面很宽敞，离他家又近，以便照料。赵先生见徐老这样关心图书，当即叫他侄子赵宗伟、孙子赵世钧和学生郑石钧三人，先去将杨干之先生家的书搬到他家里，保存起来。徐老见了非常满意。

徐老听说遵义藏书人家多，非常高兴，离开赵先生家，他又兴致勃勃到老城去寻访。我和徐老到了老城书法家王石珊家。一跨进大门，见堂屋里四壁通红，火光闪闪。徐老急忙走进去一看，原来是几个年轻的红军战士正抱出几大捆书，当柴火取暖。徐老见了非常生气，当即制止他们，不许乱烧图书。有个红军战士反问徐老说：

“这些老古董保存起来有什么用？”

“怎么没有用？我们红军从江西出发，过湘江、渡乌江、占遵义，这些不正是书本上告诉我们的吗？”

徐老用通俗的比喻耐心教育那几个红军战士，他们才把书抱回去放在原处。因为发现了烧书的现象，引起了徐老的注意，他说先到革命委员会打封条把各家的藏书封存起来，然后，再全部集中放到赵乃康先生家保存。当时，徐老是遵义县革命委员会文教委员。我还是有一天去新城豫章小学遵义县革命委员会找毛泽民委员才知道的。

我一进门，遇上一位身材高大的红军干部，我冒冒失失地问他是谁，他不答话，指我看桌子上的布告。我走近一看，是遵义县革命委员会的布告，后面的署名是主席罗梓铭，财务委员会主任毛泽民、文教委员主任周守如，这时他用手指着最后一个署名，我才知道他是肃反委员会主任周兴。

那天，我去找毛泽民主任谈了红军误把李筱全老先生当作土豪劣绅关起来，要罚300块大洋的事。我向他说明李先生是遵义三中的老校长，我在三中读书时，学生示威游行，反对军阀蒋丕绪的军队在遵义横行霸道，胡作非为，公开喊出："打倒烂军阀蒋丕绪！"的口号。事后，蒋丕绪逼着李筱全校长交出为首的学生，他拒不答应，双方谈僵后，李先生发了火，冲着蒋丕绪说："学生是地方父老交给我的，要交出学生不行，要脑壳拿去！"蒋见李先生在地方上德高望众，无可奈何，只好作罢。毛泽民主任听了，连连点头，表示称赞。当我谈到李先生家虽有些田地，但是祖辈遗留下来的，不能算他剥削时，毛泽民主任教育我说："虽是祖辈留下来的田地，自己不劳动，收租子，也是剥削。"原来是这样，过去我并不懂得什么叫剥削。

第二天，李筱全先生被放出来了。我去看他时，对他说红军是打富济贫的，是为穷人打天下的。他听了说："有饭大家吃，这样才对嘛！"他还表示红军罚他的300块大洋，他出得起，一定拿来交。可见红军对李先生这样的开明人士是宽待的，红军真正打击的是那些横行霸道，鱼肉人民的土豪劣绅。

会见赵迺康先生后的第三天，我又同徐老到新城四方井拜访朱穆伯先生。朱先生其时不过40岁左右，是"五四"时期北京大学中文系的学生。毕业后，曾先后在南开、浙江，贵州大学任教授。1931年九一八事变后，贵州教育界著名教师田君亮、刘方岳、朱穆伯、李淑元老先生痛感民族危机，在贵阳公开支持爱国学生的抗日救亡运动。当时国民党把这四位老先生称为"四怪"。

朱穆伯先生是个健谈的人，同徐老见面后便大谈起来，对毛主席、周恩来副主席言之津津，推崇备至。他深知徐老是长沙教育界的老前辈，又是毛主席的老师，对徐老极为尊重。彼此谈笑风生，毫不拘束。如对毛主席称润之，我还是第一次听说毛主席又名毛润之。徐老走后，我对朱先生说，徐老和蔼慈祥，平易近人，对文化教育事业非常热心。朱先生称赞徐老说："徐老很像黄齐生先生。"黄齐生老先生是我国著名的革命的老教育家，他在遵义三中当校长时，朱穆伯先生还是黄齐生先生非常器重的教师之一。

提起黄齐生老先生，我又和徐老到老城柿花园蹇家，去看当年黄齐生先生在遵义开办的通俗图书馆。该图书馆先设在老城小十字，后迁到蹇家，估计那里可能还保存着一部分图书。我们去后，徐老在楼上果然发现了《三通》，即唐代杜佑的《通典》，宋代郑樵的《通志》，明代马端临的《文献通考》，都是些历史书，相当于《二十四史》中的志书总结。徐老见了，如获至宝，兴奋地说："毛主席正在找《三通》。"听说毛主席要，我急忙帮助徐老清点好后，两人各抱一部分送到旧府衙门里，当时红军的一个总部设在那里。去后，毛主席不在那里。后来才知道毛主席正忙于召开中共中央政治局扩大会议。

又一天，我和徐老到老城小街朱季瑜先生家。当时，朱老师不在，只有师母在家。我陪徐老看了他家的藏书。我发现一本很精致的中国分省地图，是朱先生留学日本时带回来的。我翻开贵州省地图看，首先注意遵义，发现上面还标明忠庄铺这样的小地名，十分详细。我非常喜爱，临走时，我把它带走了。徐老要我给师母讲一声，他要一个空罐头盒子。我问徐老拿去有什么用，他说行军时路上烧开水用。我想这么一个空罐头盒子，不值一文，拿去算了，何必还要说什么呢？徐老却对我说："红军有三大纪律，八项注意，不许乱拿老百姓一针一线。"确实如此，红军入城以来，秋毫无犯，人皆称赞。但想不到徐老竟对如此芝麻大点的小事，也非常注意。真是自从盘古开天地，何曾见过这样纪律严明的军队啊！

我和徐老还到过老城宦家和周航等书香人家。经过几天的走访，徐老发现遵义地区不仅山川秀丽，人民勤劳，物产丰富，而且还是个文化发达的地方。他说："过去听传说，贵州是流放李白的夜郎国，是天无三日晴，地无三里平，人无三分银的不毛之地。真是百闻不如一见，哪里是那么回事！"

徐老和我还未走访完遵义的藏书人家，他准备将各家图书集中保存的计划，尚未付诸实施，2 月 19 日，徐老便离开我们，随红军北上了。在和徐老相处的短短几天时间里，他对我的教诲，真是胜读十年书啊！

徐老离开遵义前，曾送给我一本从苏区带来的小册子《共产党宣言》。我记得当时《共产党宣言》开头第一句的译文是："一个共产主义的怪物，在欧洲大陆上徘徊。"解放后新出版的《共产党宣言》开头第一句的译文是："一个幽灵，一个共产主义的幽灵，在欧洲徘徊。"将过去译的"怪物"二字改为"幽灵"，这就恰切多了。这一点也成我一个磨灭不了的印象。老实说，由于没有参加过革命斗争，没有实践经验，当时，对马克思、恩格斯的《共产党宣言》我还读不懂。遗憾的是1936 年底，我仓皇出走，离开遵义，随后参加抗日战争。1942 年 2 月回家时，徐老送给我的珍贵礼物《共产党宣言》连同我的一些藏书，一齐丢失了。至今回忆起来，还深感对不起徐老对我的一片心意和期望。

从徐老在遵义走访各书香人家，一心专注收藏图书的事，使我联想起司马迁在《史记》里，关于"萧相国世家"（萧何传）中的一段记载："沛公（汉高祖刘邦）至咸阳，诸将皆争走金帛财物之府分之，何（指萧何）独先入收秦丞相御史律令图书藏之。沛公为汉王，以何为丞相。项王与诸侯屠烧咸阳而去。汉王所以具知天下阸塞，户口多少，强弱之处，民所疾苦者，以何具得秦图书也。"太史公写的这段史实，说的是楚汉相争中，刘邦先攻入秦都咸阳，他手下的许多大将都争着去抢秦皇朝的金银财宝，唯独萧何一个人专门去搜集秦朝的律令、图书，视为珍宝，收藏起来。刘邦夺得天下后，封萧何为丞相。后来，萧何辅助刘邦治理天下，对当时全国各地的情况了若指掌，萧何收藏秦朝的图书起了很大的作用。司马迁高度评价了萧何的远见卓识。之后，楚霸王项羽打进咸阳后，火焚咸阳，三月不绝，把规模宏大的阿房宫化为灰烬。结果四面楚歌，演出了"霸王别姬"的悲剧，落得个自刎乌江的下场。

我们的徐老还在战火纷飞的年代，在红军还处在极为困难的长征途中，就对将来中国革命胜利后，如何发展我们民族的文化教育事业有所打算，所以在遵义时那样关心文化遗产，那样珍惜图书。这种高瞻远瞩，应该说远远超过了萧何。

谈完这事，感触良多，赋诗五律四首，以颂徐老。

戒亟尊徐老，长征万里行。
红军真战士，白首一书生；
忧乐先天下，精诚望太平；
洞庭岳麓野，早自育材英。

革命推元老，而今复几人。
中原争逐鹿，大泽首攖秦；
巨难天方瞶，遗篇公见珍；
史迁萧相传，功美咸阳城。

特立自高峻，于山人亦同。
嵩华出地表，麟凤在人中；
革命司文教，兵戎纪武功；
搜书无限意，名城惜未终。

往事长存想，于今卅五年。
音容犹仿佛，胜迹几流连；
阐述诚吾分，表彰让众贤；
书勋乏史华，我早废丹铅。（周珍元整理）

1980年7月1日于凤冈

选自《征途》第1辑，贵州人民出版社1981年1月版，第78—89页。

忆遵义县革命委员会及其他

周济①

回到故乡遵义，心情格外激动。现就自己的回忆，和同志们谈一谈当年遵义县革命委员会的情况，也随便摆谈一些其他问题。

1935 年 1 月初的一个晚间，黔军市长侯汉佑的部队撤离。第二天早晨红军进驻了遵义城。我先在东门口看到一张红军布告，接着又看见城里大街小巷都贴有这种写有“代政治部主任李富春”的布告，内容是有关红军进城的纪律。我碰上正在周鹤鹿堂为红军筹款的何恩余、任传习、何友邻、孙玺常等进步学生，就和他们一起打土豪、分浮财，为红军集资筹款。我们一起去到老城紫荆花树徐家和南门关杨家打土豪。那时只听说打土豪有个打字，但不知道怎样打法，我们抬起凳子就朝杨家的花窗打，有个红军对我们说：“东西不等于是土豪”。现在想起来，真是好笑。红军在遵义收集了很多军队需要的东西，还雕刻了许多图案。那时福音堂驻的是红军山西政治部，我在这里碰见红军总政治部宣传部长潘汉年，他是随红军先头部队进城的，同他接上了头，感到很高兴。我过去在成都长江书店从事革命活动时就知道他，还读过他编写的《社会形式发展史》等书籍，心里对他早就很敬慕。我和他摆谈了很多情况。当我问道洪湖赤卫队失败后，西南大学的杨邨人写了那篇《几天来匪区

① 周济，遵义人，座谈时已年逾80。

里的生活》的事，潘汉年说，这也不能完全怪他，没有把他安置好。潘汉年还问过杨白龙的情况，我知他是从上海到成都去的，当了成都西南大学的教授，后来被国民党枪毙了。在我们摆谈时，邓发同志也在一边与何恩余、任传习谈话，询问了由川东游击队回遵，组织“红军之友协会”的周司和的情况，他建议把协会改名为“红军之友社”。随后，邓发和潘汉年两同志告诉我们，毛主席、朱总司令明天要来遵义，要我们发动群众去迎接。听到这个消息，大家都很高兴。当晚，我与周司和、何恩余、任传习等人，在南门关井老三中学生陈庆锡家开了会，连夜写好欢迎标语，制作好彩旗，记得标语用的是“红军之友社”的落款。第二天，我们联系了女中李小侠等，并组织了县学对门那个半工半读贫民学校的学生，部分住在老三中、女中的学生，中午赶到丰乐桥，准备迎接毛主席。遵义有名的人士刘伯庄，张肇奎的叔父等也赶到丰乐桥头接官厅摆开香案迎接红军。那阵国民党造谣说共产党“共产公妻”“杀人放火”，他们还去迎接，说明遵义绅士还好，对国民党不满。当时我们这批青年学生还与这些有钱的士绅格格不入，不愿和他们站在一起，潘汉年同志便将我们带到桥上去等待。欢迎队伍是以贫民学校学生为主，他们的队伍站得很整齐。

下午，当毛主席、朱总司令、周恩来副主席等红军首长骑马来到，顿时，丰乐桥上欢声雷动，锣鼓、鞭炮声轰鸣。到了桥头，毛主席他们都下了马。当潘汉年同志将我们向中央领导同志介绍时，毛主席、朱总司令等都喜笑颜开，十分亲切地同我们握手。我印象最深的是领导同志中有一个白胡子和一个大胡子。白胡子是林伯渠同志，大胡子是周恩来副主席，当时好多人都把他误认为是法国人。欢迎仪式结束后，红军队伍由欢迎群众拥戴着进了城。潘汉年同志告诉我们，毛主席、朱总司令要讲话，要我们召集群众去听讲。我们一路走一路喊：要听毛主席讲话的就去哟！群众听说毛主席要讲话，都纷纷拥来，人不断在增加，走到丁字口，人多得不得了，把我们挤掉了队，我们只得从大悲阁、中营沟，绕小道跑步到了盘安门才接上。到了府衙门，抬张方桌，让毛主席、朱总司令站在上面讲话。那个地方小，人多，容纳不下，外边墙上都爬满了人。我当时领着大家呼口号，由于心情激动紧张，不知怎样搞的，竟把“中国共产党”错喊成“中国国民党”了，在场的人听了，都为我捏了一把汗，我也抱怨自己，闹出了洋相。哪知毛主席却笑着对我说：不要紧，口号喊错了，重新喊过就是了。于是，我又振臂高呼：中国共产党万岁！朱总司令先向群众讲话，他讲了军事问题，接着是毛主席讲话。毛主席身材高且瘦，满口湖南话，大家不大听得懂，他讲话时还不断打着有力的手势。他号召工农团结起来，打土豪，分田地，建立苏维埃革命政权。记得有这样一个笑话，毛主席在讲话中问有“苗子”（苗族）没有？大家听成了“庙子”，都答应：“有”。实际上遵义没有或很少有“苗子”。毛主席讲完了，群众不散不走，他只得告诉大家，还有机会见面讲话，人群才散了。那阵，有些老板姓还不知道什么是“红军”，有个人问过我：姓“红”的来了没有？我才告诉他“红军”不是那个姓“红”的，红军是革命的队伍，是穷人的队伍，是为穷人打天下，是保护穷人的。

红军在遵义期间，潘汉年同志领导我们建立遵义县革命委员会。苏区王明路线失败以后，建立革命根据地就是毛主席的思想。当时，党中央是准备建立以遵义为中心的革命根据地的。那时，红军总政治部驻在天主堂，潘汉年住在里面一间小屋里。天主堂对面的高等小学驻的是地方工作部，邵式平、胡家宾等同志都住在那里。他们亲自发动群众，组织工农剧社，筹备成立革命委员会。找过一些人开过会，参加的人有刘伯庄、刘季庄、开油绸铺的刘芷庄等。成立革命委员会要有工人参加，但当时遵义没有工人，只有去发动手工业工人。我们一家一家地去找店铺的店员，搞油料的工人，丁字口钟金山家的织布工人，老城一个造土枪的兵工厂工人，我原来在冯兴发绸缎铺当店员，知道有个股东姓田的“德兴仁”家具铺，也发动了这个店铺的工人参加，这样就集中了百把个人在天主堂的教堂里开了成立革命委员会的筹备会。有这样一个小插曲：织布老板钟金山也来开会，我告诉了潘汉年，把他“请”出去了。第三国际代表李德给我们的印象很不好，我们在教堂里开会，他过去把圣母象、圣经扔了一地。还动不动就说什么：“我以第三国际的名义……”筹备会后，分头进行组织，约定在老三中的大操场召开革命委员会成立大会。因为参加大会的人多，站满了操场，后来大家都称这次会为“万人大会”。

开会那天，靠操场南面的墙边，搭了个台子，正中间放了两张大方桌。那时还没有扩大器，有个红军拿了个喇叭筒指挥队伍，维持秩序。开会之前，红军宣传队出动帮助，还赶到街头去唱歌宣传。大会主席团的名单有毛主席、朱总司令、李富春、博古等。何恩余、何有邻、任传习、周司和、李小侠、王木匠和我都上了台，我担任了司仪。记得是博古主持会议。宣布开会后朱总司令讲了话，他讲了红军是什么性质的军队等。毛主席讲话的标题我记得很清楚：《只有苏维埃才能救中国》。李富春同志也讲了话。在会上讲话的还有红军代表，一口遵义腔，后来才知道他姓贺，老城煤市附近的人，是去江西参加红军的。龙井沟的王木匠也上台讲了话。有个材料上写的是“灯笼匠”，我记得是“王木匠”，也许是那时他怕，改成姓王也说不一定。讲完话后，宣布遵义县革命委员会成立，有关情况，还通过红军的无线电，通电全国。

革命委员会主席是红军派来的干部罗梓铭，后来在“平江惨案”中牺牲，副主席是王木匠。下设有武装、肃反、财务、文教、工会、农会、妇女等七个委员会。武装委员会的主任委员是何恩余。肃反委员会主任委员是周兴（延安时期他是公安队长），现在是云南省省长。财务委员会的主任委员是毛泽民，他是毛主席的弟弟，负责财经、筹款、打土豪分田地分东西。文化教育委员会的主任委员由我担任，我当时叫周守如（“守口如瓶”的意思）。文教委员会的委员有徐老徐特立、成仿吾、杨尚昆同志的爱人李伯钊。还有个台湾籍的蔡乾同志担任秘书。妇女委员会的主任委员是李小侠。工会、农会记不起负责人的姓名了。革命委员会设在总府坝街的豫章学校，罗梓铭，毛泽民和我们都在那里办公。我们还向群众作过宣传。

徐老很关心革命委员会，经常到我们办公地点来，他教我们组织宣传，书写标语，还启发我们用遵义讲圣谕说善书的形式，在热闹的丁字口搭起台子搞街头宣传，他还教我们把缴获来的敌人的帽子，拆开重新缝制，拿竹篾片作“遮阳”，用红布剪好五角星贴上，改成红军帽子。徐老的身体不好，正在“打摆子”（害疟疾），他身上揣得有治病的“奎宁”，还揣有一本《宗教哲学社会主义与恩格斯》；看一阵书，又吞两颗药。

那时，中央对统战工作就很重视。在丰乐桥接官厅，士绅们打彩旗，放鞭炮迎接毛主席，当时毛主席没有来得及专门接见他们，但随后徐特意去看过他们。我不熟悉遵义教育界的知名人士赵乃康、朱穆伯等先生，但据说徐老也亲自登门拜访过他们。周兴同志也给我讲过对待军阀家属的政策。

革命委员会成立了，大家要吃饭，得找个会搞总务的。有个喜爱川剧锣鼓的“玩友”，叫唐登武，遵义城有什么大事，红白喜事，都是由他办，我就请他去搞总务。为补过阴历年，还杀了一头牛给大家吃。

革命委员会审理案件时，镇压过两个人：一个古式巷的姓黄的屠户，他拒绝使用苏维埃钞票，态度顽劣；另一个是老城杨柳街侯汉佑的一个收租管家，他在乡下打死了一个农民。我们也打过商会会长喻界凡的土豪，没有得到什么东西，在他家楼上看到很多瓷器，吃饭需要，也弄走了一些。

革命委员会还有外围和基层组织。当时成立的迴山乡革命委员会，就像现在的乡政府一样。那时，邵式平同志曾找过我，要我向他介绍思想进步的农民、工人，准备成立迴山乡革命委员会。我岳母在养鱼池，我就向他介绍了附近熟悉的邱本立，唐荣奇等人，还将北门外新舟坝张继才的一位佃户，鲤鱼田一户姓李的农民介绍给他，邵式平同志把他们组织起来成立了迴山乡革命委员会。邱本立当主席，唐荣奇等是委员。他们也在那一带打土豪。玉皇观隔壁公馆那个周家，是恶霸，农民交不起租子，就吊起来用鞭子打，农民很愤恨，迴山乡革命委员会就惩罚了他。

很多红军同志说，他们从江西出发一直到遵义，没有见过这样好的群众。中央本来要在这个地方建立根据地的，后来情况不允许，才决定撤离的。红军在遵义，人员、物资、财经都得到了补充。不少人参加红军，扩大了红军队伍。红军筹款，一方面向大盐行、大商号、绸缎铺等募捐。还有一个法子就是土豪劣绅可缴款免予处理，即用罚款的方式筹款。

红军撤离遵义时，担任革命委员会主席的罗梓铭要回部队，又到处找不到王木匠，罗梓铭就要我代理他的职务，把革命委员会的这一批人带出去。他要我写一份早年在成都参加革命和入党的情况交给他。有个叫张士明的坚决要求参加红军，和部队一块走，罗梓铭动员他留下。但他非常坚决，说服不了，最后他还是跟红军一起走了。“红军之友社”的女同志由李伯钊带起跟部队走了，这个社的男同志跟着我们一块撤离。我们临走时柏辉章的部队已经打到了红花岗来了，才出北门，到高桥就听到了敌人的枪声。后来懒板凳（南白镇）的革命委员会的一部分人，也合到我们一起，跟着红军三军团撤离。随后，在行军路上，再用革命委员会的名义就不行了，我们被编到地方工作部，扩大红军，搞宣传，踏上了新的革命征程。

潘汉年同志含冤28年，死于湖南，好在现在把他的骨灰送到了八宝山，英灵得以告慰。邵式平同志曾任江西省委负责人，1955年病故[①]。他们为建立遵义县革命委员会立下了不朽的功绩。人民永远怀念他们。

① 应为1965年病故。

关于遵义县革命委员会就谈这些。（李永麟根据1983年7月座谈会录音整理，周世禄校订）

选自中国人民政治协商会议遵义市委员会文史资料研究委员会编:《遵义文史资料》第2辑，1983年11月，第4—11页。

我的回忆

李小侠[①]

我家世居遵义市，全靠父亲代人作讼词（土律师）的微薄收入糊口。我出身于半殖民地半封建时代的1916年。那时，军阀混战，天无宁日，民不聊生。生为女儿身的我，自幼丧失母爱，常常自叹苦命中的种种不幸。

1931年，我考入遵义县立女中。知识逐步增长，理想也越来越高。总认为女子读了书，政治不平等，经济不独立，是男子的附庸，迟早还是社会的牺牲品，家庭中的“锅边转”。为此，我感到无限的气愤和苦闷。

女中有个青年教师余正帮先生，大学毕业，专教我们地理课。他除了讲述地理知识外，有时也偶尔夹杂着摆一些俄国人的当时生活情形。后来他多次把话题引到女子问题上，女子是男子的附庸，是公婆、丈夫压迫下的奴隶，是“三从四德”的殉葬物。应该自己觉醒起来，走解放自己的道路，争取男女平等，才有所作为。

他说了很多我们从未听过的新词语，都关系女子的切身利益和前途。同学们很爱听。有时，他刚到课堂，同学们不约而同地催他摆那些。如果要打破砂锅问到底的话，他还是不作任何通俗解答的，使我内心里泛起许多疑问而陷入不能自拔的遐思。

---

① 李小侠，女，1916年生，遵义市人。长征过遵义时，她为“红军之友社”成员，并被选为“遵义县革命委员会”妇女委员。后加入红军，先在总政治部，后调到黔北游击队工作。新中国成立后，曾为遵义市政协常委。

我打破了女子不可单身进男室的顾忌。有次，我大着胆子，闯进余正帮先生的寝室，悄悄地问：先生，要到哪里去求解放呵？他笑着说：你还年轻，对世间事物还不怎么理解，你只有多读书，多看报，自会明白一切的。

“书到何处读？报到何处看？”

“你要看书读报吗？我介绍给你一个去处，就是三中学校图书室的图书，应有尽有。你可以去找图书管理员谢树中借，他会借给你的。”

在那种封建意识很浓厚的时代里，要我快成为一个大姑娘的女娃子，单独去找一个陌生男娃子借书，父母知道了，要被狠狠打一顿，那才羞死人啊！

我心里总难打消这个念头。后来转弯抹角打听得我亲血表嫂的弟弟冯开津在三中读书，通过冯的介绍，我才与谢认识。与谢熟悉了，放开胆子，我才悄悄去三中图书馆，为借书还书，跑过不少次。

我第一次去时，看见好多个木架上摆着各种厚薄不同的书时，使我大吃一惊，天哪！这多书，叫我从哪本读起呀！

也许余正帮先生事先有关照，谢树中能理解我借书的情趣，就从他那小而光线不足的睡觉房中，取出一本《少年漂泊者》给我。并嘱咐我细读细嚼，又规定读完这书的日期，读完这一本再换第二本，读完后摆谈心得给他听。开始，我嫌他啰嗦，“小见”。以后，经过多次的接触与交谈，我才真正理解他对我的真实诚意和帮助。

我在谢树中的支持和帮助下，读了《屠场》、《北斗》、《中国论坛》、《列宁传》等深奥的、理论性的、以侧面手法描写社会问题的书。这些书读起来，由于自己文化底子薄，既不懂又没兴趣。通俗的，倒使我爱不释手。夜很深都在读。有一夜，我躺在床上，糊里糊涂地睡着了。床头上的小灯火焰把我的衣袖烧着了，是父亲闻得布臭味，跑来把我推醒，我惊惶失措地一骨碌翻出被窝，把看的《北斗》书也拖了出来，父亲拾起书来一看，虽不理解书的内容，但看得出书是生活书店出版的，就使他大吃一惊，并用很不安的神情斥责我：“你怎么读这种书？有人知道了，要吃官司，不是好玩的！”又问我“书从何处来？”我回答：“从三中图书室借来的。”他了解了书有正当来源，缓和了气氛。他叮咛我，少看书，多养息。

1933年冬天，我家买了一挑煤。那时的陋俗，买一挑煤进来，要由卖煤人带一担煤渣去倒。父亲要我督促卖煤人撮煤渣。我把看的《屠场》，顺手丢在桌子上，去拿铁铲时，被卖煤的人翻看了书。他竟对我说：“密斯，你能把书借与我看一夜吗？”当时，我心里既紧张又奇怪。紧张的是，书被这个卖煤的看见了；奇怪的是这位卖煤的下力汉，既会讲英语，又要借书，周身破破烂烂，他究竟是个什么人呢？他见我诧异，就自我表白地说：“我是一个落难的。从前也读过书，学过英语。因时机不遇，才落到这个地步，我也不是下苦力的人”。我出于同情他是读书人落难的怜悯心肠，要他在第二天再给我家挑担煤来。

当夜，我把情况摆给父亲听，父亲虽然也有怜悯心，但只是要我转告卖煤人，以后，可三天五天，给我家送挑煤来，以表示一片对落难读书人的照顾。

不知过了好久，卖煤人一来，总爱谈些知识与读书的关系。特别谈到妇女问题上，我总感觉得他谈的与余正帮先生谈的，都有相似的口吻。我对他有一种敬佩的心情。有次，我向父亲提出，把那个卖煤的找来誊状纸，一来可解决另找人的麻烦，二又可以使卖煤人不受天寒地冻之苦。父亲的答复是：“好倒好，只是不知他写的字怎么样？”我趁热打铁地说：“你叫他写几个字给你看，可以，就叫他写嘛。”父亲点头应允。

第三天，卖煤的真又送煤来家了。我把父亲要同他谈话的意思告知他，并把他带领到我父亲的代书铺。

我父亲问了他的姓名、年龄、什么地方人，来遵义做什么，为何挑煤卖等情况。

他说："我叫周司和，四川大足县人，来遵找亲戚，未遇，又没路费回四川，为了生活，只好挑煤卖"。

"你写得起小楷吗？"

"可以写。"

我父亲要他在桌子上写了一行小楷书，接过手一看，不仅端正秀丽，而且笔力刚健，内心非常满意，于是开门见山地说："在遵义你还有什么人，专来替我写状子好不好？每天只要誊两张状纸，就可以收入块把大洋，比你挑煤轻松得多，你愿意吗？"

他回答说："我还有两个老乡，他们会做水泥工，不知他们在哪里去搞工作了。只要你老伯照顾我，正是我求之不得的事，我非常感激，还说什么愿不愿？"

从此，他天天都在我家铺子里，替父亲誊写状纸。父亲见他穿得很破烂，取了一件旧长衫给他换了，又借给他一元钱，要他去理个发，买双鞋袜穿，把表面装潢一下。他没有在我家吃住。后来才知道他住在小东门王芝农家菜园内一间破旧的茅棚里。

以后，周司和在遵义逐步认识了何恩余等三中的一些同学。于是他就发动三中和女中同学，组织了一个"反日反帝大同盟"，他自己任总部书记，何恩余任三中分部书记，我任女中分部书记。当时主要是为了开展抗日宣传。组织建立以后，我们曾经组织男女同学20几人到懒板凳（现南白镇），打着宣传抗日的旗号，向群众宣传抗日。后来听说红军要来了，周司和就叫我们把"反日反帝大同盟"改为"红军之友协会"。当时协会的人主要在朱洪媛家进出，讨论协会的有关事宜。

1935年1月，从周司和那里得知红军就要进驻遵义的消息，我们高兴极了，立即组织一些同学写标语四处张贴，准备欢迎红军。红军先头部队进城以后，红军保卫局局长邓发同志接见了"红军之友协会"的代表，听取了汇报，他指示我们把"红军之友协会"改名为"红军之友社"。

1月8日，我们听说毛主席、朱总司令和红军大部队第二天要进城，就积极投入筹备欢迎的工作中。我邀约了陈德贤、余选华、陈俊、李正坤、朱玉华、沈其员、王宛珍、段琼英、段华英、况壁华等同学和朋友，在我家写标语。大家磨墨的磨墨，写字的写字，不一会儿就写好了50多条小标语。周司和还给我们拿来了几团火炮和一块崭新的红布，又用黄颜色在一块白布上，画了一个碗大的五角星，剪下来用针线缝在红布的正上方，再用根小竹竿撑着，就作为一面带队旗子了。

1月9日，欢迎红军的队伍出发了。周司和要我把旗扛着，走在前面，并要我大声喊："同胞们！姐妹们！来同我们一道去南门关欢迎红军！"我是一个未见过世面的大姑娘，叫我在大街上喊，我怎样下得脸呀！周见我打退堂鼓，吼了我几声："喊几句口号你都怕，怎给共产党做事，翻身求解放呀！"

"我喊我喊！"我虽答应，但心想，反正同你一道，我不喊，你总会喊的。

哪知在人群里，根本看不着周司和的影子，大家都闭着嘴巴走，怎么能吸引人，扩大迎红队伍呢？我着急起来，逼着喊了一声："到南门关欢迎红军去！"跟在我后面的人，同喊一声。由县政府门口出发时，20人都不到，我们一路走一路喊口号，走到丰乐桥时，已自动组成五六百人的队伍了。

到了丰乐桥头，才见着周司和。他在指挥群众队伍站成三排，站了很长一段街，场面还不算小。

下午四五点钟，虽是冬天，有些寒意。但人们向往共产党快来的炽热心情与愿望，忘却了寒冷。

红军到了！红军到了！一时鞭炮声、掌声、锣鼓声，响彻云霄，欢迎的群众队伍，不约而同垫脚翘首，两眼不眨地死盯着桥的那头。

在"欢迎共产党！""欢迎毛主席！"的口号声中，桥那头走过来了一大群身穿灰军装，帽上缀着红五星，腰间用红色绸或布系着短枪的军人。他们也不停地拍着双掌，笑容可亲地频频向欢迎群众点头。其中走在前面的一高一胖的两个红军，走向群众队列前，拉着群众的手问："同志，你好！"来到我的面前，也问"你好！"这时，不知周司和从哪里冒了出来，大声说道："这是遵义城的妇女代表李小侠，带着群众来欢迎红军。"那个高个子红军，把我的手拉紧，并摇了几摇。其他一些红军，以及后面的十多个同样打扮的女红军，有的也与我握手。他们那种亲热劲，好像我们之间已认识很久了。

我们的群众欢迎队伍，尾随红军转回老城。我悄悄地问周司和，怎么没看见毛主席和朱总司令？周微笑着回答，你真是有眼不识泰山！在桥头第一个与你握手的那个高个子，是毛主席，身体比较壮实，与你握手的第二个，就是朱总司令。我真失悔当时不敢仔仔细细地看清他们。"你怎么会认识他们呢？""我吗？早从照片上认识他们了。以后再慢慢告诉你"。

到老城小十字时，群众队伍陆续散去，有两个女红军，要我同她们一道进杨柳街，我跟着去了。

啊！天主堂，就是他们的驻扎地。

在一间宽大的走廊房里，她们相互忙着弄桌凳和木板搭床位，还从马驮子上取下自己的行李铺设着。

稍稍就绪后，一个女红军把我拉到一条矮凳上坐着问："小妹妹，你叫什么名字？"

"我叫李小侠，本城人，住县门口。"

"多大年纪，读过书吗？"

"17 岁，本地女中毕业。"

"你看见过女兵吗？想当兵吗？"

"从来没看过，我也想当你们女兵。"

"当女兵苦得很呢！"

"我不怕苦，我在家里还不是同样苦。"

前前后后，也有好几个女兵同我聊些家常。我喜欢她们，她们都叫我小侠妹。

天黑了，她们留我吃了饭，两个女兵拉着我的手把我送出天主堂，要我明天早点来，我才欢天喜地回了家。

一家人都在盼望着我。我把在天主堂女兵们对我的亲热劲，还要我明天早点去的详情告诉了父母和周司和，他们听得津津有味。

在和红军的接触当中，我先后认识了邓颖超、蔡畅、李伯钊、康克清、李坚真、阚世英等诸大姐。从此，我和他们几乎朝夕不离，大会小会她们都带我去参加，还经常摆许多战斗英雄故事给我听。她们很勤快，有事争着干，生活又非常简朴，从不计较什么！成天成夜地工作、学习、开会、读书，聚在一起研究问题。

有一天，她们问我知道哪些是官僚、地主、土豪、劣绅？我虽分辨不清，凭想象，当过大官的就是官僚，最豪富的人家，就是地主豪绅。她们告诉我：凡是反对苏维埃政权的，替外国人当走狗、帮凶，残害中国人的；剥削农民、收租吃饭的；抢老百姓财物，烧杀掳掠的；奸淫妇女，为非作歹的，我们都要给予惩办。

我听后，心中更有底，连说了我知道的几家官僚、豪绅平常的详情，一致肯定都是革命的对象。后来她们带了十多个红军，叫我带路，逐一去挨户搜查。

去到这些人家，紧锁房门，早已人去楼空。我们把锁撬开进去一看，多是富丽堂皇，箱箱柜柜，满塞着皮袍锦褥。在墙壁缝中，找得一些金银首饰。都没收运到“红军之友社”，准备分散给干人们过冬。

红军要我们“红军之友社”发展社员，我们就让余选华同志起草，写了一个文告贴出去，欢迎有志于革命的新青年男女来参加。由女教师张世民登记。第一天就有60多人登记，第二天第三天就更多了。李伯钊、李坚真两位大姐又亲来指导，把参加的青年男女，按性格爱好编为组织、宣传、文教、话剧、事务五个组，组织开展工作。

当时，党中央提出在遵义县建立苏维埃红色政权。为扩大宣传，推动工作，由邓颖超、李伯钊两大姐亲自领导我们发动群众，组织“工农剧社”，到街头、工厂、农村、学校去访贫问苦，一面宣传红军的政策，一面物色新政权人选。红军经过调查摸底初步确定革命委员会由 25 人组成。其中有工人、农民、学生、妇女代表、有红军总政治部派来的红军代表、有“红军之友社”推荐出来的代表。

在成立遵义县革命委员会的头一天，我们到天主堂总政治部开了一个筹备会，有 100 多人参加。会议用举手方式表决，通过了 25 人为革命委员会的委员，并决定第二天（1935 年 1 月 12 日）在老城三中学校内大操场，召开群众大会，正式宣布“遵义县革命委员会”成立。

那天的群众大会，人山人海，歌声、锣鼓声、口号声、鞭炮声，此起彼伏，真算是盛况空前。

主席台上，有毛主席、朱总司令、政治部代主任李富春，还有毛泽民、罗梓铭、邓云山等同志。我作为妇女代表也上了台。

大会开始，先由毛主席讲：“只有苏维埃才能救中国。”继由朱总司令讲了红军纪律；再由红军总政治部代主任李富春讲了苏维埃政策，揭露蒋介石安内攘外的不抗日阴谋。工人代表邓云山同志讲话说：“工人团结起来，拥护中国共产党，打倒卖国的国民党，复兴中华”。我也毫不畏惧地讲：“我们妇女要翻身求解放，不受封建统治的压迫，只有参加革命，跟着共产党走，才是唯一的出路”。最后由红军代表贺伸徒①讲：“红军是干人的队伍，大家都来参加红军，北上抗日去”。

散会时，会上呼喊口号:“打倒日本帝国主义！打倒国民党反动派！打倒贪官污吏！”……并宣告“遵义县革命委员会”正式成立，宣布了成员名单。

又过了几天，大姐们一齐来到“红军之友社”，询问情况：红军又要继续出发，你们社里有多少同志，可同我们一道长征？我说总共有百

① 原文为贺神徒，据《红星》报记载，应为贺伸徒。

把人。她们说：不是现有人数，而是参加长征的实际人数。我心里根本无底。她们要我立即召开动员会摸底。

我把社员们全部召集拢，说明了情况，没有一人吭声。我又高喊：“愿跟着红军走的人举起手来！”竟无一人举手。我发脾气了，大声说：“你们既不愿走，为什么要来登记，要来白吃这多天的饭？”大家仍不吭声。经我再三询问，有个别的才说：“我以为红军永远驻在这儿，不走了，我才来参加的。如要我跟着走的话，爹妈会急死的。我不敢走”。我又气又急地说：“你们不走，就是剩我一个，我也要跟着走！”接着我说：“不愿走的，都出去！”结果，大家真的走出了屋，把我急得坐到一条凳子上，伏在桌子上大哭起来。

邓颖超大姐还不知道发生了什么事情，跑来问我为啥哭，我边哭边诉说了原委。她又问我个人走不走，我回答：“哪怕上刀山、下火海，我也要跟你们去的”。她说：“小侠妹，你是遵义出色的女代表，我们欢迎你。你快回去与父母告别，回转总政治部来，说不定我们今夜就走。”

我父母很高兴地鼓舞我走，并要我不要顾虑他们，好好地干。我带着平时穿的两件衣服，向父母各磕了一个离别头，回到总政治部。我被分派到总政二梯队，全是女红军，由能文能武的康克清大姐带队，于当天深夜出发。原先我认为只有我一个人参加红军，到了路上，才发现还有杨素和三四个熟识而喊不出名字的“红军之友社”的女同志，真使我高兴极了。

选自中共遵义市党史资料征集研究办公室编印：《长征火种——一九三五年遵义县革命委员会》，1987年10月，第78—88页。

红军长征见闻

曾卫民

中国工农红军长征经过我家乡镇龙山，我正年满15岁，我亲自看见过红军的一些所作所为，至今印象犹新。

红军攻进贵州，渡过乌江，攻占了遵义城。这时统治当局认为，形势紧张，地方加紧训练民团，派款派粮，修筑碉堡，妄图阻止红军进川，并大肆进行反宣传，什么红军搞“烧、杀、掠、抢”、“共产共妻”等等，弄得人心惶惶，神情不安。

旧岁的甲戌年腊月初旬（1936年[①]1月），贵州军阀侯之担师被红军击溃，退来龙山，接着离去。进入腊月二十六那天，中午刚过，打前锋的部分红军，身着黑色的军服，头戴五角红星的黑帽，肩扛着上了刺刀的枪，率先来到镇龙山场上，他们沿街宣传，我记得他们呼了“我们红军是穷苦人民的军队！是北上抗日的武装！我们红军是公买公卖的军队！请把门户打开！”等等口号。

时间不久，红军的大队人马即开进镇龙山场街。他们不喧哗，秩序井然。宿地未定之时，队伍整齐地坐在街房的干檐坎上。当时我由于是个少年，便怀着好奇心，到处走看。许多红军吃饭时把盛在粮袋里的冷饭倒在瓷盅里，向群众要点凉水泡着就吃了，使我很感动。我看了回家，

① 应是1935年。

对家里人说，红军很好，不像白军。一时街上居民都释去许多疑虑，纷纷打开店门照常营业。我家是开面馆的，进店吃面的红军很多，但他们都很讲究纪律，吃了多少，照价付钱。有位红军拿着铜板二枚，询问家兄多少钱一份面？答复：铜板三个。这位红军转身就要走，家兄出于爱戴，连声招呼：可以吃，可以吃！但这位红军仍坦然地走开了。不过这点竟成了家兄和我久久不能忘却的遗憾。

一天晚上，夜深人静之时，有位红军来叩我家大门，想买点东西吃，因见无人答应，便使力推门，而无意把门栓掀断了仍听不到回话，就将大门拉合走了。可第二天早晨，这位红军到我家里来，拿着些铜板，咿哩哇哪地说了一下，便把铜板塞在我祖母手里，因她听不懂江西话，感到莫明其妙，不愿接受，这位红军才用手指着门栓，很歉意地说明昨夜掀落门栓一事，铜币是用来作为赔偿费的。祖母再三谢绝，红军却要坚持赔偿，最后，只好收下。红军走后，祖母将此事告诉一家老幼，无不感动，都称赞红军太好，太好了！

这段时间，镇龙山场上到处贴出了红军标语，我记得的如：

只有苏维埃，才能救中国！

白军弟兄，不打抗日的红军！

白军弟兄，拖枪回来当红军，北上抗日去！

红军官长对弟兄，又和气，又亲爱！

红军不拉夫，不扰民！

实行打土豪，分田地！

取消一切苛捐杂税！

实行公买公卖！

实行男女平等！

打倒军阀刘湘！

打倒军阀王家烈！

群众中还学会唱一首红军的歌子，歌词是："红军到，干人笑，绅粮叫；白军到，干人叫，绅粮笑。白军不到红军到，要使干人天天笑，白军弟兄拖枪炮，拖了枪炮回头跑，打得军阀妙！妙！妙！”

乙亥年（1936 年①）农历的元月十四日，红军由云南的扎西回师，进行二渡赤水。当经过镇龙山时，我见他们行军紧张，那些肩扛重武器的战士，分外艰辛，他们相互自觉换扛。二渡赤水过后不久，四川军阀刘湘，将古蔺县划进“川南边防军第四路军”防线范围，派了一个团驻守龙山，团长名叫廖九虎，部队分驻在镇龙山东线 20 华里范围内。未料到不上一个月，于农历的二月十四日中午时分，红军又从贵州回师，进行三渡赤水。红军由太平镇渡河，以闪电般速度进抵镇龙山。此次廖团不战而退，当红军已冲抵上街场口时，扎子门出口处争相拥挤逃命的川军，尚未跑尽，红军距他们只有 200 来米远，但可能鉴于他们没有持枪抵抗，红军未实行追歼他们。

三渡赤水，红军在镇龙山休息了三天，红军处处守纪爱民的言行，再给群众深深扎下了难忘的印象。

经过红军长征的见闻，使我对中国共产党和红军产生了较好的印象，我以后时常和中共地下组织的同志如牟泽孚、熊学曾、邓彦林、刘容铸等接触，并在他们的培养考验下，正式加入了中国共产党。

选自中国人民政治协商会议四川省古蔺县委员会编：《古蔺文史资料选辑》第1辑，1988年9月，第57—59页。

---

① 应是1935年。

忆回山乡革命委员会

邱本立　龙成云

一、怀念邵式平同志

我今年 83 岁，耳朵听不清楚了，好多事都想不起了，回山乡革命委员会的事，倒还记得一些。

那年，红军来到遵义，我们南关附近的农民，也进城去欢迎，开迎接红军的大会时，放了火炮，唐云奇代表我们农民上去讲了几句话。会上，一个红军干部说，要立即成立农协和建立革命政权。

第二天，红军就分散下来，做群众工作，这里三个，那里两个，到各家各户作宣传，作调查，问这问那，还问你姓什么？叫什么名字？一边问，一边在小本上记。来我们这一片地区的红军，有一个同志叫邵式平，是农民科的科长，我们喊他邵科长。（按：邵式平同志，长征时在中央地方工作部任科长，解放后是江西省委负责人，1955 年病故①。）

有一天，红军召集群众在官厅开大会，邵科长在会上说：

"成立农协和回山乡革命委员会，你们当地要选个领导。"

接着，就开始选举，先由红军中的一个同志提了几个人的名字，

① 应为1965年病故。

简单介绍了一下情况后就喊大家选，结果选了我的主席，黄南亭的副主席，向发顺、高福秋、王华仙、龙成云（女）、刘泥水他们几个的委员，还有红军派来的两个武装同志和我们一起，组成了回山乡革命委员会。

委员会在周家院（就是地主周筱含的院子。在今遵义市万里路回山乡巷内）办公，还有文书、通讯员、炊事员，办公室正中贴了一张大红纸，上面写着：

“回山乡革命委员会主席邱本立，副主席黄南亭”。

邵式平同志来周家院，见到我，头一句话就说：

“邱本立，群众选你当回山乡的主席，要好好干！”

我当时怕干不好，就老老实实对他说：

“邵科长，我是庄稼人，文化短缺，没有记性，又不会讲话，怕写不起，记不上……”

“你还是能够记一些，不要怕，一边干一边学嘛！”

有邵科长的鼓励和帮助，我们回山乡革命委员会，从成立那天起，就开始工作啦！

先是组织群众游行，庆祝回山乡革命委员会的成立，也是向地主官僚土豪劣绅示威！回山乡管辖范围北面从狮子桥起，南面到南关附近的一些村寨。参加游行的上千人，有街上的居民，也有乡下的农民，手里拿着旗子，放着火炮，敲锣打鼓地在街上走着，还高呼“打倒大土豪罗徽五！”“打倒大恶霸周子光！”“中国工农红军万岁！”“中国共产党万岁！”等口号。游行队伍从新城一直走到老城的琵琶桥才转去。

那阵，革命委员会的主要任务是打土豪，分田地。我们这些世世代代在遵义受苦受穷的农民，巴不得立马就把这些家伙打倒。咋个打法呢？我们又都没得经验。

一天下午，邵科长来喊我：

“邱本立，你带几个人，今天我们一起去打土豪！”

我很快就去喊了几个人来，我们同邵科长一起，到了刘家湾地主徐人凤家，还到过坎上地主周晓汗家，发现这些地主已经把许多东西转移出去了，我们只没收了他们一部分浮财。打土豪收缴来的东西，一律交公，有的交到县革命委员会，有的交到周家大院。留在我们回山乡的，包括上边分下来的，都拿到蕉园（李家房）去分给群众。分东西的时候，先开好名单，然后按名字喊，喊到哪个，哪个就去领。

分田地的事，我专门通知委员来开过一次会。大家在一起研究分工，组织了两个插田队：龙成云、唐云奇、赵炳臣他们是一个队；姚宪章、李洪顺、苟树清几个又是一个队。两个红军武装也分头参加了。还叫人削好了许多插田用的竹扦（一尺多长、二指来宽）。

我们委员会怎么开会怎么分工都得到了邵科长的指导。他还帮助我们立了一些规矩。

回山乡革命委员会成立以后工作很多，周家院办公的地点，经常有人出出进进。那时天气正冷，我们在屋里烧了一堆火，晚上也留人在周家院歇了几个晚上。有一次，副主席黄南亭向邵科长告假说：

“邵科长，我今晚有点事，要回家一下”。

邵科长指着我对黄说：

“你去跟邱主席讲，问他是不是许可！”

我知道黄南亭要回去过烟瘾，就对黄说：

“你去吧，今晚我在这里歇！”

文书向邵科长告假，邵科长也是叫他来问我，邵科长硬是处处都在培养帮助我们呀！

回山乡革命委员会从成立到结束，时间很短，邵式平同志在我们脑子留下的印象却很深很深。一想起回山乡革命委员会！就忘不了红军的邵式平科长！

二、红军“干人”心连心

龙成云

红军头一回到遵义是夜间进城的，我们都不晓得，第二天就一家传一家地说：

“红军进城了，走，上街去看红军！”

那年，我才20来岁，也跟大家一起进了城，看到红军穿的衣裳是青土布缝的，有的布纽子，有的是圆扣子，帽子高头有红五星。身上系的子弹袋，有的扛长枪，有的穿草鞋，一个个挺有精神，和和气气的，我们一点也不害怕。国民党造谣说，红军杀人放火，鸡犬不留，这都是糟踏红军的。国民党军队才是杀人放火，鸡犬不留！

过了一天，红军到蕉园来召拢群众开会，蕉园就是志林阁（现在钢绳厂轧钢车间养鱼池那点），一个红军同志在会上讲话，他说：

“你们不要怕，我们是来打富救贫的。你们都是‘干人’，我们是来保护‘干人’的，还要帮助‘干人’分地主的房子，分地主的田地，以后你们就各人做来各人吃……”

红军的话，硬是句句都讲到我们心坎上。地主老板厉害得很，佃田要一锭银子做押金，没得押金就佃不到田种，借他们一担谷子，要还一担五，一点都不让。有一年，我们家差五斗谷子没交齐，老板就来吆肥猪。过年过节要给他们送糍粑（糍粑小了，薄了都不要）；老板家里办什么喜事，还要去帮他们砍柴、担煤。那阵帮人，连饭都得不到吃，是自己在家里吃了饭再去帮地主老板干活路。我们这些“干人”真是穷得连衣服都没得穿的！听到红军说要帮我们打土豪、分田地，我们心里不晓得有几多高兴！

那天，红军还把城里抬来的东西，还有在蕉园地主李剑秋家没收的东西，一起分给大家。分东西的时候，有个红军对我们说：

“你们晓不晓得地主这些东西是咋个得来的！他们肩不担，手不提，反而吃不完，用不完，你们一年到头挖田种地，肩挑背磨，最后还吃不上，穿不上，就是地主老板把你们劳动得来的果实剥削去了！”

是呀！红军说得对头！过去我们受苦受罪，光怨自己命不好，就没有想到这个道理上边，你的命再好，也经不起地主老板的剥削！红军又说：

“只有共产党和红军，才能帮助你们把这些东西拿回来分给大家，地主土豪是压在你们头上的一块大石头，今天我们要帮助你们掀掉这块大石头。你们说，共产党和红军的这个主张好不好？你们拥护共产党和红军吗？”

“拥护！”“拥护！”我们好多人都一边举手，一边高呼拥护，有些人硬是高兴得蹦起多高！

红军把群众发动起来后，就帮助我们这个乡建立革命委员会。记得有一天开大会，又留下一些人开小会，说要选举委员。我们这边有个姓黄的妇女，嘴巴会说得很，有些人说可以选她，红军说：

“不！光是嘴巴会说不行，我们要推选老老实实的人，推选能为‘干人’办事的人！”

红军稀奇的就是老实人，这样就把我选上了。

革命委员会选出来以后，红军又带领我们去打土豪、分田地。赵大爷、唐云奇和我，是一个分田队，还有一个红军。这时候，我们同红军一起工作，就像一家人一样，说话一点也不拘束，那阵也是喊“同志”，有时红军说话的口音不好懂，我们就对他说：“同志，你慢慢谈，谈快了我们听不懂。”

“好，我慢慢谈！”红军笑着回答。

红军同志和插田队一起，整整走了三天，我们提着麻袋竹扦，在军阀、官僚、地主的每一丘田地角里，都插上一片写了字的竹扦。从邱本立家侧边垭口的坡坡上开始，一直插到堰塘，遇到有人家户，我们就对他们宣传：

“红军来，是帮助我们打富救贫的……分了田地是个人的，各人种来各人收。”把红军对我们谈的道理,又挨家挨户地向“干人”谈一遍。

群众听了我们的宣传，又看到有红军武装帮助我们插牌分田，一个个都笑眯眯的。后来，红军有任务，开拔走了，我们插了牌的田也没有分成。红军除了帮助我们分田插牌子，还处处关心群众，遇到打仗枪响的时候，我们有些人爱钻出来看看，怕自家的牲口被打死，冒着危险出去吆牲口，红军就大声喊：“不要出去，快进屋去！”

我家老头那年给红军带过一次路，走了二三十里，转来时，红军一再交待：你回去不要走大路，免得遇到部队又喊你带路。

红军对我们“干人”这样关心，我们“干人”对红军也非常爱护，除了给红军带路送信外，对红军的伤病员，也能细心照顾。

这半边，高家那一间房子，住了几个红军伤员，有两个断了脚杆，一个断了手杆，没得垫铺的草草，我们就抱了些草送去。幺伯家隔壁张家和我家，轮流送饭。头几天，红军伤员吃不得，我们就每餐煮好稀饭送去，以后病情好了一些，我们就向他问：

“想吃干饭不？想吃什么菜？”

“你们吃什么，我们就吃什么。”红军伤员这样回答。

多好的军队呀！为我们“干人”翻身，打仗负了伤，还在想着不要给我们“干人”增添麻烦,真是“红军干人心连心啦！”（刘思济整理）

选自中共遵义市委党史资料征集研究办公室编:《长征火种——一九三五年遵义县革命委员会》,1987年10月,第89—95页。

关于桐梓坡农会的回忆

陈金榜①

甲戌年冬月初，侯之担的队伍就开到乌江布防，猪场场坝上驻扎了许多白军，还在场坝设了“前敌总指挥部”。白军在乌江北岸驻扎了许多人，还在江边修筑工事。他们强迫猪场附近的老百姓去给江边的白军送军米，我和杨发顺、陈伯昌几个人也被强迫送军米到江边。那天，我们抬米到了江边，就听到枪炮声响成一片，白军的一个营长就让我们阻击红军，还给了杨发顺一支枪。当时那个营长只顾督阵，命令白军士兵反扑，杨发顺乘他不注意，就朝那营长开了一枪，将他打死。接着，杨发顺又大喊：“红军来了！”白军一见营长已死，以为红军真的已抄到背后，加之正面红军攻势猛烈，于是四散溃逃，红军胜利地突破了乌江。

红军来到桐梓坡后，有一位姓陈的营长就住在我家兄弟的那幢房子。他经常与我们几个人谈革命道理，让我们多团结一些人，要成立农会和游击队，打土豪。那天，红军在万寿宫开群众会，我也参加了，一位红军首长送给我一把马刀，刀上有一个铁环。红军还召集我们在亭子坝开会，参加的有我、陈永庆、杨发顺、陈伯昌、王文彬、兰光明、刘银臣、邓铜匠等十多个人。后来，就在荒田坝又开了一次群众大会，大家选我当农会主席，杨发顺担任游击队长，陈营长还给我们一面红旗。

① 陈金榜是红军长征途经桐梓坡时建立的农会主席，新中国成立后，曾任瓮安县政协委员，现已病故。

红军还和我们一起喝了鸡血酒，起誓为穷人翻身干革命，永不变心。

农会、游击队成立后，我们就去打土豪，打了张子安家、梁世才家，还有猪场的蒋廷纲家等许多户打土豪劣绅。我们捉了土豪家的猪，来不及杀，就用锄头打死，抬回来把肉分给群众。

红军到猪场还成立一个新兵连，有王文斌等20多个青年参加红军走了。

我记得当时还有兰光明、刘银臣、冯瓦匠都是各村的农会主席。

红军走后，农会和游击队被土豪镇压了，杨发顺、陈伯昌都被土豪杀害了。现在挨我住的陈元禄就是陈伯昌的儿子。（刘昕1971年4月15日记录整理）

选自黔南布依族苗族自治州史志编纂委员会办公室：《红军在黔南》，1983年12月，第136—137页。

红军长征两过桐梓见闻

金震宇

1934 年冬天，听贵州军阀王家烈政府的官员们宣传，说 :“共产党朱毛的红军，由江西、湖南出来，快要窜到我们贵州了，共产党跟清朝时代的长毛（指太平天国石达开部）一样，到处杀人放火、掳掠抢劫，你们有枪的快组织起来与他们打 ; 没有的，也要火速躲避，免遭掳杀……”

我当时是一个失学了的中学生，以一种“躲而不避，观其所以”的态度对待红军到来。当见着他们的传单，听了他们的宣传，并与红军接触后，才感到军阀政府的宣传完全是造谣诬蔑。红军长征途经桐梓，距现在已半个多世纪，兹将当时我亲见、亲闻，回忆记述于后。

共产党不可怕，红军和蔼可亲

桐梓是周西成、毛光翔、王家烈等几个贵州军阀省主席的家乡。因家乡出了这样几个独掌全省军政大权的人物，自然就有些人依亲靠友，攀藤附葛，相互提携，飞黄腾达起来。在军队中，师、旅、团、营、连、排长，政权机构中，厅、处、县、局长都大有其人。这些人各据要津，把搜刮人民得来的脂膏，回乡购置肥田沃地，建造西式楼房，农村中的豪绅恶霸，则仗势欺人，横行乡里。听说共产党要来桐梓，那些有权势的官僚，钱多一点的人，早已人伕轿马地逃跑重庆和贵阳去了，就是一般有钱的人家,没法远离的也都逃往桐梓附近的几个岩洞里,不敢露面。

红军进贵州，行军很神速，才听说由湘西进黎平、锦屏，一下子就到了镇远、平越（现福泉），直抵乌江，一日拿下几个县，过乌江向黔北进军，到了遵义，马上就要到桐梓了。就在这时，城里的人往乡下走，乡下的往更偏僻一点的地方走，连有些没有什么家产的人，受了那种谣言宣传的影响，怕共产党见人就杀，为着逃命，也跟着进了洞、下了乡。这时，四乡的土匪也乘机蜂起，真是“兵荒马乱，鸡犬不宁”。

有人劝我父亲，说：“还是走避一下”。我家在县城南郊，距蟠龙洞不过四五公里，其时是甲戌年的腊月初三（公元 1935 年 1 月 8 日）。这天，我背着食物和被盖，随着进洞的人，把父亲送进蟠龙洞后，马上就出来了。下午 7 时左右，在回家路上的江家大沟那个地方，碰着侯之担的败溃逃军，用几支步枪对准我，唬吓道：“定是共匪探子，把他枪毙了”，并扯开我的学生服，全身搜检，把我身上的几块钢洋、一支钢笔、一个日记本拿去了。有的还佯言叫喊“把他带走”。实际是遭了他们的顺手洗劫。这些溃军约百把人，向石门坎方向溜去，后面还零零落落跟着一些。我不敢朝大路走，便顺山绕道跑回家。

次日，溃兵不见了，所谓“逃难”的人，也没见了，路上其他行人也很少，好像真空似的，想是红军马上就要到来。我怀着兴奋的心情，本着“观其所以”的态度，跑到半山枫香树（地名）后面的高地上，目不转睛地盯着由遵义方向来的娄山关、南溪口、红花园、沙咀及看得清楚的马鞍山公路上。

第二天（腊月初五），上午 10 点钟左右，马安山公路上出现一支密密麻麻的队伍，沿公路向官渡河方向运动，我不觉惊异地自语道，“呀！那准是红军到了。”他们到了官渡河，即分为两股，成八路纵队，一股进城，一股向付家龙洞（现 651 厂处）公路行进。我是居高临下，看得很清楚，人虽多，但并不嘈杂，也有少数老百姓，在那路上走动，并没有什么意外事情发生……然后，我就转往油草池山僻里找人家寄宿去了。

当晚那里有人回来说：“我们见到红军了，他们很和气，还跟我们谈话，并拿了一些传单给我们。”他们不认识字，说我是读书人，要拿给我，还叫我给他们听。我便把那些传单接过来，逐字逐句地念给他们听了。其中有一份传单，说得非常好，后来我把它夹在书里面保存起来，1949 年解放，家里的书损失，那份传单也掉了。至今还记得那份传单是竖行、铅印，开头是三个大问号，回忆起来，前后语句都记得，只有中间一段记忆不清了，其大意是：

出路在那〔哪〕里？出路在那〔哪〕里？出路在那〔哪〕里？？？

工人、农民、兵士以及一切劳苦群众们：万恶的国民党军阀蒋介石、陈济棠、何键等，不但把你们出卖给帝国主义，使你们变为帝国主义的奴隶牛马，而且他们自己也拼命地屠杀你们，压迫你们，剥削你们，你们整年整月地做着苦工，然而总是养不活你们的父母、妻子和儿女，苛捐杂税是永远完不清的，再加上修堡垒筑马路，各种兵差劳役，是永远做不完的。你们不能反抗，不能说一句不满意的话。国民党的军阀、民团、警察、流氓、恶棍都威吓你们，他们还要说你们是“共匪”，他们说“共匪是杀人、放火，共产共妻”，他们压迫你们出钱，出力、出性命，去帮助他们，围剿“共匪”。

亲爱的兄弟姐妹们，但是，你们也还只听着人家骂共产党，骂苏维埃红军，你们没有知道共产党与苏维埃红军是什么东西，你们只要知道共产党与苏维埃红军的主张，你们就会赞成他们了。

他们的主张，工人实行八小时工作制、增加工资，农民有衣穿暖、有饭吃饱，……

亲爱的兄弟姐妹们，快拿起你们的锄头、木棒、柴刀、菜刀，武装起来，组织起来，并策动白军官兵，哗变到群众方面来，一同来革命，实现共产党的主张，建立苏维埃政府。

亲爱的兄弟姐妹们，他们那里只有少数人，我们这里有千百万的工农群众，我们一定会胜利，我们无论如何会胜利！

中国工农红军总司令　　　朱　德

中华苏维埃中央政府主席　毛泽东

公历一九三五年　一月　日

我在油草池住了一夜，次晨即欲返家看看，途中就有人说："蟠龙洞已被红军一举攻破了。"回到家里见家中住了红军，大约有二三十人，铺位、地面都很清洁，我的妻子冷冰如正在给红军筛大米，米约有三四斗，孀居大嫂令狐守贞也在家，还有大嫂娘家弟弟令狐八哥，他正给红军们所宰的三只鸡拔毛（鸡是红军自己买来的），红军见着我，听说是房东主人回来了，表示很欢迎，见我是个学生模样，都呼我为"同志"，主动来找我谈话："蒋介石不抗战，专门压迫人民，纠结军阀打内仗，红军为了抗战，北上打日本，共产党是为劳苦大众的……"他们口吻亲切，态度和蔼，并用手轻轻地接连拍着我的肩膀，说："同志！当红军好呀！"当时我的觉悟也不高，暗想，红军是路过北上抗日的，要去的地方还很远。便答道："家里有老小，暂时还不能离开。"他们是作动员的，并非强迫，也就算了。

后来有的红军同志说："想吃面条。"其中有一位，可能是个领导人，便拿出两块钢洋和两元纸币来，要我帮他们去买面，我便将钱接过手，一看两块钢洋，是两元飞鹰，还有些英文字，纸币的纸质很薄，字是用红色印的，而且这两元钱，看来已经用过多次的了，颜色并不新鲜。我拿着钱便向官渡河卖面地方走去，途经篆咀时，见着原有的一堵高大围墙上，用石灰涂白了，以红黑色勾划字体写着一幅标语："白军兄弟，不打抗日反帝的红军。"老远看去，非常醒目，字体很工整，过去在县里看到的一些标语，都是纸上书写的，没有在墙上直接书写勾划，所以看去很新鲜。在另一处人家的板壁上，还用黑色字体书写着另一条醒目的标语："白军官长骑马坐轿，士兵草鞋都没有穿。"

我走到第一家卖面处，已有些红军在那里买面，可是面条已卖完，再到第二家、第三家去，还是一样面都卖完了。我没有完成这个任务，很遗憾，只得把钱拿回去，说明这个情况，将钱交还那位红军，他笑着把钱收了回去。

攻破蟠龙、仙女、天门、峰岩四洞

桐梓地处贵州北面，是由川入黔门户。境内多天然溶洞，距县城不远，便有四个比较著名的山洞，即蟠龙洞、仙女洞、天门洞、峰岩洞。据说早些年，兵荒马乱时，那些洞都曾躲过兵匪。

蟠龙洞在桐梓县城西南面，距县城不过五六公里。溱、芝二水在官渡河汇集后，东水西流经葫芦坝注入此洞，穿出马鞰坝，入三消坑到水坎河，再流入长江上游的一条小支流赤水河。

人们住的洞，在水流的右侧方，是一个高大的干洞，在洞口十余丈的悬岩壁上，刻有"天外赏"三个大字，现已看不清年月。看去洞里阴森可怕。洞门平进，修石垛栅门，门内有一块平坦地面，纵横约三四十米，左面临阴河水，右面是岩洞壁脚。这个洞住人的地方分为上洞和下洞。那块平坦地面叫亮塘子坝坝，若往上洞就由这块坝坝左面下阴河边，乘筏子过去上坡行约20余米，修有炮台，设有土火药大炮两门，射向亮塘子坝坝。若走下洞就顺亮塘子坝坝右边前进，越进越狭，左面是阴河，右面是削壁悬岩，在最狭处挖有丈多宽的壕沟，左达阴河，右抵岩壁，沟内设置有各种铁竹等障碍物，沟上搭吊桥，夜间拉掉，白日搭上，有专人管理。过桥后，左侧还有一口深潭，名唤骡子塘，如不慎坠入，有淹死之虞，沿塘左斜上约百余米，抵暗流隧洞壁，上进第二栅门，也有炮台，两门土大炮吊着，可以转动，左、右可放射亮塘子坝坝每一角落，与上洞火力交叉，形成火力网。据说这种土炮，能装火药两三升（每升约四斤），铧铁、镏子一升多，放射出去比“斗筐”直径还要大些，威力也很大。炮台后面，便是一个漆黑的大塘子，高低不平，面向炮台带倾斜，天棚很高，看去晶莹发光如星星。进洞的人，就在这个大塘子里面，用自家的衣箱桌柜等各自围出一块地盘，叫“小塘子”，人就住在里面。在蟠龙洞内，住上洞比住下洞保险些，它有天然屏障，需用筏子才能过去。但为进出方便，历来都是下洞住的人比上洞多些。人们都说这个洞的特点，是进洞向内看全黑，需执烛而行进，而洞内向外看却是亮堂堂的。

洞的附近有一人名叫周子云，其人胆大，小时即在洞内进出，对洞里情况很是熟悉，几次进洞避难，人们都推他当洞长，管理洞里的事，进洞的人，出点钱给他办理防御设备，这次听说红军要来，进洞的人，按其旧例，仍推周为洞长。

1935 年 1 月 11 日（甲戌年腊月初五日），我听说蟠龙洞被红军破了，出门一看，老远就看见由蟠龙洞葫芦坝方向来了一些人，有背着东西的，有空着手的，红军也有，都向城里走。

我父亲也是进洞的人，他在哪里，我想进城去看一看，但碰着一些熟人说：“蟠龙洞出来的那些人里，没有你父亲。”于是，我即向蟠龙洞找去，在洞口上曾家（我大姐家）会着我父亲，我问：“洞是怎样破法的？”父亲说:“就是你送我进洞的第二天晚上，红军就到洞口来了，先用本地方人喊话，交代政策说：‘洞内有侯家军，他们只收缴侯家军的武器，对官兵一个不杀，如果负隅顽抗，洞破之日，对洞里的人，不论男女老幼，一个不留，统统杀掉，如果你们相信，赶快派代表出来交涉……’”父亲接着又说：“但洞内实在没有侯家军，也没有枪弹武器，所恃者不过靠那两门火药炮，如果红军进来，那两门火药炮是抵挡不住的，洞一破，有些全家老少都在洞里，一切都完了，况且洞里的人，不完全是绅粮、官吏，有的原是为着逃命而来的。于是开会商量，会中，就是那些官僚绅粮也要求不杀，便派出金汉卿等数人作代表，与红军交涉，请红军入洞检查。红军入洞检查后，即将那些有钱人家的财物，交由外面的一些农民和洞内的一些贫苦人搬运出洞。原进洞里的人，按名登册，并用白布条条写上各自的姓名，挂在胸前或拴在胳膊上，随同那些搬运财物的人，由红军押送进城去了。就这样，双方不放一枪，洞就破了。”我父亲还说："没有人叫他去写名字，就是这样把他喊出来的。”

蟠龙洞破时，其中有一人名叫令狐大芳的，家住桐梓城内正街，是当时桐梓县的电报局长，红军来时也进了洞。他想，电报局长也是个官，心里有些害怕，便想化装逃避，就偷着溜到河边，搞得一身泥湿，红军窥见了，就把他叫来，问明情况后，将洞内那些官僚、绅粮的衣服鞋袜拿来让他穿上，居然衣冠楚楚、温文尔雅地同着红军一道进城。

红军确实是说话算话的，洞里出来的人，一个没打，一个没杀，洞内出来带有白条写上名字的那些人，进城后，红军予以一一考察，有的被罚款，限期交款赎人，有的没罚款，当即释放。我从城里回家时，路过那些在外面做过事的人家，见门上都贴符有红军的布告。那个布告，纸和字都不太大，内容是说罚他们的款，限期缴纳，好像是用复写纸缮成，填名、填款，填交纳日限。布告是：

中国工农红军政治部布告

查×××系地主兼×长，专靠收租放债剥削农民而生活，红军是工农群众的武装，是反帝、反封建的，是土地革命的坚决实行者，对此地主，除依照中华苏维埃中央政治部法令，将其家产全部没收，发给本地贫苦工农外，着令其罚款大洋××元，限于本月×日送交来部，不得延误！

公历一九三五年一月×日

并在年号上盖有政治部红色圆形印章。

仙女洞，是在县城东侧的魁岩上，位于千仞悬岩削壁中的半山腰。洞口周围俱是绝壁，进出要用几乘悬梯方能上下。入口处是一个天然圆孔，入内后若将悬梯扯掉，就无法进出。前面的对头山距离较远，枪炮射击也失去效力，洞虽险峻，但并不宽大。红军来时非有特殊权势者，不能入内，所以入洞的人不多。红军打蟠龙洞时，也分兵进击仙女洞。同样派人喊话，交待政策，但住在洞里的人，凭借天险，不予理睬。后红军改变办法，仅留两个人在洞脚壁下潜伏隐蔽，实弹瞄着洞口，不声不响。洞里的人不知虚实，时间久了，便有一个头伸出来往下窥探，意欲观看下边是否还有红军，于是埋伏岩下的红军瞄准人头，嘣的一声，射出一弹，把这伸出窥探的人头打个“正着”。被打死的这个人，家就住在这洞足下，是地主杨竹君的老婆廖氏，洞内见此情形慌了起来，乞求红军不杀，愿即出降。红军当即答应，仙女洞就这样破了。

其他天桥“天门洞”、元田“峰岩洞”里面的人，闻蟠龙、仙女两洞俱破，也闻风出降了。洞内有钱人家的财物，红军都分给了穷苦老百姓。

其他见闻

红军长征到桐梓时，南门的金洪章和一个姓詹的，他俩组织一些人到官渡河去欢迎红军入城。红军入城后，到处散发传单，壁书标语，在位于西街的县政府（现水电局）门前甬壁墙（现拆除）上，贴满一壁用黄纸红字书写的共产党的“政纲政策”;在万寿宫（现农具制配厂对面，已拆除）开群众大会，宣传政策；在天主堂开群众代表大会，各行业都派代表参加，晚上还演戏；在考棚坝坝（现县委会门前广场）将各处打土豪得来的一些衣物，摆满了一坝。

红军喊的口号是："北上抗日、打土豪、分田地！"在城乡开群众会时，将打土豪得来的衣物食品，分发给贫苦人民，还宰杀了一些有钱人家的肥猪，发给到会群众。

红军在桐梓枪毙了两个坏人。一个叫马宗国，是县政府的衙役，一个叫陈银周，是石门坎（现石门乡）的保长。二人作恶多端，根据群众请求，对照法令，执行了枪决，还写出罪状四处张贴。

红军的穿着，一律都是黑色服装，看去不太整齐，多数穿草鞋，是用麻和布条自己编织的，步枪、手枪、手榴弹一律背在外面，唯子弹一颗未露在外，究竟不知道他们一个人有多少子弹，手榴弹铜制的、铁制的都有，是一种"地瓜弹"，外面看去，癞癞疤疤的，没见有木柄的。

红军住了十来天，便陆续向习水、赤水方向开走了。临行的一个傍晚，有五个红军来到我家，没有背枪，只隐露有些手榴弹。对我说，他们掉了队，前面路不熟，后续部队未上来，要我帮他们带一带路，去赶前面的部队。天快黑了，我便邀堂哥金炳轩一道，引着他们由我家房后上坡，经枫香树、马鞍子、茅盖厓，送至杨柳坪，指着前面的路说，去滥坝子，翻脚板山到栗子坝、九坝，只要连夜赶去，在前面可能就赶上部队了。时间大概是甲戌年腊月二十日前。红军一走，白军又来了（贵州侯之担军队）。

红军由赤水返桐梓再进遵义

1935 年 2 月 25 日（乙亥年正月二十日）的早上，王家烈的军队，来到我家后面的几个山头上搭哨棚，说："红军回窜，快到桐梓"。他们在山下的老百姓家里，扯晒席，拿水桶，到处砍竹子……搞得鸡犬不宁，老百姓背着他们讲："红军经这里过，不拉伕，不派款，倒是好人，他们来，我们不怕，怕的是你们这几爷子白军啊！"

见着那些搭哨棚的兵，在各个山头上奔忙，像要打仗挖战壕的样子，人心惶惶不安，怕在家门口打起仗来，各家都关门闭户的，很少有人在外面行动。那天气候很好，有太阳，在下午 6 时左右，便见有 100 多人的白军，由篆咀公路上过来，向着付家龙洞、石门坎方向走。一路上有些人指手画脚的，像临战布置。太阳快下山时，便听着在李家塆响起了一阵密集的枪声，约有十分钟，枪声全没了，但不见白军退回来，也不见红军走过来，奇怪，怎么回事呀？后来才知道白军走到江家大沟边，红军由李家塆走到岩角林（现抽水站地方），两军遭遇了，白军就是一阵开枪射击，但不前进，红军不还击，只散开，登高地，然后从四面围过来，白军着慌了，拖着枪涉水过河，夹着尾巴，枪也不敢放，偷偷地朝娄山关方向逃跑了，我们家后面几个山头上的哨棚还是在那里，人呢？入战壕了？跑了？不敢看，也不敢问。

傍晚，我在坎下二叔家，天麻麻黑，见由马家岩扁过来的横坡路上，约有三四十人，一排排地朝着付家龙洞后面的松林山坡一带密集射击。我在二叔家堂屋门坎边蹲着瞧，只听到枪响，还见着几十朵闪闪的红火，子弹呜呜地由房上飞过，这样约十多分钟，没有听到还击的枪声，于是二叔说："没有还击的枪声，人没有看见，连影子也没有一个，打鬼呀！管他妈的，我们各自关门睡觉吧！"

这样一夜无响动，白军走没走，红军来没来，都不清楚。次晨拂晓，听着后面山上哨棚里，有好多人在讲话，一听是外省人的声音，再偷偷一看，是些穿灰黑色衣服的，呀！红军是什么时候把这些哨棚都占领了，红军又回到桐梓了。

这次红军回来，没有久住，有时是过路，有时一宿即走，也有昼宿夜行的，宣传工作也做得少些，没有再去做打土豪分田地的工作了。由习水老路回来，有些经我家的房边路过。连日来，蒋介石都在用飞机侦察，不是散发谩骂威胁红军的传单，便是直接投弹轰炸。

有一天早饭后，约有三四百人的红军，路过家门，全是头戴树枝树叶的帽子，伪装掩护，忽然高空来了一架飞机，飞得很高，在上空盘旋，只听得号音一响，这些红军一下散开，扑入草丛里去，动也不动了，飞机去后，又起身再走。

有一次，飞机又来撒传单，是用恐吓收买的方式来瓦解红军的，上面用很鲜明的红色字，印着简单的几条：

1. 跟着朱毛走，不是拖死，便是打死！

2. 投诚者免死。

3. 枭朱毛首级来献者，奖洋拾万元。

4. 拖枪来降者，每支奖洋伍佰元。

这样的传单，飞机上一捆捆地抛掷下来，红军见了，有的把它撕成碎片，有的甩脚踏，有的用作解便纸，有的简直不去理睬它。

有一次，飞机上还散发下来一些小册子，壳面上用红字印着《孔荷宠告赤区民众书》，内容大意是说他本人，参加共产党多年，他干共产党，是一心一意的，干了多年，没有好的结果，共产党的政策，是不适合中国国情的，叫民众不要参加共产党。对此，民众不去管它，更不知你这个孔荷宠为何许人，有的人说："可能是共产党的叛徒吧！"

有一天，飞机来投炸弹，一共三架，双翼单人战斗机，飞得很低，在地面上也能把驾机的人看清楚，那三架飞机都是乌黑色，机身短。来后沿公路红军路过的上空往复盘旋，高低起伏，一架未投弹，两架各掷数枚即逸去。一枚炸弹落在官渡河公路旁空田中，爆了一个大坑坑，红军无损伤；另一枚落在沙咀桥边公路旁冷国珍家接近房后的冬水田里，炸了一个大坑，泥浆尘土溅满全屋，其时有路过红军十余人，奔进冷家掩蔽，炸弹破片飞进屋来伤了三个红军，有的打着口皮，有的打在脸上，有的打在手上，幸好均是轻伤。有一个比较重一点，发出呻吟。冷国珍母亲王氏，是老年人，不晓得是炸弹破片致伤的，以为呻吟的那个红军，恐怕是走路急了，发了痧，肚子痛，叫他出来，喝一点开水，揪一阵痧，以为就会好的，殊不知她本人已中弹片。幸她穿着棉衣服，背上发觉热烘烘的，待解开衣服看时，方知破片还在身上，受了轻伤。飞机逸去后，被炸伤的那三个红军出来，由其他红军帮他们把伤包扎好后，又一同上路走了。

回桐梓来的红军，没有头一次过的人数多，可能是有些走别条路去了。走在后面的红军，也有些零零落落，最后这一天早饭时，稀稀疏疏地还有红军在过路。

在半山的凤凰山和三角坝背后的马鞍子等处，见了很多白军急急分头追了下来。

马鞍子的白军下三角坝，登上狮子顶，一股分向堰塘塆背后山坝，一股分登马家堡、李家营顶、营盘山顶顶（现气象站）。

凤凰山的白军，下蜈蚣岩到枫香树，登上哑口岩到席家坡营顶。

各路白军，都齐向红军扑去，在哑口岩上，架着重机枪，不停地向官渡河的红军扫射；营盘山顶的向军，直扑官渡河，冲在红军前面把桥封锁了。后面的红军过不去，就由篆咀河坝，强涉龙孔河，往仰天窝登山，走娄山关方向去了。战事结束后，我也跑到官渡河去看，红军究竟死伤多少人？仅在令狐济昌家门口牺牲了一个，其人高大魁梧，身着一件短皮袄。徒涉龙孔河，登仰天窝的红军，仅丢了一支步枪，还上着刺刀，后来农民蒋银安在仰天窝割牛草拾着其枪，旋被白军缴去。

当红军离了井冈山长征北上抗日，蒋介石反动派及各地军阀都前堵后追，可是堵不住，倒把红军迎来了，红军走了，他们又在后面追赶。红军遍走全国，播下革命种子。其时老百姓编唱出一首歌谣，真挚地表达了对红军的爱戴祝愿，也辛辣地嘲笑和讽刺了敌人。忆叙如下：

白军“欢迎”红军来，
红军走了白军来，
白军再去“迎”红军，
红军回来更相亲；
白军“迎送”多热闹，

放枪当作放鞭炮，
白军疲惫在发哭，
红军得意在发笑，
白军们！不要哼，遍走全国迎红军，
红军们！请你听，定坐南京与北京！

选自中国人民政治协商会议贵州省桐梓县委员会文史资料研究委员会编：《桐梓文史资料》第1辑，1987年，第135—149页。

杨发顺、陈伯昌被杀害的情况

陈元禄

我父亲叫陈伯昌。红军来的那年，他和陈金榜等几位老人一起参加了农会、游击队，打了土豪，分了土豪家的浮财。

红军来了，我父亲就带着红军到土豪家去捉猪、出谷分给穷人。当时我父亲领着红军打了史如周、史玉初等几家大地主。

杨发顺带着红军押着国民党的区队长吴银臣去清查地主分散到山洞里的浮财，红军让吴银臣下山洞把地主隐藏的箱子抬了出来，杨发顺还逼着吴银臣把土豪隐藏的枪支也缴了出来。

土豪们对杨发顺和父亲恨之入骨，红军走了以后，他们就进行报复。杨发顺被吴银臣打死在家里，我父亲陈伯昌，还有一个农会会员叫梁凤山，是被国民党县政府派人来抓住，拉到场坝街口用马刀砍死的。

我父亲死的那年我才八岁，我家舅爷让我挨陈金榜老人住。（刘昕1971年4月15日记录整理）

选自黔南布依族苗族自治州史志编纂委员会办公室：《红军在黔南》，1983年12月，第138页。

张二婆哺育红军后代

周强珍

我的外婆——张二婆住在白沙长膀上。我一岁时妈就死了，四岁又死爹，跟着哥嫂。六岁时外婆把我接去跟她住，祖孙两人勤巴苦挣过日子。

红军来那年我已 15 岁，由于不了解红军，跑到别的地方躲去了。红军走后才回来。一进屋，就看到外婆床上睡着个未满月的小孩，我连忙问这小孩是谁家的，外婆说是红军留下的，她随即详细给我讲了留下这个孩子的经过：

红军在乙亥年正月十二到白沙，当天下午太阳快要落坡的时候，有几个女战士扶着一个快要临产的女红军来到吕福和家，提出要在他家借个地方生小孩。吕福和全家人都跑光了，请了个蛮大婆来看家，蛮大婆作不了主，但看到那个红军女战士不断地呻唤，又看到红军对穷人说话和气，买卖公平，就同意了。十三那天天刚亮，这个女红军在吕家环房里生下了个小女孩。

十四日早晨，有一个 40 多岁的女干部来说，因为部队要行军，孩子带着不方便，请外婆把这个小孩留下哺育，我外婆同意后，有两三个女红军把小孩抱来了。这孩子用四块新毛巾包着，外面盖一件茄色外套，里面是花绒。红军临走时，送给外婆一斗多米和一些衣服。几个女红军离开时，反复嘱托外婆，叫好好把这孩子带好，将来建立了根据地再来接她。外婆问这孩子的爸爸姓什么，几个女红军回答说姓“王”就走了。

红军走后，外婆给这个孩子取了个名字叫“王秀英”，她老人家对我说：“强珍！你爹妈死得早，我家又没有多的人，这个妹儿我们要好好把她带长大，将来如果她爹妈要来接她，我们也对得起她；她爹妈不来接她，就等于你的一个亲妹子，以后你有婆家走了，妹儿就可以挑水、煮饭，做家务活路，外婆就有靠头了……”

我高兴地说：“外婆，要得！”

妹儿到了我家，首先一个困难就是没奶吃。外婆到处去找，有时叫我背到几里路远的崔陈氏那里去找吃。逢着赶场天，外婆就叫我把妹儿背起和她一路上街赶场，遇着有奶的妇女就找点来吃。奶不好找的时候，就用大米磨成米羹羹喂。外婆还一再叮咛说：“一升米面至少要三斤白糖，糖放甜点，妹儿才肯吃。”妹儿睡在床上，外婆一听到哭声，就马上喊我：“强珍，妹儿醒了，赶快把她抱起来。”外婆对妹儿照顾得很仔细，不是我背，就是她抱，因此，两个月后，一张小脸长得红红的，又肯笑，谁见了都喜爱。

到了三月间，正是青黄不接的时候，家里没有多的粮食了，外婆说，我们多吃点菜，少吃粮都要得，不能把妹儿饿着了。老人家还叫我到曾家山二姨娘张小翠家去借了几升米回来，使妹儿有了饱足的口粮。

到四月间，妹儿已满三个多月了，突然周身生起疮来，就像浓泡疮那样大，颗颗绯红，晚上哭得很厉害，白天不想吃东西，外婆很着急，赶快背上街请了付子安、高显堂等医生开单子吃药，都没有效。听人说草药“白菜根”治疮毒好，又上山找回来熬水洗，还是不松。拖了十多天，什么小单方都用尽了，还是医不好，妹儿一天天消瘦了。有一天妹儿睡在床上，我挑水回来，揭开被盖一看，只见她脸色苍白，周身冰冷，我连忙叫外婆，等她跑来，把妹儿抱在怀里，只见妹儿的小手动了几动，就没气了。外婆摸了摸妹儿的小脸就伤伤心心地哭了起来，我也哭了。外婆一边哭一边说：“我们一心把秀英哺育成人，等她父母来接她，哪晓得她竟死了……”周围来看望的亲友们都感动得抹了两把眼泪……

妹儿死后，我和外婆就像掉了一样宝贵的东西，心头很久都放不下。（张世鲸记录整理）

原载《宜宾党史资料》。

选自中共古蔺县委党史研究室编：《红军长征过古蔺》，1990年11月，第91—93页。

翁媳救红军

梅红太

甲戌年腊月二十八日（1935 年 2 月 1 日），红军大队从土城、太平上来经过观文时，对我们像亲人一样，问寒问暖，送这送那，真是我们工人、农民的子弟兵呵。

那些地主收起了平时的威风，夹起尾巴，鸡飞狗跳，东躲西藏，尤其使我们解恨。很快，红军又浩浩荡荡奔白沙方向去了，那火红的旗帜翻过了山梁，我们像掉了什么似的。

那时，我家三人过日子。儿子梅少祥远奔他方，到黔西帮商家培植白耳子。我和儿媳杨金娥起早贪黑地干活，也只能求得一个半饱。这天，天黑得伸手不见五指，窗前白雪的微弱反光也不见了，天还淅淅沥沥地下起雨来。我坐在火边，正想着红军现在不知到哪里了。突然听到轻轻的敲门声，门外传来“老板，老板！”的微弱喊声。我点燃亮杆，开门一看，一个满面病容、身着湿衣的红军战士正站在门前，我二话没说，赶忙把他扶进屋来，坐到火边，反手把门关上。我没有多的衣服，要把身上的脱下来给他换，红军战士说什么也不肯。他有一只脚肿得像砂罐一样粗。他见我家是贫苦农民，亲切地给我拉开了话。他叫邱惠彬，土城渡河前在青杠坡同川军作战，脚背受伤，坚持走到观文才掉了队，为躲藏敌人的搜捕，他已在坟林里躲了一天。我忙着给他弄点吃的。不一会儿，我儿媳杨金娥回来了，进门就问老邱：“你是不是今天藏在坟旯旯里的那个红军？”老邱说：“是。”我儿媳顿时着急起来，连连说：“怎么办，怎么办？甲长梅海云、乡丁陈云海他们正在坟包那面找你。他们估计你藏有一支枪，要把你整死，把枪拿去卖来分。那帮狗强盗，一可邀功，二可得利，什么都做得出来。你要赶快想个办法才好。”老邱皱着眉头说：“我人地生疏，还是你们给出个主意为好。”究竟怎么办？其实他倒显得并不慌，我可沉不住气了。狗甲长他们可能要找到这里来，我家这间一颗印的小屋怎能藏住人，心里生怕老邱吃了亏。年轻人毕竟灵动得多，我儿媳很快下了决心，“这样，先把他引到我舅子家，那儿地方偏僻，住下来再想办法。”雨越下越大，我们两翁媳冒着大雨，连夜把老邱送到望福林杨泽安家。望福林几家农民千方百计掩护老邱，躲过了匪丁多次搜查，还设法给他治伤。伤愈后，红军大部队不知开到哪里去了。为了生活，老邱给附近杨松州家当了两年多的长工，后来去县城附近找到流落红军战士曹志友、郭相海他们，就落脚到古蔺下面去了。（徐安全记录整理）

选自中共古蔺县党史研究室编：《红军长征过古蔺》，1990年11月，第89—90页。

骨肉深情

杨文斗等

1935年正月间，红军一渡赤水后开往扎西方向的第三天傍晚，三个川军马弁带着一个俘获的小红军，来到沙红坝街上。这个小红军身着宽大的青军装，脚上穿着粗谷草鞋，腰扎皮带，头戴一顶摘去红五星的军帽。他耷拉着一张焦黄的小脸，皱起两道乌黑的眉毛，一对滴溜圆的大眼睛尽管闪烁着机智勇敢而又显得稚气的光芒，却怎么也掩饰不住焦急憔悴的心情。仔细一看，他下肢浮肿，双脚溃烂。马弁们将他带到新婚不久还贴着红对联的木匠杨文斗家。

当天晚上，躺在三个川军马弁中间的小红军思前想后，一宿没有合眼，心想逃吧，但人地生疏，脚伤发作，那怎么行？

第二天一早，马弁们上街吃饭去了，那个小红军却没有人过问。他独自坐在门槛上，想起离开部队竟是这样艰难，忍不住暗自伤心。嘤嘤地啜泣声引起了杨文斗的注意，他停下手中的活路问："小兄弟，你不是和他们一路的？"

"不，我是个红军，伤病发作后才留下来，没想到被抓着，他们把养伤的银元给我搜走了，却不给饭吃。杨大哥，我跑又跑不动，看来只有死路一条啊！"说到这里，他真的哭得越发伤心了。

杨文斗想起了小时候死了爹妈的情景，不由得十分同情。他灵机一动："你不要难过，现在事不宜迟，我先引你找个地方躲着，等他们走了再想方！”说着，拉着他就往后门走……

三个马弁吃饭回来清问小红军，早已进屋的杨文斗装作什么也不知道的样子反问："不是同你们一起吃饭去了吗？怎么没招呼一句！"

马弁们楼上楼下翻过了，左邻右舍也找遍了，哪里还有什么小红军。一个马弁说："银元已经到手，带着人反倒麻烦，省得老子在路上还得花一粒子弹。"说罢跳上马背，竟扬鞭而去了。

川军走后，杨文斗到街后一户农家领回小红军，细细地问起他的身世和遭遇。

这个小红军名叫曾后生，一家三辈人，爷婆都健在，父亲当木匠，哥哥是篾工。还有一个叔父在红军连队担任干部。他从小受到革命洗礼，读小学时就参加了少先队。1934 年秋天，他刚满 13 岁，第五次反"围剿"失败了，红军被迫转移进行长征。曾后生见部队要走，立即报名参加红军。临行时，爹抚着他的头说："后生，按理说，你这么大点年纪，当爹的还真不放心你出远门，但是参加红军是为工农闹翻身求解放，这是一条正道，又有你叔子一起上路，我也不便阻拦你。到了部队不要想家，不要怕苦，要听党的话，永远跟着毛委员指的道路走！"

到了部队后，他瞧瞧别人，看看自己，总感到年纪小，个儿低，生怕人家小看自己，所以处处尽量装得像个大人。战士们在前面走，他在后面跟，一路上模仿老战士大步地走路，走着走着就被落下了，于是只好踢踢绊绊地跑了一阵才跟上。他叔父只要听到这踢踢踏踏的跑步声，就准知道他掉队了，不由得回过头来望望。曾后生装着没有一回事，连看也不看一眼。开始还勉强对付，以后越走越吃力，叔父终于开口了："后生，你回去吧，路还远得很，何况还要打仗！"他鼓着嘴，独自埋着脑袋走他的，连话都不说一句，叔父沉下脸来生气了："你非给我回去不可，我一路上是照顾战士，还是专门经佑你这个细人？"他一看胳膊拗不过大腿，只好离开队列，嘟嘟囔囔往回走。没走多远，趁叔父不注意，又一下钻进了队伍里。一会儿，叔父看见了，毫不客气地把他赶出队列，在一旁一边监视一边教训着："你连走路都赶不上，怎么能打仗消灭敌人。"小曾生气也是白搭，他蹲在一旁，眼看同村的人都神气活现地过去了，真是气死人，好在前边叫干部开会，他才心一横，管他三七二十一，钻进队伍再说下文。

下午时分，小曾又被发现了，叔父照样撵他回家，他一下气急了："死在外边也不回去，你只准自己革命，为啥不让我参加红军？"叔父看看没法，倒转摸出手帕给他擦泪，他想了想："那这样，我引你去参加宣传队当小兵，也不发枪，那里都是和你一样大的细人，走路不怕掉队。"

几十个红小鬼在一起，除了行军就是学习，教唱歌，搞宣传，倒也挺有意思。别看他人小，说个快板，唱个小调，还真有几下。遵义会议后，部队进行整编，曾后生到了国家保卫队。青杠坡战斗中，他和同志们一起去抢救伤员，不幸负伤了，下肢浮肿，两腿发麻，双脚溃烂，简直迈不动步了，在同志们的帮助下，好不容易才过了赤水河。部队首长见他没法前进了，再三动员他留下养伤，曾后生生死不肯，想找叔父，可是他调到哪里，谁知是死还是活呢？到了川南边境的姚家坪，保卫队住在一户农家，指导员抚着头耐心地开导他："小曾，这样不行啊，拖下去，你非死在路上不可。现在敌人从四面八方包围我们，你给部队也增加累赘。不是我们不要你，是迫不得已啊！"七说八说，他才勉强从指导员手中接过十多块留下养伤的银元。当天晚上，曾后生和同志们一起躺在农家竹楼上，离别情绪一起涌上心头，很久难以入眠。

第二天拂晓，同志们不愿勾动他的情绪，起床后大伙没有惊动他，清风雅静地开拔了。这时曾后生偏偏睡得很熟。等他一觉醒来，只见四周空荡荡得无有一人，只剩下乱翻翻的铺草。见到这番光景，想到今后再也见不到朝夕相处的首长和同志们，连分手的话儿也没说上一句，难过得忍不住"哇"地一声哭了。

正在宰猪草的农家姑娘，听到楼上有人哭泣，连忙放下手中的活路爬上楼去。一看，原来是个下身浮肿的小红军，忍不住惊疑地问："你没有走？”

“我伤发作，部队起身时睡着了。”他觉得在一个女孩子面前流眼抹泪的太丢人，连忙擦干眼泪，挣扎着站起身来往楼下冲去。

“哪里去？”

“赶部队！”

“部队天不明地不亮就出发了，你追赶不上了。”

“管他啦，死也要去追。”他顺手拾起一根竹竿，一丁一拐地往外走去。

农家姑娘惊呆了，眼看留不住他，赶忙从甑子里抓起一块包米饼追去，塞在小曾的挂包里。

一路上，曾后生饿了就啃两口包米饼，渴了就喝几口山泉，这山间泉水多着哩！到处是山，到处是村，也到处有田有小溪。他顺着大路走呀走呀，好容易才熬到了牌坊口，看见沙红坝的小街了，他机警地摘下帽子上的红星，心想到街上休息一下，买点吃的，谁知恰在这时，身后传来得得的马蹄声，逃走已经来不及了，回头一看，原来是三个骑马的川军，他一下子就被抓着了。

一个人痛苦的遭遇，常常博得善良人的同情。听了曾后生的介绍，杨文斗这个直心肠的庄稼汉，联想到自己当年父母双亡后孤苦伶仃的情景，他慷慨地拉着小红军：“兄弟，追赶部队不行了，你要是不嫌我家贫穷，就和我们住在一起，我有吃，你有吃，我有穿，你也有穿，决不亏待你！”这时，那个过门不久的新媳妇也在一旁抹着同情的眼泪。

杨家把曾后生安置在一间堆放柴草的小屋里，给他铺上厚厚的稻草，又拿来一床棉被。吃饭时，尽管没油没肉、不煎不炒，但热气腾腾的包谷饭和酸菜汤仍然使他吃得喷喷香。杨文斗不但让他吃饱，住得暖和，而且还爬上老高的阴登山，给他找来包伤治病的草药，夜晚又亲自熬来盐茶给他洗伤。

常言道，坛子口大封得住，人的嘴小封不住。红军走后，那些地主老财、伪乡保甲们像一只只恶狗一样东嗅嗅西瞅瞅，到处打听红军的下落，一听说杨文斗家藏了个小红军，那还了得！保长带着一帮狗丁，像恶狼一样扑进杨家，简直如临大敌。狗保长把枪口对准杨文斗，瞪着两眼责问："窝藏红军，国法难容，交出来便罢，不然那就毙了你！"

杨文斗还来不及答话，曾后生霍地从躲藏的柴堆里冲出来，瞪着两只滴溜圆的大眼睛："你不要冤枉好人，我是川军带到这里来的，与杨大哥无关，要杀，你们杀我好啦！"

这一下，可把保长的威风吓跑了。他没有想到跟前站着的竟是一个十二三岁的小孩，狗眼珠忽闪忽闪地转了几下："这是白白送上门的货，毙了太可惜。好，你在这里把伤养好了，来给我当长工！"

保长走后，杨文斗安慰曾后生："你不要怕，龟儿保长是说来吓唬人的，他要你个娃娃干啥？供你饭食，他没有那么大方！"

从此，他们俩像兄弟一样相依为命住在一起。小曾庆幸自己碰到了一个好人，对他那经受创伤的心灵来说，那该是多大的慰藉！

一晃十天过去了。正月十三那天，人们纷纷传说，红军从扎西回来了。杨文斗兴奋地喊曾后生："兄弟，快起来，我带你找你们官长去！"他买来了十多个饼子，还准备了一个烘笼，搀扶着小曾来到大路上，只见红军牵成线线地过哩！杨文斗关心地教他："这些红军肯定饿坏了，碰见熟悉的朋友，就拿个饼子给他解解饥！"他一见后生直打抖，又顺手把烘笼递过去："冷吗？你烤烤火！"

部队过了一批又一批，还没有见到熟人。曾后生一打听原来他所在的保卫队还在后面。等了大半天，终于见到了首长和同志们，而且还遇到了同村的老乡，知道叔父在青杠坡战斗中不幸牺牲的消息。

从叔父的牺牲，联想到部队的艰难和自己的处境，他在亲人面前忍不住放声大哭。

同志们了解到他离队后的境遇，寄予了无限的同情。部队首长安慰他："后生，你要坚强一点，你现在在杨老板家，不要想你爷呀、婆呀、爹呀、娘呀，也不要想同志们，把伤养好才是大事。”大伙边说边凑了九块银元，拿七块给曾后生，两块给杨老板。杨文斗生死不要，小曾央求说：“杨大哥，你就收下吧！部队是真心实意给你做茶钱。”

眼看同志们就要走了，首长语重心长地叮嘱：“后生，我们把你这株革命的幼苗移植在川南的土地上了，希望你在这里接受雨露阳光茁壮成长，将来我们建立了根据地再来接你！”回过头来又拜托杨文斗：“杨老板，他是鱼来你是水，希望你们鱼水一家亲，有朝一日红日普天照，龙归大海再来感谢你们！”

红军走后的第三天，正逢元宵佳节，杨文斗给曾后生安排了吃的，便同新媳妇一起回后家拜年，丈母娘的饭菜刚摆上桌子，就听说滇军要来的消息。原来有两个打管旗的鸣锣通知，要街坊上准备柴草马料，接待滇军过境。杨文斗一听发懵了：我家里有个小红军，要是被发觉，那可不得了。他连现成的少午也来不及吃，就翻身往家跑：“后生，滇军来了，快起来跟我走！”他一把将小曾拉来背起，就往后山的苗寨奔去……第二天，滇军过了，杨文斗才把曾后生背回家。

布谷鸟叫过，阳雀又飞来了。这时曾后生虽说下肢浮肿，但伤口慢慢结疤，他坚持要和杨文斗一起上山去耕地送粪。放排的时候，他老是望着远方的青山和天边的白云出神。啊！他是在怀念远方的首长和同志们。亲人呀，你们现在在哪里？

杨文斗见了安慰他：“兄弟，你老想着部队干啥？你现在把身体养好要紧。”

在那兵荒马乱的年头，三个月不知不觉就过去了。今后的日子还长着哩，谁知道等待曾后生的又将是怎样的命运！

一天，沙红坝街上的烟馆里做小生意的钟海山大爷正同几个烧鸦片的摆龙门阵，好管闲事的烟客见钟海山四五十岁还没有后人，就半真半假地开起玩笑来了：“钟大爷，钟大娘没得生育了，你不如去谈个小。”

“谈小，我可没有那个福分……”

这个话，不知怎么一下添油加醋地传进钟大娘的耳朵里去了。钟大爷一回家，老伴就惹是生非，找他生气："现而时你了不起了，要谈小了，要不是老娘在后家存的那几个私房钱，你还在摆针头麻线摊摊，哪里会有几件布卖？人要没有良心，天都不饶你。"说着说着居然和钟大爷吵起来了。

钟大爷本待发作，但转念一想，常言道不是怕老婆，是图个清静。他根本没有谈小的心思，所以反而轻言细语地给老伴解释："烟馆头的话你也那么当真啊，我并非要说小，倒是在想，要是把杨文斗家那个小红军接来和我们一起住那该多好，身边也有个喊叫的……"

这话钟大娘一下听进心里，就此一宿无话，没再和钟大爷吵了。

第二天，老两口约起来到杨文斗家看望后生，钟大娘眉开眼笑地向杨文斗打听："杨大哥，这娃娃住在你家勤快不？"

"这孩子身子轻，经常挑水扫地，会打草鞋，还帮我整菜园子弄粪，隔壁家细娃读的书，他全都认得。"

老两口一听乐了，钟海山抢着说："杨大哥，你过去请医生给他看病，药费算我的，说话一定算数！"

隔不几天，钟大爷又来到杨家呻唤说："曾后生这娃娃不知道背不背得起几件布？明天赶白沙，你把他引来，我想带他去赶集！"

"那好，你等我先跟他说声才行！"

当天晚上，杨文斗把曾后生送到钟家，当面交出养伤剩下的四块银元，其中有两块本是部队给他的茶钱。他对小曾一再叮嘱："兄弟，今后你和伯伯、伯娘住在一起，就成一家人了，你要听话些！"

赶了白沙回来，钟海山在杨文斗面前直是夸奖："曾后生这娃娃真行，他会写字记账，又不乱跑，看摊子很专心。"

"那好，这下你们老小两辈都有依靠了，我杨文斗也高兴。"

事虽如此，但天有不测风云。这赶集不要紧，白沙很快传开了："钟家住了一个小红军。"他们也因此遭来两桩祸事：一次是白沙的团总借口要抓小红军，凭空敲了钟大爷一大笔竹杠。钟大爷卖布卖猪四处借钱，好容易才还了这笔阎王债。时隔不久，狗保长串通县政府的法警队上门清乡，还是口口声声要抓曾后生。钟大爷无奈，只好把杨文斗请来求情："先生们，这个娃儿年纪小，又拖一身病，钟大爷是做好事才捡来喂的，你们高抬贵手放他一条生路，老天爷晓得保佑你们！"钟大爷又见机借来了十多块银元，费了不少口舌才把瘟神打发起身。通过这两次敲诈勒索，钟大爷的钱也被敲得差不多了。他心一横，干脆办起少午，把街坊邻里请拢，名正言顺地请人写了一张抱约抱曾后生，连名儿也改成钟邦林。从此送他上学读书，稍大了，又给他娶了个媳妇。

就这样，曾后生在沙红坳一住就是十年，直到抗日战争胜利结束后，他才离开四川准备回江西老家探亲，没料到到湖北竟是那样机缘，老家未去成，却碰上了一个原来的战友，因此参加了人民解放军，重新回到了部队。

解放后，曾后生请假来川，一是接爱人王昆蓉到湖北团圆，再一同去江西老家探亲；二是看望杨文斗，接钟海山两老去赡养，以报答老人抚育他的一片深情。但人老了总是故土难移，钟海山生死不去，也不愿给曾后生增加拖累。小两口依依难舍地走了，可常常给老人来信，经常问寒问暖，寄东寄西，一直是一家人。

现在，又是几十年过去了，钟大爷老两口早已双双去世，但对曾后生来说，沙红坳人的骨肉深情啊，今生今世，子子孙孙，又怎么忘怀得了！

少年是美妙的。一个人的少年时期是那样天真烂漫，是那么短暂而又令人神往。它可以陶醉于母亲的爱抚之中，消磨在情投意合的同伴面前或拼搏于书本知识的浩瀚海洋里。当然，它也可以像红小鬼曾后生那样，为了中国人民的革命事业，驰骋在万里征途上，经受战争的洗礼，历尽人世的艰辛，而后终于在人民中间得到了骨肉般的温暖。人民军队

和人民的鱼水关系啊，真是比骨肉倍加亲密，比海水深沉万分！（何世红记录整理）

原载湖北《希望之路》杂志。

选自中共古蔺县委党史研究室编:《红军长征过古蔺》，1990年11月，第79—88页。

安贵村开仓分粮

陈丙全　范丙云　王少彬

“安贵村”是高笠乡大土豪王典章的地主庄园。庄内常年囤集着五六万斤吮吸穷人血汗得来的黄谷。王典章平时开条设法，利用霸占土地、高利盘剥、敲诈勒索等手段压榨穷人，过着呼奴使婢的生活。因此，远远近近的穷人都恨透了他。

1934 年阴历腊月二十六日，红军来到高笠乡，首先在街上搭台子向群众进行宣传，特别是讲到中国工农红军是工人农民的子弟兵，是帮助穷人闹翻身求解放的部队，和主张打倒官僚地主、没收封建财物的时候，不少人就纷纷起来揭发王典章压迫剥削穷人的罪行。

红军根据群众的揭发，当即带领大家到“安贵村”去找财主算账。王典章闻讯逃跑了，红军打开粮仓，把圈里的肥猪也杀了，并将衣物等件集中拢来，准备分给群众。开始大家还怕王典章回来报复，不敢大胆分肉分粮。红军站在王家大门口反复宣传说：“干人兄弟们，土豪劣绅平时压迫剥削我们，打土豪没收他们的不义之财是取之有道的。现在快要过年了，有的干人还没有米和肉，大家大胆分吧，红军一定给你们撑腰……”

靠打短工为生的范丙云、王少甫、王泽君、侯老八等几个人听了宣传后，麻起胆子去背粮食，并向其他人说：“有红军给我们作主，怕什么？！尽管来背。”在他们的带动下，附近的黄少清、谢二嫂、王二嫂等十几户干人，也跟着去分粮分肉、分衣物。因此，不到两个钟头，周围团转的干人兄弟都动员起来了；还有牛角湾、大坪子的群众都前来安贵村、洞口、向阳店等处背地主、土豪的粮食、衣物。

红军在发动群众分粮的时候，王典章虽然逃跑了，暗地里却指使其侄子王佐成、王佐清两兄弟监视群众的行动。王佐成身材高大，外号叫“王大汉”，王佐清身材瘦小，外号“王干精”，这两个人躲在他家的屋侧边，看见干人们分着粮食后，背的背，挑的挑，这两个不识好歹的家伙公然上前阻拦，并把彝族青年李老三背的一背粮食推倒在地。不甘示弱的李老三等立即向红军报告。“王大汉”见事不对悄悄溜走了，红军当场把“王干精”捉住，宣布了他胆敢破坏干人分粮的罪行，不客气地用绳索将他捆绑起来，以后处决于大村了。打掉了坏人的嚣张气焰，进一步激发了大家打土豪的热情，分粮的人更踊跃了。大家一边分粮一边唱着顺口溜：

土豪绅粮欠我们的钱，
打开粮仓往外掀，
干人分得粮和肉，
回家过个闹热年。

红军通过开仓分粮，解救了不少正在贫困线上挣扎的干人弟兄。正愁没钱没米的范丙云，分得一大背米、一件衣服和整个肥猪肚内，母子二人闹闹热热地过了年；陈丙全分得一个猪头、一背谷子和四吊铜元顺利地渡过了年关；穷得来住在岩洞里的黄少清，分得了粮食衣物后，感动得流眼抹泪地说：“红军真是我们的救命恩人啊！”

通过开仓分粮，使广大群众认识到工农红军是毛主席、共产党领导的革命军队，是工农自己的武装，是为穷人打天下的队伍，激发了大家对工农红军的阶级感情，当时就有王国岗、王少彬、王仲成、杨德照等十多个青年参加了红军。

红军走后，王典章回来了，看到他家的财物全被干人分光了，侄儿

“王干精”又被处决，心中又气又恨，开了王泽君等20多人的黑名单往县、区、乡控告，准备伺机进行报复，王泽君等得知后，也只好找地方躲藏起来。

1935年阴历正月十五，红军从云南回来，又回到了高笠，王泽君等找着红军，把王典章企图反攻倒算、进行阶级报复的事一一反映。红军带着他们二次来到“安贵村”，王典章早已逃跑，红军对广大群众说：“我们红军走是暂时的，以后回来还要建立苏维埃政权，大家不要怕，如果王典章报复你们，我们回来定找他算总账。”红军简短的几句话，壮了大家的胆，增强了群众斗争的勇气。

红军从正月十五至十七日，一共过了三天，干人们个个喜笑颜开。这次王泽君、侯老八又邀了王少修、张之恒等近20个青年参加红军。红军走后，王典章看到红军去而复返，又听到红军对干人们说的还要回来的话，不得不加戒备，妄图报复的打算只好暂时收敛起来。

阴历二月十一日，红军从茅台三渡赤水，于十六、十七两天第三次来到高笠，经太平渡四渡赤水向贵州前进，这次高笠附近又有王少连、马恒州、王少云等20多人参加了红军。土豪王典章却像见不得阳光的老鼠，早往阴沟里逃跑了……（张世鲸、赖文亮记录整理）

1976年5月24日

原载《泸州党史研究资料》1986第五期。

选自中共古蔺县委党史研究室编：《红军长征过古蔺》，1990年11月，第75—78页。

红军长征过乐邦情况[①]

李华甫　徐国光　李培国

李华甫[②]回忆说：民国二十四年春天，红军路过乐邦街上，没有住下来，当天下小雨，红军队伍一直从中午过到天黑，最后的队伍扛有火把，当时我跑去看红军队伍，他们根本不随便拉伕，也不拿群众的东西。街上富老黄荣先家（解放后被定为大地主）大门梁上挂着包谷，红军在乐邦街上休息时挑包谷喂马，掉下一桶鸦片烟，红军就把大烟分给了穷人。他们还把从富人家搜来的腊肉分给了穷人。此外，他们还在街上写了许多标语，然后兵分两路，一部分往喇旁方向（现龙里县和平公社）。大部分往密纳司，红岩向马场河方向去了。

徐国光老人[③]回忆说："红军路过时我才20多岁，他们只是路过乐邦，没有在这里住。红军两次路过这里，第一次来得少，只有几十人，相隔三天大部队才过路，从正午一直过到天黑，他们都是由新巴方向到乐邦的，我还给他们带一小段路。后来他们说我年轻，就叫李华甫的公公给他们带路（李公当时都是50多岁了），红军在地主黄荣家先挑包谷喂马，掉下一桶鸦片烟，他们就拿到公社的厢楼上分给穷人，有钱的人

① 标题为编者所拟，原标题为《乐邦座谈会纪录》。本文为1983年5月23日在乐邦公社召开座谈会时的记录整理。注释中涉及的被访者年龄，均为1983年座谈时的年龄。

② 李华甫，66岁，乐邦群众。

③ 徐国光，73岁，乐邦群众。

拿钱买他也要。当年我做米花糖卖，去赶洗马河的天，红军买糖给我二元红军票，我怕红军票不能用，红军路过乐邦时，就用红军票换了三两大烟。红军过路时纪律很好，他们在街上写了许多标语，此外在街上贴了一张像现在报纸一样大的布告，署名是李富春。”

李培国老人[①]回忆说：红军路过乐邦时大概是3月间，当时木叶已发青了，红军从中午一直过到天黑。这支红军是从新巴到乐邦，后分二路，一路从乐邦往密纳司、马场河方向去，一小部分到喇旁去了。红军不仅把黄荣先家的鸦片分给穷人，还拉了黄荣先家一匹马送给薅支田的罗文开（罗是本公社薅支田队贫农社员），红军除写标语外，还在街上贴了像报纸一样大的落名是李富春的布告。大家还说：“你们李家出大官了”。（袁怀取、史美森采访及记录整理）

选自黔南布依族苗族自治州史志编纂委员会办公室：《红军在黔南》，1983年12月，第145—146页。

① 李培国，77岁，乐邦群众。

红军到我们寨宿营[①]

肖君义　陈灿恒

肖君义[②]老人回忆说：那一年红军到我们寨子刚好是三月清明那天，我们正在打清明粑粑，当时，许多人都跑了，我没有跑脱。我看到红军对穷人很好，就给他们煮饭，为了感谢我，红军送我一件衣服，红军人很多，寨子里家家都住满了人。第二天，他们就离开我们寨子里往乐邦方向去了。

陈灿恒老人[③]回忆说：民国二十四年红军在我们寨子里住了一夜，当天正好是三月清明，我们正在打清明粑粑。红军一进寨子，就在四周山顶上放哨。当时我不知道红军是穷人的队伍，拔腿就跑，放哨的红军叫不许动，把我送回寨子，还分烟给我抽，他们对我们穷人很客气。第二天早上红军出发时，在寨子门口的大田里站好队，临走时还分给我们一些布匹。这些东西都是从黄土寨地主陈明强家夹墙里搜出来的。我们寨子里还有三个人给红军带路走了，至今没有音信。（袁怀取、史美森采访及记录整理）

---

① 标题为编者所拟，原标题为《访问肖君义、陈灿恒老人记录》。注释中涉及的被访者年龄，均为1983年采访时的年龄。

② 肖君义，女，66岁，布依族，新巴黄土寨人。

③ 陈灿恒，男，71岁，布依族，新巴黄土塞人。

选自黔南布依族苗族自治州史志编纂委员会办公室:《红军在黔南》, 1983年12月, 第147页。

我见到的红军[1]

罗顺德　杨光烈

罗顺德[2]老人回忆说：民国二十四年清明节那天，红军在我们寨子里住了一夜，当时，街上、龙井、尖坡、沙坡寨都住满了人。红军是由老巴乡过来的，红军叫我带路到龙井。回来后，我家放的一堆火炭一节未动（当天夜里下毛雨，天较冷），红军还从地主家挑了一点谷子到我家。此外，我还亲眼看到红军杀了国民党区长兼新巴小学校长罗清成家的三头肥猪分给穷人，凡是去看的穷人，个个都分得。

杨光烈[3]回忆说，当年红军路过时，我在密纳司的山顶上砍柴。我亲眼看到红军翻过瓮高往马场河方向走的，他们头上戴着用树枝编成的帽子，一架红头敌机在上空侦察，他们看见敌机来了，急忙埋伏在小路旁，等敌机走以后，才开始行军。（袁怀取、史美森 1983 年 5 月 25 日采访及记录整理）

选自黔南布依族苗族自治州史志编纂委员会办公室：《红军在黔南》，1983年12月，第148页。

① 标题为编者所拟，原标题为《访问罗顺德、杨光烈老人记录》。

② 罗顺德，81岁，布依族，新巴群众。

③ 杨光烈，60岁，原洛北河乡长，新巴群众。

亲见红军路过①

蒙廷用　蒙子青　刘富德

蒙廷用②回忆说：民国二十四年春夏之交，红军经过我地，往三元到簸箕堡参加战斗。当时我正在下冲砍柴，红军没有过寨子里，就顺着下冲的小路过刘家大桥往新安、三元方向去了。

蒙子青③回忆说：民国二十四年春，红军经过我们马图乡，他们穿的多是灰布，但也有蓝布及其他颜色，他们头上戴着树枝编成的帽子，多数是江西口腔。当时听说他们的领头人叫“朱毛”，当时我还以为是一个人，解放后，才知道是毛主席和朱总司令。我还听到一个传说：队伍是准备过猪头山到狗场（沿山）的，后来听说他们领头人的朱和猪头山的猪字“相冲”，就从三元桥往簸箕堡方向走了；后来，在簸箕堡打了一仗。

刘富德④回忆说：民国二十四年春，红军路过马场河，当时我家在寨子里还比较富裕，我听到洗马河的人说，红军是打富济贫的，我感到很害怕，就跑到山上去了，在山上往下看，红军是从马场河往茶山、平

① 标题为编者所拟，原标题为《访问蒙廷用等二位老人》。注释中涉及的被访者年龄，均为1983年访问时的年龄。

② 蒙廷用，68岁，布依族，马场河群众。

③ 蒙子青，75岁，马场河群众。

④ 刘富德，82岁，马场河张家寨群众。

山方向走了，他们走得很快，像赶去前面打仗，没有在附近的寨子里休息。（史美森 1983 年 5 月 20 日采访及整理）

选自黔南布依族苗族自治州史志编纂委员会办公室:《红军在黔南》, 1983年12月, 第149页。

红军来到我们家乡[1]

黄庭杉等

黄庭杉[2]：猪的一年（1935年）3月，那天是赶场天，来了十一二个身着便衣背着步枪的人，接着大部队就来了。他们一路走一路吹军号，头上插满狼鸡叶，牵着大骡子、马。他们在场坝上宣传："国民党不抓夫，担子叫你担着走；国民党不抢粮，百姓家里精打光。"那天红军把街上四家有钱人的仓库打开。叫穷人去拿谷子、腊肉。这天还在街上抓了国民党营长郑受益，枪毙在新寨上石坎。（1983年5月10日采访）

罗启新[3]：猪的一年红军来时，我们去躲了。回来时家里干干净净的，一样东西都不少；我去看包谷时，发现少了一些，但又发现斗边红军放有两块大洋。想不到红军这样小心。（1983年5月14日采访）

李新州[4]：那天红军从凉水井到邵关田，穿过公路往王关走，遇到滇军就打起来。我们这里一个姓王的人，背起柴刀去砍柴，将就去看热闹。哪晓得滇军搜山时把他打死了。（1983年5月20日采访）

王树奎[5]：我们寨子全部住满了红军，有11个红军被飞机炸死。有

---

① 标题为编者所拟，原标题为《采访黄庭杉等老人记录》。注释中涉及的被访者年龄均为采访时的年龄。

② 黄庭杉，71岁，贵州省遵义市湄潭县洗马镇群众。

③ 罗启新，84岁，贵州省黔南州牛场镇群众。

④ 李新州，70岁，贵州省黔南州谷脚镇群众。

⑤ 王树奎，74岁，贵州省黔南州谷脚镇群众。

五个是在黄国祥家被炸的。红军走后，是王关的人拉到老关寨去埋的。（1983年6月9日采访）

黄国祥[①]：红军来时，我们都去躲了。回来时，我家后阴沟里有五个红军被飞机炸死了。是寨邻中的人帮忙拉到老关寨山上去埋的。（1983年6月9日采访）

杨忠文[②]：那年红军从福泉过来，有个红军病号是用滑竿抬来的，只剩皮包骨头了，留在我家养病。我母亲见他可怜，就用草药给他治病，两个月后病慢慢好了，他就和我们一起放牛、砍柴、做庄稼，在我家住了一年多。他的名字叫周道永，二十七八岁。他说家里有两个哥哥，二哥叫周道松，是湖南人。他临走时我母亲给他缝了两个棕口袋，打粑粑给他装上做干粮，还给他钱做盘缠。他可能找到部队，到了四川还给我家写信，感谢我家。（1979年12月27日采访）

孙炳华[③]：红军做的好事很多，至今六七十岁的老人还说，红军的草鞋能治病。那个时候，我们这一带每家都把红军丢掉的草鞋，当宝贝拣回来。要是大人小孩肚子痛得厉害，其他草药都治不好。只要用红军的草鞋烧点灰来吃，病就马上好了。（汪斯富、易启忠、罗盛奇、王淑圣1983年5月12日采访，易启忠整理）

选自黔南布依族苗族自治州史志编纂委员会办公室：《红军在黔南》，1983年12月，第164—165页。

① 黄国祥，70岁，贵州省黔南州谷脚镇群众。
② 杨忠文，69岁，贵州省黔南州谷脚镇群众。
③ 孙炳华，66岁，贵州省黔南州谷脚镇群众。

红军是怎样通过牛场桥进县城的

胡老九[①]

红军过定番那年，我在县里当警备兵。

红军到达那天，正逢定番赶场。这天下午我和尹继奎（已故）被派到牛场桥换哨，我们两人刚走到牛场坡的神仙台，距桥不远，就发现飞机嗡嗡地从姚哨方向往县城飞来。再仔细一看，长岭马路那边有很多人分散卧倒。这时，尹继奎被吓倒下，不敢再往下走，提出来说："回去报告"。我说:"是哪样人还没搞清，去报告哪样。"我边说边朝前走。到了桥头，就看见桥那边有七八个人正往桥上走来，拿着手枪，身穿便衣，头扎柳条。我感到不对头，心里慌了起来，想开枪吓唬一下，于是我靠在桥头的栏杆上连开了三枪。尽是瞎子弹打不响，我心里更慌了，赶紧喊："你们是哪部分的？"来人越走越快，边走边回答："中央军，九十三师的。"听了这话,心里才平稳下来。我说:"九十三师就过吧！"我靠在桥边立正等着他们通过。先走过的两人没有理我。当第三人靠近我时，猛一下捏住我的手，我把枪横了起来，进行反抗。他说："跟我们进城去找绅士去"。我说："不晓得"。他紧紧抓住我的手不放，我正准备推开逃走。这时,他一下子就把我的枪夺了过去,打断在桥栏杆上，并把我推下二洞桥河里，幸好水深，没有跌伤。这时，红军的大队伍就

① 胡老九，采访时75岁，姚哨抵蒙寨人。

紧接着过了桥。

红军过了桥，从牛场坡方向进城。我在桥脚的水里头，几次冒出头来看动静，没有发现红军注意我，才悄悄地沿着河坎回抵蒙寨家中去了。

第二天，红军越来越多。我听到城里回来的人说：红军很好，还分东西给老百姓。寨子上的人也有分得猪肉的，这样我才敢出寨，到河边去看红军。红军虽然很疲劳，但脸上是笑嘻嘻的。（李怀昌、胡庆麟1983年4月11日采访整理）

选自黔南布依族苗族自治州史志编纂委员会办公室：《红军在黔南》，1983年12月，第176—177页。

我看见红军过牛场桥

黄启文[①]

红军到定番那天，正逢赶场。我家住牛场桥桥头，下午赶场回来，在桥头张惠清家玩耍。突然，听到桥上的哨兵胡老九喊话。我赶紧跑出来看，只见几个红军拿着枪，头上戴着柳条，还拿着一面国民党的旗子往桥上走来，他们一边走一边回答："中央军"。这一说，胡老九就没有讲哪样了。红军很快接近了胡，并把他的手捏住。这时，我从桥上正走回家，还未走过大桥，就听到二洞桥下河水"咚"的一声，反脸一看，是胡老九掉下河去。红军把国民党的旗子也丢下河，顺着牛场坡进城。我到家门口，只见胡老九在二洞桥下从河里冒出头来。这时，红军先头部队过去了，有人对他说："过完了，你还不快走。"他才顺着河坎溜回家去了。（李怀昌、胡庆麟 1983 年 4 月 11 日采访整理）

选自黔南布依族苗族自治州史志编纂委员会办公室：《红军在黔南》1983年12月，第177—178页。

① 黄启文，采访时63岁。姚哨群众。

红军是怎样进占定番[①]县城的

胡焕良[②]

1935年4月10日（农历三月初八）那天，正逢定番赶场。下午县衙门的警备兵陈老五从东门方向跑过来，上气不接下气地说："来了！来了！"是哪样来了，也没说出来，就往南门方向溜了。

大约过了十多分钟，听到东门城楼上响了几声枪声，接着冲锋号声在马家桥那边响起来了，我走出大门，就看见红军的机枪架在我家门口的墙脚下，枪口对准东门方向。红军立即对我打招呼说："快回去！快回去！"他们提着机枪向东门那边走去，我随后到东门，看见城门是关着的，街上不见老百姓，有七八个红军战士正在卢俊家房子上（房子紧靠城墙），一个踩在另一个的肩膀爬上城墙，打开城门。

红军进城后，立即展开宣传活动。写标语、贴布告。第二天上午在天主堂召开群众大会，我也参加，还分得猪肉。几十年过去了，我还记得清楚。（李怀昌、胡庆麟1983年5月10日采访整理）

选自黔南布依族苗族自治州史志编纂委员会办公室：《红军在黔南》，1983年12月，第178—179页。

① 定番县1941年更名为惠水县。

② 胡焕良，惠水县城关镇群众，采访时82岁。

红军在天主堂召开群众大会

卢继光[①]

红军进城的第二天，就通知群众到天主堂去开会，当时去参加开会的大约有二三百人。我也去参加了，天主堂院子里挤满了人。

红军在大会上说；“我们是中央红军，是苏维埃政府，是打富济贫的军队，是保护老百姓的队伍，不拿群众的东西，请大家安心，不要害怕。我们红军要打倒的是土豪劣绅，把他们剥削来的财物分给穷苦老百姓……”

讲完话后，在红军的主持下，推选了黄顺芝（已故）和卜大娘（已故）当总管，将浮财分给群众，有的分得衣服，有的分得箱子，我分得猪肉。大家都说红军是好人。（李怀昌、胡庆麟 1983 年 4 月 8 日采访整理）

选自黔南布依族苗族自治州史志编纂委员会办公室：《红军在黔南》，1983年12月，第179—180页。

① 卢继先，采访时69岁，黔南州惠水县群众。

红军路过甘鸡哨

梁景方①

红军是在民国二十四年3月初，正是栽包谷的时候过我们甘鸡哨寨脚的。红军过甘鸡哨的头一天，正是定番赶场，当时双井、打牙、平寨、甘鸡哨、莫家寨都属广顺县管。

从定番赶场来的人说，红军已到了定番。第二天上午，大约9点钟，红军从赤土经水溪大关到我们寨，又经蚂蝗冲、平桥、翁贵等地前进。整整过了一天，第三天早饭边，滇军沿着红军路线尾追而来。人不多，走了三个小时，也是顺着红军路线跟踪去的。（向自宜1983年7月6日采访整理）

选自黔南布依族苗族自治州史志编纂委员会办公室：《红军在黔南》，1983年12月，第180—181页。

---

① 梁景方，采访时66岁，贵州省黔南州惠水县甘鸡哨群众。

红军在上马司

吴开必① 李国良②

红军长征到上马司那天，正逢定番赶场。他们是从大坝方向来的，大约是下午 3 点来钟，未休息，兵分两路，一路从方围，蒙涟沿河而下；一路经马脑、姚哨、进入定番。

有个红军战士，提着两斤多猪肉，从我家门口过，问我姑姑吃肉不吃，我姑姑没有答话，他就把肉从窗子甩进屋去。那天晚上，上马司住满了红军，他们同寨上的人摆家常，问青年人做些什么……有的拿着地图向我父亲问沙坑的路，问还有谁在家，愿不愿意带路，我父亲说：“愿意”。第二天，我父亲同他们走到寨子门口时，又对我父亲说：“你家没有人在家，不去了。”所以，我父亲才没有去带路。

红军到上马司的当天晚上，财主越树清将许多铜元藏在牛圈里头，用垫圈草盖上，被红军发觉了，打着火把去找，有几颗火星子落在圈边的草堆上燃起来，越的母亲用竹竿打火，把火挑上了房，结果引燃了吴和之、赵云奎、何么公等家的房子。经红军战士抢救，不一会儿火就扑灭了。除越树清家外，吴和之等三家的损失，第二天红军主动赔偿。赔偿的东西有钱、衣服等，还请大家去吃饭。

红军在家家的墙上写了标语，内容有“打富济贫”等。另外，把没

---

① 吴开必，苗族，采访时53岁，惠水县上马司群众。

② 李国良，采访时59岁，惠水县上马司群众。

收方家友、杨跃中、张全安等几家财主的粮食分给穷苦老百姓。

红军临走时，在山顶寨水碾房带走一部分大米，放了两大扎铜元（四川大铜板）在那里，作为购米价款。

红军走后两天，滇军就到上马司，见啥抢啥，搞得鸡犬不宁。（向自宜、李寿生1983年7月4日采访整理）

选自黔南布依族苗族自治州史志编纂委员会办公室：《红军在黔南》，1983年12月，第181—182页。

李师长送我家一匹马

方云洲[①]

我家住山边寨，母亲在世时，经常讲红军住我家的故事。红军路过山边寨，当时我才20多岁，因国民党的反宣传，有些害怕。红军来时，到寨背后的坡上去躲，家里只有母亲一人。红军是从高坡、岩头方向来的，人很多，上马司、罗家寨、民田和我们寨都住满了。

当天晚上，住在我家的是红军的一个大人物，门外有几道卫兵，出出进进的人都喊他李师长，所以我母亲的印象很深，这个李师长是个大高个子，年纪不过30岁。李师长安慰我母亲说："不要怕，我们是红军，是打富济贫的军队。你们家的人在哪里，去叫回来吧。"听李师长这样说，我母亲的心才平定下来，但还是不敢讲哪样，嘴里只是答应："好！好！"红军在我家煮糯米饭，还送给我母亲，我母亲不敢要，推让说："先生们留着吃吧。"李师长说："老太太，不要喊先生，我们是红军。"第二天清早，李师长指着拴在圈里头的一匹马和放在堂屋里的一口锣锅对我母亲说："这匹马和锅送给你们家。"我母亲见那马又高又大，不敢要，对李师长说："马我们招呼不了，你们拉走吧。"李师长又说："招呼不了可以拉去卖嘛。"讲来讲去，李师长还是把马和锅送给我们家了，还嘱咐我母亲要把马喂好，说罢就走了，我母亲送李师长出家门口，依

① 方云洲，采访时71岁，贵州省镇远县都坪镇群众。

依不舍。

红军走后，我回家来，一进门，母亲就指着那匹马、锅和糯米饭对我说："这是李师长送的。"我见那马，又高又大，不敢拉出圈来，只好割草来喂。我心里很高兴，我这个挑煤卖的人，得到这样的大马，真是万万想不到的啊！

红军走后的第二天，戴红边帽的云南兵来了，这些兵闯进我家，把那匹马和那口锅抢走了。（李怀昌、胡庆麟 1983 年 3 月 28 日采访整理）

选自黔南布依族苗族自治州史志编纂委员会办公室：《红军在黔南》，1983年12月，第183—184页。

我家一件皮袄和一支铜制水烟袋的来历

罗小玉①

红军过我们山口寨的那年，我才六七岁，我的弟弟罗永刚才出生一个多月。寨里头的人大多数跑到坡上去了，我父亲也带着我出去了。由于我母亲身体虚弱，家里又穷，仅有一床疙瘩被（用碎布搓成绳子编的被子）盖着刚出生的弟弟。红军进寨后，当天晚上有四五个 20 岁左右的女红军住在我家，她们做饭吃的时候，我母亲帮助抱柴火、架三脚，饭后，看见我母亲和弟弟盖的是疙瘩被，十分同情，立即把一件蓝颜色的长皮袄送给我母亲。当时，我母亲不肯要也不敢要，她们一下子就把皮袄拉开盖在我弟弟的身上。我母亲见到后，感动得流下泪来。晚上，我母亲同她们摆龙门阵时，拿出竹制水烟袋吸烟，她们看见了，又去拿了一个铜制的水烟袋送给我母亲。第二天清早还嘱咐我母亲好好保护皮袄。红军走后，每当我母亲拿起那只水烟袋和看见皮袄时，总讲起它们的来历。所以，我们对这两件事一直记得很牢。在一次洗皮袄时，我父亲用开水去烫，结果搞坏了。1951 年的时候，我弟弟对我说："母亲年纪大了，不吸烟了，你会吸烟，拿去用吧。"所以，这支水烟袋就保存下来。

1975 年，县里的黄逢荫同志到我们队上搞中心工作，来到我家看

① 罗小玉，女，苗族，采访时55岁，贵州省黔南州惠水县大龙乡群众。

见我丈夫梁明祥（生产队长）拿着那只水烟袋吸烟，感到新奇，我丈夫就和他讲了烟袋的来历。黄同志说：“你们保存了这么久的时间，真不容易啊！以后我设法配上个装烟丝的兜兜，才更好呢。”后来，我们就托人带去给黄同志了。这次县里的李同志来了解红军过山口寨的情况时，才知道水烟袋已送到县文化馆保存了。（李怀昌、胡庆麟 1983 年 4 月 23 采访整理）

选自黔南布依族苗族自治州史志编纂委员会办公室:《红军在黔南》, 1983年12月, 第184—185页。

一位掉队的红军战士在马门

杨金贵①

乙亥年3月的一天，红军从马门路过，每人的头上都扎着些柳条，身上穿的是灰色衣服。

大队伍走过后，我砍柴回来，天快黑了，走到马门关时，看见一个人坐在离路边不远的岩石下。我就问:“是哪个？”那个人就抬起头来说：“是我。”我一看，是个红军，有十七八岁的样子。我接着说：“你一个人在这里做哪样？”他说:“我生病走不动路掉队了。”我看他病得厉害，就说:“天都快黑了，你一个人在这里不好，到我家去吧！”他答应了，我扶着他慢慢地走。到家后，我弄饭给他吃，是包谷饭，他吃得很少，又做了一碗红稗面汤粑给他吃。和他摆谈时，听他的口音像是湖南人，很多话我都听不太懂，后来，我抱了一捆谷草铺在火炉边，他很快就在谷草上睡着了。为了不让国民党反动派发现他，把他抓走。我去找寨上的一些人商量，大家听说是一个生病的小红军，都很同情。天快亮的时候，我把他送到杨文昌家背后的一个岩洞里去住。我们马门寨，全是苗族，大家都很关心这个生病的红军，轮流给他送饭送水，有的人家帮他洗衣服，山上杨梅熟的时候，还摘杨梅给他吃。一个月后他的病好多了，头发很长，我就烧了一盆热水，帮他理发，后来，有的人家在吃饭之前，

① 杨金贵，苗族，采访时78岁，贵州省黔南州惠水县马门村群众。

就拿着碗站在门口作暗号，让他见后就来吃饭。亲自给这个红军战士送过饭的人，有杨文英（男，现年 74 岁）和他的兄弟杨文才等人。

红军战士的病好以后，常到寨上各家去玩，有时还到私塾杨顺贵（已故）家去看学生读书。他同乡亲们处得很好。这个红军战士姓刘，名字记不起来了。约住了三四个月时间，才离开马门。他临走时，挨家挨户地道谢，说了很多感谢的话。杨志平（已故）想挽留，他不同意，一定要走，就给他换了一套便衣。我没有什么，只拿了一把煮熟的干笋子和一根扁担送他。这样，别人看见了以为他是挑担子的，他走的时候我送到野猪关，指点他往大瓦苗方向走。后来的情况如何，我就不知道了。

（李怀昌、胡庆麟 1983 年 4 月 22 日采访整理）

选自黔南布依族苗族自治州史志编纂委员会办公室：《红军在黔南》，1983年12月，第186—187页。

我给红军带路

胡少荣①

红军进定番城不久，消息很快传到高旺、大坡寨一带。我和杜海安（已故）、方云清（黑岩寨人）等到城里去，走到南门口就见到红军。他们热情地对我们说："小伙子们，跟着我们去吧，我们是红军，是打富济贫的队伍，有衣穿、有饭吃。"我们见到红军很热情，就跟着他们去天主堂。当晚，红军招待我们吃了一餐饭，并住了下来。刘指导员对我们讲了许多政策，动员我们参加红军。在他的动员下，打消了顾虑，答应为红军带路。

第二天清早，吃过饭，穿上红军的衣裳，背上红军的背包朝长寨方向出发，经过双龙井、磨子哨、冷水河（大龙）、乌落关等地，往威远、长寨去。到了紫云的火红，指导员送我十几块小洋和衣服，我就转回来了。来到紫云的牛场，碰上国民党的军队，把红军送给我的路费钱和衣服都抢走了，我好不容易才回到家。（李怀昌、胡庆麟1983年3月27日采访整理）

选自黔南布依族苗族自治州史志编纂委员会办公室：《红军在黔南》，1983年12月，第188页。

① 胡少荣，采访时73岁，黔南州惠水县群众。

想念红军王连长

方云清①

红军到定番时，我和胡少荣等几个人给红军带路到长寨、紫云去。我跟随一个姓王的连长，年纪30来岁，身体有病，走起路很吃力。路上，他还不断地跟我讲述红军的政策，问寒问暖，对我像亲兄弟一样，使我很受感动。眼看王连长实在走不动了，我们要求抬他走，不管怎样说，他就是不同意。一瘸一拐地坚持自己走，边走还边大声地喊："同志们加油！同志们加油！"看到他实在走不动了，我和另外几个红军估倒把他抬起走，抬了里把路，王连长硬不准我们抬，坚持自己走。当天到了长寨。

我同王连长他们走到了紫云才回来，离开红军队伍时，王连长送我一床毯和路票等。半路碰上了中央军，被抢得一干二净。

几十年过去了，我始终忘记不了王连长。（李怀昌、胡庆麟1983年4月20日采访整理）

选自黔南布依族苗族自治州史志编纂委员会办公室：《红军在黔南》，1983年12月，第189页。

① 方云清，采访时76岁，黔南州惠水县群众。

回忆红军在广顺

熊家国①

1935 年农历清明节后的第四天（注：即 1935 年 4 月 10 日），红军由青岩、惠水等地，浩浩荡荡地向广顺进军，红军进广顺城时，已是当天下午三四点钟了。

广顺县长周协尧得知红军将进军广顺的消息后，于是日上午，率领广顺县政府全体官员,如丧家之犬,离开广顺往热水（距广顺城十数里）一带乡村逃避。城中大户，也早已闻风而逃。由于旧政府的反动宣传，群众不了解红军，所以，一部分居民也就扶老携幼牵牛赶马，纷纷逃往乡间；也有的穷人若无其事，照常干自己的营生。我也随家人跑到鹞子岩山间躲避。

广顺县保卫副指挥官陈仲凡，原想同县长一干人逃跑，但又觉得自己是堂堂广顺保卫副指挥官，岂能临阵脱逃，于是打肿脸充胖子，硬撑着不走。可是，红军的先头部队已至赵家坝、花落坡一带，将广顺城团团围住，一时间，枪声震天，杀声四起，广顺县政府那几个保卫队兵早已闻风而逃。陈仲凡哪里见过这种阵势，赶紧骑上马从南场往四格田方向逃窜，想去潘子禺处（潘系大地主、后为土匪）躲避，谁知刚逃到观音塘老鸦坟处，红军枪声更密，慌乱中，陈之坐骑猛地

① 熊家国，回忆时63岁，黔南州广顺群众。

惊跳不已，将陈掀倒在地，陈头部及右眼碰在石头上，鲜血淋漓。陈正欲挣扎逃跑，红军先头部队已冲到前面，将其生擒，押至南场。第二天，红军在南场召开全城群众大会，公布陈之罪恶，将其押至观音塘处决。

红军占领广顺城的当天，县保安队仓皇逃跑，其中一名叫兰保妹及另外两名保卫队员，逃至但家花园，妄想顽抗，亦被红军击毙。

红军在广顺城里，打富济贫，对老百姓态度平和，秋毫无犯。红军将世代为官、欺压百姓、鱼肉乡民的“但翰林”家仓库打开，将谷物、衣服分给穷苦人民，并将其一座碉堡付之一炬。红军还向城中居民宣传红军的方针政策。我从山上回城，举目一看，到处的墙壁上都是红军书写的标语，我记忆中有这样一些：“打倒贪官污吏！”“打倒土豪劣绅！”“打土豪，分田地！”“红军到，干人笑；白军到，干人叫；要得干人天天笑，白军不到红军到。”

广顺县长周协尧上任初期，地方上一些土豪劣绅为其大肆捧场，曾用两张大红纸写上“荣任大业（吉），禄位高升”对联一副，贴在县政府大堂左右两边。红军进城后，用墨汁涂掉，在右边批道:“狗屁狗屁”，左边批道：“贪官污吏”。

红军进广顺后，休息了一天，第三天上午 8 时许，兵分两路向紫云方向而去，一路从夜合山麓走小麦布，一路从天马山麓经来远里、鹞子岩一带向紫云前进。中午 12 时左右，红军全部离开广顺。红军走后，滇军即尾随追踪。当时，我正在上桥的田间小路上。天马山与夜合山两山谷中，都是黄色服装的滇军，他们距红军后卫部队很近，举目可看到背影，若是喊叫，彼此可以呼应。我还看到，白军的三架飞机，跟踪侦察；飞机临空，红军也就隐避，飞机过后，红军又若无其事地向前挺进。

红军走后，黎元昶先生在广顺十字街黎家桌子上，亲眼看到一张红色名片，木刻印刷，上面为“周恩来”三字，还在杨绍益家桌子上发现朱德一张名片。许多群众还在路上拾得红军留下的纸制路标，上面标有“惠水—广顺—紫云”字样。

选自黔南布依族苗族自治州史志编纂委员会办公室：《红军在黔南》，1983年12月，第202—204页。

红军在广顺[1]

余洪儒[2]

民国二十四年，传说红军要来，当时的广顺县长周协尧下令城中百姓一律撤走，命令县保卫队上美女山上去驻守，以保广顺城的安全。

清明节过后三四天，县长周协尧大清早带了一部分人到热水大坝李海庭（李海庭是热水的大地主，陆云琪匪部营长）家躲红军去了，中午时分，红军分三路进城。这天，广顺正逢赶场，赶场的人很多。红军大都是朝天开枪，四下枪一响，保卫队二三十人哪里敌得住，把枪一丢，跑得一干二净。

大部分红军战士穿青布衣服，头上戴一个草圈圈，在广顺住了两天。红军在广顺城中，到处写标语，向群众宣传，并在上街苦竹庙开群众会，向群众宣传共产党的政策，说明红军是干人的队伍，是老百姓的救星。红军放火烧了城里大地主但启林家一个碉楼，把衣服、粮食分给穷人，有些红军还扛起粮食往穷人家送。红军还在但家花园里枪毙了无恶不作的保卫队班长兰保妹。

红军第三天离开广顺，经石洞往紫云的坝羊方向去了。第二天，蒋介石的飞机就来了，我们广顺人第一次看见飞机就是这年。红军前脚走，滇军跟到就来，滇军离红军最近的时候只有五六里路，红军走，

① 标题为编者所拟，原标题为《关于“红军在广顺”的采访记录》。

② 余洪儒，采访时65岁，黔南州广顺群众。

滇军也走，红军停下滇军也停下。（班天泽、杨朝兴、杨群艳、李居一1983年9月4日采访整理）

选自黔南布依族苗族自治州史志编纂委员会办公室：《红军在黔南》，1983年12月，第204—205页。

我看到的红军

李云奎①

民国二十四年清明节后几天，红军占了广顺。当时我有十多岁，在山上放牛，有天中午，看见红军过路。红军人很多，看不见头尾，红军头上戴着树叶叶编成的帽子；从广顺出来，走麦布、克柱、石洞、鼠场这个方向，下紫云的坝羊，大部队没有经过我们热水寨。

我们在山上还看到红军大部队在克柱休息，有七八个红军拉着马，翻过山坡，到热水李海庭家（大地主），把仓库打开，驮些米转回克柱去。

（班天泽、杨朝兴、杨群艳、李居一 1983 年 7 月 4 日采访整理）

选自黔南布依族苗族自治州史志编纂委员会办公室：《红军在黔南》，1983年12月，第206页。

① 李云奎，采访时61岁，黔南州广顺热水寨群众。

红军过克柱

付绍奎①

红军从广顺出来以后，顺着麦布、坝子头这条路下石洞，过我们克柱寨子。有一部分红军在我们寨子里煮早饭吃，大概是早上 10 点钟左右，红军把地主金帮富家的鸡、鹅都捉来杀了，猪是从热水李海庭家杀好用马驮来的。

当时，老百姓不了解红军，一见红军就跑，红军就在寨子里喊："干人们不要跑，红军是干人的队伍"。有几个红军就在金龙章家房背后用红土写了一幅标语。（注：此处红军标语全文为："实行打土豪分田地分山分房子！"现已列为县级重点文物保护单位。）

红军吃了早饭就随大队顺着石洞、坝羊这条路下紫云去。热水的张老八等五六个人随红军去了。现还有黎继武、张老八还没有回来，也不知道音信。（班天泽、杨朝兴、杨群艳、李居一 1983 年 7 月 4 日采访整理）

选自黔南布依族苗族自治州史志编纂委员会办公室：《红军在黔南》，1983年12月，第207页。

① 付绍奎，采访时71岁，黔南州广顺克柱寨群众。

红军长征经过石洞[①]

陈炳奎[②]　陈国才[③]　张进臣[④]

陈炳奎：红军当时是由广顺来的，吃早饭过一点到石洞（注：约11点钟左右），有的停下休息，有的继续往前走，过我们石洞的红军走了三天三夜。

红军对穷人很好，穷人家的东西一丝一毫都不乱动，有的人家害怕，全家人都出去躲，红军哪怕是吃了点霉豆腐酸辣子，都要拿些铜元放在坛子上头。

石洞街上有个孤寡老人郭四公，孤身一人，没有亲人，生活困难，红军一来，就送他一匹马。

红军刚过完，中央军就来了，看样子不过相隔七八里路。

陈国才：红军在广顺城扎了两天两夜，就走过我们石洞。红军在我们石洞街上，对穷人很好，在哪家煮饭吃，走的时候要把水缸挑满，把地上扫干净才走。

那年（1935年），我已有十五六岁，看见红军在郭贵二家墙壁上写：

---

① 标题为编者所拟，原标题为《广顺石洞公社座谈会记录（摘要）》。注释中涉及的被访者年龄均为1983年座谈时的年龄。

② 陈炳奎，71岁，广顺石洞村群众。

③ 陈国才，63岁，广顺石洞村群众。

④ 张进臣，苗族，55岁，广顺石洞村群众。

打土豪，分田地（此标语无存）。还送了一匹马给郭四公。

红军走的时候，头上戴着树叶编的圈圈，从石洞下去，走鼠场，入紫云的坝羊。红军走以后，我去广顺，在瓦窑遇见滇军，还看见了飞机，飞机上丢下一封信，只听见几个滇军说：信上说红军往鼠场、坝羊去了。滇军随后就追赶红军去了。

张进臣：我家叔叔叫张华清，是苗族。红军来的时候，有 20 多岁，给红军带路，把红军带到坝羊才转回来。（注：张华清 1960 年病故。）

（1983 年 7 月 4 日座谈记录，李居一记录）

选自黔南布依族苗族自治州史志编纂委员会办公室：《红军在黔南》，1983年12月，第208—209页。

红军在改尧

李绍先①

红军在我们改尧场到处写标语，在段云先家墙壁上写了许多，可是我不识字，不知道写的什么。袁金顶家墙上也写了许多。

我们改尧场有个老太婆叫刘秦氏，家中很穷，生活十分困难，但是她收留了两个红军伤病员，我们只晓得一个姓吴，叫吴尚友，福建人，打青岩时伤了左手，另一个就不清楚详细情况了。这两个伤员在刘秦氏家住了几天，地方上一些人传出话来，要杀害这两个红军伤员。刘秦氏老人就把他们两个送到栗木坡山洞里藏起来，天天送饭，还熬茶叶水给这两位红军伤员洗伤口。这两个红军伤员伤好以后，吴尚友一直住在刘秦氏家，刘秦氏对他像亲生儿子一般。另一个伤员后来到贵筑县的盐井去招亲。吴尚友直到解放初才病故。

过我们改尧的红军是从惠水来，到广顺去的。（班天泽、杨朝兴、杨群艳、李居一 1983 年 7 月 14 日采访整理）

选自黔南布依族苗族自治州史志编纂委员会办公室：《红军在黔南》，1983年12月，第210页。

① 李绍先，采访时67岁，黔南州长顺县改尧镇群众。

红军在中院寨

陈文斋①

红军从惠水来，过鼠场金银洞、翁贵、改尧，到中院，住了一夜；红军到中院寨的时候，大概是中午。

当时我们中院寨有40多户人家，红军一到，就拿地主陈树熙、陈东海家谷子分给穷人，把猪杀了分给穷人。有30多户都分到谷子、猪肉，我家也分得40多斤谷子。

红军还在我们寨到处写标语，陈东海、陈海修家墙壁上都写有，我不识字，只听人家讲红军写的是打土豪分田地。

红军第二天上午，吃了早饭后就开走了。一路走翁搞、四寨、滚塘、上坝、墙脚，到广顺；一路走凉水、巴茅哨、唐坊、打破碗、海马塘到广顺。（班天泽、杨朝兴、杨群艳、李居一1983年7月14日采访整理）

选自黔南布依族苗族自治州史志编纂委员会办公室：《红军在黔南》，1983年12月，第211页。

① 陈文斋，布依族，采访时74岁，黔南州长顺县中院寨群众。

我在长寨城看到的红军

崔其相①

猪的年红军过长寨，大概是清明节过后几天。那时候，我已有十六七岁了。长寨县长是赤水人王怀林。

红军要来之前，王怀林提前一天带着县政府的官员和自己的全家老小，慌忙跑到古羊乡去躲。县保卫副指挥黄庆云躲在离城不远的麻窝寨牛洞。

红军来的那天，是从威远，沿着谷增，翻过土地关这条小路来的。红军进城是半夜，大概12点钟以后；红军战士高举火把，高喊着“冲啊！杀啊！”进了城。

当时长寨城不到200户人家，家家都住满了红军，连城四周的乡村都住满了。红军一进城，对城里情况早就了解得清清楚楚，红军一来就把县政府的法警徐新民抓起来了，同时也把我家哥崔其祥喊去了。

红军住了一夜，第二天中午12点就起身离开长顺，从磨谢、同笋这条路走摆所，朝紫云去的。走的时候，就把徐新民和我哥哥带走了。据我哥回来讲，到紫云火红寨的时候，红军经过调查了解，也审问了我哥哥，就对我哥说：“你的事清楚了，没有什么事，你可以回去了。”当时放了我哥哥，但是把徐新民关起来了。我哥哥第二天就回长寨，徐新

① 崔其相，采访时65岁，黔南州长顺县群众。

民至今不见下落。

红军还在长寨向广大群众宣传，提出“活捉殷乐山（注：殷是长寨城中大土豪）！打倒黄副指挥（注：黄副指挥即长寨县保卫副指挥官黄庆云）！”的口号，从这些情况看，红军是事先就把长寨县的情况了解得很清楚了。

红军在长寨虽然时间不长，但是把大地主殷乐山，周成斋家仓库打开，把粮食、衣服分给穷人，把猪杀了，连毛带皮砍成一块块分给穷人。对穷人，红军态度很好，穷人家的东西，硬是一点不动。红军住在我家，在墙上钉了一排排钉子，从地主、土豪家抱来一堆堆衣服，撕成条条打草鞋，我们家的东西，红军一根纱都不要。

红军走后的当天，下午三四点钟，国民党的飞机就飞来了四架，飞得很低，连驾驶员都可以看得见，长寨人第一次看见飞机就是这一年。

（班天泽、杨朝兴、李居一 1983 年 7 月 9 日采访整理）

选自黔南布依族苗族自治州史志编纂委员会办公室:《红军在黔南》，1983年12月，第212—213页。

红军在长寨城里

龙祚先①

1935年，我正好15岁；清明节前，城里就出现了一个特别奇怪的现象，一大团白蝴蝶，成千上万，从东南方向进城，往西北方向飞去，城里的群众纷纷传说：红军要来了。

清明节后几天，县政府下令：红军要来了，城中百姓，不管男女老幼，统统疏散。那时候，我们因为不了解红军，也跟着别人到麻窝去躲。在麻窝，听人家说，红军半夜进了长寨城。还听有的人说，红军把我父亲杀了，我一听这个消息，就抱头大哭。

我赶回家一看，我父亲好好的。红军对老百姓态度很好，红军的一个领导还请我父亲和他们一起到长寨城外的和尚寨（现合心寨）磨谢一带去看地形，了解下摆所去的路线。我一看这个情况，才放了心。

红军进城之前，我父亲没有躲，晚上12点钟左右，我父亲同另外一个人一道，提着盏灯出去，刚走到十字街过去一点，红军就分三路从东门、北门、南门（南门被堵塞，红军即从老法院后面山上进城）冲进城了，红军战士手里举着竹子扎成的火把，将长寨城里照得通亮。

红军看见我父亲他们，有一个干部模样的红军走过来对我父亲说："老乡，不要怕，我们是红军。"他还问我父亲县政府在什么地方。我

① 龙祚先，采访时63岁，黔南州长顺县群众。

父亲给他指了方向后，他还很和气地借走我父亲手中提着的油灯往县政府走去了。

红军在长寨城里到处向群众宣传，写标语，我记得很清楚的一条是："中国青年去参加中国工农红军"。

红军住满了长寨城，我家里也住得满满的。我家喂了十几只鸡、三只猪，红军一只也没有动。红军却打开那些大户人家仓库，把粮食分给穷人，把猪杀了，连毛带肉砍成一块块的分给穷人。伪县长将1000块大洋存在邮电所，红军事先知道得清清楚楚，全部取走了。

头天夜里进城的红军部队，第二天上午离开，第二天上午进城的，休息一下，吃了顿饭，下午就离开，一路上浩浩荡荡往摆所方向走了。（本文根据龙祚先1983年6月9日在长顺县文史资料征集座谈会上发言整理）

选自黔南布依族苗族自治州史志编纂委员会办公室:《红军在黔南》, 1983年12月, 第214—215页。

红军是仁义之师

向占清① 袁成模②

红军到长寨的前五六天，从县城东南方向飞来一大团白蝴蝶，成千上万，有屯箩大这样一股，前后几十里，从城里穿过，朝西北方向飞走了，隔五六天，红军就来了。

那时候，长寨城因民国十八年失火烧了七八十户，城里还不到200户人家，1000多人口。县长听说红军要来，早就跑到乡下去躲了。县政府有十多名法警，十多名警察，一看县长都跑了，也跑了个一干二净，县政府空无一人。

红军到长寨以后，家家都住满了，红军看见穷人，态度和气，把大地主殷乐山家粮食衣物分给穷人，把猪杀了，不刮毛，砍成大块大块分给穷人。西中街那时全部是茅草房，有的人不了解红军，跑出去躲了。红军走以后，大家回来一看，家中都有一甑饭，还有一大块肉，自己家的东西一点都没有动。西中街这条街上，红军只把王成斋、梁正坤、梁齐满三家的粮食、财物分给穷人，因为当时这三家都是有钱人家。

红军开走以后，县政府的人都回来了，下令大家上街清洗红军留下的标语，清查红军留下的东西。者贡的陈友生，是殷乐山家帮工，他守水碾时拣了点肉皮子来吃，殷乐山回来就说陈友生带红军去抄他的家，

---

① 向占清，采访时80岁，黔南州长顺县群众。

② 袁成模，采访时70岁，黔南州长顺县群众。

就把陈友生害死了。陈幺公在红军来的那天晚上提灯给红军照路，喊大家不要害怕红军，县政府也把他和徐典清抓起来关了三四个月。

长寨很多人都得到红军的东西，因为旧政府清查很紧，大家都很害怕，不敢讲。（班天泽、杨朝兴、李居一 1983 年 7 月 9 日采访整理）

选自黔南布依族苗族自治州史志编纂委员会办公室：《红军在黔南》，1983年12月，第216—217页。

红军在我家

阎兴富①

猪的年，清明过后，城里传说红军要来了，县政府下令：城中居民一律撤走。我家爱人生大的孩子才三天，我家叔叔和母亲留在家中照看，我就同其他人一起往麻窝寨跑。

半夜，我们站在山上，看到红军举起火把，高声喊着："冲啊！杀啊！"冲进县城，把县政府监狱打开，把"犯人"都放了。第二天，我们翻到羊城屯山垭口往下看，红军还在过路，从县城东面的土地关往长寨来，多得数不清。我心里实在挂念母亲和家里，又见城里没有乱，就下山回家了。回家一看，虽然我家住满了红军，但是家中人好好的，东西原封未动，这时候，红军都快走完了。

我母亲告诉我：她推米豆腐卖，红军用铜板买，我母亲见红军对穷人很好，就不收他们的钱，那些红军一看连忙说："老人家，你不收钱我们就不吃。"结果，硬要我母亲收下铜板他们才吃。

住在我家的红军见我家住的是茅草房，生活困难，就送给我家一床毯子和一床棉被。红军走后第三天，县长和县政府的官员从乡下回来了，就遍街遍巷清查红军留下的东西，清查得十分紧火。我一看情况不对，赶紧把毛毯和被子藏在房子的脊上，一直不敢拿出来。后来风声小

① 阎兴富，采访时68岁，黔南州广顺县群众。

了，取出来一看，全都沤烂了。

红军还送了三四十斤猪肉给我家叔叔阎正华，我们把肉刮了皮（红军杀猪连毛带皮分给穷人）炼了两大罐油。县政府清查时候，我们就把这两罐油埋在后园地下，后来才取出来吃了。

红军还送给我家一把马尾扎的蚊帚，可惜用烂了。

我从山上回家以后，看到红军纪律非常好。他们穿的衣服比较杂，长的、短的、青的、蓝的都有。红军也很辛苦，连日行军打仗，有的胡子头发长了都没有理，有的一坐下就睡着了。听口音，江西、湖南那面的多。（班天泽、杨朝兴、李居一 1983 年 7 月 9 日采访整理）

选自黔南布依族苗族自治州史志编纂委员会办公室：《红军在黔南》，1983年12月，第217—218页。

红军在长寨城

舒明德①

民国二十三年腊月二十左右，到处传说红军要来了，那时候，是赤水县人王怀林当县长，伪政府下令城里各家各户都要搬走，如果不搬走，就说是“与共匪有弊”要以通红军论罪，城里大部分人都没有走，我家也没有走。

民国二十四年清明后几天，伪县长王怀林派李怀志、陆忠良出去侦察，一块大洋一天，看红军来了没有。半夜时分，李怀志、陆忠良来报说：红军到威远了。不到半个钟头，大概是半夜一两点钟的时候，红军就来了，有几千人的样子，拿破布打成草鞋板，沾上油，点起火来了，走土地关，从东门城门进城。在城里，红军到处写标语，作宣传。我家门前这条路那时叫中山路（现名民主路），红军用白布写了一副标语："干人们起来，打倒土豪劣绅"，一头挂在我家房上，一头挂在对门周家房上。还在十字街陈家墙壁上写着："白军弟兄们，参加红军，解放全中国！"北门黄家墙壁上写“干人们起来，打倒土豪劣绅，分田地，分房子”。

红军在长寨城三天三夜，一批走了一批又来，把大户人家的衣服、粮食分给穷人，对穷人的东西一丝一毫都不乱动。我岳父家原住碑脚，因为土匪迫害，跑进城来佃肖家的房子住，喂有一头猪，有200多斤，

① 舒时德，采访时75岁，黔南州长顺县群众。

有的红军准备拉来杀，我家岳父说："副爷们，我是从乡下来躲匪的，是穷人"。红军一听，反映给领导，领导就说："莫搞，莫搞。"就没有杀了。

我家母亲给一个红军排长补鞋，这个红军就拿一锭银子（三两六钱重，16两制）给我家母亲，我家传了三代人。

当时，我家有一个红军的团级干部住，他拿一本书给我看，说："你跟我们走，当红军去。"可惜我家母亲当时不让我去。

红军住在长寨城里的那几天，蒋介石的飞机经常来，有时一天来一两次，多的时候有三四架；飞机一来，红军就喊老百姓不要乱跑。长寨城里的红军走的时候，是走摆所、云盘、紫云这一路下去。

红军走后，殷乐山还说者贡的陈友生带红军去打他家，就把陈友生打死了，打死在现在新农村的岩岩脚，殷乐山还说陈幺公、徐典清带起红军去抄他家，还差一点把陈幺公、徐典清杀了，因为陈幺公在红军来的那天晚上，点起一盏灯，对大家街坊说："你们不要怕，这是红军过路。"（班天泽、黄金鸿、杨群艳、李居一1983年6月1日采访整理）

选自黔南布依族苗族自治州史志编纂委员会办公室：《红军在黔南》，1983年12月，第219—220页。

红军在生联寨

席树臣① 席树炳②

猪的年（注：1935 年），清明节过后几天，陆云琪匪部有 100 多人，出去抢人刚回来，住在我们生联寨子里。天刚蒙蒙亮，就听见土匪在田坝头喊："快跑，共匪来了"。土匪一听，跑得一干二净。一会儿，红军就来了。

红军来的头几天，有一个外省口音的妇女来我们寨上算命，她给人家算命，也不要钱，我家祖母对她很好，招呼她在我家吃、住。

这天红军一来，我们也跟着跑，我（席树臣）拿起我家祖父的一根烟枪往房背后跑，遇到了前几天在我家算命的那个妇女。这时她骑着一匹马，原来她是个红军，她见我跑，就用马鞭指着我："不要跑，不要怕"。

接着，她写了一些小纸条条，贴在我家柜子上、牛背上、猪圈门上，我们没有文化，是些什么字也不认识。红军一到，见了这些纸条，一样东西都没有动我家的。

有一部分红军（百把人）就在我家院坝里并排架起三口大锅煮饭，红军有的烧水，有的打草鞋，有的砍柴。有几个红军就在我家房背后和房子挡头上写标语。（注：此处红军标语为窖灰所写，一条为：打倒不去抗日专来屠杀中国工农的国民党。另一条为：拥护苏维埃中国政府对

① 席树臣，采访时62岁，黔南州长顺县生联村群众。

② 席树炳，采访时65岁，席树臣之兄，黔南州长顺县生联村群众。

日作战。两条标语均署名：“红机、11”）

红军过生联寨，起早来，一直到下午3点才过完，有万把人的样子。

我家祖父席成秀顺着种获、泡木山、关口、干河、猛坑、象寨、新寨、摆帮、班麻、团坡、麦告，到紫云的龙场、坝羊这条路，一直把红军送到紫云城。我祖父转来的时候，红军送他一匹马骑回来；后来，种获的席炳清说这匹马是他家的，又要回去了。

红军走以后，碑脚的联保主任龙绍先喊我家父亲把红军标语刮掉，我家父亲席美堂不干，龙绍先就把我父亲抓到碑脚关了三天。我父亲回来之后，没有把红军标语刮掉，只用一点熟石灰把标语糊住，保存下来。

（班天泽、杨朝兴、杨群艳、李居一1983年7月4日采访整理）

选自黔南布依族苗族自治州史志编纂委员会办公室：《红军在黔南》，1983年12月，第221—222页。

红军在摆省

陈凤美①

猪的年，过清明后，我记得还吃清明粑，头天天上飞过一架飞机，第二天红军就来了。红军从惠水县的谷种，进我们长顺的羊毛场，走猛秋、岩脚、摆省、格正，红军分几路走，一路走龙山坝、将军山、长冲、格浪到广顺。另一路从水波龙、白水牛、半坡寨、格正、刺竹关、沙坑、烂山、唐家冲、虫稻地、小屯、格丈、大洞、牛黄坝、双坝。还有一路走沙坑、打开冲、平山、笋子冲、箭杆冲、天台、构皮寨、高旺寨、生联、种获。

红军到摆省前，反动派的宣传说，红军捉住老百姓要活埋、杀头，群众都跑上山去躲了。

红军到摆省以后，完全不像反动派宣传的那样，红军吃了陈家（姓名记不清）的酸菜，就把三枚铜元放在坛子口上。有几个红军不小心把陈老乔家三脚（烧火用具）弄断了一只脚，就拿三枚铜元捆在三脚上才走。红军只捉坏人、有钱人，红军到将军山时碰到保董袁甫兴，红军可能事先晓得袁甫兴是保董，就问他："你是不是袁甫兴？"袁说："我不是，我是苗家。"红军就叫他讲几句苗话，袁就讲了几句苗话，红军就放了他，袁甫兴才逃脱了一条生命。

① 陈凤美，布依族，采访时75岁，黔南州龙里县摆省乡群众。

红军对穷人好，穷人也对红军好。红军有一个伤员在猛秋掉队，有几个穷人背他到长冲一个山洞去躲，天天送饭，后来伤口恶化，牺牲了；解放后，群众把他埋在干桥，1964 年又重新做了一口棺材，重新埋在去干坝的公路边。（班天泽、杨朝兴、杨群艳、李居一 1983 年 7 月 14 日采访整理）

选自黔南布依族苗族自治州史志编纂委员会办公室：《红军在黔南》，1983年12月，第223—224页。

我们和红军伤员

陈国章①

猪的年，红军过路。有一队红军住在夹马石穆顺清家，有个红军战士，人很年轻，二十一二岁的样子，上楼梯时不小心搞炸弹落在地上，炸弹爆炸了，把他两条脚炸得稀烂。这队红军的领导人住在摆省。

第二天，起大雾，陆云琪的匪部从猛秋过来追红军，红军砍了几棵木棒扎成担架，抬着这位伤员往摆省走，陆云琪匪部追来之后，这位伤员就留在长冲的一块地头。

早饭过，我家伯伯陈文顺（当时 70 岁）、叔叔陈文兰（当时 60 岁）带着我去砍柴，路过长冲看见了这位伤员，他这时穿两件黑色单衣，长得好眉好样的，一见我们几个，他就支起身子和我们讲话，他是外省口音，讲的话我们一点也听不懂，见他这个样子，我们十分可怜他。我家伯伯陈文顺背起他，爬到山上一个有一间房子大小的山洞里去躲藏起来。我家伯伯见他人年轻，长得又乖，准备收养他做儿子，我伯伯年龄大，夜晚爬不动山，我和我家叔叔陈文兰天天夜晚摸黑送饭给他吃，连灯都不敢点，怕人晓得。我们是用一个煤罐装点大米饭、稀饭去。一直送了三天。

这几天中，陆云琪的匪部在寨子里宣布：谁家窝藏“共匪”不报，

① 陈国章，布依族，采访时77岁，黔南州群众。

一经查出，全家诛灭。并且清查得十分紧火。第三天我们送饭去给他吃，我就对他讲："先生，陆部（陆云琪匪部）清得老火很（注：形势紧张之意），这罐饭你要匀倒吃，我们要过几天才给你送了。"他点点头答应（因为他讲话我们听不懂）。隔了两天，也是背他进洞的第五天，我和叔叔又去送饭，他已牺牲了。

解放初，土改工作队的同志了解到这个情况，就带我们寨的群众进洞去，把这个红军伤员的尸骨收殓之后，埋在大路下边。1970 年，全寨各家又凑木料做成一副棺材，重新装殓，迁在公路边上，用石头垒成墓。

这位红军伤员由于是外省人，讲的话我们一句都听不懂，所以到现在都不知道他的家乡在哪里，他叫什么名字。（班天泽、杨朝兴、杨群艳、李居一 1983 年 7 月 14 日采访整理）

选自黔南布依族苗族自治州史志编纂委员会办公室：《红军在黔南》，1983年12月，第224—226页。

红军过猛坑

杜少益①

红军长征过猛坑，一路从种获来，一路从广顺来；到猛坑会合以后，又分两股走了。

一股走大河、令卡、格当、上克细、下克细、上克炳、下克炳、马冲关到摆所。

一股走新寨、鼠场、水井关、长冲、纳旦，到紫云的坝羊。

红军到猛坑那天，大约是下午3点钟左右。先是种获来的一路先到，我亲眼看见红军先分几个人分别占住了猛坑周围的韦家箐、对门坡、青杠林三座山头；一会儿，大部队成千上万就来了。红军一个个晒得黑黑的，又瘦，衣服穿得各种各样，看样子很辛苦。

红军一进猛坑寨，就到处写标语，杀了但家（有钱人家）一头猪。我家柜子里有十几个鸡蛋，红军就在这些鸡蛋上写字，一个鸡蛋写一个字，排在柜子上，因为我不识字，只听见人家说是打富济贫的意思。穷人家的东西红军一点也不动。

红军没有在猛坑住，在新寨宿营，抄了土豪赵云成家。并且把他家猪都杀了。

我们猛坑的王绍华当时有30多岁，给红军带路；带到坝羊，他转

① 杜少益，采访时67岁，黔南州长顺县新寨乡猛坑村群众。

来的时候，红军送他两块大洋、一坨大烟。他回来对我们说：红军对他很热情，拿大碗大碗的猪肉给他吃，他吃都吃不完。（班天泽、杨朝兴、杨群艳、李居一 1983 年 7 月 14 日采访整理）

选自黔南布依族苗族自治州史志编纂委员会办公室：《红军在黔南》，1983年12月，第226—227页。

红军过东坞

金质彬①

猪的年，我正在梅子关教书：那时候，搞改良私学，我都是在老百姓家给学生上课。清明后，传说红军要来了，我因为不了解红军到底是什么军队，也跟着人们爬上东坞大坡上去躲红军。

那天中午，我们亲自看见成千上万的红军从新寨那边来，朝团坡、紫云的坝羊方向去。红军战士头上带着树叶扎成的帽子，飞机一来，就停在路边不动，飞机飞走后又朝前走。

我们回寨子后，听群众讲：红军过新寨，朱毛是领导人（群众当时认为朱毛是一个人），住在牛场，贴标语，贴布告，要打土豪分田地，红军还送给卡沙冲穷人李三一床毯子和一件棉袄。

滥泥箐的李云亭，当时有40岁，他给红军带路。把红军带到紫云的二碗井就回来了。他亲自对我讲：红军为了感谢他，送给他100多两大烟（老称）、皮袍子一件、短棉袄三件和一床很值钱的毯子；但他转回来到坝羊和长顺交界的山路上，被陆云琪匪部抢劫一空。（班天泽、李居一1983年7月11日采访整理）

选自黔南布依族苗族自治州史志编纂委员会办公室:《红军在黔南》,1983年12月,第227—228页。

① 金质彬，采访时83岁，黔南州长顺县摆所镇群众。

红军在摆所

李云周 ①

红军过路那年，是猪的年清明节后。那时候我们摆所区属广顺县，称为南区，区长是王炳清。红军要来之前，王炳清就派人去长寨侦察红军的动向，去的人刚刚回来报告："红军从长寨来了。"王炳清就赶忙带起我家一家人同另外几个弟兄往克躲方向跑（当时我在王炳清手下干事），红军走之后，我们才回来。

红军是从长寨城出发，走磨谢、同省营、翁拉、大坝、毛栗坡、城武，然后到摆所。红军是吃早饭后（约12时左右）到摆所，住一夜，第二天一早又走了。从摆所出去分两路走，一路走偏坡院、松港、翁青、岩洞、煤井、牛滚塘入紫云的板当；另一小路走克躲、沙子关、老凹塘、麦岗、龙场、石门坎，入紫云的坝羊。

红军在摆所，打富济贫，穷人家不动一丝一毫。红军将摆所街上王炳清、张继华、徐良成三家有钱人家的谷子、衣服分给穷人，把猪杀了分给穷人，红军战士扛起谷子，往穷人家一家家的送，凡是住茅草房的人家都送，我家也得了一口袋（约100多斤）谷子。有的人家人跑出去躲了，猪关在圈头，红军见了，还帮舀猪食喂猪，凡是在菜园子扯走的菜，就在扯菜的地方放个铜元，表示赔偿，红军在我家后园扯了十多棵

① 李云周，采访时75岁，黔南州长顺县摆所镇群众。

菜，就把十多枚铜板放在菜窝窝里。

我母舅王奇山家只有一个老母亲在家，他家很穷，生活困难，有一个红军见了，立马从身上脱下一件绿色毛线衣送给她。

红军还在摆所街上到处写标语，画漫画。张继华、王国珍、王炳清家墙上都有红军写的标语，我还记得红军在王炳清家墙上画有一幅画，画上一个人翘起大拇指，好像是夸奖什么似的（注：此画及标语已无存）。我因为不识字，所以就不知道这些标语和画是什么意思。

后来，出去躲的群众回来都说："要是知道红军对穷人这样好，我们就不会跑了。"

红军离开摆所时，张继华家一个姓罗的长工（惠水芦山、小马脚的人），给红军带路，后来不见转来。另外李海清、陈绍武和另外二三个人也给红军带路，带到板当、狗场（属紫云县）转来，红军给他们每人两块大洋、一坨大烟、一大砖盐巴。（班天泽、杨朝兴、杨群艳、李居一 1983 年 7 月 13 日采访整理）

选自黔南布依族苗族自治州史志编纂委员会办公室：《红军在黔南》，1983年12月，第229—230页。

红军送给罗建初家一床棉被

王国贞①

红军到我们偏坡院，在王启厚家房子挡头写了一条标语，用红土写的：红军是帮助干人的军队，当红军去。

红军来时，我们寨罗建初家生活十分困难，住的是落地棚，连床也没有，就用几棵棒棒钉在地上，搭几根棒棒当床，盖的是秧被，红军一到，送了一床棉被给他家。（注：此棉被现无存。）（班天泽、杨朝兴、杨群艳、李居一 1983 年 7 月 13 日采访整理）

选自黔南布依族苗族自治州史志编纂委员会办公室：《红军在黔南》，1983年12月，第231页。

① 王国贞，布依族，采访时61岁，黔南州长顺县摆所镇群众。

红军伤病员在我家

韦秀之①

猪的年，红军过我们牛滚塘。有一天，有四五个红军抬着一个红军来我家，对我老母亲说：他们这个红军叫刘廷九（当时有30多40岁），病了走不得，要放在我家养病。我家老母亲同意了，对那几个红军说："军爷们，你们放心。"并指着我家堂屋的棺材和墙上挂的锄头说："他死了，我用我的大木头（棺材）装他，他病好了，我拿他当我的儿子，帮我做活路。"后来，刘廷九一直在我家养病，在家休息三个多月。

他自己有针、有线，放在帽子边卡着，他对我讲，红军从江西来，人很多，有几万人。他有一件长棉袍，自己用刀割掉下半截，割成短棉袄穿在身上。他会做篾活路，给我们家打了一个大屯箩，可惜后来失火烧了。

后来，盘乱的土匪连长柳银章听说有个红军在我家养病，就来问刘廷九有大洋和枪不得，刘廷九说没有。柳又问他领导人是谁，刘廷九也说不晓得。

事后，刘廷九到处给人打竹席子、筛子、簸箕。后来同平寨刘锦成认成家门，到三堵岩上门招亲去了。上门之前，他专门来我家，请我们去吃酒，我家三兄弟一人送他一块大洋，加上我母亲送他一块共四块，

① 韦秀之，布依族，采访时79岁，黔南州长顺县云盘乡群众。

但是后来我们没有去吃酒，以后就不晓得他的下落了。

解放以后，政府领导还来问我：刘廷九送你什么东西作纪念？我说有一个屯箩。

红军过我们寨，我家父亲韦子清还给他们带路，一直带到紫云的撒金大桥才转回来。（班天泽、杨朝兴、杨群艳、李居一 1983 年 7 月 13 日采访整理）

选自黔南布依族苗族自治州史志编纂委员会办公室:《红军在黔南》, 1983年12月, 第231—232页。

红军驻扎在花红堡一带

刘昌益①

红军是猪的那年来的，那时我有十五六岁了。红军从阿翁那边过来，人很多，我们这一带的寨子头都扎满了，花红堡、新苑、竹林、王二、上坝、下坝、洞上都住有红军。红军头上都戴着树叶编的帽子，那时候国民党的飞机在头上飞来飞去，嗡嗡地叫。红军在这地方打富济贫，对穷人百姓好得很，还写过一些标语，有什么“打土豪、分田地”等。现在都不在了。住一晚上，第二天就分头走了。听说有的走紫云，有的走安顺。有个叫陈秀山的帮一股红军带路过安顺的下窝到双堡去。洞上掉队了一个姓陈的红军。听说安顺县小市梅也掉队了一个红军，也姓陈，叫陈伦辉，是个江西人。（杨朝兴、胡志祥、王海、杨明道1986年6月14日采访）

选自中共安顺县党史资料征集办公室编：《红军长征在安顺县》，1986年8月，第40页。

① 刘昌益，采访时65岁，长顺县花红堡支书。

红军在洞上住过

伍耀华[①]　郭占文[②]

1935年是猪的年，那年红军从广顺、石洞过来，驻扎在这一带。石洞的两个姓金的地主家墙上写上了标语。我们洞上寨子里也住了红军。红军把地主伍德明家的猪杀了，削去了皮，第二天就抬起走。住在新场的红军还把地主曾仲奎、梁东友家的谷子拿来在当地分给穷人。红军走了以后，有一个姓陈的红军流落在这里，后来帮郭成学家做工。他和流落在安顺县小市梅的那个红军陈伦辉经常来往。但是他在解放前就病死了。（邓天禄、杨明道1984年12月24日采访）

选自中共安顺县党史资料征集办公室编：《红军长征在安顺县》，1986年8月，第41页。

① 伍耀华，采访时56岁，长顺县洞上支书。

② 郭占文，采访时60岁，长顺县洞上农民。

红军长征经过安顺县双堡区的情况[①]

钱文焕[②]　黄奎明[③]　鲍明奎[④]

红军从广顺那边过来的，经过安乐一带来我们这里（原来这里的路是走水淹坝那边，现在才改的道）。我们记得特别清楚的是当时这里正逢赶场天，阴历三月十五日，正是种烟（鸦片烟）季节。红军中午12点左右到这里，部队过了两天才走完，中途没有停过。只是走到这里的遇到天黑了就在这里住了一夜。我们都是亲眼看见红军的，人很多，漫山遍野都是红军的人，男男女女都有。这里的伪区、乡长听见红军要来，都先跑了。我们这里的杨二太爷，胡树成等都去欢迎红军，一直接红军到黄伯正家那里，先接来的是先头部队，穿的是便衣，每人两支枪。他们来后，先把场坝大地主杨家（原住现在公社住址）的衣服财物搜出来分给我们贫苦农民。随后，大部队就到了，大部队到这里就进行宣传、写标语，写标语的女兵多，用黑色和红色写，用的是茅草捶软的扫子来写的，写了很多，现在只留下一些印印，标语的内容大致是这些："打土豪，分田地！""取消一切苛捐杂税！""红军到，干人笑！白军到，干人叫，打倒白军！"等等。字写得很好。他们人很多，在这里住时，

① 标题有改动，原标题为《红军长征经过安顺县双堡区杨武公社的情况》。
② 钱文焕，采访时70岁。
③ 黄奎明，采访时70岁。
④ 鲍明奎，采访时71岁。

除了每家每户都住满，场坝、田坝上都住得有。红军很讲规矩，一草一木都不动我们的。走时，扫干净地，水缸挑满，还有人来问几遍，问有人乱拿东西没有。

住在这里的部队带有电话。有骑马的，骡子特别多，还有医生，医生是住在仓房，红军去看病要药都是去仓库那里。当官和当兵的我们基本上分不清楚，只是在晚上看见他们在大桌上摆着地图，老百姓进出很随便，我们亲自看见地图上写得有我们这里的石关、白马关。红军用的多半是套筒枪（汉阳造），也有水重机关枪。他们用的都是粽巴叶草帽，有的打绑腿，有的没有打。当时国民党说红军是共匪，我们都不敢和红军讲话，红军走后，我们才知道他们的好处，才知道他们叫红军，是毛主席和朱德领导的（当时喊朱毛）。红军是从鸡场那边走的，部队还未走出杨武，国民党的部队就派了一架飞机来杨武，部队走出杨武不到两小时，滇军就追来了，把杨武的鸡一抢而空。

红军未来的两个月之前，我们这里来了一个蒙古人（卖药的）和一个安牙齿的，后来红军来后，我们才知道这两个人原来就是红军，是搞地下工作的。

我们这里有一个伪保长叫周家坤，想用几个保丁去搞红军的枪，经不住红军打，都逃跑了，由于森林大，红军只抓住一个叫杨小强的后来放回来了。红军走时，抓走了四个人[三个地主，一个贫农（是个二流子）]带到紫云县猫营区就放回来了。后来，这个二流子被区政府枪毙了。

红军有几个战士掉队，被当地伪保长杀害，丢在老鸦坡的朝天洞里。直到1960年左右，县里才派人来收回尸体。有一个掉队的红军，叫老云，落在杨武大寨，住周利川家，住了头十年才回去。（曾永琴、王品琴、何天鸾1977年6月18日调查，曾永琴1977年6月19日整理）

选自中共安顺县党史资料征集办公室编：《红军长征在安顺县》，1986年8月，第41—43页。

关于红军过水泥冲的回忆

沈绍武

我本来是贵州省安顺县杨武乡水泥冲的农民，原来姓穆，不姓沈。我叫穆少安，又叫穆迎春。红军经过我们那里的第二年，我去杨武赶街，就被梭菜的保长（记不清姓名了）派人用绳子捆了我去当兵。在国民党的五十四军二十四团当兵，一直拖在外面。离解放六七年的时间我才从部队开了小差。当时云南大铁这地方种大烟，想在这里搞点路费再回家，我就在大铁地主龙三家做帮工，一做就六年，后来又到沈家当儿子（招亲），生了孩子，就回不去了，我也就改名叫沈绍武。

关于红军长征经过我们那里的情况，因为几十年了，记不大清楚，只记得红军过了一两天，从我们寨子过，到杨武去。红军头上戴八角帽，还有些树叶，是躲敌人飞机用的。有些队伍在我们寨上吃饭，还叫我们穷人去吃，我也去吃了。

有一个小红军拉肚子，走不起，住在我家，我家找药给他治。没有几天，区上派人来搜查，我家老人们把他关在老人住的房子里头，外面用锁锁上，这样才没有查出。后来治不好他的病，一个多月，他就去世了。我家里的人用自己的几块木板做个了材子把他装了，葬在下院。这个小红军记得姓王，因为怕再有人查，他曾和我结拜为弟兄，我喊他小王，他喊我哥哥。

我当时年纪小，十七八岁，事情过了几十年，现在年纪大了，都记

不清了……（杨明道根据1984年9月25日邓天禄、杨明道访问云南省邱北县腻脚区大铁村农民沈绍武口述录音材料整理）

选自中共安顺县党史资料征集办公室编:《红军长征在安顺县》, 1986年8月, 第44页。

我为六位红军带路[①]

沈绍武

有一位红军在本宅写标语，然后，叫我把他们带到杨武。顿（当）时我答：我要去告诉爹妈一声。还有一位红军跟着我到家里，爹妈同意后，我带他们到坛得关，就地休息后，六位红军一起伙（吃）饭，还给我吃了一些，一位同志钉衣服纽扣。

后期，……后进部跟上以后，我就转回家了……

1985 年 1 月 7 日

选自中共安顺县党史资料征集办公室编：《红军长征在安顺县》，1986年8月，第45页。

① 标题为编者所拟，原标题为《沈绍武来信摘录》。

红军过鱼良，拆桥阻滇军

张忠祥

我的家原住在鱼良坝旁边的塘头寨子。鱼良坝旁边有一条河，叫雨棚河，河上有一座石板桥。从水泥冲到杨武的人，都要走过这座石板桥。

1935 年，我有十来岁了。那年红军从广顺来，经水泥冲，过鱼良坝到杨武。来到鱼良坝时，滇军在后面追。红军过了河，就将桥这头第二孔的石板拆掉，掀到河底。同时，在桥这边的高地上挖了两个战壕（注：应是掩体），准备同滇军对干。但后来滇军还没追上，红军就开走了。我们那时是放牛娃，过后还经常看到挖好的战壕和掉到河底的桥板。现在，水浅的时候也可以看到横在河底的板桥，挖的战壕已经填平来做地了。（1983 年 8 月 10 日邓天禄、喻崇福、杨明道访问张忠祥的谈话记录摘要）

选自中共安顺县党史资料征集办公室编：《红军长征在安顺县》，1986年8月，第46页。

红军从长顺摆纪哨过来

陈灿英①

红军来那年是乙亥年（猪年）4 月，到寨子那天大约中午一两点钟。这一股是从长顺花红堡到小市梅来的，经过石浪，到双堡去。后来听说双堡的李可卿叫民团开枪阻拦，但敌不过红军。红军经过黄鳝冲走花恰，下山京到鸡场去了。

石浪的群众当时都在家，我的父亲陈洪文还提了一罐到路边给红军吃。有个叫陈开应的被红军带去，后来回来了，他对红军说他是少数民族，红军优待他，还给他路费回来。

红军从长顺县的摆纪哨经过，走白沙地，就分一股走安顺的杨武、鸡场。长顺的田七堡有个叫田敬斋的和我们这里下窝一个姓胡的被捉到鸡场去杀了，他们当保长。

过我们石浪的红军没有住，过了几个钟头，恐怕有两三千人。红军穿得不整齐，头上戴草编的帽子。（段世荣、杨明道1986年5月20日采访）

选自中共安顺县党史资料征集办公室编：《红军长征在安顺县》，1986年8月，第46—47页。

① 陈灿英，采访时81岁，石浪老农民，会勘舆。

双堡团防袭击红军

邱士龙

红军经过我们双堡区那年，全慕虞当团长。那时地方有团防局，小堡的李可卿当团防的队长。红军还没有来，国民党就宣传，说共产党是“共产共妻”，大家都很害怕。全慕虞派大家到左关修碉堡，说是防“共匪”，又逼老百姓当团丁。红军从广顺过来，经过大拉坡，叫那里的一个叫杨麻子的人带路。这个人怕经过双堡场上以后得罪人，就带着走青塔，过长田。到长田，这个人就回去了。但是，双堡很多人不知红军要从长田过，都跑去长田躲，我也去了。结果红军到了长田，大家就跑了。双堡场上的团防，就在双堡这边向长田开枪，红军听见，也就从长田向双堡的团防开枪还击。团丁们哪里经得住打，就都跑散了。长田的红军中有人说：“别打了，是几个毛毛匪，怕伤着老百姓。”也就没有打了。红军大概过了一两万人。红军走时带了下窝胡家一个儿子去鸡场，带去的还有广顺马路场一个姓黄的。（摘自1983年6月10日邓天禄、杨明道走访邱士龙的录音记录材料）

选自中共安顺县党史资料征集办公室编:《红军长征在安顺县》, 1986年8月, 第47页。

长田有三个人给红军带路

王进发

我们长田是个苗族村子，离双堡很近。那年红军从挖煤关一条小路过来，经过长田，下山京，经过张西湾，走十二茅坡到鸡场去。那时，双堡许多人家带了东西来这里躲。我正平秧田回来吃早饭，石门楼的曾亮成带着红军来到这里。我们寨子一个老者在坡上看到有许多人从挖煤关上下来，就大声喊，大家就跑了。寨子里还有常进安、陈开明两个人在家，有一个别处来锻磨的老公公也没跑。曾亮成带来长田后就装痛，不带路了。红军就叫常进安、陈开明和锻磨的公公三个人带路，他们带到张西湾过去交鸡场的大路就回来了。回来时红军给了他们每人十个大铜板。锻磨的老公公没有回寨子来。

红军在长田歇了几个钟头，那时好像过清明了，我家母亲做了些粑粑拿出来请红军吃，他们不吃。双堡李可卿的团防先朝红军打枪，红军的首长用望远镜看了以后，红军就用机枪往上扫。那时我跑出去了，回来的时候看到地上一大堆机枪子弹壳。（摘自1983年9月13日邓天禄、罗运琪、杨明道走访王进发的录音记录材料）

选自中共安顺县党史资料征集办公室编:《红军长征在安顺县》,1986年8月,第48页。

红军过长田

安云斌

红军来那年，我有20来岁，正帮双堡刘汝民家做工。听说红军要来，大家都跑去长田躲。去长田躲的人家很多，都挑了些东西去，有衣服、腊肉、血豆腐等，满地都是。老板家叫我给他挑了一挑鸦片烟去。这个时候，几个穿便衣的红军上前来了，他们穿长衣服，袖子很大。见我挑了一挑大烟，一个红军要抓我，我说："先生，我是帮人的。"另外一个说："他是好人，抓他干什么？"那时红军看人首先是看你的脚杆，脚杆上没有毛，就是干活的，有毛的就是不劳动的。后来就放了我，我就跑了。那时大概是中午。红军是从下窝过来的。红军过的时候，国民党的飞机也来这里飞过。（摘自1983年9月12日邓天禄、罗运琪、杨明道走访安云斌的录音记录材料）

选自中共安顺县党史资料征集办公室编：《红军长征在安顺县》，1986年8月，第49页。

看不懂的字条

陈尚明

那年红军从大井、下窝方向过来，经过我们长田。红军的先头部队穿便衣。他们用红的颜色在墙脚、在石头上写字，还在路上画路标。写的标语不少，现在都冲掉了。我记得有一条是“红军不拉夫”，在王进发家墙脚写的是“红军绝对保护苗民”。有的地方不好写，红军就用一块石头压一张纸条，上面写字。压的纸条我也亲眼见过。我读过几年书，认得字。但我一时想不起来了，也不知道是什么意思。

注：事后，陈尚明老人回忆出了当时红军用石头压的一张纸条，就让常有才同志专门找人带信来给调查组。纸条上写：“伊树廷，蜀东特军”——编者。（1983 年 9 月 12 日邓天禄、罗运琪、杨明道走访陈尚明的录音记录材料）

选自中共安顺县党史资料征集办公室编：《红军长征在安顺县》，1986年8月，第49—50页。

有个红军牺牲在长田

常有才

红军来的那年我才几岁。那时我们长田周围树林多。听说红军来了，我家爷爷就背我到地里去躲。地头堆些红稗秆，爷爷准备把我藏在红稗秆堆里。这时，听见村子里枪响，有两个红军向我们喊："老乡，老乡，不要跑！"爷爷就把我背回家来了。这时红军都进村了。我家堂屋里摆满了东西，有大烟、粑粑、行李、衣服……都是双堡场上跑来躲的人带来的。人都跑散了。一个红军还顺手拣起一条小口水兜给我戴在胸口上。有个老公公在给我家锻磨，红军就叫他带路去了。

红军走后，我们发现有个因病的红军牺牲在这里。红军们用小铲子把他葬在我们这里的后山上。后来双堡全慕虞家派人来挖出来检查过。（摘自1983年9月13日邓天禄、罗运琪、杨明道走访常有才的录音记录材料）

选自中共安顺县党史资料征集办公室编:《红军长征在安顺县》, 1986年8月, 第50页。

我的觉悟低，没跟红军去

刘云龙

红军过双堡边上那年我才十六七岁。那天我正在靠长田那边看坡上牛打架。这时只听见长田的一个人打起苗话大声喊："红军来了！"接着人都跑了。我还不知道是什么事，来不及跑，就被跑来的两个红军便衣把我抓住了。他们把我带到长田寨子里，他们要我给他们带路去。我那时觉悟不高，就说我不清楚路，不愿去。那阵子长田寨子里堆了很多东西，趁红军去查看东西的时候，我就跑到一个牛圈里藏了起来。这时，就听见外面枪响得厉害，后来才知道是红军用机枪扫李可卿的毛毛匪。

红军来那年还种鸦片，那时正栽苞谷的时候，是阴历三月。红军是从下窝来的，抓了那里一个姓胡的带走，后来听说拉去杀在鸡场。红军的先头部队穿便衣，后面的穿军衣。穿便衣的带了不长不短的枪，我们大家叫"秧刮刮"。有一个红军死在长田。还听说有个红军留下来在小市梅招亲，他的孩子现在双堡公社当副书记。（摘自1983年9月12日邓天禄、罗运琪、杨明道走访刘云龙的录音记录材料）

选自中共安顺县党史资料征集办公室编：《红军长征在安顺县》，1986年8月，第50—51页。

红军经过山京下苑

段蒋氏[1]

红军来那年不知道是哪年，反正好几十年了，那时我大的那个孩子才几岁。红军从山京上头下来，路过下苑寨子。红军还没有到就听到消息了，大家害怕，都跑去躲，很多人都跑到水淹坝那个大洞去躲，我也背着我大的那个孩子去。红军过完后回来听说，红军在下苑寨子里做饭吃，吴开富家老祖太没有走，她看见红军来，想躲开，红军就喊她："老太太，不要怕，我们是红军。"后来她就没有走。她看见红军很好，就说："我们是穷人，没有东西招待军爷们，只有这点霉豆腐给你们下饭。"她就拿出一罐霉豆腐送给红军吃，红军吃了，就给了她很多铜元。

那天过的红军不少，过了半天，大约晌午过了才过完。（段世荣、杨明道 1986 年 5 月 21 日采访）

选自中共安顺县党史资料征集办公室编：《红军长征在安顺县》，1986年8月，第51—52页。

---

① 段蒋氏，女，采访时81岁，下苑农民。

红军经过张溪湾

张绍武①

那一年就听人们传说“共匪”要来，大家都害怕。那时正是撒秧的时节，那一天就有部队从火把寨、下苑过来了。我正在挑粪，听见有人喊“共匪来了”，大家就跑，我也跑，躲到山上去，看到红军从寨子穿过，往银子山、十二茅坡方向去。红军早饭过了的时间来，差不多过到天黑才过完。他们是十个一群，八个一组地走的，头上戴了棕粑叶扎的帽子。天上有飞机飞。先前我们听到嗡嗡地叫，以为是地上的东西，后来才看到原来天上有东西在飞，过后才知道叫飞机。

过后听说，国民党的兵扎在磨石堡，红军就不走磨石堡了。我们寨子里的杜老五（已故）给红军带路到鸡场，红军给他钱。红军在张家（记不住名字了）吃过饭，听说吃一碗给两个大铜板。（段世荣、杨明道1986年5月21日采访）

选自中共安顺县党史资料征集办公室编：《红军长征在安顺县》，1986年8月，第52页。

① 张绍武，采访时78岁，张溪湾农民。

张耀南到冷水麻篮躲红军

伍绍荣①

那年红军是阴历二三月间来的，没有经过顺河寨子，是走下面马路经过银子山、十二茅坡往鸡场黑土那边去。那时有飞机在山坡头上转来转去。

红军来了，有钱人家都很害怕，收起东西跑出去躲。我那时帮地主李平阶家做工，那天他家就拿一口箱子叫我背着和他家去躲。箱子太重，把我的背都打破了皮，到了冷水麻篮洞，好些人都去了，我才看见杨武的张耀南和李少奎都来这里躲。

后来听说红军在鸡场杀了保长杨子和，据说是用锯子解成两半的。（段世荣、杨明道1986年5月21日采访）

选自中共安顺县党史资料征集办公室编：《红军长征在安顺县》，1986年8月，第53页。

① 伍绍荣，采访时78岁，顺河村农民。

红军不踩庄稼地

罗志成①

红军从杨武来是走石关，没有走我们大凉屯，大凉屯离石关不远，事情都晓得。红军从尖山小寨来，那时，红军走小路，尖山那边有块大麦地，麦子长得好。本来红军要走直路就要从麦地中间走过去，可是红军爱惜老百姓的庄稼，宁肯绕了一截路走过去。到了第三天就不好了，龙云的军队来了，他就不管庄稼不庄稼，人呀马呀从麦子地踩过去，麦子就全踩坏了。

过后知道，小寨的马草冲那里打死了两个人，靠这边死的那个是杨武周家扛枪的，姓杨；靠那边死的那个，好像听说是个红军，后来就埋在路边。

红军从石关出去就走油寨村门口过，油寨的伍二恩等几个人烧了茶到前窑去给红军喝，红军还给了他们钱。（段世荣、杨明道1986年5月22日采访）

选自中共安顺县党史资料征集办公室编：《红军长征在安顺县》，1986年8月，第53—54页。

① 罗志成，采访时80岁，大凉屯农民。

红军在石关

伍云华①

我们石关这里很偏僻，和杨武那边还隔着一个长长的山梁，只有关口这里有一条小路进来。大约是民国二十四年栽苞谷的时候，有飞机从山那边飞来，飞得很矮，嗡嗡地叫。后来就有部队从关口那里开进来。来的人马很多，经过石关村子，有的停下来，有的往前走。这时大家才知道是红军。我是从外边来石关招亲的，那时我也在这里。

红军在石关也做宣传，但我们听不懂。他们用红土在墙上写标语，又拿出从别处得来的衣服、铜板送穷人，我们石关好些人都得，像王兴林家就得铜板。石关当时只有20多户人家，红军在寨子里住一部分，在树林里也住了人。晚上还有红军继续经过。

王从德给红军带路到罗补董，他回来的时候红军给他一匹马，他不敢要。红军从石关出去是走长冲窑、油寨、前窑过白马关去鸡场的。

红军头天过完，第二天国民党的兵随后就追来，他们也在石关住扎，捉鸡逮鸭地乱整。国民党的兵还拿水去擦红军写的标语。（段世荣、杨明道1986年5月22日采访）

选自中共安顺县党史资料征集办公室编:《红军长征在安顺县》, 1986年8月, 第55页。

① 伍云华，采访时72岁，石关农民。

红军经猛沙坝到镇宁

顾张氏　顾正宁

那年红军从三股水过来，朝老凹坡方向去。红军头上戴些树叶，飞机一来，全都趴在地上。这一股红军从我们四家寨下面坝子下去，经过坡栏坑、偏坡寨、猛沙坝，再下去交补陇蒋，到镇宁的地界。红军早饭过点来的，过了大半天。

还有一股由青杠坡下镇宁江龙。（摘自杨明胜、杨富友、喻崇福、罗运琪、杨明道访问四家寨顾张氏、顾正宁的录音材料）

选自中共安顺县党史资料征集办公室编：《红军长征在安顺县》，1986年8月，第56页。

红军过箐口

刘少武

红军从鸡场来，翻黄莲坝到我们这里，红军没有住，只路过我们寨子，到下面木朗坝，到镇宁的龙家苑，红军是从岩腊后面来，没经过岩腊寨子。（摘自杨明胜、杨富友、喻崇福、罗运琪、杨明道访问箐口刘少武的录音记录材料）

选自中共安顺县党史资料征集办公室编：《红军长征在安顺县》，1986年8月，第56页。

山村来红军　穆家留战士

高洪智

那年春天的一个早上，天刚昏昏亮，红军就来到我们水泥冲。他们脑壳上戴着树叶扎的帽子，因为国民党的飞机在头上飞。这个时间大概是清明前后，我们寨上的人拿清明粑粑请红军吃。他们不吃，喝了茶还要开一个铜板。红军从天亮过到天黑。红军心肠好，他们带了些油渣，见到穷人就给。

有个红军因为生病走不起，流落在这里，穆家收留了他。后来病死了，埋在下苑。大概30来岁，不知道名字。穆家是庄稼人，人家称他穆三爷。（摘自邓天禄、杨富友、喻崇福、罗运琪、杨明道走访高洪智的录音）

选自中共安顺县党史资料征集办公室编：《红军长征在安顺县》，1986年8月，第119页。

我们常常纪念红军

穆刘氏

红军路过我们水泥冲那天，我家第五个小叔子穆迎春帮红军带路，带到巴茅冲就回来了。回来的时候，带得有一个红军一道回来。原来这个红军生病了，走不起了，红军们就把他交待给我家五叔，要我们照护他。这个红军在我家住了两个月左右，病差不多治好了，后来，土匪杨云其跑来吓过，病又犯了，不久就病死了。我们家当时也很穷，想办法买了副火材（薄棺材）把他葬了，葬在下苑，和我们家祖坟在一起，每年都给他烧点纸钱。这个红军生前和我们在一起，对人非常好。（摘自邓天禄、杨富友、喻崇福、罗运琪、杨明道访问穆刘氏的录音材料）

选自中共安顺县党史资料征集办公室编:《红军长征在安顺县》，1986年8月，第119—120页。

“红军老幺”留在刘金生家

刘炳章

红军路过水泥冲时，有个小红军流落在刘金生家。这个红军年纪很小，人们叫他“红军老幺”，姓名搞不清了。小红军因为生病，走不起了，刘金生家就收留了他，帮他养好了病。这个“红军老幺”很勤快，和刘金生家一起同住同劳动，刘金生的弟弟还和这个小红军两人结拜为兄弟。老幺在刘家住了三年，后来才到小市梅去招亲。

红军经过这里的时候，刘金生的母亲挑了一挑茶摆在路边请红军喝，红军喝了就丢铜板。（摘自邓天禄、杨富友、喻崇福、罗运琪、杨明道访问刘炳章的录音材料）

选自中共安顺县党史资料征集办公室编:《红军长征在安顺县》，1986年8月，第120页。

红军经过小市梅

吴仲兴等

那年春天有一股红军从吴家堡来，过我们小市梅，一直到双堡去。那时我们正在挂山（上坟），大约是早饭时候。红军头上戴些树叶，他们只是路过，没有进家，看来这一股人不很多。

有一个红军来到我们这点，杨公见他勤快，就认他做干儿子。杨公会做木匠，教他学手艺。后来杨公就把侄女嫁给他，他才成了家。这个小红军名叫陈伦辉。据他说，他是从江西随红军来的，那时才十多岁。他们从广顺过来，经过安乐堡，到了水泥冲，他生病了，走不起，就流落在那里的。（摘自邓天禄、杨富友、喻崇福、罗运琪、杨明道访问小市梅吴仲兴等人的录音记录材料）

选自中共安顺县党史资料征集办公室编:《红军长征在安顺县》, 1986年8月, 第120—121页。

红军过杨武时的回忆

杨诗书①

红军来贵州那年好像是民国二十四年，那年我才十一二岁，还在杨武天乙山学堂里读高小，那个学堂是我的父亲出头兴建的。红军来到杨武前，反动派就造了许多谣，所以很多人、特别是有钱人，事前都逃跑了，我父亲先一天也派了人（好像是班少成）到广顺方向去打听情况。前五六天就有国民党的飞机飞过杨武，上面印着青天白日的标记，我记得，它飞得低，连飞行员的头部都能看见。当时有些学生还去问先生，为什么开飞机的还要戴脸壳？先生说："那不叫脸壳，叫飞行帽。"

红军来那天，我父亲领着我，还有几个人跟着，骑马到后窑罗少清家去躲避，记得是到了老凹坡那边，就看见红军的先头部队出门洞街了。

在后窑、杉木、三共等地住了几天，红军走后，我们就回来了。回来听说我的祖父杨云臣和场上几个人，他们去迎接红军以后，被红军带走了，我的外祖父周利川也被带去。但过了几天，又都回来了。我的祖父被带到镇宁县拿早这个地方回来的，听说外祖父是到江龙回来的。

红军在杨武场上驻扎过一晚上，住的人家多。红军把有钱人家的东西分给了穷人，场坝上写了好多标语，有"打土豪，分田地"，"反对压迫民众修碉楼"，庙脚街张绍清家墙上的标语保存了很多年。

---

① 杨诗书，采访时为安顺县政协副主席。

我记得好像有两个红军被杀害，其中一个我印象最深。大概是红军走后几天，在场上那个碉楼南面一个烂草堆里，有人发现一个小红军。很多人都去看，我也见过。年纪不大，十多岁，脸黄得很，看样子有病。衣服口袋装着用纸包的一小块红糖，还装着几张钞票，上面好像印得有个光脑壳外国人的像。这个小红军后来听说是鲍幼丞派人（好像是什么老幺）去杀在鲍家箐了。

我家住过红军，记得后来还留下些东西。几个破针筒（注射器），我们拿去打水玩了；一把小匕首、一盏小马灯，还有些小册子。后来听说小册子叫拿去烧了，因为上面印了“土豪劣绅”这些话，老人们嫌刺耳，就叫烧了。

红军走后滇军就追来，听说是个“安旅长”带来的。

红军到镇宁还和陆瑞光，还有个叫“王司令”的订了条约，红军支援他们枪支。我这里有本《星火燎原》，上面还记了陆瑞光拥护红军的故事。（罗运琪、杨明道 1983 年 7 月记录，记录整理稿经本人审阅）

选自中共安顺县党史资料征集办公室编：《红军长征在安顺县》，1986年8月，第162—163页。

红军指挥机关在大寨

孙逸民

1935 年还在二十五军统治下，王家烈任贵州省长。3 月上下，听说红军来了贵州。有枪阶级很惊慌，称红军叫“共匪”。当时是说红军原来在江西，后来是用筑碉堡的方法才迫使他们稳不住脚，逃出来的。所以就在杨武小坡上（现在打米房上边）冲了土墙围着做碉堡。当时，杨武的杨志超把区长卸给了鲍幼丞，张耀南当副区长。在山上插了旗子，如果广顺方面有了情况，旗子一倒，好作应付。那天，旗子倒了，红军部队来了，杨志超、张耀南这些人就都跑了。那天，我正去安顺要纫中毕业凭照，回来到马草冲，红军已到了打伞坡小寨。为什么会打枪呢？是一个“叫叫老王”给红军带路。当时周家坤当保长,他喊得有两个“兄弟”到小察去喊杨宝。几个人来到马草冲口口，他们背得有武器，红军一过问，当然就打枪。我们绕从枇杷园这边回家。我那时 20 多岁，留着东洋头，家里老人怕诧眼，就说“把它修掉！”正在理着发，红军就来了。各家都住的有。红军纪律非常严格，有岳飞治军那种气概。当时在我们天井里安了许多电线，机枪很多，对着三岔路口，实行戒严，看形势是个重要机关。

红军打土豪得来的东西分给穷人，杨武的黄疤子（黄伯安）得了一件火衣，大寨胡顺清得两三件长衣服、几块钱的小铜元、二两大烟，红军在搜查中搜到了鲍右臣家一点枪支子弹。

我家那时有两间旧房子被田如和家放大树打倒了，旧木料堆着，红军当时没柴烧，就来拿去烧，赔给了我父亲 80 块小洋。

红军来住的当晚，父亲叫我躲出去了。我回来后，红军走了，滇军又来住在我家。住我家是一个姓辛的滇军营长，据他说他们旅长姓安。这个辛营长二十七八岁，他叫我们去弄一头猪来招待他们。后来没办法，我们只得提了家里一块腊肉来招待他。（摘自 1983 年 8 月 11 日邓天禄、喻崇福、杨明道走访孙逸民的录音记录材料）

选自中共安顺县党史资料征集办公室编:《红军长征在安顺县》, 1986年8月, 第163—165页。

红军经过杨武情况的回忆

周家坤

民国二十三年（注：当为二十四年），那时杨志超当区长。杨同我是姻亲。我在杨武小学教书，又当杨武这个保的保长。听说红军要来了，杨志超叫我去，说他要离开，要我来维持地方秩序，约起他的老人（杨云臣）和场上的老人去欢迎红军。说完，他带着人，骑着马到后窑罗少清家去躲去了。

头一天还听说红军在广顺，第二天一早派去的人就来报信，说红军已到水泥冲了。我把人喊齐，有左坤培、胡少安、钱文焕等，让他们同杨志超家老人去迎接。我不敢在杨武，我要走了。当时小寨有个人给我扛枪，叫杨宝。他还没来，我就喊另外一个叫杨小祥的去喊杨宝。杨小祥去喊还不见来，我又叫另外一个叫龙云德的去催。后来我只得自己走了。这三个回来在马草冲遇到红军，就开枪打仗。当时就把杨宝打死了。还有个给红军带路的"叫叫老王"也打死了，杨小祥逮走了，龙云德跑脱了，后来回来报信。

后来我们转回来听说，红军指挥部设在大寨孙逸民家。

红军到杨武是走的走，歇的歇。红军把杨志超家老人（杨云臣）、左坤培、鲍余氏（鲍区长的老婆）逮走了。这三个人是杨武的土豪劣绅。大寨周利川从安顺回来，在路上碰着红军，也被带走了。后来都放回来了。红军把杨志超家的谷子、财物拿出来分给穷人。红军走后群众又把东西还给区长家，没有哪个敢要。

红军在杨武住了一夜，第二天就走了。红军一走，滇军就来。还有飞机也来。当时20岁的胡焕娣（女）编了山歌：

“杨武出去一条街，红军是从广顺来；男工妇女都跑了，剩下碉头老王奶。”

“场坝中间起碉楼，红军过去飞机游；飞机恐怕电枪打，红军只防炸弹丢。”

红军走后，流落几个红军在本地。周利川家收留了两个。一个叫老云，还有一个叫陈凤琼，后来病死了。还有一个红军在老凹坡被保长吕启明他们丢到朝天洞里去了。周利川写了一本《鬼神报》，那上面写了这个事，有这个红军的名字。（摘自1983年6月10日夜邓天禄、杨明道访问周家坤的录音材料）

选自中共安顺县党史资料征集办公室编：《红军长征在安顺县》，1986年8月，第162—166页。

红军给我一件棉大衣

黄伯安

那年大概是栽苞谷的时候，上午吃早饭边红军就来了。有杨志超家老人、鲍其文家大嫂、左昆培家爹，到新场坝那头去迎接，红军从广顺鼠场，经鱼良坝过来。

我从双堡回来，见到了红军。红军问我“怕不怕？”我说我是个找嘴人，什么也不怕。红军见我穷，就给我一件黄大衣。后来我帮人送信到云盘煤子关被人把大衣抢走了。

红军走了，滇军就来，有个叫黄少斌的见他爹在杨武住，后来就开小差回来了。（摘自 1983 年 8 月 10 日邓天禄、喻崇福、杨明道走访黄伯安的录音记录材料）

选自中共安顺县党史资料征集办公室编：《红军长征在安顺县》，1986年8月，第166—167页。

红军分给我一床被子

向国顺

红军来那年，记得那天是赶场天。我去杨武场坝上买小菜，正遇红军来到场坝（从广顺方向来），他们将场坝上地主杨志超家的衣服财物搜出，堆在庙堂里，分给穷人。我正走过旁边，有位红军战士喊我："老干人，过来！过来！"随后就递给我一床被子。我拿到被子，当天就回来了（我家住鱼冲坝）。谁知半路上就被杨志超家人拦住，将被子抢回去了。

红军在杨武住了一夜，第二天往鸡场去了。随后就有国民党的部队（滇军）追来，那时红军已经离开场坝好几里路了。（贵州大学历史系1977年6月20日采访向国顺的调查材料）

选自中共安顺县党史资料征集办公室编：《红军长征在安顺县》，1986年8月，第167页。

红军来洞口

钟炳先

那年红军来是住在杨武场坝和沙锅寨。后来他们派一小部分人来洞口。我们都跑出去躲（因为当时有谣言）。其实，他们来洞口是来拿地主家东西，没有进穷人家，得了地主的东西后，除了油肉和盐，其他东西都分给穷人。（贵州大学历史系1977年6月20日采访钟炳先的调查材料）

选自中共安顺县党史资料征集办公室编:《红军长征在安顺县》, 1986年8月, 第168页。

红军住过沙锅寨

张罗氏①

红军来的那年是猪的年，那年我才15岁，还是沙锅寨的姑娘，后来才出客到洞口来的。红军来过洞口，但没有住，是来拿东西。红军在沙锅寨住，寨子里住，树林里也住。红军在寨子里做饭吃，我帮他们挑过水，他们喊我吃饭，我没有吃。红军待人很好，说话不大听得懂。他们穿的衣服很随便。他们只住了一夜，晚上还听见机器响，不晓得是不是发电。第二天一早就朝老凹坡这个方向走了。（段世荣、杨明道1986年5月22日采访）

选自中共安顺县党史资料征集办公室编:《红军长征在安顺县》，1986年8月，第168页。

① 张罗氏，女，采访时66岁，安顺县农民。

红军在杨武写下许多标语口号

王汝章

红军来在杨武场上的碉上写的是“反对压迫群众修碉楼”，在鲍吉扬家墙上写的是“取消一切捐款”，“打倒土豪劣绅！”还有一条是小字写在一家板壁上：“红军到，干人笑，白军到，干人叫！白军不到红军到，白军士兵拖枪炮，拖到枪炮回头跑，打倒军阀妙妙妙！”红军在杨武场上还贴过有“代主任李富春”的布告。

红军走后滇军来住，乱翻乱整。后来国民党飞机飞来，丢下一个包裹，滇军马上就开走了。

红军来时是1935年，是一个赶场天，具体是哪天记不得了。（摘自1983年6月邓天禄、罗运琪、杨明道访问王汝章的录音记录材料）

选自中共安顺县党史资料征集办公室编：《红军长征在安顺县》，1986年8月，第169页。

千斤谷子买头猪

段凤奎

那年红军还未到场坝我就跑到新寨去了。红军在杨武住了一夜。那时我家喂了两个猪，红军杀了一个，毛重大概150来斤。我们回来时红军在家里堆了三几石谷子，上面留了张条子，意思是杀了你家一头猪，用这些谷子作赔。家里打扫得干干净净，水缸也挑满了水。（摘自1983年8月11日邓天禄、喻崇福、杨明道走访段凤奎的录音记录材料）

选自中共安顺县党史资料征集办公室编:《红军长征在安顺县》, 1986年8月, 第169页。

滇军尾追红军过杨武

黄少斌

我本是安顺人，不是杨武的人。红军来时我还在滇军里。我是第二次援川时当滇军的，当时是帮李小炎去打仗。红军来贵州时，我们是从四川绕过来，但一路上没有打仗。我在的滇军是二师五团，旅长姓安。先前我是在七师十七团，后来才编入五团的。来贵州的滇军总头目叫孙渡，姓安的旅长没有来。我们从昆明出发，到威信，走叙永，到四川，经过赤水，从黔西、大定这边过来。在贵阳时我们歇高坡。我们追红军时，不知红军的番号，只知道是朱、毛带领的。红军走得快，与我们相隔一两站路。出贵阳后我们走广顺，歇鼠场，来到杨武，因我有个堂哥在杨武，停留的时间我去找我的堂哥，见我的父亲也在那里，知道他在杨武住下来了。见着父亲，都哭起来。我在广顺见过红军写的标语有"红军不打白军弟兄"。后来我们继续追红军，歇青杠坡，到募役（关岭）后我就开小差回到杨武来了。［摘自1983年8月9日邓天禄、喻崇福、金宜睦（军马场政治部主任）、杨明道访问黄少斌的录音记录材料］

选自中共安顺县党史资料征集办公室编：《红军长征在安顺》，1986年8月，第169—170页。

花寨不慎失火，红军纪律严明

吴金全　黄少益

1935年农历三月十一日，红军一部从广顺经双堡到了鸡场、连石。此时是下午6点多了，于是，红军就地宿营分散住在鸡场、连石、花寨等几个邻近的村子里。

花寨是个只有20来户人家居住的小山村，住户几乎全是贫苦农民。由于国民党反派的宣传，群众害怕拉兵。一听说红军来了，青壮年都纷纷躲进山里，寨子里只剩些老幼妇孺。住进花寨的红军有30多人，他们秋毫无犯，纪律严明，很快就解除了留在寨中的人们的顾虑。

夜里2点来钟，寨中突然起火，火随风势，很快蔓延开来。由于都是茅草房，尽管红军全力抢救，还是烧了四户人家。

起火的原因是什么呢？红军很快查明，并向当地群众作了解释。原来是一个刚从国民党军队俘虏过来的兵，恶习不改，别人睡觉后他点着火把到处乱窜，走东家，闯西家，惹燃了放在屋角的一牛角火药，酿成了火灾。

这个肇事者当即逃跑，跑到连石，被红军抓住，送回花寨。第二天在牛皮田侧边，红军吹号集合起队伍，当着老百姓，处死了肇事者。

吃了早饭，红军要走了，他们把寨中几个老人叫在一起，当面赔偿了火烧房造成的损失。赔偿的东西除了大洋外，还有首饰、大烟。红军说，这点东西先拿去制点锅瓢碗盏，买点水桶。我们还要回来的，回来

时再给你们修大房子。(据罗运琪、杨明道、谢招明、杨红、薛金顺走访连石堡吴金全、黄少益录音材料整理)

选自中共安顺县党史资料征集办公室编:《红军长征在安顺》,1986年8月,第182—183页。

红军长征经过鸡场的情况[①]

鲍荣华[②]

红军是从老鸡场方面过来的，来的时候正是栽包谷的期间，在红军要来之前的一场（七天）我们就听说红军要来了，所以，当红军到我们鸡场的那天，是晌午过点，有的还在田里种包谷，连家没回就跑了，我当时也是跑了的，但没有跑出寨子就被红军叫住，没有跑成，他们还对我说："我们都是干人，是为穷人的，不要怕。"还送我一件大衣（后来卖了）、一对裹脚（早烂了），我的一个堂哥鲍晓云（已死），给红军带路到了补拢蒋才回来，回来时红军送他20件旧衣服、几两大烟（现在一样都没了）。

红军到的时候，不住老百姓的房子，都是住在树林里，不拿老百姓的一样东西。当时国民党的飞机追来，飞得很低，但没有炸。红军一到这里的那天下午就把当时的伪保长杨子和杀了，是倒倒的埋在坑里。红军到我们这里只住一晚，第二天从这里分三路走了。有一路走百石岩。后听说毛主席、朱德走这里，另一路走江龙（镇宁县），鸡场这一路走猫营。我知道的就是这一点。（周邦兴、王品琴1977年6月5日调查，周邦兴整理）

---

① 标题有改动，原标题为《红军长征经过鸡场公社的情况》。

② 鲍荣华，采访时82岁，安顺县鸡场农民。

选自中共安顺县党史资料征集办公室编:《红军长征在安顺》,1986年8月,第183—184页。

红军过安顺县鸡场区

杨少奎① 代绍华②

杨少奎：红军长征过这里时，我们正在犁地栽苞谷，有人给我们讲说红军从杨武来了，我们开始都不相信，但还没有来得及回家，红军的大部队就来了。由于我们过去受国民党的害太多，没敢回家，就躲在山上看。红军来的人很多，花寨、大底西、连石谱、鸡场都住得有。部队一停下来休息时，战士们都唱着歌，非常热闹，他们每一个人的头上都戴得有防空掩护。他们都不去住人家户，大部分住在树林里，有一些住在场坝上。才住一晚，第二天早上就走了。我们这里有几个老奶奶没有走，我们回来后，她们就给我们讲：我们没有走还得享福了。红军一来后，由于我们怕，就装病，红军就给我们药吃，还给我们被子盖，我们不敢要。红军来这里，杀有钱人家的猪，碾有钱人家的米，做好饭还叫我们吃。我们穷人的东西他们一点也没有动。我们一听见他们这样讲后，国民党的追兵来就没有走。谁知国民党的部队与红军不同，我们年轻的都被抓去给他们挑担子。他们（红军）在这里镇压了一个反动伪保长，叫杨子和，杀了以后，是倒倒的埋的。还在这里的场坝上写了很多标语，石灰写的多，也有用红笔写的，我们不识字，只听人讲，记得多半写的是“打土豪，分田地”，他们用手蘸石灰印在墙上，我们猜想可

① 杨少奎，采访时67岁，安顺县鸡场农民。

② 代绍华，采访时63岁，安顺县鸡场农民。

能是代表五星，因为是五个指印，现在这些标语都毁了。

现在在紫云猫场区，留了一个红军战士下来，当时只有十岁，叫曹振。他一直在那里住下来，去年才迁回老家江西去的。

代绍华：红军是古历三月初来的，我正在给段家栽苞谷，晌午吃饭休息时，红军就来了。原来听说红军见到娃儿、小孩都要杀，我们也不敢回家，后来大起胆子回来一趟，我们留下来没有吃的晌午（糯米饭），红军连动都没有动一下。红军完全住在林里，住场坝的都很少，没有住群众家。后来追兵来了，还杀了我一头四五十斤猪。红军在场坝上写的标语很多。但是没有保留下来，我不识字，一句都没有记下来。

国民党的飞机来追红军，在狗马关丢了一颗炸弹，没有炸到人。（于品琴、曾永琴、周邦兴1977年6月4日调查，曾永琴1977年6月5日整理）

选自中共安顺县党史资料征集办公室编：《红军长征在安顺》，1986年8月，第184—185页。

红军来到白石岩

王明亮①

白石岩是汉族、苗族、布依族杂居地区。白石岩街上是各族人民进行物资交易的古老场坝。

1935 年春的一个赶场天，上午 10 点钟光景，赶场的人还不太多，忽然传来红军快进场坝的消息。顿时，场上骚动起来，人声喧哗，一片混乱。一会儿，来了不少身穿便衣的陌生人，操着外地口音，在场坝上高声招呼 ：“老乡们不要惊慌。红军是工农群众的子弟兵，是打富救贫的队伍，是为穷人谋利益的军队……”人们才渐渐安静下来，恢复了正常交易。事后得知，那些陌生人原来是红军部队的侦察员。

接着，从镇宁县的本寨和紫云的大白岩、狗场方向开来很多红军，个个精神抖擞，和蔼可亲。红军进入场坝，不乱拿群众的东西，说话客客气气，吃饭都开了钱。先来的部队停留片刻就走了，后到的看见天色已晚，就地住了下来。红军住在丁发元、张树云两户有钱人家，有的红军是在野外露宿。他们把大富人家的谷子充作军粮，还把肥猪杀了分给穷人。住在张树云家的红军，在院坝里用竹竿架起高高的天线，不时发出“嗡嗡嗡……哒哒哒……”的声音。

红军在白石岩期间，访贫问苦，了解当地民族情况，尊重少数民族

① 王明亮，采访时60岁，住在白石岩街上。

的风俗习惯。在当街口韦正祥家的屋山墙上，红军还写下“苗、彝、汉族大团结！”“打倒土豪分田地！”两条大标语。由此可见，红军非常重视各民族的大团结，随时随地都在宣传贯彻党的民族政策。（罗兴益采写）

选自中共紫云苗族布依族自治县委员会党史资料征集办公室编印：《红军长征在紫云》，1985年3月，第38—39页。

我们给红军带路

代华良

在旧社会，我家靠做粑粑卖维持生活。猪年红军路过那天，正好遇上白石岩赶场。早上，我把两糟粑粑抬上街，听说红军来了，就赶紧收拾摊子回家。

一会儿，几位红军来到我家，和气地问这问那，知道我家是做小生意的，就要我给他们带路去沙子沟，我很乐意地答应了。当晚这些红军就住在街上。第二天一早，我跟队伍出发时，看见和我一道给红军带路的，还有街上的丁老吹（已故）。

由白石岩到镇宁县的沙子沟，要经过狗场寨、湾田、碓窝寨、炭山，虽然只有30来里路程，但是山高路险，在狭窄的地带，驮马要用人扶着才勉强走过去，不小心可能跌进山沟。我和丁老吹带的部队走在中间，等前面的走了，我们再慢慢向前移动，后面的部队还在陆续跟来。所以，我们走到沙子沟陆瑞光家时，天已经快黑了。

我和丁老吹要忙赶路回家，就向红军告辞。一位红军说："请等一等，我们连长要给你们开路条，要不后面的部队还得找你们带路。"路条开好后，连长取来床单、衣服送我们。我们怕背起东西不好走夜路，没有要。连长就送给我们每人100来个铜板。临走时，他拉着我们的手说："你们最好另选一条小路回去，后面队伍还多，怕走不过去。"于是，我俩顺着毛沟小路走到狗场寨，但小路到此不通了，非走原路不可。一路上我们看到红军露营的地点，有不少红军还在赶路。

我回到家里时，红军已全部走了，只见火炕边挂着一块五六斤重的猪肉。一问，才知道是红军把大富人家的猪杀来分给的。

事后听人说，街上的张大格、丁发元、陈老金、李子清等十多人，也给红军带过路。（罗兴益记录整理）

选自中共紫云苗族布依族自治县委员会党史资料征集办公室编印:《红军长征在紫云》, 1985年3月, 第45—46页。

忆亲人

王启科

1935年初，紫云县城猪场坝集市突然热闹起来，人们熙来攘往，聚拢成堆。有的看卖膏药要拳棒，有的听“游方和尚”讲经念佛，有的请“女仙人”卜卦算命，有的围着小百货摊看时兴玩艺；玩杂耍那边更是逗引看客，不断传来阵阵喝彩。

紫云风俗按十二属相在各村寨开市，名曰“赶场”。天天有场，这些跑江湖的人场场出现，到处歇脚，找人攀谈，细问地方风情人事。有个高冠长发道士在各个山岔路口，边击道琴，边唱经文，不时在路旁钉上一根有石灰印记的木桩。那个卖药打拳的汉子就租住我家堂院，他早出晚归，常和我奶奶摆龙门阵，奶奶叫我称他洪大叔。当他听到奶奶哭诉我父亲被恶霸分尸万人坑，母亲告状反被抓进监牢受尽凌辱的惨状时，非常悲愤，宽慰我奶奶：“莫哭莫哭，恶人会有人收拾，干人总会见天日”。一天，洪大叔收拾棍棒，背着包裹，向我奶奶辞行：“老伯娘，我们走了，不久就会回来的。”

1935年古历三月的一天，一架敌机从北边飞来，围着紫云城打圈圈。国民党军官狞笑地吆喝：“这是中央军的飞机来轰炸共产党。共产党来了杀人放火，共产共妻，我们要把他们消灭干净。”这时，家家户户扶老携幼，哭哭啼啼地向城外逃跑。奶奶要我妈赶快带我逃命，我妈不忍丢下奶奶，宁愿一块死在家里。奶奶厉声催我们快走，我们才依依不舍地出了东门，向小哨奔去。刚到寨子，就听到城边响起阵阵枪声，一直延续了个把时辰。天黑了，寨子里到处都有逃难的人，一片哭声，好不容易挨到天亮。拂晓，有个放牛娃突然边跑边喊:“快上山去看呀，一长串串人马来了！”大家上山透过茅草蓬往下看。好长的队伍，前不见头，后不见尾，红旗招展，全部灰黑色服装，向着羊场方向缓缓移动，一直过了三天三夜。

第四天，队伍不见了，山村沉寂得怕人。妈妈牵挂家里的奶奶，焦急地领着我回了城。只见街上干人来来往往，喜形于色，有说有笑。不少穷人还穿上新衣，像过年一样高兴，根本没有一点劫后的迹象。高房子的山墙上,还用石灰写着“打倒蒋介石！”“打倒日本帝国主义！”“红军万岁！”“共产党万岁！”等大字标语，使小城更添春色。

走进家门，奶奶穿得新崭崭的，拄着拐棍来迎接我们。一块二三十斤重的猪肉挂在火炕吊钩上，我们愣住了。母亲突然朝奶奶扑去，婆媳俩紧抱着又是笑又是哭。一会儿，奶奶叹口气说：“那些烂兵说红军杀人放火，红眉绿眼，都是哄人的。红军打进城来，规规矩矩，讲情讲理，哪家干人不沾光？得米得肉,新衣服自己挑选。”奶奶兴奋地接着说:“到我家送肉送新衣的就是那个洪大叔。他戴的八角帽，上面嵌着红彤彤的五角星；身穿灰军装，衣领上有两个红领章，看去真威武。那些在场上念经卖洋货的都是红军。我活了 80 多岁还没见过红军，还有女兵呢！他们在街上唱唱跳跳，说红军是干人的队伍，共产党是穷人的救星。你们记得那个算命的‘女仙人’吗？她也是红军，洪大叔喊她‘部长’。她和洪大叔来我们家，恭喜我活到 100 岁。他们叫我喊你们赶快回家，说红军不久就会回来，为我们报仇申冤，分房分地，还送了十块大洋给我养老。红军是好人呵！”

奶奶还说：“睡在杨伯妈家那个耍猴子的，洪大叔喊他王连长。那天他正在新街口和几个干人摆打日本的龙门阵，中央军的飞机一颗炸弹摔下来，炸倒他们身边的一堵墙。王连长用劲把那个干人推下阴沟，他自己躲避不及，腿上和脸上被炸脱两块肉。一个女兵跟他擦药包扎后，纱布还渗着血，可他一点不放在心上，拄着一根木棍，一跛一跛地和洪大叔在街上走，有说有笑。看他那血淋淋的样子，我忍不住哭了。他走过来坐在我家门口的石坎上，笑着对我说：‘老人家，莫伤心，碰破一点皮要么子紧？红军是打不死的！’”奶奶特意指着我说：“幺呀，你快快长大，像红军那样有胆量，为你爹报仇雪恨！”奶奶的一席话，对当时仅 12 岁的我震动很大，热爱红军的感情，激励我苦学苦练，寻觅我不大理解又认为非走不可的路。

红军走了，国民党的官兵又像瘟神一样涌进城，搜查抢劫，弄得人心惶惶，鸡飞狗跳。

红军走了，但是红军的伟大形象在紫云人民的心里永不泯灭。在书院孔庙大成殿的长匾上张贴的“红军万岁”的红幅虽被撕破，校工班树堂老人却把这四个情谊深长的字刻在梅枝瘦影挡住的石墙上。红军在徐家山墙上用石灰书写的“中国共产党万岁！”一直被紫云人民千方百计地保护着。敌人曾几次派兵用泥土乱涂，几次都被紫云人民暗中将泥土剥脱。七个激动人心的大字仍很显眼，我 1946 年离家之前，还完整地保存着。

得过红军周济的杨八斤老人，是紫云著名的民间歌手。谁家死了人，都请他去唱“孝歌”。1936 年春，他隔壁一个姓杨的独生子被国民党抓壮丁死在外面，家里二老日夜啼哭。八斤老人自动去他家唱“孝歌”。消息传来，引得一群老老小小去杨家看热闹，八斤老人这次不同往常，点点鼓声勾起一阵笑语过后，鼓点逐渐沉闷起来，歌声从诙谐变为抑郁，转而是悲凉凄厉：“死了的人还不了魂，走了的红军要回来；干人命大想得开哟想得开，红军不久要回来。”

1939 年，八斤老人辞世，我向地下党领导人张恒兹同志讲述这段故事。恒兹无限激动地说：“‘红军万岁’扎根在人民心中，我们的理想就一定能实现！”

选自中共紫云苗族布依族自治县委员会党史资料征集办公室编印:《红军长征在紫云》,1985年3月,第47—50页。

我应该跟着红军走

余绍成

由于反动派的造谣污蔑，胡说红军是“共匪”，要“共产共妻”、“见人就杀、见房子就烧、见女人就乱搞”等等。所以，听说红军来了，群众都跑出去躲，寨上基本没有人在家。

当时，我刚走到山上，就被两个哨兵拦住，我心里害怕，但又不敢跑。一位战士对我说：“老乡，我们红军是穷苦人的队伍，是打富济贫的，不要害怕，跟我们回村去吧！”我心头像十五只吊桶打水，七上八下，半信半疑地跟着他们转回寨子。一路上，我发现他们并没有恶意，心情才平静下来。

我们寨上到处都是红军，除少数人住在何明德、何九高家外，其余大部分是在田坝里露营。红军纪律很严，不乱拿老百姓一针一线，吃一点甜酒或一个大蒜，都要留下铜板。人们都说：自古兵匪一家，我从来没有听说过这样好的军队，更不用说看见了。在田坝里露营的红军是够苦的。当时正是古历的三月，晚上天气还很冷，有一个红军战士烤火时，不小心把围园子的篱笆烧燃了，大家赶紧扑灭了火，未受到什么损失。但是，这位战士却被领导狠狠地批评了一顿：“你怎么这样粗心大意，要是烧着了房子，我们怎么向老百姓交待？”这位红军战士听了，表现出非常沉痛和懊悔的样子。

第二天一早，我与丰绍成给红军带路，经沙土、红岩脚、苗院、打扒箐、扎营关、打扒河、大坝，一直到翁弄。在途中三次遇上敌人的飞机，每个红军的头上戴着树叶，马驮上也插着树叶。飞机一来全都卧倒在路边，敌机可能未发现，所以没有投弹。

记得那天早上有霜，天气很冷，我穿得单薄。一位红军战士从自己身上脱下棉大衣给我穿。到大坝时，又一位红军怕我饿着，就把他带的肉炒饭送到我面前，吩咐我吃饱了再走。

我们把红军带到翁弄后，另换曹树林带他们去紫云。我回来时把棉大衣还给那位战士，他们送我一床毯子，送给丰绍成一笼蚊帐，我们每人还得20个铜板。可惜红军给我的毯子不久被土匪抢走了，丰绍成的蚊帐后来因火烧房被烧掉了。

人上一万，无边海岸，真的是这样。我从翁弄回来，只见一路上都是红军。红军的先头部队边走边在路上作标记，指示后续部队行进的路线。离开翁弄时，红军开给我一张证明条子，让后面的部队不再叫我带路。

一路上，红军边走边问我：家里有些什么人？有多少田地？是不是租种他人的土地？还问我愿不愿意跟他们一起当红军打日本。当时我不懂得这些道理，什么叫日本？为什么要打日本？我更不知道。俗话说："好铁不打钉，好男不当兵。"我不了解红军的真实情况，更主要是舍不得离开家乡和父母，所以没有去。哎！早知道这样，当时我应该跟着红军走！

红军在锅厂写了很多标语口号，现在丰国明家房子后墙上还有当年

红军写的标语①。我不识字，你们去看就知道了。（伍朝宁采写）

选自中共紫云苗族布依族自治县委员会党史资料征集办公室编印:《红军长征在紫云》, 1985年3月, 第54—56页。

① 当年红军留下的标语如下:
工农同红军联合起来，打倒军阀刘湘、王家烈！
官兵平等，反对白军官长打骂！
不当挨倒（骂）挨打的白军，大家当红军去！
当兵是工农出身，工农不打工农的红军！
红军是帮助干人的军队，当红军去！
白军兄弟不替剥削打骂你们的军阀修堡垒打仗！
要发欠饷，打倒克扣士兵军饷的白军长官！
军用品要公家发，反对白军长官扣士兵的钱！
优待敌军俘虏，不替白军打仗，当红军去！
红军欢迎白军弟兄拖枪过来当红军！
白军弟兄帮助干人打绅粮、分田地、不当白军当红军！
白军弟兄多拿土豪的东西，不拿工农的东西！
不替卖国贼打仗，当红军打日本去！

红军决七宣

布依山寨红军情

罗士才

我们坝昂，是一个偏僻的布依山寨。这里交通闭塞，全寨十来户人家，除了老实巴交地种庄稼，很少出去赶场，山外发生的事情也很少传来。1935年春，中央红军长征路过这里，我们事先一点消息也不知道。

一天下午，男人们正忙于耕田犁地，孩子们在山包上放牧，妇女们在家纺纱织布。忽然，后山传来骡马的嘶叫声，接着，只见一长列队伍沿着崎岖小路往寨里走来。长期遭受反动派欺压凌辱的山村群众，吓得扶老携幼逃进山里。猪羊牛马到处窜，家什锅碗没收拾，全寨一片混乱。当天晚上，寨里寨外住满了军队。

自古以来，兵匪走到哪里就糟蹋到哪里。躲在山里的乡亲们异常焦急，估量这次来这样多军队，肯定是全寨洗劫一空，大难临头了。不少人为此而伤心痛哭。

第二天早晨，军队走了，大家从山上赶回寨子。出乎意料的是，跑散的牲口全部关进了圈，地上打扫得干干净净，屋里的东西收拾得整整齐齐，根本不像大部队住过的样子，不禁转忧为喜，解除了一场虚惊。有的人家发现囤箩里谷子少了，缸里的大米少了，但里面都留下银元或铜板，装甜酒的坛子上也放有铜钱。这究竟是一支什么军队，不烧不抢，吃了东西还要开钱，莫非是“菩萨军”真的来了？

正当大家议论纷纷的时候，罗小福忽然听到放在他家院坝里的一只空囤箩内有人呻吟，很觉诧异，就跑来找我和罗小元，我们三个人壮着胆子去看，发现里面躺着一个十七八岁的伤兵。大家把他抬进屋里，一问才知道昨夜住在寨里的部队叫红军，是穷苦人的队伍。这个红军伤员名叫陈少华，江西人，是在羊场遭敌机轰炸。右脚掌负伤，不能行动，才留下来的。

红军的所作所为，使全寨老幼感动不已。对这位为穷人打天下而光荣负伤的红军，尤其关心和同情。大家商量决定把少华藏下来养伤。寨里的罗韦氏没儿没女，孤身一人，她愿意收留陈少华。为了保证红军伤员的安全，以防不测，罗韦氏对外人说少华是她的亲生儿子。乡亲们认为这个办法好，都很赞成。

陈少华住在罗家，得到罗韦氏的精心照料。寨里的乡亲们替小陈找来草药，包扎伤口，把家中省下来的细粮肉蛋给小陈送去。就这样经过一段时间的调养，陈少华已能下床走路，便急于要去找部队。父老们想为他筹集点路费，但在那万恶的旧社会，盐巴都吃不起，哪来的钱呢？带粮食上路吗，一个刚养好伤的人怎经受得起？再说部队也走远了，一个人东奔西闯，免不了又被国民党抓去……大家翻来覆去思量，最后还是决定把陈少华留在寨里，认罗韦氏为娘，改名“罗老成”。从此，陈少华成了这个布依山寨的一员。

世上没有不透风的墙。不久，当地伪保长得知“罗老成”是红军伤员，如获至宝，要将陈少华抓去报功领赏。几次前来抓人，因有乡亲们千方百计掩护，才免遭危难。

为了让陈少华有个长久安身之计，寨老们猛然想起，这里距离大地主小罗山的地盘很近，觉得一笔难写两个“罗”字，就让陈少华化名“罗小成”，期望“小罗山”讲点义气，看在同一姓氏的面上，把陈少华收留下来，但是，“天下乌鸦一般黑”。当我和罗文富满怀希望去四大寨求见小罗山时，谁知这个杀人不眨眼的土司，心狠手辣，竟要以 30 块大洋为交易，将陈少华拿去卖壮丁，从中赚钱。我们听了非常气愤，总认为陈少华虽是远方人，但住在寨上，就好比我们的亲骨肉，保卫红军的安全，是我们全寨人的责任，决不能把陈少华往虎口里送。

事后，寨老们又聚集一起，商议给陈少华成个家，以为这样一来就免得有人再来抓他了。于是，大家东借西凑，备办了一点粮食和彩礼，娶了坝王寨一个姓王的布依族姑娘为妻。谁知，婚后不久的一天，小陈上山砍柴，刚走到花垄时，黄家坝一个姓韦的伪保长，带着七八个保丁，一拥而上，将小陈抓住。寨里的人听到喊声，知道出了事，12 个年轻力壮的汉子，有的扛火药枪，有的拿柴刀、镰刀，迅速赶到现场。双方刀枪持立，严阵以待。罗文富老人见陈少华已被保丁抓获，心想硬抢是不行了。他灵机一动，便同旁边的人耳语一阵，然后高声对伪保长喊道："大家都是乡里乡亲的，用不着动武。你们过来一个人，讲好条件，我们一定把人送去。"伪保长听了，自以为枪多势大，谅对方不敢不给人，留个面子也好，就吩咐保丁韦老爱过来谈判。正当韦老爱大摇大摆地走近时，我们几个人立即将他抓住，几把亮晃晃的柴刀架在他的脖子上。接着对伪保长发出警告："如果不放陈少华，就把韦老爱杀了！"保丁们被这突然行动弄得慌了手脚。陈少华乘势挣脱右手，抽出柴刀朝身边一个保丁砍去。"当啷"一声，保丁手腕上的三只手圈被砍断了两只，吓得心惊肉跳，手一松，陈少华逃走了。

陈少华在坝昂得到乡亲们的百般照护，终于熬到了解放。此时他已学会了满口的布依话，生有两男一女。1953 年，江西老家来人接他回去。陈少华一家人恋恋不舍，含着热泪告别了他生活了近 20 年的坝昂山寨。直到现在，乡亲们仍在怀念着陈少华一家。（罗兴益记录整理）

选自中共紫云苗族布依族自治县委员会党史资料征集办公室编印：《红军长征在紫云》，1985年3月，第64—67页。

巧打鸡冠山

韦长仁

在我们布依族地区，到处都流传着红军长征时的英雄故事。

25 年前，红军长征路过我们贞丰县布依族地区时，我才七岁。许多的英雄事迹现在都记不清了。但他们遗留下来的四个大铜板（川币）和写在我叔叔家墙壁上的“打富救贫”四个斗大的字，还常常使我想起当时的情景和他们的英雄事迹。而每当想起这些事迹时，我浑身就充满了力量。

那是在 1933 年 3 月①，有一天，一个消息传遍了贞丰县和我们鱼岩寨：“红军来了！”塞子里的大财主、大地主，都像受了惊的兔子一样，急急忙忙地逃进了山洞；有些不知道红军的老百姓也跟着东藏西躲。忽然一阵锣鼓声后，一个红军高声喊道：“老乡们！不要怕，我们是打富救贫的红军，快回来吧！”许多老百姓一听是“红军”，就相继返回村来，围住红军，问长问短。那时，妈妈带我从山上回家，八个红军也跟着到我家来了。一个高大的红军战士，在我家坐下来就问：“大娘，你这孩子几岁啦？”妈妈答：“七岁。”他抱住我又用嘴亲着我。走在灶边的一个同志问妈妈：“大娘，你忙吗？我帮你烧水。”另一个同志说：“我帮你挑水。”说着：他们没坐一坐就帮我们家做起活来了，就像是我们

① 红一方面军过贞丰的时间为1935年4月。

家里的人一样。

他们为了拯救全国人民，艰苦地越过万水千山，冰天雪地路过我家，但只在我家吃了两顿饭，住了几个小时，第二天早晨天上还挂着星星，就出发了。这天，天空上敌人的飞机像乌鸦一样，地上的冰霜也结成了一团一团的。但这些困难却挡不住红军革命的意志。他们迎着刺骨的北风，头上戴着树叶，一排排地从村里走过去了。

听说，在他们过去的第三天的傍晚，有八个留在后面的红军战士，来到了鸡冠山下，准备从这里通过。

这座鸡冠山，在我们寨子的西面。山峰很像鸡冠子，两边是几十丈高的悬崖峭壁，下面是一条大河。山上道路崎岖，荆棘丛生；靠近山顶有道石门，当地人却把它称为“阎王门”，这是因为山上有一座古庙，古庙里盘踞着一股土匪，常常下来抢东西、杀人。因此人们又流传这样几句话：“鸡冠山顶阎王关，人人听见心胆寒，要是进了鸡冠岭，身归大河头堆山。”路过这里的人都是绕道而行。

刚来到这里的八个红军战士，对山上的路不熟悉，土匪人数和一切情况也摸不清楚，正在犹豫的时候，恰巧遇见了正在河边打鱼的布依族黄泽香老汉。黄老汉刚看见他们还有些害怕，当这八个红军告诉他是红军时，黄老汉才放心地说：“咦！红军不是前天过去了吗！”

“对，大部分红军都过去了，我们有事留在后面，现在才走。”一个红军说着，用手指着鸡冠山问：“这山可以过去吗！”

老汉吃惊地赶忙把手一扬，放低了声音说：“小声点，山上有土匪，不能过呀！得绕左面山上过去。”

“绕多少时间！”

“得半天。”

“山上土匪有多少？有枪吗？”

“有 100 多人，有步枪 20 来支，其余都是土枪和大刀。”

“你到山上去过吗？”

老汉沉吟了一下，说："我 12 岁给地主到山上砍过柴。山上虽有些小路，但是因为土匪把石门关上后，别的地主就是猴子也难爬上去！"

这时，一个红军战士，担心黄老汉冷，脱下一件半新的青棉衣，对老汉说："大叔，你年岁大了，穿上这件棉衣。"黄老汉接过来，感动得不知说什么好。

八个红军战士商量了一下，对老汉说："大叔，我们决定要这个祸根给你们拔掉，以免他们再来抢杀老百姓。"

这些话打动了黄老汉的心，他感动得落下了眼泪，于是果断地说："这样吧，虽然我现在老了，可是我还能去，我带你们去吧！"

同志们一见黄老汉肯帮忙带路，非常高兴。于是，就在黄老汉引导下，从悬崖的背后向上爬。他们爬过一块块难以立足的岩石，又通过一段段没人走过的荆棘，在天黑下来时，终于登上了鸡冠峰。

依险据守的土匪前几天就听说红军来了，他们胆战心惊地把石门紧关起来，以为只要把石门关好就可以万事大吉了。因此，天一黑，他们就像猪似的睡觉了。哪想到这八个红军战士，在黄老汉的带领下现在已来到他们的关下。

在峰上，八个红军根据土匪巢穴的环境，决定三个同志绕过石门从庙的槽门摸进去，另外五个同志和老汉埋伏在庙前的要道上，准备来个内外夹攻。三个同志摸到槽门门后，悄悄地搞掉了土匪的哨兵，顺利地插进了庙内。枪声一响，土匪一个个从梦中惊醒，乱喊乱叫地从古庙里窜出来。"戛——"埋伏在庙前的同志开枪了，有几个土匪被打倒在地上，其他土匪都吓懵了，争先恐后地往庙里躲。这时插进庙里的三个同志又一阵猛打。土匪们在内外夹击下，完全乱了，结果不到半个小时就胜利地解决了战斗，全歼了土匪。从此，英勇的红军就把危害人民多年的祸根拔掉了，山脚下又长起了茁壮的庄稼。

从那时到现在已经 20 多年了，在这年月里，红军英雄的事迹，时时都鼓舞着我们斗争的决心。今年春天当我领导群众兴修水利的时候，遇到过许多高山大岭和一些人冷言冷语的阻碍，但当我们大家一回忆起红军巧打鸡冠山的故事时，许多困难就被我们一一克服了。大家在修九子山水库时，很多青年这样唱道：

红军巧打鸡冠山，
我们踏平九子岭；
要学红军英雄汉，
高山会变米粮川。

选自《民族团结》1959年1月，第28—29页。

回忆红军长征路过贞丰的几件事

马良辅

1935 年农历三月，长征中的中国工农红军第一方面军在党中央的直接领导下经过贞丰。那时我才 16 岁,对红军在贞丰的活动多有见闻，并亲自同红军接触，受到红军的影响。现经过回忆，记下几件主要的事情。

给红军带路

1935 年农历三月的一天（据群众回忆是农历三月十七日，公历 4 月 18 日）,我同一个名叫桂福林的回族青年,在者相赶场后步行川县城。那几天风声很紧，纷纷传说红军快打过来了。贞丰的大地主谭岂龙、赵二躭(作斋),已带着家眷和细软逃往昆明。伪县府的官吏们,群情惶惶。赶场的人们也都在紧张地谈论红军要来的事。当我同桂福林走到大碑，在水沟边歇息喝水时，由顶江方向走过来身背大枪的几十个人。惊疑之余，我正凝神张望，一回头不见了桂福林——他已经跑了。我也准备向鹅田方向跑。这时有三个背枪的已来到马路坎脚，向我连喊数声，因我听不懂他们的话，没答应。他们又喊："老乡！狗场往哪个方向走？"我抬头望见他帽子上鲜艳的红五角星。这下我明白了，他们就是红军！

刚才喊我是问路。于是我稳下心来，便指着炎山方向说："由那匹山翻过去。"红军要我带一段路，以免走岔了。待后面那几十个红军都到齐后，我带着他们朝炎山过纳妹到狗场去。

趁等红军到齐的空隙，我注意观察一下，先喊话的那个红军，中等身材，30来岁，穿灰军装，戴红五角星帽，手提一支驳壳枪。他边走边和我摆谈。他的话我多数听不懂，只听清："……我们是红军……为干人……打白军。"他又问我姓什么，家里有几口人，靠什么过活等话。我回答他说："家里有奶、妈和我三个人。奶卖荞凉粉，妈帮杨和尚（女）织布，我赶转转场做小生意。"我心想，这位红军一定是个当官的，有文化，讲话有条有理，对人又这样客气，我很敬佩他，可惜我不完全听得懂他的话。

当我们走到纳牛树林时，那红军命令部队休息一会儿。站在这里，狗场已看得清清楚楚。突然他们说马路上有人，但我怎么也看不见人的踪影，可见他们经验之丰富，警惕性之高。这时田坎上有一个人在割草。这个人看去好像并不知道我们这几十个人就在这树林里似的。那位红军指挥官让我去叫他过来。割草人见状惊慌起来，我对他说："不要怕，他们是红军，是好人，他们有话问你。"这样他稳下心来，不打算跑了。原来他是纳妹的黑苗，30来岁。红军请他带路到龙场，割草人开始有些顾虑，说他家有60多岁的老父母，只有他一个独儿。红军笑着向他耐心地作了一些解释，大意是让他放心，不是要他跟红军走，仅是请他带路去龙场，到龙场后他就可以回家。割草人见红军和颜悦色，疑虑顿时冰消，乐意带路，并告诉红军狗场有国民党军队，还有民团驻扎。那位红军对我们说："不过狗场寨子，由侧面的山爬过去。"

我们出树林下坡，过了河沟又爬坡。刚到半山，山顶上响起了枪声。那位指挥官果断地下令卧倒。我有些惊慌，正不知所措，指挥官将我按倒，子弹从我们身边飞过，真险！我内心对他充满了感激和敬意。"妈的，老九子！"红军指挥官怒骂着。只见他手枪向后一招："冲！"立刻有四五个红军端着冲锋枪往上运动，很快枪声响成一片。不久，枪声渐渐稀少。指挥官说："白军逃跑了，快上！"奇怪，我们连白军的影子都没看到，他就知道白军逃跑了。上得山去，才看见腊山田坝和马路上，国民党兵狼奔豕突，四处逃跑，溃不成军。红军追击一阵，回到马路上休息。这时发现白军在鼠场坝寨子里煮好两大甑饭和一锅牛皮菜，白军连饭都没顾得上吃就被打垮了。

当时抓到两个俘虏：一个军官，脚上受了伤，他自称姓张，是个排长。另一个当兵的姓林，没有枪，两个都是贞丰人。

这时那位红军指挥官对我说："谢谢你，回家去吧！"他指着那位黑苗农民说："由他带路就行了。"接着，他又指着弯丘方向对我说："你从左边去好些。"于是，我由戈然下来，走到蜘蛛井，才看见在我右下方的左旗、阴滩路上，大队红军络绎而来，他们头戴树圈，马驮子上也插有树枝做的伪装。我走近县城大西门，只见城门开一扇关一扇，有许多大石头堆在关着的门后，可能是国民党的防御工事。城楼上没有人，街上也不见红军。进得城来，只见赵二躭的儿子赵小和开的绸缎铺紧关着，窗门板上用粉笔写着："查赵二峰之财产，收归人民所有。政治部主任李富春。"当时我想，贞丰大地主只有赵二躭，没有赵二峰，红军是外省人，可能把本地口音听别了，写成赵二峰。

第二天，街上的红军就多了，有许多女红军满街写标语，许多男红军在召集群众开会，他们讲演，宣传红军的宗旨，抗日的道理，群众不时发出热烈的掌声，气氛很活跃。红军把地主的财物分给穷人，分得东西的人，笑逐颜开。记得写的标语是：二街朱家墙上写着"打倒日本帝国主义！"谭家墙上写着"白军弟兄快来投诚！"小西门石碑上写着"只有苏维埃才能救中国！"分果实的地方有田坝街分盐巴，城里场坝上罗家天井分衣物和其他东西。红军有无线电，在场坝上罗家发报。红军在贞丰城里仅住了三天就往兴仁方向开走了，但他们全心全意为人民的言语行动，给穷人留下了难忘的印象。

后来我才知道，在狗场和红军打仗的国民党军队，是贵州军阀犹国才的第二十五军第二师（师长吴剑平，解放后任贵州省民政厅副厅长）第六团（团长常和生）所属的九子枪连。我才明白当时红军指挥官在战斗开始按我卧倒时骂“老九子”这话的含义。负伤被俘的那个敌军官，是这个九子枪连的一排长。他事后对人说：“被俘当天，红军给我五块大洋，叫我回家养伤。”他对红军宽大为怀，饶了他的命，万分感动，常常称道红军。

犹国才部原驻兴仁专区，红军初进贵州时，其第二师的五、七两团开往遵义，妄图堵截红军，被红军消灭了。六团驻守盘县，因红军兵临贵阳，为保老蒋在贵阳的安全，调往贵阳防堵红军。去至关岭，红军已由江龙、下募役神速地往黔西南挺进。常和生团又奉调转头回贞丰堵截。常和生深知红军勇猛，早已谈虎色变，加之五、七两团被歼的前车之鉴，不敢贸然倾团而回，故派九子枪连应付差事。该连到贞丰后，先在白岩关驻扎,后来又缩回贞丰城,不敢阻挡红军。红军渡过白层河后，他们又退到狗场。这样一退再退，终于在狗场退避不及，尝到了红军铁拳的滋味。当时驻在狗场的还有安龙县民团一部，负责人是姚甘仁。他们闻风而逃，待红军到达狗场的那天早上，巴经窜往北乡去了，故未受到红军打击。

红军钟

我给红军带路后回到家已近晚饭时分了。家里除了奶奶外还有一个陌生的年轻小伙子。我奶说，我妈下乡去了。我打量那陌生人，见他 20 岁左右，身个不高也不矮，胖胖的脸蛋，头发很长，青布上装，灰布下装，脚穿线耳草鞋，正坐在我家仅有的一张小条桌上低着头用一小块布蘸水擦洗脚上的水泡。身旁靠着一支步枪，条桌上还放有一串子弹带和一床旧灰毯捆成的包袱（背包）。我进屋时他没同我讲话，好像没看见我似的。我猜他是红军，但又诧异他怎么一个人住到我家呢！我奶在热饭，我走进灶房问她，奶说："是他们的'粮子'（老百姓对当兵的称呼，这里指队伍）扎在铙大太爷家，那里住不下，他就住在我们家。贾裁缝家还扎得有两个，和贾长贵（贾裁缝的独儿，18 岁）好得很。"我说："奶，他在擦脚，你不将就火烧点水给他洗？"奶说："人家年纪轻轻的，离乡别境出来吃粮当兵，好可怜！走路把脚都打起泡泡了，我拿盐巴和水叫他擦的。"当时，我们盘江八属盐巴挺金贵，老百姓常说"斗米斤盐"，很多农村吃盐叫"象盐"，用线把盐捆住，往菜里、辣子里放一下，立马拉起来。奶是个极富有同情心的老人，舍得用盐巴给红军擦脚。

吃饭时，奶叫我去招呼红军来吃。那位红军这时才抬起头来看着我说："莫卡。"我说："不要客气，出门人那点碰到那点吃。"他又说："莫个子卡，有条面。"奶听不懂，问我。我向她解释说："红军讲咋个都不吃，他有麦炒面。"贞丰过去来过不少做生意、做手艺的湖南人，我听惯了他们的湖南方言，这红军是湖南人，所以我听得懂他的话。奶明白后说："牯头！慢点拈咸菜给他吃。"

那红军吃饭时，我看他吃的不是麦炒面，而是冷苞谷饭。我奶说好说歹，才说服他热好饭，又拈咸菜给他下饭。到了晚上，又烧热水给他烫脚，然后安排他与我同床睡觉。怎么说他也不肯，反复说："谢谢！"最后，自己抬那张小条桌抵在竹篱笆上，盖着灰毛毯休息了。

就这样，红军在我家住了两夜，第三天与部队一起出发了。临走时那红军给我奶奶一个银元作为报酬，奶说什么也不肯收，红军无法，沉默片刻，放下包袱，取出一架座钟，双手捧着送给奶奶说："请收下做个纪念吧！"奶奶只得叫我接过来珍藏好，并连声地说："谢谢红军！谢谢红军！"红军战士很激动，涨红着脸连说："莫！……莫！"满脸笑容，招手而别。

这架钟我一直保存到解放后，1981 年庆祝贞丰布依族苗族自治县成立 15 周年时，文化馆曾借去作为革命历史文物展出过，以后又在县人代会上展出过。1982 年黔西南布依族苗族自治州成立时，举行庆祝活动，也把这钟作为革命历史文物展出。

掩护红军伤员

红军离开贞丰后的第二天，晚饭时分，我看见几个孩子在八字朝门里围着一个坐在石凳上身穿青布衣的高个青年。（这八字朝门是文庙的大门。）只见他啥东西也没有，低着头不说话。围观的娃娃们也是默默地望着他。我仔细一看，他左脚拐上有一条旧纱布缠着，淡血水浸透纱布在脚后跟留下迹印，穿一双旧布鞋，面黄肌瘦，一见就知道他是几天前受了伤的人。我问一个叫梁三毛的孩子："他是哪样人？"梁说："不懂他的话。"我经过仔细观察他的神态，认真思考后，断定他是负伤掉队的红军战士。于是，我急忙转身跑回家告诉了奶奶，奶奶尾随我去文庙看。她走到他面前轻声问他是不是红军，那人点了点头。我奶奶又问他吃了饭没有，他抬起头打量奶奶后，摇摇头。我奶奶是卖荞凉粉的，凉粉没卖完，回家去切了一大碗，让我送去给那个红军伤员吃。又叮嘱我说："送给人家就回来，等吃完了再去拿碗。"我奶奶虽是个上了年纪的人，但做事仍很细心。

到了晚上二炮（约 10 点钟）时分，我征求奶奶的意见说："去把他拉在我们家来住好不好？"奶奶默许后，趁街上无人，我们奶孙俩就把那个红军伤员扶到家中，接着烧水给他洗脚，摆饭给他吃，安排他住在奶奶的床上。住下后，他说他名叫吴树松，江西人，参加红军在"卡帽兵团"。他说的很多江西话我都听不懂，唯有这"卡帽兵团"在我脑子里印象很深，但我弄不清它是个什么部队。直到解放后，我问一个籍贯福建的流散红军，才知道是中央警卫团。因为这个团全戴钢帽，人称“钢帽兵团”，江西口音不清，我听成“卡帽兵团”了。

这段时间，伤员的起居生活、大小便、治疗都离不开人，每天做好饭就送到床前给他吃，大小便由我收拾。奶奶把石榴树的叶子舂绒后，给他敷在伤口上，坚持每天换一次，经过20天左右的细心治疗，伤员渐渐可以自己杵着拐棍慢慢行走了。大家心里都有说不出的高兴。

随着伤势日渐好转，伤员的心情也愈见畅快。常同我奶奶摆家常。我们也常常安慰他，劝他安心养伤。他同我们讲过许多打白军、斗土豪的战斗故事。当时，街坊青年贾长贵、梁长毛等常来我家玩，他们都知道我家住着红军伤员，我们也不隐瞒他们。因为他们都是些小贩、手艺人，不会去官府告密的。久而久之，他们和伤员混熟了，夜里常来听他讲故事，一听几个钟头，不觉困倦，听得津津有味。端午节还送粽子给他吃。

转眼端午节过去了，吴树松说可以走动了，他执意要去找红军，我们都不同意他去，贾长贵、梁长毛等几个青年也一再挽留，要他等伤好完了再走。但他归心似箭，留也留不住，几天后终于要走了。我们考虑他一路没有点盘费怎么行呢，我就找隔壁两邻的穷街坊想办法，请大家凑点钱。记得裁缝贾云臣送小洋一个（每个小洋值五毛），木匠李子华送小洋一个，许银匠送小洋一个，罗篾匠送小洋一个，陈奶送两毛钱，我妈杨世云送小洋一个，梁长毛的爹梁老扳送小洋一个，杨奶（砖匠的老伴）送三毛钱……这些钱吴树松不肯收，大家苦苦相劝，他才收下了。临走的前一晚，他每家都去感谢，与老乡们话别。第二天一早（具体日期记不准），他便往兴仁方向走了。临走时拉着我奶奶的手叫声：“老奶奶！”便泣不成声，又哽咽着向我和我妈道谢。我送给吴大哥一根竹棍杵路，我们俩牵着竹棍也是泣涕连连。凑路费的街坊都来送行，大家依依不舍。最后他指着兴仁方向说：“我往这个方向去找红军队伍，以后我一定写信给你们！”

人们一定会问：红军伤员在我家住了50来天怎么未被官府发觉?这有几个原因:一是我家住旧城的边上,就在城脚下,当时又没有北门,很少有人到这里来；二是我们注意保密，就是贾、梁二青年，吴树松也常叮嘱他们不要在外面讲，二人也守口如瓶；三是周围几家人都是穷苦百姓，红军来时都分得地主、商贾的粮食、盐巴、衣物，知道红军是为穷人打天下的，对红军的行为十分敬佩，对红军伤员非常同情，加上邻里间相处又和睦，无人告密；四是城内大地主外逃未归，官府尚处于惊惶未定状态。因此，吴树松得以在我家安居50来天未被发觉。

1983年7月1日

选自中国人民政治协商会议贞丰县委员会文史资料编委会编:《贞丰文史资料选辑》第3辑,1984年,第58—66页。

珍贵的文物　深切的回忆

王学恩[1]　罗正凡[2]

王学恩：

1935年农历三月十五日，红军路过我们白腊寨子背后，来的人很多，有的在树荫下休息，有的进寨子里烧水喝，他们对人态度很好。寨子里很多人都来给他们烧开水，我也来帮忙。他们喝足了水，休息够了，就离开寨子赶路。我送他们出寨子的时候，他们问我愿意跟他们去不，我说不去。他们又说："你不愿跟我们去，给我们带一段路可以不？"我就答应他们："带路我可以。"于是他们从挎包里拿出六张债券递给我，并说："以后你可拿去兑钱。"我收下后，和他们边摆谈边走。他们问我的事，凡我知道的都讲。去到王家屯下面的时候，他们又问我："你知道韦杵不知道？"我说："我不认识，只晓得他是安龙县北乡的人。"他们又说："请你帮送一封信给他，你能办到不？"我说："办得到。"他们听了以后，就马上停下来坐在路边，用毛笔写了一封信，盖章，封好后，就拿递给我。随着又给了12个银毫叫我拿做路费。并再三嘱咐我：路上不要把信丢落，不乱交给别人。他们吩咐完后，我庄重地点点头，表示都记住了。我正要转身往回走，他们又递一把二尺多长的剑给我，叫我拿来护身用。这样，我们就依依不舍地分了手。

---

① 王学恩，布依族，贞丰白腊寨群众。

② 罗正凡，贞丰白腊寨群众。

我回家十多天以后，路上已经平静了，我估计不会出什么岔子了，就把信带到北乡去。我在那里打听，人们都说：韦杵已经离开家乡上云南去了。后来我听人说，韦杵名叫韦降魔，是蔡廷锴部队的一个师长，听说是被蒋介石打垮回家来的。我找不到韦杵本人，这样我就把信带回来。后来，我一直把那封信、12 个银毫，债券和剑一起锁在柜子里妥善保存。那封信，“文化大革命”前，水利组的梁生隆和戈然大队支书罗正凡二人到我家里玩，我们拿出来拆开看过，落款是：中国工农红军总司令朱德。内容是说红军主张抗日，其他记不得了。不料，到 1970 年 3 月份的时候，大队的造反派头头李文章和学校负责人张家齐二人领了一伙人突然闯进屋来搜查，翻箱倒柜，把全部东西都收去了。当时我在本子里只翻得两张债券，立马就把它装进眼镜盒里，揣在身上，才没有被搜去。我把这两张债券保存到现在，时间已经 40 多年了，所以上面的字有的不大看得清楚了。（王荣胜记录）

1982 年 3 月 27 日

罗正凡：

“文化大革命”前，我到王学恩家去玩。看到当年红军送他的毫子确实是 12 个，债券六张，还有一把剑，非常好。我问他要，他不给。我对他说：“你这样困难，这些毫子干脆拿去换钱就算啰。”他说：“我要留作纪念。”

红军给他送的那封信，我们拆开看，有朱总司令的名字。信的内容说，蒋介石靠不住，你已吃了不少的亏。红军主张团结一致抗日。还说，以后你是会理解过来的，等等。详细内容记不清了。

原编者按：1982 年 3 月，贞丰县文化馆在征集历史文物中，白腊公社布依族社员王学恩老人献出了珍藏 47 年的“中华苏维埃共和国革命战争公债券”两张。这是我县十分珍贵的革命历史文物之一。债券长123毫米，宽70毫米，面值五角，1932年发行，于1933年6月1日还本付息。债券中央盖有“中华苏维埃共和国中央人民政府财政人民委员部印和财政人民委员邓子恢印”。债券的发行和遗存使我们深知：中国共产党在极其艰苦的革命战争中，表现了对革命斗争必将取得胜利具有坚定信心；在经济条件极为艰难的情况下，充分调动一切资源支持革命的奋斗精神。这对我们当前为建设现代化社会主义强国而进行的“新长征”具有十分深刻的教育意义。同时通过革命文物，还说明当年红军与群众亲密无间的关系，以及我党的广泛的革命统一战线的光荣传统。所有这些，都是我们应当继承和发扬光大的。

选自中国人民政治协商会议贵州省贞丰县委员会文史资料编委会编:《贞丰文史资料选辑》第3辑，1984年，第75—77页。

布依老人话红军

黄卢氏①

民国二十四年农历三月的一天，红军长征路过我们板乐，有个班长带着十多个战士到我家来，宣传红军的主张和政策，还问我们布依人受压迫的情况，说话轻言细语，态度好得很。我就赶忙拉柴烧火，边烧开水边做饭，撮了三升大米倒在锅里。那歇我二娘和我家住，已经60多岁了，身体不大好，不会讲汉话；更见不得生人，何况是背枪的兵，她躲在房间里，连气都不敢多喘。

我进去和她逗耳朵劲说："吗若，些文哩，密捞"（布依族语。出来，是好人，不怕）她就出来坐在灶边帮忙我传柴烧火。我一边和红军讲话，一边在想拿哪样做菜招待的好。

米在锅里煮得半熟了，我起身准备去抬甑子蒸，红军班长却劝我说："大娘，我们还要忙着赶路，就让它在锅里焖吧！"

我一边和红军讲话，一边伸手去抓把包谷籽撒在地上哄鸡来吃，我提了两只又大又肥的鸡，红军看到后急忙上前劝阻。

"大娘呀！留下生蛋吧，我们随便吃点行了"。

"你们坐吧，我们布依族有个规矩叫'客听主安排'。"红军见我已把鸡杀死，他们只好七脚八手来帮我的忙。

① 黄卢氏，女，布依族，采访时79岁，板乐群众。

吃了饭后，每个红军都各拿出八个铜元硬塞给我和二娘，有个红军又拿一把雨伞给我，班长还拿一件黄呢军大衣，披在我二娘身上:“大娘，您老人身体不好，留着冷来得穿。”说着起身就走了。我和二娘感动得泪流满脸，不知说什么好，眼泪都淌出来了。

红军走过的第二年，我二娘因病临终时，还叮嘱我们：一定要保存好红军送的礼物，留给子孙后代。我遵循老人的遗愿，一直把这些礼物作为珍宝收藏着，平时都不拿用，只是逢年过节才拿出来看看。

我们板乐和附近好多寨子受到红军革命思想的影响，忍受不了反动政府欺压的布依人，就在 1943 年发生了农民暴动。我丈夫黄福素为首组织和参加大伙枪杀了伪联保主任左宪章和雷永光等反动头目。后来，保四团、保六团反扑六马对革命力量进行血腥镇压，农民暴动失败了。要抓我丈夫，我将红军送给的礼物随身背起，外逃避难，一直到保六团把我丈夫黄福素捉到镇宁杀害后，兵匪撤出六马我才敢回板乐，不幸于 1952 年火烧房子时，这些一直保存在我身边 17 年的红军礼物全部被烧掉了。我哭了几天几夜，哭得比我丈夫黄福素被杀害时还要伤心！（张文礼记录整理执笔）

选自中共贵州省镇宁布依族苗族自治县委党史资料征集办公室编:《革命的种子——红军长征过镇宁》，1983年10月，第29—30页。

茶叶红糖寄深情

王三公

我特别喜欢喝红糖茶水，又浓又酽，又香又甜，越喝越有味，这不仅是这种饮料特殊，而是这里面有着一个我们难忘的故事。

那是1935年的春天，中国工农红军第一方面军第一军团从我们六马的岜怀山区路过，那歇我才有30来岁。因为家里穷，连老婆都没有接得，我们纳孝是镇宁布依族苗族自治县岜怀公社的一个山寨，与望谟、贞丰交界，山好水好土地好，可是由于地主老财的压迫剥削，国民党的烧杀掳掠，十有九家日子难过。就拿我家来说吧，每年都要由我过河到贞丰去给人家帮工卖气，才换得牛来打田栽秧。红军路过那年，记得那天下午，我从纳容那面换气吆得一头大水牛来犁田，才蹚过岜怀河，还不得进寨子，就听到了几声"嘟嘟"的洋号声，声音越来越近。我把牛拴在河边的斑竹林里，用手轻轻扒开竹叶往岜怀方向看去，只见一彪人马，雄赳赳，气昂昂的从岜便那条路往寨子里奔来。

"糟了！"我心里吓得咚咚地跳，怕是刮民党的兵又"扫寨"来了。

记得我十岁那年，也是春天，刮民党的一队人马开到我们寨子里来，杀猪牵牛抢红糖，掳得全寨子光溜溜的。还拉人去捆绑吊打，任意侮辱年轻妇女，不服的就一枪敲掉。那些衣冠禽兽走的时候，一把火将寨子烧光，一寨连一寨地抢，一寨连一寨地烧，还说这是"高坡上头点灯笼"，真把我们少数民族不当人看待，拿作他们砧板上的肉任意宰割，我家就是从那一年起，一跌爬不起来的。红军路过那年，我父母当时都是50老几的人了，才将将撑起个家，准备那年卖力种好庄稼，搞点积蓄，好给我接个媳妇。我过了大年初三就出门帮工，好容易才换得这条牛来犁几天田。不想运气这样丑，又碰上“灾星”了。

我看人越来越多，越走越近。心里急得像热锅上的蚂蚁。我想，我就是被他们抓去打一顿不要紧，若是把人家这条水牛抢走了，那可叫我一辈子也还不清个这债啊。偏偏在这个时候，那条牛看着人多，也给吓怕了，一惊一跳，扳脱了“抱耳”，就往人群里冲去，我急得毛毛汗淌，拿起弯刀，从竹林里跳出来，去追赶那牛，心一横：“牛就是命，命就是牛”，随便了。

水牛一蹶一跳得越跑越快，我撒开了步子拼命地追。牛见了生人又蹦又跳，一会儿冲进沟里，一会儿冲到坡上，像要打架一样，庄稼人都晓得，犟牛是难捉的。这时只见两个年轻的“兵”，像两只“箭”，“飕”地冲出队伍，三脚两步跑上去拉住了水牛，随手用绳子穿了牛鼻子，将牛乖乖地牵下陡坡来。我一看，心冷了半截。“这牛去定了”，我用手摸了摸身后的弯刀，想上前去夺过来，要不就拼个你死我活。就在这时，一个腰别小枪的“官”笑嘻嘻地走过来，对我说：“老乡，不用怕，你的牛我叫两个战士给你牵过来了，你牵回去打田吧！”

“你们不要我的牛？”

“别说牛，老百姓的一针一线我们都不要！”

“你们是……”

“老乡，我们是中国工农红军，是穷苦人的队伍，是专打国民党反动派和日本帝国主义的！”

我听了，虽说不敢怎样相信，可看他们一个二个笑眯眯的样子，心里紧张的弦一时松和了许多。

我把牛牵进寨来，一看家家的门都上了锁，全给吓跑了。跟我进寨的这位“官”和帮我逮牛的两个战士，问我是怎么回事。

我说："长官！你们不晓得，刮民党把我们老百姓整苦了，大家都怕。"

高点的战士说："别喊长官，他是我们先遣团的王团长。"

"喊我老王吧。"王团长笑看着我说："老乡，你贵姓？"

我用半明不明的汉话夹布依话说:"孤（我）叫老三,仲（姓）王。"

"啊，姓王，叫老三。我们还是本家呢，哈哈！"后来王团长问我的家事和寨子的情况，我都一一给他讲了。王团长又给我讲了他们长征的任务和要我帮忙的事情，我也慢慢地领会了。经过商议，王团长决定叫队伍统统住在寨旁的荒坡上，大家挂起帐篷来，只要给他们买点柴米就行了。他们这样简单的要求，我心里过意不去，但大家还没回来，我一个人也不好拿主意，我对王团长说："你们就在我家里坐倒喝点凉糖水，害羞得很，我们这个地方，不出产茶叶，只有红糖，茶也不得一杯给你们喝，等我上山把人喊来再说。"

王团长点点头说："老三，你去吧，叫大家不要怕，都回家来。我们帮你看家。"

我一口气跑到离寨子三里多远的古屯上去，把经过一一给在那里的父老兄弟姊妹们说了,大家心里的一块石头落了地,都跟我一道回寨子来。

当我们来到寨子后坡时天快黑了，麻麻哈哈地看见很多红军在寨子中钻来钻去，搞不清是做哪样。我性急的堂弟弟老七忽然抓住我的肩膀说:"三哥，我们是不是上当了？"一些父老兄弟姊妹心里也犯了疑，主张慢点进寨。

我说："等我去看一下来。"

"我跟你去。"老七捏着腰里的弯刀，紧跟在我的后边。

我俩轻手轻脚地来到寨子顶上，一看，啊！原来他们是在帮助打扫寨子中的猪、牛、马粪和渣滓，搞清洁卫生哩！

王团长第一个迎上前来，拉拉我的手，又拉拉老七的手，高兴地说："你们可回来了！乡亲们呢？"

“吗严罗，台文累！”① 不等我回话，我堂弟已经拉开大嗓，呼喊寨后的人了。

一时潮水涌归潭头般的人流，家家户户的门大大敞开，一盏盏桐灯亮了起来，一笼笼篝火烧了起来，照得半天红彤彤的。

经过寨老们商议，我们当晚杀了两头大猪，款待红军，又拿出家藏“便当酒”② 来给红军喝。红军照付给我们钱，宣传员给我们讲革命道理，又教娃娃们唱歌，搞得热火朝天，亲如一家人。

这是我们纳孝寨自古以来最快乐的一天，也是最难忘的一天了。我们想这样的部队永远不走那该有多好！可是难得留啊。

吃过饭，已经半夜了，红军战士们都睡了。王团长叫我去找一棵长竹子来。他们架起一个机器，不晓得是和哪点讲话，我听王团长对着机器说。“喂！喂！你是陈师长吗？我们已经到了岜怀，靠近贞丰县境了。情况很好，这里的仲家③ 对我们都很热情，……叫我们明天天黑前赶到百层。你们从那边走。谨防飞机！知道了。对，对，坚决服从命令，请首长放心！”

王团长又对我说：“老三，你和乡亲们帮了我们很大的忙，真不知咋个感谢大家，现在乡亲们都睡了，别打扰他们，来，我给你说，刚才你可能听到了，明天一早我们就得出发……”

“你们别忙走，多住几天，我们再穷……”我喉咙里像塞了块石头似的，说不下去了。

“通讯员！”王团长把通讯员叫到跟前，逗了逗耳朵劲。不一会儿，通讯员扛了几大纸包进来：“给首长！”便下去了。

王团长将纸包打开，全是香醇醇的茶叶。“老三，你们这里不是不产茶叶吗，这几包茶叶就送给乡亲们尝尝吧！”王团长双手捧着送到我

① 布依语：意即快点来，是好人。

② 即低度米酒、苞谷酒。

③ 仲家：即过去对布依族的称呼。

跟前。

“首长，这不行，你们带到路上吃吧！”

“这是一点心意，请收下。”

“你等倒……”我接过茶叶放好，一个纵步跑出了门。把寨老们悄悄喊醒起来，到我家堂屋里，打拢板凳来商量。

王三伯说：“红军对我们这样好，我们要是送点东西给他们才是。”

于是，大家议论纷纷。有说要送鞋送土布的，有说要送牛送马的，有说送芭蕉甘蔗的……总之，都要送。可要送什么终究统一不下来。

最后80多岁的寨老王大爷开腔了，他不紧不慢地说：“我看啊，红军是我们的亲人，我们仲家最珍贵的礼物是红糖，就送红糖吧。”

王大爷的意见得到了大家的拥护。不一会儿，由寨老们带头，你家一包，我家一包，几十包红糖送到了我家。几个年轻人牵来了几匹马，悄悄把红糖捆好，架上马鞍，天一亮，红军一动身，我们驮红糖的马队就跟着红军一道出发了。

我们把红军送过了六马地界。王团长代表部队感谢大家，领了我们的情，走了。（后来在一个马驮子上发现了红军给我们的“小洋”，我们想还也来不及了。）

红军一走，国民党的几架飞机就跟着追起来，到处乱炸，可是他们怎么会追得上红军呢，他们只不过是为老蒋尽点看家狗的力罢了。

红军留下的茶叶，由寨老王大爷亲手分给各家各户，大家把茶叶泡起来，在茶水里放上红糖，好喝得很，香醇醇的，甜滋滋的，真有说不尽的味道。每当我们喝到这种茶水，就想到了红军，想到了那难忘的岁月。（王芳礼记录整理）

选自中共贵州省镇宁布依族苗族自治县委党史资料征集办公室编：《革命的种子——红军长征过镇宁》，1983年10月，第52—58页。

红军在兴仁城

白洪章[①] 刘坤仁[②] 杨永珍[③]

白洪章：……红军来到兴仁城后，家家都扎得有，我家也有红军住了一晚上。当时我没有走，留在城里的。红军来了，满街写标语，用鸭蛋煮面条吃。……红军来后第二天，大桥河方向有枪声。

刘坤仁：……红军来时，我父亲没有走，我年龄小，满街看热闹。红军穿的是带黑色的衣服，我家房子较宽，有红军住我家，在隔壁屠家的房子里安了一个发电机。我们不知道是谁住我家，也没有去打听，过后才听说是毛主席住，周总理也住。当时住的人中，留大胡子的人多，驮马也多。

杨永珍：……红军过的时候，我一家都在屋里，红军来，把"三房"（指其丈夫三弟家）的抓了，捆了起来，我去说了不少好话，刘继雅（杨的丈夫）去替，红军说他是干营长，不要他替。红军来时，一人头上戴一个杨柳圈，背包上也插的有树枝。红军没有找到谷草，就用茅草铺了睡觉。

红军在城里写标语，家家铺台脚都写得有。

我家有一个杀猪房，安有大铁锅，他们来后，就刷了锅烧水洗脚、

---

① 白洪章，采访时73岁。

② 刘坤仁，采访时59岁。

③ 杨永珍，采访时86岁。

洗澡。

红军住下后，有一个兵士去打盐巴未打着，我就舀了一些给他，他给了我几张钱，钱是一角一角的。我拿了一些黄豆给他们推“连渣闹”吃。

红军临走时，有一床羊毛擀的垫毡，是他们垫了睡觉的，他们说：我们不带走了，送给你。（垫毡尚在——整理者注。）

红军走后，四妈妈看见踏台上有一双花鞋，才知道头天晚上在他家床上睡的三个红军是女的，对我说：“晓得是女的，昨天晚上也和人家坐一坐，摆一摆。”至于其他的人中，还有没有女兵，就不知道了。穿同样衣服，都是高高大大的。（郭礼中、袁欣 1983 年 9 月 24 日采访）

选自中共兴仁县委党史办、兴仁县民族事务委员会编：《红军长征在兴仁》，1984年7月，第23—24页。

红军过兴仁城情况

王明瞻[①]

……红军过境时，兴仁是犹国才的部下吴剑平的独立王国。吴剑平腊月间在街上走了一转，见到群众正在准备年货，打粑粑、晒泡果、晒面等，就和马弁威胁群众，说：现在不是你们过年的时候，现在搞这些，就是搞欢迎。有的群众，就不在街上晒，打粑粑也送到乡下去。

春节过后，红军要来的风声很紧，不走，反动政府就会说你是欢迎，因此，在红军到贞丰白层时，我家就走了。

红军走后，我们才由乡下回来。当时，我的客房里挂了一张照片，是我爱人和她们女校的同学、教师一起照的，这时，相框被取下来反转放着，上面写着："姐妹们，欢迎你们和我们一道革命去。"上面有几个人的署名，经我回忆，有一个是朱美倩，一个是康克清，还有五六个名字记不得了。朱美倩的名字后来没有见过，康克清的名字常见到。（郭礼中、袁欣 1983 年 6 月 18 日采访）

选自中共兴仁县委党史办、兴仁县民族事务委员会编：《红军长征在兴仁》，1984年7月，第24—25页。

---

① 王明瞻，采访时81岁。

红军在兴仁城

龙升汉 ①

……红军到兴仁是民国二十四年，猪的年。宋马刀的部队在兴仁，被派到贞丰狗场去堵红军，才出城不远，红军就铺天盖地地来，宋马刀退朝兴义去了。红军进城，驻了两天，中央军从晴隆来，追兵是滇军。中央军在海河和红军打了一仗，死了一个营长，埋在火神庙。

红军进了城之后，就有兵士提了桶桶满街刷标语。

红军到兴仁的第二天，有中央军的飞机来侦察，前后五六架，飞得矮得很，高一点的房子的瓦好像都会擦落。

当时，红军有十多个人在我家歇，他们纪律严明，头戴柳条圈，背包上插树枝。住下后，有一个红军问我：老乡，有油没有？我说，有有有。便倒了一碗菜油给他们。他们问:有灯捻没有？我说,等我去找来。我还没有找来，他就从衣服上撕了一绺布下来，搓搓就放在灯油里，点了一夜。

当时我做米花团卖，做了一大簸箕，他们问：“多少钱一个？”我说“一个钱一个”。等到后来，拿出来的不是有方孔的大清铜仙，而是四川出的当 50、当 100 文的大铜板，是白铜的，我卖得了一口袋。我们这里不兴用四川铜元，我就拿去铸了一个铜盆。

---

① 龙升汉，采访时69岁。

红军来后，把有钱人家的纱子、布匹丢在街上，等老百姓捡。中央军来后，捡得东西的就吃亏了，要进行清查。

红军在兴仁前后两三天，来的来，走的走。

红军走的时候，有一个骑大黑骡子的，生有毛胡子桩桩，带有百把个卫士。我们跟着去看，到了西关三岔路口，他在黑骡子背上默了一下，就顺龙场走黄泥河去了。（郭礼中、袁欣1983年9月23日采访）

选自中共兴仁县委党史办、兴仁县民族事务委员会编：《红军长征在兴仁》，1984年7月，第25—26页。

红军由孔寨入境后情况

朱吉昌 ①

民国二十四年……红军未进贵阳，从龙里转朝花溪、六马，从贞丰过渡过来，跟着巴铃去。

红军未过这里（指大山——整理者注），是从贞丰到巴铃。又有从狮子坟、公德那边转过去的，后来就不知道朝哪里去了。

红军从公德过，没有到大山来，如果要过马场、经田湾，必然要过大山。没有过大山，马场、新元、百屯这边，都没有走。（郭礼中、袁欣 1984 年 1 月 10 日采访）

选自中共兴仁县委党史办、兴仁县民族事务委员会编：《红军长征在兴仁》，1984年。

① 朱吉昌，采访时84岁。

红军由孔寨入境后情况

曾子义①

……红军有一股，从贞丰上来，在巴铃合路；平街过来这一股，朝回龙或白泥，插过狮子，在狮子把一个叫李庭彪的赌棍抓了带路，带到公德，问他，大山在哪里，叫他带到大山。陈伯祥当时是兴仁防共委员会副委员长，家住大山。李庭彪装昏，说，只有下山，没有大山，问他下山走哪里，他说要经过公德，从天生桥过去。这样，陈家就没有被打。李庭彪把红军带到公德，把唐星北（区长）家的东西分了，把鸦片烟、小洋都搞了。

被红军抓去带路的李庭彪已经死了。（郭礼中、袁欣 1984 年 1 月 10 日采访）

选自中共兴仁县委党史办、兴仁县民族事务委员会编：《红军长征在兴仁》，1984年7月，第27—28页。

① 曾子义，采访时70岁。

红军过孔寨前后情况

周云昌等

周云昌①、帅国荣②：

红军那时叫共匪，过去好多年了。红军从平街过来，关心穷人，路过时，遇到吴正富去挑水，穿得破烂，红军送给他一件衣服。

红军过孔寨时，已是大半早上时候，从平街过来是平街人吴面匠带路，红军送给他不少盐巴。

杨运贤③：

红军过来的时候，大约跟现在时间差不多（我们看表，10 点过），是由平街过来，头上戴树叶扎的帽子，由冬瓜岭，构皮寨过鸡骨、长冲、小子冲上狮子坟那边去了。先是听到平街枪声响,不久,红军就过来了。

李国伦④：

红军在平街住一晚上，过孔寨时大约上午 11 点左右了。有七八个红军，像是警卫的，未走大路，走到孔寨这边来，从地主刘顺帮家门口过。大部队是走钟洞那条大路。

---

① 周云昌，采访时73岁。

② 帅国荣，采访时72岁。

③ 杨运贤，采访时67岁。

④ 李国伦，采访时61岁。

游应福①：

我系江西兴国县龙岗区杨坑大队伞子坑小队人。1933 年四月初七日参加红军部队。参军地点，本地南村乡。任新兵班长，送新兵到薄山县，随即参加教导团学习三个月，后到瑞金学习 20 天，而后组织派我到东（中）央师警卫营一连二排三班，是跟随毛主席的警卫营部队。

我 4 月参加部队，10 月从江西出发（长征），由江西到湖南，到广西、贵州桐梓县，又到四川、云南等地……后在遵义桐梓被犹国才的部队俘虏，约三个月才跑脱，流落后在冬瓜岭，孔寨等处帮人。（无为、袁欣、郭礼中、桂宝忠、赵丽玲等采访）

选自中共兴仁县委党史办、兴仁县民族事务委员会编：《红军长征在兴仁》，1984年7月，第28—29页。

① 游应福，流散至孔寨的红军，采访时已去世，此为其生前写给毛主席的信件内容。

红军过粑粑铺一带情况

冯世敏①

……红军在海河打火线，从高武、马乃屯这边的大新寨来，到粑粑铺大约是下午6点钟左右。当时，红军和中央军在海河一线打仗，红军边打边走，来到粑粑铺，歇了一晚上。当时，我们听说红军来了要杀人、活埋，就躲出去了，躲在白岩脚洞里。红军走路坎脚，看见了我们，问我是干啥的，我说是老百姓，他们说，是老百姓就下来。我看见的红军有千数人，服装五颜六色，看不出是军装，没有帽徽、领章。我回家后，听老人摆，红军好得很，把地主家的粮食盘来给穷人。有背秧槁被出去躲的，他们说："不要跑，不要跑，我们是打富救贫，打土豪分田地。"后来，红军留下有伤员。新寨有个李家，要去打伤员，老百姓说："不要打，不要打。"

第二天，红军走烂滩去了。（郭礼中、袁欣1983年8月20日采访）

选自中共兴仁县委党史办、兴仁县民族事务委员会编：《红军长征在兴仁》，1984年7月，第29—30页。

① 冯世敏，采访时72岁。

红军过冬瓜林情况

罗有才①

……红军长征过这点时，我家住冬瓜林，我在红军红过冬瓜林那天，天刚刚亮，就在冬瓜林路边等，红军来了，有一个问我名字，我说我叫罗有才，他说他也姓罗，叫罗有林。他问我是啷子族，我说是布依，他说他也是，就叫我跟他们去，我便去了。走到云南，我要求回来，就让我回来了。

我在的部队是警卫连，有钢壳帽。定到泥堡，罗有林拿了一支二十响给我背，到了马街，有飞机，我想跑，他说叫我不要怕。

听说我们这个警卫连是跟朱德的，我没有见到朱德。

在这里，红军走龙场、冬瓜林、三道沟、到泥堡，以后从泥堡走车榔。

连长老家是江西的。

队伍中有骑马的，穿黄衣服，弄不清是谁，我们连有十来匹马，马身上有树棵棵，全连人中，有手枪的有三分之二，还有机枪，有电话机。（郭礼中、袁欣1983年8月20日采访）

选自中共兴仁县委党史办、兴仁县民族事务委员会编：《红军长征在兴仁》，1984年7月，第30—31页。

---

① 罗有才，布依族，采访时69岁。

红军路过粑粑铺情况

张盛昌 ①

那时候我还小，亲身经历的情况倒是记得，红军住我家的情况，是我母亲因为得了红军的好处，我们姊妹长成大人了，她还经常念着红军，摆给我们听的。

先是听说红军要来了，国民党地方官员、保长、甲长就大肆宣传说：“‘共匪’要来了，要来共产共妻。”我们粑粑铺的有钱人家全部跑光，穷人也跟着跑，不过是早出晚归。我父亲张士成是本地的私塾先生，对国民党的宣传，并不完全相信，但还是把我大姐送到陈家寨许家洞躲起来，每天都拉着我送干粮和饭去许家洞。我母亲因怀孕，父亲就留她和我的一个 12 岁的小姐姐在家中。

那天下午，我大（大，指父亲——整理者注）带着我们正准备走，就听到栏冲河下面枪声像炒苞谷泡一样响起来，我们连忙带上干粮苞谷泡，顺着战马坝河直上，准备至到许家洞去。刚走到后街（粑粑铺是赶集地、分前街后街——整理者注），一帮扛枪的人从姑屯那边赶来了，有的背着背包，有的抬着担架，有的拉着马，衣服穿得不统一，我们知道这些人是红军，心想，拐了。红军见我们一大帮人往村外走，就喊我们：“老乡，我们是红军，不要怕，我们是打富救贫的。你们家在哪里就回

① 张盛昌，回族，采访时53岁。

哪里去，我们不危害老百姓。”喊话的人说的是江西话，只有我大听得清，解释给大家听。我们不敢往前走，也不敢回家，就到水辗头我大伯伯家去，因为他家水辗大车底下安全，万一打枪，下面打不着。红军在粑粑铺住下来，我们躲在水辗头，当夜没有听到枪声，第二早上红军走了，我们连忙回家去看我母亲和小姐姐。母亲喜笑颜开，给我们摆红军住在我家的情况，拿出红军送我家的直贡呢青布给我们看。

当天晚上，躲在附近山上的穷人见红军纪律好，不乱进人家户，就陆续回到家了。红军在街上、人家户，到处住得是，在老百姓家分火煮饭吃。

红军跟我母亲办好交涉，借用我家的煮饭家具煮饭，饭熟以后，红军杀了财主家的一头猪，一个红军拎起一块肉来我家，准备炒来做菜，我母亲见了，不等拎肉的红军进屋，忙喊：“军士，来不得，我们是回族、不吃牲口肉，不要拿肉来我家。”那个红军连忙停步，把肉提到别的汉族家去。在我家煮饭的一帮红军，只好不吃肉，我母亲很过意不去。一个干部模样的红军，跟大家一起吃饭，有说有笑的，还给我母亲说：“我们尊重民族习惯，先不晓得你家是回族，对不住你家了。”我母亲很受感动，就留红军住我家，还把床让出来。

晚上，红军拿出许多直贡呢青布缝绕子带（绑腿——整理者注），我母亲找出针线，跟我小姐姐一起连夜帮红军缝。一边缝，一边煨茶给红军吃，还摆家常，我母亲摆高兴了，和我小姐姐给红军一晚到亮缝绕子带。第二天早上红军走的时候，把一些零头断匹的布，全部送给了我家。

以后，国民党兵在我们粑粑铺作威作福，两相比较，我母亲常常念起红军的好处，如数家珍，一遍又一遍，一年又一年，经常给我们摆红军。（丁大林 1984 年 7 月 8 日采访）

兴仁县民委供稿。

选自中共兴仁县委党史办、兴仁县民族事务委员会编：《红军长征在兴仁》，1984年7月，第31—33页。

红军长征过潘家庄情况

文佃安①

……红军在海河那边打仗，我们摸到丫桥上面看，看到海河那边坪子上，打得闹热，前面跑，后面追。有人对我们说，你们还在这里看，家里都住满了。

红军住下坝、尖山、姑屯一带，潘家庄也有。我家屋里住了100多人，他们把枪棚在院窝里，在屋里又是唱又是笑，第二天一早，洋号一叫，就集合走了。临走时，拿几个背包送我家，我家不敢要。

当时，有两个伤兵在我家么爷家住下养伤，住了有个把月，街上的李光碧扬言要杀死这两个伤兵（李是城头人，当时在粑粑铺坐，玩袍哥的）我家么爷怕把这两个伤兵害倒，就准备送到海子背后大树林去躲，被李光碧抓到，大家说："不要杀，不要杀。"当时有谭二爷是开轿行的，就把这两个伤兵喊去了（谭二爷名叫谭玉清）。（郭礼中、袁欣1983年8月20日采访）

选自中共兴仁县委党史办、兴仁县民族事务委员会编：《红军长征在兴仁》，1984年7月，第33—34页。

① 文佃安，布依族，采访时76岁。

红军长征经过杨泗屯情况

杨学玉①

……红军进了寨子，天刚刚断黑。红军来的人很多，家家户户都住满了，有的还在路上铺开背包睡。我家住了12个人。

当时少堂三爷家当事，有一挞斗米，红军把米拿煮饭吃了，把他家猪也拉来杀了。杀猪的时候，他们对我说："干人，你放心，我们不会杀你们家的猪，我们要杀土豪的。"

住我家的红军，拿来一罐霉豆腐、一笼肝子，在我家灶上炒了吃，对我说:"老板，来嗣嘛，来嗣嘛。"又说:这豆腐倒是好吃，就是咸得很。

红军说："我们以后要分田地、房子给你们，二回来就分，这回是过路。"（郭礼中、袁欣、张兴波、王传福等1983年6月14日采访）

选自中共兴仁县委党史办、兴仁县民族事务委员会编：《红军长征在兴仁》，1984年7月，第34—35页。

① 杨学玉，采访时66岁。

红军长征在杨泗屯情况

李世文[①]

……当时，我们在割大地洋烟，杨少周跑来对余师爷说："老太爷，老太爷，共匪在小白坟来了。"余师爷就带了人跑。我想：我是老帮工出身，哪个也不会揪我们去杀，我们就没有走。红军进了寨子，第二天，我打算走，他们说："你不要走，你是干人，帮长工的，二天我们回来，要分田、分地、分牛、分房子给你们。"后来，给了我一碗霉豆腐、一碗肉、一碗饭吃了，他们收拾起就走了。每人用树叶扎了一个圈圈帽。红军走后不久，飞机就来了，飞得很低，比房子高一点。

当时驻扎在观音阁、城隍庙的完全是女兵，电线从地下拉过。开始，不晓得她们是女兵，她们找封和尚（尼姑）带她们去解手，封和尚说："军士，我是出家人，原本是女的呀。"她们把帽子一抹，露出头发来，说："我们也是一样的。"这些女兵到处写标语，用土红和石灰写。头天太阳快落坡时到的，家家都住了人。有七八个，十来个人骑马，没有帽徽、领章。

这一路红军是从马路河来的。

当时我揣了两坨大烟，看见他们来了，心头慌，想躲，跌了一跤，把烟跌扁了，红军把我扶起来，对我说："你咋个揣了鸦片烟在身上，看糊得满身都是。"我说："怕你们拿去。"他们说："我们不会拿的，不

① 李世文，采访时73岁。

会要你的。”

红军送给我二爷一大串铜钱。

红军说：“不要喊我们共匪，共匪是国民党喊的。我们是来替你们翻身，打富救贫的。以后要分东西给你们。”

飞机来时，赖么爷揣了十几个石头，想把飞机打落下来看看是什么，赖三奶说：“天呐，这是天姑过路，要远走他方啰。”

红军一股走七洞桥，从鹧鸪园、马鞍山，到猴子坡，去交乐。一股从埊脚、石关，往青底方向，去交乐。杨泗屯这股，第二天经落渭屯、土地坡、猴子坡、走交乐。（郭礼中、袁欣、张兴波、王传福等 1983 年 6 月 14 日）

选自中共兴仁县委党史办、兴仁县民族事务委员会编：《红军长征在兴仁》，1984年7月，第35—36页。

海河——伍箐战斗情况

毛国清①

……那是一个晴天，红军和中央军在这一带打火线，从早饭时候打齐天黑，我们在房头上老包上去躲，见红军背上背草鞋，插了树叶子，脑壳上的帽子上裹了布，裹一转又插一些树叶子。当时我们这里坡上有抱把大的青杠树。

红军从城头来，中央军从晴隆来，中央军在观音洞，红军退过来后，红军在这里(指伍箐——整理者注)，中央军追来。当时，中央军子弹多，乱打，像放炮仗，红军阴一枪，阳一枪的。有五六个人从我们面前过，我们说："军士们，我们是本地人，不要打枪吓我们。"他们说："哪个鬼吓你们。"

当时有人死了，就用披毡盖好，把手脚拉好，就走了。

打仗时，在我们这里，中央军死了几十个。红军方面，大园子死了一个，老坡上三四个。(郭礼中、袁欣、张兴波 1983 年 12 月 6 日采访)

选自中共兴仁县委党史办、兴仁县民族事务委员会：《红军长征在兴仁》，1984年7月，第36—37页。

① 毛国清，采访时75岁。

红军过嵩明片断回忆

杨思俭

在红军到达我县前一个多月，街场上要把戏的、摆杂货古董的较多。民间已有传说红军要来。红军过后百姓推敲，这些卖艺摆摊者可能就是红军的先遣人员，前来察访民情或探查交通路线。

红军过嵩明分为两路，一路山白龙桥直趋杨林佯攻昆明，使滇军驻防昆明而不致入嵩堵截。经过白龙桥时活捉在那里当区长的邵甸南营村人计天佐，继经邵甸人富民县。另一路直抵嵩明县城，入城后查抄了几户大财主的家，把粮食衣物分给贫苦百姓，并宣传红军抗日反蒋，穷人翻身等革命主张。红军走后，有民谣说：红军路过如水流，穷人高兴财主愁。红军停留一晚后，从东村往寻甸方向挺进。

据当时任教育局长和《县志》主编的我村族兄杨思城说，当时金县首户财主杨瑞生（字辑伍）家受的打击最重。杨瑞生之弟杨池生时任国民党师长，杨瑞生仗势任县总团，历任嵩明县长都要仰其鼻息，因其排行第四，众称“杨四大人”。红军将要过嵩明的消息传来后，杨的不少亲友都劝他到偏僻地方躲避藏身和转移家中财物，但杨自以为其弟杨池生与红军朱德总司令在云南讲武堂是同分队的同学，家里还有他们的集体照片，这些照片可作为护家灵符，所以既没有偕家人躲避，也没有转移财物。而特地把朱总司令与其弟的集体照片悬挂于客厅里，想让红军见照后不致侵害其家。然而事与愿违，红军进城后打击的头等对象就是杨家。除粮食财物被抄外，藏在顶棚上的上百斤鸦片烟饼，镶在楼上窗台夹墙中的一箱金条、一箱金币、两箱银大头也被红军抄走。杨临时逃躲开了，其子杨发昌被抓走，一直没有下落。杨瑞生人财两空。气郁成病而死。

红军过嵩明时，还带走了一些旧政府的职员，以后陆续都放回来，据任过区督学的张正荣说：红军问明了他们是从事教育工作的，说知识分子是国家的财富、革命的同盟军，要他们协助革命。让他们当了几天向导，就让他们回来了。任过教育局长的李和清也没有遭到什么为难，让其回来。红军过处，一律不侵扰百姓，日夜兼程，行军神速。

红军顺我家乡邵甸经过，未进我白邑村，我和其他人站在村边，看见队伍从龙潭营那边山上下来，从田坝中插纳堡村旁翻山往阿子营、富民方向而去。队伍成单行鱼贯进行，大约一个小时过完，其间派出一只小部队十多人到邵甸区公所，当时区公所已空无一人，搜到几支破枪，拿在石坎上摔断丢下，就跟大部队去了。

从红军过后的第二天起，连续三四天都有国民党军队经过，每天晚上白邑村都驻得满满的，第二天天刚亮又开走了，跟着红军的屁股追。

选自云南省嵩明县政协委员会编：《嵩明文史资料选辑》第1辑，1989年12月，第64—65页。

红军攻进嵩明城的耳闻目睹

苏勇

1935 年 4 月 29 日，正值田中种植的鸦片收烟季节。清早，城内农民照常出城耕作，消息忽传红军将至，县城四门连忙关锁，农民们有的忙从城门缝里夹进，而我祖母从田里划鸦片烟归来挤不进城，是我们全家合力用皮条绳拴着她的腰部吊上城墙回家。

城埂上已有常备队兵和临时抽来的乡丁防守，但却不堪一击，十来分钟，红军边喊话边就攻进城内，防守兵丁忙于奔命，连路把枪丢进水城，躲进百姓家中，我家楼梯脚的黑暗尿窝里就躲着一个。

红军穿着全灰色军装，进嵩明城后，凡是有场院的房屋都住进了，我家院坝也不例外，锅灶让给红军烧水洗脚煮饭。正休息间，国民党飞机低空飞来，把屋顶瓦片都震得空响，红军连忙躲进屋内。

十字街头，县衙门口，红军宣传群众，讲演革命道理。并打开谷仓，赈济穷人，砸开监狱，释放无辜。按照调查名单搜捕官绅，但官绅大多数都化装逃躲了，少数没有躲脱的，捆绑起来，交出底财予以释放，个别顽固的被红军带走，但两三天后也陆续放回，只有嵩明头号财主杨四大人（系在江西井冈山曾与红军作战的师长杨池生的四哥）的少爷（已结婚）杨发昌，被带走后一直没有下落。

红军不侵犯一般民众，穷困的还得到打富济贫的利益。不明红军政策的我母亲，本属一般贫民，她听说红军要来，把家里的蚊帐被面送去藏于小普沙村较富的我外婆家，反而被红军清收济贫去了，而我住县城的家却秋毫无损。

红军进城只住宿了一夜，天刚亮时就往西北寻甸、禄劝方向出发了。太阳出山后，国民党的飞机又飞来，在我家对门张家牛厩草房旁丢下一枚小炸弹（可能把草屋顶误认为是列队红军），炸得一个约莫两米宽深的大坑，幸好没有伤着人畜。

选自云南省嵩明县政协委员会编:《嵩明文史资料选辑》第1辑, 1989年12月, 第62—63页。

舍身为人民

李小定

1935年旧历三月的一天，红军路过我们古城村。因为红军不伤老百姓，老百姓都不害怕，大家这里一群那里一堆地聚集在一起，看红军过路，有的还在街心两边摆摊设点，做起小买卖来，我和孩子的奶奶也没有上山躲避，就在家里。

那天天一亮，红军就从村里通过，晌午前后，天气热得要命，有两个挂短枪的红军同志到我家里喝水休息。不一会儿，突然一阵嗡嗡嗡的飞机声，他们急忙跑出门去，大声喊道：老乡们快躲开，飞机要下蛋（弹）了！老板娘、老婆婆，快躲开！话音刚落，一颗炸弹就下来了，在我家门前的一块大石头上爆炸，弹片、碎石四处乱飞。我家的耳房厦子被炸烂，正房的任眼被震断，板壁被炸倒一堵，大门被炸烂。蔡国明房子旁边的照壁上也被碎弹片凿出无数小洞。村里十四五岁的女孩小灵芝和一位40岁左右的女人被当场炸死，小香的母亲被炸伤。临时指挥群众防空的那两个红军同志都被炸，一个当场牺牲，另一个重伤，由他的战友搀扶着走到南栅子边也牺牲了。后来，这两个红军同志的遗体由村里的群众抬到村外掩埋了。

两位红军同志为了保护老百姓的安全而牺牲了自己，人民永远怀念他们！（段自贵整理）

中共嵩明县委党史办公室供稿。

选自中共昆明市委党史办公室编:《威逼昆明　巧渡金沙》, 云南人民出版社1988年6月版, 第123页。

坚贞不屈

杨宗德　李祥

1935年旧历三月二十七日，红军长征路过我们罗良村。当晚住杨林、马坊一带，第二天又出发走了。

当时的情况是：红军在前边走，滇军、中央军在后边追。就在红军大部队离开杨林的第二天（即旧历三月二十九日），追击红军的滇军就从我们村前的路上通过，并有大约一个连的兵力到村里搞饭吃。下午4点来钟，他们抓来一个落伍的红军战士，绑在杨正富家门前的李子树上进行审问，还逼着村里群众去看。这个战士，只有二十五六岁，穿灰色学生装，戴长檐帽，脸色蜡黄蜡黄的，他是看到追兵来了，躲进我们村的玉龙庵里，后来被庙里的住持王友才发现告密才被抓来的。滇军先是用枪托打，用皮鞭抽，要他说出红军的机密。可是，这个红军战士把牙齿咬得紧紧的，一句话也不说。接着，滇军连长又用香火烙他，烙一下问一声：你说不说？这个红军战士硬是铁打的，任烙任疼，仍然不说半个字，在场的群众无不为之感动流泪。滇军连长实在没有办法了，说了声“捅了算了！”几个士兵就抢上前去，要下毒手。杨正富的奶奶实在忍不住了，忙上前去哭着哀求：“老总，行行好，放他去了吧！”滇军连长冷笑着说：“放他去？有那么便宜！拉下去，捅了！”两个士兵连推带搡，把这个红军战士拖到村头石槽子边杀害了。后来，村里群众把烈士的遗体掩埋在石羊山下。（段自贵整理）

中共嵩明县委党史办公室供稿。

选自中共昆明市委党史办公室编:《威逼昆明　巧渡金沙》,云南人民出版社1988年6月版,第124页。

红军进杨林见闻

陈世民

1935 年红军过杨林那天，我正在挖田。中午 11 点左右，看到军队从东边山脚的路上来了，我急忙抬着二齿往家里跑。刚到区公所背后，就见许多红军在柏枝园里休息，他们要我带路到菜园坡，我照办了。到了菜园坡，见一辆小汽车从昆明方向开来，开到转运站附近停了下来，车内的人伸出头来向过路老百姓打听杨林的情况。当他们知道红军已到杨林，并且看到坡头上的红军正要向他们出击，便调转车头，慌忙逃走了。不一会儿，红军又捉到了一个区长，并缴获了他的坐骑——一匹黑马、一支平口马枪、300 元花钱、800 元滇票和一张公事。经审问，他说他叫李洪珍，是奉县长命令到杨林来办粮、慰劳滇军的。说起来也好笑，李区长专程来慰劳滇军，现在倒变成慰劳红军了。

我带路的这部分红军有 20 多人,我估计是他们的排哨。在菜园坡，他们问我可知道杨林区长牛史成、助理员管怀三和大土豪孔耀三，我胆小怕事，虽然知道，却不敢说，装作听不懂。接着又问水官街的杨相成是否开着铺子，这个人的为人怎么样，我说杨相成为人公道，红军点点头。后来杨家的财产果然得到红军的保护。

后来,红军把我和李区长交给连长,连长又把我们带到菜园马聪（区助理员）家楼上，交给营长，营长拍拍我的肩膀说:老板，跟我们去吧。我因家里刚死了老人，走不开，向营长说明了情况，营长就叫我回家招呼。临走时，营长问我，这里可买得到肥酒、电池，我说：“肥酒就出产在这个地方，电池也是买得到的。”他就派了一个战士，挎了很多水壶随我上街了，到了万寿街，飞机来炸，我就和那个战士走散了。（段自贵整理）

中共嵩明县委党史办公室供稿。

选自中共昆明市委党史办公室编：《威逼昆明　巧渡金沙》，云南人民出版社1988年6月版，第125—126页。

强烈的对照

许润

1935年，我在杨林教书。4月29日上午10点左右，我们学校刚准备上课，就有一部分学生拿着书包往家里跑，说是“老共来了”。为了弄清情况，我也跑出来察看。到了水官庙的河埂上，那里已聚集了大小男女几十人，神情各异地望着前面。我也挤了进去。只见一些队伍从东边土主山上下来，经大小东山村，向着杨林开来，很快便到了水官庙桥头。走在前边几个身背盒子枪的人高喊：老乡们，我们公买公卖，大家可安心各做各的生意，不要怕！队伍进入各条街道以后，大部分都井然有序地坐在街两边的屋檐下休息，只有少数的忙着写标语、作宣传。他们说：我们是中国工农红军，是工农群众自己的队伍；我们打富济贫，公买公卖。又说：我们打土豪、打劣绅、打贪官污吏，保护工农利益。他们还叫邮政代办所的贾嵩高敲着铜盆，沿街宣传，安抚民心。一时间，杨林街的大街小巷，遍布着红军书写张贴的标语、漫画。其中有“打倒云南军阀龙云”、“打倒土皇帝龙云”、“我们要进攻昆明，活捉龙云”等内容。听了红军的宣传，看到红军纪律严明，除了少数几家土豪劣绅逃窜以外，多数群众都如同往常一样，安居乐业，街上的铺面也陆续打开了，照常营业，秩序井然。

我随红军进街以后，回到住处——王万春家。王万春当时开着一个铺子，叫“英美烟草公司代理处”。不一会儿，一位红军首长来到铺搭外，问我是不是老板，我说我是教书的。王万春听到盘问老板，抽身跑了，我也心慌了，等那位首长一磨身，就急忙关好铺搭，准备从后门逃走。谁想刚一出门，就被红军抓到区公所去审查。红军再三问我到底是干什么的，我始终说是教书的，但是红军仍然将信将疑。

第二天黎明，我跟着红军从杨林出发，经四板桥、得食村、龙潭营、苏海、高仓、鼠街，到太西村宿营。当晚下半夜又出发，继续夜行军。经果东、阿那、大奇马，第三天上午到达禄劝城。红军在查明我的身份后，便发给放行证，让我回来了。

在跟随红军的这段时间里，红军对我的饮食起居，安排得十分周到，还对我宣传革命道理。最使我难忘的是，当时我身上带有学生交来的学费一共 30 多元，在行军途中我曾主动提出交给红军，红军不收。可是，在我回家途中，竟被追击红军的国民党中央军全数抢去了。两军对照，如此强烈！谁好谁坏，不言自明。（段自贵整理）

中共嵩明县委党史办公室供稿。

选自中共昆明市委党史办公室编：《威逼昆明　巧渡金沙》，云南人民出版社1988年6月版，第127—128页。

马　灯

刘再元

1935年农历三月二十八日早上，红军路过我们四板桥村。因为不了解红军，心里害怕，就随母亲出外躲避。出村不远，就遇到了红军。一个镶有四颗银瓷牙齿的红军同志要我带路，并给了我半块银元，我就带着红军走了。经得食村、龙潭营、苏海、马军、高仓、鼠街，当晚到达阿子营的羊街、大西村宿营。一路上，红军同志待我很好，到大坡箐，听说我还没有吃早饭，马上给我一口缸饭；上到坡头，又给我两块红糖、火腿片，比我过年吃得还要好。出发时，我本来是为红军挑着一个安有两颗螺丝钉的“收音机”和一个铁皮箱子，顶多十公斤，并不重，可是，红军同志怕我累着，走出五公里左右，他们就抢过去挑着，让我空闲走。到了羊街大西村住下后，红军同志又把饭添好递到我的手上，铺好床铺让我睡觉，一个班长轻手轻脚地给我盖上毯子。

红军待我这样好，我本想一直跟他们走了。可是一想到家中的老母亲无人奉养，只好打消这个念头。第二天鸡叫前后，红军出发之前，同意让我回来。临走时，红军给了我一盏马灯和五角铜板，我便拎回家来。后来，有一次我二叔家的牛走失了，向我借这盏马灯去连夜寻牛。牛找回来了，却不见他把马灯送来还我。我对二叔说：“这盏马灯，是红军留给我的，你不赔我咋行！”上门要了几次，他才还我，我一直好好地保存着。看到了马灯，我就想起了红军。（段自贵整理）

中共嵩明县委党史办公室供稿。

选自中共昆明市委党史办公室编:《威逼昆明　巧渡金沙》,云南人民出版社1988年6月版,第129—130页。

随军一日

杨开科

1935 年我 16 岁，在嵩明县城念书。

旧历三月二十七日早上，听说中央军从寻甸羊街方面过来了，我心里害怕，牵着马，准备回家躲避。刚出东门不远，在小龙井就与红军先头部队相遇了。队伍中有我相识的一个同学李贵俊，他抬着一面红军军旗。我问他:“你到哪里去？”他没有回答，只向我点了点头。奇怪，他怎么会在红军队伍中呢？事后听说，他是奉父命前往小街接他伯父回家躲避兵患的，他伯父当时在小街教书，路途中，他被红军同志叫住领路到县城。当时，我见部队威严，心中胆怯，就牵马让路，走向田埂。刚刚举步,只听红军同志高喊“站住！”同时对天放了一枪,我站住了。接着，红军同志又问：你是干什么的？我说：“我是学生。”他们见我衣袋中装有书籍和文具，也就没说什么，只是说：跟我们走。说话的神态虽是半信半疑，但语气却缓和多了。

我随红军一直到了嵩明城东门外杨四大人杨瑞生新房子的墙脚下。这时,只见城门紧闭,城内鸦雀无声,城楼上的常备队兵慌忙就位。东门城楼下站着一个常备队兵模样的人，在向城内喊话：弟兄们，中央军到了,赶快出城集队欢迎、我估计这是红军的计策,想以中央军名义,赚开城门,智取县城。可是,城内没有回声。过了十来分钟,只听“啪啪”十多响，守军向红军开火了。红军早已准备好的机枪立即还击，发起进攻。靠近黄龙山的一段城墙是刚用土坯补起来的，红军即以这段城墙作为突破口。在机枪火力掩护下，进攻部队用刺刀撬倒新补上去的土坯，登上了城墙，突破了守军防线。守军丢盔弃甲，纷纷溃逃，先进城的红军击毙两名负隅顽抗的团丁，打开了东门，后续部队由东门涌入城内，攻城战斗到此结束。

进城后，我随几名红军战士到了杨四大人家院内，见头戴礼帽，身穿长袍的杨大人的独儿子成了红军的俘虏，神情沮丧地站在台阶上，此人后来不知下落。接着，我们从西门出了城。一路上，听说县长顾震被一勤务兵用绳系腰，从城墙上坠下，穿树丛逃走了。说话间，我们到了海北村。在这里，约有50名团丁被红军围住，进行思想教育。晚饭后，我随一部分红军从海北村出发，经妈达、大哨、可郎，夜行军到款庄附近的富木关宿营。第二天上午8点多钟到达款庄，红军查明我确系学生，就指路让我回来了。

随军一日，见闻颇多，感触亦深。红军艰苦奋斗、爱憎分明、实事求是、执行政策的革命精神和光荣传统，由上列见闻中，可见一斑。（段自贵整理）

中共嵩明县委党史办公室供稿。

选自中共昆明市委党史办公室编：《威逼昆明　巧渡金沙》，云南人民出版社1988年6月版，第131—132页。

我的老伴得救了

赵蔡氏

1935年3月间，红军打开了嵩明县政府的监狱，救出了我的老伴赵德宽。他是被大地主杨才等人诬告入狱的。大概被关了半把个月，红军来了才把他放出来，真是感激不尽！

据我老伴回来讲，红军打开县城以后，用枪冲烂监门，问：你们是犯什么法来这里的？我老伴说：没有犯法，是被人家害着来坐班房的。红军同志说：回去了，回去了。我们红军打富救贫，我们放你们回去了。红军给我老伴换了衣裳，又给同牢房的二三十人讲了一些道理。我老伴说:“我不回去了,我跟你们走！”红军同志听了,高兴地说:跟我们走？好哇！有你吃的。第二天早上我老伴挑着两只火腿，跟红军走了。走到竹管口哨，扭伤了脚，还坚持走了两天，到了什么“沙锅村”，实在走不成了，才折回家来。老伴回到家不几天，杨林区长牛史成说我老伴通“匪”，把我老伴抓去杨林关着；又说我拿了有钱人家的东西发了横财,派狗腿子来清查搜家,结果连颗针都没有搜着。可是，他们还不放手，硬逼着我交出50元钱，才把我老伴放回来。想想这些，我恨死了杨才、牛史成那些人，永远忘不了红军、共产党的恩情！（段自贵整理）

中共嵩明县委党史办公室供稿。

选自中共昆明市委党史办公室编：《威逼昆明　巧渡金沙》，云南人民出版社1988年6月版，第133页。

促膝谈心

石勤

1935年旧历三月。我在昆明打短工。一天，听说有军队到了我的家乡羊街正村，我放心不下，就赶回家里去看。那天下着雨，傍晚，当我拖着湿淋淋的身子跨进门坎时，一下子呆住了，家里人一个也不在，只见一堂屋的军人忙这忙那。其中有两个挎十响枪的“长官”靠着背包，半坐半躺地在我床上一边休息一边谈论着什么。两位“长官”见我进门以后，立即从床上站了起来，问我是干什么的。当知道我是房主人的时候，他们热情地招呼我坐下，然后对我说：老板，不要害怕，我们是工农红军，是共产党领导的队伍，我们打富济贫。他们又叫战士们烧火给我烤，煮饭给我吃。我虽然还不完全了解红军，但见他们待人热情，说话和气，我的胆子大了一点，就跟红军“长官”拉起了家常。按照他们的问话，我说了我家姓石，有七个人吃饭，只有两三亩瘦田地，一年苦到头，还是填不饱肚子。刚说到这里，一位红军“长官”截住我的话头，指着我家隔壁石乡长家的高楼房问我：他家姓哪样？我回答以后，他又说，他姓石，你也姓石，你们两家同姓同村，又住在两隔壁，为什么他家那样富有，你家却这样贫穷？为什么他家不给你一点呢？这一连串的问题，过去我连想都没有想过，叫我怎么回答呢。接着，两位红军“长官”你一句我一句对我谈了豪绅为什么会富，穷人为什么会穷，以及穷苦人怎样才能翻身的道理，还叫我随他们到石乡长家去扛粮食。正在这时，一位战士来向我借锅去煮饭，我就抬着家里的一口破锅送到了石乡长家，又冒雨找了些草席给红军垫着睡觉，一直忙到深夜。

第二天早上 4 点钟左右，红军就从羊街出发，朝三家村方向走了。我虽然因为家中老小无人照料，没有跟红军一道走，但是，红军对我传播的革命道理，我一辈子也忘不了。（段自贵整理）

中共嵩明县委党史办公室供稿。

选自中共昆明市委党史办公室编：《威逼昆明　巧渡金沙》，云南人民出版社1988年6月版，第136—137页。

“这是学校”

李世隆

1935年，红军第一方面军过嵩明的时候，我在一所初级小学教书。这所学校设在从阿子营到果东的必经之地三家村，学校原是一座寺庙，建筑比较好，还种有许多花草。5月1日天刚拂晓，我被一阵狗吠声惊醒了，接着传来一阵阵急促的脚步声。

天亮后，我打开校门让学生进校上课。门一开，我一下子惊呆了，路上，一支军队正有秩序地由南向北前进，路两边聚集了一大群村民，（其中也有我的学生）在看军队过路，我也大着胆子加入了围观的行列。从眼前军队的装束和气质，我判断他们就是传说中的工农红军。接着，我又听围观的群众说，红军打富济贫，先头部队曾经到本村地主李连友、王兴荣、杨青的家，把他们的衣物钱粮没收来分给了穷人。

队伍过完之后，我转身回校。刚到门口，猛然发现门上写着四个十分醒目的粉笔字：“这是学校”。这是谁写下的？又是什么意思呢？难道还有人不知道这是学校吗？我苦苦思索起来。联系到红军过校门口时只侧过头看一眼校园中盛开的花，却无一人跨进校门的情景，我意识到，红军写上这四个字是为了保护学校，一定是先头部队通过调查以后，在门上这样标明，以示后面的部队加以保护。想到这里，一股暖流涌上心头，我感到了教师的责任，于是，我一步跨进门去，进行课前准备。（段自贵整理）

中共嵩明县委党史办公室供稿。

选自中共昆明市委党史办公室编：《威逼昆明　巧渡金沙》，云南人民出版社1988年6月版，第138页。

小小油桶情谊深

杨光文

属猪那年（1935 年）旧历三月的一天，红军从嵩明过来，住在冷水沟、果东一带。尾后的就住在我们铁匠冲这一带，我家也住了几个战士。红军一住下,就在本村地主雷家墙壁上写下了“武装暴动起来”、“不交租不完债”和“打倒土豪劣绅”等标语，还把地主家的猪杀了分给群众。住在我家的红军战士，晚上向我母亲借了几把稻草垫着睡觉，第二天早上出发前，又捆好送还。红军走之前，还把房前屋后打扫得干干净净。看到我们家贫穷，红军留下了十五六斤大米，让我们同院的两家人分着吃。

见红军这样关心爱护穷人，纪律又好，我母亲被深深地感动了。她见红军战士脚上的草鞋已经破了，就把自己编织准备拿到街上换盐吃的 20 双草鞋送给了红军。一个战士收下草鞋，却把一只铁皮油桶递到我母亲手上，说：“没有钱给你，对不起。”我母亲一下子生起气来，把油桶推了回去，连声说：“草鞋是送给你们的，不是卖的。”接草鞋的战士一时说不出话来。另一个战士插嘴说道：你不收油桶，我们也不能收你的草鞋，这是我们的纪律。说着，就要把草鞋递给我母亲。我母亲还想争辩,但心里想道,再说也是枉然。为了不耽误他们行军打仗的时间，只好含着热泪收下了油桶，这只油桶，是红军关心爱护穷人、纪律严明的物证，也是我们穷苦人热爱红军、拥护红军的物证。我家一直舍不得

用，现在已把它交给了政府。（段自贵整理）

中共嵩明县委党史办公室供稿。

选自中共昆明市委党史办公室编：《威逼昆明　巧渡金沙》，云南人民出版社1988年6月版，第139—140页。

一对心爱的银耳环

王福英

1935年农历三月二十九日，红军长征到了禄劝县的九龙。当晚，部分红军在九龙宿营，我们兆乌村也住满了队伍。

我从来没有见过这么多队伍，加上好多人听到红军要来，都跑进山里去了，因此有些害怕。但见红军进村后个个笑容满面，和蔼可亲，有的忙着烧水煮饭；有的贴标语；有的正忙着把地主的浮财、粮食分给群众，哪家最穷，就多分给哪家。当时，一位队伍里的同志手提一条破干粮袋，来到我家门前，客气地说："老板娘，请帮忙缝缝干粮袋吧！"我点点头，没吭声，跟着这位同志来到另一间房里，见已有三个妇女被先请到这里了。红军战士拿来了破袋子，找来针线，于是我们分别缝了起来。缝了一阵，一位约莫40来岁的红军同志端来了热气腾腾的饭菜，笑着说："大嫂，你们吃吧！吃饱了再缝。"我们四个人互相望望，谁也没有说话，也没吃。这位红军同志好像猜透了我的心事，走近一步，和蔼地说："大嫂，我们也和你们一样是穷人，红军是工农的队伍，是为穷人求解放闹革命的，你们吃吧！"看了这位红军同志和蔼可亲的态度，听了这从来没有听见过的话，再想一想红军进村后的行动，心里的疑问和不安慢慢地消除了，我们端起红军同志送来的饭，激动地说："从来没见过这样好的军队啊！"

吃过饭，我们又继续缝。一针针一线线，密密实实，缝完后已是深更半夜了，我们又和红军同志一起一袋一袋地把干粮装好。

为了感谢乡亲们的帮助，红军同志又拿来了衣服和粮食分送给我们。接过红军送来的东西，四个人激动得连一句话都说不出来。

这一晚，我怎么也睡不着，我在想，这队伍是从来也没有见过的好队伍，心情久久不能平静，于是翻起身来把屋里屋外的东西收拾一番。

天亮了，我到村外挑水，望见远处一面红旗飘动着，经过街头、街中顺着大路过来，近了，我看出来又是跟昨天一样的队伍来了。

我见他们一个个满头大汗，又累又渴，就把水桶挑到路边，招呼远方来的客人说：“渴了，喝口水再走吧！”同志们十分感谢，拿出口缸舀水，边走边喝，水舀干了我又去挑，也不知挑了多少。最后，在队伍后边的一位身背公文包的红军同志走了来，桶里的水已不多了，我干脆把桶提起来倒水，红军同志接过水，说了声谢谢，正要喝水，又顿住了，他见我衣衫褴褛，光着脚，来来去去为红军挑水，大概心里非常感激，这位红军同志立刻打开公文包，摸出一对银耳环说：“大嫂，这是我打土豪时缴来的，你收下它，换成钱，补贴一点衣食吧！”红军同志将银耳环放下就大步追赶部队去了。

就这样，我把这对银耳环视为珍宝，舍不得用，更舍不得卖。用一个小铁筒装着，收藏下来。解放以后，我将这件革命历史文物交给了政府。（杨与顺整理）

中共禄劝县委党史办公室供稿。

选自中共昆明市委党史办公室编：《威逼昆明　巧渡金沙》，云南人民出版社1988年6月版，第141—142页。

在九龙牺牲的红军战士

李兴有

1935年，我被禄劝县九龙区公所叫去做饭、打杂。4月底的一天早上，正吃着饭，区长李瑞庭通知说："饭后全体开会。"

会上，李瑞庭说："据上边通知，共党红军近日有可能要从我区经过，大伙要百倍提防，齐心抵抗。尽快把所有粮食、衣物全部收藏起来，不得留下半点给他们使用。"会后，区上的官员们都各自回家忙着收藏东西去了，只有军士赵其兴带着几个区丁守在区公所，我和另外两个穷苦兄弟也在区公所。

第二天早上，红军大队人马，从寻甸县的鸡街到了我们九龙。部分群众经反动派的宣传和地主豪绅的恐吓，头天就跑进山里去躲了起来，只剩下部分胆大的群众没去躲，但初次见到红军那么多，还是难免有些胆怯。红军见到少数民族兄弟害怕自己，就说："老板，不要怕，我们是一家人，是专门打富救贫的。"红军和群众情同手足，住下后就忙着为穷人挑水、扫地，并把李瑞庭、王泽波和其他地霸来不及收藏的粮食、衣服、布匹、家具和其他东西分给穷人。有的红军同志还到处张贴、书写"打富救贫"、"打土豪分田地"等标语，写在区公所墙上的"打富救贫"，高大醒目。直到解放后还留有痕迹。

红军大部队从我区过了两天，经狗街（今九龙区人民政府驻地）、小麦冲、木克、三哨等地。所到的地方，纪律严明，不拿群众一针一线，在那些被反动派宣传骗出去躲藏的群众家里，红军去时，凡被用了、吃了的东西，都在原地压有钱物和字条，并把所住过的地方和院子打扫得干干净净，然后才离开。

由于红军立场坚定，爱憎分明，保护广大穷苦人民的利益，受到人民群众的热情欢迎。因此，群众收养了不能随队行走的红军伤病员。但土豪劣绅及国民党政权对红军切齿痛恨，等红军大部队一过完，九龙区长、恶霸地主李瑞庭立刻带领全区乡、保长和乡丁，挨家挨户、漫山遍野地捉拿红军伤病员。

5 月 3 日晚，红军伤病员王其英、王有龙、王正帮、朱光荣、傅光林、傅光祥、卞邦友、林开心、朱汉生、彭光汉、刘礼堂等 17 位同志，不幸落在敌人手中，被关进区公所的“文昌宫”里。

一进“文昌宫”这个阎王殿，惨无人道的国民党匪徒就把红军伤员的衣服剥光严刑拷打，不给饭吃，不给水喝。红军战士旧伤未好又加新伤，几个同志痛得多次昏死在地，敌人满以为这样能够制服红军伤员了，但是当伤员们苏醒的时候，仍然没有哪一个低下头，始终顽强地和敌人进行着坚决的斗争。

两天的时间过去了，各种刑罚不能使红军伤员屈服。李瑞庭无计可施，便召集当时的区中队长、中队副和几个土豪劣绅开了一早上的会议，密谋策划。后来决定将十四五岁的卞邦友、林开心、彭光汉、刘礼堂等五位红军小战士强迫带去当帮工。其余的王有龙、王其英、王正帮、朱光荣、傅光林、傅光祥、刘金山等 12 位同志，被杀于九龙区公所东北三公里的一个极深的井洞——落水洞。

6 日上午，红军战士被反动派武装押出“文昌宫”这个活地狱时，仅穿着衬衣和短裤，伤痕累累，血迹斑斑，有的伤口化脓，有的已经生蛆。从“文昌宫”到落水洞，要翻两个山头。李瑞庭将全区所有的反动武装集合起来押着 12 位伤病员，三公里的路上，每隔一段就设一个岗哨。红军同志迈着艰难的步伐，一步步地向落水洞走去。

李瑞庭等在落水洞洞口反复查看，并用石头试了洞子深浅，见洞子确实很深，就命令五个区丁守在洞口，另外100多名队兵手持枪支和梭标，在洞口的周围站了四层，然后把12位红军伤病员押到洞边，红军战士面不改色，仰望着红军远去的北方。这时几个区丁手持树叉，走到红军身后，想把红军掀下洞去，前面的几个红军同志大声说："不用推！"掀开了区丁的树叉，高呼着"打倒土豪劣绅！共产党万岁！"的口号纵身跳下，英勇就义。当时，站着的区丁吓得目瞪口呆，茫然不知所措，被抓去的壮丁和群众，见到红军这种不怕死的英勇行为，个个低下了头，有的流下了热泪。

12位红军同志为了中国的革命事业，为了千千万万的受苦人，被反动派残酷地杀害了，红军的英勇行为教育了更多的受苦人。

1949年，禄劝县解放了，建立了人民政府。当年杀害红军的凶手李瑞庭等反革命分子，被判处死刑，为红军烈士报了仇，雪了恨。

群众为了纪念壮烈牺牲的红军伤病员，将落水洞誉名为"红军洞"。（杨与顺整理）

中共禄劝县委党史办公室供稿。

选自中共昆明市委党史办公室编：《威逼昆明　巧渡金沙》，云南人民出版社1988年6月版，第143—145页。

壁 画

傅朝向

1935 年 5 月初，红军长征进入了禄劝县九龙区，一支队伍来到大木克村。

当时，我在村里的大土豪张有功家当长工。张有功听说红军来到九龙，早就逃跑了，只有我一个人在张家。红军住进了张家，几个宣传队的同志来到楼上，一个同志在板壁上写了一条大标语："云南工农们大家起来，打土豪分田地！"另一位同志在墙壁上画了一幅画：一支武装的农民队伍，高举着游击队的旗帜，押着一个用绳子捆着的老土豪游街，这个土豪头戴瓜皮帽，鼻子上架着眼镜，身穿长衫马褂，垂头丧气地走着。这幅画把威武的农民游击队员和威风扫地的老土豪生动地画在墙壁上，在一旁观看的红军战士齐声称赞画得好。这位画画的红军同志，还提起笔在这幅画的左上部写了"工农暴动起来实行打土豪分田地"几个大字。接着，他又在旁边墙壁上画了一位威武的红军战士，高举斧头，砍向跪在前面的地主老财，并写了"消灭地主阶级，反对富农剥削"几个大字。

第二天，红军队伍离开了木克村。老土豪张有功回到家中，他走上楼，看到板壁上号召农民起来打土豪分田地的大字，脸都变色了。墙上的壁画，更叫他惊慌，他急忙派人把我叫去，气急败坏地对我说："你马上拿锄头来，把这墙上的画和板壁上的字都给我挖掉！"我虽然同红军相处才一天，但看到红军打土豪，把财物分给穷人，心想红军对老百姓真是好，一定要把红军留下的东西保存下来。我看着这新房子雪白的墙壁，灵机一动，赶紧对张有功说："唉呀！这才盖起的新房子，白花花的墙壁挖得坑坑洼洼的太可惜了。"我这么一说，打动了爱财如命的老土豪的心，他忙问我："你有什么好办法，能把字画去掉，又不挖烂墙壁？"我说："你买点石灰来，我有办法弄得跟原先一样。"老土豪高兴地赶快吩咐人去买石灰。

当天晚上，我约了几个平时要好的穷伙伴，商量怎样保护红军的字画。有位伙伴想出个好主意，他说：你在刷石灰之前，先在字画上涂一层仙人掌汁，等仙人掌汁干了，再慢慢刷石灰，石灰和字画隔开，就不会弄坏字画了。第二天，我就用这个办法，把墙壁刷得雪白，不露半点字画痕迹，老土豪来察看后，非常满意，他一点也不知道红军壁画已被巧妙地保护起来了。

解放后，土改中没收了老土豪的房子，楼下分给贫苦农民住，楼上给小学做教室。后来，由于小学生们常常挨着墙壁，墙上的石灰渐渐剥落，显现出了墨迹，老师和学生们想看看究竟是什么，就把石灰轻轻地剥掉，红军留下的壁画重新出现在眼前。（杨与顺整理）

中共禄劝县委党史办公室供稿。

选自中共昆明市委党史办公室编：《威逼昆明　巧渡金沙》，云南人民出版社1988年6月版，第146—147页。

为民除害

蔡钦

1935 年农历三月底的一天，中国工农红军长征队伍已经到了禄劝县翠华乡，但在乡公所里，乡长武伯仙还在同地土豪绅们商量如何阻止红军进村。当七八个红军战士冲进乡公所，缴了武伯仙的枪，并把他们捆绑起来以后，这些恶霸、地主、豪绅们才清醒过来。

晚饭后，红军同志把武伯仙押到我家堂屋里审问。武伯仙跪在地上，不断地磕头，结结巴巴地说：“长官，若是早知你们要来，就筹些款子来迎接你们，现在，等我去筹点款子给你们，省得长官辛苦。”红军首长问武伯仙：“哪里筹？”武伯仙说：“还不是出去找乡民来筹。”红军首长一听就火了，大声喝道：“胡说，你现在还想去搜刮穷苦人，拉出去！”武伯仙被吓坏了，躺在地上装死，两个红军战士把他拖了出去。

红军战士把武伯仙押到大松树，准备枪毙他时，被一位骑马的红军首长制止了。后来，武伯仙被押到小仓村朱桂芳家，捆着过夜。

第二天天刚亮，红军队伍就开始出发了。劣绅们被脱了鞋子押着走在队伍后面，到了七里箐，红军同志把劣绅们训斥一番后就放掉，只把乡长武伯仙带走了。

几天以后，听说红军把武伯仙这个恶霸处决了，为民除了一害。（杨与顺整理）

中共禄劝县委党史办公室供稿。

选自中共昆明市委党史办公室编：《威逼昆明　巧渡金沙》，云南人民出版社1988年6月版，第148页。

保护红军伤员

郭兰芳

1935 年 5 月初的一天，中国工农红军来到我们禄劝县团街区永安庄，第二天早上，又赶向金沙江的皎平渡口。临行前，几个红军战士抬着一个身受重伤的同志来到我家，一位首长对我爹说："大伯，这个同志叫陈忠和，受了伤，不便随队行走，我们打算将他留在你家养伤，以后再来接他，请好好照看一下，到时我们会付给你家大洋的。"通过同红军同志的接触，父亲知道红军是好的，不像地主们造谣说的那样。因此，父亲点点头说："可以，你们把他留下吧。"从那天起，我家就收养了红军伤员陈忠和。当时父亲是在乡村行医的土医生，就找了些草药为陈忠和包扎伤口。

三天后，保安队进村搜查红军伤病员，父亲很着急，心想要是被搜查出来，陈忠和就难以活命了，就去床边和他商量如何办。陈忠和说："请你们把我送到后山上去一下。"我母亲说："这怎么行？你脚上受伤行走不便。你到我家姑娘床上睡着，用被子盖好不要动，到时我就说是我家儿媳妇生孩子。"为了迷惑敌人，又在床前放了一双妇女穿的大花鞋子和一个尿缸，一切安排停当后，全家人就到屋外装成干活的样子。

一会儿，几个歪戴帽子斜挎枪的保安队兵，来到我家东看看西翻翻，当他们发现床上有人时，大声吼道："床上是什么人？"这时我妈走过来说："这是我家人儿媳妇，生娃娃才几天，下不了床，请你们不要惊动她。”几个家伙望着人不动，床边还放着双花鞋，加上尿缸又臭，便信以为真，顺手拿了几样东西就到别家搜查去了。

我家就这样掩护了陈忠和。为了使他赶快恢复健康，我爹天天上山找草药为他包换，妈妈天天送饭到床边，在贫困的生活中，一家老少都吃杂粮，尽量省下点米熬稀饭给他吃。过了半年的时间，他的伤才痊愈。他住在我们这里，和群众一道度过了漫长的黑夜，迎来了解放。1950年他才惜别我们，回到老家江西参加革命工作去了。（杨与顺整理）

中共禄劝县委党史办公室供稿。

选自中共昆明市委党史办公室编：《威逼昆明　巧渡金沙》，云南人民出版社1988年6月版，第149—150页。

给红军带路

袁兴有

1935 年农历三月三十日，是团街赶街的日子。大清早，我就和母亲一起，背着小菜和几件破旧衣服，向街上走去。到了山顶垭口，看见一支队伍朝我们这边过来。我们正看得发呆，突然，背后一下子来了八九个人。有一个人喊了声："老板！"我吓了一跳，转过身来，只见他们个个扛着枪、背着背包，帽子上插着树枝。他们见我们害怕，就笑着问母亲：老板娘，从这里去金沙江的路往哪里走？还远吗？见他们说话的态度不像坏人，我们的恐惧心情消除了一半。母亲给他们指了去金沙江的方向说：还远得很。他们又问：你们背的是什么？我母亲说：背点小菜和几件旧衣服到街上卖去。最后他们说：谢谢了，老板！把衣服穿好，赶你们的街去吧。

到了街上，见一个手断了一截的人，站在那里向群众宣传说:老板，你们不要怕，我们是红军，是打土豪分田地的。队伍多数在四周山上挖战壕。

下午，我和刘明发准备回家时，一个老红军同志走来对我们说：老板，给我们干活去。我问：干什么活？他说：给我们带路，挑担，一天一块大洋，去不去？我和刘明发都点头同意了。

四月初一早上，红军很早就起来，有的忙着做饭，有的准备东西。吃过饭后，刘明发和另外一个人抬一个像一只狗那么大的铁家伙（后来才知道是发电机)。我挑两只铁桶，里面装的是“号路纸”，每走一段路要放一张在路上，用石头压着。对不走的岔路就用粉笔画一条线。一直走到天黑才在坎登村宿营。

第二日又从坎登出发，天快黑时到皎西，在土豪金利尧家住了一天。红军把金家的契约、文书全部拿到院内烧掉，将瓜子、核桃、猪肉等食物，除留下一部分自己食用外，其余都分给了当地群众。

四月初四，我们终于到了金沙江边，过江后又在江边岩洞里住了三天才继续往前走。一路上红军见到土豪劣绅和富有的人家，就把他们的东西拿来分给穷人和自己食用，对穷人的东西一律不拿，还告诉我们不许随便动穷人的东西。

我和刘明发一起转回来时，红军同志给了我俩一小罐子从地主家拿来的吊浆面和一大碗白油(猪油)，我们打开罐子一看，里面还有很多花钱。

在回转的路上，国民党盘查很严。到了大地村，有一伙乡丁来追，我们只好将罐子丢掉就跑。第二天被他们抓着，毒打了一顿，至今还留有伤痕。红军同志给我们的钱也被乡丁抢走了。

直到如今我都忘不了红军对我们的好处，也忘不了被国民党乡丁毒打后留下的伤痕。(杨与顺整理)

中共禄劝县委党史办公室供稿。

选自中共昆明市委党史办公室编:《威逼昆明　巧渡金沙》，云南人民出版社1988年6月版，第151—152页。

我带红军到江边

黎汉全

我家住在石板河附近的三道河村，红军来时我有21岁，在坎登大村的学校教书。听说红军要从团街来，村里由于不了解红军，都很害怕，就带着牲口到山里躲起来。

过了几天，我在山上看见红军来了，我们村里住满了。又过了两天，我看见有飞机来，听到小庙垭口那边响起了枪炮声，响了三天，有一天特别激烈。我们躲在山上几天，粮食吃完了，我只好回家去背。路上遇到几个红军战上，他们要我带路。我带着他们走，走到小庙垭口红军阻击敌人的战场时，有个穿大衣的首长正在讲话，他见到我，又要我带路到石板河，我就带着去，路上遇到国民党的飞机，红军首长关照我趴下，还把树枝盖在我身上。晚上，又连夜往杉乐走，路上下起大雨，山水很大，后来到了皎平村住下。天亮后吃了饭，又带他们到皎平渡，当时渡口已坐满了红军，正等着渡江。红军渡江时，人坐船过去，骡马是下了鞍子赶下江游过去，也有被水冲走的。

因为我是教书的，身上穿戴比一般农民好些，当我一再要求回家时，由我带路的红军不答应，他们很仔细地盘问我，我都老实地回答了。他们说，你要回家，等我们走了，你问后边的部队，他们会让你走的，后来一直等到红军快过完了，一个红军战士对我说，你不要怕，愿当红军，就跟我们走，不愿你就回去吧，你回去时不要走大路，后边如还有军队来，不要给他们带路，因为你要是遇上他们就走不脱了。这样，我就从皎平回家了。

回到家后，我到山上去时，看见了许多战壕和大片炸烂的树林。（王光中整理）

选自中共昆明市委党史办公室编：《威逼昆明　巧渡金沙》，云南人民出版社1988年6月版，第153—154页。

送红军小战士追赶队伍

彭元礼

1935年农历四月的一天，红军长征的后续部队最后经过我们村。这天傍晚，三四个红军战士抬着一个昏迷不醒、约莫十三四岁的小战士来到我家。一个红军同志对我父亲说：老板，我们要赶路，这个小同志病很重、行动困难，无法带走，留在你家可以吗？开始我父亲有点不愿意，但他想到自己是个农村草药医生，救人是行医之本，终于同意将小战士留在我家医治，并立即抱来了一些草垫在床上，再铺上被子，让小战士躺下。安顿好后，送他来的红军同志就到部队去了。临走时，他们拿了一些钱给我父亲说：老板，我们要回部队去了，先拿这点钱给小同志治病。以后我们还要打回来的，到那时再来感谢您，请您好好给他治疗。

父亲见这些队伍里的人态度和蔼可亲，对人彬彬有礼，心里也就踏实多了。就对红军同志说：好，你们放心走吧！我会尽力医好他的。父亲诊断结果，小战士病情属于出“痧子”，他针对这病情，煮了些草药喂他。经过父亲的精心治疗和我们一家的关怀和护理，两天以后，小战士的病情大有好转，高烧已全退了，父亲摸了摸他的手，小战士被弄醒了，他睁开眼睛，见到我们不是原来抬他的红军战友，就问：我怎么在这里？部队在哪里？我们一家人见他尚未痊愈，不敢对他说实话，只是说队伍还住在村里，安慰他不要着急，要好好养病，队伍还等着他的！

四天后，小战士的“痧子”逐渐消失，饭也能吃一点了，身体基本得到恢复。他一再追问红军队伍住在哪里，我们只好告诉他，队伍已经走了。他一听队伍走了，就急得哭了起来，并要去追赶部队。父亲对他说：队伍已走远，追不上了，你就住在我家吧，你们的首长走时把你交给我医治，还说他们还要打回来的，那时他们再来接你，尽管我一家苦口婆心地安慰、劝说，但他都不依，非要回部队去不可。看来他去心已定，再挽留也无用，我们只好帮他打听红军部队去的方向。

后来，听说还有些红军在皎平渡口。于是我哥哥彭元义就背着他，顺着红军去的方向，连夜追赶。到了付胜田村，正好遇上一个姓潘的朋友，哥哥和他讲了红军小战士要回部队的事，请他帮忙送一下，就这样两人轮换着背，一直走了六七十里路，才到达皎平渡口，正好还有部分红军在那里等候渡江。

哥哥向他们讲明情况，把小战士交给他们，一位首长模样的红军同志紧紧地握住我哥哥的手，再三表示感谢，并给我哥哥和那位姓潘的朋友每人发了两块花钱，作为返回途中的伙食费。

这时，小战士又依依不舍地拉着我哥哥的手，直到那位首长催促，才放开我哥哥的手，含着眼泪上船过江去了。（杨与顺整理）

中共禄劝县委党史办公室供稿。

选自中共昆明市委党史办公室编：《威逼昆明　巧渡金沙》，云南人民出版社1988年6月版，第155—156页。

红军渡江前后

张朝满①

春夏之际，我们金沙江皎平渡两岸，攀枝花——红军过江后，我们叫它“英雄花”——昂首怒放，红得似火，好像熊熊烈火，一团团，一簇簇，漫卷着峡谷燃烧。每当这个时候，我们瞻仰当年毛主席住过的岩洞，抚摸红军首长指挥渡江站过的“龙头石”，抚今追昔，心潮难平，怎么不令人想起红军长征烈士流过的血，英雄走过的路啊！

说来话长。那是1935年旧历三月底四月初的事情。也正是攀枝花盛开，怒目苍天，漫天焰火的时候……

渡江之前

先谈我们皎平渡。

金沙江像把锋利的长剑，劈开横断山脉的重山叠岭，自西北往东蜿蜒曲折，奔腾而下。江两旁的悬崖峭壁直冲云霄，形势险要，如天然屏障把川滇两省隔开。我们皎平渡是当时川滇驿道的主要渡口。据说，汉唐以来，连接中原和西南边疆地区的“清溪路”，当时这里也是它的组

① 张朝满，老船工。

成部分。

皎平渡两岸，我们云南这边，有一块从沟谷中冲出来的洪积阶地，矗立着庞大的一块“龙头石”，这就是渡口。北岸渡口在中午山下的“大石板”。山腰有十几孔岩洞，岩洞前还有长廊一样的穿洞。这里有许多做小买卖的:有卖米卖盐的，有卖烟丝盒糖的，有卖菜的，有卖小吃的，还有抽大烟的烟馆。每天,穿洞像街子一样热闹。渡口两岸有五家马店、一家客店，熙熙攘攘，十分热闹。每天都有一二百匹牲口、两三百肩挑小贩，在这里过江。把云南的棉纱、机织布、草果、枪支、大烟等运向西康方向，又把西康的猪牛羊、花生、镍矿石等运往昆明。

皎平渡由彝族金土司管辖。他的兄弟金利汉、金利瑶在这里开马店，独霸一方。旧历三月底，国民党禄劝县政府派人送来鸡毛火炭为标志的紧急信,命令“封渡”,并且裹胁20多个农民充当“民团”,把守渡口。过去，国民党军阀混战，金家也曾接到过“封渡”的命令，但金家土司从来不理睬，上下游渡口“封渡”，骡马便集中到这儿，他们更可以赚大钱。这一次，可完全不同了，他们惊恐万状，把所有的船都划到对岸藏起来，像乌龟一样，缩起头，不敢动弹。

皎平渡第一次“封渡”了。

夺船的夜晚

旧历三月底，一个黑黝黝的深夜。

我们张家兄弟，都是金家的佃户和船工，居住在洪门厂村，距渡口不远，就在川滇驿道的大路边。我的堂哥张朝寿在这里开了一个小小的“人店”,供来往行商歇脚。他店里的窗子面临大路。这一晚,深更半夜,全村都沉睡了，只有他家的窗子还闪耀着灯火。

张朝寿穷得很，光着上身，穿条短裤，斜卧在床上，突然，门吱呀一声被推开了，张朝寿以为是赶路的人来投宿，并不在意。在微弱的油灯下，他在床上偏头一瞥，朦朦胧胧看见十多个人影晃动，隐隐约约看见他们头上的红星和手持的武器，不禁吓得腾地从床上坐起。

“老板，不要怕，我们不是国民党白兵，我们是北上抗日的红军，是穷人的队伍。我们不打人,不骂人。”一位腰插红缨子驳壳枪的战士，和蔼地向张朝寿解释。张朝寿呆呆地打量着，心中寻思：“喔！这就是老人讲的在两湖闹革命的红军吗？”

“我们红军打富济贫，杀官安民。过十几年，我们还要分土地给你们。现在,我们要过江,上前方打日本鬼子。带我们去找船,好不好？”别驳壳枪的红军见他不吭声，继续耐心地跟他讲。

“渡口离这里还有多远？”红军中有人插嘴问。

“不远，离这里还有五里。”张朝寿回答。

“你连衣服都没有？晚上天气冷，带路，没有衣服怎么行哪！”腰插驳壳枪的红军说着，便脱下自已的棉衣给他。

张朝寿是热心肠人，人穷志不短，肯周济穷人，在村子里有威信。他在江湖中厮混，跟兵痞、奸商、恶棍都打过交道。他从红军的语气和举止中，已感觉到他们和国民党大大不同。特别是当红军给他披上棉衣时，一股暖流暖到心窝子里，他二话不说，猛地一骨碌从床上下来：

“走！”说着就带领24名红军出门去找船。

他们像流水疾风一样迅速地扑向渡口。张朝寿把红军带到张朝连代金土司经营的客店门前，唤出张朝连，告诉他：“大哥，红军来啦！他们要渡江，船呢？”

“县政府来信，叫金利汉、殷孟芝划到四川去了。”张朝连惊魂未定，说话磕磕绊绊，牙齿直打架。

“老板，还有没有办法？”持驳壳枪的红军问道。

“没船，游也游过去！”红军战士豪迈地说。

汹涌咆哮的江水，夹着大锣似的漩涡，如果泅不过去，就会被滚滚急流吞噬，那要牺牲多少红军啊！张朝寿敦促张朝连想办法。张朝连迟疑了一会儿，回答：“金利瑶马店那里河头，还沉着一只破船，但用不成了，捞起来补补，试试看。”

张朝寿也想起来了，那只船成年累月摆渡骡马，给马蹄的铁掌踢得浑身漏水，不能使用，金利汉不得不另置一只新船。红军战士说，不管能用不能，有了船，就好办。张朝寿、张朝连领着他们来到江边，红军纷纷跳下水，往齐腰深的浅水区摸索沉船。

就在这时候，隔张朝连客店几十步路的金利汉马店里，金的小脚老婆发觉苗头不对，胆颤心惊，压低喉咙骂醒民团：“还死睡！快快背东西跑！”她和民团慌慌张张拣起细软，朝笔架山狼狈逃窜。

24 名红军把沉船轻轻托起，尽量不发出声响，以免惊动对岸敌人。又派张朝寿到客店向小商买了 33 件土布，撕成布条，大家用枪刺往漏洞堵塞棉絮和布条。这样补塞了一个时辰，蓦地在夜色茫茫的江面上，传来了哗啦哗啦的划桨声，红军立即蹑手蹑脚隐伏在渡口周围，影影绰绰看见一只二叶子船划到“龙头石”靠岸。红军咚咚一个箭步，飞跃上船，划桨的吓得瘫痪在船甲板上，蒙头蒙脑，不知所以。

原来，金利汉、殷孟芝逃到对岸，系住船，就在岸上岩洞里躲起。半夜，金利汉的烟瘾大发，眼泪鼻涕一串串挂起，实在憋不住了，也不管他妈的“命令”，就派长工殷孟芝划船回来拿大烟。恰好，撞到枪口上，给红军“送礼”来了。

对岸渡口有两个班的民团把守，哨兵发觉有声响，便向南岸大声吆喝：

“什么人划船？”

“家里要吃饭，我送米回家。”红军叫殷孟芝回答。

“云南不能靠岸，快过来！”

“马上过来。”

破船弃置不用了。由彝族老船工殷孟芝把桨划船，红军迅速抢渡金沙江。船一靠拢中午山下的“大石板”，兵分两路，犹如插翅猛虎，抢占了山头，居高临下，包围了山脊的一排岩洞。守渡口的民团都是反动政府逼来的穷苦农民，本来就战战兢兢，度日如年，现在一听见纷至沓来的脚步声，一个个扔下手中的大刀、牛耳刀、三叉戟，撒腿就溜。

在岩洞和康家马店之间，有国民党的“厘金局”，一座土墙房子，依山临江，门前就是驿道。当张朝寿领红军到“厘金局”时，它纹丝不动，阴沉沉的，叫人摸不清底细。持驳壳枪的红军指使张朝寿：“我们的口音不同，你来叫门。”张朝寿用小贩的腔调高喊：“林师爷，我们吆猪的来上税啰！”半晌，大概打扰了林师爷的好梦，他很不耐烦地回答：“天不亮，议不成公事。”张朝寿很机灵，马上说：“我们的猪已吆到赵家马店，要么，我们从昆明回来再补税。”林师爷哪肯丢失一次哪怕是发小财的机会，连忙回答：“我就起来。”接着听见咳嗽声，脚步声，擦火柴声，灯亮了，林师爷披着衣服打开大门。说时迟，那时快，林师爷还没瞅见人影儿，红军已纵身进去，驳壳枪已顶着脑门，喝道：“我们是红军，赶快交枪！”这一喊，像晴天打个炸雷，把林师爷吓得两腿直弹三弦，哪敢违拗，急忙向里屋叫道：“打不得啰，到处是红军啰，交枪！交枪！”

“先递枪把子出来，不然，我们就不客气！”红军下命令。

从里屋抖抖瑟瑟递出两支毛瑟枪，接着出来两个民团。红军把林师爷捆在桌子的桌脚上，然后向民团询问情况。民团说他们是会理县通安区的老百姓，一姓赵，一姓由，是“田主”派来的。红军说：“你们是受‘田主’压迫来的，我们不打你们，你们喜欢，就跟我们干，你们不喜欢，就回去。”和颜悦色把他们放了。

红军把缴获的毛瑟枪递给张朝寿：“奖给你。”张朝寿摇手：“不会使枪。”红军惊讶地望着他，似乎说：“扳枪栓都不会？”张朝寿笑着说：“你们在，我会使。你们过了江，要走的，我拿着不好。”红军很体谅，并不勉强，把两支枪砸得稀巴烂，走出门外，扔到江里去了。红军又把“厘金局”搜刮来的五六十元“新滇票”和铜板，以及被褥、衣服，统统送给张朝寿。张朝寿用席子包成一团，笑眯乐呵背起。

红军共俘获了四只船，但缺乏船工。派出去分头找船工的红军，人地两疏，找不着人。群众受反动宣传的欺骗，锁起大门，早就躲进深山密林去了。张朝寿人熟地熟情况熟，找到船工周德安的老婆，由她领路，从鲍家箐大岩洞里找到了周德安、夏二糖匠等六名船工。

当晚，四只船穿梭似的摆渡红军，把一个警卫团送到北岸。等到次日拂晓，放眼望去，北岸的马脖子山、小水井山、毛毛头山，南岸的将军石、仰天窝、营盘山、笔架山，所有的制高点，都有红军持枪站岗。

四月初一（公历 5 月 3 日），这是我们永远值得纪念的一天。这天凌晨，分外晴朗，半轮明月，满天星星，一江春风，我们伟大领袖毛主席由韦国清等陪同，乘着夜色，劈波斩浪，渡过了金沙江。他风尘仆仆，不顾劳累，立即和刘伯承参谋长研究渡江部署。就在北岸原殷孟芝居住的岩洞里，毛主席架起一块木板当办公桌，镇定自若地指挥红军过江。

渡江的九天九夜

初一的凌晨，张朝寿叫我来划船。这一天，我们皎平渡自古以来没有像今天这样热闹的景象。天，格外的高，水，格外的蓝。红军队伍像滚滚铁流不断从皎平涌来。在南岸金利瑶马店、北岸的康家和赵家马店，电台用的发电机不停地轰响，发出胜利的欢呼。最使我惊奇的，是红军中还有十五六岁的娃娃兵，还有打绑腿的女兵。经过不断的战斗，连续的翻山涉水，他们应该疲惫不堪了吧！可是不，他们个个流露出胜利的喜悦，英姿勃勃，且唱且笑地大踏步前进。到了渡口附近，就整齐地持枪坐下。有的擦枪，有的喝水，有的讲笑话，等候命令上船。在渡口“龙头石”上，一位中等个子，体格魁伟，戴眼镜，手拄雨伞骨当拐杖的首长，不时地宣布渡江纪律，下达命令，指挥渡江。后来我才知道，他就是刘伯承参谋长。

到中午，红军又从上游鲁车渡夺来两只渡船。这样，我们共有六只船，其中三丈二长的大叶子船二只，二丈八长的二叶子船四只。大叶子船每只每次渡 60 人，二叶子船每次渡 40 人。渡江指挥部规定，多一人不行，少一人也不行，纪律非常严。每一只船配备一名红军，协助我们船工工作。我们 36 名船工由张朝寿负责带领，红军亲热地称呼他是“船长”。每只船有六名船工，三人一班，来回划船十次，又另换一班，歇人不歇船。大致上，我们划船一小时，下来休息一小时，然后又上，如此循环不停。我们虽然不得整整睡觉，但当时都是二三十岁年青力壮的人，首长从思想到生活又十分关心，尤其是日日夜夜像节日游行示威那样的热烈气氛，深深感染了我们，鼓舞了我们。划了九天九夜，精神还仍然很兴奋。

在金利瑶马店外，红军支起了三口大锅，用两口熬粥，一口烧开水。铁锅旁，放着一个大米箩，上面插了一个牌子，牌子上写着字。路过的红军见了牌子，就自觉地从身上背的米袋里，倒些米在箩里。六七个红军炊事员一面忙着添火熬粥，一面和行军的红军开玩笑：

“小鬼，吃饭没有？”

“白天走，晚上走，哪里吃饭？”小红军故意撅起嘴。

“好，给你一勺！”

红军很有秩序地用口缸、篾箩、洋铁筒、土大碗等，接上炊事员舀的一勺，边喝边匆匆走去。

到晚上，皎平渡火光冲天，煞是好看。红军在渡口两岸，燃起了熊熊篝火照明，把金沙江水照得红光闪闪。红军原来从皎平抬来许多门板、床板和寸板，准备搭浮桥用，现在不搭桥了，他们就把它们架起，浇上煤油，燃起照明。夜行军的红军，有的用手电、马灯，更多的是用竹筒、铁皮、木板、纱布、墨水瓶等自己做的照明灯，反映了红军克服困难的智慧和决心。我们船工在火光指引下，纵然水流湍急，暗礁林立，依然川流不息地摆渡红军，没有出过一点事故。

我们连日连夜划呀划呀，手臂划肿了，脚也站酸了，可是精神上无比愉快，老感觉有使不完的劲。每天吃罢晚饭，都有一小时时间，红军首长要跟我们谈谈，慰问和鼓励我们。红军首长说："我们的红军老是多，你们要下决心，老是要艰苦。过十几年，我们要回来分土地给你们，让我们穷人都过上好日子。"经他这么一说，就像数九寒天烤大火，只觉得暖煦煦的。在生活上，体贴入微，每天都杀猪款待我们，后来，买不到猪，就杀毛驴来改善我们的生活。那位戴眼镜的红军首长和我们一起吃饭，幽默地对我们说："没有菜，就吃这个吧。天上的龙肉，地下的驴肉，好吃呀！"他还经常询问我们是否吃饱了，有什么意见？有一次，我们随便说了一句饭里石头多，首长马上嘱咐炊事员："他们十分辛苦,吃不饱,划不动。要保证他们吃饱吃好。"以后,炊事员每次煮饭,都用筛子把米筛过一道,方才下锅。这使我们船工十分感动,再苦再累,也不觉得苦不觉得累了。

几天后，渡口更加喧哗和繁忙。从皎平来的，从洪门渡来的，从元谋龙街渡来的，各路红军都汇集到这里渡江。驿道上，尘土滚滚，人喊马叫，古老而坚硬的土路，经过千军万马的踏踩，都深深陷下去一层。等候渡江的队伍，人山人海，从渡口一直延伸到洪门厂，一眼望不见尽头。

我轮换下来休息，靠在一块石上，叭达叭达抽草烟。这时，一位身穿灰色军装，高高大大，满面红光的首长，双手叉着腰，站在"龙头石"上,腰插二十响,枪上的红绸子格外醒目。我旁边的一位红军很有经验，悄悄跟我讲："今天有问题了，朱总司令要讲话了。"果然，朱总司令用洪亮的声音讲话了："同志们！国民党飞机要来轰炸了！我们赶紧把船藏好，用树枝伪装起来，不要跑，不要乱，不要被敌机发现目标。"红军战士在军号的指挥下，纷纷隐蔽在芭蕉林、蜜多果树林里。我们和红军把船拉到笔架山岩脚下，用桐子树叶伪装起来。不一会儿，国民党三架飞机嗡嗡嗡像苍蝇一样从杉乐树飞来，似乎害怕仰天窝等山头严阵以待的机枪似的，不敢低飞，在高空盘旋了几圈，扔了几颗炸弹，没精打采地溜走了。以后，飞机天天来“点卯”，兜一圈，可从没碰到红军的一根毫毛。

在渡口，起先有少数胆大的农民，躲在远处，好奇地悄悄注视着红军，渐渐地，有人怯生生地蹲到渡口和驿道附近看热闹了。

到初三四日，红军待人和气，体贴穷人的事情，像奇迹，像神话，在村村寨寨传开了。彝族、傣族、汉族等各族农民，扶老携幼前来探望。红军看到那些受尽剥削，形容憔悴，光着身子的农民，往往会脱下衣裳送给他们。看到那些撑着下巴颏，呆呆坐着的孩子，更是喜欢。有的拧拧他们的脸蛋，有的摸摸他们的脑袋，有的塞给他们一块红糖。有些青年农民，默默在旁观察和思索，然后站起来，拍拍裤上的灰，毅然跟着红军渡江去了。有时，我们摸不清，对他们发脾气：“那么多红军要过江，你们还来凑热闹！”旁边的红军急忙笑着解释：“他是参军的，跟我们一起走了。”

卖米、卖菜、卖柴，前来支援红军的，络绎不绝。皎平渡变成“皎平街”了。红军买东西“特殊”，不是担心自己吃亏，而是生怕群众吃亏。我有个本家，在大路边卖糖，红军向他问价，他说：“给多少，要多少。”红军说：“要多少，给多少。”见他骨瘦如柴，衣衫褴褛，从衣袋里大把大把地掏钱给他。我那本家卖糖得来的钱，竟然使他能和地主暗斗，不去帮工，在家整整坐吃了两年！

有些红军首长住在张朝连的客店里。初四那一天，我正在摇橹向南岸划来，看到一位首长，由十多名红军护卫，从客店向皎平乡方向，策马飞驰而去。在我船上舀水的红军告诉我：“国民党军队追来了，那位首长去部署去了。等那些乌龟爬到这儿，还早着哩！”事后，我才知道，红军在石板河打阻击战，把国民党十三师打得屁滚尿流，只好缩回团街，“等待援军”。可是我们在渡口，丝毫没有敌人追来的紧急感觉，处处洋溢着沉着、乐观、紧张、活泼的战斗气氛。

毁船告别

红军过江后，一位殿后的红军首长，把我们船工召集到北岸的岩洞里开会。他表示感谢我们的支援，告诉我们:“大队伍基本上渡完了，我们要毁船，截断国民党反动派的追击，不让他们过江。这些船，如果是土豪劣绅的，我们没收，如果是老百姓的，我们照价赔偿。”他一了解,只有傣族船工康坤的船,属于富裕农民的范围,就赔偿他 80 块花钱，这已大大超过了他的船的价值。

红军用刺刀戳，大刀砍，十字镐撬，卸掉船楔子，砍破船甲板，把七零八碎的船板，扔向江里，顺水淌去。其中，金利汉新买的船，怎么摆弄也砸不烂。红军扔石头到船舱，把船推到江里，趁它将要沉没的时候，红军往船上扔手榴弹。轰轰轰！几声巨响，船被炸得四分五裂，残骸顺水漂向下游。红军还早有布置，从渡口到蚂蟥箐几里路，都有红军战士，他们把淌下而又搁浅的残骸，重新拨到江心，让它继续往下淌，不让国民党反动军队捞到一块船板。

会后，大部分船工回家了，只留下家在附近的殷孟芝、周启龙，以及我们张家兄弟等共七人，继续摆渡零星分散的队伍。船呢，有一只可坐八九人的小小打鱼船，是殷孟芝用来打鱼供养土司家的，因为太小，大部队过江时没有使用。这时我们就用它来摆渡石板河撤退的红军，以及掉队的战士。我们分成两班，夜以继日地轮流划船。

到第九天的早晨 10 点左右，皎平渡已不见人影，只有鱼鹰在追波逐浪,任情飞翔。看来,红军已渡完了。但红军首长十分谨慎,派出号兵，站在“龙头石”上,时而对着上游,时而对着下游,不时地“嘀嘀嗒嗒”，吹紧急集合号，吹了个把小时。突然，从笔架山峡谷响起了军号声，和渡口联系。不久，从峡谷里走出 20 多人，他们是从元谋来的红军。我们往返四次便把他们全部渡过去了。

要和红军分别了！我们拉着红军战士的手，依依不舍。红军对我们说："我们这一次过江，取得了很大的胜利。我们感谢你们！白匪马上就要来了，他们烧杀抢掠，无恶不作，你们要提高警惕，要同反动派斗。"他们亲切地叮嘱我们："给你们的东西，不要藏在山上，国民党会搜山的，不如藏在家里，由老人看管。"

红军，红军，真是我们的亲人哪！我们含泪和亲人握手告别，他们连连说：

"再见！我们还会回来看望你们的。"

"过十几年，我们回来分土地给你们！"

我们乘打鱼船到"龙头石"，砸断桨，把船放到急流险滩，一下子冲得粉身碎骨，影踪不见。

为了躲避还乡团，我们绕山路，走小道，到元宝山。在山上，我们还依稀看见对岸的红军向我们招手，桐树林里的红旗在我们眼前闪烁。

只捡到几只破草鞋

我们在元宝山上遥望山下的洪门厂，只见满村都是国民党"遭殃军"。田里、村外，密密麻麻搭起了白色的帐篷。他们把村子糟蹋得一塌糊涂，到处鸡飞狗跳墙。有几个国民党"黄狗"在水摆衣岩橄榄树附近追鸡，对岸盐水河的红军"砰砰"几声枪响，打翻了他们两个，匪军这才龟缩起来。我们也不敢回家了，只好在山上豪猪洞里躲着。

大概是旧历十一二日，驻扎在北岸的红军，从桐子林里升起一面红旗，国民党匪军惊慌失措，大路不敢走，小路又嫌陡，绕道营盘山，爬到江边，架起机枪，没头没脑向红旗扫射。稀里糊涂打了一阵，可是不见对方一点动静，才知情况不妙，红军走啦！这时，"遭殃军"好像吃了定心丸，胆子陡的大了三尺，龇牙咧嘴，气急败坏，到处找船。可是能找到什么呢？江水茫茫，荒山濯濯，什么也没有，只能找到几只破草鞋，望江叹气而已。（田良耕记录整理）

选自《红军长征过云南》，云南民族出版社1986年12月版，第119—130页。

鲁车渡夺船记

李正芳①

我和我二叔李有才拼命摇橹划桨，忙得气都喘不过来。而红军的钢铁巨流，从乌蒙山脉蜿蜒而下，源源不断。我们渡了一船又一船，似乎永远渡不完似的。

红军有多少人马？要用多少时间才能渡完？能抢在白匪的前面，摆脱包围圈吗？

毛主席亲自率领的中央红军有条不紊，早有安排。旧历四月初，一天中午，阳光灿烂。皎西驿道上尘土飞扬，急行军来的红军战士，三人一组，五人一帮，一个背几支枪支，其余的扛木料，一字长龙，煞是热闹。他们抬着门板、寸板，以及二三丈长的圆木，卸在皎平渡口，然后擦干额上的汗流，饱饮江水，兴高采烈渡江去了。

皎平渡南岸，“龙头石”附近的沙滩上，各种木料堆积得像一座小山，还有从我们洪门厂村买来的竹子，四五丈长，有300多根，一捆一捆堆在一起。许多红军挽起袖子，熟练地在削篾，在砍木头，在扎筏，叮叮当当，像个伐木场。

红军干活，干净利落，不久，就扎起两座浮桥架子，每座长三丈，宽一丈五，都是又长又粗的圆木扎成的。圆木上面又铺上木板。每架浮

① 李正芳，傣族老船工。

桥上有 30 名红军，其中左右各有三人划桨，浮桥架前系上碗口粗的篾绳，由船工划一艘大叶子船，牵引过江。

我们继续摆红军，突然，两岸响起惊呼声，我放眼一看，糟糕！已拉到江心的浮桥架，抵挡不住汹涌澎湃的急流，刷刷地被推向下游，朝沙坝河口前的险滩急奔，船工和红军怎么摇橹也无济于事。我们无可奈何，眼巴巴望着渡船和浮桥架要在礁石上撞个粉碎。渡船和浮桥架距石礁林立的险滩只有十几丈路了！就在这千钧一发的时刻，五六个红军，嗖地窜出船外，真像天兵天将从天而降，跳在擦船而过的礁石上，把粗缆绳飞快地围在礁石的腰身，箭也似地急驰的渡船和浮桥，忽地转个弯儿，停在急流中。两岸顿时一片叫好声，赞扬战士的机智、敏捷和奋不顾身的精神！

好险啊！几乎连人带船粉身碎骨。显然，金沙江河谷狭窄，河床的坡度太大，水流太急，不能架设浮桥。其实，别说架桥，连插根木头也难呀！红军首长下令，不再架浮桥，并毁掉已扎好的两座浮桥架。

红军越来越多，坐在半山坡，密密麻麻，等候渡江。可是渡船只有四艘，肚大口小，一时吐不出去。当时，如果时间一拖长，敌人四面八方合拢，那就难于突围了，怎么办？连我们船工的心中也隐隐地感到担心。

这天夜晚，在张朝连客店里，红军首长召集我们船工开会。我们船工整齐地排着队，一位中等个子，戴副眼镜，手持拐杖的红军首长，操着四川口音，和蔼地向我们问候："你们辛苦啦！"跟随在他身旁的红军，有的端着银元，有的端着铜板，有的端着栗子，有的端着衣服，逐个地分发给我们，嘘寒问暖，亲如一家。

我和我二叔都是帮工度日的，穷得做饭的锅都没一口，一年四季身上是筋挂筋，柳挂柳。当我们接到一套衣服，热泪情不自禁地夺眶而出。过去，我们也曾被国民党兵勒令划船，那时呀，稍不如他们的意，张口就骂，举手就打，枪托子乱戳肋巴骨。而今天，做梦也没想到还有今天啊！竟然会遇到工农子弟兵，我们傣族的亲人。

红军首长目光严峻，凝望临江的窗外。夜，无边无际，江水哗啦啦轰响。首长转身问我们：

“还能不能想办法找到船呀？”

“下游勐古渡口，还有一只船。”

红军眼里闪闪发光，好像说：“有希望，有办法了！”

“可是，水流急，拉不上来。”

大家又沉默和思索。首长拄着拐杖，缓缓地来回踱着步，沉思一会儿，接着又问道：“那么上游呢？”

“鲁车渡有两只船。”

“那儿有个湾塘，是有名的老虎口，一不小心，就要翻船。”

“不过，水性好，可以冲得过来。”

我们船工你一言，我一语，想办法，出主意。红军首长很高兴，跟我们打气：“有困难，不怕，我们大家努力，一定能够克服。”接着右手一挥，坚定地说：“一定要把船夺过来！现在，谁给我们带路？”

“我去！过去我在那里打短工，人熟，路熟。”我二叔应声回答。

带路是要冒风险的，也许在激烈的战斗中牺牲，也许在湾塘被“水老虎”吞噬，也许事后被国民党抓去杀头。我二叔为什么敢于自告奋勇呢？说来也是话长。那时，我二叔30多岁，一家五口，每天帮工得三斤米，掺些杂粮糊口，如果没有人叫帮工，只好稀饭掺野菜度日子。初一的清晨，天麻麻亮，张朝寿带四位红军到他家。他正痴呆呆地蹲在火塘边，为全家口粮发愁。张朝寿对他说：“大哥，莫怕，这是红军，我们穷人的队伍。他们请你去划船，开工钱给你。”红军战士环顾壁空如洗的房子，消瘦、疲劳、褴褛的妻子，以及躲在他妻子身旁的三个骨瘦如柴的孩子，不禁同情地摇头叹息：

“你惨得很呀，连衣服都没有得穿！”

“你怎么过日子的呀？”

“怎么度日？帮工。有饭尽饱胀，无饭笼火向。”李有才悲愤地回答。他的孩子，不知是害怕陌生人，还是可怜爸爸悲惨的处境，伸出皮包骨的小手，怯生生地拉着爸爸的衣襟。

红军战士为傣族劳动人民遭受的苦难而深深激动，有的脱下衣裳默默地递给李有才，有的掏出十几块钱交给他妻子，叫她赶紧买米做饭，给全家充饥。李有才傻呆呆地望着，擦擦眼睛，确实不是做梦！这世界还有另一种世道，还有另一种军队，傣家人还有这么一天，真叫人难以相信啊！李有才心里说道：“碰见这样的好人，叫我上刀山，下火海，我心甘情愿了。”

美丽的孔雀开了屏，傣家人愿意为它献身。初二的三四点左右，星星在天空闪耀，李有才就领着一班红军出发了。

我们船工还轮流摇橹，抢渡红军。我们心中都悬着一块石头，时不时透过茫茫夜色眺望上游。红军首长也拄着拐杖，站在“龙头石”上，蹙紧浓眉，眯缝着眼睛，凝望着上游深邃的峡谷。

来了！果真来了！艳阳当空，水拍云崖，飞沫溅花。南岸坐着等船的红军，都站起翘首遥望了。只见两艘船像两匹烈性子的骏马，脚踏千里浪，忽隐忽现，冲出峡谷，昂首奔驰而来，船上的红军兴高采烈，挥手示意，庆祝胜利。红军首长用手摆动一下眼镜，笑眯眯地望着。

休息时，李有才兴奋地跟我聊起夺船的经过……

他们借着星星的光辉，从拉戛村出发，翻过笔架山垭口，然后沿着江边的羊肠小道，经过以唐德、色莫等地，向鲁车渡大步流星走去。

说也巧，就在红军召集我们开会之前，螳螂乡土司金洪照，已派人送鸡毛火炭信给他的武装中队长潘正安，命令他火速赶到鲁车渡，指挥守船的土司武装，烧毁渡船。偏偏潘正安是个大烟鬼，他不慌不忙，呼哧呼哧把大烟抽饱抽足，才翻身下床，揣上信，提上枪，动身去鲁车渡。他磨磨蹭蹭，这时，已是初二了。李有才向导随着红军也动身了。

一个班的红军战士，个个像夜猫一样轻捷，走路飞快，不留声响。

当走到细扎河口时，他们敏锐地发现一个黑影，从河口横端里出来，他们就马上分散，包围，并端枪厉声发问:“什么人？”那黑影就是潘正安。等他隐隐约约看见一群红军时，要溜也来不及了。他不禁胆战心惊，缩成一团，喉咙里像塞住石头，吓得话也答不出。李有才眼尖，估计是潘正安，就用傣话发问：“美得加戛来？”（去哪里？）“唐漠。”（毁船。）潘正安见是李有才，胆子稍大了些。

真险！要是红军迟出发一阵，潘正安赶在前面，船就被烧毁了。李有才把傣话翻译给红军听，有个战士一个箭步上去，夺取了潘正安手中的枪，从他怀里搜出了毁船的命令。李有才又用傣话跟潘正安交谈：

“他们是红军，要渡船过江。”

“你跟他们好好说，我把船交给他们，不要杀我。”

“你把船交出来，红军不打人，不骂人。”李有才安慰他。

红军押着潘正安直奔鲁车渡。将到渡口，天已拂晓。守船的十名土司武装，一见帽缀红五角星的红军，顺着山间小道奔来，吓得丢盔卸甲，屁滚尿流，钻刺棵，爬岩子，狼狈逃窜。

毛主席真是用兵如神，运筹于帷幄之中，决策于千里之外，巧计调出敌人的云南部队，造成敌人后方空虚，红军战士不放一枪，便顺顺当当夺得一艘大叶子船。

北岸，山石嶙峋。陡岸上，有傣族船工康坤开设的马店，岸下的浅水滩上，停泊着他的二叶子渡船。俘获的渡船由李有才把桨，红军摇橹，迅速驰向对岸。这时，曙光初照，山水寂静，只有拨桨的水声，惊起憩息在沙滩的水鸟，它们鼓动翅膀，掠过满天焰火的攀枝花林，欢叫着飞向远方。船到了北岸，把船停了，上到马店。因李有才和康坤都是傣族，互相熟悉，红军就叫他去动员。李有才拍门叫喊，康坤才从梦乡惊起。经过用傣语交谈，康坤欣然同意，连人带船一起去皎平渡。

李有才、康坤各驾一只船，每只船乘六名红军，放船直往下游驰去。

在名叫白泥洞的地方，江中有个湾滩，耸立着一块光秃秃的庞大礁石，汹涌的江水，一浪接一浪地冲击着它，水花四溅，水声如雷，确实像个水老虎，蹲在江心，张开大口，呼啸奔腾。过去，也有胆大的船工在这里丧生。人们传说，金沙江，99个滩，99个湾，要数这里最危险了。康坤的水性较好，熟悉这里的每一个暗礁、漩涡和急流。他手摇一双桨，屏息凝神，东点西划，顺着急流，从岸边的峭壁和大礁石之间的狭缝里，箭似的冲了过去，而尾随在后的李有才，控制不住渡船，被急流掀到大礁石边，幸亏巨浪顶托，把船抬到礁石上面，高高搁浅，没有撞得粉碎。

怎么办？船首的两位红军挽起裤腿，跳出船外，准备推船下江。“下去不得！船淌走了，你们在礁石上，上不沾天，下不落地，无法救你们。”船尾把桨的李有才大声阻止。“别管我们，救船要紧。”他俩沉着地用双手奋力推船。就在这时刻，哗啦啦一个巨浪，劈头盖脸扑向渡船。一巴掌似的把船打到江里，两位无私无畏的战士，险些乎被巨浪卷走，他们使劲站稳脚跟，浑身湿漉漉，呛得鼻涕眼泪和水一起流。这时，他们还不忘自己的战斗任务，向漂走的战友和渡船，大声挥手叫唤：“不要管我们，快去皎平渡！”“向首长报告，我们完成了我们的任务！”

哪能抛下傣家的亲人不管啊！李有才的渡船和康坤的船一会合，大家就商量如何营救这两位红军。如果把船牵引到礁石上游，再把船标到礁石，急流巨流，根本不可能；如果冒险驾船擦礁而过，一刹那时间，两名战士也无法下船。我们傣家人生活在金沙江边，常年风里来，浪里去，熟悉水情，终于想出一个稳妥可靠的办法。

他们把船泊在花坪子。找到船工姚万成家，向他买了棵二丈五长的大竹竿，借了一捆很长的粗绳，把绳子的一头，拴在大竹竿的顶部，然后把渡船逆流牵引到礁石附近，岸上，红军用绳拉住渡船，不让它被激流冲走，船上，李有才、康坤、姚万成兄弟等船工，拼命把船划拢礁石，李有才站在船舷旁，伸出竹竿，把缠绳子的顶端递给红军，经过一番周折，两位红军终于接住竹竿，解下绳子。他们同心合力，和急流奋斗。渡船缓缓地被拉到礁石下面，两名战士纵身跳到船内，船马上哗地冲了下去……

红军笑逐颜开。两只渡船，带着四名船工和12名红军战士，胜利返航。渡船乘风破浪，风驰电掣。红军战士长征万里，硝烟一身，征尘未洗，纵情饱览雄伟峻险的峡谷，明媚秀丽的亚热带风光，不禁平添了战斗豪情，放声歌唱：

金沙江流水响叮当，
我们红军来渡江，
不怕水深流声急，
不怕山高路又长。
我们真顽强！
我们真顽强！

皎平渡口有了六只船，穿梭似的南来北往，像搭起一座流动的浮桥，像架起一道瑰丽的彩虹，九天九夜未伤一人一马，三万红军渡过了波浪滔滔的金沙江。（田良耕记录整理）

选自《红军长征过云南》，云南民族出版社1986年12月版，第131—137页。

我帮红军摆渡船

饶树清[①]

我的家在濒临金沙江南岸的树桔，是一所离村隔寨的单门独院。

奔腾向东的金沙江，两岸高山耸峙，削壁千仞，临江的树桔地势比较开阔，与北岸的鱼坝滩隔江相望，从鱼坝滩沿山间小路西行三四里就是汪家坪，距汪家坪不远的地方叫盐井，这是因为这里出产盐巴而得名。树桔因而就成了盐巴集散的地方和沟通川滇两省交通的一个渡口，平时常有客商往来，赶街天更是人呼马叫，熙熙攘攘。

1935 年 5 月上旬，树桔一带留下了红军长征的英雄足迹，谱写出机智勇敢，巧渡天堑的历史篇章。

（一）

红军进入云南的消息传开了，国民党反动派闻之丧胆，惊恐万状。1935 年农历三月三十日（公历 5 月 2 日）这一天，盐井缉私队奉上司的命令，把船工集合在沙滩上，说："共匪已经到了宣威，可能要从树桔渡江。奉上司命令，为了防堵共匪，凡盐井附近的大小船只，要一律

① 饶树清，老船工。

沉没在金沙江北岸。若有不遵从者，一律拿来治罪。”

船工们在刺刀和皮鞭的威逼下，含着泪水，搬来石头，把船沉在江北岸盐井附近崩子岩下面一处风平浪静的江水里。最后，还剩下一只七洞八眼不能用的破船，缉私队也硬派人搬石头把船沉没在南岸麻塘湾。

（二）

1935年农历四月初二，万里无云，阳光灿烂。早饭过后，布卡方向四方碑的山顶上，红旗飘舞，人影憧憧。红军沿着梁水棚梁子蜿蜒崎岖的山道下来了。先头部队到达金沙江边时，守在对岸小地脑脑的一队缉私兵就朝这边开枪。不多时，缉私队兵被红军的炮火打败，退回盐井去了。一支红军沿江上下寻找船只。

下午，一个小红军来到我的面前，拉着我的手说：“大叔，我们有几个同志想住在你家。我们带着锅瓢碗盏，决不打扰；若损坏了东西，照价赔偿。”这几句话真暖人心，我便领着他走进大门。小红军问一位年纪稍大的红军：“科长，这些驮子放在什么地方？”科长答道：“就放在屋檐下，不要挡住了老乡进出的道路。”他们把驮子上的箱子卸下来，取出了些机器，搬进屋里，我弟弟饶顺标也来帮助安顿，不一会，屋里就发出“的的达达”的声音。

饭熟了，小红军要我和他们一起吃饭，吃饭时，那位科长问我：“原来听说，这里船很多，怎么现在一只也不见？”我告诉他：“树桔和盐井一带大约有一百五六十只船，但大多数是装运盐水的小船，运载货物，摆渡行人的大船不多。盐水船每只最多只能载十几人，摆渡船可以载20人左右。前几天，传说红军打到宣威，盐井的场长赵子能，强迫船工把船沉到对岸的江里。有些船又被划到下游去了。”我还讲了麻塘湾里那只破船的情况。科长又问了敌情，我回答说：“赵子能手下有四五十人的缉私队，可能枪不多，拉扯下来两个才有一支。这些家伙在这一带作恶多端，敲诈勒索过往客商。我们船工盐工也经常受他们的气。”科长边听边记。我讲完了，他欣喜地说：“谢谢你给我们提供了重要的情报。”便走出门，去找他们的领导去了。

我咂着一管旱烟，在门口树荫下，和那个小红军聊天。过了一会，科长回来了，对我说：“上级请你帮红军划船过江，现在就去渡口”。我跟着他朝饶家沟走去，边走边想：船都被封沉了，怎么过江？那只破船不能用，会有闪失的，莫非红军在其他地方找到船了？

（三）

西斜的阳光染红了天际，映在江水里，泛起金波；照在红军身上一洗征尘，渡口上一大群红军正围着一只底朝天的小船，正叮叮当当地进行修补，有的把衣服撕成条条堵塞漏洞。我走近一看，正是麻塘湾里的那只破船。在沟边，一位长着短胡须、脸角有几条细细皱纹的红军干部拉我坐在大石头上，亲切地对我说：“老乡，我们请你在今天晚上送几船红军战士过江去。”我说：“这只船太破旧了，很危险。”他说：“如果船到江中，漏水了，大家齐心合力把水舀出去。我叫几个战士帮助你，把船划得快些，问题就不大了。”我坐在沟口等着他们修船，准备渡江的战士精神焕发，斗志昂扬。

破船修好了。天色渐渐黑了下来，几个红军把船拖到江水里，我站在船的一头，科长站在岸边，下达了出发的命令，红军战士矫健地登上木船。我扳了一桨，船渐渐移动，驶入江中。黑夜行船会发生意外，要担点风险，平常没有紧急事情，我们是不摆渡的。幸好那天晚上，一弯新月，高悬天边，山势水流，依然可辨。我们格外小心，几个红军战士帮着我们用力地划。在大家同心协力的配合下，这只小船终于绕过漩涡，越过急流，穿过江心，慢慢地靠向北岸的鱼坝滩。我担心缉私兵可能会守在岸边向我们开枪，可是船靠岸时，连个人影都不见。大概他们也像赵子能那样认为，南北两岸的船都被封沉了，红军是“插上翅膀也飞不过来的”，现在可能正躺在床上抽大烟哩。

我们把船划到对岸的鱼坝滩，红军迅速跳上江岸，分左右两路，警戒敌人袭击。我们又把船划转南岸，继续摆渡，第二船，第三船……那天晚上先渡过去的红军，整理了一下队伍，就悄悄地向盐井去了。

第二天上午，江边上笑语喧哗，我走到岸边一看，只见从上游陆陆续续划下来许多船只，到了渡口。这时我才知道，昨夜渡过江去的先头部队连夜摸到场务所，全部缴了缉私队的枪械，打开盐仓把盐巴分给群众和船工，大家感激不已，就把崩子岩下面的船打捞起来，划到了树桔。那位科长随船回来见到我们，每人给了两块银元。我没有想到，红军会给这么多钱，所以推辞不要。但怎么说，他也不答应，硬把钱塞在我们手里，并嘱咐我们回家休息。红军胜利的喜悦也感染了我，我怎能静下心来休息啊！

从这天起，红军的部队先后从会泽来到树桔，他们有的在江岸埋锅做饭，休息待渡。过江的部队排成单行，听从指挥的命令，很有秩序地上船。几十只船南来北往，穿梭不停。嘹亮的歌声，船桨的击水声交织在一起，和着波浪声响，组成了气势磅礴的乐章。成群的驮马，卸下鞍子和物资，拴在船尾，随船泅水而过。只见在浪花滚滚的江面上，他们昂头甩尾，随激流起伏。站在岸边观看的群众都啧啧称赞：“红军真能干，连骡马都被驯服得听从指挥。”

为了争取时间，红军晚上也照样渡江。他们在南北两岸的渡口上，燃起篝火，点着马灯，把能照明的东西都用上了，火光映射在波翻浪涌的江面上。红军夜渡，对船工特别关心，送来红糖姜开水，给大家驱寒，又送来毯子、被子，给轮换下来的船工，让他们能够比较舒适地躺一会儿，以便恢复疲劳。夜餐也比早晚两顿的菜多。许多船工都被红军无微不至的关怀感动了，不顾疲劳，只休息一会儿，就上船扳桨。

5 月 6 日早上，红军全部渡过金沙江。渡江后，红军用高价把私船买下，全部毁坏沉没。

红军过江后，在盐井住了一个晚上，就沿着山路，向会理进发了。（于冰整理）

选自《红军长征过云南》，云南民族出版社1986年12月版，第138—142页。

红军长征纪实丛书

沿途亲历者忆长征卷

2

中共中央党史研究室 编

中共党史出版社

本册收入第一至第二部分文章 169 篇

皎平渡旧话

严再洪

民国二十四年农历四月初，我帮助红军划船过皎平渡，至今已有40多年了。那时，我在渡口云南一侧的金家马店帮工——早晚打扫马店，白天划船，所以遇上了帮助红军渡金沙江的好事。

红军过完金沙江后，江上无船，交通断绝，马店不需雇人，我生活成了问题，才绕路来到四川这边的芭蕉种地，12年后，又从芭蕉迁到富乐，仍然种地，直到如今。前年，我近70岁，为了了却夙愿，我专程回到离别了42年的皎平渡去看了看。在那里，会见了周启龙、李文芳、陈月清、杨朝兴、张朝满等几位当年一同划红军过皎平渡的老朋友，虽说我们都已是老人了，可一说起旧话，大家却还像青年人一样兴奋。据他们讲，我们一同划船的，还有周德安、李明禄在世，其余的20多人都早已离开人间，可惜没见到现时的好光景。不过，我觉得他们的在天之灵，也在叙旧，也像我们一样兴奋。

皎平渡两岸，曾是很热闹的地方。因为那里的江水相对说来较为平缓，且在洪水季节，当沿江致十里上下都已封江停渡时，那里却还照常摆渡，所以在川滇之间未通汽车、火车之前，就成了两省交往的要道之一。

可能很多人还不知道，无论在红军渡过金沙江之前还是以后，皎平渡的两岸都各有各的名称。渡口的云南一侧，当时属土司金利尧掌管，原本的地名叫拉嘎，因那里办过炼铜厂，又叫拉嘎厂，拉嘎是一种少数民族的语音，什么意思不清楚，只因金土司住在离渡口约 20 里以外的皎平村，从云南到四川的客商一律要在皎平村交过税，付了船钱才能过江，拉嘎渡才被叫成皎平渡的。甚至有很多人把渡口叫作船房，似乎代表渡口的是皎平村，而渡口本身仅是管船的房屋而已。

皎平这地名，也几经变化才成了如今这两个字。我在金家马店帮工时，听附近的老年人讲，皎平村原来的名称已搞不清楚，退转去 200 多年（到现在大概就是 300 年左右了），住在那里的少数民族闹事，被清政府派兵剿平，才给那里起了个地名叫“剿平”，也有把它写成“绞平”或“搅平”的，这对住在那里的少数民族是一种侮辱，所以后来人们把它写成皎平，或因避讳“剿平”而另叫大村。

渡口的四川一侧，历来叫中武山，那时，中武山这名称比皎平、拉嘎都叫得响。

皎平渡举世闻名，大概是解放以后的事了。至于有人叫它绞车渡，显然是把皎平渡和皎平渡上游数十里外的鲁车渡叫混了。

我至今还清楚记得，红军来渡口之前，金土司的四兄弟金利海，妄图堵住红军不让过江，除把江上的船全部划到渡口上头的大转塘藏起来以外，还强迫他的佃户 80 多人当团丁，在沙滩上天天操练，有的佃户因操练不合要求，连屁股也给打烂了。可红军先头来到江边的人并不多，谁想那七八十个团丁刚听到点风声，就连毡子、羊皮都顾不上，一窝蜂似的跑了个干干净净。

再说红军来到渡口的那天晚上，天刚黑，突然来了七八个穿长条①的人，一来就把金家马店的杨店长和另一家客店的店长张朝连箍起②，当他们自报是红军，要杨店长和张店长把过江船交出来时，还悄悄上

① 长条：即长袍、长衫。

② 箍起：控制起来的意思。

附①我："喊不得店长了，喊我大哥。"他怕红军晓得他是店长要吃亏。

那时，渡口两岸共有五只船，云南那边三只：一只渡客，一只渡马，另一只是小渔船；四川这边两只：一只渡客，一只渡马，五只船不够红军用——实际用的四只，小渔船很少渡人——他们把带来的很多木板，像铺楼面那样排开，又把带来的很多小布一撕两破当绳子，将木板扎成筏子，准备搭成浮桥过人马。但是，表面平缓的江水却流得很猛，筏子一再被冲走，浮桥搭不成。后来，红军去鲁车渡放了两只船下来，就不再搭浮桥了。

渡客的船载 20 人，渡马的船载 30 人，有人专门维持秩序，多一个人上船也不准。红军来到江边，有的就躺在江边的石缝缝里，样子都很疲乏，可是，一过了江，又都有了精神，他们下了船，并不休息，扯伸脚又走了。

我们 36 个划船的，分成两班，人歇船不歇，划了七天七夜才把红军渡完。当然有些迟来参加的船工并未划够七天七夜。

晚上划船，全靠两岸烧起的火堆照明，烧的是红军带来搭浮桥的木板。我们对着亮堂堂的火堆划，从不出错。各只船头，还点了个火筒，既照着红军上船下船，又标明了本船的位置，以避免同别的船相撞。火筒是竹子做的，有两三尺长、两三寸粗，当地没有这么粗的竹子，红军是早准备好带来的；筒子里装油，放一根比拇指还粗的灯芯，大罐大罐的清油也是早准备好了带来的。

红军初来的时候，我确实有些怕他们。经过红军官长每天给我们讲话，说红军是来打富救贫的，将来还要分地给我们种，加上他们说话和气，对我们划船的照顾周到，未过多久，我也不再害怕了。红军对待我们船工确实很好，每天大米干饭随我们吃，还见天杀条大肥猪在马店摇起，专门犒劳我们划船的。这在当时，我们连做梦也想不到。那时，船

① 上附：求情、说好话的意思。

工大多抽鸦片，红军也真想得到，还每天给我们划船的发鸦片烟。而且每天给我们发工钱。所以我们划船的 26 个人,几乎个个都越划越有劲。

别看我们划船的天天吃油大，红军在渡口两岸却是连稀饭也喝不上一口的。因为在江边等吃饭的人多了会堵塞渡口，而且经常煮饭，柴烟会引来中央军飞机的轰炸。于是当地人就做些吃的东西卖给红军。我老伴做凉粉卖。红军买凉粉不讲价，也顾不上要佐料，给了钱，拿起一块不需切细的凉粉边走边吃，忙着排队上船。一块不大的凉粉，一般都给五角钱。我老伴只几天工夫就卖得 80 多元。红军给的大都是红军票①，红军过完江时，红军官长叫大家把红军票拿出来换现金票②，还告诉大家："我们走了，你们拿着红军票就使不得了，都拿出来调换，免得受损失。"那时我们划船的都说："这样顾百姓的队伍，哪里去找！"

红军过完江后，船都划过四川这边，红军从岸上的洞子里丢手榴弹下来炸船，让船板全部顺水淌走。那小渔船把我们云南那边来的船工送回去后，也炸烂顺水淌走了。

四川这边的江岸上，有一排山洞，那最长的穿洞③是在红军过江前 20 年左右挖的。通安有个财主康宝华,中武山是他的地盘。这里是陡岩，从前江水一涨，江边不能通行，客商和驮马就很难从陡岩上通过。康宝华为了过往客商在涨水季节不另寻渡口，并多收船钱和客店住宿费，才请人挖了这个穿洞。穿洞两头的那些依山洞子，则多是些盖不起房子的穷人自己挖来住家或做点小本生意求生活的。那江边的山岩，含硝很重，看是很硬，只要浇上水，凝结山岩的硝融化了，挖起来却是不大费力的。

红军过江的第二天或第三天，穿洞便不准通行了，原来穿洞里住进了一些红军官长，有的胡子已有几寸长了。我重回皎平渡时，才听说毛

① 红军票：中华苏维埃共和国国家银行发行的纸币。

② 现金票：当地流通的一种由云南省当局发行的纸币。

③ 穿洞：即隧道。

主席、周总理、朱总司令都在山洞里住过，那胡子最长的，原来就是周总理。我还发现，穿洞以下的有些洞子，当时并不见有，那肯定是红军走了以后才新挖的。

红军同我们分手时，一再关照我们要躲避，说中央军随后就到，谨防吃亏。还说，他们要不了多久就回来，那时再来酬谢我们。

红军一走，我就躲到法几块①去了。

解放后，我分得了田地，生活逐渐好起来了，而今我是儿孙满堂，不缺吃穿，处处受尊敬。我给红军的帮助是那样小，红军给我的酬谢却是这样大，我实在感激不尽。（陶鸣宽 1978 年 5 月 11 日至 14 日记录，1978 年 5 月 25 日整理）

选自中国人民政治协商会议会理县委员会文史资料研究委员会编:《会理文史》第2辑，1986年，第5—10页。

① 法几块：皎平渡去南一侧所负大山顶上的地名。

回忆红军过红果的情况①

解荣海

我今年 70 岁，红军是民国二十四年旧历四月从吉兆卡那边来的，从解家湾一直住到红果，大村、者堡桥、范卓一带的农民家里都住有红军。因老百姓被国民党整怕了，开始怕红军，结果红军来了，对老百姓很亲热，红军宣传是打富济贫的，要打倒土豪劣绅，分田地，说话和气，不大声武气的吼人，就觉得红军可亲，……红军只在这里住了一个晚上和一个大半天，针都不拿老百姓一根，第二天下午就走了。

我的哥哥解荣科，当时 25 岁，大我三四岁，当时红军宣传动员说：红军是穷人的军队，是解放穷人的。我们又亲自见到红军好，所以我的哥哥就跟红军去了，可是直到现在都无音信。（根据本人口述录音记录整理）

1984 年 3 月 5 日

选自中共会东县委党史研究室编印：《红军长征过会东》，1992年2月，第54页。

① 标题有改动，原标题为《解荣海回忆红军过红果的情况》。

回忆红军过新街的情况[①]

陈绍云

我现在57岁，红军是属猪年旧历四月初来的，原来听到国民党宣传说，共军来了，老的小的见一个杀一个，我们一家人除父亲（陈德富）年老和一个领奶娃娃的二嫂甫清秀未走外，一家人都跑到高山老林里躲起。60岁的父亲说："我留在家，要砍要杀随他们的便"。上半天才议了会，下半天红军就从河对门来了，有个红军骑在马上（后据说是一位营长），父亲就去路上给他跪下，那个骑马的红军跳下马来把父亲拉起来，叫父亲把手伸给他看，那个红军对他说，用不着怕，我们是红军，是打富救贫的。于是父亲将红军的马牵起到我家，后面跟着来了一些红军住在我家，共住两夜一个白天。红军住下就对父亲说，不要怕，叫他去把一家人找回来。第二天父亲就上山把一家人找回来，父亲和二嫂用脚碓给红军舂米、筛米、煮饭并同红军一起吃饭。（根据本人口述录音记录整理）

1984年3月24日

选自中共会东县委党史研究室编印：《红军长征过会东》，1992年2月，第55页。

---

① 标题有改动，原标题为《陈绍云回忆红军过新街的情况》。

回忆目睹冬瓜坪战斗情况[①]

邵文氏

红军从这里过那年，我仅 19 岁，现在是 70 岁，那年旧历四月初八，川军从铁厂下来住在我们冬瓜坪，初八早晨，我们起来看到很多穿灰衣服的（川军）跑到老百姓家里找吃的，捉鸡、拉羊来杀。川军还在煮饭，有的吃了，有的在吃，有的还未吃，红军从我们村背后小松林、大黄箐那边围过来，在我们村子里、文家大地、洼堂地打起来了，可能打了一顿饭时候，有的就喊投降了，我们不知哪些败了，只见穿灰衣服的把枪倒背起，穿黄衣服的把穿灰衣服的押起走。红军不要老百姓的东西，叫我们不要怕，红军走后，才听说是打富济贫的……（根据本人口述记录整理）

1984 年 3 月 28 日

选自中共会县委党史研究室编印：《红军长征过会东》，1992年2月，第52页。

① 标题有改动，原标题为《邵文氏回忆目睹冬瓜坪战斗情况》。

回忆红军住红果时的情况①

蒋宗发

我今年67岁，民国二十四年旧历四月间，红军从这里过的时候，听说军长叫罗炳辉，军团部就驻在我们这里的大地主张子清（张区长）家四合大院。

红军喊我们老板，老板！你们去背大户家的粮，但我们不敢去背，怕红军走后吃亏。

当时国民党的部下杨司令官家的人，混了两个在红军里面，就偷了红军的一些钱，正在撬坑坑埋钱，等红军走后再去将钱取出来，殊不知正在埋钱时，就被红军发觉了，将二人拉来审问后，被红军砍了丢到村子后头的山洞里，红军走后，村子里的当事人叫我和我哥哥抬去山上挖两个坑埋的。（根据本人口述记录整理）

1984年3月7日

选自中共会东县委党史研究室编印:《红军长征过会东》，1992年2月，第53页。

① 标题有改动，原标题为《蒋宗发回忆红军往红果时的情况》。

回忆跟红军至雅安的情况[①]

杨文亮[②]

红军来那年，因当时同后爹闹了架，气愤出走，在紧风口的垭口上碰上红军，红军叫我跟他们去，我跟红军到黄坪，当晚住黄坪，吃完晚饭刚睡一会儿就听红军的长官说："川军一部分人住在冬瓜坪。"叫起身，在大箐开会，分两路（一路从楼梯田，一路从石梁子）围攻冬瓜坪，接火约两顿饭时就把川军打垮了，俘获不少人枪。当晚折转黄坪去老旺山杨家公馆宿营。第二天清晨，队伍顺沟爬吉兆卡山梁子到红果，在红果休息一天，……接着由红果经坛罐窑（今宁南县七〇水库）到洼乌（今宁南县华弹乡）听说是准备攻巧家县……听说对岸有中央军，只隔江打冷枪，次日休息一天，第三天早晨吃过早饭走山上，遇到宁属靖边司令部的军队堵截，就打了一仗，把敌军击溃后，到披沙（今宁南县城）去建昌（今西昌）。

以后走一些坝子地方，日夜不停地走，白天还要隐蔽飞机，走到哪些地方，地名不知道，记不清了……

我是跟随红军到洼乌才编入连队二营六连一排三班。发给了枪，直到了芦山县，因班长牺牲了，把我补为班长，以后过泸定桥，到懋功县，在懋功休整，上级号召准备过草地，翻夹金山、过黄河、打日本。练习

① 标题有改动，原标题为《杨文亮回忆跟红军至雅安的情况》。

② 杨文亮，采访时67岁，系四川省会东县岩坝乡老岩坝村人。

对骑兵作战……不久，又通知不过草地了，队伍南下，打荥经县、清溪县，在打雅安县时，我患重病，被抬起走，退到一座大寺庙内，伤病员越来越多，每天只能吃点稀饭，天天都在埋死人，医治好了的，则分别送去隐蔽。不久川军杨森的队伍来了，把我们抓起来，三人编一组，押送去成都，我们这个组里有一个曾经在杨森的队伍里当过司务长的，同那些人说东扯西，半路上各自走了，这时我也打主意，走到一个小山梁上，我跑在前拿起石头，对押送的人说，不放我走就同归于尽，几大步窜进树林里，他们也未追，以后我就从内江、自贡到遂府（今宜宾市）转昭通，回到巧家县，沿途替人挑担子，混生活。由巧家县蒙姑过金沙江，到干田坝姨爹家住了十天，老表去吉兆卡赶街，托老岩坝的人带信回家，说我回来了，请父母放心，后又到黄坪大舅子王甫万家住宿一夜才返家中直到现在。（根据本人口述记录整理）

1982 年 10 月 2 日

选自中共会东县委党史研究室编印:《红军长征过会东》，1992年2月，第50—51页。

回忆红九军团渡江情况[①]

赵顺友[②]

我家先在鱼坝滩湾子里种田，当时在盐井办盐田。

红军是从云南会泽来的，红军未来前，盐厂官房（课税）就封了船（把运盐和运卤水的船统统集中扣在盐井上），在渡口只有一只小烂船，也是摆渡的，红军来到江边，先找着那只船渡过江来，又把沉船打捞起来，撕了被盖补漏洞，才有两只小烂船渡江，每船一次渡四人，先过八人，过江的红军立即赶去盐井，把扣封的船放下来，当晚就开横渡，从南岸到北岸，整整三天三夜，红军过江后，兵分三路。一路经黄坪向铁厂沟走了；一路过盐井到新田（现在的新田乡政府所在地）去了；一路乘船下干盐井去了。

红军到树节沟口越来越多，江边有人指挥，船一靠岸就有人上船，先来的大约在吃早饭前后。红军喊："你们不要惊慌，跑出去的都回来，我们是共产党，打富济贫的，你们干人跑什么！"红军的口音我们听不懂，经树节的人帮喊，我们才从山坡上回来一些人，红军问："哪些会划船？"当时我正 30 多岁，被一些同伴推搡，才回答："我会划。"就叫去划船，船从盐井放下来，划船的人越来越多，红军陆续过江来，在鱼坝滩的湾子里煮饭吃，当时乱哄哄的，也没有开会，也无人召集演讲。

---

① 标题有改动，原标题为《赵顺友回忆红九军团渡江情况》。

② 赵顺友，采访时72岁，四川省会东县新田乡鱼坝滩村人。

过江的红军最后一批，要走铁厂沟，要我带路，我带到水头上，又另找施国民带路，后听施回来说，走到冬瓜坪，遇上川军就接了火，……击溃了来堵截的川军。

我回来后，又划十船送另一批红军到干盐井，就回来了。红军过江时很急忙，人坐船，骡马是赶下水浮游过江的。红军刚过完，中央军就赶拢了。（根据本人口述录音记录整理）

1982 年 9 月 29 日

选自中共会东县委党史研究室编印:《红军长征过会东》，1992年2月，第48—49页。

我所见红军渡江情况[①]

饶顺清[②]　乐友正[③]

饶：我叫饶顺清，弟叫饶顺彪，解放前就在树节摆横渡。民国二十四年旧历三月二十二日清晨，听到山梁子上枪声不断，一会儿树节沟里就站满了人马。

乐：他（饶顺清）的弟饶顺彪是我爱人，当时他放牛去了，那时两弟兄在划船。记得天刚亮，就说红军到拢拖布卡了，山梁上枪声不断，树节沟里挤满了人马，红军先找到江边的小渡船，又找到了船老板，我哥（饶顺清），又来找他弟（饶顺彪），划送八个红军过江，先过江去的红军跑步去盐井，把封了的船放下来几十只，都是装运盐水卤水的船。沟上沟下都是密密麻麻的人，驻扎在这里，院坝里拴的马，我还上房去拿草喂马。

问：有多少船渡江？

饶：连盐船有 48 只，每只船要四五个人划。

乐：我们是打横渡，按月向公家领钱、粮，为公事不收钱。

饶：其他的船，每天给一次钱，按人头算，每渡一人给五毫钱（即云南省镍币伍角）。

---

① 标题为编者所拟，原标题为《访饶顺清、乐友正记录》。

② 饶顺清，采访时91岁，住云南省东川市拖布卡树节渡口。

③ 乐友正，女，采访时68岁，住云南省东川市拖布卡树节渡口。

乐：我给红军剪缝裤脚（长裤改短裤），红军把剪下来的两只裤脚，还有一颗小扣子给了我，还有两个信封，我保存到现在，前年由昆明派人来拿去了，还有红军办过公的一张桌子也拿去了。

饶：红军人很多，金沙江水深流急，浮桥又搭不起，所以，连夜渡，最后一批才走到汪家坪，中央军就追拢了，还追问："红军往哪里去了？"我指给他们看，对岸还有三四十个正在梁子上。

1982 年 9 月 29 日

选自中共会东县委党史研究室编印：《红军长征过会东》，1992年2月，第46—47页。

回忆国民党地方民团在可河、铁柳等地堵击红军的情况

刘家富

我今年 80 岁，家居铁匠村街。民国二十四年，当时我在做木工，铁匠村街上成立一个大队部（即地方团练），听说，“共匪”要渡金沙江过这边来，大队部就调集乡丁去大岩头和江边堵截。还说，红军抓住壮丁要在额头上刻“共产党”三个字，那就够你痛的。我们 60 多人奉命驻扎在大岩头（可河至铁匠村的山路要隘），每天四处抓农民的鸡、猪肉来吃，记得坪山一个老奶奶去赶可河街回来路过大岩头，向我们说，“军士们，红军人马多得很，有的拿一个铁筒筒在周家水井吸水”。一些乡丁说：“是水机关枪。”接着又有人来报红军过来了，不久看见小尖山黑麻麻的来了，我们五六十乡丁算什么？大家撒腿就跑，煮在锅里的鸡还不烂，从锅里捞起来，边跑边吃，才走到白龙梁子，大队部的号兵唐凯就吹起收兵号，我们刚退走，红军队伍就进了铁匠村街上。我们上了白家湾，在周家煮饭吃，饭未煮熟，红军哨兵来了，我们赶忙转到蒿枝坝梁子，乡丁分队长陈仕华说：“姜州集合了 1000 多人，要与‘共匪’比一盘。”叫我们在蒿枝坝梁子上树林里作好伏击准备。那天晚上落毛毛雨，不见红军来，天亮转到碗拉沟（现中心乡新乐村）姚玉和家准备吃早饭，在老百姓家搜来火腿煮起，因没有酒，派人去姜州背酒，当官的去烟馆里吸鸦片，酒未背拢，红军就来了，吓得我们不要命地跑

了，分队长陈仕华命令我返回碗拉沟陈海门家门前把忘了扛走的大队部的旗子拿回来，我跑步折回去，把旗子取下系在腰间，旗杆也不要了，跑到湾德村，险些被红军追上，我们一伙跑到坛罐窖，陈仕华叫集合整队去会理城，但听会理消息说，县城四门都封闭了，进不了城，且多数不想去。黄昏时，陈仕华带着五个乡丁走了，我们看见马尖峰梁子有点点火光和电筒在走动，大概是红军连夜赶路。我们一伙 20 来人从大长洞折转富乐欧总团家正打米煮饭，突然来了 300 多红军，问："你们干什么？"我们说："是堵红军的，我们人少，刚到这里，红军就来了。"红军收缴了我们的枪，下了机柄，砸了枪筒，在欧总团家天井里摆四条长凳，叫我们坐下，给我们训话，问："你们吃饭没有？"我们回答："三顿没有吃了。"就在欧总团家吃了一顿饱餐，饭后，红军发给我们每人一盒"双刀牌"香烟，动员我们跟红军去，我们没有去，折转来走到王兴安家，一伙动手搜东西，搜出甜酒，立刻喝了，在一口木箱子里发现刘元塘（国民党二十四军师长）驻会理时造的假钢洋和一些金银首饰，乡丁们爱财喜，抓着就往身上揣，刚走到大堰上，又碰上红军来了，拦住搜查，从一伙身上把这些东西搜出来，红军又将这些东西归还原主王家。我们返回铁匠村，又来了三四百红军，大队部队长黎德清煽动一伙去"吃尾子"，去抢夺末尾的或掉队红军的枪支、钱财。有的人跃跃欲试，被王吉禄（铁匠村恶霸）的妈阻挡，骂道："背时儿子些！你们想死，红军过完没有还不知道？让人家过路算了。"才没有敢干。红军过铁匠村，前前后后三四天，打过财主刘炳兴、黎其三、胡三少娘、杨成勋等家。这些家人早已逃跑。（根据本人口述录音记录整理）

1982 年 10 月 20 日

选自中共会东县委党史研究室编印：《红军长征过会东》，1992年2月，第44—45页。

回忆红军过可河情况

陈黄氏

红军从可河过时我仅 25 岁，现在是 74 岁。旧历四月初二晚上，我们这里的当事人康练白叫人去大河坝堵红军，等他们晚上打起火把去时，红军已在江对岸打枪，这些人听到红军的枪响就跑了，红军还未到可河村，康练白、王联三这些当事人就连夜跑掉了。红军有个朱营长和一些红军在后面，把我们这里的老百姓全部集中到庙子头去开会，把王联三家的猪杀了，红糖拿出来，开完会就每人发五盒糖、一块肉（一斤左右），红军说："你们不要怕，红军是打富济贫的。"我的儿子叫陈世荣在沟边洗衣服，红军见他穿得烂就拿了几盒糖和其他东西给他。红军很多，到处都住得有，红军行军打仗疲劳，到哪里就躺在哪里睡，前的前，后的后，先后从这里过了三四天。（根据本人口述录音记录整理）

1984 年 4 月 10 日

选自中共会东县委党史研究室编印:《红军长征过会东》，1992年2月，第42页。

回忆红军过可河情况

周顾氏

我今年 72 岁，民国二十四年的旧历四月初一，丈夫带儿子到云南去卖烟，在云南禄劝县的大松树就遇着红军来了，红军就叫他带路。老头就带红军到河门口过江，儿子就带另一部分红军到中武山过江。四月初二红军过江来，先来了六个穿长条的看后，又回江边去，后来大部队才来，红军来时，从云南的大松树扛来木杆用绳子捆着木杆过江，过不来就冲走八人，后来才用船划过来的。红军住在我们家，红军对我爹说："老伯父，拿这个烟盒给你作留念。"第二天红军都过完了，红军在王区长（王联三）家把猪杀了，把红糖拿出来，把老百姓叫去开会，开完会才分红糖和肉。烟盒我家一直保留着，后来被四哥拿去，四哥死后，烟盒不知被谁拿走了。（根据本人口述录音记录整理）

1984 年 4 月 10 日

选自中共会东县委党史研究室编印:《红军长征过会东》，1992年2月，第43页。

回忆红军过可河情况

彭国柱

我今年83岁，民国二十四年的旧历四月初，当地团练康练白叫我们去江边堵红军，待我们去到小河口时，江那边的炮响得很，我们去的都是拿长刀、扁担去的，红军问我们是什么人，我们说是团上叫我们来堵红军的，看到势头不对，我们就跑了，只见红军的枪朝天打，我们睡在一个小沟头，第二天红军就全部从河门口渡江过来了。红军很多，走累了，他们就到处睡在这些竹林底下，来两个红军在我家煮饭，稀饭煮好，喊我们挑去给红军吃。划红军过来的船夫是罗自元（云南人）。我们听康家说："红军来了要把老的和小的全部杀掉，年轻的要拉去当兵，所以说听到红军来，老百姓就全部跑了。"我记得一个朱营长讲话说："打富济贫、杀官安民。"凡是红军走过的地方，墙上都写得有很多标语，可惜我们不识字，后来被日晒雨淋不见了。（根据本人口述录音记录整理）

1984年4月10日

选自中共会东县委党史研究室编印：《红军长征过会东》，1992年2月，第41页。

红军来到通安街

郑炳仁

红军到通安那年，我只有 14 岁。说句老实话，如果当时年纪大些，也就随红军去了。

当时的反动宣传很厉害，说："红军来了，男青年要拉去当兵，女青年要弄去做鲜花队。"人们的思想很混乱。

旧历三月二十九，我们几个娃儿在山坡上放牛，有一个人慌慌张张、连喊带叫地跑过来，我们就问："你跑啥子？"他回答说："'共匪'，已到禄劝县（云南境内）。"四月初一早上，我们几个娃娃又在街上耍，听人们议论纷纷，说："云南那边来了三四十个'共匪'，把厘金房抓了。"四月初二，是个赶场天（那时通安场是赶二、五、八），听人们说，国民党军队要开来。等快散场时，就从东路的江舟（至通安 60 里）开了一营人来（刘元塘师），营长是刘北海。

乡、保长们煮好了饭，给这些军队吃。吃过晚饭，就出发去堵红军。刘北海的一营人走青山去堵，民团则从殷家河去堵。

初三早上，大约八九点钟光景，开始接火，我们听到了枪响，还听说从江边过来了许多人。我们不明情况，都到附近山上去躲，只留祖母一人在家。白军二十四军的阵地是在癞子山，红军没走大路，从侧面（蚂蝗箐一带）抄小路，先包围了民团，缴了他们的枪。随后就占领了营盘山，与白军对峙，战斗持续了几十分钟，白军就败退下来了。

这时，刘元塘（四月三日早上到通安）骑着马在街上督阵，一见部队败退，就慌忙逃回了会理。部队也一窝蜂似的向会理溃退，拢会理就紧闭了城门死守，并且把东西关的民房洒上煤油烧着，我们从山上看到会理城漫天大火，是红军拢会理才救灭了火，要不，早烧光了。

在通安一仗，把白军打死了三四十人，红军的阵地要高点。

当时，我未亲眼看到，回来听说在营盘山和癞子山接界的山垭口也交了火。

红军四月初一拢通安，下午就召集群众在四方街开了会，帮助我们组织了贫农团，打土豪，分粮财。

我们贫农团主席有王树芝（外号王大衣裳）、罗发林，还有一个王永兴。贫农团只成立几天，没有固定的活动地方。

红军走后，王树芝被转来的地主还乡团提了去，受够了吊打折磨，一直坚贞不屈，并且激昂地说："分田地，我就是要分"，"要死，死我一个"，"看你们还能折腾几天，红军总要回来的"。最后，被还乡团杀害。据我回忆，现在确定的地址即是当时王树芝牺牲地（现在王树芝还有个姑娘，眼瞎，住街上；有个儿子参过军，现复员在米易工作）。

罗发林是被还乡团用石头砸死的。

王永兴，因为和乡长是家门，而且把红军留给他的一支枪交给了乡长，所以没被杀，解放后才死。

红军到会理是从竹箐方向走的，十三四天才走完。

国民党对红军是有准备的，红军到四川前两个月，金沙江渡口就封锁停渡了。红军在通安，据说毛主席住在现在的旅馆，司令部住原来的一所小学（现粮库）。

我转来时（四月十五或十六日）在四方街现在卖食品的地方（原天主堂）碰到两个红军，一个患麻疹，一个脚拐，走不动，就在屋檐下露宿，到周围讨饭吃，十八日（或十九日），还乡团员来就把两个红军抓到要杀，两个红军说："走就走，不拉稀。"我亲眼看到从街上带过去，脚一跛一跛的，还挺着胸腔，满不在乎。带到现水沟一队（原有一棵大树，现开成田了），就枪毙，两个人打两个人，第一枪打倒前面一个，第二个放了一枪没打死，就拿刀来，连砍了十三四刀，我们硬是一下一下数着的。

红军经过通安，有很多人参加红军，但我知道的就有罗朝纲（康家娃子）、麻李根、吴维有等人。（据王克林等1975年1月12日走访纪要整理）

选自中国人民政治协商会议会理县文史资料研究会编：《会理文史》第3辑，1987年，第45—47页。

红军领导我们打土豪

刘少清

红军来时是 4 月份，我们三个人给老板挑担，在过江一天路的云南地方与红军相遇。他们向我们作宣传，说红军是打富济贫帮助穷人的。我们就与红军一道回来，帮红军背伤员。我们三个人从皎西渡背到这里。在通安吃午饭，到这里已是四五点钟了。我们给红军买柴，买菜。他们住在这里公社后面，还写有标语。

第三天，我们带他们去会理。到会理后给了我一块钢洋，送给我两个背篼子（已献给西昌博物馆）。

红军大队伍在这里过了七八天。

在红军还没有到彰冠之前，刘安明（保安大队长）家里每年收米租四五十担，另外每年做生意得钱很多，做生意主要是贩鸦片、贩猪、贩牛。在红军离开彰冠后，刘安明当了乡长（当时年龄二十六七岁），刘群甫（团总，管两个乡，家里每年收来米租 40 来担，佃户多。当时年龄 40 多岁），刘文斋（地主）等先后两次“齐团”。第一次是在头年腊月间，第二次是二月间，参加的人大既 1000 余，在大会上向群众反宣传：“‘共匪’毒得很，见一个杀一个，如果他们来了，你们应该赶快躲，如果你们不跑，他们就把你们杀了，如果吃的东西不藏，他们就给你们抢了，‘共匪’什么东西都要。”并且还要群众组织冬防队去保护他们，刘锡清当队长（刘家每年收米租 30 多担），枪不怎样好，不参加的群众就得出钱。

红军来时，小春已收完了，秧苗已有一拳深，红军穿的衣服是灰色，打绑腿，背米袋。

红军大部队走后，又来了一个连，连长姓王，住在地主刘文山家，与我家只隔一堵墙。他们来后，就叫我老人过去耍，先问我老人（刘恒普）有没有地，我老人回答说没有；他们又问我老人怎样生活，我老人说是靠租地种和挑力。他们说：他们是共产党，是打地主，打财富的。问地主跑完没有，我们说：跑完了。并问哪些家是地主，还问双河郑银州家是不是大地主，我们说是大地主，他家有十个儿子，两个媳妇，七八杆烟枪。又问袁家沟有家姓毛的（又名毛小老汉，家里每年收租三十多担，还煮酒）是不是土豪，我们说是的。问其他地方有没有地主，我们说"坛罐窑"的李根银是土豪。最后他们说，"他们是打土豪救穷人的"。我们问他们什么是打土豪，他们说"是把土豪的财富打来分给穷人"。又说"我们不知道哪些人穷，打来的东西分不下去，你们地方选几个领导人出来"。当时就叫我老人出来成立一个主席团，并要本地选出的两个来参加，并说他们要长期住在这里，把地主全部消灭，如果上级不调他们走，他们就在这里生根了。你们穷人受压迫，受剥削太深了，苛捐杂税太多。我们来了不交税了，而且还要把地主的东西分给你们。一共谈了三个晚上，最后一晚上增加了曾发和田运标。在红军的连部里，后面和前面都有人站岗，站在墙垣上，连长单独住一间房，房里有一架地主的床、一马灯、一支连枪。连长30多岁，中等身材，贵州人。红军曾送给我一套半新灰色衣服（后捉我时剥去）。

最后一晚上我们四人从连部出来就摆，他们不走了，要打地主，还要选几个人出来带路，好把打的东西分下去，我们三家人胆子大一些，那么我们就担起来。第二天早上，连长叫我们几个去开饭，又谈到要选我们几个出来领导。我们说："就是怕地主以后回来砍脑亮"。中午的时候，又叫我们去吃饭，并叫我们召集群众开会。我们说不行，因为群众怕。后来我们分成三个队出去向群众宣传。每一个队十多个红军，曾发带着走小烂坝，田运标带着走小哈拉，我和我老人带着走小岔河街上。一家一家去摆，当时我们走了马家涯、赫友相，当时在他家去摆，他说好得很、好得很，红军来救我们穷人，我们一定参加，后来他参加了。后又走了刘庭相家，他家害怕，没有参加。一个排长说，一家一家走难走，你们去动员叫他们来分东西。在天黑时，三队人都回来会合了。大家都说：真正穷的人家都愿参加，生活好一点的都不愿参加。当天总共动员了 80 多人，而在第二天开会时，只有 12 人。开会时，王连长说："打土豪，分田地，你们本地要组织个贫农团，动员几次你们没选出来，我们决定：刘恒甫任正主席，田运标和曾发任副主席，要得不？"大家说要得，拍手欢迎。分东西时，连长又说："东西很多，人又少，一个人要分好几挑，大家还是少分一点，还要给其他人分一些"。第二天又去动员，曾发向那些人说："大家不要害怕，若地主二天回来了，砍头砍我的。"中午的时候来了 50 多人，在连部吃饭的有 30 多人，没吃饭的有 20 多人。连长对大家说："明天要去打土豪，现在大家组织起来，你们去 30 多人挑东西，我们也去 30 多人。"第二天，田运标带一路走郑银州家，曾发带一路走毛小老汉家，我老人在家里造名册。当时地主家里的猪肉、鸡、米、衣服、被子都收了；还有两条活猪，一个排长用马刀砍了挑起，一共 60 多挑，都放在水井边分，穷人依次排好队等。我老人登记，该分什么就分什么，没有分够的，第二次又再分，排了名字的都分了，没有排的就没有分着。这些人（大概十多人）就吵闹起来了。连长说："你们穷苦农民不要吵，我们动员你们几次，你们来了，叫主任把名字登记好，明天我们又去打，打来分给你们，你们分双份，你们来参加很好。"当时有郑极州家、孟国成家、郑子斌家、刘根五家，罗运发家分到两套衣服、一床被子、一斗五升米、六斤腊肉、一口罗锅。赫有相家两件长衫、一架火锅、八升米、12 斤腊肉、一床帐子。我家里分得花瓶、两套衣服、两床被子、一斗米、半节毛肉 15 斤。第二次分东西的有 60 多人，有 20 多人没有分着，这一次打的是蔡鼎明家（团总、住新华张古凉桥）。另一路打坛罐窑李根银家，第二次红军去了 18 人，穷人多，一路 30 人，一路 28 人。

第三次打街上刘安明、刘一昌家，刘群甫家，人很多，东西也很多，共有七八十人去拿东西，都拿到水井边分，从吃了午饭就开始分，一直分到半夜才完。连长对大家讲 :“今天你们来了，是拥护贫农团，现在人越来越多，我们不但要分果实，而且还要分田分地，分房子，分东西的再少不要闹，只要大家组织起来”。分后，大家打着火把回去了。我家里分得了两套衣服、两把布伞、两斗米、瓷碗十多个、两个盘子、四斤猪肉。

一共打了七次地主家，大小地主 30 多家，第四次打了拉红的谷建山家，东西很多，去了 100 多人，红军去了 20 多人，全部背枪，并在地主家里煮了一顿饭吃，才把东西拉回来，当地农民也分了一些米和穿的盖的东西。当时 40 人挑米，剩下的人全部挑铜器和衣物，当天把东西挑回来后，时间不早了，晚上把东西放在连部，第二天才分。

最后一次红军没人参加，只是农民参加。

打土豪七八次后，上面来提调了，他们要走。但他们说不是走，是到会理去开会。

第二天他们临走时，叫我们好好地在这里领导。我们说怕地主回来掉脑壳，想跟着走。他们不要我们去，说 :“组织起来就不怕，我们很快就会回来的。”我们四人把红军送到那边山坡，分别时他们又给我们讲，好好领导打土豪，并给了我们每人许多钢洋，我得了 18 块，有的是 25 块。

红军走后第二天，刘锡清、刘益昌等地主回来了。接着几天开会，他们把匪头名单挑起，把曾发、田运标抓了，到我家去的人特别多，怕我家有枪，我老人翻墙逃走了。

地主把我、曾发，旧运标抓住关起。把曾发、田运标吊起夹指头，用香火烧脸，并拿着一把香火在我脸上晃，威胁我，要我交出老人。

我老人逃到大山里共 11 天，在外吃野菜，饿得不像个样子。他在外总挂念着家里，有一次出来望望，被放牛的蔡炳恒看见回来报了。地主派了 30 几个人去追，我老人跑出了包围一段路，结果被一枪打穿左膀给逮住了。被两个人拉一条腿拖下大山，拖下山时背上、屁股上的皮子被挂起来把头都盖住了，惨得很。弄到街上后就被上链子、被拷打，被香火烧脸。关了四天后，有一天他们把我们四人的链子换成绳子。刘锡清说，要把我们四个人送到会理去，每人一碗饭，我老人说："这害怕是吃倒头饭了，我们不吃。"我们四个都不吃，刘锡清恶狠狠地说:"不吃算了，倒去喂狗吧。"于是派了几个人把我们押走。押到花山下叫我们站住。刘 ×× 开枪打死曾发，刘锡清的儿子刘璋打死田运标。刘锡清叫罗运华打我老人，罗运华不打，又叫赫有相打，赫有相也不愿打（罗运华、赫有相是穷人，分过财富），他两个迟疑，刘锡清就把一排子弹推上膛，几次没有打响，恶霸刘益昌（在云南当过土匪营长）喊刘锡清在枪膛里垫块竹片。这下打响了，没有打死我老人。刘锡清又用刺刀刺，我父亲在地上把身子一侧，用手握住刺刀，刺刀戳进了我老人的肋骨抽不出来，刘益昌拿马刀砍。刘锡清拿着一把明晃晃的大马刀，对着我老人砍了十下，过后他们又把我押回来，关了几天，刘锡清对我说："要放你们，这里的伙食费，烟钱算 50 块大洋，叫你家拿来就放你。"他们把我家东西全部拿光，地下也挖了三尺。出来后我们只有讨口。

我老人被杀后，我妈收尸回来，还是阶级兄弟出了点木板埋了。曾发、田运标的尸在山上被山猫狸拖，东一块西一块的，遍坡都是，他们没有坟。

解放前我们穷人就这样受压迫。那时彰冠大多姓刘，只有几家别姓，他们是地主，我们是穷人，同族不亲，阶级才亲。毛主席来了我们才翻了身。从前我老人种刘群甫两石米的租田，自己没有地，解放后有了田土，有了房屋，草屋变成了瓦房，住的地方全变了样。（1975 年 1

月 11 日陶明宽、李映发、汪文铸采访记录）

选自中国人民政治协商会议会理县委员会文史资料研究会编:《会理文史》第3辑，1987年，第50—55页。

路遇红军

武丙之

1935年，我正是14岁，记得有很多群众就在议论，一支打富济贫的队伍——红军快要来了。这话很快就传遍了各地，广大受苦受难的劳动人民都纷纷盼望着，只等着自己的队伍早日到来。

旧社会由于被三座大山的压迫，广大劳动人民被逼得走投无路，没有衣穿饭吃的人不知有多少啊！记得红军快来那年，我还不大懂事，就被我们村的王联祥（道士先生）叫我和他去外地搞生意，从来没有出过门的十来岁的小孩，哪里会做什么生意啊！就这样，我们就挑着担子向西南方向去了。哪晓得去云南的路是那么远啊，肩上挑了几十斤重的担子，一连走了好几天，把我的脚都走肿了，一路上不知吃了好多苦头才到云南。到云南不久，我们就听到红军要来了，当时我对红军不了解，又挑了这么多东西，心里不免有些害怕。

由于我人小又不懂事，因此我的东西以及银钱就由王联祥道士给我收管，哪晓得他早就起了坏天良，想一日吞掉我的银钱和东西，当我们买了货从云南回家的路上，他想实现他的鬼主意，便一口咬定我没有交那么多钱给他，再三不给我的钱。当时我气急了，便和他争吵起来，心想自己出门这么长的时间，搞了这么一点钱，全被他一口吃了，爹妈不知多么难过。我心又急又气，觉得王道士太可恶了，便大声骂了起来。王道士正想揍我，恰好后面来了几个人，见我在哭，就走到我跟前问道：

“小鬼，怎么哪？我们是红军，你不要害怕，快对我们说吧。”当时我哪答应得出来呢，只是一股劲地哭。那几个红军耐心地等着，最后我咬紧牙，忍着气，向红军诉说了王道士贪我钱财的事。红军听了非常气愤，只见他手里拿着那根光滑的黄竹棍，便向凶煞恶神的王道士打去，王道士哎哟了一声，闪在一边，这时后面背着一支手枪的红军上来了，便把枪交给了这个红军，这位红军拿着手抢，把枪口对准王道士说:“人家这么大个小孩，难到还斗得过你吗？快把这小鬼的钱交出来”。王道士见势不利于他，只好老老实实地把我的银钱交给了红军，红军又交还了我。还向王道士说：“在路上和回到家里不准你随便打骂这个小鬼。”王道士连连点头连说：“是、是，不敢、不敢。”红军又说：“我们知道了，还要来和你算账。”又对我说了几句实心的话，就转身走了。当时，我不知道说什么才好，眼睛里充满了感激的眼泪，直望着渐渐走远的红军，直到望不见为止。

这件事后的第二天，我们往回走着走着，忽然在我们后面响起了脚步声。我转身一看，那些人头上还带着柳条圈的圆圆帽，和昨天红军的样子差不多，我知道这就是红军的队伍了，感到很亲切，正想跑上去，红军就走到我跟前来了。走在最前面的一个红军向我问道：“小鬼，你知道去金沙江的路吗？”我说知道。红军又说：“给我们带路好吗？你不要怕，我们是红军，是打富济贫的队伍。”我连忙说：“我知道你们是好人，我不怕。”于是我就给红军带路，一直到他们认得路为止。

我当时人小，又挑了担，走得很慢，红军便往前走了。渡过了金沙江，我是多么想和红军一道去啊。

过了几天，听说红军已到达我的家乡会理。我真想自己有一对翅膀，一下子飞到红军身边去。但当我们到达金沙江边时，江水正大，又没有船，不能过江，没奈何，只好在江边待着，哪知一待就待了40多天才过得江来。回得家乡时，红军早已北上抗日了。当时我心头很失望，眼巴巴地望着北方。

现在我生活在红军打下的新的天地里，过着幸福的生活，建设社会主义，但40年前路遇红军的事，我总是不能忘记。（会理师范文物普查小组整理）

1975年4月2日

选自中国人民政治协商会议会理县文史资料研究会编：《会理文史》第3辑，1987年，第56—58页。

红军过彝区“渔海结盟”[1]回忆

沙马马海（木呷）

民国二十四年，农历四月间（猪年鸡月十几头），从西昌那边来了红军，到处都这样传着，逃跑的国民党军队不分昼夜从我们这里经过。

冕宁县大桥有一家姓赵的两弟兄，一个叫赵团长，一个叫赵万先，喊小约达（小叶丹）来接他们。他们说红军来了，要到我们那儿来躲。我们平时都怕他们，所以小约达就把他们接来了。刚接回来两天、太阳刚出来的时候，就听到老鸦垭口不断地有砰、砰的打枪声。都说红军来了，不知要成什么样子，当时我们住在一个叫羊坪子的地方，我们爬到后面的山包上，看见不远处一家汉族家开的店子门前，军队已经从那里过了，领头的已经到机呷坪喇嘛房的地方，后面还在不断地打枪，有一个姓龙的汉族给红军带着路，他就站在那家店子门前用彝话喊我们，因为我们坐在山包上被他们看见了。他喊我们下来，不要害怕，说红军是路过这里的，连喊三道，我们都没有理他。后来又喊时，我一个叔伯哥名叫沙马尔果就说：“果基叶牛（约达），马海，我去看一下，不去看一下不行了，从来没看到过这么多兵，如果他们晚上到我们这里来，会糟踏我们的。”当时我们的牛羊都逃到河那边去了。沙马尔果说，他去看一下的时候，我们不敢叫他去，也不敢不要他去。这时下面那个姓龙的

① 即“彝海结盟”，“彝海”原名“鱼海子”。

又喊："伙计们下来吧！他们是红军，他们最好。只要把路指给他们看了，他们就走的。"尔果说："让我去看一下。"这时我们就答应他去看一下，他到姜家房前时，两三个人把他簇拥进去了，进去后红军把100元用纸包住的钢洋塞在他怀里，然后给他说："我们一同到刘伯承那里去，刘伯承在海边上。"一再说要到那里去，并问尔果，到海边的路怎样走，他们就这样一同到海边了。从去姜家店子到海边，大约是一早晨的路程，到海边没有好一阵，尔果就拿着一支鲜艳的红旗来到姜家店子外边，就分路顺河沟到我们外边河坝里。他就喊："马海下来，果基咔牛（约达）下来。"不断地绕着红旗给我们说："红军最好了。"我们就把那两个逃来的汉族打扮成彝族，叫他们躲在山上。我们30多个人，就一直沿着海边这条路下去，要到海边的时候，约达就倒在地上躺着说："我们去，如果说合了，要用一只鸡吃血才放心，应该捉只鸡来。"我说："我去捉嘛。"我一口气跑到一个名叫底惹底合的家里，人已经跑完，只有鸡在家，我就逮了一个白花鸡公来了（现在他们说成红鸡公了）。我们一路去的30多人，在快到海边的一条小沟时，差不多就跑完了，只剩下尔果、约达、果基沙马和我四人。

海边、海上面山坡上的草和兵一样多。已经是下午了，天非常晴，海都变成黄色了，因为兵些全部坐在海边的山坡上，是兵的倒影映黄的。就在现在立一个石碑的上面，有一个用石头砌成的院子，尔果朝那边看了一眼后就给我们说："伙计们，你们快来看，站在那里的就是当大官的。"我们一看，是一个背一顶油布草帽和一双布编草鞋的人，身边一路的是一个胖胖的小伙子，背着一个盅盅、没有背背包，可能就是警卫，他们来到我们跟前时，约达我们就去给他磕头。（果基沙马红军过后三年就去世了，这个人往年我们就没有提过他，当时在彝族当中，他是比较出名的。）我们磕头的时候，刘伯承就把约达抱在一起，并对我们说："弟兄之间都要互相磕头吗？不要磕了。我们不打彝民，我们是去打蒋家军和刘家军的，你们不要害怕，我们这些都是互相帮助的。"

这时约达说：“这个海的那边才是我们管辖的，一直管到拖乌。果基阿咧拉打管到菩萨岗以下，海这边该罗洪家管，我们不能到这里来，到这里来就会被他们捉去杀掉，不杀也要用七八个银子或者 100 两银子去赎回，我们的牲畜到这里也要被赶去，我们已经被他家弄伤心了。我们还不知道你们是什么人，从清早打枪到现在，我们的妻子儿女都躲起来了，牲畜也跑完了，实在没法了，心里很害怕。所以先叫尔果到你们这里来看看。”我说：“你们的兵已经到我们上面了，没法了，我哥哥懂汉语，就先叫他到你们这里来看一下，我们硬是被罗洪家糟踏来没有办法了，女的被他家逮去，男的被他家杀掉。”果基沙马也是这样说的。

后来约达又说：“如果我们真的互相相信，你们说不打彝民、为彝民作主，去打蒋家军和刘家军的话，我们该说的也已经说了。路也指给你们看了，但我们彝族有个习惯要打一只鸡吃血酒才能真正的互相相信。”红军说，没有鸡怎么办？我说：“我带来了一只”，我刚说出口，刘伯承就说对了，他非常高兴，大家就开始念咒发誓，他们念咒的时候没有逮鸡，鸡是我逮着的，我问：“哪个打鸡嘛？”他们说你有刀，你打嘛。我把鸡打死后，说鸡血应该和酒吃。没有酒怎么办，约达和尔果都这样说，这时刘伯承解下一个可装一两斤的盅盅给那个胖小伙子，叫他舀海水来，小伙子舀了满满的一盅来，我接过来倒掉大半部分，把鸡血滴在水里。刘伯承人很高大、脚很粗、牙齿宽宽的。他端起盅盅朝着太阳就说:“上有天”,指着天向上面跳了一下,又指着下面说,“下有地，约达，尔果，马海我们如果不世世代代互相帮助，不是同一个肺呼吸。不是一条心，存有东想西想的坏心，你们给我们指路、带路，帮助我们后，如果我们有不好的坏心肠，就和这只鸡一样死。”约达、尔果、沙马和我都是这样发的誓，我是用彝语说的。

后来约达和我们几个都向刘伯承说：“我们恨透了罗洪家，被他家逼得很难生活了，实在想不过他家，今天吐俄垭口就是他家干的。罗洪家有一个当团长的，叫邓团长，打你们的就是他的兵。”这时刘伯承说：

“你们去叫十几个小伙子来给我们带路，我们今天晚上就把他踏了。”我们哪里还听得这句话，约达叫我快跑，去喊人来，当时我27岁，我跑到海边一个小的沼泽地时，他们又喊我回来。我听到喊声跑回来，问他们怎么回事，刘伯承说：“我们红军是走好几条路过的，不光是我们这支，还要在一个地方集中，如果我们在这里耽搁久了，就落后赶不上大队伍。那就不好意思了，你们不要怕，我不是哄你们的，我们最多八九年，最少五六年就回来了，我们把吐俄垭口这些地方弄平，修成路，让你们在上面自由地跑，和汉族一样都做田、吃大米、住大瓦房。请你们就相信我，听我的话，我们今天太晚，不能赶路了，只有全部回大桥去住，明天早晨才赶路。”大家都说对，才一齐往大桥走，路上他又给我们说：“一个比较可惜的同志牺牲了”，晚上我们大家都住在大桥，不知道他们放些啥子音乐（可能就是现在的收音机一类的东西）。吃了晚饭后，红军又抱了一个白母鸡来结盟吃血酒来了，在一户姓赵的家里结盟，吃的血酒。屋里的人好像只有红军当官的，尔果和约达进去了。果基沙马和我站在门口上，这次的血酒只有屋里的人吃了，我们两个门口上的没有吃，发誓的咒语还是先念的那些话，红军拿了一把锁样大的手枪给小约达。后来邓保宁给约达换成一支步枪了。邓保宁就是当时刘伯承走时留下和我们一道接红军的一个红军干部。当晚，我们不敢多喝酒。第二天，红军打了一罐酒叫我们背回去吃。我们准备把红军送交拖乌的果基拉打。约达我们四人走在前边，刘伯承在我们后边，鸡叫时我们就开始做饭吃，天麻麻亮就起身了，红军从来的那天起，一共过了八天，来到我们上面这个姜家店子时，约达说：“马海你去送，你把他们送上去。”因为我有一个娃娃，婆子走娘屋去了，我把娃娃交给我哥哥家，另外一个名叫底惹惹改的也做了准备去给红军带路，顺便去找他的兄弟，因为约达也叫他带路。尔果不知道惹改也要去送红军，他说一个人去送太寂寞了，叫铁打和子打两个给他一路去送，他转来这样一说，就给了他三支枪，他自己拿了一支起来，给了两支给铁打和子打。把邓保宁介绍给我们，红旗交给我拿着，叫我在姜家店子外面石堆上坐着接红军，尔果和铁打他们黄昏才回来，我们来到拉打家时，拉打家早就跑完了，没有人在家。我们送红军到菩萨岗后，当天我想把邓保宁带到我家去，但路太远了，所以我们就到铁打和子打家去了。这家的女主人很热情，我把他们带去后，人家还杀了一只鸡，邓保宁的警卫员拿了一包鸦片，送给了主人家。第二天，红军在继续前进。以后每天，天亮吃了饭我就拿着旗子，邓保宁就牵上马我们一同朝海子边走，过了八天八夜。这八天八夜中邓保宁每天都给我们一路去接送，因为，他不一路，怕的是后面来的人不认识，光是红旗怕人家不相信，算不了数，我不会说什么，每天就只是给他一路去，一路来，也不会给他们要枪。

后来一个名叫补日打你的，听说约达我们在接送红军，他也从冕宁给红军带路来了，我们在吐俄垭口这边拿着旗子坐着时，那刚刚是耽搁一下的一个时候，他准备向我们开枪，这时果基打你说：“我先去看一下。”后才没有开枪。

过八天八夜后，邓保宁说过完了，尔果不知道惹改要去送红军顺便找他的弟弟。原来惹改有一个弟弟，在拖乌国民党的兵拿大烟给他吃，叫他帮背背子，先背到拖乌，后叫他从拖乌背到栗子坪就多给一点钱，但一去就没有回来。

这以前，因为有个叫李统领的，邓秀廷叫他到西昌去打红军，因不敢打红军回来了，经过冕宁的时候，经邓秀廷说，把果基（沈），倮伍（伍），罗洪（罗）家的30个人质弄来了，来到吐俄垭口时碰到了约达，约达对李说：“你的这些人质就看在我的面子上，把他交给我算了，你顺顺利利地过山去，这样好些。”李说：“我为啥要给你呢？”约达也没怕他，对他说：“你如果不听劝，执意带去会引起仗火的。”李说：“我不找仗火找啥子。”李就带着这些人员绕道从伊嘞出来了，这时这面果基（沈），倮伍（伍），罗洪（罗）家过去有仇互相还没说话的都联合起来打李统领，在伊嘞出来的山沟里李统领被他们打覆火了，听说人尸当时把南丫河都填断了。下面来接李统领的人，到姚河坝后，听说给国民党背背子的这个人是冕宁那边的人时，就在现在的姚河坝把这个小伙子打死了，他就是惹改的弟弟。惹改给红军带路，到姚河坝时，就看见他的弟弟已经被打死在路旁。刘伯承和惹改走在前面，惹改说："司令官，我要找的兄弟已经被打死在这里了。"刘伯承说："找着就好了。"当时给了他一支步枪，拿了20个钢洋给他，作为安葬费。尔果他们每天送到菩萨岗，我每天就在吐俄垭口接，说吐俄垭口以上就不怕了。有一天几个十四五岁的小青年，他们背着短枪，走错路到我们村里去了，因为从海边有一条岔路是到我们村羊坪子去的，是一个名叫哦脚大顾的和一个名叫沙马吽牛的点着火把翻一个垭口，把他们送到喇嘛房的，他们非常满意。

八天八夜后，邓保宁说："红军已经过完，你们好像很喜欢枪，我到拖乌王家店子后给你们几支枪。"约达对我说："马海、马海，你去把果基胖子的那匹骡子牵来送给红军。"我去把骡子牵来了，我们送他们到助保挖呷时，就开始摸黑路，一直摸到拖乌，我们就把骡子送给他们，他们说："我们没有要骡子的道理。"再三都不收。我们就说："如果你们不要骡子，我们也就不要你们的枪了，我们是已经结了盟的，我们大家都是一样的了嘛。"这时邓保宁说："既然是这样我们就要了。"到拖乌一个沼泽地时，邓保宁骑着骡子走在前头，我抓住他的马尾巴紧跟在后面。他的马嗅着地下很会走，兵些累了都躺在路两边休息。我牵的那匹骡子，因不会走，不时又踩着路旁休息的人。到王七合家时，我们就问司令都住在哪里，他们说司令部住在上面，上面果基咧哈家那里有一座碉房。我们以为司令部住在那里，我们到那里时，那里的人说：司令部设在那里，到下面住去了，原来在一家姓李的家里住，他们拿火腿给我们吃，当晚，我们就住在那里了。

第二天一早，他们就用木架子把一些藤藤网网的东西（电线）收在一起，晚上他们就把这些线牵满了。邓保宁把我们领到王家店子，给了我们八支枪，我们就把这八支枪拿回来到助倮时，因约达有一家名叫曲莫一倮的娃子在那里住，我们就到他家做客去了，买了一头猪杀来吃，付了一个银子给他家，把枪放在一个名叫啊睹母哥的那里，准备到姜家店子去吃大烟时，突然听到哝哝呀呀的路下面在说话，路上面也在说话，不知道他们说些什么，一些人把我们围着了，我们站也不是，坐也不是，我们想红军已经过完，是什么人呢？我们被拉到姜家问时，才知道他们是红军的后续部队。经介绍往日给红军带路的就是我们时，他们摸着我们的头高兴极了，我赶快回去把红旗拿来给他们看，路非常挤，路下面的人挤得上不了路上面，路上面的人到不了路下面。红军一见到贫穷的人就拿钱给他们，见到富人就恨，他们看到我们背的枪就问我们：“是你们自已做的吗？”因为过的红军很多，有的人看一会儿就晕吐了。一个名叫吉克耳果的站在那里时，因穿着一件很短很旧的牛毛擦耳瓦，红军就给了他一匹驮着两斗米的马，他不知道是送他的，一直牵着这匹马站到天黑，没有人来牵时，才知道是送给他的。红军说以人情送我们一匹骡子，一个名叫倮伍以且的来给我们争。这时果基毕鼓说：“这是红军送给我们的骡子，你为啥在我果基的地盘上来争，你家住在长银河坝，你是到这里来干什么的？”说着果基毕鼓就去争，没争回来，果基毕鼓就一抢把马打死在那个倮伍的手里了。

红军们用红布把枪机、枪柄都拴得紧紧的，看来他们什么都不怕，这次又过了四天四夜才过完。

四天四夜后，又来一个人，住在下面，他给汉族和倮伍家结盟了，专门抢富人吃。五六天后，他就派了四个人喊我们来了，约达，果基沙马和我（尔果没有去），还有一些奴隶，有一个约达母舅家的奴隶，我们一共去了□人，下午，我们就到那里了。他们住在一个庙子里，□□把烟枪收成一堆一堆的放在那里，我认为他们是好人，我一连吃三根烟枪的烟，他说：“杀一个鸡子给你们吃”。我们惊呆了，我们以为是杀一个麂子给我们吃，原来是一个小母鸡。吃完饭，到傍晚的时候，就看到来了许多各种各样的乡民，他们拿着刀、矛，有的刀有套子，有的无套子，好像泸沽以上的人都来了，来后都钻到街的大小巷子里去了，到黑静的时候，我们都惊着了，约达更害怕，约达说："来来来，我们一同去问一下那个当官的"，我们问："司令官，你明天早上鸡叫的时候走不走？我们比较忙。"他说："忙啥嘛，我后面还有兵，我要到磨房跟前去住。"当晚，我们在街外面找地方住了，鸡叫的时候，我们就走了。到现在为止，我们还不知道他到底是不是红军。我们来到吐俄一户姓丁的家里煮饭吃，到太阳刚刚晒平大地的时候，在大桥下面一个叫额基的地方。路上不好走，走的田坎。和羊子一样，团上面的山坡上人多得很，这些人来到吐俄垭口分路的地方时，就砰、砰地响了两声枪，只响了这两声枪后，就乱套了，不知道在那些汉族的门前是怎样搞的，像吆羊子一样，把他们吆走完，他把兵些弄到前边，从磨房跟前下去了。这样我们就回来了。

第二天，母子舍俄就来到大桥，母子舍俄是邓秀廷的侄子，在邓的手下当一个营长。他大发雷霆说："你们不给罗洪家一样干，你们果基海边的一支，接待红军，让红军从这里过。你们这条沟的为什么不联合起来打红军。"听到这些话后，这条沟的果基家，倮伍家准备联合起来对付邓秀廷。还用一条牛在我们外面钻了牛皮，吃了血酒、结了盟。那时邓秀廷的兵还驻在大桥，我们准备驻在吐俄垭口对付他们。一个叫罗洪助意子的在邓秀廷手下当连长，他也派兵来了，就在一个坝子里接上了仗火。我们一个名叫井害丙鲁的手打断了，一个名叫扎莫林鼓的被打死了。这两个被打死打伤后，倮伍家也找亲戚托关系到邓秀廷那里去了，果基阿咧也托关系到邓秀廷那里去了。只有菩萨岗下面的没有去。我们大家商量，唯一的办法只有上山，上山后准备再向河道那边活动。

后来有一个名叫里坡的人在邓秀廷那里当连长，他在那里有点名气。里坡有个女儿准备嫁给约达家儿子，已经订了婚，也给了一些钱，他对约达说："我只带我的兵来，给你们说好话行不行？"我们同意后，就由他说中间话，说的结果是把红军给我们的枪交出，红军给我的三件衣服也交出，把这些东西交完后。又给了一万二千纯银子（当时八只羊子只折一个银子，一条牯牛只折十两银子，一匹马只折九两银子，一条母牛只折七八两银子），为这些事，我都去挖过两次贝母（一斤贝母折两个银子），把钱交完后，约达的三个叔叔被杀了，我的一个叔伯弟弟，在大桥也被罗洪家杀了，把我们整得实在没有办法。

以后，红军是猪年过的，虎年回来的，时隔 16 年就回来了，虎年到猴年七年中在汉族中土改，猴年就到彝族家民改了。鸡年就问马海在哪里，云南省的也来问过，还写起文字走了，再以后，由于我是毕摩，又不懂汉语，不了解情况，家中病苦又多，就迁到石棉县我儿子那里，就没有机会去见当年的红军了。我打鸡用的刀他们也拿去了，一个叫韩部长的把我领到海边上住了半个月，照了许多相，现在政府从政治和经济上都给我帮助、我感到心里很欢喜。［哦耳古睹（罗向如）记录翻译］

1986 年 8 月 4 日

选自中国人民政治协商会议石棉县委员会文史资料研究委员会编:《石棉文史资料选辑》第1辑，1986年12月，第24—34页。

回忆红军过中武山

李明禄

红军过中武山①，是民国二十四年旧历四月初头上的事。我原本是会理尖山堡人②，那年，正好在云南那边离渡口约五里远的上坪子佃地种，那里虽当大路，但红军来的头天晚上，我们未听到任何动静，所以对出了些啥事情全不晓得。第二天，天刚粉粉亮，我跨出门槛就发现红军牵成线似的从大路上走过。上坪子的人一见红军来到，差不多全跑光了，红军不抓夫，不打人、骂人，不要老百姓的东西，不糟践庄稼，请人背东西给钱，所以不多久，跑了的人又陆续回来了。我单身一人，没啥可怕的，就没有躲避红军。

过路的红军看到我好像很喜欢，喊我："老板，走，跟我们去。"我见他们没有坏心，也想看看热闹，就跟着去了。走到河边，又有别的红军问我："老板，会不会渡船？"红军对我和另一些人讲："你们莫怕，我们是打富救贫的，打的是地主老财，救的是穷人。只要是穷人，我们决不碰一下，没的穿的我们给穿的，没的吃的我们给吃的。我们要过河去打地主老财，还要打帝国主义，请帮我们渡船。"我听红军讲得实在，就参加划船，把红军送过中武山。总共划船七天七夜又一个上午，直到红军过完金沙江。

---

① 指皎平渡四川一侧。

② 现属四川省会东县。

红军来之前，那一带地方已在传红军要来的话了。金土司家弄了些人在河边操练，又派人在河边赶修碉堡，想堵红军。谁想修在金家马店背后的碉堡还没盖瓦，马店下面那个碉堡的墙才筑了一半，红军就来了，操练的人连红军是啥样子还没见着，听到点风声就跑得无影无踪了。

我们划船的人总共是36个，分成两班，人歇船不歇。晚上，来去的红军都打着火把，河的两边都烧着火堆，船就对着火堆靠岸，渡船总共是七只，云南那边的三只船，一只是三丈四长的，一只是二丈八长的，还有一只小渔船，很少用，四川这边的两只船，一只是三丈四长的，一只是二丈八长的；另有两只二丈八长的船，是船工李有才带着红军去上游鲁车放下来的，这两只船少划一天一夜。

划船的人，有些我不认识，认识的也记不全了。大致云南那边除我之外，有陈月清、丁继安（陈月清的抱养兄弟）、殷梦之、小宗宝（殷梦之的儿子）、李正芳（傣族）、张朝满、杨朝兴、张朝珍、张朝福、李如成（傣族）、小王友（傣族）、李有才（傣族）和张朝禄、张忠印两父子；四川这边有周德安、田兴举、张兴贵、杨继有、田兴科、罗兴武、罗兴全、钟应福、康昆和周启龙。

红军给我们划船的一天吃三顿白米饭，顿顿有肉。每天早晚，红军把我们划船的喊去站成两排，发钱、发大烟给我们，凡是白天划船的就晚上发，晚上划船的就早上发。每次发的辛苦钱是两元半，头一天发给我两个银砣砣，银砣砣一面弓、一面窝，像顶毡帽，一个抵一元钱，以后发的就是现金票了。

头天来的红军，背短枪的多，后头来的，就是背长枪的多了。有些枪有两层，外层七洞八眼的。还有的红军扛个铁筒筒，也有大一些的铁筒筒由两个人抬，我问是哈东西，红军说是炮。红军穿的衣服，各式各样的都有，穿对襟褂子的也不少；衣服的颜色也不一样，不过穿灰白灰白颜色的居多；也有头上戴铁毡帽的。红军的头上，肩上都挂着树枝枝，拢了河边就在沙滩上一排一排地坐着，等待上船过河，乍一看，沙滩就跟树林子差不多。

中武山河边有个长穿洞，穿洞两头和穿洞中间都有一些洞子。红军初来时，穿洞任人通行，过了两天，就不准通过了，连过河来的红军也改从穿洞下面的河边走。原来所有洞子里都住进了红军，一些红军的年纪较大，有的胡子都有几寸长了，肯定是些大官。

那些洞子，原都有人住。上河头一个，就是进深两间那个洞，当时是卖东西的，是住的哪家人记不清楚了；下一个洞子是帮红军划船的杨继有住家的。那两家洞子中间的那个小洞子是关猪关鸡的。穿洞中间也有个洞子，洞口正对着穿洞的亮洞①，是谁住家记不起了。穿洞下河那头，拢穿洞口的地方有个洞子装有单扇木板门，是老瞎子康炳雍住家的；再往下是康炳坤开店②的洞子，里面洞套洞有好几间。出了穿洞，过了康炳坤的洞子，有个土掌房，是谁住家记不起了，接下来有个横排三间的洞子，是彝边普洪安摆赌、卖大烟的地方，再下一个洞子是帮红军划船的周德安住家的；再往下的土掌房是厘金房，门旁挂着一块不大的招牌，听说招牌上写的是“会川关税务局中武山分卡”。此外，要往下河走一大截路才有别的房子，那里有帮红军划船的周启龙的家，赵联三开的马店和另一家客店。

在我帮红军划船的第二天，来了一个只有一只眼睛的红军，他一拢河边就被好多红军围了起来，他站在当中讲话，周围的红军都仔细听讲，我站在外围，听不清楚，转到高处去，离远了，更加听不清楚讲的什么。这个一只眼睛的红军魁魁肥肥的，穿一身倒黄不白的军服，颜色和式样都与其他红军不同，大概是个大官，后来我在中武山的穿洞外面还见到过他。

到第三天或第四天的中午，有两个红军是坐滑竿来的，滑竿上有白洋布蓬遮着，看不见人，大概也是大官。

---

① 即采光洞。

② 即客栈。

还过了一些女兵，女兵们一个背个小铺盖卷，有的铺盖卷用个竹匣子装着，她们都穿灰白色衣服，有的戴帽子，有的光着头梳两个小辫子。她们过了河，在赵家马店歇了一天半才走的。

红军来的第三天或第四天上，飞来了四架中央军的飞机。红军官长喊我们不要动，说是一动，飞机就会看见，看见了就要丢炸弹。真把我吓够了。飞机飞走了，我们才又划船。过后才知道，飞机在洪门厂丢了个炸弹，地头炸了个七八尺宽的坑，幸好没炸着人，只把地头的甘蔗烧了一些。

划完船后，红军长官把我们划船的请到中武山厘金房吃午饭，问我们愿不愿跟他们去当红军，还说，愿去的才去，决不强迫。红军问到我时，我说屋里有老人，去不起。红军就再不问我了。

吃过午饭，红军端着两簸箕钱和大烟来奖励我们划船的。发给每人五元现金票和一块大烟，另给每人两个像毡帽样的银砣砣，说是做个纪念。

红军用船把我们从云南来的人送回云南，也有一些人没回云南去，多半是跟着红军去了。有个叫小长宝的，是干田坝王黑脸的孙子，他不是划船的，在中武山跟着红军去了。

红军过河结束之后，所有船支都被红军炸烂以后顺水漂走了。

红军走后的第三天上，中央军来了，上坪子的人差不多又跑光了。我正在耙田，来不及躲避。等我洗干净手脚要进屋去的时候，一群中央军凶神恶煞地来问我要船。我说船都顺河淌走了……话还没说完，就挨了几枪筒子，只好不再说话了。他们不停地打我，抓住不放，强迫我随着他们到处搜查、抄家、抓人家的鸡，拉人家的猪，把抄来的东西硬逼我背着，同他们折转杉老树。原来河边没有船，中央军过不了河，只得原路回转。从上坪子到杉老树，除了抓来的佚子，一路上见不到一个老百姓，沿路都扎满了中央军。抓我们当佚的中央军，又沿路抄老百姓的家，把抄来的东西加给抓来的佚子背上。最恶毒的是路上不准歇气，动不动就冲来几枪筒子，晚上把我们关在一起，像关牲口一样。红军给我的银砣砣，我皮面穿的衣服，都全被中央军洗抹了。那时候，我真后悔，早知如此，何不去当红军！

到了杉老树，又强迫我们背东西到巧家，原来中央军过不了中武山，就改从巧家过河去追红军。我们这些伕子被逼着过了宁南又到西昌，过了西昌又到冕宁。到了冕宁之后，天已擦黑，中央军叫我去挑水来宰他们从老百姓那里抢来的猪。我趁天黑把水桶丢在路边，不顾一切地摸上山去躲了起来，第二天才顺着山梁往回走，走了两天才绕脱了中央军。

我一路讨口，白天又不敢上大路，直到旧历五月间才走拢中武山。拢了中武山，没有船，过不了河，我只得顺河往下走，回到尖山包我老人那里。

自那以后，我再没去过中武山、上坪子，甚至也再没离开过尖山堡。

我今年66岁了。过去的事，很多都忘了，唯独帮红军划船过中武山这段过去的故事，看来是会永世不忘的。（陶明宽记录整理）

选自中国人民政治协商会议会理县文史委员会文史资料研究会编：《会理文史》第3辑，1987年，第8—13页。

寒婆岭战斗

张新才

红军四月初一过江，初二在大坝住了一天，初三下午大概三四点钟到了寒婆岭。我们四五十个人到梁子里躲，红军上来，叫我们不要怕，红军要水吃，我带他们到普家坟秧田沟吃水，那里有四五十挑水，他们好多人，半个来钟头就吃完了。红军吃了水就上梁子，红军在这边梁子，刘师长的队伍在那边梁子，两边就打起来。有些红军已经下到梁子底下，打了一阵后，红军吹号，后面的队伍就往回走了，在梁子下的红军也顺着山脚转退出来。刘师长那边山上有个穿绿军装的在山顶架势摇红旗，过了一下川军就喊着杀声冲来，有 20 来个红军在山脚没有走，顶到川军打。不晓得他们拿的是哪样枪，从肩上拿下来就“哒哒哒……”地打起来，川军倒了些人还往下冲，红军这边“轰……嗵”一炮，正打在他们当中；哦！川军这回子就退啰。川军打输了，红军也没有冲，红军就吃饭。红军生活苦哦，吃的都是一种豆子，嚼得“咯咯”地响，满梁子都是红军在吃饭，听得见“咯咯”地响。

红军吃完饭后，又开始打。有十几个青年红军，看样子才十多岁，还奶声奶气的，他们都戴起铁帽子，都是短枪，勇敢得很，就往川军的梁子上冲。只听到打得“嘟嘟嘟……”的响得很，我看到那十多个红军硬是一个都不倒。红军这边又是“轰……嗵；轰……嗵”两炮，又打到川军的窝里头，哦！川军遭不住，都转过脑壳跑，红军就冲上去了。川军的伤兵就躺在地下哭，磕头作揖的，红军对他们摇手说：“不杀、不杀”，还拿白粉粉药把他们的伤口掩起，让他们走，又把死的埋起。上面一吹号，下面和后面的红军又满山遍野地上。

这一仗川军死伤了几十个，红军连一个受伤的都没有看到。红军七天六夜才走完。红军纪律严格得很，不拿我们的哪样东西，买东西硬是要拿钱，还问够不够，你说“有多的了啰”他才拿东西去。

我给红军送饭，红军给我一块花钱。（杨志远、王记根 1975 年 1 月 15 日访问整理）

选自中国人民政治协商会议会理县委员会文史资料研究会编：《会理文史》第3辑，1987年，第48—49页。

南乡贫农团忆略

冯明轩

现在的南阁公社，在红军长征过境的时候叫南乡。南乡有座南阁寺，别看它现在只剩下烂朽朽的山门，红军来时，它还是一座宽敞，漂亮的寺院哩。红军帮助南乡农民建立的南乡贫农团就建在南阁寺里，为了让贫农团有个开会、办公、存放胜利果实的地方，红军便不到南阁寺驻扎。大概因有这座南阁寺的缘故，解放后，南乡改名南阁乡。南乡贫农团也被后人叫作南阁贫农团了。

南乡贫农团成立的时间虽短，可当时的南阁寺里，人如潮涌，热闹非凡，我们穷苦农民在那些日子里真是扬眉吐气，高兴极了。可惜红军一走，贫农团被坏人整垮了。我虽是贫农团的通讯员，既不识字、又不大听得懂红军说的话，亲身经历的事情也少，以致南乡贫农团的始末情况，就只知道一个概略。

民团二十四年四月初五，我同几个伙伴去会理赶街，因进不了城，转身走到新庄坝时，见有一长溜戴胡椒眼篾帽，着深色长衫，穿布编草鞋、挑一色八股绳包箩的“下河老二”① 在路边树林子里歇凉。这些天，四乡风传红军要来，刘元塘的队伍又四处搜抢老百姓的粮食进城，加以不准入城赶街，我们怀疑是遇着红军的便衣队了。当我们麻着胆子走过

① 下河，长江下游的俗称；老二，小商人的别称。这里泛指外省来的小商贩。

新庄坝时，果然不出所料，大队红军正向我们迎面而来，逃避已不可能，红军给我们发传单，向我们打听会理城内、城外的情况，叫我们不要害怕，说他们是来打富济贫的，要我们帮助他们打开会理城，没收刘元塘的财产来赔偿工人、农民以往所受的损失。说话间，连牵不断的红军从李公桥踩水过城河，向纸关方向去了。晚上说，另有大队红军从小河口转入积水、东坝向毛溪方向去了。凡见过红军的人，都说不必害怕。这些人大都是后来贫农团的积极分子。

四月初六，红军开始驻扎南乡，南乡贫农团的活动也从此开始。

南乡贫农团开始的筹建过程我并未参加，据贫农团主席白海清后来讲，才略有所知。

红军从初六开始在南乡住宿，但大都每天天黑前住下，第二天清早就向会理方向离去，这天下午，白海清遇着了较早留住李海庭大院的红军，双方探问过一些情况后，说话投机，红军便掏出本子记白海清的姓名和住地，把白字写成松柏的柏，白海清纠正说，是日白的白，并且写给红军看，红军见白海清识字，也能写字，就向他提起贫农团的事情，他们马上去南阁寺谈了很久。

李海庭是南乡的大土豪之一，那大院在解放后曾是南阁乡人民政府所在地，直到现在也是南阁小学所在地。红军驻扎时，大院周围的地上，电话线像藤藤一样牵向四面八方。只有这大院的红军接连几天住下未走。

白海清这个人靠做庄稼为生，因懂得些文墨，又常去外地当挑脚，见多识多，加上说话公道，在农民中原本就有些威信。须知，在红军快来南乡之前，不要说富豪人家躲开了，就连很多穷家百姓也误信红军杀人放火的反动宣传，躲到山上不敢回家。以致红军来南乡之初，不易见到当地群众的面，即便见到了，也很难遇上像白海清那样明白道理的人，所以红军一见白海清就喜欢上了。

白海清从南阁寺出来，约了些人商量，就连夜分头到头塘、朱家坝、中合、南阁寺周围等地找人串联，他们立即上山劝说躲到山上的群众各自回家，初回家的群众见自己留在家里的东西，红军丝毫未动，又见红军说话和气，买东西照价付钱，一传十，十传百，南乡的群众，在一两天内就大多回到家里，他们不再担惊受怕，反同红军亲如一家。

四月初八，南乡贫农团正式成立，有几百群众来南阁寺参加成立大会。一位住在李海庭大院的、年纪有二十七八岁的红军军官在会上讲话。讲话的口音我听不大懂，大致是说，要打倒刘元塘，打倒各乡的土豪，穷人不交租，不还债，才有出头之日；工人、农民要联合起来，建立自己的组织，穷人才有力量，才办得好事情；红军是工人、农民自己的队伍，欢迎南乡农民当红军。

会上选白海清当主席之后，又选白大成、白治远、周大松当赤卫队的大队长，还叫我当通讯员，通讯员就是跟着白主席跑跑路。

红军送给贫农团20多支枪和两把大刀，20多支枪中，除一支独眼五子外都是毛口，红军只给了枪，没给子弹。背枪的赤卫队员中，我认识我家邻近的叶文周、叶文开、叶文富三兄弟和孙炳清、谭以中，其余的就不认识了，他们的任务是站岗放哨，不准土豪离家乱跑，看守被扣押的土豪和保卫胜利果实。

每天太阳一落山，中央军的飞机不来丢炸弹了，红军和贫农团的人就动手打土豪，黄浒的李永和，大卷的江杰衡，中合的李海庭，傅明和等几户大土豪，还被群众开会斗争过。红军把从土豪没收来的口笼帐被、衣衫裙裤，筹粮所剩的粮食、腊肉、油、盐以及各色各样的东西，都交给贫农团，这些没收来的东西，大部分放在南阁寺集中保管，小部分存放在陶家湾等处，准备分配给南乡的广大农民，其间，红军也亲手在几处村子里分过一些打来的财富，所以南乡的群众无不喜气洋洋，到南阁寺来参加开会的人，看热闹的人，一天多过一天。

贫农团的人还协助红军动员青壮年参军，兰家湾的是成元、何玉全、蒋希银，凉桥的陈文树、陈文焕都是参加红军走了的。南乡参加红军的人不少，只是多不认识，或是忘了姓名。

白主席每天都同住李海庭大院的那位年轻红军军官商量工作。大概是贫农团成立的第三天，白主席说那位军官不在南乡了，派我去瓜叽米[①]送信，我在马大土豪家把信交给了那位军官；他写了回信，我又带回去给了白主席。那时，红军正攻打西城墙，瓜叽米一带的红军多得很。自那以后，我再未见到过那位年轻的红军军官，他的姓名早已被忘记了。

又过了两三天，南乡的红军都离开不见了。连李海庭大院的红军也走空了，白主席叫我再送信去瓜叽米，我到了那里，那里的红军也全不见了；白主席叫我去外北找，我带着白主席的信到了外北，外北也不见有红军。信交不出去，我把信还给了白主席，白主席又叫我去鹿厂找红军，我去了鹿厂，鹿厂也没有红军的踪影。

红军突然无影无踪，南乡贫农团的人十分着急，赤卫队的孙炳清等人，主张快追，大家都当红军。但白主席说，红军的大队伍还在后头，不准去追红军。

大队长周大松提出：马上隐藏从土豪家打来的财富，他还主张贫农团立即暂时散伙。白主席坚决反对散伙，也不准隐藏打来的财富。

南阁寺里还扣押着从朱家坝捉来的土豪刘炳青，早先大家商定要刘家交出100块大洋才放人。这时，周大松提出，只要十块大洋就放。白主席也坚决不同意。

周大松这个坏蛋，他同白主席顶撞之后，竟勾结起刘华宣、刘盛明、吴子恒这几个出名的烂人，约了一群不三不四的家伙，到南阁寺来想搞走南乡群众的胜利果实。在争执当中，周大松趁白主席不注意，突然提起板凳朝白主席头上打击，随来的烂人一拥而上，把白主席当场打死在地。这伙坏蛋又把抵抗他们的大队长白治远打成重伤，随即死在南阁寺

① 地名，又叫挂金梅，在今果园乡金梅村。

的院坝里。他们抓了几个贫农团的人送交刚还乡的民团，这些人后来全死在狱中，白大成同我，见寡不敌众，急忙逃出南阁寺，才免遭杀害，周大松这个丧尽天良的坏蛋，他甚至对白主席的女人也下毒手，他让刘华宣把白主席的女人也活活地打死在家中，就这样，红军交给贫农团的胜利果实，被周大松、刘华宣几个坏蛋侵吞，他们移去埋在各自的菜园地里。南乡贫农团群龙无首，垮在周大松手上了。

与此同时，由南乡总团钟玉书、副团李和全，乡约周子芳和大、小保长①领头的"清乡"也开始了。他们带着民团团丁大肆搜捕、屠杀红军留下的伤病员，搜缴红军送给贫农团的武器，追逼、吊打分得胜利果实的群众。

我跑去鹿厂躲避，直到中央军到会理，把刘元塘的部队带去"追剿"红军，"清乡"停止之后，才敢回家。我的家早被抄光了。抄家时，要不是我的女人从后门跑得快，也早被整死了。

"清乡"中，反动派把白主席的人头从尸体上砍下来，强迫白主席的儿子白治刚背去会理南门挂着示众，企图威镇四乡农民。白治刚当时九岁，瘦得像根柴棍棍，随便怎样打骂，背到新庄坝就再也走不动了。白治刚无依无靠，不久也死了，白主席这家人便被整绝了。

周大松这个坏蛋，在"清乡"之初受反动派利用，像狗一样到处咬人，也横行了几天，但终未逃脱总团的魔掌，他们埋藏在各自菜园地里的"通匪赃物"被挖出来后，周大松、刘华宣、刘盛明这三个坏蛋便被枪毙了。这些情形是我从鹿厂回来以后听说的。

可惜红军交给南乡人民的胜利果实被钟玉书、李和全侵吞，可惜周大松这个坏蛋没有死在南乡人民手上。

白主席的人头高高地挂在会理城的南门上，他并未动摇南乡人民出头、翻身的意志，却提醒我们要把仇恨深埋在心中，仅仅过了15年，

① 即联保主任与一般保长。

改名解放军的红军回来时，南乡人民终于报了仇，雪了恨，出了头，翻了身。（陶鸣宽记录整理）

选自中国人民政治协商会议会理县委员会文史资料研究会编:《会理文史》第1辑，1985年，第27—33页。

回忆红军在石门坎的战斗

郑世杰

1935 年 5 月下旬至 6 月初（阴历四月二十六日至五月初五）红军长征经过泸定县境，其间经过的战斗，除以“飞夺泸定桥”之役，留下光辉的史迹外，沿大渡河东岸挺进的部队，以“石门坎”和“化林”之役，打得最英勇。

瓦斯沟到沈村之间是海子山，山的西面临大渡河，全是悬崖绝壁，半崖上有一条陡峭的路，是瓦斯沟到沈村必经的小道，途中有一隘口叫“石门坎”，南可控制瓦斯沟上来的人马，北与沈村、冷碛通连，是一将当关之地。坎后有四五十亩平地，住户四五家，这里可以屯兵，扼守石门坎。

驻在兴隆的敌守军袁旅，即利用这一险要地形，派曾营驻小寨子，派吴营驻海子坪，扼守石门坎。阴历四月二十五日下午，得悉红军已沿河而上，前锋已到达挖角一带，于是急急忙忙调动兵力，封锁渡口木船，妄图凭借石门坎险要之地，阻止红军前进。阴历四月二十七日清晨，红军到达瓦斯沟附近后，观察了地形，掌握了敌情，然后作出果断的措施：以一小部兵力沿岩路佯攻石门坎敌人，另一部分沿瓦斯沟绕道海子口直袭小寨子，再分一部分兵力，由张院子绕后山直下海子坪，当时，曾营守军在开早饭。从悬崖陡坡攀登前进的红军，突然围住了小寨子阵地，四面呐喊道：“活捉！缴枪不杀！”敌人惊慌失措，连手榴弹的保险针也来不及抽掉就乱投一阵，红军拾起来，从容不迫地抽出保险倒投过去，把敌人炸得死的死，伤的伤，逃的逃了。从正面攻打石门坎的红军也顺利到达了小寨子。

这时敌军退据离小寨子四五里的大旋头和黄土岗进行还击，战斗约持续三小时，敌人遭到沉重打击后，狼狈地向兴隆、化林方向逃窜了。

当黄土岗和大旋头战斗时，我和爹躲在斜对面摔石岩的岩窝里观看：敌军着灰色军服，在黄土岗坡上卧射，川造步枪声密集；红军穿的是黑色军服，用的多是汉阳造步枪，为了节约子弹，决不乱发一枪，他们的枪声听得很清楚，进攻的人数也不多，常常是提着枪向前冲十多步后，卧下歇一歇，再向前冲，只有前进没有后退，只要听到他们枪一响，黄土岗的敌人就要倒下去一个。

与石门坎、黄土岗战斗的同时，大渡河西岸向泸定桥挺进的红军，也一个接一个地向前行进，并与东岸红军遥相呼应。守宜乐渡口的敌曾向对岸打了几十枪，红军根本不予理睬，并喊话说："弟兄们，不必打，到红军这边来，一月发 20 个大洋的饷"，敌人射击不中，自讨没趣，随即撤走，后又用迫击炮来吊，炮弹落的地方，往往离红军很远，红军听到敌人追击炮的响声后，立即原地坐下，等炮弹落地后，又起身前进。黄土岗战斗结束后，炮击声也随之停止了。

敌军溃退后，追击的红军在午后四五点钟经过沈村堡子，后来的是做宣传工作的，有三个女宣传员，向群众宣传，据我祖父母听到的是："老人家们，你们受苦了，你们的女儿们来迟了，没有照顾到你们！"另外一个是写标语的，在沈村堡子郑家门口灰墙上写的是："官兵平等，反对川军官长打骂士兵！"每字见方约七八市寸大；在衙门口李三长柜院墙石灰壁上写的是"打倒贪官污吏，土豪劣绅"，每字见方有一尺二三寸大，前者是用黑墨写的，后者是用土红色写的。在郑家屋壁上用铅笔写道："邓田不怕，二十四军逮住当鸡杀，见羊子不惹他"（羊子指杨森）。阴历四月二十八日早上，先头经过沈村堡子的是伤员，接着就是一批年轻的战士，穿青色衣服，身佩短枪，多数手中都拿有一册刊物或书本，听其谈话口音，绝大多数是江西口音，在沈村休息一会就离开了。接着是一般队伍和辎重兵，他们在村上驻下了，次日拂晓才开拔，当年轻的战士队伍走过后，国民党曾派飞机沿大渡河低飞而上，撒了些五颜六色的传单。没有投掷炸弹，以后，只有零星的红军过境，没有驻过大部队。

阴历五月端午节下午，天将黑的时间，有大队红军从冷碛经沈村去石门坎（有的说一个团），初六日天未亮，又开转沈村往兴隆方向去了。约三天后，敌军刘元瑄部才从加郡开到沈村。说明这后一批红军去石门坎一夜又折转，就是一种牵制敌人的殿后活动了。

阴历四月二十七日红军在石门坎的战斗，是红军右路前进中的一次激烈的战斗，也是我目睹的一次英勇的战斗，这次战斗有力地策应了左路军二十二勇士飞夺泸定桥。

选自政协四川省甘孜藏族自治州委员会编：《甘孜藏族自治州文史资料选辑》第4辑，1985年3月，第33—35页。

回忆红军在化林坪的战斗

倪德元

那是1935年的事了，我还在童年时代。

一天中午的时候，听说这里要打仗。便匆匆忙忙地随着父亲，跑到一个叫三条岗的地方躲在山洞里，同很多乡亲挤在一起。这个山洞隔河沟可以清楚地看到对岸由兴隆到化林一段路程。山洞恰好与对面的黄泥岗遥遥相对，洞的出口处有灌木林掩护住洞口，还可隐约听到对面说话或喊叫的声音，黄泥岗的西面住着两户人家，晚间，还可看到两户人家的灯火晃动。对于红军作战的片段情况，是看得比较清楚的，这些情况至今留下很深刻的印象。红军夺下化林以后，我听到母亲、哥、姐和乡亲长辈，传颂红军当年在盐水溪和化林坪战斗中好多动人的故事，在我回忆里还记忆犹新。

红军还未到来之前，只见到二十四军，不分白天黑夜，断断续续地向兴隆方向开拔，路上根本见不到客商行人。这些军队沿途拉民伕背运弹药、粮米、气势汹汹，晚间砸门要火把，气氛十分紧张，好些青年男女都逃之夭夭，男的是怕被川军拉去当兵打仗，女的怕受侮辱，男女老少都很恐惧，左邻右舍纷纷离开家园去躲藏起来，家里只留下老弱病残看守家门。这两天听不到鸡鸣犬吠之声，小小的村庄，静得可怕。

话还得从头说起，记得家乡在种完玉麦不久（阳历5月份），一天拂晓之前，突然听到一阵刺耳的枪声，天还不见明，看不到路上有任何一点动静，心里一阵紧张过后，考虑是不是红军来了？打起仗来了！天渐渐亮明了，并不是那么回事。原来是驻在化林坪的川军，晚间潜伏在黄泥岗的前哨，不知是遇到红军，还是自我虚惊，鸣枪给自己壮胆，这些“烟枪兵”，乱放一阵枪过后，各自向化林坪方向撤走了。

大约在中午以后，我们才果真看到了红军前锋队伍，牵住马匹，担着锣锅，三个五个一组，拉开距离，分组前进，走得很急，最多不过有20多个。显然从兴隆到黄泥岗这一带没有受任何阻挠。半个钟头以后，在盐水溪村头，马路拐这个地方，红军遭到川军的伏击，一阵隐约的枪声以后，又听到稀疏零落的步枪声。我们又看到两个红军战士跑步回到黄泥岗向两户人家高声喊叫：“快快牵马！快！”喊出的口音不是四川音。很快，几个红军把两匹马飞快地往盐水溪方向赶去，紧接着是一个又一个的红军战士弯着腰、手提长枪，拉开较长的距离，向盐水溪化林坪方向跑几步停下来，另一个战士又冲上去，交替前进。这时红军被阻截在马路拐地方。因为从盐水溪翻过马路拐就可以仰望化林坪西边的断切面，在断面下边一块平地叫菜园子，它的下边又是一条山岗，岗上筑有碉堡。从马路拐到这条山岗，是一条顺山腰而上的斜坡路程。这是一段很难行进的独路，右上方是望不到顶的高山，左下边是悬岩深谷，红军先锋部队一翻马路拐，整个队形完全暴露在敌人的伏击圈内，所以遭到敌人阻截。因此战斗一打响，红军前锋暂时退守马路拐和敌军遥相对峙，敌人凭险坚守，居高临下，碉堡上的火力点完全控制住红军前进的路线。从中午到天黑，枪声时紧时疏，晚间是滂沱大雨，不时传来追击炮的爆炸声和机枪声，分不清是敌人还是红军打的……

当晚红军的主力部队相继赶到，听到中路被阻的情况以后，后续部队由当地老乡带路，当晚就兵分两路，从左右两边山上运动兵力，左翼从青灵山经四斗巴，越白虎咀到王家庄子和照壁山脚，直逼化林坪东北角缺口灯杆坪，这是化林坪的右后背。右翼从银厂沟翻万担坪经轰脚沟到娘娘山脚的炮靶子黄草坪，这是化林坪的左后背，一夜的艰苦跋涉，这两支英勇的红军像把长长的铁钳，紧紧钳住化林坪敌军旅部驻地，摆下了一个大包围圈的阵势。

化林坪背靠飞越岭，东有天然屏障照壁山，西面是高耸入云的娘娘山，北面是断切悬岩，唯有东北角一处有缺口灯杆坪。化林坪是一个易守难攻的地方，是川藏交通险要隘口，飞越岭就有飞越难渡之意，清初曾驻重兵把守。川军凭此有利地势妄图阻截红军前进。

一夜的山雨，敌军万万想不到，他们已在红军主力部队包围之中，天刚拂晓，中路枪声大起。左右两翼的红军战士，也相应同时攻击，骤然间，两山之巅军号齐鸣，雄壮的冲锋号音，震荡在群山之间，愤怒的枪炮声在激烈地怒吼，长途跋涉的战马在长鸣嘶叫。激战开始了，左右两翼的红军战士以排山倒海之势向化林坪猛扑。左翼的红军战士在王家庄子和灯杆坪展开了一场短暂的白刃血战，川军伤亡惨重，右翼红军战士直插敌人侧背，敌人四面受到猛击，不到一小时，就把川军打得落花流水，多数被俘，少数向汉源方向翻飞越岭逃跑了，一场激烈战斗，在中午以前，胜利结束了。

细雨蒙蒙，接连两天未停，道路泥泞难行；红军大队人马络绎不绝，不分星夜，冒雨前进。这两天听不到枪声，只见长长的红军队伍向化林方向挺进，间或听到的是军号声和马嘶声，雨后天晴，天空格外明朗。国民党的飞机不时出动，四处乱投炸弹，有些爆炸了，有些投在山谷中，有些深陷在泥土里并没爆炸。红军毫无惧色，个个头上插些树枝，行军的仍然行军，开会的照常开会，只是把晾在室外的衣服收回；还召呼老乡不要惊慌，指点着大家找地方躲藏起来，间或有红军战士用机枪仰射国民党的飞机。人们屈指计算，红军从这里经过，整整过了七天七夜。事后，人们常常眯眼回忆道："红军不拉伕，不抓丁，不打人骂人，常用'老板！老板'的亲切语气称呼我们，说话和气，买东西给钱，这是多么好的军队啦！"

化林坪战斗结束以后，红军大部分取道新路（民国时代新开，由化林经山王岗炭厂到荥经）通向荥经，而人们传颂着各种各样的故事。听母亲说："红军中还有女兵啦！就是说话听不懂，她们说要棉花搓灯芯用，她们却说'明火'，实在听不懂，她们又拉拉我的衣服，我说这是布嘛！后来另一个红军把被雨淋湿了的棉被里的棉花撒开给我看了，才恍然弄清楚是要的棉花作灯芯用"。又说："红军打仗很得行，尽是些十七八岁的小娃娃子，他们打了仗回来身上挂满了机柄（枪栓）在首长那里报功，那些机柄都是从川军手里缴来的。他们人小，缴的枪身太重，背不动那么多枪，所以扔掉枪身，只要枪栓。红军煮饭时，是大家都把各自通带内装的米，向锅内倒些，煮熟后各自打吃。我要做饭时请他们腾锅，他们总是叫我不要再做饭，同他们一起吃。煮饭烧用的柴，他们也要付钱，他们每一批在走之前都要来问我，有没有损坏和遗失的东西，我说没有时，他们才愉快地走了，红军真好，我还没有见到过这样好的军队"。

红军的故事可多啦！童年时代最爱听故事。我的家乡有一位王老先生，是书香门第，他成天爱和我父亲一起，天南海北，毫无题目地闲聊，我总是坐在一旁听他们聊天。一次谈到红军路过的时候，在他家住房的粉壁墙上写了很多标语，先生十分欣赏其中押韵的标语，我只记得有这么几句："不要哭！不要哭！中央军人生路不熟。藏起谷和米，赶走牛和猪。挖断大小路，砍断电线杆。驱除川军，穷人得安舒……"王老先生说红军里面还有不少有学问的人才哩！

1984 年 10 月 24 日

选自政协四川省甘孜藏族自治州委员会编：《甘孜藏族自治州文史资料选辑》第4辑，1985年3月，第36—39页。

回忆我支持工农红军的一件往事

热旦加措

1935年中国工农红军挥师北上，路经甘南草原。那时我在夏河县美武寺院当法台（主持寺院工作），经常往返于卓尼、夏河、临潭等地。我从口碑材料得知，红军纪律严明，扶危济贫，安民救国，红军的行动感动了我。便暗地里准备了两驮糌粑、一驮酥油、两颗麝香、一张狐皮和一条哈达，暗中派我的管家旦曲和美武宁嘉贤送给红军。旦曲和宁嘉贤从美武起程经过三天的行程，把东西送给正在岷县哈达铺休整的红军，红军指战员热情接待了他们，打了收条并赠给宣传品二张，护照一份。这些东西我一直保存到夏河解放。夏河解放后中共西北局、甘肃省和夏河县党政负责同志多次慰问过我。1956年4月我作为甘肃省农牧区代表参观团的成员随同前往首都北京参观，我把红军给我的收条及回赠的宣传品和护照一起交给中国人民解放军总政治部，总政给我打了收据。4月30日下午，党和国家领导人贺龙、陈毅、刘伯承等接见了各地少数民族参观团团长，我是团员，但通知我也参加。接见时，贺龙元帅手里拿着我交给的东西问道："哪位是热旦加措？"我心情非常激动，急忙上前深深地鞠了一个躬。贺龙握着我的手，亲切地笑着说："你好！你好！你的东西我看到了，你一直把它保存到现在，说明你对共产党的信任！"当时我们参观团团长金巴在场。当天晚上，国务院举行宴会，我又同贺龙元帅坐在一桌。贺龙元帅亲热地说："你支援过红军，咱们是老朋友！”并不时问问甘南的情况，我都一一作了答复。“五一”节我在天安门广场观礼台上见到了伟大领袖毛主席和周总理、朱总司令。

回来后，我把总政给我的收据装入镜框，挂在厅堂。1958年甘南发生反革命叛乱，10月份我被错捕入狱，家中东西被抄，可惜这张收据也随我的其他东西不知去向了。红军给我的收据和宣传品、护照，现存北京历史博物馆。

由于我支援过红军，党和人民给了很高的荣誉。我现在担任中国人民政治协商会议甘南州委员会副主席职务，兼任全国佛协常务理事、甘肃省佛协副会长职务，还任过全国政协五届委员。

有些资料记载我支援红军的东西中有银币200元，那是不真实的，在此一并提出更正。（拉代整理）

政协甘南藏族自治州委员会供稿。

选自中国人民政治协商会议甘南藏族自治州委员会文史资料研究委员会编：《甘南文史资料》第4辑，1985年8月，第262—263页。

硗碛老人忆红军

杨清禾等

藏民盛情迎红军

碛丰组 80 多岁的汉族老人杨清禾说：

民国二十四年阴历五月十一日（1935 年 6 月 11 日），红军来到了硗碛。硗碛寨头人代办旦德堃派刘万廷、姜有才、杨国廷、胡赞武、赵银安五个老头子带领藏汉百姓到街头迎接红军。街上扯了三道天花（彩色横幅），街头摆起“吉露”，“吉露”是在一张方桌上围上红桌围，桌上圆盆里摆十样果品叫“十样锦”。桌上还摆起长颈水壶，每家门前都放起茶壶、茶桶和茶碗。红军一到，敲起锣鼓，放起鞭炮，吹起莽筒、唢呐，实在热闹，就像过年过节一样。红军到了硗碛，坐在屋檐下、路边上休息，不进民房，吃的是干粮炒米，喝的是沟头的冷水。红军先遣队里的一个杨参谋，向喇嘛和老百姓宣布了红军的四条纪律：一、不进老百姓的民房；二、保护寺院；三、不随便吃群众的东西；四、不拿夷家一点财物。大家看到、听到这些，都感动地说：“红军同白军硬是两个样子！”

硗丰组赖落喇嘛说：

红军来的那一天，有一个高高大大的杨参谋，住在我们经堂里。他向我们说：“毛主席、朱德、周副主席要到硗碛来。”大喇嘛额德姆带起我们20几个喇嘛到杨柳湾去接，第一天没有接到，第二天也没有接到，第三天上，毛主席才到了硗碛，他们进街没有骑马，全是步行。后来，杨参谋问我们：“毛主席上去了，你们认到没有？”我们回答说：“那么多人，都穿一样的衣裳，我们咋个晓得哪个是毛主席呢？”毛主席他们来后，一个住在经堂里，一个住在柳龙，一个住在赵启三家。

翻越雪山两向导

泽根组老藏民莫日坚说：

红军在农历五月十一到硗碛，我正在旦代办家当差。下午，旦代办叫我和嘎日沟的杨茂才给红军带路翻夹金山。我们马上就出发了，经过头道桥、凉水井、扎角坝，天黑时候到了夹金山下的菩生岗。当天晚上就在这里歇了，红军就在路边休息，那天晚上煮的米饭，吃的干菜。饭后，战士们有唱的，有吹笛子的，说说笑笑，就像不累一样；我同杨茂才在一起睡，红军怕我们冷着，把一床毯子盖在我们的身上。先头部队只有七八十个人，全部是年轻人。第二天早上，天不亮就开始过山了，他们背起长枪、短枪，扛起三只脚的炮，挎起干粮袋、小背包，炊事员还背着罗锅，一人拿起一只大头子电棒，打起红旗，走拢筲箕窝才天大亮。他们沿路走，沿路丢纸条子，几丈远又丢一张，遇到岔路就丢，他们的纸条是一本一本准备好的，比现在一元的人民币短一点，上边写得有字，这是给后头的大部队指路的。当天，我们把红军送到磨盘石，到了懋功地界，红军要我们再给他们带路，因为我们是当差的，怕回去迟了受惩罚，只把红军送到交界处就回硗碛了。

红军百姓情谊深

夹金组72岁的藏族老太婆阿满说：

民国二十四年农历五月十二日，红军拢了夹金山下。当时，我们正在博斯打水井阴山挖火地，一个阿乌（藏语：爷爷）喊："忙米戈壁！"（兵来了！）我们赶快跑回去收拾东西，正在这时，红军就来了，我们走不成了，看到红军打起红旗朝前而走，不进老百姓的屋，更不拿老百姓的东西，买一把葱子，也要给半元一个的银元。红军没有来时，反动派造谣说："霉老二要杀人，吃人心。"我们看到红军的举动，心头就不大怕了：红军来后，对老百姓态度和气，不打人骂人，还给我们宣传："红军是穷人的队伍，是打富济贫的！"我们就更不怕了。红军还教我们唱歌，现在，我都还记得几句歌词："保卫苏维埃中华！吱嗨！红军、红军呀！工农自己的军队。"红军走时，送给我家一盏马灯、一个扁饭盒，我们一直把它们保存下来，前几年，送到县里的文管所，成了革命文物。

碛丰组年过八旬的藏族奶奶额登说：

我们柳龙住着三家人。民国二十四年10月间①，这里住满了红军，我家是红军医院和厨房，另两家是粮食仓库，这里住了红军一营人。红

① 1935年6月，中国工农红军第一方面军路过跷蹟；同年10月，红四方面军南下，克宝兴，活动至1936年2月才全部撤离宝兴县境。此处回忆的应是红四方面军在跷蹟的情况。

军吃的是面茶，穿的是棕背心，生活很艰苦；他们对老百姓好得很，对人和气，买卖公平，老百姓没得吃的就给粮食，那年我家的过年米，都是红军给的。红军不拉夫，不打人。和白军一比，真是一个天上，一个地下。我就被白军拉过伕，也挨过白军几枪托。我们老百姓硬是真心真意拥护红军。

青龙组78岁的汉族老人植登顺说：

红军来时，好多老百姓都没得粮食吃。红军就组织我们到灵关、双石去背粮，灵关、宝兴、盐井是沿途的接待站，我们路过时，就在那里吃饭。背回硗碛的交粮点，先是长偏桥，后来又背到柳龙交。背回的粮食，交一半给红军，自己背一半回家吃，背得多的有背一石米的，我都背了七斗，交给红军后，每次有三斗多米拿回去，一家人都有吃的了。背粮路上，有一个领队红军姓毛，同我们走过几次，搞得很熟，他要我给他打一双草鞋，我答应了；隔两天，他到我家来拿草鞋时，动员我参加红军，同他们一路走，我舍不得家，没有去。我们这里，红军来时叫松□村，我是村苏维埃土地委员。①（政协文史组整理）

选自中国人民政治协商会议宝兴县委员会文史组编：《宝兴文史资料》第2辑，1989年9月，第62—65页。

① 根据红军开展活动情况，应为红四方面军在跷蹟的活动。

毛主席就住在我们家

张廷杰

我今年77岁了，家居铁边城镇的张湾子村。1935年九月（农历）的一天,中央红军从铁边城的西川下来了。红军行军很快,到铁边城时,我正在家中,根本不知道。当我看见他们时,已有三个穿着灰色旧军服,头戴灰色八角帽，帽子上还有红色五角星（红布做）的军人站到我家院里。他们是打前站、做宣传的。

这三位军人见了我，用南方口音热情地说："我们是红军，是毛主席领导的队伍；是为老百姓镇压土匪和恶霸、救济穷人的队伍；也是为老百姓打土豪、分田地，解放穷人的队伍。"接着，有一个军人用手拍拍我的肩膀说："你不要怕，咱们回到你的屋子谈谈呀！"说着，我们一同回到我家左面的窑洞里。他们对我说："咱们有毛主席的领导，有红军队伍，今后就不再受地主、富农和土匪的气了，老百姓的日子今后一定会好起来。"我听着他们的话，虽然有些难懂，但是他们为了使我听懂，尽量地说着陕北话。所以，话的大意，我听懂了。

我和家里人看着他们很和气，句句说的为老百姓的话，心里也就不怕了。我叫家里人给他们寻干粮（炒面粉）吃，端水喝。吃罢了，他们说:"借块板子,架个案子用。"这句话可把我愣住了。他们见我听不懂,就自己动手把门扇卸下来，拿在院子里往起支。我这才懂得了他们要把木板支起当桌子用，就连忙也帮他们的忙。案子支好了，他们从挂包里拿出很多笔记本，翻着看着，写着我们庄子的名字、家数、窑洞等，一边写一边问我。我认真回答了他们的问题。问完后，又叫我领着他们把庄子的院落、窑洞看了一遍。对我说："张湾子庄前庄后都住啥人家，有地主、富农没有，山上有'土围子'没有？"当时我不懂啥叫"土围子"。他们给我解释说："就是土匪住的'堡子'。"我从"住土匪"的话里，才知道他们说的"土围子"就是住土匪的寨子。我给他们说，这庄前庄后都是贫民，没有地主和富农；山上也没有"土围子"。当时我家腾出三面窑，让给红军部队住。

太阳偏西了，红军部队来到我们张湾子。有几部分队伍从我们庄子开过去，人很多，一直住到了王畔子。有些还住到了许寨子。我家的前后庄、对面庄都住着红军战士。有五六位身穿灰色旧军大衣，头戴旧灰色八角帽，帽子上也有红色五角星的首长（三位军人称他们首长），来到了我家的院里。随着还有五六匹马（红、黄、黑、白），也拉了进来，拴在我家的下院里。三位先来的军人指着我给首长们说："这院子就是他家的，他叫张廷杰！"几位首长和我一一握了手，还说了许多话，可我听不懂，就只是连连说："首长好！首长好！"

三位军人把我家左起的第一个窑洞号为办公室，内设电台等东西，第二个窑洞号给几位首长共住，第三个窑洞留给了一个大首长。

晚上，由先到我家的一个军人悄悄对我说："首长叫你说话哩！"我跟到第三个窑洞。见一位身材高大的首长坐在火炕上，其他首长也有炕上坐的，也有地下立的。先来的三位军人也立在地下，其中一个指着炕上那位身材高大的首长悄悄对我说："这就是毛主席。"毛主席一见我，亲切地说："来！上炕坐，拉拉话！"我赶忙说："毛主席，我不坐！"我认得他，就是初见面时第一个和我握手的那位。接着，毛主席问我家里的生活怎么样，川里人民的生活好不好，当地有没有土匪和恶霸。又问吴起镇离铁边城有多少路，川路有多少，山路有多少，经过哪些大的庄头和人家。我说："这地方人民的生活只能将就着过，穷人多富人少；

上下川都有恶霸压迫人民。上川有王汉帮、许光德，下川里有张廷芝，他们有兵有枪有势，老百姓没不怕他们的。铁边城到吴起镇是90里，经过的大庄头有王畔子、许寨子、阳庙台、新寨、高渠、马新庄、齐湾子、蔺园子、王台、杨城子就到吴起镇。”我说着，他们用笔在本本上记着。毛主席最后说：“陕北是个好地方。人民生活苦，有土匪恶霸压迫，人民要组织起来，搞土地革命，搞游击战争，土匪和恶霸就会垮台的！”

晚上，我帮勤务兵瞭哨、喂马，看到毛主席窑洞的灯一直亮着，时时在叫人到他那里谈话。我想：他们每天长途行军打仗，就不觉得累吗？……第二天早上，天刚麻麻亮，毛主席和中央首长就从我家出发了，沿着头道川前往吴起镇。

选自中共延安地委党史办编印：《红军长征到延安》，1986年8月，第232—234页。

彭德怀在彭沟门

宗世喜①

1935年的农历九月，中央红军经过二万五千里长征来到我们吴起镇。我当时是白沟洼村的村会长。

从宗圪堵至我们村，后边一直到刘坪、张坪都住满了队伍，就连路旁都有停下歇缓的战士。我听住在我家的战士们说，在白沟洼前边的黄地台子村，住的是林伯渠的部队；在白沟洼后面的彭沟门村，住的是彭德怀的部队，战士们都叫他是总司令。

胜利山的战斗结束后，在白沟洼庄子下边的肚逻台搭起了露天会场，台子是用椽、檩子架起的，上边铺着木板，有五尺高。胜利山战斗后第三天召开了大会，红军战士还特别请了乡、村干部，赤卫队的战士参加了大会，我也是其中的一个。会上有几位中央首长讲了话，彭德怀总司令也讲了话，还有个战士们称叶老的也讲了话。

我记得很清，红军长征部队从来到我们白沟洼庄到离开吴起镇，连来带去共是十天左右时间。部队是从宁赛川和洛河川下去的，杨清川没有下去过队伍。他们离开吴起镇，沿着宁赛川和洛河川向下走了四五天，才走完的。我家是宁赛川白沟洼村的，下去的部队我是亲眼见到的。他们走的时候，是分成一部分一部分走的，每个部分之间的距离最远是

① 宗世喜，写作本文时住在吴旗县城关乡。

半里路，有些更近些；每个部分从宁赛川进来都要向老百姓问一问去保安的路线。老百姓们说:我们这里到薛岔是60里,薛岔到王塔是20里，王塔到桃李洼是十里，桃李洼到顺宁是30里。我也这样给他们说的。部队走四五天才走完。

宁赛川通保安（志丹），这是一条古来的大路。在当时来说，因为这条路阻力不大，途中经过的沙集、薛岔、王塔、桃李洼、顺宁都没有敌人。只有顺宁住些民团，头子叫宗文耀（后被红军枪毙），只有几十个人，根本挡不了红军的大部队。保安是国民党的县政府，在中央红军来之前，只有一营部队，营长姓高，名字我也不知道，只知道他是高双成的部队。刘志丹搞起陕北工农红军武装后，这高营长就带部队离开保安随高双成走了。因此，中央红军南下时没有遇到什么阻力。

选自中共延安地委党史办编印:《红军长征到延安》，1986年8月，第234—235页。

红军伤员在我家

雷梅英①

1935年10月18日下午，红军的一支部队，大约300余人来到我们庄。那时,庄上只有两户人家,一户是我家,一户姓李。我家有三口人：爷爷、丈夫和我。我丈夫给有钱人拉长工，常年不在家，爷爷每天一早上山劳动,晚上才回家。红军来时,庄上在家的只有我和邻居家李二婶。当时我只有15岁。

最先来我家的三个战士，进门向我宣传：我们是红军，是打豪绅、斗地主的中央红军，是为穷人打天下的。开始我听不懂他们说些什么，只听说是红军，其他什么也听不下，便说："你们的话，我解不下。"他们却听成我说"害怕"，就反复向我解释。对于红军，我虽没见过，但早就听说他们和刘志丹一样，是为穷人打仗的。所以，胆子也就大了。于是告诉他们,我听不懂你们说的什么。这下他们听清楚了,特别高兴。我看到他们饿得骨瘦如柴，心里很难过，就将锅巴和炒面拿出来给他们吃。吃毕，这些战士拿出钱给我，我不要，他们硬是放下了。随后大部队来了,一个同志向我买"山药蛋",其他同志集合成队,唱着三大纪律、八项注意的歌子。当时，我家只有挖回来的2000来斤洋芋，其他庄稼还没背回来，我只好把洋芋窑揭开，拾上来，一连蒸了四五大锅，让他

① 雷梅英，写作此文时住在吴旗县新寨乡蛇圪塔沟村。

们吃，吃完后，他们又给我放下了些铜钱，还抬来一张长条饭桌（没收当地地主的）送给我。他们问我知道不知道刘志丹的部队在什么地方，我说在吴起下面。这天晚上部队就驻扎在我们庄上。我们两家的炕上、地下、院子里睡的都是人。晚上，我一夜没有合眼，为红军战士做了两条裤子，并护理着几个伤病员。

19日早饭后，红军部队要开走了，去找刘志丹部队。走时，战士们将院子扫得干干净净，并问我们丢了什么东西没有，还给我家留下一口铁锅（现已不在）。有三个重伤病员暂留在我家养伤。一个是炮匠（名字记不清），湖南人，二十七八岁；另外一个叫邓勇富，湖南人，才18岁；一个叫雷保根，四川人，二十六七岁。当天下午，突然我发现河对面台上开来些国民党中央军，我立即和爷爷转藏伤员。爷爷把病势最重的雷保根背起向庄子后面的一个拐沟走去，但到坡洼底时，保根硬要从爷爷背上下来，说什么也不让爷爷背，爷爷只好先将他藏到附近的一个水渠里，又回来和我转藏另外两个。爷爷背起炮匠，我搀着伤势较轻的邓勇富。等我们把这两个战士藏好回到家时，院子里已站满了敌匪，我进去一看，惊呆了，只见一群敌匪正围着雷保根拷问，可他闭着双眼什么也不说。敌人嚷着要杀他，我和爷爷急了，便说：这人害的是一种瘟疫，传染得厉害，再说也活不了多久，你们就放了他吧。这一说，敌人一下怕得都闪开了。过后我问雷保根，才知道，他当时怕敌人到处搜查，连累另外两名伤员，就又回到家睡在炕上。听他这一说我和爷爷都哭了。这晚敌人像癞皮狗就赖在我们庄里没走，敌团长硬逼着爷爷领他们到附近庄子买粮，名义买粮，实是抢粮。敌团长要我给他们烧水。天快黑，我到李二婶那里时，只见几个敌兵正要强奸她，二婶正跟他们厮打着。我急了大喊："你们干什么，快把人放起来！"其中一个家伙拿起一根树条照我手上就是一下，还骂我"死丫头，少管闲事"，我看不行，就说："你们不放，我就告你们的团长去。"那几个家伙听我这么一说，才把二婶放开。我上前拉起李二婶，让她别再管家，晚上就住在我家。第二天敌匪还没走，中午了，我想那两个伤员一定饿坏了，便偷偷地送了一点饭给他俩。这天敌人四处横行，他们把我家和二婶子家的鸡全杀了，把地里的庄稼全让马连吃带踏糟蹋完了。直到第三天天刚麻麻亮时，这些家伙才向吴起镇开走了，这时我真为红军战士们担心。

过了三四天，我们打听到：敌人被我红军战士给消灭光了，我才将悬着的心放下，和爷爷一起把藏起来的那两个战士抬回来。当时因缺药，只能让他们睡下慢慢地休养。爷爷对伤病员比亲生儿女还亲，还疼爱，有什么好吃的东西全给他们吃了，经常半夜将我叫起，给伤员战士做饭、烧水。并采取土办法给他们治伤，一个月后，那个炮匠的病好了，于 11 月下旬离开我家归队去了。临走时，他流着泪对爷爷说：“老大伯，多亏了你们，不然，我这条性命早丢了，将来我是一定要报答你们的。”并给了爷爷一个盛洋烟的银制小方盒，作为纪念（这个小方盒后来遗失了）。

炮匠走后，我们继续精心护养着邓勇富和雷保根。后来雷保根还和我们认了家门，雷保根管爷爷叫大伯父。爷爷将邓勇富认了义子，我们互相感情非常好。爷爷常和他们睡在一炕，拉家常，我平时给他俩勤洗勤缝补，真像一家人。

第二年 5 月中旬，邓勇富身体复原，要归队，我们从心眼里舍不得让他离开。但是，我们也知道他是红军战士，是留不住的。爷爷给了他三块钱（银元），我给做了些干粮让他带上。临走时，都流泪了。邓勇富拉着我爷爷的手，哭得连话也说不下来。爷爷强忍住眼泪，打劝他说：勇富，你还是走吧，赶上大部队，好好干，为穷人打天下，到什么地方都有亲人。勇富拉着爷爷的手，久久舍不得放开。说：“爸爸，我什么也没有，不能留下给你们作纪念品，但你们相信，只要我能活着，我一定好好打敌人，报答你们的恩情。还有东梅（我的乳名）为我辛苦了，我确实不知该怎样报答你们。”就这样爷爷把他送了一里多路才回来。

雷保根的伤重，一直养到七八月才走的。走时，我们也是挥泪而别。

打这以后我们再没有听到他们的音信。估计他们已不在人世了，要不他们一定会写信的。我今年已经65岁了，离开他们快50年了，至今提起仍特别想念。

选自中共延安地委党史办编印:《红军长征到延安》，1986年8月，第243—244页。

红军南下宁赛川

宗维功

杨青川的湾湾庄是我的家，距离吴起15华里。今年我是70岁的人了，中央红军1935年长征到吴起镇时，我才20岁。

记得那是9月的一天，我正在脑畔山割糜子，忽然听见宗圪堵子军号声连连吹响，当时我弄不清是啥事情，待我把糜子背下来到场上时，红军部队已经进了我们庄子。再看时，我家里也来了军队。我赶忙下到院子里，他们见了我说："我们是毛主席领导的奉（红）军，是老百姓的队伍，你不要怕，我们与穷人是一家人。"我先前就听说过红军、毛主席，是为穷人打土豪分田地的，因此，我心里也不害怕了。又看到战士们在我家的院子里都规规矩矩地休息着，没一个乱走乱跑的，也不随便进窑洞里去，我想真是毛主席领导的好队伍。心里就更踏实了，主动找部队的干部商量在我家的住处。我家和李洼子两个庄安排了一个团的人。所有的闲窑、旧窑、烂窑（不封口的）都住了红军战士，就连院子也搭了棚子住了人。部队人很多，从我家湾湾、李洼子一直到杨青川口的石柏湾，所有的庄子都住满了人。

住在我家和李洼子的部队要到高洼子向富农豪绅要粮食，我就给他们带路去。我带部队到了高洼子，高洼子的高彦华、高彦忠、高彦富都跑了。只有老头子高振明因年纪大了没有跑。我对他说："红军部队来了，需要你家出些粮，只要你给了粮，就不打你家的'土豪'了，不然的话，还要划分你家的财产呢！”这高振明老头子看到事情不妙，吓得打哆嗦，向部队祷告说："我家对面石砭上的窨子里有粮食，请贵军搬着用吧，再要我家帮啥忙，我一定尽力，不敢违抗！”红军战士们说："你要老实点，我们就要粮食！”说完，我带路到窨子里搬粮食。红军战士们打开窨子门，共搬出粮食（红糜子）800 斤。

搬完粮食回来，太阳快要落山了，红军战士又要我给他们去带路。他们只有七个人，扛了一挺重机枪，走到了豹新庄，这豹新庄的对面山就是豹梁寨子，当时红军战士让豹新庄的住家人，把寨子里张家民团喊出来十几人。红军战士给他们宣传说："革命的红军部队是欢迎投降起义人员的，只要你们能献出'土围子'，我们欢迎你们也来参加革命的队伍，限你们今天晚上做出决定吧！”那十几个张家匪兵齐齐地站在山畔上细听着。红军战士说完后，扛机枪的战士早就定好了射击的目标，只听得嗒嗒嗒……一排子子弹射到了山畔上，正好打在那十几个匪兵的腿底下，没伤一个人。吓得那十几个土匪抱头鼠窜，逃回寨子了。红军战士们哈哈笑起来说："对他们宣传宣传，教训一番，是有好处的，让他们知道工农红军的厉害。"

这天晚上，张家的民团惊恐万状，生怕中央红军夜间打寨子，他们用木棒缠了烂布烂棉花，蘸了清油点成火把，站到寨子围墙上照亮。半夜时间，鸡还没叫，张六、张七就带着匪众逃跑了。

第二天，我家湾湾和李洼子住的红军部队分开两部分，一部分从三道川进去，穿过金堂口子，过了二道川的河，上胜利山配合战斗了。一部分去打豹梁寨子，红军战士们叫打“土围子”。他们包围寨子后，团匪早已逃跑了，于是就打开了张家的粮库。这粮库共存粮 400 余石（四万余斤），除给当地人民救济外，也解决了中央红军在吴起镇吃粮的大问题。

中央红军在我们庄住到第六天头上要走了，他们从我家湾湾和李洼子动身，又从杨青川出去走了。走的时候，李洼子的李景明还给他们去带路，从洛河川下去了。

中央红军在吴起镇，共住了五六天，离开时又走了五六天。这十来天我一直在家里，没见到长征红军队伍从杨青川里进去过。

随长征红军的医院，离开吴起镇时，村里派我去送他们。当时，医院的工作人员对我说，他们是紧跟中央长征大部队走的，要从宁赛川里到保安去，我给他们赶着牲口（驴、骡），驮着物品，和他们一块从宁赛川出发，途中经过沙集到薛岔，翻了一架山到了王塔庄，又从王塔出去到了桃李洼。红军医务人员对我说过，这条路就是中央长征红军走过的路。这时路平了，再也没山路了，离顺宁又不远了，他们自己可以赶着牲口行走，所以同意让我返回，我就和他们分手从桃李洼连夜赶回家。

选自中共延安地委党史办编印：《红军长征到延安》，1986年8月，第240—241页。

红军南下洛河川

李景明

我家住杨青川李洼子，距吴起镇 15 华里。在我 22 岁那年，长征红军来到了吴起镇。因为人多，大川里住不下，就从杨青川里进来，一直住到了我们李洼子，我们庄子后边再没进去住，只是到高洼要过粮，到中杨青买过菜和粮。

我是个穷人，自幼务农为生。中央红军住在我家时，对我非常好，只要吃点好饭都要叫我。我看他们真是人民的好队伍，就整天在家里帮他们寻柴、担水，加工米面，有时还给他们跑个小腿。有几个年龄大一点的军人，战士们都称首长，当时我还不懂首长是啥意思，叫的次数多了，我才想到可能是当官的吧！所以，我也对这几个人很尊敬，他们对我更好，总是向我问问这个，问问那个。有一个曾经向我问过陕北的刘志丹。他问："刘志丹的家离这儿远吗？"我说不远，从这杨青川里也可以到，庄名娄子沟。他又对我说："刘志丹是陕北的英雄！"说着还翘起了大拇指。

有几个人还向我特别问了有南下洛河川的路，途中有些什么大庄头，有多少路程？我就说："吴起镇下去经过金佛坪、土佛寺，行程八十里就到了金汤，金汤下去 30 里就到了金鼎，再下去 30 里就到了旦八。旦八下去 80 里就到永宁，永宁下去 80 里就到下寺湾了。"他们满意地向我说："好了！好了哟！知道这个你就够个地理通了哟！”我听他们的说话口音像是湖南或湖北人。我说完，他们用钢笔在笔记本上都写上了。他们还向我问过杨青川的高洼（富农）、金佛坪张家团匪的豹梁寨子的一些情况，我向他们谈了当时的实际情况，并向他们说：“如果不把豹梁寨子的张家团匪消灭，吴起镇上下川的百姓是不会安宁的。”他们听了又笑着说：“消灭那个‘土围子’容易得很哟！”

第二天，他们果然兵分两路，从我们庄里出发了。一路从三道川翻山上了吴起镇，一路专门去打豹梁寨子。半前晌，豹梁寨子就开仓放粮了，背粮的老百姓，红军战士，涌流不断，个个都面带笑容地说，赶走了张家土匪，解放了吴起镇上下川的老百姓。晚上红军战士又回到我家，他们说：“一枪没发，‘土围子’就开了（据说寨子里的张六、张七半夜就逃跑了），放粮四万多斤。这是张家压迫老百姓，吸老百姓血汗的铁证！”我也说：“这是你们来的好处呀！你们不来，他们还是吸着我们的血汗！”他们说：“小李！不要怕，只要跟我们好好地干革命，老百姓的好日子，还在后头呢！”

红军战士对我真像是一家人一样亲热，五六天以后，他们要走了，那几个爱和我拉话的首长要我给他们去洛河川带路，只送一站到金汤镇。这个任务，我接受了。出发时，我见他们有两筐羊绒毛，一根扁担搁在筐沿上。他们每人都带几件子，枪、子弹袋、手榴弹，还有背包、碗、筷，怎么还能担东西呢？我抢着把两筐绒毛担起来，他们说让管生活的战士担。我说，我空着身子，还是拿点东西去好！他们也同意了。我们一路向洛河川方向出发了。

路上，队伍非常多，到了杨青川口，就和正川里（洛河川）正向下去的部队碰上了。我们在川口停了好一阵，等他们过去后，我们就跟在这个部队的队尾上，相距不过半里路。走了一会儿，我向后一看，在我们部队后边还有部队相跟着，相距不过也是半里路。

到了金汤镇，天已快黑了。我看部队人多，吃住不便，就告别了他们,到亲戚家住了一晚上。第二天,我赶早动身,半后晌回到了家。后来,听说宁赛川下去的红军部队很多,走了四五天,许多人都看见了。

选自中共延安地委党史办编印:《红军长征到延安》,1986年8月,第238—240页。

我借盆、缸给红军

张宪杰①

中央红军来吴起时，我是刘志丹游击队的秘密联络员。住在定边县倒树湾。

民国二十四年古历九月的一天，早饭后，我看见有扛枪的人从川道里向下走，越走越多。中午时，有二三人到我庄找吃的，我家给和了三碗荞面，烙成饼子，人家给了我一块洋烟（大约四五两）。因为我抽烟，喜咋了。我问他们是什么人，他们回答是："中央红军"（我听是"奉军"）。

九月的天气已经很冷，中央红军有的光着脚、有的只穿麻鞋，脚、腿冻成黑的，穿的衣服不一，连当时老百姓穿的也不如，有的很烂，有的稍新一点。

天快黑时，庄上来了很多人，晚上就住在窑脚地、崄畔上、河湾里，连空猪圈里也住的是人。

部队来时，有担锅的、抬锅的，还有背锅的，庄子周围到处支起锅做饭。因为人多，借我的灶房做饭，以后来的人更多了，锅不够用，还借我的一个盆、一口缸，在崄畔底下，用石头支起来做饭。我看见倒半缸水，下面用柴火烧，水还没烧开，就把豆子、米倒进去。焖了一阵，洋号响了，人们就舀着吃。

① 张宪杰，吴起县洛源乡倒树湾村人（1935年归定边县）。1935年为秘密联络员，后回家务农。写作此文时79岁。

吃过饭，盆、缸就烧得裂口了，部队给我赔了钱。因为农村人能用的就舍不得撇掉，缸破了不能放水，还可以放干东西，第二年 3 月，来了个担担子箍缸的匠人，我就叫给缸上打了箍。所以保存下来（现存放在吴起县旧居纪念馆）。

第二天天刚亮，部队集合向下走，我去看，有人扛枪顺河湾向上川走。有一个人给我一封信，指着叫我给上川送去，我走了一里多路，河对面蹲好多人，有人朝我喊："前面快开火了，你不要命了。"我把信拿出来，蹚水过去，把信交给一个 30 多岁的军人。

信交给后，接信人指给我应去的方向，我走到半山，就听见枪响，我回头，看见马回子的骑兵被打的朝来的方向逃跑，听说杨城子被敌人偷袭了。第三天三道川先接火，马鸿逵在这次被打跑了，再没见。

选自中共延安地委党史办编印:《红军长征到延安》，1986年8月，第237—238页。

我给红军带路上山

高凤山①

1935 年 10 月的一天中午 1 点多钟，我去贺石湾泉子挑水。走到巷口（现吴起建行门口），有三四个穿灰布衣服的人走来，一个朝我说:“请到后面走一趟”。我把桶放下，跟他们走到窨子山下。另一个人说 :“我们是中央红军（我错听为‘奉军’），你给我们带路上山行吗？”我说 :“行。”（当时心里很害怕。）

我带的路是从窨子底下上山，经过杜梨树到瓦房台崾岘口，这时我看见红军从倒树湾、白石咀上山的人很多，后又到瓦房台脑畔的另一个崾岘，晚上我同红军在山上过了一夜。

第二天大约 10 点钟，送来了牛、羊肉、菜和小米饭，他们吃，我怕得不敢吃，一个人说 :“老乡不要怕，好好吃，好好吃。”下午，听见王台处枪响，看见吝士茂引着四五个红军顺倒树湾上山又转回去。看见马回子从杨城子山上向北跑去。晚上我们住在吝台。

第三天早上，我同十几个红军到前台，转到塔儿湾等地，红军打问附近庄住户及民团活动情况，我一一指给说明。下午经刘河湾回到吴起镇，到湾子段六院子时，我看见院子放着两个花杆。晚上我在新窑院同三四十名红军住在一个窑洞里。因我心里怕，半夜借

① 高凤山，党员，吴起镇人，写作此文时71岁。曾任行政村村长、乡长等职，1950年从八团一营复员回家务农。

故走脱回家。

选自中共延安地委党史办编印:《红军长征到延安》,1986年8月,第236页。

中央红军在我们村

李占忠

我家住在宁赛川川口的宗圪堵。中央红军长征到吴起镇那年，我家住过红军部队。

他们在我们庄住了五天，帮我们担水、扫院，对我们可亲热啦。这期间，他们还向我打问过走宁赛川的路线。问到保安有多少里路？途中经过些啥地方？翻山不翻山？有“土围子”没有？等等。

我告诉他们，宁赛川这条路，是走保安的大路。从吴起镇出发经过张坪、沙集、薛岔、王塔、桃李洼、顺宁到保安。共 180 多里路程，途中只在薛岔翻一架 20 里路的山。没有“土围子”，只在顺宁有一小股民团土匪，几十个人，土匪头是从陕北红军叛变出去的宗文耀。

我亲眼见到宗圪堵住的红军部队是在第五天向宁赛川出发的。接着，吴起镇上边两道川（头道川、乱石头川）川口住的部队也向宁赛川开去。他们路过都要经宗圪堵，只要见了我都要问问去保安的路线。我一一按上述的庄名、里程等情况给他们作了回答。

也有一批红军是从洛河川下去的。因为走这条路也得经过我们庄。从这条路走的队伍问我情况，我就给他们说：“吴起镇下去是金佛坪、土佛寺、金汤、金丁、旦八直通甘泉的下寺湾”。

选自中共延安地委党史办编印:《红军长征到延安》，1986年8月，第231—232页。

红军来在高台村

白银魁[1]

1935年10月，红军经过我们庄时，正是放羊时间。因为群众不知底细，有的怕得跑出去，红军遇见群众便解释说："我们是红军，不要怕。"（群众听成"奉军"。）我父亲白海清没有跑。直到太阳落山红军还走着，群众看见这么多红军，议论纷纷。晚上我庄上下院烂窑里、沟河湾都住得满满的。他们穿得破破烂烂，但看上去很高兴。在我庄做饭时，从对面的孙沟买了一头猪杀了，还给我们送饭吃。

第二天天不亮，他们就出操，天亮后就走了，到下午听见枪响。第三天听说红军把中央军打败了，河湾里我看见泥住了几匹马。

我父亲1936年任铁边城区政府副主席（红五团建立的），红五团走后，我父亲从区里回家看望，被清乡团许广志和许广德捉住，拉在铁边城枪杀了。（根据白银魁1986年7月18日谈话记录整理）

选自中共延安地委党史办编印：《红军长征到延安》，1986年8月，第230—231页。

① 白银魁，吴起县铁边城镇高台村人，采访时64岁，是烈士白海清的大儿子。

红军战士到了雷子涧

马振邦①

从1934年开始，我是党的地下联络员。

1935年10月19日，中央红军到达吴起镇时，乱头石川的广佛寺、梁台、榆树坪一带都住着部队。第三天我们村（雷子涧）来了六名红军战士，让我带路，侦察马匪败逃情况，并在我家吃了一顿饭（付了钱）。饭后，我们起程，路过姚寺时，看到当地群众正在剥马皮（是在战场打死的马匪的三匹战马）。到杜屯时，我将六名战士转给吴三老汉，让他继续向前带路，了解敌情。

第四天上午，我们村又来了两名战士给部队买粮。下午，我和马有兰（我五叔）各背四升小米送到榆树坪（给我俩付了钱）。晚上，他们给我俩吃的羊肉、萝卜片，休息时，铺的盖的全是油布。

第五天一早，我们准备动身回家时，看到几个战士站在两挺重机枪旁，我们好奇地走到跟前，他们热心地向我俩介绍了重机枪的性能及作用，并说我军前两天在塔湾用26挺重机枪击败了马匪。（根据马振邦口述整理）

选自中共延安地委党史办编印：《红军长征到延安》，1986年8月，第229—230页。

---

① 马振邦，土地革命时期曾任黄砭区区委书记，赤安县委委员，采访时在家务农。

我们全区筹粮四万斤

梁荣①

1935 年古历四月十八日，我参加了党的地下工作。我们宁赛川区的区主席是李生才同志，县主席是王玉海同志。

中央红军到陕北，区里发动群众给中央红军准备粮食，让我负责我们杨园子沟乡的收粮工作。我连夜跑遍十几个庄头，向各户布置了任务。一两天时间，全区就准备好了四万斤粮食，组织好了三四百头牲口。准备好粮食的第二天天一亮，我们 700 多个游击队员、赤卫队员赶着三四百头牲口驮着粮食出发了。上午到了王庄，区里带队的说已和中央红军联系上了，下午我们和中央红军跟着到了吴起镇。

二十一日，天刚麻麻亮，西面突然响起了枪声。这时从一个窑洞里出来一位红军干部，向我们了解这一带的地形地名，我们都一一作了介绍。他一边在地图上画着，一边用四川口音风趣地说："哎呀！这里是张献忠的老家哟！"

我们仅知道"八大王"和李自成一起造反，别的知道得不多，这个同志就给我们讲了张献忠的来历，最后他说："李自成、张献忠这些农民英雄为啥子失败？就是他们没有根据地，脱离群众，光靠游击主义，才败啧！现在我们闹革命，有共产党、毛主席的领导，有人民群众支持，

① 梁荣，吴起县人，1935年参加革命工作，离休前在宁夏自治区供销社工作。

有根据地，总有一天要打垮龟儿子蒋介石的，好生干吧！”

这个同志的话说得我们心里热乎乎的，你一言，我一语，问个不停。我们问早上枪声的事，那个四川同志笑哈哈地说：“那是狗仔国民党给我们送行的部队，一路上跟着屁股，现在打枪的是啥子野骡子骑兵。这次呀！非得好好揍他一顿不可！”

提起这个“野骡子”，我们都恨得咬牙切齿。这家伙是马鸿宾的一个旅长，叫冶成章。1934 年秋天，他杀了我们许多干部和群众。现在，该是收拾他的时候了。我们都要求参加消灭“野骡子”的战斗。那个四川同志说：“这次呀，不用你们，叫他尝尝中央红军的厉害吧！”结果，这一仗消灭了“野骡子”的一个骑兵营，吓得他夹着尾巴逃跑了。

打了这一仗，占据着豹梁寨子的张六、张七慌了手脚，连夜仓皇逃窜，丢下了大批粮食，少说也有四五十万斤，这些都是军阀土匪搜刮老百姓的血汗粮。有了这一大批粮食，红军的给养问题一下子就解决了，还把很多分给了缺粮食的群众。

眼看入冬了，中央红军还都穿着单衣，许多人还露宿野外，我们都着急。后来了解到恶霸地主高惠①家存着几千斤羊毛、几千斤羊绒，苏区政府决定没收这批绒毛，给红军做冬衣。可这么多绒毛，又缺少布，怎么加工呢？大家一研究，决定找毡匠做毡衣。我们出动了上百人，连夜到各户去找毡匠。毡匠们听说给中央红军做活，都丢下自己的活，几天内就集中了 100 多个，弹的弹，打的打，很快就做出了一大批毡衣。

经过十来天的日夜奔忙，我们胜利地完成了迎接中央红军的光荣任务。（根据梁荣 1982 年 10 月 19 日、1984 年 6 月 27 日谈话记录整理）

选自中共延安地委党史办编印：《红军长征到延安》，1986年8月，第227—229页。

① 高惠是吴起镇的恶霸地主，1934年秋被红二十六军处决，他家曾开过绒毛过载店。

我们给中央红军送粮

贾生才①

1934年开始，我搞地下联络工作，与刘培万②（外号三洋人）接头，经常在乱石头川一带活动。

1935年10月19日，党中央率领红一方面军长征到达吴起镇。当晚我接到定边县革委会秘书马仰西的鸡毛信，信中的内容是中央红军已经到达吴起镇，要很快动员群众给中央红军送粮。我连夜动员南沟门附近的七八户群众，20日，鸡一叫，赶了十几条毛驴动身向吴起镇出发。当我们赶到李砭村时，高万（当地群众）也领着五六人赶着十几条毛驴动身了。到了吴起镇，我看见后街贺石湾的院子里、石崖下都住满了军队。我们把毛驴赶到关帝庙后边的油房院，徐老（徐特立同志，听中央红军称呼徐老）负责收粮，粮食过罢斗后全倒进一孔石窑洞内，付给每个送粮的一些银洋，并让第二天继续往这里来送。

其他群众回去了，徐老把我留下帮助过斗。中午后，送粮的群众渐渐少了，徐老和我拉起家常话了。他问："你家有几头牛，种多少地？"我答："只有一头牛，种了十几垧地。"这时进来一位衣服单薄而褴褛的战士冻得直哆嗦，我随即脱下一件羊皮褂子送给他。他不肯要，徐老点头后他收下穿在身上走了。徐老接着问："哪里有狗窝？"我听不懂，

---

① 贾生才，吴起县人，离休前任定边县委纪委书记。

② 刘培万，志丹县人，刘志丹的堂叔，曾跟随刘志丹在陕甘边政府搞外勤工作，已去世。

徐老连比划连解释后，我才明白了，原来是指窨子（即在石崖上打的洞，洞内可藏人、藏物）。我说头道川川口就有高七宝①的一个窨子。徐老急着让我领他去看一看。随即我们相跟了几个人到后街，我指着窨子的位置让徐老看罢后返回。

21日拂晓，吴起镇西山上的战斗打响了，前面是军队，后面是担架队，我跟着担架队向山上走，只听见枪声响成一片，我军战士一直向西追赶。此时，高七宝的窨子也被打开了，徐老让我负责向回运粮。我走到窨子里，发现没有高七宝，只捉住了侯岔的高忠（土豪，后杀于吴起镇），其余群众全部放走。我们把粮食运回驻地，看见院子里已堆放了许多缴获敌人的枪支弹药。

太阳落山时，我和徐老及徐老的几位随从人员在吴起镇后街头（乱石头川口边）边散步聊天，边察看地形地貌，这时在山里躲藏的杨木匠的母亲，领着七八岁的孙女正往回走，过河时不慎跌入河内，衣服全湿了。徐老立即跳进河里，将杨母及其孙女搀扶过河。看到这种情景，我感动得不知说什么好，我们立即动手拾了些柴火燃着给徐老烤衣服。

中央红军在吴起镇时，我跟随徐老活动了两三天。我们乱石头川的群众总计送来约三万斤粮食。（根据贾生才 1982 年 3 月 5 日访问谈话记录整理）

选自中共延安地委党史办编印:《红军长征到延安》，1986年8月，第225—227页。

① 高七宝，本名高应，乳名七宝，其兄高惠于1934年秋被红二十六军处决于南梁堡，高七宝投靠张廷芝，杀害革命干部及家属近十人，于1953年依法枪决。

我们和中央红军一起联欢

张万镒[①]

1935年10月中旬，我们保安游击支队还在围攻旦八寨子，张明科任支队政委兼队长，副队长是戴通孝，我在二中队“旋风班”——实际叫先锋班，都是些娃娃兵，班长是王四海[②]。

一天，有消息说吴起镇来了“中央军”，但弄不清楚是国民党的中央军，还是我们听说过的毛主席领导的中央红军。下午部队集合，戴通孝副队长讲话。他说：“我们今晚放弃攻寨子，要弄清楚吴起镇来的中央军到底是什么军队。如果真的是中央红军，那是大好事，我们的力量就大了。如果是国民党的中央军，也没有什么可怕的，他们人生地不熟，又没有群众基础，而我们有利条件很多，能打，就打他。打不过，咱们就跑（转移）。天黑撤出战斗，向杨青川口转移。”

天黑后，我们开始转移，顺山走，经过王家畔、野鸡山，半夜后到了解渠村。天亮后听老百姓说：“吴起镇来的是中央红军，讲得和你们一样：‘打土豪，分田地，帮助穷人闹翻身’等，对老百姓非常好。”于是我们支队就派人联络。中央红军也派来了联络的人。10月22日，

---

① 张万镒，吴起县人，1934年加入保安游击队，新中国成立后在青海省曾任军分区副司令员，已离休。

② 王四海，吴起县人，1934年加入保安游击队，新中国成立后曾任宝鸡军分区司令员，已离休。

中央红军请我们到高洼开会。我们到高洼以后，会场已经准备好了，人很多。中央红军和我们的支队互相拉着唱《国际歌》、《暴动歌》等歌曲。有一方面军军部的一位首长讲话，四川口音，主要讲中央红军和陕北红军会合，革命的力量大了，抗日的力量大了等。接着中央红军演活报剧，内容是工农兵学商，打倒蒋介石，团结抗日。

会后，戴通孝副队长又把我们支队召集起来讲话。他说：一会中央红军要请我们吃饭，大家要少吃一点。吃的是黄米干饭、猪肉菜，很香，我是个娃娃，没少吃。

在这一天前后，没有见我们支队长张明科，我就打问。有人小声告诉我，他见毛主席去了。（根据张万镒1982年10月21日口述记录整理）

选自中共延安地委党史办编印：《红军长征到延安》，1986年8月，第224—225页。

我参加了联欢会

戴通孝①

1935年，我任保安游击支队副队长，张明科同志任政委兼队长。10月19日，我们游击队突然听说西川来了很多军队，我带两个人到吴起镇先后接头三次。第一次，我们带武器在枣树湾见到十几人（有穿长袍的、戴礼帽的、戴工人帽的），会面时各怀戒备心理。他们问：这里是苏区吗？政府在什么地方？游击队在什么地方？我们答：这里靠近苏区，政府和游击队离这儿很远。说完我们就走了。第二次在后街，对方约近十人，穿着颜色不统一的军装，带有武器，说话内容与第一次大致相同，他们告诉我们是中央红军，从南方上来。我们说：我们是游击队战士。第三次在吴起镇庙院戏台附近，这次约二三十人，我们告诉他们，陕甘边区政府在下寺湾，二十五军也来了，他们正在整顿。

21日，“切尾巴”战斗打响，时间不长。我也未去前线。给中央红军带路的是王玉海同志派去的赤卫军。

22日晨，我们接到中央红军的一张去杨青川高洼参加联欢会的请帖②。我们游击队100多人到高洼时，他们很高兴，立即拍手前来迎接

---

① 戴通孝，吴起县人，1934年参加保安游击队，新中国成立后曾任银川市粮食局长，已离休。

② 这是保安游击支队第二次与中央红军举行的联欢。10月20日在李家洼举行的联欢会是第一次。

我们。我们去得迟，会议已经开始了。部队领导的讲话内容是介绍性的，作政治鼓动工作。会开完后，我们参观了他们的武器，并进行了一次会餐。这顿饭是中央红军早就为我们准备好的，粮食是区、乡干部动员群众送来的，赤安六区一乡送来几十头猪，游击队送去约 200 至 400 只羊（打土豪时收的，经张明科同志批准派人送去的）。饭前饭后有四五个红军干部与我们交谈了一些情况。他们问：土围子（指豹梁寨子）有多少人？头是谁？有多少武器？我们答：里边住着张廷芝的叔父张六、张七，100 多人，两门迫击炮、很多长枪和驳壳枪，数字不详。又问：张廷芝跑到什么地方去了？答：跑到三边去了。问：沿洛河川下去有没有反动武装？答：有旦八寨子，里边住着曹俊章。此外，还问到游击队的生活情况、群众组织情况等，我们一一回答。随后，中央红军给我们送了 50 多支枪，子弹随便拿。

吴起镇战斗之后，中央红军休整了几天，帮助我们训练干部。他们走后留下了 200 多名伤病员，住在杨青川，在地方政府和群众的热情护理下，一两个月后痊愈归队，少数留在游击队、独立营里担任领导工作，其中和我在一起的叫佟国贵，任指导员。（根据戴通孝 1969 年 5 月 3 日、1972 年 3 月 25 日口述记录整理）

选自中共延安地委党史办编印：《红军长征到延安》，1986年8月，第222—224页。

中央红军纪律严明

梁满栋①

1935年10月19日，中共中央、毛主席率领红一方面军沿头道川而下，到达吴起镇。当时老百姓因受国民党匪军的残酷迫害，对红军又不了解，能跑的都跑到山上躲藏起来。

当中央红军到达吴起镇后，还没来得及休整，就得知马鸿宾部四个骑兵团沿头道川、二道川尾追而来。21日，我军在吴起镇以西的山上消灭了马鸿宾的一个骑兵团。

吴起镇战斗的胜利对老百姓的鼓舞很大。红军纪律严明，不拿群众一针一线，不随便进民房，不吃老百姓的饭，即使是需要什么东西或吃老百姓的饭都要付钱。他们对待群众十分和气。还帮老百姓担水干活。红军的行动，加之吴起镇战斗的胜利，一下子驱散了蒙在老百姓心上的迷雾，大家都纷纷议论着，真是毛主席率领的红军来了，是为穷人打天下的。当时老百姓听不懂中央红军的话，但是从红军战士的行动中看出他们是好人。这样一传十，十传百，消息一下子传开了，因为不了解情况躲到山里的老百姓也陆续回来了，并和红军战士亲亲热热拉家常，红军干部和战士还给我们讲革命道理：要想翻身，就要拿起枪杆子闹革命，打土豪，分田地……我听了这些革命道理后很受感动，心中暗想，

① 梁满栋，吴起县人，1935年12月参加革命，离休前任宁夏回族自治区陶乐县县长。

我也要参加革命。而当地的地主、豪绅却全部吓跑了。

党中央虽然很快离开了吴起镇，但吴起的革命形势却从此发展很快。同年 12 月，我参加了吴起区二乡的赤卫军，担任队长。从此我走上了革命道路。

节录自梁满栋1982年回忆录，文字略有修改。

选自中共延安地委党史办编印：《红军长征到延安》，1986年8月，第221—222页。

中央红军到达吴起镇的回忆

刘景权①

1935年，吴起镇属于赤安县六区一乡管辖，我任乡苏维埃主席。

10月20日，听人说有许多军人来到了王伯渠子，不知是红军还是白军。为了弄清情况，我到了王伯渠子，看见他们正在张贴“打倒日本帝国主义”、“抗日救国”等标语。有的正在买菜，用的钱是银洋、铜元、苏维埃纸币。我见他们穿得很烂，帽子上有红五角星，军纪很好，我想可能是红军。

我回到刘坪时，一个红军正在找干部，村里人指着我给红军介绍说，这是乡苏维埃主席。这位红军一听就热情地握着我的手说：“乡主席回来了，我们到老家啦！”他让我到彭沟门卫生部去，有事需要研究。

到了卫生部，红军提出要20来副担架，再弄些粮和菜，并说明天要打仗，担架最要紧。这时张明科来了，我们相跟着到吴起镇新窑院政治部，互相作了介绍后，我到油房院参加了个会，内容是动员群众不要跑，给部队卖些粮和菜，马匪后边追来了，要派些担架和带路的支援红军打仗。我一一答应。接着他们又问到当地地理情况和吴起镇到保安（现在志丹县城）的路程，沿路有多少土围子，多少敌人等。我说保安离这儿有100多里路，下川有张廷芝的寨子，约100多人。接着又问苏区情况，

① 刘景权，志丹县人，刘志丹的堂弟，1934年冬任乡主席，后回家务农。

我答:赤安县有六个区，县主席袁万祥①，六区主席贺满朝②，有个独立营，营长马福奇③，有游击支队，副队长戴通孝，指导员兼队长张明科。除此而外，还有新创建的定边县革命委员会，主席王玉海……会后，我回到乡政府立即作了布置。

21日天一亮，我领着一些红军进入二道川，红军头戴烂毡帽，有镰刀斧头和红五星，衣服不统一，有穿灰色的，有穿缴获国民党军衣的，有穿半截裤的，大部分穿麻草鞋。走到半路，一个中央红军战士让我回去准备粮和菜，我又到彭沟门司令部。他们招待我吃饭，吃的是煮黑豆、鸡肉，这是上等饭，战士们吃的是粗谷米饭。

22日在杨青川的葫芦台，我见约近千名国民党军队，帽沿都朝后，背着没栓的枪，一位红军领导正在给他们讲话，说明抗日救国的道理，动员他们加入红军。随后中央红军给王玉海领导的游击队二三十支七九枪、套筒枪，给六区区委书记孙万清同志④一支三号手枪。

吴起镇战斗之后的一天，在吴起镇庙院开过一次群众大会，我是送粮借机参加的。会议的内容是宣传抗日救国及中央红军回到陕北苏区老家了，详细内容记不清，许多话我也听不懂。

我记得中央红军路过豹梁寨子时，张廷芝的叔父张六⑤和张七⑥还以为是游击队，放了两枪。红军战士骂道："他奶奶的屁哟，你们是啥子枪，看我们的是什么枪。"接着打了一阵机枪，放了两发八二炮弹。张七趁夜间逃跑到安边，张六舍不得小老婆（外号秕黑豆）钻到刘沟门

---

① 袁万祥，吴起县人，1935年冬"赤安事变"中惨遭敌人杀害。

② 贺满朝，吴起县人，1935年冬"赤安事变"中惨遭敌人杀害。

③ 马福奇，情况不详，待查考。

④ 孙万清，已去世。

⑤ 张六即张杰儒，张廷芝民团营长。中央红军离开吴起镇后，张明科带游击支队，袁耀秀带赤卫军大队及赤安六区赤卫军近千人，挖开刘沟门窨子，活捉了张六，处决于今志丹县的王园峁。

⑥ 张七即张珍儒，张廷芝民团营长，1941年"安边事变"中被夏品山打死。

窨子里躲藏。

当时彭沟门驻红军医院，我记得牺牲了一二十个同志，以后埋在刘坪。红军走后一二天，我看到一个十五六岁的战士有病，我赶毛驴驮回家，我母亲伺候了一个时期，病好后经县转送归队。（根据刘景权 1969 年 3 月 6 日、1982 年 7 月访问谈话记录整理）

选自中共延安地委党史办编印：《红军长征到延安》，1986年8月，第219—221页。

在吴起镇见到了毛主席①

张明科②

1935年10月19日，党中央、毛主席率领中央红军长征到达陕北苏区的吴起镇。荣幸的是，我于第二天即10月20日就见到了毛主席。

20日上午，我正在李家洼（杨青川）和中央红军开联欢会，突然接到我们游击支队的秘密联络员刘兴汉的鸡毛信。信中说：毛主席在吴起镇，要你火速赶到吴起镇来，千万勿误。我把部队部署了以后，快马加鞭，于上午就赶到吴起镇了。刘兴汉在街上等着我，他把我带到指挥部，由一名同志带我见到毛主席。毛主席说湖南方言，我大部分听不懂。毛主席说一句,一位同志“翻译”一句。毛主席首先问我是哪里人，我说就是本地人，是刘志丹家中的长工，参加革命是刘志丹、刘景范叫去的。毛主席举着手说：好、好、好。毛主席又问：你们游击队有多少人？多少枪？我说：不到100人，有五六十支枪，其余是大刀。毛主席说：中央红军给你们枪。我说：好得很！毛主席又问：你们游击队和政府关系好么？群众纪律好么？我说，好着呢，我们和政府关系很好，和群众关系也很好。我们吃粮、打仗靠群众帮助。毛主席说：好！和政府关系要搞好，群众关系搞好了，群众就拥护你，你才能存在，苏区才能

① 标题为原编者所拟。

② 张明科，吴起县人，1933年参加保安游击队，新中国成立后曾任甘肃省定西地委副书记，已离休。

扩大，你的游击队才能扩大，我们军队和群众是鱼水关系，你懂吗？我说：主席，我懂得。我们支队伤员、病员就在农民家里养着，病好了，农民就送回部队来了，农民可好啦。毛主席在谈话中说：中央红军由南方到北方的目的是抗日，北方将来是抗日前线。国民党自己不抗日还不让共产党抗日。中央红军从南方到北方整整走了一年，行程两万多里，经过雪山草地，苦呀，这是革命同志用血汗换来的，来之不易呀！他接着又说：昨天，我们中央几个同志开了一个会，研究我们进入了陕甘苏区，给陕甘苏区人民带来胜利呢，还是带进害？大家一致意见是只能带进胜利，决不能带进害。因此，决定在吴起镇以西打一个仗，把追随的马家骑兵消灭掉，把一部分打回去，它就再不敢来了。（当时我想，敌人还听我们的指挥么！）毛主席说：你们游击队战士在这里地形熟，让战士给主力红军带路，一来你们学习打仗方法，二来你们多拿一些枪支回来武装自己和赤卫队行么？我说，行，行。毛主席说：你把任务安排好，就住在我这里。他用手拍了拍在座的那位同志说：这是我们的民运部长，帮助你在吴起镇开一个群众大会，帮助你把我们占领的这几条川的群众组织起来，成立苏区政府①好么？我说：好，好得很。毛主席还问道：刘志丹同志现在哪里活动，你知道他在什么地方么？我当时一下子紧张起来，我不敢说实话。毛主席又反复问，我才说刘志丹被关押起来了。毛主席立即站起来了，问：为什么，什么时间关押的？我说：押起来几个月了②，为什么关押我不知道。我对面坐着一位长胡子老汉（以后听说是周副主席）问我，现押在什么地方？我说：听说押在瓦窑堡，共押起几百人。毛主席又问我，谁能知道详细情况？我说，只有骑兵团（红二十六军的骑兵团）政委龚逢春知道详细情况。毛主席问：他在哪里？能找到么？我说，行！毛主席问：你什么时候能找来？我说，明天

① 这里指的是吴起镇以西的头道川、二道川、三道川，当时这几条川是红军和游击队的游击区，没有成立苏区政权。

② 刘志丹于10月6日被捕，实际上被捕时间只有十多天。

找不来，后天一定找来。周副主席说：你派人骑马快去找来好么？我说，刘兴汉家中有两匹马，一头骡子，我能借到。随后，我派第一中队指导员雷海清带一个战士去找龚逢春。

21日，毛主席亲自指挥中央红军在吴起镇以西的山上打了一个大胜仗，把尾追中央红军的马家部队，消灭了千余人，以后几年没再敢进犯苏区。

22日天一明，龚逢春就来到吴起镇。龚逢春到来后，我和那位民运部长正在准备开群众大会和办骨干学习班。他们谈了一些什么我就不知道了。龚逢春要回骑兵团前，把我叫到毛主席住处，专门向我交待说：毛主席、中央红军向东进时，要派共产党员带路，给毛主席带路的要派分队长，至少去两人，到达目的地后带路人员原回你支队。我当时表示，完全能做到，说让雷海清和一个分队长去给毛主席带路。龚说，就这样定了。当天中午，开了群众大会，大会宣布成立了赤卫军四联总队，我现只记得宗宪章是一个联队的队长。

毛主席快离开吴起镇时，跟随毛主席的一位张参谋对我说：毛主席叫你到他住处去一下。我就跟他到毛主席住处。我一进门，毛主席说，你来了。他从桌子上拿起一把手枪（德国手枪）和用布包着的30发子弹说：我们要走了，这支手枪留给你作纪念①。我激动得流下了眼泪，双手接过来，一句话也说不出了，只是点头敬礼。毛主席说：你放心吧，中央已派人带电台去瓦窑堡了（后来听说是王首道等几位同志去的）。

（根据张明科1982年5月13日的回忆录节录整理）

选自中共延安地委党史办编印：《红军长征到延安》，1986年8月，第216—219页。

① 毛泽东送给张明科的手枪现存于吴起县革命纪念馆。

迎接中央红军

王玉海①

1935年5月，定边县革命委员会②(临时政权)在宁赛川、凤凰寺(今吴起县境内)成立，我任县苏维埃政府主席。县下辖凤凰、毛砭、乱石头三个区。

7月间，我赴甘泉的下寺湾参加了一次重要会议。会上，马明方同志讲：中央红军已向西北方向前进，主要是北上抗日，有可能要到我们这里来，并要我们做好迎接中央红军的精神准备。

10月19日，我县保卫队队长白凤清同志（1935年冬“赤安事变”中被三边民团司令王子元杀害）回来报告说：在头道川侦察时听到有枪声，中午见到了中央红军。红军询问了刘志丹的情况及当地苏维埃政府的情况，还让捎回一封陕甘支队政治部的信，要我们去见他们。当时我与王兆英（县革命委员会副主席）、白凤清、冯子贞、王德胜等人在沙集寨子内临时研究了一下，决定前去看一看。到了王庄，有两个军人头戴红五星帽，经询问是中央红军的同志，我们也做了自我介绍。他们要我到彭沟门政治部去接头。我随即派王兆英等四人立即分头给县革委会、各区及游击队通知，准备迎接中央红军。当晚我赶到了彭沟门政治

① 王玉海，吴起县人，1934年3月参加保安游击队，曾任定边县工农民主政府主席、陕甘宁边区司令部巡视员等职。

② 又称苏维埃政府。

部，有几位同志用电话与吴起镇做了联系，让我第二天去吴起镇。

第二天早晨，我向吴起镇走，到燕麦地沟门碰见一位红军干部，自称叫周兴，是中央局的，专门来找我，并说："毛主席来了，叫你谈话，这是秘密的，不要给人讲。"说罢我们一起走到宗湾子①，这里住了很多人，并带有马克思、列宁像。周兴指着我向大家做介绍说："这是县苏维埃王主席。"有一些女同志在院子里欢迎我，并让我讲话，我讲了一些欢迎中央红军的话。随后，周兴把我领到新窑院给政治部主任杨尚昆做了介绍，旁边还有几位同志，听说叫贾拓夫、王志伟、刘悠安。紧接着杨尚昆把我领到油房院的一个窑洞内，里边坐着三个人（我当时分不清哪个是毛主席，哪个是周副主席），墙上挂着三支短枪，炕上铺着两块黄油布。我立即向他们敬了礼。因为他们的语言我大部分听不懂，就由在场的贾拓夫、王志伟、刘悠安"翻译"。他们问到了陕北红军、游击队、地方政权及地理等情况，我一一作了回答。我又汇报红二十五军到陕北已一个多月了，打了两次胜仗；刘志丹及二十六军营以上的干部全部被关押了。最后，他们说：中央红军准备在吴起镇住七天，让我们准备七天的粮食，并让我把游击队、赤卫军带来当向导，还让我派20名游击队员向下寺湾送无线电台。

离开油房院，我到附近动员了一些赤卫队员和群众给中央红军当向导，当晚赶到了杨青川的高洼，此时我因病身体发烧，有个外国医生给了我几片药。

21日，吴起镇的"切尾巴"战斗打响了，我从高洼赶回吴起镇，因病未去前线阵地。

吴起镇战斗的第二天，我随一部分中央红军到前线阵地上掩埋了我们牺牲的同志（约30余人），并为这些牺牲了的同志开了追悼会。

又过了三四天，中央红军要走了。临行时，我们送给他们三大卷

---

① 宗湾子在吴起镇内。

土布、三匹红洋布和黑市布，他们给我们送了30余支长枪和两支短枪。并留下了以刘悠安为团长的工作团（约三四人），协助我们定边县革命委员会搞了一个多月工作。（根据王玉海1969年3月9日、1980年7月21日、1982年5月21日口述记录整理）

选自中共延安地委党史办编印：《红军长征到延安》，1986年8月，第214—216页。

咱们中央红军来了

刘景瑞①

1935年10月19日，中共中央和毛主席率领红一方面军到达吴起镇。当时这个地方地广人稀，十里八里一个村庄，每村只住三五户人家。在旧社会，老百姓受国民党匪军残酷迫害，地方团匪恶棍更是无所不为，因此，见了军队就躲避。这次中央红军突然到来，老百姓事先都不知道是红军，看见人那么多，以为又是白军来了。因此，携老扶幼急急躲藏，只有一些老人和卧床的病人未躲藏。他们看见这些军队虽然服装破旧，脸色憔悴，可是和国民党军队大不相同。人那么多，不进民房，不随便吃老百姓一碗饭，一举一动都有秩序。他们说话虽然听不懂，但对人很和气。当地群众开始猜测着：莫非真的是老刘（刘志丹）经常讲的毛主席领导的红军来了吗？跑到山中的老百姓也陆续回来了。

当时，我是赤安县六区一乡党支部书记，吴起镇属于一乡管辖，中央红军到吴起镇时，区委、政府事先不知道。区委当时在罗坪川，比一乡距离吴起镇远得多，只有游击队队长张明科同志口头传信说：吴起镇来的是中央红军。

为了探实情况，我到了宗圪堵，看见由吴起镇向东川行走的部队接连不断。我看到一个背皮包的军人，就问他："你们是中央红军吗？"

① 刘景瑞，志丹县人，1934年参加工作，已离休。

他说："我们是中央红军"。因口音关系，我听是中央"奉军"。我迟疑了一下，他后边说的话又听不懂。我就对他说："你写一下，你说话我听不懂。"他马上用铅笔写在日记本上让我看，写道："中央红军北上抗日。是毛主席亲自率领的红军到这里。我是找当地干部买粮食的。"我看了后，激动地高声说："毛主席来了！中央红军来了！"这个村的大人小孩都沸腾起来了，大家高兴地说："咱们的红军来了，我们盼望的救星来了！"乡主席刘景权给大家说："中央红军来了，你们赶快准备粮食。"他派了村干部立即去找大队长宗维乾和赤卫军干部。

当时，地方干部少而且居住分散，大队长、中队长一时不易找到，我只好和乡主席分头接洽中央红军各处的关系。他到吴起镇去了，据他回来说：在油房院什么部门接洽，是由另外一个军人领他去的。我与那个背皮包的红军到了宗湾子，见中央红军正在写"中央红军北上抗日，打倒日本帝国主义"等标语。由于我们心情激动，我将我当时半公开的支部书记职务也给领我的那个同志讲了。进到窑洞内，领我的那个同志给一位军人说了几句话，我全不懂。那人就马上起来和我握手，并说："好极了，好极了！"并让我坐下。大概是领我的那位同志介绍了我是这个乡的支部书记，因此，这个同志用电话与供给部联系。他的话我大部分听不懂，我只听懂他说："我们这里找来了乡上的支部书记。"他打完电话后，对我说："中央红军北上抗日到陕北，要和刘志丹领导的二十六军会合。在我们后边还有马鸿宾、何柱国等白匪军追击。我们要消灭这股匪军，决不让他们进入苏区内。目前，中央红军最困难的是粮食问题，请当地干部帮助我们买粮是重要任务。"他和领我的那个同志谈了几句话，接着又对我说："请你和我们王指导员（这时我才知道领我的那个人是指导员）去供给部接洽好了。"

经济部、供给部、参谋部都设在白沟洼、彭沟门和宗圪堵一带。总部和我们（刘景权已从吴起镇返回）接洽的是罗处长和叶部长。他俩和我们谈了几分钟后，就要求我们召集全乡赤卫军干部会议，动员粮食和担架等。当天下午我们在彭沟门开了赤卫军干部紧急会议，由中央红军政治部负责同志作了动员。并安排让供给部派干部协同乡干部和赤卫军到各村庄各户作动员工作。散会后，参谋总部供给处留下我和刘景权、宗世卿、宗维乾等五人，请我们吃了一顿招待饭。由政治部罗处长和一个参谋处长陪我们吃饭。其中还有一个女干部是湖南人，她说的是湖南土语，我连一句也听不懂。其他人在院子里吃的是当地群众送来的小米稀饭。看到这种情形，我们心里很激动，要求和大家一块吃，但是，他们硬是不行。在吃饭中，开始是参谋处长问刘志丹同志的情况，赤卫军队长宗世卿指着我给处长说："这是刘志丹同志的堂弟。"这句话引起在座的同志都向我询问刘志丹的情况，我把所知道的一些消息全给罗处长和同志们讲了。

饭后，我们支委开了个会，马上到吴起镇周围属于六区所辖村庄，宣传和动员群众，积极行动起来，为迎接中央红军，送军粮，组织担架队等。我当时是一乡支书，又是区委执行委员，前几天区委书记孙万清同志给我说过，不日即调我到区委任组织科长。现在中央红军来了，区委还未派人领导这项工作，因此我有责任动员六区广大群众，把工作做好。我记得当时在我们吃饭的村子里有一个赤卫队员，大家都叫他"跑烂鞋"。我派他到各村宣传动员。他说："毛主席和大红军来了，我这个'跑烂鞋'哪怕一天跑烂两双鞋，也是高兴的。"他真的连夜跑遍了全行政村的家户。

这天晚上，参谋部留我一人，其余干部全部出发到各家各户作动员工作去了。经别人介绍，我才知道罗处长是政治部组织处长。于是，我和他谈了这个乡的党组织情况。他用笔记本记了全乡支部党员多少和党支部下设的三个党小组分布情况后，又问了二十五军和二十六军的一些情况，以及附近游击队的活动和反动势力的据点等问题。到晚上 10 点左右，我又和乡干部宗有兰对吴起镇附近的动员工作作了安排后，才去找了刘景权，将罗处长谈话情况给他说了一遍。

21 日天未明，各乡群众从四面八方，牵驴拉马，络绎不绝给中央红军送军粮和肉食、蔬菜等。以后我调到区里工作，据当时不完全统计，这次吴起镇周围三个乡共送小米、荞面 2.8 万斤，黑猪 50 多头，羊子 270 余只，其他蔬菜、鸡未统计。这个数目是中央红军总供给部第二年 1 月份向六区要去的。当时，这些粮食和其他食品，各军各部都已给群众付清了钱，不欠分文，因此，六区的老百姓说："真是人民的好军队。"

21 日清晨，红军总部发布动员令，要将马匪军坚决消灭。我们地方干部在吴起镇附近动员赤卫军、少先队支援打仗，迎接胜利。这次战斗没多用群众去抬担架，大部分伤兵是军队自己运到后方去的。据说毛主席亲自指挥了战斗，消灭马匪一个团，击溃三个团，其余的逃跑了。

22 日在吴起镇开了军民大会，一位中央首长讲了话，他说：昨日已将马匪军击溃，俘虏一个团，缴获 1000 多支枪和其他军用品，我们打了一个大胜攻，这个胜利是红军战士、游击队员、地方干部、群众团结战斗得来的。我们俘虏马匪军 400 多名，大部分是回民，我们共产党向来是宽大俘虏兵的，回民不吃猪肉，就给他们吃羊肉，按回民风俗习惯给他们吃饭。这次战斗后，红军还给我们乡政府送来一支七九步枪。

中央红军南下后，我们地方干部清理了部队留下的一些物资，安排了未能随军的伤病员。（根据刘景瑞 1982 年 4 月写的回忆录节录整理）

选自中共延安地委党史办编印：《红军长征到延安》，1986年8月，第210—213页。

列宁小学师生热烈欢迎中央红军

王华①

毛主席率领中央红军长征胜利到达陕甘苏区后，派贾拓夫等同志组成先遣代表团，先期到达陕甘边政府，传达了中共中央“刀下留人，停止捕人”的指示。喜讯传来,人们欣喜若狂,奔走相告。两三天之后（10月22日），红军的主力部队，以中央红军陕甘支队的名义，浩浩荡荡来到下寺湾。我带阎家沟列宁小学的学生和附近群众一起在下寺湾夹道欢迎，毛主席等徒步走过欢迎的人群，他不断地向大家招手、点头致意，接着健步走上戏台，大家聚集在戏台前听毛主席讲话。毛主席身着黑色的红军制服，看起来身体显得比较瘦弱，但眼睛炯炯有神，讲起话来声音洪亮有力，还不停地打手势。毛主席在台上讲话时，彭德怀在台下左侧来回踱步等候。林伯渠、董必武、徐特立、谢觉哉几位老人，当晚就住在阎家沟列宁小学我住的那间小屋里。当时，恰遇下大雪，多住了几天。几位老人除亲自洗补衣服鞋袜外，林老、董老还利用休息时间深入到群众中，对当地的政治、经济、文化教育，进行社会调查。随行的青年干部杨慰屏还为学生教了几支红军歌曲。

中央红军经过一年多的长途跋涉，爬雪山、过草地，粉碎敌人无数次的围追堵截，而胜利地到达陕甘苏区。部队的体质受到很大削弱，服

① 王华，曾任阎家沟列宁小学教员，写作此文时任山东省科委主任。

装普遍单薄缺少，又遇西北高原的大雪寒天，很不适应，生活非常艰难。因而政府除领导群众对中央红军进行慰劳外，在部队前进后，集中力量筹集赶制棉衣棉鞋和皮大衣，进行补充。而南方来的同志初到西北高原既怕寒冷，又穿不惯棉衣，特别是认为棉衣在行军作战中是累赘，有的竟把棉衣拆掉当夹裤穿。在这一生活习惯的转变中，有的被冻伤，有的还遭受病魔的折磨，当时医药条件很差，致又出现非战斗减员的严重现象……

摘自王华《对党领导安塞、甘泉人民进行革命斗争情况的点滴回忆》。

选自中共延安地委党史办编印:《红军长征到延安》，1986年8月，第266—267页。

我们给中央红军带路

张生辉① 阎进贵②

民国二十四年九月间（即1935年10月），中央红军从头道川、二道川、三道川，来到赤安县的吴起镇（今吴起县城），贺满潮区主席动员周围群众给中央红军送猪送鸡备粮。我们薛岔村积极响应。

吴起离薛岔70里路，我们记得下雪的一天，从宁赛川来了一路红军，晚上在薛岔住了，彭德怀在我家住，第二天派我二人带路，从薛岔动身，大路沟上山，到聂畔，同嵝崄，王塌到桃梨埛村，从桃梨埛村沿一条沟走到顺宁，当晚住在红石峁村一带。第二天我们就返回薛岔。正规军一天行70多里路为一站，伤病员是一个村庄到一个村庄抬着送，运送伤病员用了六七天时间。

我们以后听说毛主席从洛河川下去，杨青川也走了一路。还听说毛主席给了金丁上罗坪川郑元和孙万清各一把手枪，郑元是甘家道村堡人，在游击队工作。贺满潮见了毛主席，靖边县主席王玉海也见到了毛主席。

红军来后，在薛岔还驻有医院，有20多名伤病员病故在薛岔村。

1936年九月间（农历），红五团在薛岔村住，周总理来开过会，在我家住，我用黑毛口袋给红军送过白面和荞面。（史炳忠1985年6月5

① 张生辉，采访时69岁，农民，住吴起县薛岔村。

② 阎进贵，采访时70岁，共产党员，赤卫队员，住吴起县薛岔村。

日根据张生辉、阎进贵谈话记录整理）

选自中共延安地委党史办编印：《红军长征到延安》，1986年8月，第353—354页。

彭德怀在安家坪

李有财　高树旺　张志清

彭德怀是1935年的11月中旬来安家坪村的。住在高树旺家三孔石窑的中间一孔内，大约住了40余天，于第二年古历正月初五离开。当时中央红军在附近几个村庄住的都有，安家坪就住五六百人。彭德怀每天在窑里忙碌工作，只到下午太阳临落时在埝畔上转一转。军队每天从早到晚进行训练，军纪很严，也很尊重群众。

彭德怀在安家坪时，曾到太皇山开过群众会。给群众讲话说：天下的受苦大众要团结起来，闹革命，要打倒豪绅地主，分土地、分牛羊，等等。

中央红军除了训练而外，主要任务是围困甘泉县城和搞好抗日统一战线工作。

在腊月中旬，守城敌人为了保住甘泉县城，占领了城南制高点灯笼山。彭德怀指挥中央红军攻打灯笼山，打死打伤敌人很多，怕的敌人缩回城里去了。为了攻城，动员周围群众在瓦窑沟向城里挖地洞，给地洞里抬进几棺材炸药，想把城墙炸毁，最后因计算上的错误没有成功。

彭德怀除指挥围城外，还给东北军做了大量工作。他和榆林桥战斗中被俘的东北军一个团长高福源谈话，终于说服了高福源。后来，高福源几次进甘泉城说服城内的东北军，停止内战，共同抗日，高福源回到

西安后，还做了许多工作。（王德、米世存访问整理）

选自中共延安地委党史办编印:《红军长征到延安》，1986年8月，第269—270页。

中央红军帮助地方建立乡政府和党支部

丁自生[①] 王守仁[②]

据丁自生回忆说：1935年中央红军来到道佐铺。供给部有个政治干事康玉林同志召集张百成、高忠堂、魏生德、朱秀成、雷振贵和我（丁自生），在张百宽家开秘密会，介绍张百成、高忠堂、魏生德、朱秀成、雷振贵五同志加入中国共产党。当时因我年龄小加入青年团。同时成立了党支部，书记张百成，组织干事高忠堂，宣传干事魏生德，除奸委员朱秀成。我是少共团书记。

据王守仁同志回忆说：乡政府各乡成立时间不一，道镇乡政府是1935年10月成立的，是由中央红军供给部康玉林组建的。乡主席刘三(河南人)，党支部书记张百成，组织委员张百仁，宣传委员魏生德，除奸委员朱秀成，青年干事丁自生，土地委员高忠堂，优红委员雷振新。（**根据甘泉县党史座谈会录音整理**）

选自中共延安地委党史办编印:《红军长征到延安》，1986年8月，第267—268页。

① 丁自生，甘泉县道镇人，曾任兰州医学院党委副书记，已离休。

② 王守仁，甘泉县胡皮头村人，曾任省二商局储运公司科长。

毛主席来到下寺湾

贺延林　贺延荣

我们兄弟二人家住下寺湾的义子沟，过去都当过赤卫队员。

1935年古历十月十四日，天下着大雪，记得就在这一天，毛主席率中央红军来到下寺湾。毛主席就住在白云德家前窑里，边区政府住在隔壁两个窑洞里。二十六、二十七军军委在贺家湾。中央红军电台在下寺湾后园子石窑里。

十月十五日中午,在戏楼前召开了一次军民大会。赤卫队拿着红缨枪。

会上三个人讲了话，其中有毛主席。

毛主席和中央红军在下寺湾住了两三天，就从王坪过洛河翻雷花峪山到象鼻子湾去了。当时我也随军送粮。

当时流行这样一支歌子：

二月里来刮春风，江西上来毛泽东。

毛泽东来势力重，坐上飞机在空中。

后面带了几万兵，……

他是人民大救星。

歌子很长，要从1月唱到12月。（王志笃、孙怀祖、杨志昌整理）

选自中共延安地委党史办编印:《红军长征到延安》，1986年8月，第257—258页。

我给毛泽东带过路

贺延林①

毛主席当时叫毛委员，来下寺湾大约是1935年古历的十月初四五。我当时是下寺湾乡的优红委员，乡长是田有福（已去世）。

这年天气比往年冷，刚下过一场雪。党中央和毛泽东领导的中央红军从上川下来，当天就住在下寺湾。第二天在下寺湾旧戏台上召开军民大会，队伍和老百姓、赤卫军多得很，在台上的几个人互相握手，我们都不懂啥意思，就在这时不知是谁说“欢迎毛委员讲话”。我记得毛泽东讲：“同志们，今天我们开个军民大会，我们是工农红军，我们是打富济贫……”后面的话也没听懂。会完后听人说毛泽东明天要走，叫我去带路。第二天我听说去套洞源（富县境内），人家给我一个细长布口袋，装一点粮，叫我背上。我们顺川下去，走到王坪，人家看地图，问雷花峪在哪。我们过河翻雷花峪对面山圪崂下山，正走中间听见吹号声，队伍原地休息吃饭，战士们都拿一茶缸小米饭和一点煮黑豆。吃饭中来了些拉马的和一顶轿，人都走着，有的招手，还有的拄着拐棍，队伍都站起来了，低声说：“毛委员来了。”吃罢饭又从圪塄对面上山，乔庄后沟下山，天快黑还碰上一个卖蜂糖的。当天就住乔庄村。队伍拿茶缸烧水喝。

① 贺延林，采访时68岁，原系下寺湾优红委员，家住下寺湾乡义子沟村。

第二天，我要回，一个当官的给我写了一个纸条，上面有“工农红军”字样，队伍再朝哪里走我就不知道了。（赵志毅、米世存访问整理）

选自中共延安地委党史办编印：《红军长征到延安》，1986年8月，第258—259页。

中央红军来到下寺湾

贺寿山①

毛泽东和彭德怀从吴起出发，路经志丹县到达洛河川下寺湾。我们乡苏维埃政府召集了群众欢迎大会，在下寺湾旧戏楼上开的欢迎大会，毛泽东讲话不多,彭德怀讲了很长的话。毛泽东、彭德怀从下寺湾动身，穿稍山直插道佐铺十五军团司令部，会见了徐海东、程子华两同志，听取了汇报，并就粉碎敌人的第三次“围剿”作了具体指示。

毛泽东、彭德怀走后，红军大部队就要来下寺湾了。我们又忙于动员群众给红军筹粮筹草。群众听说红军大部队来了，高兴地说："这下有了红军大部队，我们再也不受敌人的气，再也不怕敌人来侵害我们了。群众说粮食没有问题，只是碾不下，我们可以连夜准备，保证把粮食送到。”第二天一早，群众驴驮、人背，涌涌不断把粮食送到下寺湾老爷庙前一个窑洞，只两三天时间，群众就送来多半窑小米。由于当时送粮的人太多，我和张海鱼忙不过来，又找了几个老乡帮忙。我们一面收粮，一面给红军战士发粮，整整忙了两三天。红军过完后，张海鱼到群众中去收集意见,他问群众:“你们这回送粮为什么这么快？”群众说：咱们的中央红军这么多，这下我们可不怕白匪军、土豪劣绅、民团狗腿子欺压我们了，再也不受那些吃人的国民党反动派的狗气了，我们这下

① 贺寿山已病故于西安。

可牢靠了。粮食再送多些，我们也心甘情愿。

选自中共延安地委党史办编印:《红军长征到延安》，1986年8月，第262—263页。

毛主席在石畔住过

赵世珍①

我家原住在石畔村（属志丹县），毛主席和中央红军曾在石畔村住过。当时我不在家，回来后老伴告诉我说：有一天毛主席带领中央红军顺洛河川下来，在咱们村住了一晚上，还买的吃了咱们家的两只羊，当时我埋怨老伴不该收毛主席和中央红军的钱。（米世存访问整理）

选自中共延安地委党史办编印：《红军长征到延安》，1986年8月，第255页。

① 赵世珍，采访时80岁，原陕甘边保卫队队长，已离休。

毛主席在下寺湾[①]

田有福　白张拴　白云德[②]

田有福：1935年阴历十月的一天下午，毛主席领导的中央红军顺洛河川下来了，部队就在这一带扎了营，我那时是村长。所有的老百姓都在路边欢迎，我们早就准备好了开水、吃的。中央红军到这里的时候，我们高兴极了，听说是毛主席率领的，每家每户大人小孩都出来迎接给部队腾住处，送用的，拿吃的。他们的衣服烂得不像样，没鞋穿，很多人的脚都冻烂了，直淌黄水，有的用破布把脚缠住就当鞋穿。我们一见很心疼，不少人都哭了。有的把鞋送给部队，有的送衣服。我正忙着安排住处，有个战士找我到白云德的窑洞去见毛主席。毛主席问我："这方圆有多少恶霸、土豪、劣绅？"我说："没有多少。"毛主席又问："刘志丹在这里损害老百姓没有？"我说："他破坏了几个寨子，也没别的。"毛主席问二十五军的情况，我因怕二十五军，没给毛主席说真话，只说："平平常常。"后来毛主席常找我谈话。（白云德插话：在我窑洞住两三个人，一个就像田有福说的，大个子，有40多岁。那个年轻的，挑两个木箱箱，吃饭就从外担来。用我家火蒸过馒头，炒过菜。他们住在前窑，我家住后窑，住了两晚上，第三天吃了早饭走了，部队也走了。）毛主席说比我大两岁，属马的。

① 标题为编者所拟，原标题为《白张拴、田有福、白云德的回忆》。

② 均系下寺湾乡农民。

第二天上午，在戏台前开了军民大会。毛主席讲:“打倒土豪劣绅，土豪就是地主;劣绅就是在国民党里做官的，他们不劳动，剥削穷人。”还讲了什么是“富农”、“中农”、“贫农”等。

白张拴：中央电台安在白建华的窑洞里。

田有福：第三天早饭一吃，主席带部队顺洛河下去了。我去送毛主席，毛主席说:“好了,好了,回吧！”我不回,叫主席坐上轿。毛主席说：“不坐，步行可以。”一直送到现在的小学校那边。（王志笃、孙志昌、孙怀祖访问整理）

选自中共延安地委党史办编印:《红军长征到延安》，1986年8月，第260—261页。

给中央红军筹粮送衣

贺延林[①] 贺延荣[②] 白章栓[③]

中央红军来的前几天，当地政府就向群众宣传说“中央红军要来”，并给各行政村布置了筹粮、菜、草、猪羊和鞋袜等任务。庄稼割完时，中央红军来了，在旧戏楼台上开了欢迎大会。队伍到处住的都有，大部分住在群众家脚地下，铺的糜草。中央红军很恓惶，穿的衣服乱七八糟，新的少，多数都破破烂烂，穿的草鞋。有的连烂草鞋也没有。有的脚冻肿，有的冻烂，看了叫人心痛。贺延林、白章栓等人把自己的布鞋给红军战士穿，他们先不要，经过好说歹说才穿上。白云和他母亲给他家住的两个病号做拌汤喝。这类事多得很，说不完。中央红军公买公卖，从不随便拿群众的一点东西。临走之前，总要把住过的地方打扫得干干净净。

白章栓和贺延林两人还把中央红军送到桥庄。（赵志毅、米世存整理）

选自中共延安地委党史办编印：《红军长征到延安》，1986年8月，第259页。

① 贺延林，采访时69岁，原下寺湾乡苏维埃政府的优红委员。

② 贺延荣，采访时71岁，原区上的干部。

③ 白章栓，离休老干部。

红军医生给我看病

徐纪章①

中央红军来下寺湾时，我正有病，在我家脚底下住过部队。他们穿得五花八门，破破烂烂，多数人穿的草鞋，有的连草鞋也没有，光着脚丫子。一部分战士的脚冻肿了，流黄水。红军队伍看见我有病，卧床不起，就叫他们的医生来给我看病吃药。我感动得不知说什么才好。想给点什么东西，可穷得什么没有，只好叫那些当兵的上炕头睡觉，他们不肯。我便把我们铺的毡给他们，他们硬是不铺。还说这是红军的纪律。（赵志毅、米世存整理）

选自中共延安地委党史办编印：《红军长征到延安》，1986年8月，第263—264页。

① 徐纪章，采访时75岁，下寺湾人。

长征红军路过保安[①]

杨树凡[②]

1935 年 10 月，我当时在靖边县四区十乡，上边通知给红军备粮秣。我是粮站管账务的，李德胜是负责人，现住顺宁扎合树湾村。记得那天天正下了些薄雪，队伍很多，都穿的麻鞋，听说是朱毛红军。那天晚上住在保娃沟门徐世祥的院子，具体是从上边什么地方来的我们不知道，反正是从桃梨抓村沟里出来的。

那天群众送来很多粮，还有鸡和军鞋，第二天派我、李根元、高贵云等五人将收下的粮、物送到保安城云盘院（现党校院），专有一名红军接收。（沈彦科 1985 年 6 月 2 日根据杨树凡谈话整理）

选自中共延安地委党史办编印:《红军长征到延安》，1986年8月，第354页。

① 标题有改动。原标题为《杨树凡谈长征红军路过保安》。

② 杨树凡，采访时64岁，住志丹县街。

精心护理红军伤病员

王桂花 ①

我丈夫李文斌于 1934 年冬参加了马清山领导的赤安游击三支队，任战士。我在 1935 年 3 月 13 日也参加了义正苏维埃区政府工作。5 月间，由区主席刘荣华、李彦杰介绍我光荣地加入了共产党。入党后不久，担任了该区妇联会主任。

10 月 24 日早，在曹圪塄村，区主席刘荣华主持，召开了区干部会。他说："赤安县政府来信通知我和李彦杰去旦八镇开会，你们在家注意一点。"

10 月 25 日，我听见旦八方向枪声响得很激烈。当时我们总认为是游击队，又攻打旦八寨子了。

10 月 26 日上午，刘荣华和李彦杰回到了曹圪塄村，我接到开会通知后回到政府办公窑，见板凳上坐着一个十八九岁的青年人，身上穿着一身单衣，脚上穿着一双破麻鞋，好像病人一样。刘荣华说："党中央和毛主席领导的中央红军，在昨天打了一次旦八寨子，战斗结束后，他们都向下寺湾方向去了。县主席袁万祥布置区乡要做好接待和安置伤病员工作。这位红军战士，名叫郭银来，我把他带回来了。县上让咱们把他治养好后，留在区上工作。"刘荣华说完后，我便说："李书记，我承

① 王桂花，志丹县义正乡人，采访时68岁，共产党员。

担这个任务，看行不行。”李彦杰叮咛说：“桂花，你一定要把这名红军战士护理好。”

会后，李彦杰、刘荣华和我把这个长征红军病号引到罗掌湾村我的家，领导又给我家老人当面作了安排。他们走后，我说：大（陕北人称父亲叫大），党组织要我养护这个病号，还要保证安全，不能出问题，你老人家看怎么办？他说：送在山窑里住下保险！得到老人的支持后，当晚，我背着毛毡和被子，父亲扶着郭银来，送到离我村五里路远的一个古山窑洞住下。第二天，天麻明，我父亲就回去了，我给这个病号照顾地把干粮一吃，当即跑到区政府（当时区政府住址不固定）小寨村，给领导作了汇报。从此，我每天提罐罐和筐筐给送饭，有时做的黄米干饭，有时给烙白面饼子吃。有一天晚上去送饭时，山里狼嚎，我放快脚步到了郭银来的身边。问他：你听见什么声了没有！他说话，我听不懂，我说话他也一时听不懂，当晚我便住下给郭银来作伴。半夜，听见来了人，我怕得心惊肉跳，突然听到叫“桂花”，这才放下心来，原来是刘荣华来了。刘荣华说：咱们义正地区，稍林大，狼又多，你今后，就要这样关心红军病号。我说：我婆婆暗地开始监视我，每天做饭、送饭说我做得多送得多。还说：你大出山劳动一人能吃这么多的饭。第二天，刘荣华把我引回我家，给我母亲说：桂花昨天晚上开会没有回来，今天我把她送回来了，给你说明，今后晚上不回来就是开会，请你不要责备她。从此，我母亲也就不再责难我给红军病号送饭了。为了郭银来的安全，每天晚上，我给他作伴，一连作了六晚上伴。大约在十二月初五六这一天，旦八民团前来义正川一带，抢老百姓的牲畜和粮食，还扬言要捉我。同时，还搜查红军伤病员。这时，区政府派人前来给我报信，我按照区上的指示，进入了稍林躲藏起来。因为我是当地人，路又熟，匪兵捉不住我，赶晚我又把郭银来转移在另一个山的古窑洞里住下。从此，每天倒换地方。就这样护理了 20 多天，终于使郭银来同志的病情痊愈。郭银来到区上当了政府秘书，为这事李彦杰、

刘荣华曾表扬了我。（史炳忠 1986 年 7 月 13 日访问记录，史炳忠、冯小平整理）

选自中共延安地委党史办编印：《红军长征到延安》，1986年8月，第348—350页。

掩护红军伤病员转移

牛文明①

1935年4月间，我参加了赤安县地方红军游击队一支队。支队长是戴通孝，支队政委是张明科，全队大约有60多人。

入伍后，支队委分配我当了张明科的警卫员。这个支队战斗力很强，盘踞在旦八寨子、金丁山寨子、金佛坪寨子的地主武装和反动民团，都很害怕这支队伍。由于广大指战员团结奋战，英勇杀敌，8月30日，解放了金丁山寨子，俘敌兵40多人，缴获长短枪20多支。根据群众要求，将罪大恶极的团头王启斌当场处决，得到了广大劳苦群众的称赞。

随着革命形势的发展，根据县政府的指示，张明科同志指挥一支队挺进五区（金汤）的西北部头道川、三道川、二道川、乱石头川和六区北部的宁赛川、杨青川一带深入开展游击活动，打富济贫，发展党团员，组建红色乡村政权。通过一月左右的努力工作，这一带地方，除金佛坪寨子外，都成了红色区域，乡村政权得到了巩固和发展。

10月19日，我们正游击在杨青川的郭畔村。下午三道川的群众给一支队送来了一封“鸡毛信”，亲手交给了政委张明科。他看完了信，立即派人进行侦察。第二天早上，赤安工委派人又送来了一封信，支队部接到信后，张明科政委立即带领我们出发，赶上午到了杨青川的高洼

① 牛文明，志丹县人，共产党员，1935年入伍，1958年转县回乡。转业前任北京保卫队某营营长。

村，见到了中央红军。我记得红军还给我们开了个联欢会。

当日下午，中央红军把张明科叫走了，我们就在高洼村、李家洼村住着，等着张政委回来。

21日早，张明科回到队部，大家拥在跟前就问他情况。他说：党中央和毛主席到了吴起镇，今天要打仗，我们不参加。他又说，中央红军给了他一把双背肩八音子手枪，红军总部给了咱们一个光荣任务，要掩护长征红军伤病员转移。大家一听都很高兴。不久，吴起的打炮声、机枪声、手榴弹声、喊杀声响彻云霄。割尾巴战斗开始了。后来支队长召集大家开会，讨论如何完成党和毛主席交给我们的光荣任务。

22日上午，张明科、戴通孝带领我们从高洼出发，不到一个小时，就到了吴起镇。到吴起镇后，中央红军还将打仗缴获下的枪支弹药赠送给我们一些。这时，一支队已有100多人了。中央红军装备了我们，人手一枪，子弹充足，有的还身带两件武器。

10月23日上午，张明科政委带一中队，从头道川进到火连湾一带，戴通孝支队长带二中队从二道川进到红德城一带以防敌人偷袭我中央红军后方。我们到达目的地后，张政委号召我们一定要完成掩护伤病员的转移工作。通过一月之久的工作，从群众家中、稍林中、沿路中，寻找伤病员约有200多人，我们派了担架队，开了吃住路条，护送他们进了赤安县苏区，圆满地完成了任务。（史炳忠1986年7月16日访问记录，史炳忠、冯小平整理）

选自中共延安地委党史办编印：《红军长征到延安》，1986年8月，第345—346页。

回忆彭德怀将军和他的队伍

张玉珍①

1935年，红军长征胜利到陕北。我们志良区牛沟村地处交通要道，虽然只住牛王两姓四户人，事先预备了住处，接待了好多过路红军，最使我难忘的是彭德怀将军和他的部队。

10月24日下午，我正碾黄米，快要碾完时，村外来了一些中央红军，他们站在院外，其中一个人走进院子同我叔公牛占俊、叔叔王成德说了几句话，就转身招呼队伍进了院。我叔公和叔叔忙着给他们寻住处。战士们没有休息就开始忙了：有的在院子里安排锅灶，有的拿起斧头劈柴，有的下河里挑水。这时，叔公对我说：快停下碾米，将碾好的米拿回来。我把一袋100多斤的黄米拿回去后，叔公给了中央红军。院内安好十面大锅做饭，不到一小时，村里进来了300多人，我们全部安排得住下。我叔叔家的小窑里住了一个30多岁的人，门上还有两个站岗的。这个人不断地进进出出，安排战士们的食宿，我心里想：这一定是个官。这些队伍穿的是褪了色的黄军装，生活很朴素也很能吃苦。由于村里的地方不多，住不下，叔公和叔父要让我们的住房，那个当官的不让，把一部分同志安排在村跟前的石崖里。他们的纪律很严，从不和我们妇女说话，有什么事，总是和男人们交涉。

① 张玉珍，女，口述时72岁，志丹县旦八镇牛沟村农民。

第二天早饭后，部队很快站好了队，那个30多岁的人讲过话后（我听不懂他的语言），留下一些人打扫院落和窑内卫生，大部队就出发了。

这部分红军走后，下午又来了几百人，穿的单衣和麻鞋，我叔公和叔叔接待了他们，安排了住宿，并打发我们三个妇女赶四头毛驴到吊坪为战士们驮粮食。这个队伍的纪律和前一天的一样好，就这样断断续续过了十多天。

事后，我才听叔公和叔叔们说，这些队伍是彭德怀带领的队伍，那个“官”就是彭德怀将军。（史炳忠整理）

选自中共延安地委党史办编印：《红军长征到延安》，1986年8月，第343—344页。

农联会保安接待站热情接待中央红军

姬生富①

1935年6月24日一早，驻扎保安城的国民党部队在团长张志英带领下，仓皇逃窜三边，保安县宣告解放。这时，我家住在桥山寨子上，政府给我分了土地和牛羊，从此过上了幸福生活。

当时，一区农联会主任张林春来我家宣传党的政策，使我接受了革命思想，8月初，我参加了一区农联会工作。农联会在现在的招待所南头的三孔红石头窑洞里办公。

10月22日这一天，张林春主任说：区上来了通知，要在保安城成立中央红军接待站，由他负责任。随后，大家便忙起来，有的下去动员粮食，有的动员群众杀猪宰羊。几天时间，一区群众送来粮食约2000多斤、军草3000多斤，还有猪羊肉，特别是羊肉多，约有50多只，有的地方还送了不少鸡来。23日县上来了两个人进行了检查。

10月24日下午，中央红军100多人到达，县上召开了欢迎会，后安排住下。这天，我被分配做羊肉。

第二天，他们走后，又有一些中央红军陆续从川里下来。他们有的在县城住宿，有的不住。我们每天烧开水，做干饭，做羊肉、鸡肉，有时放在路旁给过路红军吃。不到饭时，他们还不吃，招招手就走，表示

① 姬生富，志丹县周河乡杨圈塌村农民。

感谢。夜晚住宿的部队，由他们的领导统一安排吃饭、住宿。就这样，我们一区农联会保安城接待站整整地忙了七天七夜。（史炳忠整理）

选自中共延安地委党史办编印：《红军长征到延安》，1986年8月，第342—343页。

红军纪律真如铁

王国桢[①]

我叫王国桢，1935 年至 1936 年在志丹县志良区和沟稍渠先后担任乡文书、区秘书，期间，我参加过接待长征到保安的中央红军活动，将我看到红军纪律严明，深受人民群众爱戴的情景回忆如下，作为我对长征红军到陕北 50 周年的怀念。

老区人民奔走相告迎接红军

1935 年 9 月，志良区政府由沟稍渠搬到曹塌，同年 10 月 23 日我们接到县上的通知，叫区上派代表到旦八洛河川组织群众迎接红军。当时，群众传说：中央红军在吴起镇打了一个大胜仗，还说：中央红军纪律好，不进民房，不拿群众一针一线。在吴起，红军借了一个外号叫宗大脑的一个盆子，不小心给打破了，硬给他赔了五角钱。还听说红军的马惊了，把宗圪堵宗维珍家的猪食槽打烂了，也赔了一元钱。红军纪律严明，热爱老百姓的消息传出后，所到之处，都受到群众的欢迎和拥护。中央红军路过旦八区的吊坪庄时，群众听说，有个红军领导人有病，已

① 王国桢，离休干部，原陕西省人民检察院副检察长。

经两天未吃饭，便你拉他扯地要叫这个领导人到自己家里吃饭，可是他无论如何也不去。一个叫曹崇汉的便跑回家，把中午给他留的面条端来让病号吃，但病号还是没有吃。这件事使吊坪村的群众深受感动，他们说：红军真是一片忠心为人民，宁愿自己受饿，也不违犯纪律，真是铁红军啊！

红军对俘虏宽大为怀

中央红军对待俘虏的敌人官兵，十分宽大，不打不骂，愿意当红军的，就欢迎他们参加，想回家的，就给发路费，开给出境证明，让他们回去和亲人团聚。

红军向群众致军礼

吊坪村住着11户人，群众主动给红军担水，送干粮叫红军吃。一个叫曹儒真的老汉，把家中蒸的一锅谷窝窝送给红军吃，红军怎么也不吃，无奈，他便说，我要给你们卖这些谷窝窝，红军吃了谷窝窝后，他只收了很少的一点钱。红军在吊坪村休息，群众主动给他们送水喝。临走时，红军全体战士站起来行了立正致敬礼，向送水的群众表示感谢。这时，有几个小娃娃跑到红军跟前摸着枪说“真美”，一个叫曹崇道的小孩说：“我长大也要当红军。”红军说：“小弟弟等你长大，来背上这枪打敌人。”

军民如同一家人

在吊坪迎接罢红军后，下午，我赶到前牛沟，庄前庄后打扫得干干净净，我一看就知道是红军打扫的。红军战士担水、做饭、铡草、劈柴、喂马，个个忙得不亦乐乎，老百姓要帮他们的忙，可他们怎么也不让。五里湾村的王九成老汉，去帮红军担水，一个老红军赶忙过来夺水桶，可王老汉不顾红军的劝阻，硬是把水桶担走了。彭德怀（人称彭老总）看见了这一情景，对战士讲：“这是群众真心爱护我们啊！”感动得王老汉说：“我活了 80 岁了，没有见过彭德怀这样好的领导人，领导这么好的红军呐！”我在吊坪也见到了彭德怀，他个子不太高，但很结实，身体强壮。他在前牛沟住的那天晚上，我见他亲自写信给各部队分配粮食，答复部下的各种请示，工作十分忙碌。一次，彭老总正在吃饭，我去了，他见了我，忙让我坐下，让我吃饭，还说了许多话。我听说他就是指挥红军在吴起消灭国民党一个骑兵团的人。然而却和士兵吃的一样的饭，这使我非常感动。第二天，彭老总带领红军经过前麻子沟到了直罗镇，以后才知道在直罗镇消灭了国民党的一个师。

为红军动员粮草

1936 年 7 月，中央红军西征，住在志丹县城，我又被志良区政府抽派，同副区长韩兰胜一起给中央红军动员粮草。我们去县川动员了一礼拜，动员群众卖出粮食 1200 斤。后在清水河调查出富农路长有有一窑粮食，便动员群众挖出来，共 26000 多斤，当即派十条驴送到刘坪中央党校。粮食送到后，学校优待我们吃了饭。第二天，党校的教员、学生 50 多人前往清水河背粮。我把动员的粮食全部交清后，中央党校供给部李元生部长叫路长有前去，付清了粮款。我完成任务后，又回到区政府工作。这次动员粮食，受到了区长刘万发、韩兰胜的表扬。(1986 年 7 月 25 日兰仲靖整理)

选自中共延安地委党史办编印:《红军长征到延安》, 1986年8月, 第340—342页。

回忆红军到阎村[①]

李振启[②]

民国二十四年冬，中央红军来到我们阎村一带，帮助当地建立苏维埃政权、游击队、儿童团、少先队。那年我 17 岁，参加了儿童团。卜巷村的任忠义动员了阎村一带 17 名青年，组织起一支游击队，我哥李政春也参加了游击队。

直罗镇战役前，红军和地方干部就宣传要准备打仗，抓紧备战，筹备粮草。我记得当时宣传说："送草千千万，火线就在眼面前，如若你不信，过三天你再见"。果然，几天后，直罗镇打仗了。战后，我跟游击队员去北道德省政府军事部领了 17 支枪，我们去的那天，中央红军正在任家抓召开庆祝直罗镇战役胜利大会。我们也去参加了大会。会场设在现在苹果园的地方，包括苹果园外至西边路畔的地。面积上百亩，东、西扎着两个彩门，主席台设在现苹果园内，彩门和主席台扎有柏朵、纸花、红旗，会场满地都是不太厚的雪。当地参加会的群众都坐在主席台下正前面，后面坐着部队，很整齐。

红军穿着灰色衣服，大部分穿着单裤、草鞋，打着套腿。天寒地冻，但战士精神饱满，面带笑容，在歌声、口号声中，热烈庆祝胜利。

每个红军战士坐着一块砖或一把草，头上戴着红星军帽，为了防

---

① 标题为编者所拟，原标题为《当年的儿童团团员李振启回忆》。

② 李振启，原住钳二乡阎村，后住北道德乡任家抓。

空，军帽上顶着由黄蒿扎的帽圈。正在开会时，来了一架敌机，战士隐蔽得很好，敌机没有发现。

参加这次大会的部队、群众，听说有两万多人，主席台上有 20 多人，据说有毛主席、周恩来、徐海东等。（任国繁整理）

选自中共延安地委党史办编印：《红军长征到延安》，1986年8月，第291—292页。

配合红军攻打直罗镇①

张有才②

直罗镇战役打响的那天，我们游击队住在红十五军团指挥所的文家庙，直罗区主席柯玉建，派我和李车子两人，把红十五军团写给毛主席的信，送到毛主席指挥所。毛主席的指挥所在凤凰头草子沟后梁上的一棵杜梨树下，这里能把直罗镇看得清清楚楚。我俩到指挥所附近，看到从真庄拉上山的电线很多，铺在地上。山峁上有五六十个人，穿着蓝衣服，架有望远镜的三脚架。我们把信送到后，打了收条，他们问："打仗怕不怕？"我们说不怕。临走时，部队的同志再三叮咛说："注意不要踏上电线，小心中电。"

这一天，有九个被打散的敌人，跑到草子沟掌芦草滩，被当地19岁的青年王虎保发现，王很机智，他赤手空拳，一个人喊："这里有敌人，后头挡住，枪瞄准！前面的人注意，跑来就打，不要放走一个！"敌人害怕了，都交了枪。王虎保把这九个敌人引回家，给他们吃了一顿小米饭，连人带枪都交给了党家湾乡政府。

晚上，直罗镇有一股敌人从旗杆山跑下来，到文家庙后山上，被我们游击队发现。我们喊："干什么的？不说就开枪了！"敌人答道："老总，不要打，要枪交枪。"我们又喊："把枪架起来！"他们真的把枪架

① 标题为编者所拟。原标题为《原富县游击队副班长张有才回忆》。
② 张有才，富县直罗镇党家湾村人。原富县游击队副班长。

起来了。这次，我们 74 名游击队员，俘虏了 100 多个敌人，缴获北大营机枪两挺、迫击炮一门、步枪 84 支、冲锋枪 5 支、手枪两把、子弹两箱，缴获的武器全部武装了我们游击队，后还将剩余的 16 支步枪交给了直罗区政府。战后不久，我们就编入红二十九军二五七团。（成曰贵访问整理）

选自中共延安地委党史办编印：《红军长征到延安》，1986年8月，第290—291页。

我参加了直罗镇战役的支前活动 ①

王功书 ②

直罗镇战役时，我家住在崄场，这是中央红军埋伏的地方。战役开始后，我给红军一个连在麦地原、姜家川一带带了两天路，带完路红军硬给我付钱,我没有要。战斗中,我又和三名红军战士从麦地原战地上，轮换着把一名重伤员背到宽坪，包扎了伤口。战后，部队把两个十七八岁的红军战士留在我家养病。病养好后，我把他俩送到了东村县苏维埃政府。(成曰贵访问整理)

选自中共延安地委党史办编印:《红军长征到延安》,1986年8月,第291页。

① 标题为编者所拟。原标题为《直罗镇党家湾群众王功书回忆》。

② 王功书,直罗镇党家湾人,已故。

回忆直罗镇战役时的富县二区担架队[①]

杨福杰[②]

直罗镇战役前，中央红军和陕甘省政府给我们二区派来四个同志。一个姓方、两个姓陈、一个姓刘，姓方的是总负责，他们帮助区、乡组织、训练担架队，我们区200多赤卫队员参加了，由我任队长。经过短期训练，就出发到套洞原待命。战斗开始的前一天，我们从冯家原动身，走了一夜，第二天早上战斗打响了，我们从凤凰头、草子沟一带火线上把伤员转下来，经过姜家川、白灵沟，一站一站地把伤员转到王家坪后方医院。

担架队从组织到结束，共29天，完成任务后，我们在照八寺休整了三天，杀了六头猪、三只羊，召开了总结、庆祝大会。会上，担架队选举我为代表，去任家坬参加了中央红军召开的祝捷大会。（任国繁访问整理）

选自中共延安地委党史办编印：《红军长征到延安》，1986年8月，第287—288页。

① 标题为编者所拟。原标题为《原富县二区担架队队长杨福杰回忆》。

② 杨福杰，钳二乡卜巷村人。原富县二区担架队队长。

回忆直罗镇战役时的富县一区担架队[①]

张德贵[②]

我原是富甘赤卫大队队长，赤卫队下属三个中队。榆林桥战役后，中央红军来了，富甘革委会编入富县苏维埃政府，大申号一带成立了一区苏维埃政府，赤卫队编成担架队，共有队员200余人。直罗镇战役前夕，上级把我们配属给中央红军，驻在北道德的纪录、安乐沟、冯家原一带。这时，中央红军派来三个人带队，负责人姓蔡，还有一个姓方的和姓刘的。

战斗打响前，我们随主力红军到达直罗镇附近隐蔽待命。战斗开始后，我们从前沿阵地柏山寺把伤员抬下来，转移到姜家川，又送到乔庄，转交给甘泉县担架队。

战役结束后，我们在照八寺召开了总结、评比大会，受到了上级的表扬，给大队长、中队长各奖励马一匹。会后，老蔡介绍我、宋居义、王江三人加入了中国共产党。（王文耀、杨占全访问整理）

选自中共延安地委党史办编印：《红军长征到延安》，1986年8月，第287页。

① 标题为编者所拟。原标题为《原富县一区担架队队长张德贵回忆》。

② 张德贵，岔口乡三么台村人。原富县一区担架队队长。

中央红军到富县[①]

金鸣鹤[②]

我原在中宜游击队，后编中宜独立营，营长杨得魁。红十五军团和中央红军到富县，我们多次协同作战。那时，我们见到了红军大部队可高兴啦！

从前，在富县经常活动的就是我们中宜和富县游击队，打土豪、分田地。游击队一走，土豪又把地和分的东西要回去了，再给群众分时，有的人就不敢要。中央红军来了,群众看到这么多的红军,又连打胜仗，说这下是穷人的天下了,一说分地,穷人都来了。那时的军民关系可好啦！军队不拿群众一针一线，公买公卖，缴获归公。直罗镇战役，缴获了敌人那么多的东西，军队分文不拿，全部上交。天那么冷，中央红军穿的单衣、短裤、草鞋，许多战士脚手都冻烂了。战士们不叫苦，不怕冷。首长问："同志们！冷不冷？"战士答："不冷！"这句话至现在在群众中都传说着。中央红军是南方人，数九寒天到陕北，怎能不冷呢？这是他们为革命有颗火热的心。

直罗镇战役后，我们还参加了在下柳池召开的庆祝大会，看了部队演的戏。（任国繁访问整理）

---

① 标题为编者所拟。原标题为《中宜游击队、独立营战士金鸣鹤回忆》。

② 金鸣鹤，富县寺仙乡石灰沟人，离休。原中宜游击队、独立营战士。

选自中共延安地委党史办编印:《红军长征到延安》,1986年8月,第286—287页。

我在直罗镇战役中抬担架①

师步先②

打张村驿时，我们中宜赤卫队也参加了。是红二十五军打的。这以后又打了东村、直罗。那时我才 30 岁，正精干着哩！

不到三个钟头张村驿就打开了。张村驿寨子住着联保主任郭召（大名郭有才）带的一个民团，人枪不多。寨子打开后，寻不见郭召。郭召头一天结的婚，第二天就被打死在寨子下水泉子的水洞里，打完仗第二天早晨，张村驿街上到处放着行军锅，煮有面条，有猪肉、羊肉、鸡肉烩在一块的烩菜，来人都可以吃。吃了那一顿好饭，胜利饭！

打完张村驿又打北道德，不打这两个据点，走直罗的路不通，不打张村驿葫芦河川行不通。打下了北道德后，毛主席、省政府、县政府都驻到北道德。省军事部长萧劲光，还叫我开了一次会哩。

直罗打仗的前一天晚上，我带中宜赤卫队一二十名队员去抬担架。打仗时，一个钟头就收了很多枪，放了几大堆，还有些我认不得的武器。我们把带回的枪交给县政府，中宜县主席是刘恩善。

毛主席到富县时，红军人多得很，铺天盖地。咱们的军队就是好，纪律严明，生活艰苦，部队吃的都是煮小豆、萝卜菜，喝的开水，但打

---

① 标题为编者所拟。原标题为《原中宜赤卫队班长师步先回忆》。

② 师步先，富县张村驿镇人，已故。原中宜赤卫队班长。

起仗可凶哩！（任国繁访问整理）

选自中共延安地委党史办编印：《红军长征到延安》，1986年8月，第285—286页。

直罗镇战役前后套洞乡苏维埃政府的工作①

袁占熬②

民国二十四年（1935年）农历十月十五（公历11月10日）红十五军团打开了东村，打死胡神甫。同日，中央红军来到东村一带，在东村西边的宝塔下雪地里开大会。第二天，富县县委、县苏维埃政府在东村教堂前开了群众大会，红军将在张家窑科、张村驿、东村捉到的土豪、劣绅交给了县上处理。县委书记郭志清、县苏维埃政府主席贾生秀、副主席韩明奎参加了大会，郭志清讲了话。会后，把土豪、劣绅拉到张村驿西关镇压了。

接着，韩明奎带我们80名担架队员运送伤员，担架队长孔瑞拴，副队长廖先才。担架队从东村出发，经安沟、王坪，把伤员运到下寺湾后方医院。

我抬担架走后，道德村（套洞）成立了乡政府，开始由袁俊录当了两三天主席，又换给张画匠。我抬担架回来，又让我当主席兼文书。白占川、辛占福先后任副主席。以后，又把我调到省政府当保管。

那时，陕甘省委、省政府和各部都驻在道德村。我们乡政府的工作就是筹粮草，动员群众备战、支前。当时的干群、军民关系可好啦！省委、省政府都驻在老百姓的院子里，省委书记、省主席也能随便见，有话随

① 标题为编者所拟。原标题为《原套洞乡苏维埃政府主席袁占熬回忆》。

② 袁占熬，北道德村人。原套洞乡苏维埃政府主席。

便讲。我们乡政府经常发动群众做军鞋，省军事部长萧劲光的脚大，妇女们照我们村脚最大的张义中的脚，给萧司令员做了一双鞋，但还是太小穿不上去。后群众又重给他做了两双大号鞋，做得可结实啦！

1936 年农历三月，东北军进攻北道德，二十九军二五七团团长乔凤鸣壮烈阵亡。省肃反部长郑志新在道德村书写了大幅标语："英勇善战的乔团长！""百战百胜的乔团长！"宣传赞扬乔凤鸣的英雄事迹。（任国繁访问整理）

选自中共延安地委党史办编印：《红军长征到延安》，1986年8月，第284—285页。

直罗镇战役前后的富县苏维埃政府[①]

韩明奎[②]

1935年11月初，陕甘省委派少共陕甘省委书记竭俊勋来富西帮助工作。我们在李家沟召开了会，竭俊勋讲了话。他说：毛主席带领中央红军到了陕北，不久就来富县。根据上级决定，撤销富西、富甘革命委员会，建立富县各级苏维埃政府，抓紧做好迎接工作。会后，我们杀猪宰羊、做了大米饭，招待了红军和游击队家属100多人。接着撤销了富西革命委员会，成立了李家沟乡苏维埃政府，主席何彦海。之后，我们离开了李家沟，由竭俊勋同志带领，到了茉胡原与富甘革命委员会汇合。当晚开会，成立了富县苏维埃政府。主席贾生秀，副主席韩明奎，任命了各部部长。打开东村的第二天（即11月11日）。县政府迁驻到东村老百姓家的院子，县委和政府驻在一个院，县委书记郭志清，同时，县团委、妇联、工会也成立了。直罗镇战役前后，毛主席也住在东村。

当时，陕甘省政府下达给富县的战勤任务是：一、成立俘虏接待站；二、筹备粮草；三、组织担架队。为了完成上述任务，县委、县政府的干部下乡，分片包点，宣传发动群众，帮助建立区、乡政权，发展党员，健全组织，限期完成任务。在十天之内，全县建立了五个区委、区政府，

① 标题为编者所拟。原标题为《原富西革命委员会主席、富县苏维埃政府副主席韩明奎回忆》。

② 韩明奎，原富西革命委员会主席、富县苏维埃政府副主席。已故。

在张村驿、上柳池、照八寺、槐树庄等村设立了招待站，主要任务是接待俘虏。此外，还组织起 1000 多人的担架队，其中一区（大申号）200 人，二区（羊泉、钳二原）300 人，三区（套洞，现北道德原）200 人，四区（张村驿）200 人，五区（直罗）100 人。

直罗战役后，我们又发动群众，协助部队清扫战场，用收缴敌人的武器扩大和装备地方游击队，抓紧开展扩红工作。（任国繁、王文耀整理）

选自中共延安地委党史办编印：《红军长征到延安》，1986年8月，第278—279页。

回忆直罗镇战役前后的富县苏维埃政府财政部[①]

任学才[②]

1934年富西革命委员会成立，我任经济委员。1935年冬县苏维埃政府成立，我担任财政部长。那时，我们县政府驻在东村，陕甘省政府驻在套洞。我到省政府向省财政部长张慕尧汇报工作时，他关切地对我说，你们要好好学习，管好财政，当好后勤。

直罗镇战役前，我们主要搞备战，筹集粮草，加工粮食等。战役结束后，萧劲光司令员带领曹有生、付玉明二位参谋指挥打扫战场，清理战争物资，分配战利品。县苏维埃政府副主席韩明奎带县委组织部长何彦江、宣传部长张建荣、军事部长李兴发等同志配合直罗区乡干部，发动群众搜集、收交零散枪械子弹，仅直罗乡政府收回长枪70支、短枪12支，零散子弹能拉几牛车。

富县游击队用缴获的武器得到扩大和加强，不久在游击队基础上成立了独立营，游击队长边德荣担任了营长。1936年春，独立营又编入红二十九军二五六团。古历三月，在北道德与东北军作战中，边德荣英勇阵亡在雷丰崾崄。（任国繁、王文耀、成曰贵访问整理）

① 标题为编者所拟。原标题为《原富县苏维埃政府财政部长任学才回忆》。

② 任学才，直罗镇安家川村人。原富县苏维埃政府财政部长。

选自中共延安地委党史办编印:《红军长征到延安》,1986年8月,第279—280页。

配合中央红军勘察直罗镇地形[1]

薛生荣[2]

我原在富西革命委员会任保卫队队长，县苏维埃政府成立后，又担任交通员。直罗镇战役前夕，县政府派我带一个排战士，配合中央红军勘察了直罗镇周围的地形，绘制了详细的地图。战役结束后第三天，红十五军团在北道德的下柳池召开了总结大会，追悼阵亡烈士。会议原定上午召开，由于敌机轰炸扫射，至下午太阳偏西才开始。

这次会议，富县县委书记郭志清和县政府副主席韩明奎出席，郭志清在会上代表全县人民祝贺了战役的胜利。（王文耀、成曰贵访问整理）

选自中共延安地委党史办编印：《红军长征到延安》，1986年8月，第280页。

① 标题为编者所拟。原标题为《原富西革命会保卫队队长、富县苏维埃政府交通员薛生荣回忆》。

② 薛生荣，采访时住甘肃省宁县盘克乡川庄村，原富西革委会保卫队队长、富县苏维埃政府交通员。

我所知道的直罗镇战役前后的一些情形①

李明功②

1935年古历十月间，红军一面派人在直罗地区勘察地形，调查地名，绘制地图，进行战前的准备工作。一面组织、动员群众迅速转移，把粮食、用具、衣物全部带走，甚至连磨子、碾子都推倒、埋掉，不给敌人留一点东西。当战斗打响时，直罗已成一座空城。

东北军一〇九师进直罗时，是黑水寺民团带的路。敌我双方接火后，民团的人都顺山跑了。战前，民团常来直罗抢粮、拉人，战后，民团再也不敢来了。

战役结束后，东村县苏维埃政府发出命令，要求群众协助政府打扫战场，收交敌人丢下的枪械、子弹，并规定：群众每交一支枪给一块银洋，交一挺机枪给三块银洋，仅直罗群众交给区政府枪支100多。（成曰贵访问整理）

选自中共延安地委党史办编印：《红军长征到延安》，1986年8月，第282—283页。

---

① 标题为编者所拟。原标题为《原直罗区苏维埃政府经济部李明功回忆》。

② 李明功，直罗镇人。原直罗区苏维埃政府经济部长。

中央红军长征到陕北后富县二区苏维埃建立的情况[①]

赵帮勤[②]

1935 年农历十月，陕甘省政府派王廖云、杨斌和县苏维埃政府副主席韩明奎等同志来建立了二区苏维埃政府和区委，派来中央红军上来的罗积全任区委书记。二区管辖羊泉、钳二两条原，第一任区主席是钳二村的李应海，二任是羊泉镇的任学武，三任是李窑科的李风俊，我一直担任副主席。全区共六个乡，四个乡是 1935 年建立的：一乡钳二，主席李永义；二乡西陈超，主席陈树仁；三乡东太奇，主席任福云；四乡羊泉，主席雷振中。1936 年，我又和区委书记罗积全在石家河成立了第五乡，主席王照娲；3 月在清涧村成立了第六乡。同时，区、乡还成立了共青团、儿童团、少先队、妇联、雇农工会、贫农团等组织。直罗镇战役后，游击队、赤卫队也有大的发展。（任国繁、杨占全访问整理）

选自中共延安地委党史办编印：《红军长征到延安》，1986年8月，第282页。

---

① 标题为编者所拟。原标题为《原富县二区苏维埃政府副主席赵帮勤回忆》。

② 赵帮勤，富县钳二乡东陈超人。

我到富县任县委书记的前前后后[1]

郭志清[2]

榆林桥战役结束后，毛泽东率领中央红军进入富县地区，陕甘省委把我从红十五军团政治部地方部调到富县任县委书记。我到富县后，改组了富县工委，成立了富县县委，设立了各部，任命了部长。

这时，毛泽东住在套洞（北道德）原的东村，陕甘省委、省政府驻在套洞村，我是省委委员。

直罗镇战役前，县委和县政府全力以赴支援前线，组织担架队，筹备粮草。战役结束后，突击抓了扩红工作。各区都组织了游击队，县上成立了两个独立营，每营都有三至四个连，由于直罗镇战役的胜利，独立营和游击队都得到了很好的武器装备，这些独立营以后都编入了红二十九军。

为了庆祝直罗镇战役的胜利，我们还组织群众自编自演了文艺节目，受到了省政府的好评。战后，我们还做了争取东北军的工作。（任国繁、王文耀、杨占全访问整理）

选自中共延安地委党史办编印:《红军长征到延安》，1986年8月，第277—278页。

---

① 标题为编者所拟。原标题为《原富县县委第一任书记郭志清回忆》。

② 郭志清，西安市第一干休所离休干部，原富县县委第一任书记。

中央红军到陕北后富县的扩红情况[①]

郝建堂[②]

1935年10月间，毛主席率领中央红军长征到达陕北。11月，由中央红军和红十五军团合编的红一方面军，在富县西南的直罗镇组织了一次战役，全歼了向陕北进攻的东北军一〇九师和一〇六师一个团，彻底粉碎了蒋介石对陕北发动的第三次“围剿”，巩固了陕北根据地，当时把这次战役称为“奠基礼”。

直罗镇战役，获得了大量的军用物资。有枪、炮、子弹、电话、自行车等。上级把一部分交给当地苏维埃政府。那时，我们的县政府驻在东村，附近有一个教堂，修得很大，空着未用，我们把所有的东西都存放在那里。

毛主席到了陕北，又打了胜仗，又有了枪炮，人心大振。我们抓住这个有利时机，开展了大规模的扩红工作。当时的县苏维埃政府，有近百名干部，分配到各个区乡开展工作，一方面宣传政策，讲解穷人要翻身，就要参加红军的道理；一方面打土豪、斗劣绅，发动群众，巩固政权。富县是块老苏区，我参加革命前，在富县经商多年，参加革命后，又担任过土地委员、经济委员，1936年初当了县苏维埃主席。人比较熟，在扩红中利用熟人串熟人，越串越多。一村连一村，越连越大，发展很

① 标题为编者所拟。原标题为《原富县苏维埃政府第二任主席郝建堂的回忆》。

② 郝建堂，大荔县干休所离休干部，原富县苏维埃政府第二任主席。已故。

快。特别是羊泉原一带，人口比较稠密，参军的人更多，有时一次报名十几个，大约不到一月，全县招收了 1000 多人。陕甘省委军事部派人组织独立营、团，后编为二十九军，军事部长萧劲光任军长。（王文耀、杨占全征集）

选自中共延安地委党史办编印:《红军长征到延安》，1986年8月，第280—281页。

关于毛泽东、党中央撤离瓦窑堡的路线

王宗贤等

王宗贤，冯家屯乡齐家湾村人，1986 年 7 月 13 日 83 岁时回忆：1935 年九月城开后，我和石素娃是瓦市一乡游击队的领导。十月间一个雪后的日子，我们和二、三乡的游击队一起去南门外一带迎接中央红军。第一天没有接到，第二天他们来了。有十几个一队的，也有几十个一队的。老的、少的、女的、男的、伤的、病的都有，衣服都十分破烂、单薄，脚上、腿上、胸前、背上裹麻袋、羊皮的很多。轻伤员不坐担架，拄着棍步行，骡子、驴都驮着箱子、锅之类的东西，没有人骑马，没有官兵之分，他们的枪很好。

中央红军来后，进行了几次扩红。1935 年底有一次，我们把扩到的新兵送到桃园，编入补充师，不久补充师就开赴前线。还有一次我扩得 14 个人，送到距甘泉县城五里地的关家沟，交给了正规部队。像沙有年、任铁拴、雷有明、白脏娃等都是我扩的红。政府对被扩红的家属给予优待，组织人员送炭、帮助耕种；新兵走时，换上新衣服，带上路费，高高兴兴。这样的工作，使战士能够安心在部队，努力杀敌立功劳。

郝振廉，子长县瓦窑堡镇四政村人，1986 年 7 月 22 日 74 岁时回忆：1935 年九月初六晚瓦窑堡城开，我担任了瓦窑堡市政府的土地部长。十月的一天，我们去南门外迎中央红军。欢迎的人很多手里举着红、蓝三角纸旗，敲锣打鼓，十分热烈。中午时分，中央红军来了。赤脚片子打裹缠，穿袜子的很少。一些战士的长裤变成了短裤，腿上、胸前裹着麻袋片或羊皮，肉皮露在外面，冻得发黑。负了伤的拄棍子、挎绷带行走，虽有几十副担架，上面铺着草，但不坐人。骡子、毛驴都驮着箱子之类的东西。没有官兵之分，岁数小的有十来岁，有些女同志身上背了竹篓子，里面放着孩子。虽然如此，但队形整齐，枪都担在一个肩上，说换都换，不时给欢迎的群众敬礼，嘴里唱着歌曲，精神抖擞，十分振人。

那时，瓦窑堡的汇川通里正关押着陕北红军的许多高级领导人，并且挖好了埋人的大坑；前线的许多人被杀害了。群众不知道是王明路线的毒害所致，只晓得是二十五军来后出现的事情，中央红军到达的那天下午，就释放了刘志丹等。群众得到这个消息，非常高兴，军民之间的关系融洽了。

中央红军来后，多住在店中和逃跑了的地主、豪绅家院中。炕不够就住在地上，没有被褥就铺干草，粮食蔬菜除政府提供的外，不足的到市场上买，从不向老百姓要。老百姓看到这些，既感激又同情，主动把被子、褥子、腌的菜等送给红军。

中央红军的生活艰苦，但精神上非常乐观。有一次我和一个赤脚的抗大学员拉话，说到他们的生活，他用脚板擦擦地，啪地拍了一下地说：革命嘛，困难怕什么，革命战士没有这点吃苦精神还行！他们在学习之余，经常给群众担水、扫院，军民之间如鱼水一般。每逢集体行动，都排着整齐的队伍，唱着响亮的歌子。衣服虽不十分合体，但整齐划一，精神振奋，给人莫大的鼓舞和力量。

1935 年十一月间，子长县进行了一次扩红运动。当时的瓦市政府派我到中区后又分到马神桥沟一带。我向群众宣传国内形势，揭露日本帝国主义残害中国人民的情景，激励人民的正义感和责任感。政府也制定了政策，对红军家属在分地、分粮中优待，派人送炭，组织人耕地。群众解除了后顾之忧，纷纷参加红军，李生华的妻子一身担当了抚育儿女、赡养老人的责任，积极动员丈夫参加红军，保家卫国。在他们的带动下，到十二月底，我扩得十五六个红军，超额完成了任务。回到瓦市后，我又到陈家抓做扩红工作。高双首先报名，同村的吴三高等六七个人呼应，工作又胜利结束，受到了陕北省政府主席马明方的表扬，不久又坐了“飞机”——《红色中华》报表扬。

中央红军到达瓦窑堡后，对子长县的土地革命工作进行了检查，其中的偏激问题得到了纠正。城里的铁匠任兴盛、银匠孙成娃，都原定成分为地主。中央认为这种人虽然有剥削人的一面，也有自身参加劳动的一面，因此改为富农。农村中富农改为中农，地主改为富农的很多；原来是扫地出门的，多数给留了生活出路，让其自食其力，劳动改造；对白军家属，变敌视为教育帮助，要他们说服亲人弃暗投明，站在人民的一边。党中央还专门制定了对待富农的政策。所有这些都对缩小打击面，瓦解敌人，争取一切可以团结的人，结成最广泛的抗日民族统一战线，壮大革命力量、消灭日本帝国主义起了很大的作用，也为支援前线开辟了道路。

杨林瑞，子长县瓦窑堡镇三政村人，1986 年 7 月 16 日 64 岁时回忆：1935 年冬我为瓦市一区的儿童团副团长。中央红军来时，我市的儿童团、少先队、自卫军、妇联等单位的人都去后桥一带迎接。第一天中央红军没有来，第二天来了，大约有几百人，男女老少都有，还有负伤的。他们的衣服非常破烂，多数赤脚蹬草鞋，好一点的脚上裹麻袋片子。腿上、身上都是单衣，有的裹麻袋片，有的裹烂羊皮，个别穿棉衣的棉花露在外面，面孔憔悴。

中央红军住下后，我们儿童团、少先队、自卫军、妇联四个单位联合行动，白天没收土豪、地主的浮财，一部分上缴，这些都是重要的；一部分折价处理；晚上私查暗访“洋烟”、“洋烟灯”，监视坏人的言语行为，配合党和政府清查坏人，维护治安。

中央红军来瓦窑堡后，曾经举行过一次阅兵，周恩来满脸胡须，骑在马上绕场一周，还有一个苏联人。参加检阅的人很多，有 3000 人左右，很壮观，给老百姓的鼓舞很大。群众纷纷称赞中央红军势力大。

中央红军在瓦窑堡时，对坏分子、可疑分子抓的不少，但杀的不多；对于有一技之长的人，注意教育改造，加以利用。

魏俊武，子长县玉家湾镇玉家湾村人，1986 年 7 月 31 日 71 岁时回忆：1935 年冬，我是村主席，中央红军来后，我村响应秀延县委的号召，发动群众进行支援、慰问活动。当时群众的热情很高，纷纷捐献粮食、白菜、粉条、洋芋、猪、羊。妇女们听说中央红军衣服又烂又单薄，心里很难受，立即掀起了赶制军鞋的热潮，上级分配的缝衣服任务抢着承担，人人为此尽心尽力。年底，秀延县的扩红任务下达后，我村青年踊跃参加，家属们积极支持，到腊月十八，县委将我们这一带的七八十人集中起来成立了一个连，我为指导员，连长是徐子厚，大家换了新衣服，发了路费开到栾家坪一带，随即成立了补充师，正规部队来了一位姓李的营长，担任补充师师长，我为政委，腊月二十五，我们补充师离开子长，经永坪到了延长，编入正规部队，进行了东征。

郝孝元，子长县宋家坪乡郝家川村人，1986 年 7 月 30 日 81 岁时回忆：1935 年秋，我是秀延县张家峁子区余家坪乡赤卫军大队长。这年十月左右，我们听说中央红军来到了子长。过了几天，在张家峁子开了各乡乡长、赤卫军大队长会议。动员各乡干部做好支红工作。当时布置的主要任务是做军鞋，解决红军穿鞋问题。我记得我们乡共做了 120 双鞋。由我和李万祥（乡长）送交到市政府。过年时，为了叫红军过好年，我们乡还送给红军四头猪、十多只羊，还有 100 多斤粉条。

中央红军到子长后，使陕北革命形势发生了很大变化。当时，无论干部，还是群众，都感到人多势众，革命信心大了，干劲足了。我记得当时在农村影响最大的事情是：

释放刘志丹，使群众在感情上和中央红军一心一意。红二十五军到陕北后不久，老刘就被押起来了，多数干部和群众，心情既沉痛又紧张，有些人对闹革命发生了动摇，有的准备逃跑。红一方面军一到子长，就把老刘等从禁闭里放出来，人们从心底里相信红军是穷人的军队，干革命的信心更大了。

纠正了原来工作中，特别是土改中的错误，调动了老区人民发展生产的积极性。中央红军来子长前，陕北红区都进行了土地革命，使贫下中农都分到了土地，但问题是把部分中农划为地、富，这样不但打击的人多了，更重要的是很多人都不敢劳动致富了。当时在农村出现了“以贫为荣”的现象。如我们村共有30户人家，就定了一户豪绅，一户地主，五户富农，其户数占了四分之一，人口占了三分之一，对立面太多。同时，有些户，连上中农亦不够，也被错定为富农。如我，我爷爷揽了一辈子工，我父亲揽了18年工，我揽了三年工，是我舅家帮我立了家，后来因我参加了赤卫军，家中无人劳动，有时候请零工种地，就把我定为富农（1935年），中央红军来后，把我和另外三户富农改定为中农。这样就改变了农村阶级成分的结构，团结了多数，孤立了少数；更重要的是，群众有了发家致富的信心，懂得了劳动致富共产党是欢迎的道理。

另外，由于中央红军的教育，基层工作干部作风有了很大转变。以前，不少干部经常发生捆打群众的现象，使干群关系有时紧张。中央红军到了子长后，这种情况就少了。

高兰英，女，子长县瓦窑堡镇一政村人，1986年7月28日79岁时回忆：我1931年加入共产党，红军来以前，我家是党的一个秘密联络点。马文瑞经常来这里，有时会也在这里开。中央红军是1935年冬里来瓦窑堡的。记得我和其他居民在城里排队欢迎了三天。红军来时，穿的不像军人的样子：赤脚大片，烂衣扑扇。多数人穿着烂的可怜的单衣，有的裹着羊皮，还不如个要饭的。

中央红军一到，瓦窑堡市委就开会，动员居民从各方面做好支红工作。我们这个居民小组，一共有12个妇女，根据市委指示，帮助红军做了三件事：

一是做军鞋。市委原分配我们在十天内做四双鞋。我们开了个会，大家提出五天完成六双鞋，叫红军早点穿新鞋。但正在抢时间做时，有两个妇女病倒了，我就动员几个思想好的妇女，连夜赶着做。这样，我和另外五个妇女二个晚上没睡觉，四天完成了六双鞋，市委给予了表扬。

二是捐菜慰问。红军来子长，人多口稠，吃菜发生了问题。我们居民小组的四个党团员分头上门动员群众捐菜。记得经过一天动员，捐了两担菜、一担洋芋，还有些鸡蛋，送给了红军。另外，我们还主动到红军住的房子里，打扫卫生，缝补衣服，问寒问暖，亲热得像一家人，有不少红军战士感动得流下了泪。

三是按照市委指示，我们党团员分头活动，有的开会，有的上门宣传，说明扣押刘志丹是在王明“左”倾错误影响下个别人干的，中央红军反对他们这样做，毛委员派人给老刘赔了情，平了反，我们更要相信红军，和红军一起闹革命。这样，不少人就从心底里拥护了红军，关系搞得相当好，后来红军东征离开子长，有不少人都哭了鼻子。

党玉兰，女，子长县冯家屯乡齐家湾村人，1986 年 7 月 15 日 81 岁时回忆：中央红军到瓦窑堡后，瓦窑堡市政府所辖的三个乡各成立了一个缝衣队，组成一个缝衣大队，由我、石翠女、贾香等负责。我们从省供给部领回布匹、棉花，选心灵手巧的人裁剪好，分发给队员们制做。当时的布多是白的，颜料又缺少，我们就用干草灰煮染。做鞋很费时间，就采用协作的办法，纳底、做鞋邦子、上鞋，各干一行。大家都抢着承担工作，成分不好的还轮不上，连明打昼抢时间干。做好的收起来，交给省供给部。经过突击，很快中央红军的衣服就都换了。虽然不好看，但都是新的，穿上很暖，也整齐。再后来，我们还承担了给新兵做衣服的任务，一直干到第二年的四月底，到中央红军撤离瓦窑堡时，我家里还有领回的许多布，来不及做了，就原物交给了政府。

中央红军对老百姓很好，给他们做衣服，都有适当的报酬。做件上衣给三至五毛钱，做一件下衣给两毛钱，鞋是尽义务，只给二尺布。中央红军过硬的生活作风，给我们的教育很大，印象很深。

张宝贤，子长县瓦窑堡镇三政村人，1986 年 7 月 18 日 80 岁时回忆：1935 年冬，南区书记李海亮、秘书郝四元动员我工作，我即到陕北省贸易局。中央红军来瓦窑堡时，我局干部都去迎接了。中央红军赤脚片子打裹缠，头上有什么布包什么布，有黑色的，也有白色的，还有戴毡帽的，大约有 3000 人，这个数字是推算来的。因为中央红军来后，省供给部白拐子（即白如冰）、高超要求我们供给 3000 套衣服的布。我们贸易局从苏区和白区买布、棉花回来，解决中央红军的穿衣问题。当时许许多多的妇女都做过军鞋，有一家一双的，也有一家两双或两家一双的，情况不等。此外，老百姓也有给中央红军送吃的、用的的。中央医院设在水沟坪的十五面窑里，旁边立了一个灶，粮食、蔬菜除政府供给外，不足的到市场上买，不动周围群众的一针一线，纪律很严，对老百姓很好。

李丽娜，女，子长县冯家屯乡水沟坪村人，1986 年 7 月 24 日 71 岁时回忆：我们是大户人家，有十五面窑洞，1935 年冬红一方面军来瓦窑堡后，我家在政府的组织下，分散住到别处，腾出地方让医院住下。这个医院里住的都是重伤员，医务人员中有好多是女同志，常和我们拉家常，关系非常融洽，像亲姐妹一般。我的脚小，丈夫又当红军在外，水靠抬的吃。医院有位高个子女同志见到了，说她会挑水，接过去就干，以后便成了常事。我们吃“差生”（平常不多吃的，饭也不一定好的饭，这是地方语）去请她们，她们非常客气，万不得已的情况下才来吃一点。

这个医院除工作外，经常组织学习。生活也很活跃，十分惹人喜爱。每隔一段时间，就来一个文艺队演唱歌曲，慰问伤病员。

医院在我院驻扎时，吃的粮食、蔬菜都由地方政府提供，不足的他们自己去买，从来不跟群众要，也不因为病危的伤病员，向群众提出给弄一点好吃的东西之类的要求，非常遵守群众纪律。逢年过节，群众只好把东西先送到政府，再由政府转给他们。

由于当时医疗条件等各方面的原因，这个医院里死了不少人，遗体多数安葬在对面的山坡上。老年人每当想起当时的情景，心里就非常难过，谁也不肯在那里种庄稼。

1936 年四月间，听相好的说，他们要转移。不久，伤病员就分批被抬、驮走了。我们也随即搬了回去。家里的东西走时怎样，回去后还是怎样，一点都没动。

选自中共延安地委党史办编印:《红军长征到延安》，1986年8月，第325—332页。

毛主席在瓦窑堡[1]

徐锡令[2]

1935 年 11 月 7 日，中央机关到瓦窑堡，我们一直迎接到南门外，先接到当时的儿童团中央书记杨再茨，副书记赖大超，那时他们都是十五六岁的小娃娃。随后接到董老、徐老等人，共二三百人。第三天中央宣布：中共中央西北办事处成立，主任为博古，组织部长李维汉，宣传部长吴亮平，秘书长王首道，教育部长徐特立，财政部长林伯渠，国民经济部长毛泽民，劳动部长邓发，土地部长王观澜，粮食部长凯丰，保卫局长周兴，工农监察部长卢梓民，银行行长曹菊如，陕甘晋省委直接由西北办事处领导。毛主席是 12 月中旬秘密到达瓦窑堡的。

1935 年 12 月，毛主席在瓦窑堡主持召开了中共中央政治局会议，参加会议的十三四个人，12 月 25 日，通过了《关于目前政治形势与党的任务的决议》。27 日，在瓦窑堡城内龙虎山下一个法国人修的基督教堂里召开了党的活动分子会议，参加会议的干部有中央科长以上、省委科、部长以上、市委科、部长以上，“红大”学员中团长以上、党校学员中县委书记以上，一共 400 多人，毛主席在会上作了《论反对日本帝国主义的策略》的报告。

---

① 摘自徐锡令回忆《毛主席在瓦窑堡的革命实践》一文，标题系编者所加。

② 徐锡令，1935年曾任瓦窑堡市组织部长、中共子长县委书记，1966年离休，1984年病故。

……

5 月 21 日，毛主席又回到瓦窑堡，这一天，人们从四面八方涌向南城门外城墙上，大街两旁，秀延河岸迎接。红军骑兵一直跑到黑山梁上去迎接。当毛主席从山上走下来时，走在欢迎群众前面的周副主席等中央首长上前迎接。人们高呼“毛主席万岁！”“毛主席是中国人民的大救星！”“欢迎毛主席回后方！”毛主席穿过沸腾的人群回到瓦窑堡。

东征后，瓦窑堡街头到处张贴着“团结一致，枪口对外”、“打倒日本帝国主义”的标语，充满着团结抗战的气氛。

毛主席在瓦窑堡亲手创办了“红大”。1936 年 6 月 1 日，中央把原来的西北红校改为“中国抗日红军大学”，校址在瓦窑堡米梁山，毛主席亲自兼任教育委员会主席，校长林彪，政委袁国平，政治部主任莫文华。还成立了中央党校，校长是董必武。“红大”学员来自部队连以上的干部，教师由中央首长兼任，学员也上台讲课。方法是官教兵、兵教官、兵教兵。毛主席对“红大”十分关心，“红大”的主要活动，主席几乎每次都参加，“红大”重要问题，毛主席都有具体指示。毛主席在工作十分繁忙的情况下，经常给“红大”讲课、作报告。《论反对日本帝国主义的策略》、《中国革命战争的战略问题》等著作，都在“红大”作过讲演。当时我在党校学习，曾和“红大”学员一起四次听取了毛主席讲授《论反对日本帝国主义的策略》。学校设备很差，学员们在十分艰苦的条件下坚持学习，他们把庙宇、破旧房子、烂窑洞、牛圈收拾好后作为教室、宿舍、会议室、灶房，石头、砖头是凳子，膝盖就是桌子。用废纸背面和质量很不好的红绿纸印讲义。晚上除干部办公备课点洋蜡外，学员们都是摸黑讨论。“红大”学员还经常参加校外活动，宣传工农、组织工农、学习工农，为群众做好事，敌人来了就打仗，既是学员，又是战斗员、宣传员。

选自中共延安地委党史办编印：《红军长征到延安》，1986年8月，第316—318页。

党中央在瓦窑堡的情况①

郝玉堂②

中央经过二万五千里长征，于 1935 年 11 月 7 日驻进瓦窑堡，这个具体时间没有记得那么清楚。只记得是下过一场大雪后，走起路来还有点滑，都穿上了棉衣。欢迎会是由省市组织的，在南门外，迎接时看到中央的同志都穿着夹衣，看到五六十岁的老头（以后才知道是林老、谢老、董老），真替他们打寒颤。但同志们个个精神饱满，步伐整齐，不断给我们还礼致意（具体时间是 1963 年我去北京，在老红军将领吴岱峰处，见到李维汉同志谈起中央到瓦窑堡的情况时，他说中央进驻瓦窑堡那天是 11 月 7 日，记得清楚的是苏联十月革命节的那天，他是中直带队的，谢华同志是军直带队的）。中共中央刚到瓦窑堡驻齐家湾侯老先生家新院。不久搬到城里田秀山家，中共中央书记是洛甫（张闻天）。少共中央也驻齐家湾孙绍山家，少共中央让我们团市委汇报工作，就在孙家院，秘书长胡耀邦同志接见了我们并听取汇报，少共中央不久也搬进城内下河滩胡昌原家，书记是凯丰，组织部长刘道生，宣传部长刘英，儿童书记赖大超，秘书长胡耀邦，中央军委在下河滩刘家院，我和崔田夫同志去中央军委汇报过工作，见到了周副主席。周副主席浓眉大眼，

① 摘自郝玉堂1983年写的回忆录《回忆党中央在瓦窑堡的情况》一文。

② 郝玉堂系地下工作人员，1935年曾任党团特派员，已离休，离休前任西安铁路局局长。

美髯公。参谋长张云逸，小个子，大胡子，正在那里和周副主席谈工作，让我们坐下，听我们汇报瓦市情况。中华苏维埃办事处驻基督教院，一般都在救世堂，主任博古（秦邦宪），我们在那里参加过一次苏维埃建设的座谈会，秘书长谢老（谢觉哉）也参加了会议，会议由博古主持，省苏维埃政府的负责同志也参加了这次座谈会。同院驻的还有中央土地部、部长王观澜，他经常来市委帮助工作，粮食部长邓发，教育部驻在南门陈老实家，部长是徐特立。我给他汇报过列宁小学的情况，徐老对人很和气,亲自听我的汇报。国民经济部长毛泽民,财政部部长林伯渠，银发苍苍，住在省政府的附近，现忘记了是谁家院。中华全国总工会驻城畔魏家，委员长是刘少奇，他来过市委参加过工人座谈会，他在会上讲过话，并经常来检查布置工作。中共中央宣传部部长吴亮平，组织部部长罗迈（李维汉），住在下河滩樊学智家。吴亮平、罗迈经常来市委指导工作，市委召开的干部会他们差不多都来参加。

中央在瓦窑堡召开的干部会和群众大会的情况，我参加过的，现能回忆起来的有下面一些。

中央在瓦窑堡召开的活动分子会，是 1935 年 12 月 27 日在龙虎山下基督教会礼堂召开的。市委派我和崔田夫、廖似光同志去参加的。那天早上接到通知（通知是油印的），崔田夫同志先看到，他是农民，识字不多，看不懂，他让我给他念，内容大体是这样的：今天上午在中华苏维埃办事处召开活动分子会议，听毛泽东同志的报告，通知咱俩去参加。我俩当时高兴极了，主席自来瓦窑堡还没见过，只在过去听到朱毛红军在江西中央根据地，如何！如何！今天能见到并能听到他的报告是十分荣幸的。吃过早饭，我们俩就赶到会场。当时，人来的还不太多，我俩靠前边坐下，能看得清，听得明白。过了一会儿，参加会议的同志都走进会场了,中央负责同志也来到了会场。记得有毛主席、周副主席、洛甫、博古、董必武等。会议由洛甫主持，毛泽东作了《论反对日本帝国主义的策略》的报告。毛主席身着黑制服,头戴五角星帽,身材魁伟,一口湖南话。初开始一点也听不懂，在同志的解释下慢慢能听懂了。报告了整整一上午，会后小组讨论，我和廖似光参加了少共中央机关小组的讨论。第一天在少共中央机关讨论，第二天去中央政治局书记洛甫办公室讨论，洛甫的办公室在田家院中间那孔土窑洞里，他在炕上支个床，办公也在床上，他坐在床上听同志们的讨论。少共中央参加讨论的有凯丰、刘道生、刘英、胡耀邦、赖大超及其他同志，洛甫不时地插话。参加这次讨论对我的教育很大，影响也很深，是我一生中最难忘的一件大事。

刘志丹等同志的平反会，是党中央到达瓦窑堡不久召开的（会议在第二高小礼堂）。第二高小礼堂是中共中央党校驻地，校长董必武，教务主任成仿吾。这里和基督教礼堂隔一条巷子，都在龙虎山脚下，我和崔田夫、杨子玉参加了会。会议由王首道主持，周副主席讲了话，说刘志丹等同志是西北红军的创造者，他们有功没有错，关押他们是错误的，给予平反。希望受冤屈的同志顾全大局，继续努力。平反后任命刘志丹为西北军事委员会副主席，他参加了市委召开的第一次扩大红军的干部会议，我看到他和崔田夫一起交谈，满面笑容，问长问短。看到没有丝毫忧虑，刘志丹在干部会上作了指示，鼓励同志按时完成扩大红军的任务，后来市委的扩大红军的任务超额完成了。

粉碎第三次“围剿”的祝捷大会

1935 年 7 月，国民党军阀对陕甘革命根据地的第三次“围剿”，在我红二十五军和陕甘红二十六、七军组成的红十五军团的反击下，在甘泉劳山消灭了敌军一一〇师大部，榆林桥消灭敌军一〇七师的两个营，10 月中央红军和陕甘红军会师，在鄜县直罗镇消灭敌军一〇九师，又在黑水寺消灭敌军一〇六师的一个团，彻底粉碎了敌人对陕甘革命根据地的三次“围剿”。1935 年 11 月 20 日前后中央到瓦窑堡已有七天了，曾在齐家湾庙坪开了个庆功大会，在会场上搭了个台子，与会者是中央省市机关干部，瓦市赤卫军少先队、市民，还有回后方整休的红军，俘虏兵也参加了会议。这次大会是瓦市解放以来最大的一次会议，有一万多人参加。大会是中央宣传部和省市委主持召开的。大会由崔田夫同志主持，中宣部吴亮平部长，省委组织部部长王达成在会上讲了话。我代表市少共也在会上讲了话。他们讲述了红军在粉碎三次“围剿”中取得的辉煌战果，并号召我们要积极行动起来，慰问红军指战员，扩大红军，支援前线，会上还演了“慰问红军”和“送郎当兵”等活报剧。会后我们组织了工作队到各村各户进行宣传，宣传红军取得伟大胜利，动员群众慰问伤病员和休整的红军指战员。军委政治部也组织工作组进行军民联欢，一时形成了军爱民，民爱军的热潮。记得当时在开展工作中碰到这样两件事，听起来是笑话，实际上是个军民关系问题。一件事是刘家老大娘拉红军战士要说理的事。事情的经过大概是这样的，在那个村里住着一位南方籍红军士兵。有一次，他向老大娘借板子睡觉，老大娘一听火了，说，你想干什么？陕北把妇女的生殖器叫板板子，睡觉只睡炕不睡床，经说明大家才知道是误会。第二件事是吃狗肉引起群众不满。猫捕鼠狗守门，狗是给群众守门的，不忍吃他们的肉。另外此地人说“吃狗肉”是骂人，说你吃狗肉是反后悔。南方同志要吃狗肉引起群众不满，中央知道后，教育南方来的同志不要向老乡要狗肉吃，做好军爱民，民爱军的工作，只有军民一家人，才能胜利。

庆祝东征胜利大会

1936 年 4 月，在城门滩（中山会场）大操场上召开会，中国工农红军为了直接对日寇作战东渡黄河。蒋介石卖国贼不抗日，还要阻止红军开赴河北前线直接对日作战。红军在取得伟大胜利后回师陕北，军委政治部召开了庆祝大会。参加者主要是红军指战员、红大学生、瓦市的赤卫军、少先队、市民、机关干部，市委负责人王治恩同志也参加了大会，约有万余人，军委政治部主任杨尚昆、袁国平等同志讲了话，他们在讲话中谈到“我红军抗日先锋军东渡黄河以来,所向皆捷,全国响应，在山西取得了很大胜利”。列举了各个战场上得到的辉煌胜利，武装了中国工农红军，把缴获的大炮、轻重机枪、新式武器带到会场。当讲到消灭敌军所缴获到的武器时，会场上阵阵掌声雷动，当讲到我们红军回师西北根据地为了团结抗日，促进抗日民族统一战线的早日实现时，全场又响起了打倒日本帝国主义，打倒卖国贼蒋介石，全国人民团结起来为建立抗日民族统一战线努力奋斗的口号声。各军队的代表也在会上讲了话，他们详细具体说明他们在战场上胜利缴获的武器弹药，俘获的人马等胜利硕果，更博得全场热烈鼓掌。这是一次庆功大会，也是中国工农红军先锋军西征的誓师大会。

“五一”阅兵

为了纪念瓦窑堡解放后的第一个“五一”国际劳动节，中央军委发布命令在“五一”节举行阅兵式。“五一”前夕瓦市各区乡对赤卫军少先队进行了普遍整顿和训练，并制造武器武装了赤卫队，我是瓦市扩红队长，参加了这一工作。在“五一”阅兵前夕举行了演习，阅兵场设在齐家湾上坪上，这天春光明媚，鸟语花香，是瓦市解放后的第一个春天。是日早 6 点左右就开始集合，远远的传来锣鼓声，集合的号子声到处传来，7 点半开始进场，受检阅的红军游击队全副武装，整齐步伐，雄赳赳地进入会场。接着是扛着红缨枪背着大刀的赤卫队进入会场，四面八方的男女群众赶来参加大会，有的拿着慰问品，抬着猪、拉着羊、抱着鸡、提着蛋。妇女们拿着鞋，会场的两边围满了人群。8 点半，军委周恩来副主席和中央负责同志进入会场。周副主席骑着枣红色大马，魁伟的身材，戴五角星帽，着一身军装，美髯飘扬。到处是一片欢呼声。在阅兵台上看到的有：洛甫、博古、王稼祥、董必武、张云逸、杨尚昆、袁国平、冯文彬等负责同志，省级的郭洪涛、马明方、钟赤兵等同志。9 点开始了阅兵，总指挥是周副主席，致辞发布命令，然后绕场一周，上阅兵台检阅。军乐队领着炮兵、步兵、骑兵、游击队、赤卫军少先队通过检阅台，队队整齐、步步紧跟、接受检阅。每过一队，检阅台指挥呼口号致意，顷刻全场沸腾起来，锣鼓喧天，红旗招展，打倒日本帝国主义！打倒卖国贼蒋介石！全国人民团结起来为建立抗日民族统一战线而奋斗！中国共产党万岁的口号声响彻云霄，这是一次雄伟壮观的阅兵大会。

选自中共延安地委党史办编印：《红军长征到延安》，1986年8月，第318—323页。

中央红军在临镇的回忆

徐炳江①

1935年古历腊月初十前后（1936年1月14日前后），中央红军从甘泉出发经南泥湾到临镇。在临镇住了一个多月，第二年正月十五日从临镇出发，分两路去延长。一路从碾盘沟走，另一路从寺儿原那边走，红军来的人很多，具体数目我说不上，石村、黑舍、党德、临镇都住着。临镇家家都住的满满的。窑台上牛玉文、姬延福院内住一个卫生队，街上住的可能是公安一类的部队，他们在东门外枪毙了从韩城上来的13个卖棉花的人，这些人都是国民党的探子。他们对群众很好，卫生队还常给群众看病。他们从不拿群众的东西，有时群众给他们送些吃的东西，他们总是不肯收。（牛文治征访整理）

选自中共延安地委党史办编印：《红军长征到延安》，1986年8月，第297—298页。

① 徐炳江，采访时81岁，临镇人，住延安。

红一方面军在临镇的回忆

石怀林 ①

红一方面军（可能是红一军团）共三个师：一师、二师、四师，还有一个骑兵连、一个炮兵团、一个手枪队。1935 年 11 月劳山战役后，四师开到宜川县秋林子；一、二师开到临镇驻扎。在古历年前四师也从秋林子开到临镇。一师驻扎在临镇、石村；二师驻在党德；四师驻在黑舍、姚家坡、义家原。1936 年古历正月十五，红一方面军从临镇出发，经碾盘沟到延长县，在枣林湾驻了一周，就过黄河到了山西。

红军到临镇后，主要是打土豪和扩军。在党德打了石怀玉（因搞错后给予纠正）。参加红军的有党德的刘绕娃、张鹿、马根、柴文斌和河南坪的徐福祥。（牛文治访问整理）

选自中共延安地委党史办编印:《红军长征到延安》，1986年8月，第296页。

① 石怀林，采访时71岁，1935年参加红军，已退休。退休前是柴油机厂工人。

中央红军在党德

石清泉①

1935年古历十一月底腊月初，中央红军来到临镇，驻扎了一个多月后，于第二年正月初十左右离开。来的路线我不清楚，走时是经碾盘沟去延长县的。

在党德村住的部队很多，村子里家家户户都住着，连粮食窑洞内都住着红军战士，大约有1000多人，团部在石显院内。他们都是南方人，不会穿棉裤，把棉裤两条裤腿搭在脖子上。他们脚上大都穿着麻鞋，有的也穿着咱们当地政府给发的布鞋。战士和群众的关系很好，说话态度很和气，从不打骂群众。借用群众的东西都是先征得同意后才用，用过就还给群众。买东西都是公平合理，当面付款，从不白拿群众的东西。当地的群众对他们也很拥护和爱戴，经常给送些萝卜、豆腐、豆芽等菜类，地方政府还给战士送猪、送羊慰问。（牛文治征访整理）

选自中共延安地委党史办编印：《红军长征到延安》，1986年8月，第296—297页。

① 石清泉，采访时70岁，红军长征时在党德小学任教，已离休，住延安。

中央红军在石村驻扎情况的回忆

牛文焕①

1935年冬，传说红军快来了，由于人们对红军不了解，怕被抓被杀，而躲进深山。红军大部队来后，驻在临真镇及周围的石村、黑舍、刘村、党德等村庄。人们传说这支红军队伍待人好，便都陆续返回家里。

我家在石村，全村只有17户人家。那年，我才16岁，亲眼看到了红军，红军战士身上穿破烂的单衣，脚穿草鞋、麻鞋，脚和手都冻肿了。红军进村时，由村贫农团主席梁玉彪、共产党员王喜朝、村民牛文祥负责接待，安排食宿。在石村驻一个随军医院，另外还住一部分战士，但人数并不多。他们对群众很好，经常主动帮助群众打扫卫生、担水、破柴，给患病的老百姓看病等。群众对他们产生了好感，加深了了解，便协助贫农团筹粮筹款，给部队送衣物，照护伤病员。

红军一共住了两个多月，军民关系处得很好，老百姓常夸“中央红军就是好”。1936年阳历2月底前后，红军离开石村沿碾盘沟方向往延长县走了。（牛文瑞整理）

选自中共延安地委党史办编印：《红军长征到延安》，1986年8月，第295页。

---

① 牛文焕，口述时67岁，延安市临真镇、石村人，退休干部，住延安市马家湾。

红一方面军在临真镇

刘丰功 ①

1932 年 10 月，中央红军长征到达陕北。当时我在延长县六区（安河区）任区委书记，陕甘苏区正普遍地开展“扩红”运动，中央给各区、县分了“扩红”（征兵）任务，要求限期完成。但由于任务大，时间紧迫，任务难以完成，县政府便决定各区、乡的领导和共产党员带头入伍，以确保“扩红”任务的完成。这样，我就在延长当了兵。

入伍后，新兵编入补充师，集中在蟠龙镇（当时属安定县管辖，现是延安市管辖）整训，我在该师六连新兵排担任排长兼党支部书记。师长名叫黎林（兼政委）。在蟠龙过罢阳历年后，部队奉命离开蟠龙，从延安两侧顺洛河川方向朝南急行军，准备与参加直罗战役的红一方面军会合。当部队进入甘泉县境内的姚店子村时，得知红一方面军已离开甘泉，往临真镇走了。我们在姚店子村住了二三天后，由当地老百姓带路，顺甘泉的清泉沟朝东行军，翻山越岭，在麻洞川下面的一条沟里出来，顺大川到临真镇。我们补充师被安排在该镇小南川黑舍村后面的刘村。

红一方面军分别驻在临真镇周围的黑舍、石村等地，军团部设在该

① 刘丰功，口述时76岁，原任延安地委纪检委书记，已离休。延长县罗子山乡木斗村人，1935年夏在延长县六区任区委书记，11月在延长参加红军，担任补充师新兵排排长。1936年夏，在临真镇被编入红一军团一师三团新兵排仍担任排长，后在延川参加东征。

镇，司令部设在黑舍村。这期间部队的主要任务是整顿、训练、学习、治伤养病和休息。红一方面军刚打罢直罗镇等战役，重伤员较多，当时医疗条件差，不少伤员经治疗无效而死亡，便从简埋葬在随军医院驻地附近的荒地里。

我们在此地驻了约 20 多天后，部队在临真镇召开大会，进行整编。我被编入一军团一师三团新兵排，仍担任排长。记得红一军团的军团长是林彪，一师师长陈赓、政委杨成武，副师长杨得志，团长曾保生，副团长阮金廷，其他首长姓名记不清了。

红军的纪律十分严明，指战员经常以“三大纪律、八项注意”严格要求自己。连队都制定制度。我们经常主动为群众做好事，在驻地给老乡担水、劈柴、扫院、推磨、加工粮食。老乡也主动为部队筹粮筹款，护理红军伤病员，给红军战士赠送衣物，军民关系亲如一家。

部队临撤离时，首长们和部队纪律检查员亲自到老乡家致谢，并询问是否有违反群众纪律的情况，发现问题立即调查，严肃处理。最后我们把村里的道路和驻地院落、窑洞内打扫得干干净净后，才向老乡们告别。群众主动在村口欢送。

1936 年 2 月初部队奉命离开临真镇，朝延长县的安沟方向进发，后经延长县到达延川县。（牛文瑞整理）

选自中共延安地委党史办编印：《红军长征到延安》，1986年8月，第293—295页。

红军东征在延川

高昆等

高昆，延川县马家山村人，1986 年 7 月 15 日 72 岁时回忆：

红军东征那年，我担任延水县永远区阿占乡乡长职务。在红军渡河前，延水县五个区，动员了一大批青年参军，一般大区一个连，小区至少两个排，共计 500 多人。东征部队回师陕北时，我乡奉上级命令，全力做好担架、运输、接应过河部队的准备工作。我们乡发动群众制作了 50 多副担架，动员了二三百名担架队员（一副担架为五人）；另由 30 多人组成运输队，一人牵一头牲口。阿占乡和土崗乡赶造了两只木船，木工是从山西碛口一带调来的。还从延水、延长两县调来几十个铁匠，在刘家山村架起十几座铁匠炉子，连夜赶制钉子。由兵站部负责成立了临时水工会，水手二三百人。此外还发动群众给部队备草料、扫窑洞等。上述这些工作紧张地准备了半个多月。

一天，吃罢早饭，兵站负责人说部队已到阁山一带，让我们立即给河里泡船。我说："先不敢泡，小心敌人的飞机来把船炸坏。"他说："不要紧，我们在电话上已联系好了。"我们乡政府五六个人，马上动员船工泡船，刚泡在水里不久，就发现吕家咀山上涌下来不少人。我说："对面山上的人不少，穿的都是杂色衣服，有黄的、灰的，也有老百姓衣服，怕不是咱们的部队吧。"兵站下令对号，双方一司号，证实是咱们的部队。我们马上开始接应部队，一直没有松劲。当时除接军队和担架队、运输队外，还运过来不少粮食（主要是小米）、布匹和元宝。开初，没有敌人干扰，我们昼夜不停地过往接送。过了几天，敌机在空中狂轰乱炸，河岸拴的两三只船也被炸坏了，在窑咀坡崾崄，把运输队的骡子打死好多，白天无法搬船，只好晚上偷渡。十多天后，敌人尾追部队占领了阁山山头，连续向我方炮轰，这时，船已压了。可是，我军的一个骑兵队（有200多匹马）还没有过河。我立即派水手程德功、马战元过河接应。在十分危急的情况下，骑兵队骑在马上，总算安全地过来了。可我二十九军和三十军被敌人截在河东，我们又派马战元过河接头。同时让水手把七八只船搬至八面窑渡口，连续搬运了三天三夜，部队全部返回。

东征部队过河后，土岗方圆几十里都住满了部队。水井里的水吃干了，就吃雨水或河水。他们每到一地就帮助群众担水劈柴，打扫院落。有些大村子驻扎团部。宣传队举行文艺晚会，节目内容多是宣传红军在山西打胜仗，获得战利品的事。

部队走后，事务长或民拥干事与村长，一起挨门逐户地询问有无损坏或丢失的东西，如发现就赔偿。

马振江，原延川县清水关村人（后迁居本县小程村），1986年7月16日75岁时回忆：

1936年春，在大部队渡河之前，我们沿黄河一带的村子，调来不少人打柳树造船，共造两只船。其余十五六只船是由碛口夜行放下来的，随船下来的吴堡、清涧等地水手有200左右。当地伏义河、清涧水关、马家河、碾畔等村动员的水手也有100多。一共300多水手，全住我村，并成立了临时水工会。我只知道枣抓村马维斗是水工会队长，其他领导人不清楚。这个水工会组织直接受清水关驻扎的兵站领导，站长姓杨，工作人员有十来人，在我村住了一个多月。

当时共有十七八只船，每条船为一个小组，每个小组大体固定十五六个人，我这只船上的组长是马家河村一个姓马的。东征部队初开始过河，我们水工会连明昼夜地接应，水手轮班倒，人歇船不停。第四、五天，敌机来轰炸，白天无法搬，只得在晚上搬，一直搬到第二天清早。那时搬船没有报酬，可我们劲头很足，不知劳累。咱们部队绝大部分是从清水关渡的。直到敌人尾追部队占领了阁山，只得把清水关渡口压了。这时我阻击部队还在山西，我们便派人和部队约在八面窑渡口接应。从清水关只放下去七八只船，搬了六七天，就将东征部队全部接应过来。随即，把船全部烧掉，以防敌人偷渡追击。

刘世康，延川县刘家山村人，党员，1986 年 7 月 16 日 75 岁时回忆：

1936 年古历三月，部队过河时，我是本村村长。有一天，河对面山上的人群黑压压一片，村里的人不知是怎么一回事。驻扎在村里的供给部让司号员一对号，说是咱们的部队。清水关的水工马上把 18 只船搬过去接应。过了一会儿，敌机飞来绕空轰炸，咱们的人还是不停地搬船。敌人在阁山架起大炮往这里轰，咱们仍在抢渡。

我们村离清水关很近，只有五华里。当时全村有 37 户人，组织起了一个长期担架队和运输队。制作了十来副担架（每付配备四人），把全村 40 来个青壮劳力编为担架队，剩余二三十个男劳力编为运输队（毛驴二三十头），昼夜不停地从河岸往我村转送伤员和物资。刘世荣的一头毛驴被敌机炸死，部队给赔了一头骡子。

我村驻个医院，住的尽是伤员，轻伤一换药就抬走了，重伤也只住几天，每天都住 100 人左右。村里的婆姨女子经常给伤员缝洗衣服，拆洗铺盖。村上刘世新主动把自己的窑洞腾出来让伤员住，自己一家四口人却住草窑。

在部队一个多月的过河期间，我村动员了不少草料，仅我一家就供给了一窑秆草，全村至少也有四五万斤，部队走后，村上的柴草几乎用完了。

刘德义，延川县文安驿村人，党员，1986 年 7 月 17 日 73 岁时回忆：

1936 年古历三月，东征部队的一个营，在我村休整了八九天。文安驿上下村袁侯新等十来名青年，自愿报名参加了红军。

当时，我是禹居区三乡的宣传委员兼优红委员。我的任务是在王家沟、瓦依沟、依洛河等村为部队动员粮草。每到一村，先召开村民大会，向大家一动员，群众纷纷响应，筹粮捐草。有的说：“红军回到家还能不给吃？”还有的说：“他家生活困难，我替他多捐100斤”。依洛河村石清荣一次募捐了300斤小米、五六百斤草。瓦依沟冯增福一次募捐了400斤小米。那时的动员工作很好做，根本不用硬性摊派，大家出多出少没怨言。比如出粮多的，由于劳力少，一时运不出去，而没捐粮的说:“我家粮欠缺，出力没麻达，送粮任务我包了。”就这样，有担的，有背的，也有毛驴驮的，各村都能按时完成任务。

我村妇女主任王玉英，发动全村妇女给红军做军鞋和针线包。按上级要求两个人在两天内合做一双军鞋，可我村30多个妇女一人一天一双鞋，她们起早摸黑地纳帮子，纳鞋底，做得又快又好。

部队在村上驻扎期间，在原戏楼下，向全村男女老少作了二三次宣传。部队首长讲了红军在山西打了胜仗的情况。村长冯明德也上台讲，红军战士是我们的子弟兵，我们要热情慰劳，让红军战士吃好住好，多打胜仗。

当部队离开时，全村把准备好的瓜子、鸡蛋、红枣送给了红军战士，部队首长激动地说：“老百姓待我们太好了。”

张克让，延川县太相寺村人，1971年1月12日回忆：

毛主席在太相寺居住我家时，我已20多岁了。有一天晚上，我父亲悄悄地给我们说，咱窑住的就是毛主席。我们全家高兴得很。有一次毛主席派人请我父亲吃饭，我父亲知道毛主席生活也很艰苦，推辞不去，几个警卫员就硬拉着我父亲去了。警卫员给主席挂地图，借去了我家一个破书桌，不小心踩坏了一角。毛主席离开时，让警卫员给赔钱，我们不要。没有办法，最后，硬给我父亲口袋里塞了两毛钱，是红军用的布制票。我老伴杨世荣还给毛主席幔过袜子。

樊贵，延川县王家河村人，党员，1986 年 7 月 14 日 80 岁时回忆：

1936 年，我任禹居区一乡乡长。古历三四月间，麦子刚抽穗，东征部队从山西回来，有穿蓝的，穿黑的，也有穿灰的，一村至少住一个营，禹居这道川住得全是。部队每到一地，宣传干事提着墨桶，用麻线绑的毛笔，在墙上、树上刷写大幅标语：

“打倒蒋介石！”

“打倒日本帝国主义！”

“打倒土豪劣绅！”

“解放全人类！”

东征部队驻扎期间，我负责的一乡，捐送了 18 只羊，慰劳红军。

部队住了几天，临走前事务长逐户询问有无损坏东西，当了解到我村王文光家里的瓷盆被打烂后，司务长立即付给两块布币钱，王家再三不要，但他非付不可，只得收下。

赵树清，延川县樊家原村人，党员，1986 年 7 月 14 日 77 岁时回忆：

在红军东征期间，我担任坡石河乡民兵连长、治安主任。为了迎接东征部队，我们乡政府的干部，分头深入到各村，做动员准备工作。

当部队从山西过来后，老百姓窑里住不下，窑外院内甚至牛圈马棚旁都睡满了红军战士。妇女们主动地给红军洗衣裳，补鞋袜，淘糕米，送鸡蛋，亲亲热热真像一家人。红军战士纪律真好，不拿群众一针一线。群众给缝洗了衣服，慰劳的猪羊，一一都要给付钱。老百姓说：“只要你们把国民党反动派消灭了，我们什么东西也舍得，这算什么呀！”

在这期间，我在安家原和樊家原村动员青年参军。当时积极报名加入东征部队的有杜文奎、杨文献、杨献忠、杨献亭、樊进民、樊进德、樊仲秀等青年。

冯俊英，延川县雷家岔人，党员，1985 年 4 月 30 日 65 岁时回忆：

1936 年 5 月，东征部队从清水关和八面窑渡口过河，回师陕北。当时听说红军打了胜仗，群众十分高兴。

红军所驻扎的村庄，妇女组织起了缝洗衣服队，儿童团、少先队组成护理队（护理伤病员），青年团、赤卫队组成担架队，他们用门扇代替担架，转送伤员。村上的老百姓腾出窑洞，让红军住，凑齐的粮（主要是白面和小米）给红军吃，有的把自己家里仅存的粮全拿了出来。东征部队在山西得到不少元宝，但老百姓看见也不拿。红军战士对老百姓真好，主动地帮老百姓驮水、扫院、劈柴。我们村的红军走一批来一批，大约延续了十来天。

张鸣甫，延川县张家圪塄村人，1986 年 7 月 14 日 77 岁时回忆：

东征部队回师陕北后，没有在我村驻扎，只是路过了一下。当时，村里商量把我家的一头肥猪慰劳给红军，我们全家表示同意。第二天，我父亲就赶上猪，往刘家山寨子（驻一个营）送去，由于不小心，在路上跌了一跤，只好托人送去。当部队得知我父亲跌伤后，立即派来两名医生，就地治疗了三天。我父要给他们算医疗费，他们不但不收，还把我家送去的那头猪钱也付了。（中央延川县委党史办征集整理）

选自中共延安地委党史办编印：《红军长征到延安》，1986年8月，第306—312页。

回忆安河人民支援东征[①]

杨庭杰[②]

红军东征在延长[③]时，我父亲正当村长，常在我家开会。记得支援东征的物资分配：一家一只鸡，有羊的一只羊，三个村一头猪，还有军鞋、馍、菜和烧柴。这些物资在安河镇集中，光洋芋装满了杜金贵家的一个窑洞。听说在王满、古渡甸等黄河渡口附近的村庄还集中了一些支前物资，具体数字不清楚。（赵春杰记录整理）

选自中共延安地委党史办编印：《红军长征到延安》，1986年8月，第305页。

---

① 标题有改动。原标题为《杨庭杰回忆安河人民支援东征》。

② 杨庭杰，采访时58岁，安河镇农民。

③ 1935年5月延长解放后，将原宜川县第六区（安河区）划归延长县第六区。

回忆支援红军东征[①]

张风忻[②]

1935年5月，延长解放后，县城周围划为三区五乡，我任乡苏维埃政府副主席。冬天，毛主席来到延长召开了一次会议，五乡人民杀猪宰羊，慰问毛主席和开会的红军。

红军要去东征，五乡政府动员群众砍柳杆，把羊皮剥成桶形，供红军做木筏渡黄河。详细数字记不清了。（赵春杰记录整理）

选自中共延安地委党史办编印：《红军长征到延安》，1986年8月，第304页。

① 标题有改动。原标题为《张风忻回忆支援红军东征》。

② 张风忻，延长县城关人，离休前为百货公司职工。

回忆红军东征途经延长的情况

孙向林①

1935年1月27日，毛主席从延川县的王家圪凸出发，经李家河、齐家东沟中间进郭依沟、禹居、郝家河、驮家岔、杨家河、老庄河和延长县的孙家塌，行程70余华里，天黑前到达延长县刘家河乡后段家河，住在段成章的窑洞里。

28日，从后段家河出发，经前段家河、刘家河、滑里河、王家河、柳家原，行程45华里，当天下午到达延长县城，住在朱克章的窑洞里②。

2月2日，从延长县城出发，经柳家原、王家河、封家河、崖头村、寺原坪、大道河、普河、南河、马家河、交口镇，行程70华里，到达延川县的杨家圪台。

中央红军东征时从临镇出发。一离开临镇就上原，路过临镇那边的村子记不清，路过延长县的车家畔、天心掌、关子口、延长县城，再经刘家河沟向北到延川地界（村名记不清）。我当时是红军十五军团七十三师二一九团战士，红十五军团和红一军团经过延长的行军路线相同。

① 孙向林，延长县人，采访时68岁，东征时是红十五军团七十三师二一九团战士，离休前是延长县政府顾问。

② 毛主席在延长县城住过的窑洞原属朱克章所有，毛主席住时属何江所有。

延长县苏维埃政府，动员全县人民积极支援东征，把红军渡河做筏子用的羊皮和柳杆、粮食、草料分别送到县城和黄河渡口附近，详细数字记不清楚。（郝旭峰、赵春杰记录整理）

选自中共延安地委党史办编印：《红军长征到延安》，1986年8月，第303—304页。

难忘的回忆

谭生彬①

1935年，日寇步步进逼，民族危机日益严重。在这紧要关头，以毛主席为首的党中央于12月下旬在瓦窑堡召开了中央政治局会议，确定了联合一切爱国力量，成立国防政府和抗日联军，组成抗日民族统一战线，以抵抗日寇侵略，挽救祖国危亡的政策方针。并决定进行东征，东渡黄河，开赴冀察抗日前线。

瓦窑堡会议结束后，东征的准备工作紧张开展。不久，毛主席来到延长。毛主席在延长停留了几天，召开了重要的军事会议，调动部队，调配干部，制订作战计划，为东征做好了最后的准备。

我军到达延长后，我们延长县委和县苏维埃政府立即动员、组织群众，全力以赴，支援前线。当时，我担任县苏维埃政府主席。在紧张支前工作中，我和县上其他几个领导同志一样，都有一个共同的愿望，就是想亲眼见一见毛主席。我们深深地热爱着自己的领袖。是毛主席率领红军及时到达陕北，一举粉碎了敌人对陕北苏区的反革命“围剿”，彻

① 谭生彬，陕西延长人。1927年加入中国共产主义青年团，1929年转为中国共产党党员。从1935年6月起，曾任延长县革命委员会主席、苏维埃政府主席、县长等职，为中共七大代表。新中国成立后，曾任中华人民共和国监察部工业监察司司长、部长助理，中共青海省委书记处书记、石化部石油化工科学院党的核心小组副组长、化学工业部科技局顾问。第五届全国人大常委会法制委员会委员。1980年在北京逝世。

底肃清了王明“左”倾机会主义路线在陕北苏区的流毒，挽救了陕北党，挽救了陕北苏区。毛主席是我们的大救星。从毛主席来到陕北的那一天起，我们就在盼望着有一天能够见到主席。现在，毛主席就在我们身边，这个机会多么难得，要是错过该有多可惜呀！但是，渡河前的准备工作这样紧张，主席一天工作量很大，身体又不太好，我们怎么好再去分散主席的精力，打扰他呢？

谁知，毛主席好像猜透了我们的心思。一天，东征部队参谋长聂荣臻同志派通讯员给我送来一个条子，说毛主席要第二天接见我，我高兴得不知说什么才好。同志们都为我高兴，一再嘱咐我，见到主席千万要代他们问个好。为了回答主席可能提出的问题，我们几个负责同志整整忙碌了一天，把县上各方面的情况都作了一个比较详细的准备。

我激动得一夜没睡好。第二天，我迈开大步兴冲冲地向主席住处走去。主席住在西门坡上何江家的一面窑洞里，窑洞门口没有设岗，窑里静悄悄的。我不由地放轻了脚步，唯恐打扰了主席的工作。“报告！”我站在门口大声喊道，心跳得很厉害，声音紧张得颤抖起来。“进来。”窑里传出主席亲切而浓厚的湖南口音。我走进窑里，拘束地站着。主席穿一身打了补丁的棉衣坐在炕上，贺子珍同志（主席的爱人）坐在罩灯前的小凳上，穿戴也十分朴素。窑里摆着一张桌子、一条凳子，墙上挂着一幅军用地图，陈设十分简单。见我进来，主席和贺子珍同志都站了起来，热情地和我打招呼。主席走到我的眼前，亲切地叫我坐下。问我叫什么名字，又递给我一支铅笔，让我把名字写给他看。我紧张的心情很快平静下来。主席问我：“部队要东渡黄河，打汉奸阎锡山，大家赞成不赞成？”我答道：“赞成，很高兴。”主席高兴地笑了。随后，他慢慢地站起身，走到地图前察看起来，考虑着什么问题。我望着主席的身影，细细地琢磨着主席提出的问题。“东渡黄河，给顽固派一个打击，给人民一个振奋，扩大我军力量，宣传党的抗日民族统一战线政策，推动全国的抗日救亡运动”，这是主席的英明决策，是具有伟大战略意义的行动。我们怎能不高兴，怎能不赞成呢？我继续沉思着：“打汉奸阎锡山，这是完全正确的。对阎锡山这样一个土皇帝，只有先让他饱尝一顿红军的铁拳，他才可能就范，才可能和我们联合抗日。否则，片面强调统一战线，只讲团结，不要斗争，就会在国民党反动派面前丧失斗争的主动权。如果错误地认为我们的主要敌人是日寇，出兵山西打阎锡山不利于统战，那就更是大错特错。其结果，只能是破坏统战，犯右倾机会主义的错误。”我越想心里越豁亮，对东征重大意义的认识又进了一步。主席实在太忙了，于是我站起来，立正敬礼，向主席告别。主席一直把我送到门口。

回到县里，我回想着在主席身边的幸福情景，思绪万千，无法平静。后来，我给主席写了封信，向他提出想要一把好枪。信送去后，第二天，红军总兵站站长杨立山同志，就亲自挑选了一把三号驳壳枪，给我送来了。我擂了他一拳，说：“前些时候我跟你要枪你不给，现在怎么送来了？”杨立山同志咧开大嘴笑着说：“主席批了那么大的字，我不送来行吗？”我双手紧紧攥着这把主席亲自批准发给我的好枪，眺望着主席住的地方，一股暖流传遍了全身。

延长油矿请主席吃饭，通知我去作陪。吃饭的有主席、毛泽民（中央国民经济部部长）、聂荣臻等几个中央领导同志和油厂的负责同志，连我共有十几人。我和主席同桌，格外幸福。席间，主席兴致很高，谈笑风生，指着我说：“我是大主席，你是小主席，都是人民的勤务员。”听主席这样一说，大家都笑了。我笑着没有说话，心里暗暗地向主席保证：请主席放心，我这个“小主席”永远听您这个“大主席”的话。是您、是党、是人民把我放在这个位置上，给了我权力。我一定要和县上的同志们团结在一起，做好工作，支援前线，革命到底！……（郝旭峰整理）

选自中共延安地委党史办编印：《红军长征到延安》，1986年8月，第299—302页。

回忆毛主席在延长

高朗亭①

1936年古历正月的一天，毛主席在延长县西门附近山坡的窑洞里，接见了我和谭生彬同志，谈话大约一个小时。首先询问了延长党组织、工会、群众组织和延长石油厂的情况。我俩简要汇报以后，毛主席指示我们：要把赤卫军、少先队组织好，训练好，要加强边界线的岗哨和侦察工作，盘查坏人，以便巩固苏区；抓好石油厂的工作。毛主席风趣地说，根据地只有这一个油厂，这是敌人送给我们最好的礼物，机器是最难得的宝贵财富，如果敌人"围剿"，要把机器坚壁好，不要叫敌人破坏了；叫我县组织200副的担架队，派可靠的党员干部带队，随红军东征；最后，叫我们派两名可靠的党员，给彭德怀当向导，侦察黄河两岸的敌情和地形。（郝旭峰整理）

选自中共延安地委党史办编印：《红军长征到延安》，1986年8月，第302页。

① 高朗亭，又名高永光，延长县人。当时担任中共延长县委书记，口述时已离休，住咸阳干休所。

忆红军铁边城兵站和医院

李九锡①

1936年春，中央红军二次来到铁边城，在城内高硷和后硷办起了兵站和医院。那年我28岁，家住在高硷，常给兵站和医院买生活用品，送鸡毛信，运送伤病员，做些杂务事，和他们混得很熟。

兵站和医院的中心任务是转送兵员和疗养伤病员。里边存放着很多枪炮、弹药。医院里组织了不少担架队和救护队。输送枪炮弹药的运输队、护送伤病员的担架队，还有红军来往调动的队伍，都在兵站和医院歇脚，有住的，有走的。就这样，兵站和医院在这里持续工作了一年之久。

同年6月，红军在铁边城东川（通王洼子乡）的王西沟打了土豪，开放了粮仓，救济了当地的穷苦老百姓。王西沟的王汉邦、王定邦家里有兵有枪，是当地有名的团匪头子。中央红军来到吴起后，王汉邦就带团匪跑到安边城，投靠了张廷芝。他们对共产党的土地革命政策极为不满。一次，铁边城兵站要到王西沟驮粮，王定邦知道这个消息后，就跑到安边报告给王汉邦。王汉邦即带兵回到王西沟附近的琵琶城，在这里埋伏下。偷袭了兵站红军驮粮队，打死红军战士一名，打伤骡马两条，抢走了粮食。

同年7月间，中央红军在铁边城西川的罗崾崄（定边县境内）打

① 李九锡系铁边城镇铁边城村人。

了当地的地主、豪绅张六、张七（名字不知道），分了他们的土地，开放了他们的粮仓，救济了广大穷苦农民。铁边城兵站协助当时的农会搞工作，最后也到罗嵝崄驮粮。铁边城西川温家砭的许彦明，是铁边城东许嵝崄的团匪头子许光德的户家侄。兵站红军的驮粮队到罗嵝崄，路过温家砭时，许彦明就跑到许嵝崄，报告给团匪许光德（许也是从安边回来）。许光德夜间带匪众偷偷埋伏在温砭庄子脑畔上的古庙里，袭击了兵站的驮粮队。兵站驮粮队吸取琵琶城失败的教训，立即兵分两路，一路掩护阻击敌人，一路保护驮粮的骡马队，顺利到了铁边城的兵站里。完成了运粮任务。

同年 10 月间，当地土匪头子许光德带匪众，又从安边回到了铁边城的许嵝崄。一天晚上，他们突然到铁边城把兵站包围了。匪徒们兵分三股，在鸡叫时间，向兵站发动了进攻。当时我也被包围在兵站里，我曾帮助给兵站脑畔上的哨所送弹药，红军战士作战有经验，又勇敢；枪弹充足火力强。他们集中兵力坚守兵站阵地，反击土匪的进攻。兵站脑畔上的哨所炮楼，居高临下，火力又猛，使得敌人无法施展火力。战斗打到天明时，土匪的行动，红军战士看得清清楚楚了。炮楼上一梭子机枪子弹射出去，许彦仁的下颌部被打掉了，许光德一看，也慌了手脚，就慌忙命匪众抬着许彦仁逃跑了。当逃到铁边城东川上边的琵琶城时，许彦仁已经死了。这次战斗，兵站也有两名战士受了伤，但却保住了兵站和医院。（根据 1985 年 3 月 29 日李九锡口述整理）

选自中共延安地委党史办编印:《红军长征到延安》，1986年8月，第248—249页。

张涧红军医院的回忆

张彦宗

铁边城的张涧医院，是 1936 年春末中央红军第二次从吴起上来后创办的。与此同时，他们还创办了铁炉沟院部和调掌、田百户两处医院。张涧、田百户、调掌医院都是受铁炉沟院部领导的。

张涧医院，当时就办在张彦明家院里。张彦明把家搬到上院子了。他家下院大一些，腾出来让红军办医院。医院里住有军队。平时保持一班人。担架队常来常往，医院里住满伤病员。

10 月的一天夜里，张涧医院被从安边下来的倪八子、王汉邦的团匪抢劫了。当时医院是在完全没防备的情况下，遭到匪徒突然袭击的。损失很重。一名红军战士被土匪打死了，三名医务人员被土匪用烟火熏死了（在窑洞里），还抢了医院的枪支弹药，抢走了十几条驴和骡子；毁坏了很多医药器械和药品。只有一峰骆驼他们赶不动，没有被抢去。（根据 1985 年 3 月 31 日走访张彦宗时的谈话记录整理）

选自中共延安地委党史办编印：《红军长征到延安》，1986年8月，第250页。

西征红军在铁边城办兵站、医院的回忆

文尚志

1936年西征红军来到吴起铁边城，在城内办起了兵站、医院；在铁炉沟办起了医院院部；又分别在调掌、田百户、张涧办了三处医院。

我家住在铁炉沟河对面的蛇台村，当时父亲文玉魁，给院部做杂务活。我也常到院部里去，院部的事情至今我还记得一些。

铁炉沟院部位于调掌、田百户、张涧三处的中心地带，是这三处医院的领导机关。院部里常住着军队，有一连多红军战士。院部的院长姓李（名字不知道），人们都叫李院长，是南方人（可能是四川人）。

同年的六七月间，院部的军队在铁边城和王洼子交界处的东崾崄，与土匪发生过一次战斗，事情的经过情况是这样的：铁炉沟的院部办起后，有管理生活的红军战士到王洼子乡的东崾崄、裴龙湾一带去买菜和粮食。但是，去的人有时就回不来了。类似的事发生了几次。有一回，红军战士樊世良带领两名战士又到东崾崄和裴龙湾买菜食，不幸又被当地团匪郭喜成的匪兵捕捉了。土匪卸了三名红军战士的枪，还挖坑把人给活埋了。这件事很快就被铁炉沟院部的驻军和铁边城兵站的红军部队知道了。当时，红军战士们很气愤，誓要为死难烈士报仇。院部和兵站的部队决定到东崾崄活捉土匪头子郭喜成。郭喜成见把事情闹大了，心里也着了怕，忙在家中整理财产，携带全家老小准备逃跑。又派了曹彦林、范有富、武建雄、黄大彪等几个土匪，到裴龙湾庄里别亲谢友。随后，郭喜成带领团匪、家眷等人，赶着驮财物的骡马一大群准备投奔安边去。郭喜成的团匪们刚走到崾崄口，红军战士就赶到了。战士们集中火力，袭击团匪。把团匪从崾崄口里打的退回去，一颗子弹击中了郭喜成的左肩膀。这时，在裴龙湾的曹、范、武、黄等人听到枪声，就带领部分土匪上了裴龙湾的山，从我红军后边袭来。当时，红军战士们对地理生疏，又不掌握土匪的实情，怕中了敌人的伏击圈，所以，就此撤兵了。郭喜成在众匪徒的抢救掩护下，逃跑了。

铁炉沟院部是在 1936 年 6 月间随红军部队来铁边城办起的，于 1937 年 3 月间又随红军部队撤走了。他们在铁炉沟住了将近一年时间。在这近一年时间里，我父亲给院部做了很多事，院部对他也非常信任。院部撤离时，李院长和林科长（生活科科长，名字不知）一再要求要我父亲往延安送他们。我父亲就满口地答应了。搬院部，当时的交通工具，主要是畜力，靠驴、骡、马匹驮。李院长和林科长考虑，单靠我父亲一人赶脚太吃力，所以，又在王抓子乡冯沟门雇了一个名叫杨科的农民，当助手。

院部的医务人员和我父亲、杨科，赶着驮物品的骡马队，从铁炉沟出发了。到保安时，晚上住了一夜。杨科就在这天晚上偷跑了，连自己的毛驴也丢下了。我父亲仍然跟院部的骡马队继续走，一直送到了延安。

到了延安后，院部的李院长和林科长，给我父亲送军衣一身、吊面皮大衣一件，均是新做的，还给红军纸币 60 余元（具体数记不确了）。在延安住了两天后，才让我父亲回家。临走时，又给准备了途中的干粮（都是白面做的馍），又叫把杨科的毛驴也赶回去，交给杨科。我父亲赶着两条驴，来往共是半月有余。一路顺利回到家里。回来后，按院部嘱托，把毛驴交还杨科，使杨科很受教育。（**根据 1985 年 4 月 24 日走访文尚志时的谈话记录整理**）

选自中共延安地委党史办编印：《红军长征到延安》，1986年8月，第251—252页。

目击东渡红军在什林的战斗

陈红阳

1935年1月，中共中央遵义会议以后，确定了毛主席的领导，北上抗日，胜利地完成了轰轰烈烈的二万五千里长征。红军到达陕北后，于1936年春以部分主力东渡山西，当时国民党的山西省主要负责人阎锡山，对此惊慌万状。为了维护其政权与利益，只好央求蒋介石派兵增援，于是蒋氏派其嫡系部队第二师黄杰部，第二十五师关麟征部和第八十三师刘戡部三个师，跟踪追击，企图堵截阻碍抗日。农历二月间的一天，由灵石西山南下的一支红军部队，行抵南关镇，忽与第二十五师之骑兵连相遇，双方当即展开了激战，从早晨一直战到下午，红军胜利地结束了战斗。

同日午后，又由霍县北上了一列军车，上载二十五师之一个营，行至什林村南端红圪卷山下时，听到激烈的枪炮声，随即下车抢占什林村东山头，企图布防待战，幸亏什林村村长陈牢锁（中共地下工作者）冒着风险，争先上山，诱敌深入，他说枪炮声离此地还有40多里，该营长据此立即命令部队下山北进，此列军车，刚行驶至什林北部之拦羊沟时，敌军未及下车，突然遭到红军伏击，战斗不到一个小时，溃不成军。结束战斗时二十五师的一个营，连伤兵在内，只剩十多个人了，最后由一个高姓排长指挥着残余的士兵，仓皇逃至霍县城内，封城死守。

选自中国人民政治协商会议山西省霍县委员会文史资料研究委员会编:《霍县文史资料》第3辑,1987年10月版,第78页。

红军在东社开仓济贫目击记

张进才

1936年3月21日（阴历二月二十八日）的早晨大约七八点钟的时候，我们正在上早课，一位校友气喘吁吁地从村里跑来学校说："红军来了，是从开栅方向来的！"正在讲课的褚治龙老师顿时惊慌无措，喊声："散学！"教室就骤然间变得纷乱喧嚣，同学们夺门而出，门窄人多，挤得那些身体瘦弱的同学哭叫不迭。老师催促着："快走，快走！"

我从学校三步并作两步跑回了家，母亲早听到消息，并已匆匆做好"逃难"的准备，急等我回来一同走。随即锁上家门就走，走不多远，母亲若有所悟地说："家门不能上锁，红军来了会连锁带门砸坏的，反倒不如不锁的好。"我即返回，开了门上的锁，将门掩上，又一溜小跑赶上了母亲、姐姐和弟弟，一同到了距离我村三里路的阳湾村。在通往阳湾村的路上，人们扶老携幼，拖儿背女，不论村民、商号、凡能走动的人，大都跑出来了，因为受阎锡山的欺骗宣传，人们都心惊意乱，不知所措。

我村名叫"东社"，是交城县城通往西山地区的咽喉要道，亦是西山地区政治、经济、文化的中心，为全县四大集镇之一。全镇有200来户人家，有一座高、初两级小学校，六个班次，200位学生。镇上设有警卡，经常驻有十多个武装警察，为首的是一个巡官，还有一个什长，两个伍长。卡子里经常抓人、捕人、吊打人，惨不忍睹。镇上的税务所，人们管它叫税卡，苛捐杂税，名目繁多。还有一个“农工银行”系私人开设，对镇民进行残酷的高利贷剥削。有个当铺，叫“聚祥当”，典当什物，抵押剥削，专喝穷人的血。有五家绸缎布疋小百货店，其字号是“长盛成”、“西盛永”、“春和茂”、“天和源”、“四合源”。还有一家盐店、一家酒店、两家杂货铺、三家骡马店、两家骆驼店、五家留人小店。特别应当说及的是有四家粮店，其字号是“富兴恒”、“集义恒”、“裕泰义”、“复聚源”，这四家粮店是这个集镇的支柱。逢双日赶集，一月之内，有十四五个集日，吸引岚县、静乐、方山等县和交城中西川、东西葫芦川、西冶川、屯兰川、原瓶川等地农民来籴粮。同时也吸引来祁县，太谷、清源、徐沟、文水、汾阳、平遥以及交城平川等地的工商户和市民及缺粮农民来籴粮。每逢集日，人来人往，熙熙攘攘，十分热闹。这个集镇还是个骡马市场，牲畜交易兴隆，故在当地有“小北京”之称。

这次来东社的红军，是徐海东率领的红十五军团部队，约有数千人。他们是在3月19日夜晚攻打文水县城，3月20日夜又攻打交城县城之后，于21日，经开栅、峪口、南堡、曲里等村，转进到东社的。这支部队进村后，纪律严明，为人和气，不打人骂人，不撬门砸窗，住的是粮店、学校、当铺以及大户人家。他们在大街墙壁上到处刷满了大字标语，其内容有：“中国共产党万岁！”“中华苏维埃万岁！”“打倒日本帝国主义！”“停止内战，一致抗日！”每条标语下款为“红军宣”。他们打开粮仓，招人领粮，大力宣扬“开仓济贫”，动员穷苦百姓到粮店背粮去。

红军纪律严明，秋毫无犯的消息，迅速传遍四方，原来怕红军而躲走的百姓，陆续回村。我们小孩子们是天不怕、地不怕，跑得快、回村早，想亲眼看看红军究竟长得是啥模样。当日下午我回到村里，看到红军逢人就宣传的热烈情景。他们都是精明能干，大约20岁上下的小青年，多数操南方口音，身着深兰布衣服，人人扎裹腿，背斗笠，戴八角帽，上级有用红布剪成的五角星。有的背枪，有的背手榴弹，也有的背着用红布缠把柄并带穗子的大砍刀。多数背挎包，少数人还带手电筒。说话和蔼，待人客气，因此听宣传的人越聚越多，我凑到人群里，钻到大人们前头，站在红军眼皮下张耳聆听。听到的都是新鲜话，越听越爱听。听了宣传，才知道红军是人民的军队，是抗日的军队，是解救穷苦大众的军队。红军反复讲：中国人要有志气，要爱国。日本侵略我国，要我们亡国灭种，做亡国奴。共产党、毛泽东主席领导红军东渡，就是要抗日救国。可是，蒋介石、阎锡山不顾国家兴亡，不管人民死活，倒行逆施打内战。红军说："我们是红军抗日先锋军，主张停止内战，一致抗日，保卫祖国，拯救人民。"周围听的人都点头称是。红军叫人们到粮店扛粮去，但人们谁也不敢去，即使是饔飧不维的贫苦人，也徘徊不定。红军看到老乡们有思想顾虑，就主动扛粮给人们送去。天气渐渐黑了，去粮店扛粮的人才多起来。先是本村人去，后来周围村里的人也来了不少。红军见一些老弱者，就主动替他们把粮食背回家去。红军在老乡家里做饭吃，吃了老乡的东西，还来麦子、豆子；吃了一些咸菜，也给留下了菜钱。

红军秋毫无犯的军纪和开仓济贫的行动，有力地教育了人们，都说红军是好人，是爱护穷人的军队，是抗日救国的军队。谁也不再相信阎锡山污蔑共产党和红军的骗人鬼话了。

红军在我村住了三天三夜，时间虽短，但和老乡们有了感情。我曾要求跟随红军走，他们劝我说："小鬼，你年龄太小，再过两年长大了，我们欢迎你参加红军。"

3月24日这天，红军吃了早饭，就浩浩荡荡地从西冶川方向开走了，临走时还说了许多感谢的话，并满有信心地表示：红军一定会来和大家一齐打日本的。

听说红军要走，老乡们站满街头，自然而然形成了送行的队伍，不少人还送出村外很远，表现了依依惜别之情。尽管这次红军住宿时间很短，然而在我村老百姓思想上的印象是很深的。事实雄辩地告诉人们，红军是宣传队，是播种机，是宣言书。它召唤民众，投奔革命，奋勇抗日，拯救中华。

1984 年 3 月 20 日写于太原

选自中国人民政治协商会议山西省委员会文史资料研究委员会编：《山西文史资料》第36辑，1984年3月，第43—46页。

忆红军过境的美德

李成荣

1936年农历三月十八日，阎军十九军军长李生达带领他的部队，沿北川河从南向北蠕动，妄图堵击红军东征去向，沿路抢劫拉伕，奸淫妇女，骚扰百姓，怕得家家关门闭户，人人躲藏隐藏，整整过了一天兵，好容易过完，人们才安然回家。

当天下午传来消息说："十九军被红军打垮啦！红军要从我们这里过兵。"群众因受阎锡山公道团、防共团的反动宣传影响，对不明真相的人造成恐慌。

十九日果然红军由北向南进发，群众纷纷逃走，家中只留些老弱残废人看门照户。住在横泉的一部分红军，看到这种情况，马上召集在村的群众，宣传政策，说明共产党领导的红军，根本不同于顽固军，不打人骂人，公买公卖，不拿群众一针一线；同时给群众扫院担水，喂牲口……由于红军对人和气，跑了的人也回来了，藏了的人也露面了，人们也敢和红军拉话了。红军见老年人称大爷大娘，中年的叫大哥大嫂，和蔼亲切的态度，感动了群众，很快成了一家人。

红军另一部分队伍，张贴布告，散发传单，布告贴在街中心，写着"中国工农红军第四方面军布告"①，落款是："司令员徐海东、政治委员杨

① 此处有误，此时为中央红军东征，以"中国人民红军抗日先锋军"名义。

尚昆”①。墙壁上写着“耕者有其田”、“打土豪分田地”、“拥护苏维埃政府”、“建立红色政权”等大幅标语。我特别记得深刻的是写标语的红军，才十四五岁，手提墨汁罐，肩扛梯子，写得又快又好，真是文武双全的人民子弟兵，令人敬慕！

二十日，红军搜查土豪任世普、刘本清、冯万英三家的粮食、财物，亲自送到穷人家，从此红军爱护老百姓，打富济贫的美德在人民群众中留下了深刻的印象。红军宣传队，在村西场里利用群众闹会子的服装，扭秧歌、唱民歌，与群众联欢。这时阎锡山的飞机在空中盘旋，群众跑出去看飞机，红军立刻把人们拉回来说：“你们不懂飞机的厉害，发现人要扔炸弹，赶快藏在窑洞里。”顷刻村边扔了几颗炸弹，震得地动山摇。人们说：“不是红军教咱藏，今天咱们就上西天了。”

红军爱护老百姓，群众深受感动。男人们争先恐后地给红军送饭送水，妇女们给红军缝补衣服。李成喜老汉说：“红军是亲人，顽军是害虫，红军不说是杀人如割草，就连个鸡也没有杀。”80岁老大娘说：“红军穿的不一样，待我和我的儿孙一样，给我烧火盛饭实在好。”

二十一日，红军离横泉时，群众送出村，互相握手告别。

红军走后，阎锡山又来了一套镇压人民的手段，派亲信邱仰浚来方山为勘灾委员，专门搜查给红军带路和拿了官商土豪财物的人。经过几天的清查，在圪洞查出义客店老三在街上拿了官盐店的一包盐，以私通红军抢盐的罪名被枪决。横泉村长冯万英、村副刘本清等发现薛秀申、王兴有、薛光云、崔汝喜、吕珍奎等家门口有他们小孩的衣服帽子，报告给县政府说他们协同红军抢劫他们，县政府把这几人扣捕，准备判刑，后经村人联名具保，确实没有抢劫行为，才释放回家。

---

① 疑有误。抗日先锋军司令员为彭德怀，政治委员为杨尚昆。徐海东当时为红十五军团军团长。

选自中国人民政治协商会议方山县委员会文史资料研究委员会编:《方山文史资料》第3辑,1987年12月,第10—12页。

忆红军在定兴沟的伏击战

胡世英

1936 年 4 月间，红军攻克襄陵县城后，消息传来，汾城农民莫不喜展眉梢，互相传告，汾城的官吏豪绅唯恐厄运降临，四处求援，并把县城内的商户及人民群众组织起来，强迫给他们夜间执灯在城上守城巡逻。就在这当儿，红军武装小组早已在汾城附近要道及三区（赵康一带）活动起来。四区（占城一带）与襄陵连接的村庄，红军还进行了一系列的宣传和斗霸分粮活动。

红军到处宣传救国，救民，打土豪、分田地，减租减息和抗日救国的道理，所到之处纪律严明，秋毫无犯，人民称之为“爱民军，救民军”。都乐为招待吃住、做向导。

1936 年 4 月上旬，有一支南军（指蒋军），约一个连的兵力，由新绛开向汾城，这支狂妄的蒋军，以为汾城是太平境地，没有红军活动，大摇大摆向汾城挺进，一个排行进到定兴沟洼地路段时，突然几颗手榴弹从空掉下来，在蒋军中爆炸，接着冲锋枪扫来，蒋军排长当场被击毙，炸死打死十余人，受伤者七人，战斗仅用了 20 分钟。红军游击小组与向导者泰然自如地走去。

与此同日，一区西毛沟疙 × 庙一带红军游击小组也击溃了蒋军一个连。

当时红军在汾城境内虽无大的战斗，而且停留的时间也不长，但豪绅、恶霸闻风丧胆，同时也在群众中撒下了红色革命种子，传播了革命道理，受此影响，当时全县有一部分知识分子和农民跟上红军去闹革命。如：三区赵康李二活、晋城李发元、南柴景福祥、原属汾城乐利庄家日胜就是 1936 年随红军北上抗日，外出闹革命的例证。

附记：

蒋军中有三名重伤员，用门板抬送到史威村，增派青年杨俊彦等五人接力转抬直送新绛蒋军驻地，他们亲见有伤员十多人。

根据定兴村抬担架的青年说：那些日子红军在定兴、清储镇、小赵凹一带活动，宣传救国救民的道理和杀富济贫分浮财分粮食的情况，人们莫不拍手称快。从此，红军的形象在人民群众心目中深深的扎下了根。

选自中国人民政协山西省襄汾县委员会文史资料工作委员会编：《襄汾文史资料》第5辑，1989年9月，第3—4页。

顺民之师

洪清国

我的父亲叫洪寿林。红军长征经过宁夏时，他80高龄。当时他是伊斯兰虎夫耶门宦的教主，在回教中享有比较高的声望。

父亲出身非常贫苦，又是孤儿，从小受尽了千辛万苦。清朝末年，由甘肃省景泰县逃荒到宁夏，落脚同心县。逃荒时，我的姑母冻饿死在路途上，被狼吃掉了。父亲在同心一带，拉长工打短工，后经人介绍到清真寺当上勤杂工。他在清真寺，白天干活，晚上随“满拉”苦学阿拉伯语和波斯语。十年寒窗，刻苦攻读，终于在阿拉伯语和波斯语方面有了较深的造诣，后来穿衣当上了阿訇。他为人正直，平易近人，广泛联系群众，很受穆斯林教民的尊敬。他学读经典，德才兼备，被虎夫耶教派推举为教主。

红军经过同心时，了解到我父亲的为人和身世，就派人秘密和我父亲接触。第一次接触，我父亲就热情地接待了红军，后来发展到秘密往来。当时，我的家乡洪家岗子，还没有解放。红军派来的代表，都是穿便服到我家的。有一次，红军进家后，被当地国民党民团发现，他们派人到我家周围监视。由于敌人没有掌握真凭实据，不敢轻易抓人。父亲怕红军被敌人抓去，就把两位红军藏在自己的“禁房”（教主修心盘道的净地，任何人不得进去）内，白天由我父亲送茶送饭，倒大小便。晚上，父亲就与红军亲切交谈，谈至深夜，红军谈共产党的民族、宗教政策，讲红军是穷人的军队，谈抗日救国的道理。红军的言谈引起了父亲的共鸣，他感动地说："红军是顺民之师，必定胜利。"红军在我家住了七天七夜，最后，为安全起见，父亲将两位红军打扮成阿訇模样，派周生斋和田风海等人护送回同心。从此以后，父亲给教民宣传红军是穷苦人民的军队，讲回回为什么支援红军的道理，并动员教民给红军送粮送草，做了很多有益的工作。不久，洪家岗子的国民党民团就逃跑了。红十五军团为表彰我父亲，派敌工部长唐天际、回民独立师师长马青年带领60多个红军，给我父亲送来了150只羊，一面长方形锦幛，幛面台头写着"寿林回族大教主法正"，中间题"爱民如天"四个大字，落款为"汉族同胞唐天际程宗受赠"。父亲动员全家，宰了五只大肥羊，隆重款待了红军，并按穆斯林的规矩给每个战士回赠了三块大洋。

我父亲接受了红军送来的羊只和锦幛后，心情十分激动。七天后，他请人赶做了一面锦幛。锦幛是按照伊斯兰教崇尚绿色的习俗，用绿色缎面绣成。父亲亲笔题词，大意是：红军好比太阳的光辉，将来要照到大地的各个地方。并还特备两箱蜡烛，赠给军领导照明使用，寓意红军为"太阳之光，普照大地"。我父亲高高兴兴地派周生斋和田风海，将这面锦幛和两箱蜡烛送到了同心红军指挥部。

父亲逝世时，他拿出了红军送的锦幛对我说："我留给你红军的这面锦幛，比什么家产都珍贵，你要不惜一切将它保存下来，等待红军回来。"我遵照父亲遗嘱，把锦幛放在罐子里，用黄蜡烛封上口藏在炕洞里，一直保存到解放。后来我才从炕洞里取出这面凝结着红军对回民深厚情谊的锦幛献给了宁夏博物馆。

选自中共宁夏回族自治区党史资料征集委员会、中国人民解放军宁夏军区政治部编：《红旗漫卷——红军长征在宁夏》，宁夏人民出版社1989年8月版，第199—201页。

我给红军送食盐

白风奎

我三岁时，父母背着我从老家横山逃荒出来，一路乞讨到盐池落脚谋生。一家人靠父亲给财主放羊艰难度日。后来，父母年老力衰，苦不动了，全家五口人的生活担子便落在我的肩上。我只得给土沟大财主张英拉骆驼。主要贩运盐池“三宝”——皮毛、食盐、甘草。财主的心比锅底黑，比蛇蝎毒，为自己赚大钱，不顾伙计的死活。无论炎夏三伏，还是隆冬腊月，从不让我们喘口气，一年四季身背盐褡裢跟着骆驼队走西口，去内蒙古，进延安，跑庆环，长途跋涉，不得歇缓。

1935 年 9 月的一天，张英的骆驼队驮着粮食和一些杂货，从延安返回住在保安县一家店里，被那里的军队挡住盘查了五天，奇怪，这些队伍和我们以往见到的队伍大不一样。他们不打人不骂人，不掏腰包，待人平等和气。特别对我们受苦的人更是亲如兄弟，我怀着百思不解的心情向当地老百姓一打问，才知他们是共产党朱德、毛泽东领导的红军。

红军！红军是干什么的？天下竟有这样好的军队？这天夜里我翻来覆去怎么也睡不着，想了很多很多……

第二天，一位姓王的大个红军找我谈话。起初，我很紧张，心想：糟糕！准是让我去当兵，一家老小全靠我……不容多想，大个红军笑盈盈地开口说：“兄弟，别怕，我们是共产党领导的红军，是为穷人打天下的，专门打富济贫……”大个红军的一席话，解开了我的思想疙瘩。

接连几天，他几乎都找我谈话，拉家常。先问我的出身经历，家庭生活状况，我一一作了回答；又问盐池有多少土豪劣绅、贪官污吏？这可把我问住了。他见我张口结舌，笑呵呵地说："土豪劣绅、贪官污吏就是那些作威作福，剥削压迫穷苦老百姓的财主、商豪、当官的……"

"噢！"我恍然大悟。连忙回答："有，有，有！"把我所了解的情况一五一十全告诉了他。

大个红军思索了一会儿，便让我退掉拉骆驼的差事，专门给红军送食盐，打探盐池、定边、内蒙古一带的土豪劣绅、贪官污吏、反动军队的活动情况，我点头答应了。接着，他拿出 15 块"响洋"，让我拿回去安顿好家庭生活，很快赶到保安。并再三再四叮咛，要千万保密。我双手捧着白花花的银洋，激动得一句话也说不上来，只觉心里一阵发热，眼眶里的泪水直打转……

回到土沟不久，我找张英借口腰腿痛不能走长路，不能再拉骆驼。转身回家做了些准备，于 11 月的一个漆黑的夜晚，溜出庄子，匆匆上路了。

我到保安找到了姓王的大个子红军，他见我来了非常高兴，马上给了我一头黑叫驴，交待了运盐、探消息的具体任务和接头地点等。从此，我赶着毛驴往返于盐池、吴旗、保安等地，给红军送食盐、探消息、散传单，我家的吃粮也有了保证。每次把盐运去，红军都给我装一大驮粮食，还让我尽力气再背些，从不计数。为了躲开敌人的盘查，我白天在山沟里或荒滩里打尖，夜里赶路，虽然辛苦，但心里很痛快，越干越有劲头。有一次，大个红军交给我一个纸卷卷。我问是啥，他说是传单，要我向沿路的城镇和庄子散发。我带着传单出发了，那时，我斗大的字不识一个，传单上写的什么不认识，但我明白，肯定写的红军为穷人打天下的事，就是大个红军给我谈的那些道理。我暗暗告诉自己：这些传单千万不能丢，更不能被敌人查获。敌人查出了自己掉脑袋事小，误了红军的军机可是大事呵！所以，我一路上格外小心，包金藏银似的，把它携带在身上。白天在野地里歇息，就把它埋进沙土里。天黑再扒出来带着上路。路过大庄大舍就散发，到家时已剩不多了，我悄悄藏进柴垛里，连家人也瞒着。第二天，结结实实捆了一背柴，将传单夹进柴捆里，大摇大摆背进盐池城里去卖。

1936年6月初的一天，红军打开了定边城。盐池城里的屈胡子县长像热锅上的蚂蚁，慌了手脚，一面向驻宁夏的主子马鸿逵求援，一面拼凑民团、商团和壮丁队，见人就抓，我没跑脱也被抓进城，强迫给秦毓堂的民团做饭。我心里想，狗日的还能凶虎烈虎几天！红军就要来了！果然，6月21日五更天，红军打开了盐池城，大队人马潮水一般涌了进来，屈胡子和马家兵死的死，逃的逃。我高兴地跑上前去欢迎红军，突然，看见了姓王的大个子红军。我禁不住喊了起来，他还是那样精神，乐呵呵地对我说："白风奎同志，盐池解放了，这下你可以公开活动了！"我连连点头，乐得不知说些什么才好。

当天，我们几个人，赶着牲口把受伤的红军战士送到定边治疗养伤。回来后，就参加了游击队，到内蒙三段去了。

选自中共宁夏回族自治区党史资料征集委员会、中国人民解放军宁夏军区政治部编：《红旗漫卷——红军长征在宁夏》，宁夏人民出版社1989年8月版，第202—204页。

天翻地覆好年月

周生录　白生才

一

“红军要来了！”

1936年6月初，红军西征甘宁的消息传到预海地区，城里乡下议论纷纷。官府民团四处抓兵抓伕，修筑城堡，操练兵马；土豪劣绅惊慌失措，埋藏转移粮食、财物，准备外逃；一些群众由于受了马鸿逵的“共产党共产共妻”、“共产党灭回灭教”的反动宣传，不明真相，提心吊胆，惊慌不安。

那时，我们都没见过红军，不知道红军到底是一支什么样的军队。心想：有钱有势的人一听说红军就心惊胆战，那红军一定是替我们穷人说话行事的了？所以一直没有外逃。

6月上旬，红军一部抵达七营川、清水河、李旺堡一带后，预旺地区的气氛就更紧张了。马鸿逵自知阻挡不住红军的西进，急忙把主要部队撤退到下马关、韦州等一些城堡里，企图凭借土围子负隅顽抗。那些有钱的土豪劣绅也都携带家眷、金银细软，跑的跑，躲的躲。马鸿逵还强抓、胁迫、煽动不明真相的群众到他们据守的城堡里，修筑工事，充当炮灰。

6月16日，红一军团二师在师长杨得志、政委萧华的率领下攻占了预旺堡。当时预旺堡只有少量的民团武装，战斗一打响，都举手缴械投降了。不久，红军右路军十五军团的七十三、七十五师在军团长徐海东的直接指挥下，又分别解放了国民党伪预旺县政府所在地——下马关和王家团庄、半个城。下马关解放的当天，红十五军团首长就召开了全城居民大会，宣布成立预旺县临时苏维埃政府。刘昌汉任预旺县委书记兼县长。至此，预旺县境和海原东部广大地区都已解放。6 月底，彭总率西征总指挥部进驻预旺堡。总部就设在预旺堡城隍庙。

预旺县是回民比较集中的地区。红军把宣传贯彻执行党的民族、宗教政策，帮助回族人民翻身解放、当家作主作为一项重要任务来完成。在开始西征前，就制定、颁布了有关对回民地区政策的规定、布告。部队每到一地，就书写张贴革命标语。如：

“只有苏维埃能够救中国！”

“红军是人民的军队！”

“组织抗日联军，组织国防政府，联合红军抗日。”

至今，在红城水娘娘庙等处还保留有当年红军写的革命标语。

部队各师团还成立了地方工作部，具体负责地方工作。他们经常派干部、战士和回民群众组织联欢会，到回民家中去做客，拜访当地阿訇，向清真寺赠送匾额，以此联系感情。每逢集日，还上街头去演讲，宣传革命道理和党的民族、宗教政策，启发群众的觉悟。部队干部、战士常对我们说：受苦的回、汉族人民都是一家人，要团结起来，建立自己的政权组织。共产党领导的红军是回族及各族人民的子弟兵，以帮助人民翻身解放为己任。这些通俗易懂的革命道理，对我们帮助教育很大。特别是马和福，他过去受的苦最深，红军住在他家的窑洞里，和他朝夕相处。红军的一言一行使他体会到，红军是“仁义之师”，是真正帮助回族求解放的军队。他把红军当作亲人看待，红军讲的革命道理他理解、接受得特别快。红军到预旺堡不久，他就出来主动帮助红军做事。有一次，回民独立师师长马青年主持在下马关召开军民座谈会，马和福应邀参加了会议。在会上，他痛诉了自己的苦难家史，表示要坚决跟着共产党和红军闹革命。

为了做好建立基层苏维埃政权的思想、组织准备工作。7月上旬的一天，红军在预旺堡城隍庙召开军民大会，很多回族群众参加了大会。在会上，红军领导讲了红军西征甘宁的意义，党的民族、宗教政策，号召回汉族群众团结起来，建立自己的政权。大会开得非常热烈，到会的群众反响很大。在大会期间，红军给参加大会的群众每人发一双筷子、一个碗，免费供应饭菜。会后，红军领导把马和福、白生才等骨干留下来，说：现在群众基本发动起来了，建立区乡苏维埃政权的条件已成熟。我们认为你们俩参加苏维埃政府工作比较合适，希望你们要积极大胆配合红军做好这项工作。我们当时都表示要积极支持配合部队搞好组建工作。过了几天，红军在预旺召开了全体居民大会，宣布成立预旺区苏维埃政府，并选出了政府成员。主席马和福（回族）、副主席李会保（回族）。白生才（回族）任财政委员。区政府下设三个乡：预旺堡为一乡，主席马应奎；五家堡子为二乡，主席王青选；杨家堡子为三乡，主席杨显龙。与此同时，红军还帮助建立了半个城、下马关区苏维埃政府。

半个城区苏维埃政府：主席马子明（回族）、副主席周祖武（回族）、土地委员周生录（回族）。下设四个乡：一乡（半个城内）主席李进善、二乡（丁家塘）主席丁三明、三乡（东山）主席杨天昌、四乡（八方一带）主席杨 ××（胡卢先生）。

下马关区苏维埃政府：主席王德才、秘书王伟。下设三个乡：一乡（下马关城内）主席马义寿、二乡（东滩）主席王华、三乡（红城水）主席王玉堂。

红军还把缴获的枪支拿出一部分，从回、汉族群众中挑选了一部分思想、身体好的积极分子，帮助各区乡苏维埃政府成立了游击小队，协助苏维埃政府维护治安，打土豪分田地。

二

各区乡基层政权建立后，经过一段时期的工作，特别是通过打土豪分田地，群众都已广泛地发动起来了。地方干部也得到了锻炼，有了一定的工作经验。有一天，红军领导告诉我们说:“党中央、毛主席批准，要建立陕甘宁省预海县回民自治政府”。这个消息传出后，广大回族群众，无不欢欣鼓舞，拍手称快，朋友之间互相报喜，邻居之间奔走相告，乡间农舍一片活跃欢腾。回族同胞盼望着这一天早日到来。

后来，我们从红军领导那里才知道，党中央和毛主席早在西征前，对建立回民自治政府就有了初步设想和安排，曾明确指出：“帮助回族与蒙古族人民建立独立政府”，是西征红军的一项重要任务。在西征红军还未进入预海之前，上级就决定成立预旺县委和预旺县苏维埃政府，王敬民任县委书记（因病未到改任刘昌汉为县委书记兼县长）。这是党中央1936年在瓦窑堡会议上就已确定的。红军西征开始不久，总政治部颁发的《关于回民工作指示》中也强调说：“我们对回民的基本原则是回民自决，回族的事情由回族自己解决”，“启发回民的民族觉悟与斗争，来争取与团结回民，并把斗争一直提到推翻国民党政权的统治，建立回民自己的政权”。红军解放预海地区后，就马上着手培养回族干部，在帮助建立区乡基层政权的同时，从当地选拔了一些进步回民青年到河莲湾中央党校学习培训。红十五军团还在驻地下马关举办了回族干部训练班，为建立预海县回民自治政府从组织干部方面作了准备。1936年8月，中共陕甘宁省委书记李富春同志来到同心，协助进行筹建工作。成立了以李富春、王首道、程子华、王柏栋、黄镇、杨奇清和马青年为成员的预海县回民自治政府筹备委员会。

经过两个月的紧张准备，10月初，预海县自治政府筹备委员会给毛主席、党中央、回民独立师及回族宗教名人、土耳其代表发出了《召集预海回民自治代表大会通电》。

筹备会给各区乡分配了会议代表名额，并提出了评选代表的条件。各区乡通过群众民主评议，选出了自己的代表。马和福、白生才在预旺区被选为代表，周生录在半个城被选为代表。

1936 年 10 月 20 日，是我们终生难忘的日子。预海县回民自治政府成立代表大会在半个城清真大寺隆重举行。我们和马和福及各区乡的回族代表 100 多人出席了代表大会。我们清楚地记得，那天清真寺作为大会会场，布置得庄严、雄伟。主席台正面悬挂着马克思、恩格斯、列宁的画像，四周房檐上飘扬着印有镰刀斧子的党旗和各色彩旗，微风吹拂，红旗漫卷。一清早，参加会议的各界人士和代表 300 多人就兴高采烈地赶到了清真大寺。人人都为能参加这一盛会而高兴。大家按指定的位置就座后，筹备委员会的同志宣布大会开始，接着有十多位各界人士向大会送了锦幛，并发表了热情洋溢的讲话。有两个外国人（其中一人为穆斯林兄弟）在大会上讲了话。他说："我和你们穆斯林都是同胞，预祝你们的代表大会成功。"

大会进行了三天，讨论通过了《预海县回民自治政府条例》、《减租减息条例》、《土地条例》等有关决议案，选举产生了预海县自治政府的组成人员。马和福（回）当选为主席、李德才（回）当选为副主席、马青年（回、红军代表）任军事部长，文化宣传委员李振华（回）、保卫委员杨金朝（回）、粮食没收委员周生录（回）、财政委员白生才（回）。

大会决定正式启用刻有党徽和阿文、汉文两种字样的自治政府印章。办公地点设在离半个城南 30 里路的王家团庄。自治政府管辖有八个巩固区（半个城、王家团庄、高崖、马家河湾、窑山、下马关、李旺区、预旺区）；四个游击区（喊叫水、韦州、惠安堡、关桥区）。人口三万多，面积约 8200 平方公里。

大会期间，半个城内人山人海，方圆近百里的群众，听说召开自治政府成立大会，都携儿带女跑来观看，小摊小贩的生意也格外红火，叫卖声此起彼伏，一片节日的气氛。红军的星火剧社还演出了文艺节目。

自治政府成立后，回、汉族群众人人喜气洋洋，村村歌声不断。人们高兴地唱道："胡琴拉起来，唱一个苏维埃，苏区的天下人人爱，看见吗？人民好自在，一切压迫都打倒，生活才能过痛快。政府与苏区，代表中国人，打倒卖国贼，驱逐日本狗。"至今，我们同心县六七十岁的老人大都还记得那次盛会的状况。

自治政府成立后，又立即着手组织地方武装，成立了一支由马和福兼任队长，马新民、锁少贤、白生才等政治上进步的 40 多名回民基本群众组成的县回民游击大队，唐天际、王柏栋指导帮助组织了一支江湖抗日游击队。马青年任总指挥，马正龙任副总指挥，王柏栋任政委。江湖游击队最多时曾发展到 3000 多人。

还有一件我们记忆很清楚的事。那是成立大会不久的一天，部队领导派人通知县政府的全体成员开会，马和福带着我们立即从王家团庄赶到半个城。会议一开始，红军地方工作部部长唐天际同志说："报告大家一个好消息，我红军三大主力已在会宁胜利会师。"我们听了都无不欢欣鼓舞。接着他又说："二、四方面军最近到半个城地区，总部领导指示我们要做好欢迎工作。"最后，他又讲了迎接工作中的一些具体事项。按照地方工作部的安排，自治政府又开会商量研究了一番。一是宣传动员群众欢迎红军胜利会师；二是多筹集粮草供给会师部队；三是做好治安保卫工作。

二、四方面军进入半个城那天，百姓倾城夹道欢迎，街道两旁的回族群众都端着"哈利发尔"（盛有糖果、瓜子、油炸糖酥等小吃拼成的迎客盘，是回民迎接尊贵客人的礼节）献给红军指战员。呈现出"箪食壶浆以迎王师"的盛况。

三军齐集半个城后，县政府组织了回、汉族群众和部队一起，在清真大寺南边河滩上，召开了万人军民联欢会。会上，马和福代表自治政府讲了话。他说:“几百年来，我们半个城的回、汉族兄弟贫苦度日，过着暗无天日、牛马不如的生活。国民党、马鸿逵的反动统治，更使我们难以生存。共产党领导的红军解放了我们，使我们从此见天日。我们真诚地感谢大救星共产党和红军。今天，二、四方面军的兄弟们克服艰难险阻，又来到我们这里，我代表回汉族父老乡亲们，向你们表示热烈欢迎。”最后他表示：“我们预海县全体人民，一定要努力发展生产，全力以赴支援红军北上抗日。”马和福讲话后，朱老总、彭老总都讲了话。

会后，由自治政府文化宣传委员李振华亲自操办，县政府和红十五军团的徐海东、程子华、王首道、唐天际及回民独立师师长马青年，在半个城金振明家设便宴招待了二、四方面军的领导。记得出席便宴的有朱德、贺龙等领导同志。

三

从区乡基层苏维埃政权建立到预海县回民自治政府成立及以后，我们在红军的直接指导帮助下，开展了一系列活动，做了大量的工作。

筹粮筹款，保障红军的供给是自治政府的一项重要任务。预海位于宁夏南部干旱山区，土地贫瘠。又由于马鸿逵多年的残酷统治和剥削，民不聊生，十室九空。一些有粮有钱的土豪财主，在红军到来之前就把粮食、金钱财物窝藏起来了。贫苦百姓愿意帮助红军，可家无隔夜粮，自己尚且吃了上顿愁下顿，也拿不出多少粮食来支援红军。面对这些困难，我们不是消极等待，大家一起想办法，千方百计从各种渠道去筹集。

红军解放预旺时，正值麦黄待收季节。有些罪恶极大的地主逃跑了。马和福派人把这些黄田丈量登记，划分成条块，插上牌子，分给穷苦人让他们去收割。然后从收获的粮食中捐献给部队一部分。同时，我们还组织动员群众和红军一起组成粮食收获队，抢收逃跑地主的黄田。

在离敌占区较近的地方抢收，常常遇到敌军的骚扰。有一次，收获队正在八方收获，马鸿逵的骑兵突然袭击我收获队，红军一边组织还击，一边掩护群众退到安全地带。收获队中的一名红军战士不幸中弹牺牲。打退了敌人，我们又继续收割。抢收黄田获得了很多粮食，解决了不少问题。

动员富裕户捐粮捐款，也是我们筹集粮款的一种主要方法。马鸿逵统治时期，苛捐杂税多如牛毛，一般的富裕户经不住折腾，生活也是朝不保夕。政府采取废除苛捐杂税的政策，使他们获利不浅，为了感激政府的恩德，都踊跃捐粮捐款。马和福经常带着我们到乡下去宣传，动员说服有存粮的富户捐粮。他还多次去预旺北大寺，利用“主麻日”回族群众集聚较多的场合演讲。北大寺的阿訇听了马和福的演说，主动把寺里的“天课粮”捐赠了600担。红军攻打下马关时，利用清真寺捐赠的粮食，保证了部队的供给。

预旺堡有个叫李文炳的绅士，1936年曾在海原县当过伪县长。后因不满马鸿逵的统治，解甲回到预旺堡。红军来了以后，他躲到王家团庄。马和福多次登门去动员说：“你不必担惊受怕，只要不和红军、苏维埃政权作对，决不打你的土豪。如果有人打你的土豪，我马和福与你陪绑。”马和福的一席话，使李文炳解除了顾虑。他跟随马和福回到了预旺堡以后，亲眼见到红军纪律严明，秋毫无犯，因感于红军和人民政府对他既往不咎的政策，献给红军粮食60担，还把他在预旺南门外的“天德门”铺面捐赠作为预旺区苏维埃政府的驻房，区游击小队的队部也设于此处。预海县自治政府成立时，他被选为预旺区的代表，出席了自治政府的成立大会。我们以捐赠的形式，先后共征得粮食六万余斤，银元八万多块，大烟土一万多两，二毛皮衣1000多件，换回棉花1000多斤，布匹2000多匹。除了供给部队需要外，剩余部分分给了贫苦群众。

搜挖逃亡地主的陈粮和财产。红军解放预海地区后，逃亡到别处的大地主近百户，有一部分后来返回了。红军总部规定“在回民区一般不打土豪”，但由于他们逃走，其土地财产就没收充公。对一些经教育仍敌视破坏苏维埃政权、民愤极大的地主，或有现行破坏活动的土豪，政府下令没收其全部财产。预旺地区被群众称为“杨家二霸”的杨廷栋和杨廷杰兄弟，曾与马鸿逵勾结在一起，残害百姓，无恶不作。后得罪了马鸿逵，被分别监押在下马关和宁夏（今银川市）城内。红军打开下马关后，释放了杨廷栋。马鸿逵为了利用杨廷杰反共，也把他从宁夏释放出来。杨廷杰从银川返回预旺时，带着私人武装十余骑人马，过罗山时被红军抓获。红军替他医治了枪伤，并送还了没收他的200两大烟和300块银元，还让他参加了江湖游击队。但他兄弟俩却阴谋策动江湖游击队叛乱，在锁家岔叛乱阴谋败露后，畏罪潜逃。在这种情况下，政府查封了他的家产。组织群众从他家挖出了银元三万多块，粮食数千担，除支援军需外，还发给当地群众一部分。

苏维埃政权初建时，有些在马鸿逵统治时期做过坏事的回奸、恶棍，不但不安分守法，而且继续暗中做坏事。我们采取了严厉的镇压措施。预旺堡有个叫王雨田的，曾任国民党预旺区区长。他依仗权势，横行乡里，欺压百姓，无恶不作。红军解放预旺后，老百姓纷纷找政府告状。王雨田逃跑到预旺虎家山，进行造谣破坏，放风恫吓群众说：“红军在这里呆不久，马主席（鸿逵）就要派大兵来了，你们不要为红军做事。”根据他的罪行，我们和红军商量，派部队把他从虎家山抓住就地镇压了。回民自治政府还镇压了两个民愤极大的恶棍。一个叫马明珍，他冒充红军工作人员，私自放走了地主的一大群骆驼和羊只，破坏政府的筹粮筹款工作；另一个是叫杨世洪的伪税收员，在苏维埃政府成立后，冒充政府的税收员，到偏僻山村加倍收税，被当地人民扭送政府。对这些罪恶极大的反动分子，政府提交给代表大会决议后，给予了坚决的制裁。通过镇压反动分子，使人民更加信赖共产党和红军，拥护自己的政府，有力地保卫了新生政权。

苏维埃政府成立后，通令废除苛捐杂税，动员手工业者和小商小贩回城营业，那时，半个城、预旺等地的集市非常繁荣。不但边区的商人，连国民党统治区的商人也到这里做买卖。在半个城街上设立的外籍商会，就有陕西会馆、山西会馆、河南会馆等数处。

为了扩大政府的巩固区，我们还到一些尚未解放的地区发动群众。北圈子（今下流水）地处同心、中卫、海原三县交界地带，是一个回民聚居区，交通闭塞，偏僻贫瘠。西征红军没有进入该地区，因而当地群众对共产党和红军不甚了解。自治政府成立的第五天即10月25日，马和福就拿着自治政府《告北圈子四周围同胞书》，到北圈子去向群众宣传。他一到北圈子就说:“回族兄弟们，咱们回族现在有了自己的政府，我是受自治政府的委托，来看望你们的。”接着就把《告北圈四周围同胞书》宣读一遍，号召当地回族同胞同红军联合起来，为民族解放而奋斗。马和福受到了当地群众热情接待和欢迎，《布告》给当地群众以深刻的教育和启发。他们诚心接受了政府的领导，主动响应政府的号召捐款捐粮，支援红军。红军撤离后，北圈子张家套子石占斌冒着危险把布告收藏在《古兰经》内，保存到宁夏解放后，于1953年献给了甘肃省博物馆。

四

我们与马和福同志，从建立区苏维埃政权到预海县回民自治政府成立，直到他英勇牺牲前，始终在一起工作，我们从他身上看到和学到了许多优秀品质，坚定了革命的信心。

马和福同志是甘肃省河州（今临夏回族自治州东乡族自治县）锁南坝人，幼年时家中贫寒，父母双亡。四岁随祖父逃荒到宁夏，先后流浪到西吉、吴忠、预旺等地，给地主当长工。他饱尝了人间的辛酸，直到30岁那年才在预旺堡打了间土窑洞和白家成了亲。红军解放预旺后，他的苦难生活才有了转机。他听了红军讲的革命道理后，阶级觉悟提高特别快，决心跟着共产党和红军闹革命，以极大的热情夜以继日地为群众办事，在群众中享有很高的威望。预旺区建立苏维埃政府时，他被选为区政府主席，光荣地加入了中国共产党。成立预海县回民自治政府时，他又当选为自治政府主席。他不畏艰难，兢兢业业地履行自己的职责，经常深入山乡，以自己的亲身经历宣传共产党和红军，宣传苏维埃政权，组织发动群众打土豪，分田地，镇压反革命分子，带领群众积极支援前线，动员回族青年参加红军。红军撤离时，马和福正在乡下工作，未能及时接到让他随军转移的通知。在白色恐怖中，他仍继续坚持斗争。1937 年 2 月底，马和福在返回预旺途中，因坏人告密，被反动民团头子锁有智抓捕，押送银川城，受尽了马鸿逵的酷刑。但他忠贞不屈，大义凛然，使敌人一无所获。同年 4 月又被押回半个城，在半个城西门外惨遭杀害。得知他光荣牺牲的消息，我们无不伤心悲痛。他的牺牲，使我们失去了一位好带头人，一位好战友。他是我们回族人民的光荣和骄傲，值得后人永远纪念。

全国解放后，为了纪念、缅怀革命烈士的丰功伟绩，同心县人民政府于 1953 年在同心城郊区修建了马和福烈士陵园，立了纪念碑。50 年来，马和福同志的名字和预海县自治政府连在一起，永远为宁夏各族人民所怀念。

选自中共宁夏回族自治区党史资料征集委员会、中国人民解放军宁夏军区政治部编：《红旗漫卷——红军长征在宁夏》，宁夏人民出版社1989年8月版，第270—282页。

二、红二方面军途经地亲历者回忆

红军路过中黄桥

朱法兰

红军长征已是举世闻名的了，而路过黎平县境东北小镇——中黄桥的一些动人事迹，几十年来却还深深地记在我的心里。

1934 年秋天，人们正在收割水稻，传来了红军就要到来的消息。由于受到反动宣传的影响，人心惶惶，很多人家关门闭户去躲藏，特别是那些有钱人都先跑光了。一个天气晴和的下午，红军果然进街了，我也悄悄溜走了。红军走后第二天，我们才回家。我的家里和很多人家一样，虽然留下驻过红军的踪迹，但细细查看什么东西都不缺少，只有几户“财主”人家楼上的谷子少了些，据说是红军分给一些贫苦户去了，我们很敬佩，也很惊奇。

在中黄桥街上，凡是醒目的地方，还用红土或石灰浆写下了“打倒土豪劣绅”、“打倒贪官污吏”、“打倒土豪分田地”、“红军是工农的子弟兵”、“工农是红军的父母亲”等标语，给人们留下了深刻的印象。

那时大快人心的一件事，是在中黄桥的凉亭上贴有一张“处决土霸杨家祺”的布告，这个杨家祺是中黄桥邻村小里串寨的人，平时横行乡里，作恶多端，人民十分怨恨。他被红军处决的消息一传开，人民群众无不拍手称快。杨家雇用多年的一个老帮工，十分清楚杨家祺的为人，红军走后，再也不见他了。人们议论纷纷，互相探问，究竟他是什么人，他到哪里去了？都很诧异。

人们怀念红军，但不知红军的去向。我拾到一张揉皱了的毛边纸，纸上用铅笔画有《从南嘉堡至剑河的路线图》，这才明白这支红军是向剑河方向挺进的。还听说是萧克、王震所率领的红军部队，从此，我们也才熟悉了这两个名字。

选自中国人民政治协商会议贵州省黎平县文史资料征集委员会编：《黎平文史资料选辑》第1辑，1985年1月，第59—60页。

大广、小广老人忆红六军团

朱炳权　晏世炳等

小广朱炳权：红军是甲戌年 8 月 16 日从南加到小广的。老百姓几乎都跑光了。红军走后的第三天我回家来，看到许多家的板壁上都写有标语："红军打土豪，分田地！""工农联盟。"

王元江：红军开始进寨，来人少，我没有跑，后来人多了，我就躲了起来，只有我妈在家。红军住我家没有拿什么东西，烧了一些柴就送给我妈几张"苏维埃粮票"。红军还散发传单，我妈得到苏维埃的传单一张。红军走后，我回家来，看见我的书上写着"打倒蒋介石卖国贼"、"青年们起来支持红军"。由于害怕国民党怪罪，当时就撕下来连传单、粮票一起烧掉了。

潘万玉：红军来时，杀了我三哥家一头猪，给了许多票子。红军说，现在暂不能用，以后再同我们兑换。

王应富：红军过我们这里，实行"捉肥羊，打富户"的政策，对穷苦百姓家秋毫无犯。

王元坤：红军来时，有一部分住在地主家。我妈路过，红军就对我妈说："伯妈，不用怕，我们是打富济贫的，我们现在住的这家房子，以后分给你们。"我妈看他们炒菜没有油，就说："可怜你们啊！"随即回家去拿了半碗猪油送给他们，他们不要。他们烧了我家的柴，就送给我妈一件半新的棉衣。这件棉衣，后来失火烧掉了。

大广晏士炳：红军进大广时，我正抱我的小女孩站在街头，红军把王定国捉住了，问他将粮食、枪支放在哪里。王定国不说，就把他关在大广全兰仙家，由红军的一个排长林某看守。林某受不了长征的艰难困苦，便和王定国一起逃跑了。红军走后，林某在王定国家住了两年。红军走的第二天，又从凯寨回来，第三天鸡叫时，在大广坳与敌人发生了激烈的战斗，大广的王定国、陈可富两人，带桂军从架笕坳包过来打红军的背后。红军退了下去，走高丘去了。

张月银：8 月 17 日夜，广西军住在大广，鸡叫时红军由凯寨转到坳上就接火了，一直打到吃早饭后。打仗过后，死尸太多，要我丈夫去埋，埋不完。

彭开元：打仗后，我去埋尸，来不及挖坑，就放在牛路槽里埋了。至于离路边远的和森林里的就埋不过来了。

选自中共剑河县委党史办公室编印：《红军过剑河》，1987年，第45—46页。

我给红军当向导[1]

潘德科

甲戌年中秋节的头一天，我到南加堡买盐巴，住在街上一个收税的朋友家，正在吃晚饭时，有一支身穿灰衣服，头戴八角帽的部队从瑶光下面沿河上来了，国民党南加区的政府官员慌了手脚，想到下面教场坎阻拦。我和几个人跑到河边的一只木船上去躲。部队进驻街上、里格后，我们在船上躲的几个被喊去问话，他们反复向我们解释和宣传："我们是工农红军，专门打富济贫，是穷人的队伍，请不要怕"，等等。有个红军看我衣服破烂，便问我："老乡，大广、大洋朝哪个方向走？"我回答说："我是磻溪八卦河那边的穷人，来这里买点盐巴，去大广要过清水河。"红军听后，急忙对我说："我们正要过八卦去，明天请你给我们带路吧。"当时我不知红军是好队伍，晚上我想：我是穷人，他们不会把我怎样的，反正我也要回家。第二天，我们从里格屋脚走过刚搭起来的浮桥，过河后经培牛（培荣），从培牛下至观音渡再上芳武寨，到大广天已黑了，红军就在这里歇。红军路过小广时捆了文肇贵——"文老太爷"，到大广又把区长王定国捉来审问，我悄悄问王："你怎么不跑，这是大部队呀！"王定国长叹一声说："我以为是来要粮的大兵，哪里知道是红军呢。"晚上，红军把王定国拴在一根柱子上，要一个红军战

① 标题为编者所拟，原文标题为《红军向导潘德科的回忆》。

士看守，深夜，王悄悄收买了这个战士，这战士放了他，并与他一起逃跑了。第二天早上，队伍向磻溪方向出发了。下午，我们过磻溪后，翻下斗我到八卦驻扎下来，当时八卦河有点涨水，人员太多，船渡不快，红军就用木头搭浮桥。第二天清晨，部队过河，老人杨通录在前面带路，我稍后走在一个骑一匹大洋马的军官后面，先头部队到孔桥（地名）时，山上突然“啪”的一枪打下来，我以为是当地土匪头子“把戏客”，心里骂了一句：“把戏客，这是大部队，你狗胆包天啦，还来打劫。”走了两里到了把农（地名），枪声越来越激烈，我估计不是土匪了。红军边打边前进，到龙塘就遇上了湘军的阻击，红军进行了英勇的还击。到凯寨，就发生了一场激烈的遭遇战，红军几次向凯寨坳冲锋都被湘军打退了下来，我随卫生队在凯寨屋脚河沙坝上包扎伤员。下午枪声才渐渐平息下来，接着部队撤退，有的过河走麻龙，有的回原路下八卦，我跟着下八卦的红军走，我还抬着一个伤员走了一段，后来看他没气，就将这个红军放下了。到孔桥附近遇上了几棵因砍土时砍倒的大树拦住了路，慌乱中，红军的第一匹马一跳，连马带鞍滑下河里，有个红军首长立即命令：“把鞍卸下。”结果马还是跳不过，有几匹马就丢在那里了。

红军退到八卦后，分成两路，一路上斗我，一路上香洞到磻溪会合，退到大广坳时与尾追的广军发生了一场更残酷的战斗，牺牲了很多战士，红军受到很大的损失。

我跟红军由凯寨到八卦后，就不走了，红军为了感谢我，送给我一个铜盆，后来我一看到这个盆，就想起给红军带路的情景，心里激动不已，可惜在烧房子时，不幸丢失了。

这件事，几十年来，一直铭记在我心中。

选自中共剑河县委党史办公室编印：《红军过剑河》，1987年，第47—48页。

红军过六合[①]

刘够住　刘贵发　刘务东　潘昌发[②]

时是1934年农历九月间，秋收刚过，红六军团大约一万人马，从剑河县岑松到塘脚，沿着陡峭的林间山道，进入六合乡境内，来时纪律严明，秋毫无犯，苗族群众至今还在传颂。

红军路过六合乡一天一夜。红军入寨睡在屋檐底下，不惊扰苗族群众，不进屋乱找吃找喝。

八梗寨89岁的刘务东老人说：当时我听到有事，半夜起来，见有很多红军战士住在我家门口屋檐下，心想定是好军队，才不惊扰我们老百姓，我便提出一筐柿花给他们吃，红军拿一吊钱给我，我摆手示意不要钱，红军打着手势讲，不收钱，我们不能吃老百姓的东西。我无法，只好收钱，红军把那一筐柿花分给每个战士吃了。过后两天，广军追到后，我误为又是红军，把家里的一坛甜酒给他们吃，一文钱不付给我；有的士兵还到寨上捉鸡抓鸭，抢劫财物。过后老人十分悔恨，早知如此，我应把那坛甜酒送给红军吃。

红军战士来到黄古屯潘保东家，发现缸里有两升米，把这两升米煮吃了，临走时，放了两块银元在米缸里。在八埂刘王银家，红军把他家

① 六合乡苗族称共军、红军为“共家”，群众反映大约有一万人左右过境；红军战士有三位同志因掉队在黄古屯和廖洞时被土匪张和林、郜发英所杀害。

② 均为苗族群众。

米煮吃了，临行前放了五块银元在神龛上。到冰洞，群众都躲进密林深处，待红军过后，回家一看，刘兰牛等七八家的米缸里都发现有一二块或三四块银元等。

红军到廖洞稍事休息煮饭吃，全村住满了红军，群众的盐巴一钱没拿，红军走后，各寨各户回家一看，东西一件都没有丢失和损坏，依旧安然完好，苗家老人都夸赞说："共家"真是好，爱护苗家百姓。

红军进入六合境内，在黄古屯宿营过夜。深夜从黄古屯出发，行至廖洞村小河口时，天未明，红军中指导员用手电筒照小寨和下寨两边笔直悬崖，误为城墙，停止前进。当地武装民团队长潘王降发觉，误认为剑河展架来打廖洞，便首先开枪。台江县井洞塘、井洞坳的苗族群众也赶来相助，他们持枪抢占小寨和下寨两边的山头，对着红军乱打一阵，同时廖洞的潘正寿随即吹起冲锋号。这时红军只好隐蔽等待天亮。天亮时派人同苗民群众交涉。苗族群众见红军人马很多，非常害怕，纷纷散去。红军派人进寨交涉，苗族队长害怕不敢同红军见面。后来小寨的潘伟王（负责人之一）出来同红军商谈。红军代表讲，红军是穷人的队伍，不打苗家兄弟，是从这里过路的。潘伟王提出要赔损今早上他们打红军消耗的子弹。廖洞中寨村潘发昌老人说：听潘王降讲，红军拿了 100 元大洋赔偿消耗的子弹。

红六军团经过苗族地区，给苗族人民留下极其深刻的印象，人民为纪念红军过苗乡、想念红军，不少苗族同胞把自己在那时出生的小孩起名纪念红军。廖洞的潘拥武是红军过那个月生的，他母亲给他起名叫"拥共"，冰洞的刘桥品也是红军过路那个月生的，母亲给他起名叫"照共"。还有八埂的刘敬共，后人一提起他们的名字，自然就想起红军当年过这里的情景。

红军尊重苗族风俗习惯，爱护苗族财物，所以顺利通过苗乡村寨，红军从剑河县岑松经高荣、报亮、龙崩。到我县贵科、黄古屯，分两部分，一部分直走八埂到冰洞，另一部经廖洞过八埂到冰洞搭浮桥过清水江翻陇尚（苗语，山坳名称）到台江平兆，逆水而上到施洞口，过清水江到我县江西毛街。另一部由冰洞逆江而上直抵江西街。（吴征尧整理）

选自中共施秉县委党史资料征集办公室编印：《红军长征过施秉》，1985年12月，第37—39页。

红军过龙塘

邰光发

红军是古历九月间来龙塘的，第二次没来，已 50 年了。为啥我记得清楚？因为我有个儿子恰恰 50 岁，是那年生的。红军经过的路线是从施洞到大冲、龙塘、把岑下施秉，大概一千五六百人，六匹马，还没吃早饭，打早来的。我们寨上有 100 多个壮丁，100 多支枪，用作“护寨”对付台江土匪张建清的。开始发觉队伍向寨上走来,误认为是土匪，不许他们进寨。接着队伍越来越多，就知道不是土匪，壮丁没敢打。就喊卓裁缝去办交涉，不准红军进寨，进寨我们就打。红军说不要我们进寨，那么你们找个人为我们带路。就叫邰云成带路从把岑经瓮塘往施秉去了。邰云成还带根矛瑟枪，红军不要他的，退还了他。红军从这里过了一早上，没进寨，从头道水过，前面队伍到了把岑，后面还在龙塘。

红军过五六天,群众反映很好,又不打人骂人,又不拿群众的东西,和和气气,好得很！有个红军掉队,还送他一顿饭吃,送他到铜鼓塘去,他看到前面红军留下的字后，去赶大部队去了。那天经过交涉，群众觉得红军很好，请他们进寨也不进，道了谢就走了。（黄克雷整理）

选自中共施秉县委党史资料征集办公室编印:《红军长征过施秉》, 1985年12月, 第40—41页。

红军过翁西

李云清

我记不清是 8 月吗 9 月，打完谷子，一个红军从施秉那头过来，天还没大亮，路也不当看得清楚，他要转施洞去，又转双井，他问我路。我说这一去还有十多里路，现在过不去船，人家对红军很注意，他说他还是要去。我就说你是红军，说你是红军，说你家父亲是做手艺，你来找不到他，现在要转去。他走得一两丈远，折回头来喊我，他说他还是想跟我去下，才看到他像有点病，没得力气。他说他身上有点银毫子，叫我替他背，他的意思是怕碰到坏人，我说要得。他跟我来在家里，当时我们也是苦，吃的是苞谷浆浆，我看他不行，隔外找点米煮给他吃。我做木匠，和他说，哪个问你，你说和我熟，别样就莫讲了。和我坐了两个多月后，他说他要去了，他的心头慌得很，我劝他说，你要去，等我找得几个钱给你才行，你的银毫子不行，买不到吃，我去做活路，要五六天才得块大洋，得了五块大洋，拿给他去，他说把他的毫子给我，我说你这毫子我拿起无用。我送他到官土坳，要分手了，他拿个红色本本给我，他说将来我们成器了，你要官得官，要田得田。我把本子藏在屋檐，后被麻雀抱去了，只捡得烂了的碎纸，就把它烧了。

解放后，这个红军来查，他不晓得翁西，只说是个老木匠，是双井那边的，当时我叫李清云，有个土匪叫李清云，我才改成李云清的。自他去了以后，没和我通信，也不知怎么样。解放以后他才来信，叫我到衡阳，他来接我去玩，吃一两个月没要紧，我也没有去，年纪大了，90多了，哪里还想去。现在想起来，红军纪律很好，开初我也跟着跑，后头喊回来，见家里东西样样都在，连墨线都没了一点。（任祥润整理）

选自中共施秉县委党史资料征集办公室编印:《红军长征过施秉》, 1985年12月, 第42—43页。

红军过半河

李明亮

那阵红军来，在路腊打了一仗。我们在大庆那里打谷子，隔一个坡，听到那沟头乒乒乓乓的，到底是咋个回事？大家在议论。我们是在上坝庄园洞，回来时擦黑了。说红军在路腊打仗，大家心慌慌的，夜饭没吃，关起门就往对门陈家坡跑。看到袁家寨上像玩龙灯一样的，到处都是亮，我们更加怕。跑到茶叶水，我们有亲戚在那里，藏到沟头，第二天没敢出来，第三天我们才回家。

我看到走过的路像马路一样，好多人喽！走到长河，我哥走上前，捡到像茶瓦盖样大的东西，我哥不知是哪样，下细一看是鸦片，我堂哥李明元就拿去了。我看一路上都泻肚子，到处都是稀巴，才知道那鸦片是做止泻药用的。

走到店山、一碗水，红军在天心凼打了一仗，牺牲一人，带伤一个。带伤的那个，煞割去讨饭。刘明星从坐洞去送信，拿苕藤吊起，打他两拳，打吐出饭来，死了，杨天六、杨天福把他的衣服、皮带拿去，埋在亮坳那里。1968 年“清队”时，他们三人在那里找到两根骨头。是刘明星打死的，要他出一口棺木，要他们负责安埋在店山那里，就是现在那座红军烈士墓。这些事情，我们是在“清队”时，才晓得的。（吴征尧整理）

选自中共施秉县委党史资料征集办公室编印:《红军长征过施秉》,1985年12月,第43—44页。

红军过白垛

姚绍文

红军过那时我才13岁，当时在坡上打板栗，来家见到田坝都是人，听到红军找一些人带路。大庆去了二人这里去了二人。他们造孽得很，睡在田坝，到大庆一路上都睡有人。前边的人吃饱了，后边的还没得饭吃。

第二天来了广军，在大庆打仗，有两个小时。红军在路上宣传，写标语打富济贫。大庆肖乾发到这来收税款，转去叫红军找到忙说："军师，我是闾长，不要找我，到那交款去，你不信，我有条子。"红军捆起他，问他住哪里，到家吊了他一夜，杀了他家牛吃，押他到石阡马扶堰，他的两个兄弟也去了，见到夜间他去挖坑回来，第二次去就不见回来了，打死在那里。

有几个红军跑到铁厂找饭吃，惯匪把他们带到翟家山、冬木湾。小老鸦他们是惯匪，胆子大，得了红军的枪，红军在翟家山山洞里，他们就商量杀害红军。一天送红军到叉岗河，那里有人等着，一到就用绳捆起，拉到叉岗河（现是水库）那里打死的。1970年清查斗争时他们才说的。说是杀到叉岗河，有个像领导、排长样子，他吵、骂，那几个没作声。叫他们找尸骨，他个人挖，找到一个牙齿。那个排长当时讲："你们这么寒心，我们送你们，还要我们的命，不讲点天良。"（高福祥整理）

选自中共施秉县委党史资料征集办公室编:《红军长征过施秉》, 1985年12月, 第44—45页。

红军过大庆

龙德香

红军是甲戌年古历九月初三过我们这里。红军来，要我们带路，说：“我们红军是保护你们的，你们吃不上饭，穿不上衣，我们天下穷人是一家。”初一的天我到路腊，一股人在刘家坡打仗，初二到走马坪打，初三拢我们这里，初四我带路走了，我不晓得在这里要打仗。头天带一股人到紫荆关下山口，走施秉的路；带一股人上高厂坝，走牛大场上黄平的路。有个营长骑一匹大黑骡子，要我们和紫荆关钟培芝（余庆来的）下高枧，他拿千里镜照，余庆的黔军和广军多得很，去不得，调转来上石桥，下马溪，在马溪歇，打夜工奔佛顶山，下马扶堰又打。我去了 20 多天才回家。转来我们怕得很，路上到处都是死人。来到干冒，文保氏带起几个人来罗家屯，罗家坳死的有四个红军，在窝窝头，我就和西街张贵友去埋了。文保长一见就问：“你们两个哪去来？”他说：“我们去跟红军带路来。”他说：“是个哪样红军？是共匪，快来来来来来，带起匪来，快跟我埋！”我们一共埋了六个，埋做一窖。

在马扶堰打仗，我就跑回来了。国民党保长大老鸦说我当匪，又说我去当红军去了。小老鸦和我老者是老庚，他说：“他哪里会去当匪嘛，老实得要不得的人，他会当哪样匪嘛，捉去拿带路的。”

我转来去捡子弹壳，听她们妇女说，红军还没吃早饭，正在洗菜；广军由白垛芹菜塘郎格望山形，红军还没晓得信。两个戴铁帽子的说：“你们不要怕，我们是来打土匪的，把匪打跑了你们都好了。”一刚刚就在龙山河那边塆上响两枪，从大田塆后头芹菜塘那边望去，就像飞蛾一样，广军和黔军散开爬上坡去，就像煮稀饭样的煮了一天到黑哟，就打起来了。我们带路去了，不晓得，没听见响啰，只听见那口令，传过去又送过来，是拿张纸纸，绑在棒棒上的，蝗蚂冲那个坳，好大根树子都撕脱了，羊角树、猫汝须、枞树崽崽呀，骡马滚下去和人都踩脱了，好几年了，他们都还在泥巴头抠得手榴弹。又同散兵打了一仗，垮了一个营长。

王家烈的兵是第一师白师长的人，我们起初在东坝河沟头捉到西街张贵友，他在河头拖木，两个拖一栋。萧克的人一来，哗的一下就倒在地下，枪就背到去，说：“不要怕，拖这个累得很，和我们一路去，有饭吃，有衣穿。”就喊去带路去了。他不得和我一路，带路的人多嘞，100的80的，个个班都有人带路。我带路嘞，他们就把两个包包给我背起，连长走过来一脚就把包包踢起甩去。他喊甩，我又不敢甩，连长吼他：“我们红军不拉伕，不要款，你不又拉伕啦！”那战士又去把它捡起来。

在白垛郎场宽了不好打仗，红军才将追兵引到大庆来的，事先看好了地图。萧克是从黄平来的，又到石阡，才到湖南的。毛主席从施秉过。初一在刘家坡打，初二在走马坪打，初三有些歇白垛，有些歇我们这里，初四才在我们这里打。我走冬瓜棚这个地方过，看到人呀，马呀，净是铁帽子兵，叮叮咣咣就下去啰。红军在这弯头先开枪打，黔军又回来，那一河的人啰，密麻麻的，像滚化子一样，两边枪轰哇轰哇地响，到黑了就没听到响动了，就在那里歇，有人喊：“快天亮了，弟兄们快收拾，起来！我们在这烧火等敌人也不敢来，我们也不去。大家收拾起，把枪支弹药准备好，看见目标就拉火。”在那搞了十多天，又下杉木河、水缸河，就上高梁山，下茶子河，是迈路走的。（黄克雷整理）

选自中共施秉县委党史资料征集办公室编：《红军长征过施秉》，1985年12月，第46—47页。

红军过大庆及黑冲战斗情况

蔡润福①

甲戌年九月初二晚上，红军驻扎在我们这里，人很多，田坝头人家户都住满了。那时我们这里只有五户人家。红军向我们借粮食，他们自己动手舂米，推苞谷，黑尽了才得饭吃。有的在院坝头、阶檐坎上睡觉，有的赶路说是到石阡去。

九月初三快要吃早饭的时间，枪声响了，说是广军追来了，在前头大庆寨子接上火了。枪声紧得很，码子（弹头）到处飞。我们怕，就跑到滴水岩去躲，直到晌午过后大概 4 点过钟，枪声才少些。我和两个婶娘躲在大岩根脚，看见红军用布带、绑腿从滴水岩放人下来，又放下几箱弹药，有两箱扛不快，没扛走。听说前头队伍到谢家院去了，后面的就赶忙追上，我们这里的冉老秋给先头红军带路，他从谢家院回来遇到广军追兵，就躲到岩洞里，被广军开枪打死了。

枪声停后，我们才从岩根脚上来。我胆子大，就跑去大庆寨上看，大坡〇、平头、老燕窝死了几个红军，还看见打死的广军，他们是打绑腿，穿的衣服和红军不同。这天打得凶，山上的枞树都打断了，草也踩平了，一些看牛娃娃捡得很多码子壳。后来砍树子解板，还有码子卡在里头。（姚祖文整理）

① 蔡润福，女，施秉县群众。

选自中共施秉县委党史资料征集办公室编:《红军长征过施秉》, 1985年12月, 第47—48页。

红军过紫荆

黄科明

甲戌年打谷子的时候，不晓得是八月二十几还是九月二十几，红军从这里过，将将一天。我放活路回家来吃晌午，还没吃就来了，我就跑到半坡去躲起。来得多呀，先来的得住，后来的睡的没得、吃的没得，打起夜工才过马溪。那时唐伯文也在马溪,后不晓得哪去了。我们这里，有几个帮红军带路的，像钟兴富，现在没在啰。黄家院也有几个带过路的，黄科银也去过。那时钟子清家很苦，红军就要他去挑地主家谷子，他不敢挑，红军就挑了几挑给他，说是打富豪。红军杀了刘乾进父刘德松家一头牛，给了 14 块大洋。还把地主林树清家老婆抓去了，不晓得在她家抠得多少钱。

红军在前头走，广军就在后面累，有些走在河沟头就走散了。不晓得有八个嘛咋个的掉在后头，下碾房做饭吃。那里离王家山近，郭天明就邀他们下碾房去。去的说去，不去的说不去。看见那里煮起饭，烧起烟子，李玉阶就说去。王家山刘坤富家公和崽也说去，他说：“我那里头有几挑谷子，红军若问做哪样，我就说有几挑米挑去吃。”这些人（红军）也是有些直，老实去到那里就问：“你们来做哪样？”那时王家山刘子成（老金）就说：“我们怕，大家都跑上坡去，没得粮食吃，我来挑这两挑米去吃。”啊！——他说：“你们来挑米去吃，你们吃饭了没有？”他说我们吃了。吃了就在那里做玩意。郭天明起心不良，见红军有三根枪，乘红军不备忙将三根枪一下抱了，红军察觉，就和他们打起来了。有两个跑的跑呀，没有东西，枪遭别人拿了，红军就拿柴拐子（扛柴用的）和他们打，有个矮矮的，不晓得是排长是哪样，就打在黄家院那里，其余的就跑脱了。在“文化大革命”时期，搞出来尸体，是黄远荣甩在右水岩的，确有这回事。（黄克雷整理）

选自中共施秉县委党史资料征集办公室编：《红军长征过施秉》，1985年12月，第48—49页。

红军过马溪

曹安华

红军上来是甲戌年，那时我才 13 岁。红军从马溪这里只过了两天。有个掉队的红军，碰到我后父，就说：“把你衣服佐（换）给我，我穿了好去追赶部队。”我后父就佐给了他，接过他的包包，得床毛毯。他穿起我后父的一件长衣和短衣就急忙赶路，走齐燕子岩过去榨房边，就被帮孙家的熊老二（石阡甘溪人）和孙国祥杀害了。他们为什么杀害掉队红军？熊老二说，他打了几年摆子，都不得好，杀个人就好了。他把红军杀了后，倒转来还打了几年摆子，回家去就死了。

那时红军遭孽，生活不习惯，吃了屙肚子，田坝头到处屙哇！那时流落在这里的人，有唐伯文，就是侯家屯那个木匠，他打圆桶打得好，他打饭甑呀，酒甑呀，水桶黄桶呀，很快当。他在侯家屯上门。还有流落下来的张洪川，在马扶堰廖顺开家，廖是地主，把他弄来养起，走亲戚帮他拉马。红岩蔡兴元家的娃娃病了，张帮他医好了，还医好一些娃娃，就这样出名了。蔡兴元觉得张洪川医术很高明，就说：“只要你会医嘞，我愿跟你挑药担子。”就帮他买些书呀，买药理呀，帮他弄个药摊子，在甘溪、马扶堰一带摆药摊子，张洪川就在那卖药啦。后来他栽秧过河时被洪水淹死了。（黄克雷整理）

选自中共施秉县委党史资料征集办公室编：《红军长征过施秉》，1985年12月，第50页。

红军过金坑

吴有清[①] 刘运富[②] 张明[③] 王绍富[④]

金坑街上吴有清说，红军是民国二十三年冬腊月间由施秉、黄泥庆、柳塘到金坑的。那时天气已冷，团长一喊过河，个个就挽裤脚；红军还有女的，团长一看这些女兵过了河，就伸大拇指说："行！"

红军还找我带路到老黄平北门，路经黄平地界的印地坝、龙王阁、马溪屯、川心铺、老黄平、王家坡。带路得一块飞鹰板大洋、两个广东毫子（实际是民国二十七年的十分的银币——编者），我得了大洋和毫子就回来了。

红军从这里过了一天一夜，要我们不要怕，他们个个都有一长口袋米，用磨子推的，到寨上煮吃，吃了又推，他们到我家推过谷子，装入口袋又走了。

盆水寨上刘运富说，红军是古历九月间经过我们这里到金坑，1000多人，从施秉、柳塘过来的，没在我们这里驻扎，扎金坑。那时我是富老户，派我抬了三斗米到金坑给红军吃。我还看到红军把核桃拿煮来吃。是萧克的部队过我们这里，来时在金坑喊的口号是"打富济贫"。

① 吴有清，采访时77岁，施秉县群众。
② 刘运富，采访时77岁，施秉县群众。
③ 张明，采访时88岁，施秉县群众。
④ 王绍富，女，采访时80岁，施秉县群众。

三岔冲张明说，甲戌年红军第一次过路到金坑街上，那时金坑是个保，有社谷（积谷），红军就把仓打开吃了点，分些给群众。严应洲当保长，红军过后，就乘机大肆派谷，我遭了三斗谷子。红军在金坑歇一夜就走黄平旧州去了。他们写的标语是“打倒土豪劣绅！”,还有“湘黔两军……”，记不起了。

金坑街上王绍富说：红军从金坑过路，我忘记了是哪年哪月，只记得是头天下午过路，第二天早上就过完。我是女的，不敢出去，也不知他们吃早饭没有。本来我想跑上山去躲起，又怕家里掉东西，红军来得太快，也来不及了，就在家里待起，没有出去，所以外面的情况我不清楚。（黄克雷搜集整理）

选自中共施秉县委党史资料征集办公室编:《红军长征过施秉》, 1985年12月, 第52—53页。

红军长征过旧州的情景

任道安

红军长征经过旧州共有两次。我记得的情况是这样的：

第一次是民国二十三年八月二十六日早上（即红六军团于 1934 年 10 月 2 日攻占旧州——编者）。头一天，旧州分县长万璧斋、区长石朝怀、民团大队长石品良等。按县政府的紧急命令，叫牟打更沿街鸣锣通知，骗说："有大股土匪自清江河施洞口方向窜来，可能进扰抢劫旧州"，要大家注意，并命令每家各出一名壮丁，有枪的持枪，无枪的必须拿梭镖、杆子上城墙守卫、抵御！西上街壮丁队长高维岗买了一些大纸炮。班长王天福、何永福、禹俊碧及卢丫头①等已到城墙上。黎明时分，红军开始攻城，城内壮丁胆战心惊，高维岗点燃大纸炮，有的壮丁乱放枪。红军在凉伞坡砍了一些老桐树和竹子，扎成梯子，暗暗放靠城墙。红军猛放一排枪，即爬梯冲进城内。勇士们喊杀连天，冲锋向前。守城团丁和被强逼来的群众蜂拥溃散，逃得无影无踪！红军由东、南门相继奋勇攻入城内。红军进城后，纪律严明，秋毫无犯。经过宣传、动员，跑散的群众陆续返回，商店也开门营业。老百姓知道了是萧克、王震等同志领导的工农红军北上抗日，路过此地，都非常高兴，消除了疑惧，在街上遇见红罕，还互相问好！但是，旧州商会会长韩竹轩，陆洞庭

① 卢丫头，是绰号，系民团壮丁。

及一些富绅，都回避怕见红军。当时，红军需要借一部分军饷，是政治部的一位负责同志，找拥有五架织袜机的茂新商店经理张茂新商议后，决定向何松轩商号、复隆昌、长馨斋、禹振记、卫生堂、酱安堂、徐林峰、黄福康等商家各借旧法币50元，并由张茂新负责收缴的。

红军部队的宣传人员在万寿官外墙写出大幅标语："帝国主义滚出中国去！"在马家巷口徐林峰商店右边大墙上写的是："取消苛捐杂税！"六个美术体大字。在西上街江西会馆仁寿富外面大粉墙上写着："工农红军北上抗日是抵御外侮、反抗侵略的英勇斗争！""红军是工农自己的子弟兵！"在西下街福建会馆天后宫外面两边大墙上分别写着："打倒日本帝国主义！""打倒贵州军阀王家烈！"在西下街关帝庙前面大墙上写的是："打倒土豪劣绅！"六个大字！这些激动人心的标语，都由擅长摄影的进步人士乐石录拍照珍藏，不知现在保存在哪里！红军的文艺宣传队在仁寿宫内舞台及时公演了阐明红军北上抗日伟大意义的文艺节目。他们的杰出表演，使群众衷心感动！

那些坚持与人民为敌，甚至企图谋害红军的不法分子也受到了应得的惩处！如西上街一个副保长刘云仙与保长肖邦俊合谋，引诱夺走了一红军战士的枪，当夜即被红军查获，逮捕了刘云仙。翌晨红军出发，将刘犯押至西门外文峰寨指路碑处处决，保长肖邦俊也同作恶多端的土豪劣绅易清泉、杨吉×、商会会长韩竹轩、欧阳××（女）等一起被抓获。劣绅易清泉被枪毙，韩竹轩和欧阳××被释放，其余的都被红军带走。红军进城后，个别顽固分子，如邮政代办所的韩佐录、壮丁卢××等还高喊"打土匪！"的口号企图煽动群众，与红军为敌，他们被当场击毙也是罪有应得！红军离去后，原已逃遁的分县长万璧斋、区长石朝怀、镇长韩松泉又从阴暗角落里爬出来，耀武扬威，竟恬不知耻地召集地方各界人士开"盛大的追悼会"，加封被击毙的卢××为"烈士"，叫人捧着这位"烈士"的灵牌游街后，送进"召忠祠"供奉起来，充分反映了这伙顽固分子的反动嘴脸，真是可笑、可耻！红军部队经松洞方向基本走完后，在旧州镇西门外凉亭边还有一位红军战士因伤病掉队走不动，身背一支步枪，被旧州团防局的班长刘七斤（名璧臣）抓住枪毙，枪当然被刘夺走，其状真惨！解放后，在土改和清匪反霸中，刘犯的罪恶被群众控诉揭露，经查实，由政府判刑惩处！

第二次是朱德总司令等首长率领的中国工农红军第一方面军于1934年12月27日凌晨攻克黄平县城后，先头部队紧接着又占领旧州。

红军到来之前，县、区政府照样散布谣言诬蔑红军，胡说他们是“共匪”，要烧杀抢掳，“共产共妻”，像日军一样实行“三光”政策！他们想以此恫吓人民，叫他们疏散逃避，不与工农子弟兵合作。旧州分县长（万璧斋）假惺惺地表示，准备在二堂上“尽忠”而死！区、镇长石朝怀、韩松泉，大队长石品良及一些土豪劣绅自然是惊慌远避；富商陆德钧、黄福康等几十家则雇船只把家眷和重要财物运往印地坝、大岩方等地隐蔽起来，一部分不明真相，被反动宣传所蒙蔽的人也跑去附近的石牛寨、岑花、半坡、石扳河躲藏，看动向。但是，经历过不久前红六军团过境情况的人民大多数对红军是信任、欢迎的，有的还主动前往东门外观看，并表示迎接。接着，红军司令部立即发出告示，强调红军的纪律，红军是人民群众的子弟兵，坚持军民一家，秋毫无犯，不拿群众一针一线，等等。又经过宣传、解释，暂时跑出去的人基本都陆续回来了，商店又开门营业，公买公卖，恢复了市面的热闹景象。

我记得朱总司令是住在江西会馆万寿宫后进大屋及阳明楼第三层。旧州士绅朱子英（朱保林同志的父亲）先生亲自前去拜望，受到过朱总司令的亲切接见。

红军的宣传队员在街头墙壁上写了许多标语，主要是关于打倒军阀王家烈和动员抗日、抵御外侮方面的内容。他们在江西临江会馆仁寿宫舞台演出文艺节目，慰问劳苦群众，宣传工农红军北上抗日救国的伟大意义。节目内容非常生动精彩。他们还在西门外文峰寨的田坝中组织了一次约一万人参加的文娱活动大会，广大群众深受鼓舞，至今还在当年的亲见、亲闻者中留有深刻的印象！

选自中国人民政治协商会议黄平县委员会文史资料研究委员会编：《黄平文史资料选辑》第2辑，1987年2月，第72—75页。

红军来了住我家

王祖昌

孩提时代的事大都忘却了，唯有红军长征过旧州住在我家一事，使我记忆犹新，没齿难忘；每当我想起它，就感到有一种前进的动力、心灵的慰藉。

那是1934年10月1日深夜，叭叭的枪声将我从梦中惊醒。天黑魆魆的，伸手不见五指，可抬头望去，旧州城内火光冲天，烟雾弥漫。激烈的枪声和嘈杂的厮杀声交织成一片；它告诉人们：旧州城头正发生一场鏖战。

次日凌晨，当传来红军（即任弼时、萧克等同志领导的红六军团——红军长征先遣部队）攻占了旧州城的消息，群众先是为以分县长万璧斋为首的贪官污吏的败北而高兴，继而又产生一种担心。因为他们长期蒙受国民党编造的“共产党青面獠牙，他们来了要共产共妻”一类反动宣传，所以，大都携带妻儿老小，赶着家禽牲畜，到深山岩洞去躲藏。可是，直到日头落山，寨子仍依然安祥无事。我的父亲王同生才壮着胆子，背着我，还扛着柴，悄悄下山探虚实。他看到我家没有赶上山的鸡鸭，还悠闲自得地在院坝里觅食、嬉戏，便放了心，毫无戒意地大步流星往家走。蓦然，父亲和我都惊呆了：十多个手提钢枪的红军，疲惫不堪地躺在屋檐脚甜睡。父亲正想往回走。两个巡视的红军却迎上前来，和蔼地对我父亲说：“老乡，不要怕，我们是毛主席、共产党领导的工农红军，是人民自己的军队，是专门打土豪，分田地，领导人民闹翻身的！”父亲不懂得什么是共产党，由于曾读过几天私塾，明白话的意思；从红军赤诚的眼里、坦然的话中，尤其是看到他们丝毫不侵犯老百姓财物的行动，相信红军的话是真的，认识到红军并不是国民党宣传的那种人，从而解除了思想顾虑，热情地同红军攀谈起来，邀请他们进家做客、休息。看到红军焦裂的嘴唇，饥饿的神情，父亲急忙烧火煮饭。红军请我父亲为他们买鸡鸭做晚饭菜。因为群众都还躲在山上，无法买到，父亲就将我家和姨父杨胜邦家未赶走的鸡鸭全捉来杀了，与红军共同进餐。红军付给我父亲和姨父各两块银元和五张面额五元的苏维埃人民共和国纸币，父亲执意不要，红军说:“我们吃了老百姓的东西，必须按价付款，这是纪律！”父亲坚持不过，只得收了。

当夜，红军详细地询问了我父亲的身世和本地的一些其他情况。当他们得知我父亲是遵义财主杨正恒的佃户，而且被财主强迫同佃户杨胜邦安家在离旧州城三华里多的荒僻坡顶，为他看守粮仓时，都义愤填膺！接着，他们对我父亲讲述了革命的道理，鼓励他联合贫苦的苗族同胞，起来同土豪劣绅作斗争，并叫他上山去把躲藏的群众劝回来，打开杨正恒的粮仓，把粮食分给受苦受难的穷苦同胞。父亲瞻前顾后，犹豫不决，拿不定主意：怕红军走后财主和国民党官兵卷土重来，会报复，诛九族！因此，不敢进山去做乡亲们的工作，就与红军在炕头合枕而眠了。这确实是一件令人惭愧、遗憾千古的事情！

第二天早上，太阳刚刚升起，山上的群众还没有归来。红军匆匆吃完早饭，旧州城头“哒的哒哒”的军号声吹响了。驻扎在我家，担负监视和阻击新州通道来敌任务的红军，集合成一队，朝旧州城跑步奔去。

临别，一个年轻的红军战士握着我父亲的手说：“老乡，我们一定会在一个充满光明的世界重逢！”他又摸了摸我的头说：“小兄弟，将来革命胜利了，你就不会再像老辈那样受压迫、被剥削了！”我们，尤其是年幼的我，听了这还不全懂；但是，一股暖流涌上心头，眼眶充满了晶莹的泪水，模模糊糊地只觉得红军走进了太阳，预感到新的一天就要来了。

附记：王祖昌当时六岁，父亲王同生31岁。文中提到的佃户杨胜邦，现仍健在，已86岁高龄[①]，居住在冷水河仓边寨（解放后仍沿用此名）。红军托我父亲转给他的两块银元，早已用去；十分可惜的是另外那五张纸币，同我家的五张一起，因为寨上失火，都被烧去了。

另外，此稿系按政协文史委审稿会议的意见，再度补充、修改而成。（唐朝圣整理）

选自中国人民政治协商会议黄平县委员会文史资料研究委员会编：《黄平文史资料选辑》第2辑，1987年2月，第76—78页。

① 指的是王祖昌1987年提供此稿时的年龄。

我对红军长征在晃县的回忆

尹诚修

1936年1月2日（民国二十四年农历十二月初八日），北风呼啸，寒气逼人，漫天飘着白雪，地面冻起薄薄的冰层。这天就是中国工农红军贺龙、萧克所领导的二、六军团长征进驻晃县的日子。当时，由于老晃城渡口的船只被国民党军队藏匿，红军的千军万马就分成两路由蚂蝗塘经兴建坳，老晃城经岩坳进入龙溪口。入城后，红军宣传队的男女宣传员，手持三角红旗，奔向街头，见到哪里居民集中，就到哪里宣传红军的革命宗旨和政策；找到那些显眼的墙壁，书写"打倒蒋介石"，"拯救老百姓"，"打倒土豪劣绅"，"严惩贪官污吏"……的巨幅标语；红军公买公卖，鼓励工商业者继续开门营业。整个龙溪口沉浸在一派欢乐气氛之中。

在红军来晃的前一天，我的父母及妻子因听信国民党的反动宣传，躲藏在离县城五华里的回民聚居的蔡家，只留我和一名工友在家看守店铺。那时，我父亲租用斌星街宝庆会馆，开设"永汉祥"商号，主要是收购桐油、兼营小百货。由于红军军纪严明，处处保护黎民百姓的利益，深得群众的爱戴和拥护。我父母、妻子在蔡家住了三天三晚，听说红军从不打扰老百姓的消息，才乘夜深入静悄悄回到家中。我由于对红军的印象好，在父母来回家时，便腾出一间房子，让六个女红军住宿。这几个女红军，不断向我宣传革命道理。并动员我参加红军，为拯救中国出力。

红军司令部设在“春和瑞”店号里，贺龙军团长就住在那里，有名的“龙溪口会议”就是在这里召开的。我经常见到贺龙和萧克两位领导，随随便便和战士们在一起，有时又亲切地和老百姓交谈。贺龙军团长的身体较胖，蓄着八字胡，萧克军团长的身体较瘦，比贺龙要高一点。两位军团长都是精神抖擞、态度和蔼的红军好领导，令人钦敬。

红军进驻龙溪口的第三天中午，何佐元先生带着两个手中拿着口袋的人来到我家店上，对我说：“少老板，你父母在家吗？”我答。“不在家。”何先生说：“龙溪口的商民为了支援红军长征，给红军筹措军费，县商会决定，务请各位商民自动乐捐。”说着把一本簿子递给我：“你看，这簿上登记的名字是他们乐捐的钱数。”我双手接过登记簿一看，见上面写着一排排人的名字，下面记着不同的数字。有乐捐光洋几十块、百多块，两百块、三百块、四百多块的不等。我看后慷慨地说：“我家就捐一百块大洋吧！”何先生照数登记了。我就从房间里拿出 100 块光洋交给他们清点，并请何先生出具一张收条，好向父母报账。于是何先生用手板这样宽的一张毛边纸，写了一张收条给我，上写道：“今收到永汉祥号乐捐红军筹放计光洋一百块正。此据。经收人何佐元。”并盖着私章。

红军长征中非常需要电筒、电池、回力跑鞋。当时，龙溪口所有商店的这类物资均已销完，而我家尚存数担。我见这些货物畅销，便用箩筐挑着上街去卖。不一会工夫，就被争购一空，确实获利不少。

农历十二月十二日，听说红军在便水与国民党军作战，战斗十分激烈。而留在龙溪口的红军则继续开展扩军工作。当时，我已是 24 岁、血气方刚的青年人，毅然响应号召，参加了红军宣传队。这个宣传队共有 44 人，队长是个女的，她真是英姿飒爽，胆大心细，确算得上巾帼英雄。农历十二月十三日晚，我对父母亲说：红军开拔时，我要跟着他们去。父母问我去做什么，我假说是跟着他们去进点货回来卖，结果父母勉强答应了。于是当天晚上做了简单的收拾，脚穿一双旧回力跑鞋，带上一套换洗衣服，身缠 20 块光洋，红军宣传队又发给一套旧棉衣，于古历十二月十四日天刚破晓，就随着红军宣传队出发了。途经土地坳至大树湾渡口，那里未见一只渡船，部队只得继续溯㵲水而上，行至酒店塘时，见到先头部队已找来六七只木船在那里渡河。我们就从那里渡过㵲水，朝着玉屏方问前进。当赶到玉屏县城，已是下午四点多钟了。找好宿营地后，宣传队的全体同志又立即分组奔向街头，进行革命宣传。傍晚队领导又把宣传队集合起来，进行政治思想教育。我记得大致内容是：“一要坚定革命信念，奋斗到底；二要团结战斗，互相爱护；三要扩大红军队伍，壮大革命力量；四要遵守红军纪律，处处爱护人民……”散会后，我们就去吃晚饭，有的在老百姓家吃，每人付铜板 20 文。整个玉屏城里，秩序井然，居民喜气洋洋。第二天黎明时，我们又朝着青溪方向进发，行至羊坪吃早饭。由于是行军途中，供应困难，我们吃的是红苕、洋芋、青菜、萝卜。当天晚上赶至青溪上游铺田驻扎，休息时，听领导说，先头部队在离青溪八华里的鸡鸣关，与当地反动武装打了一次小仗，全歼这股敌人。领导要我们提高警惕，时刻准备战斗。

古历十二月十六日清晨从铺田出发，沿㵲水南岸的深山峡谷，赶至镇远城里，我们三个男同志、六个女同志驻扎在第三排街刘勋记布号里。和往常一样，我们仍然照例到镇远城内开展广泛的政治宣传。

古历十二月十七日，我们从镇远开往施秉县城，我们宣传队驻扎在邱子清布号内。邱是我的同年爹，他听信国民党的反动宣传，心怀疑惧，乔装成工友模样，身着破旧衣服，满脸污垢，一副丑态，十分滑稽。他没有认出我，但他那个年方 29 的伢崽，却把我认出来了，并告诉了他爹。邱子清乘我在厕所解手时，悄悄地钻进去，劝我说：“同年崽，你还瞒着我，哪个要你来参加红军的？你父母年迈，弟弟还小，家里生活全靠你维持，况且红军又不是正规军，到处挨打，你去做什么，我劝你还是回家为好。”我当时思想幼稚，意志不坚，听了邱的话后，心里踌躇起来。加上连续行军，亦感征途辛苦，便在邱的怂恿下，打了“退堂鼓”。第二天红军宣传队集合出发时，我就藏在邱子清的阁楼上，待他（她）们朝着余庆方向开拔后，我才下楼，吃完早饭，向邱子清告辞，返回龙溪口家中。

光阴一去不复返，眼下已是白头翁。现在回想起来，我真不该听邱子清的话，失去了革命的好机会，庸碌一生，后悔莫及。

选自中国人民政治协商会议湖南省新晃侗族自治县委员会文史资料研究委员会编:《新晃文史资料》第1辑，1987年3月，第94—97页。

回忆在国荣掩护红军战士的情况①

罗耀英②

甲戌年九月初九，红军由三圹、桃子坪、吕家湾到国荣。那时我家正在街上住，那天是重阳，正逢赶场。红军一来，街上赶场的差不多都跑了。当时国荣是个区，区长是陈尧熙。红军来时区公所的人也跑了，我不怕，未跑，在街上摆摊子的布客，把布交给我也跑了，我就给他们照看东西。

红军来的很多，街上都住满了。在街上驻扎了四天。他们穿的都是老百姓的衣服，没戴帽子。我家歇客的几间房子都住满了。大概有百多人。我家两斗多米没有吃到两天就吃完了，吃饭的有几十桌。

听说红军来了，高桥群英娘来我家接金平、银平去她家（怕小孩受惊），红军知道就说："不要送去，不怕！"家问红军说："我家屋窄，你们来了住不了，让他们到她娘家去。"红军叫我不要走，并且说："你们不要怕，我们是打富济贫的，你家有米就煮饭给我们吃，我们给你钱。"我和陈石安（罗的爱人）就给他们做饭。红军也帮着煮。

坐在我家隔壁的陈玉清（浮桥口人）他怕我挑不起水，就扯谎说："她还在月子里，挑不得水，你们不要叫她挑哩！"红军就说："伯妈，你怎么不说？我们不知道哩！你不要去挑了，你休息，我们自己来！"

---

① 标题有改动，原文标题为《罗耀英回忆在国荣掩护红军战士的情况》。

② 罗耀英，女，1977年采访时86岁。

他们看到我头上没包帕子，就说："你没有帕子，我们拿根给你！"又看到我家盖的被子很薄，又送一床被子。现棉絮已烂，从前曾拿去展览过。帕子是丝的，还剩点筋筋。

我们给红军煮饭，有的给我大洋，有的送鸦片，还有的送布，送米。得的东西比平时住客还多一点。

红军住了四天，从没拿群众一点东西。布客寄放在我家的布，红军看到后就说："伯妈，你家楼上还有房间没有？我们帮你把这些布搬到楼上去，不要给人家弄丢了。"

到我家住的有个连副（陈石安听人喊他连副），就送他到区政府去住了。他每天早上都早早来到我家看那些红军。

红军每天早上都出操，吃了早饭就上山去了，做什么我们搞不清楚。白天、晚上场两头都是架起机关枪的。

住在区政府的大概是团部。有两个骑马的，马吊在刘光煦家门前。

来的红军还有女兵，都是穿便服。和男红军一样，都是穿草鞋，有的有枪，有的没有枪。

红军吃饭吃肉都请穷人去吃。没听说过红军在国荣打土豪，只对街上刘光煦家，刘家虽然房子破烂，但红军看到他家仓里谷子很多，就叫他老者挑去碾米吃了。刘家还卖酒，红军吃了未给钱。

九月十二早上，红军就走了。由楼上、廖田河到甘溪，十六日就到甘溪打仗，我们还到南山寺去看，听到枪响得很。红军走时陈石安把我家的两双草鞋都送给他们了。他们拿了一团汤粑大的鸦片烟给我家。

红军走后的当天，有四个掉队的小红军才到国荣。他们到我家来，我就给他们做饭吃。有个大点，十六七岁，另外三个小点，十三四岁。他们到我家不久，天就黑了。这时，石阡的大军（国民党部队）就赶到国荣。由大队长刘继顺（桃子坪人，是郑县长的女婿）带起人闯进我家，我们吓得不得了，赶忙叫四个小红军躲进红苕坑里，上面用稻草盖起，刘继顺进屋没有发现。刘一进屋就凶狠狠地对我们说："好多红军住这里，你为什么不报？你不是好人！”一边骂一边就动手打陈石安。我气死了，拉起一块柴就准备和刘打，其他人就拉开了。当晚刘带起人又向甘溪追去。

大军（指国民党）走后，那四个小红军才出来。他们走不动了，都想留在我家。当时我家没有办法，养不起他们，大的那个表示愿抱给哪家做崽。这个红军听说红岩蔡树清要抱孩子后愿意去，陈石安就送他去了。枪也一起带去的。其他三个红军愿意回家，他们就由原路回去了。后来他们是回家了，还是又回到部队，我就不晓得了。他们都是天麻麻亮就走的，走时，我一个给他们捏了一个饭团让他们路上吃。

大的那个红军到蔡区长家，蔡欢喜得很，给他更名春生，在罗家坡取了个妇人。现在春生已死，妇人已嫁。

“文化大革命”中，有两个解放军来我家，问红军在国荣的情况和四个红军的情况。陈石安照实说了。（罗登明1977年3月16日记录整理）

选自中共贵州石阡县委党史办公室编印：《红军长征在石阡》，1986年8月，第221—224页。

回忆红军在石阡城的情况①

王恒久

我家贫农，今年 80 岁，民国二十三年上半年“印江事件”、下半年“甘溪事件”。二十三年红军到达印江。石阡的张俊之带保卫团去印江沙子坡打贺龙的部队。街上徐 ×× 也去了，他还任保卫团的队长。（徐还是国民党区分部的组训委员，可吸收一般的国民党员。黄 ×× 是党部秘书，是徐的手下，徐开“保和油行”，黄是油行的会计。）

张、徐带军去印江打红军，开始因红军不熟悉，就退走了，后来红军又反攻，张等就退败转来了。下半年徐 ×× 等又带人去打甘溪，作前敌部队，他们经国营、聚凤去甘溪，在磊石坳（即洋东坳）配合广军廖磊打红军。

在甘溪打红军的有三省的国民党军队，即广军廖磊、湘军李觉、黔军王家烈亲自带领的部队。王家烈来石阡我看见过。那年我眼睛痛，没有跑，所以在街上才看见王的。

二十三年红军从远处来，吃穿都艰苦。在甘溪俘到城里来的不多，从龙圹俘虏来的很多。他们又冷又饿，走路都走不稳，有的关在天主堂，没几天就送走了，王家烈也回去了。

听说红军在甘溪战斗中死伤很多。有的红军从聚凤过龙圹，到龙圹

① 标题有改动，原文标题为《王恒久谈红军在石阡城的情况》。

那一股，都被区保长整了。甘溪这路就是徐 ×× 带人杀红军最多。因他杀红军有功，后来又当了蔡区长（蔡树清）的大队长，成了当时国民党县党部书记刘光煦的红人，升为党部的组训委员。刘的老崽死时，徐还去戴孝来。徐在二十三年带人打红军两次，二十四年又打红军（那年他又带人退到龙圹和区长王晓凡一起到檬子坳打过路的红军），所以有人喊他“三打老红军”。

解放初，徐开“保和油行”因贪污方 ×× 的油被劳改，他被关了多年，赔了款后才出来。

民国二十四年腊月十六日红军第二次来石阡。头天，谢绍安（在石固当训练员）、刘区长派人来县里报告说:“共匪来了。”听说红军要来，城里乱哄哄的，许多人都跑了。当时人们不了解红军，又加上国民党的反动宣传（徐万贵就在现在的城小处宣传红军如何不好），所以不管什么军来都跑。头天说红军还没有到石家场，第二天（腊月十七日）早饭过点红军就进城了。红军一进街就喊：“老百姓不要怕，我们红军吃饭开饭钱,吃酒开酒钱。”很多人还是跑了。红军又从河沙坝拦他们转来，对大家说：“你们不要怕，我们是来打蒋介石的！”经红军宣传，有些人就回来了。红军在街上到处贴标语：“打倒土豪劣绅。”凡贴得有“不准打～～苏”这种条条的，红军一个都不准进那家门口，我们上边崔秀丰家，中街蔡老五家都贴有这种条子，蔡家门上还写着：“此系小本经营发家，不准打～～苏”。还用木条把门钉了，没有人去绊过。崔秀丰爱做好事，家不大，他家有三弟兄，崔秉衡、崔佩久两家都是土豪，被红军打了，唯有他家没被打，崔秉衡家有个秘密仓库，藏有崔秀丰家的东西，红军叫他家取回来。其余两家的东西，有的挑到天主堂，有的挑到寿福寺（现文化馆），将衣服等分给了群众。

红军在街上打的土豪，除崔秉衡、崔佩久外，还有崔久林家。打土豪崔秉衡家时，有个红军对群众说：“你们老百姓有钱，就是手板摊起过街，我们红军没有命令，都不敢要你们的。但要是土豪，连茅厮板板我们都要给他撬干净。”真的，崔秉衡家的地脚、壁头都撬了，只剩下几根柱头。但崔家上下住的人家，一点也没有动。

红军对百姓很亲热，在街上碰到就喊："没吃饭到我们那里去吃饭！”有许多人都到寿福寺、天主堂去吃饭，吃了饭还送东西，如衣服等。得东西的有罗丫头、左吉山（左癞子）、杨安全（杨是篾匠，还和红军去过，过了半把年才回来的），每天都有一两百人去吃过饭，城团转的几个寨子都有人去吃过。

红军很尊重老百姓的意见。崔秉衡家上边有个盐商，堆有盐巴，红军以为是土豪崔家的，隔壁刘冬芝（俞家女人）就说："那个不要动哩，那是徐先生家的哩”，红军听说后就没动了。（俞现在五德饭店，80岁了。）

下街周盛之全家在红军进街时都跑了。红军对邻居说："周先生是个好人嘛！你们晓得他在哪里，带个信叫他回来嘛！”部分红军在他家住了四天，撮了一大堆谷子堆在堂屋里，做个牌牌插在谷堆上，上写“不准打～～苏”。周家货架上还写有一张单单："周盛之先生，你快回来，我们在你家吃猪肉××，白糖××两，洋油××，我们给你谷子，放在这里，你快回来收。”

红军走后，周先生回来，看到床上的被条、枕头都移动了，以为放在枕下的大洋被拿了，但翻开枕头一看，他原搁的80块大洋，还是完完整整地放在原处。从此周先生逢人便说红军的好处："要子子孙孙都不忘记！”

红军的纪律严明，红军在城里杀了两个违犯军令的战士。一个是刚扰石阡就在现在的车站处杀的，一个是在狮子桥外河沙坝里杀的。在车站外杀的那个，听说他是在江口犯的罪，在河沙坝杀的那个是因他在城里钻老百姓的房间，被连长看见，叫到团部，第二天早上，全体官兵到河沙坝开大会，萧军长宣布了那战士违纪事实后，就问该不该杀，大家立即回答："该杀！”就把他帽子摘掉枪毙，埋在河坝了，我看到的部队只有红军纪律严明，那些什么中央军，见了什么都抢。

红军在城里住了十天，到腊月二十六走完的。红军主要是住街的两头，城内是住天主堂，附近村寨住的部队还多些。城里住正规部队，游击队和红军混合编的住城团转，上前来的是贺龙的部队，后来的是萧克的部队，贺龙住天主堂，萧克住在崔叔楷家院子（即今老酒厂后头）。

我看到过萧克，很矮，是在河沙坝杀人那天，我在店子里（狮子桥谢祖培家），有个红军来喊我："老乡，我们军长喊你去一下。"我去后萧军长叫我带路到关口坪。我说:"军长，我眼痛，城附近我还熟悉，关口坪那里我就不知道了"，萧军长就对我说："你不熟悉就回去吧！"后来是找夏景臣带的。带到关口坪就回来了。红军还给了他钱。

贺龙我也看到过，红军有一班人住在我家店子里。有一天红军炊事员站在我家阶檐坎上对其他几位红军喊："军长来了，军长来了！"几个红军都进了屋，规规矩矩地坐好，我问他们哪个是贺军长？他们说："那八个一路，中间穿皮大衣的那个就是贺军长。"他们是去洗澡来，贺军长人很高大、胖，没有胡子，当时大概有 40 来岁。

我家巷子里新屋住的政治部，全住满了，墙上写的标语落款是"红六军团政治部"。标语内容是"全中国人民团结起来，打倒蒋介石！"（横条），杨家祠堂也有一幅："全中国人民团结起，打倒薛岳、吴宗信①！"

红军在寿佛寺演过戏，常在那里救济穷人，如发衣服、喊人吃饭等，川流不息。红军对穷人很亲热，但抓到的土豪劣绅就没好下场。抓到收捐的就杀，我知道就杀了两个，一个叫丁 ××（住东王庙，即现在防疫站的隔壁），由龙圹拉来的；另一个是姓朱，是李世英同母异父的哥哥，在县政府当差，专门勒索老百姓。还有个叫陈 ××，摩罗人，他收捐，红军抓到他收捐的证据，在三圹就枪毙了。

红军到石阡对哪些是土豪劣绅，调查得清清楚楚的。这是因为红军来之前，搞侦察的早就把情况了解好了。

---

① 吴宗信，是当时贵州省政府的第二把手，1934年贵州省长是王家烈，1935年薛岳接任王家烈。

腊月二十一日中午，红军还在寿佛寺（文化馆）开过群众会，在会上宣传："红军是打富济贫的。"开完会就分衣服给群众，喊吃饭。有的吃了饭，后来跟着红军走了。跟着红军走的有杨安全（街上），挂榜山杨秀银也去来，还当游击队的大队长。龙凤大队夜癞咀黄三娃跟着红军去没有回来。（杨和胜、聂孝光、罗登明 1977 年 2 月 1 日记录，杨和胜整理）

选自中共贵州石阡县委党史办公室编印：《红军长征在石阡》，1986年8月，第277—280页。

回忆参加红军在石阡修造枪械的情况[①]

杨通明[②]

红军在乙亥年腊月（1936 年 1 月）进石阡，有钱人和一些不明情况的人都跑了。来那天赶场，陈三娘家还在卖绿豆粉。有位红军去他家吃粉，因拿的是一块光洋，陈三娘没有零钱补，那红军不敢吃。一直等到有零钱补时，陈三娘才叫那位战士吃，至今谈起，都说当年红军“很讲理”！

红军进街就宣传：“我们红军是打土豪劣绅的，爱的是穷人！”隔了四五天，红军在寿福寺（现在文化馆）内戏台演戏，演的是本地区长陈呜皋家的戏，演陈区长呜皋剥削欺压穷人，估倒拉穷人当兵，把穷人拉来吊起来毒打。演完后问台下群众是不是这样？群众都答说：“是这样，这是真的。”“你们演得好！”有的说:“是真的，他拿我们吊起打。”演完戏，红军挑了一大包衣服出来，见群众中有人穿得烂的，就扔给他衣服。

有一个修枪的红军，姓尹，30 来岁，说话是江西口音，我们全家都叫他“尹师傅”。他看见我家打铁，有炉子等。红军的上级就找我们商量，在我家修枪。当时我父亲满口答应。我和我父亲、尹师傅三人就在我家打铁修枪。那时我给尹师傅打大锤，我们之间感情非常好，他喊

① 标题有改动，原文标题为《杨通明回忆参加红军在石阡修选枪械的情况》。

② 杨通明，1977年采访时63岁，城关公社东风街手工工人。

我父亲叫“老师傅”，喊我叫“少师傅”，我们主要是打步枪的零件，打好零件，便送到北门邱树文家（红军枪厂那里），在那里的同志锉、打磨和安装成枪。有时收得土匪的废枪来修，枪壳就用来烧火打铁，后来剩下两三百斤枪壳，红军送给我家烧火了。

尹师傅白天在我家造机件，吃饭回部队吃，睡觉也在部队。他每天吃饭后来我家时，总要给我父子俩抬一钵饭菜来。

有一天，尹师傅喊我说：“少师傅，你看我们的军长来了，军长来这里看我们的伤员！”原来，隔我家不远的田茂谷家，驻扎有红军的伤员。我赶忙跑去望,只见贺军长身材魁梧,约 40 来岁,穿青衣,戴青帽(一般都戴长遮阳的帽子)，还有几个人和贺军长一路去田家。

红军在我家和我们打造了十来天的枪支，临走时，送了两百多斤大米和一些菜油给我家，还送给我家一件青衣料（是国华绨一类的）和一件衣服，一个油篓。除米和油吃了外，那油篓和衣料，一直保存到前年（1975 年），后由遵义会议纪念馆两个女同志来要去了。衣料被我爱人改成小孩裙子后，才送给纪念馆的。

当时红军住城内，有的住寨蒙、荆竹、摩罗等地。

红军是乙亥古历腊月十七日来，共住了 13 天才走。

红军在街上打土豪，我们这节街打了夏 ×× 家，当时他父亲在湖南省长沙当省代表。红军把他家的一些财产分给穷苦人民。中街打了地主邱 ×× 家。当天邱 ×× 家正打发女儿，红军把她的两篓花鞋搜出来分给了穷人。红军走后，邱家来搜穷人，有的人就把东西给了他家。城内还打了李 ×× 和区长丁晓兰家等土豪。

红军在石阡招了人参加红军和游击队，那时有荆竹的肖岩生参加了红军，红军叫他当游击队的队长，荆竹有 20 多个人参加了红军游击队，肖带领红军和游击队到荆竹、洞口一带打土豪。红军走后，肖没有走，被区长陈鸣皋抓来吊打后，又关起来，很久才放。后来肖岩生搬在沙坝住，解放后不几年病死。

沙坝还有一个姓杨的参加了红军，跟着去了一段才回来，许多年不见这个人了，不知还在否？

红军住在石阡时，区长陈鸣皋、王晓凡以及土匪宋国凤在蒙子坳打红军。由于土匪堵截，红军没有经蒙子坳。

红军出发时，在大桥下河沙坝集合，从大桥往关口坪方向开走的。红军曾找平桥街徐国成带路，他带到孙家寨，因脚痛走不得，红军给了他一双皮鞋回来，红军就另找人带了。

红军在石阡时，我有一天去新屯看我爱人，有红军住在那里。一些红军向我们宣传动员："老百姓不要怕，我们是打土豪劣绅的，我们还要组织游击队。"当天还要我们一些群众在魏国柱家吃饭。红军启发我去参加红军，我恰值脚痛走不得，就回来和红军打铁造枪。（杨和胜、罗敦明、聂孝光1977年2月3日整理）

选自中共贵州石阡县委党史办公室编印：《红军长征在石阡》，1986年8月，第282—285页。

我给红军带路到中坝[①]

李国平[②]

红军当时很艰苦，来我们寨上是乙亥年腊月十六日。我们寨上和附近都住有红军。我家驻扎的是手枪连，约有一班人。隔壁李正英家住的是机枪连。地主李秀峰家驻的是团部。

红军来时，我已是病了六个多月的人了，从当年的六月间就害痢痢病，因家穷未很好医治，痢血很久，越拖越重。红军来，我和我母亲都在家中。大约第三天，有两个红军来我家对我说："老板，我们请你到下边去一下。"我因病走不得。两位红军说:"不要紧，我们背你走。"说完一位红军背我到下边李秀峰家，叫我休息。不一会，一个矮黑壮实的红军，身披一件青皮大衣进了屋。这时屋内的红军高兴地说："好，我们团长来了。"团长进屋见了我，热情地招呼我，并对战士说："去拿酒来，我陪这老乡吃饭。"并对我说："你不要害怕，你的病等我们的医生来了就给你医治。"在和他吃饭中，团长问我说："你们这里到甘溪有多少路？"我说有 40 里。这时，周围有一些战士在听团长向我问话。团长说："甘溪那里有个姓蔡的土匪（指区长蔡树清及其民团），我们要到中坝去消灭他。"他接着问："这里去中坝多少路？"我说："20 里。"

"你能带我们的部队去吗？"

---

① 标题有改动，原文标题为《李国平给红军带路到中坝的情况》。

② 李国平，1977年采访时60岁，万安公社前锋大队吴家湾生产队社员。

“我有病，走不动，怎么办？”“我叫人背着你走，你只给指路行吗？”团长这样征求我，我马上答复说：“行，我走过这条路的！”当晚半夜，团长命令两位战士轮换地背着我，后面跟着一个连向中坝进军。临走时，团长叮嘱连长和背我的战士说：“到了目的地，你们马上把这位老乡安全地送回这里。”

我领着红军往中坝去的小路出发，到中坝时，鸡开始叫了，当走到中坝街上，便听到米沙坡一带的枪声。这时连长随即命令那两个红军把我背回石阡。回团部时，天已大亮，团长很高兴，并安排我吃了饭，又命一个战士背我到家中，对我母亲说:“老人家，给你儿子送回来了，你老人该会放心了吧！”我母亲又高兴又激动地说：“你们太费心了，让你们背去又背来的。”

后来，我才知道这一连红军是增援部队，原来前面有红军和土匪蔡树清打仗，结果蔡树清被红军打得落花流水。两天后，打了胜仗的红军又回到我们寨上。第二天就和红军大部队离开石阡,向自沙方向开发了。

红军在我们寨上,每天坚持练兵,天没亮就出操,对河二岸的队伍,鸡没有叫就响起了军号声，好不热闹呀！我记得我还去看过隔壁机枪连练兵，水机关六个人一组，一个拿水壶，有人拿枪筒，有人拿架子，还有人上下子弹，一人执旗指挥打。他们在练习瞄准等动作。

住在我家的有一个姓李的高大汉，是个司务长。一天我问他又出去干什么，他说：“打土豪劣绅。”寨上李秀峰是个大地主，红军住在他家原来没有确定他家为土豪。后来红军在他家翻到一块匾，匾上有“南方之强”四个字，才把他的家抄了。把谷子、财物没收，谷子分给穷人，李仲伦（李秀峰的父亲）等红军走后，他回来把群众家中的谷子都收去了。红军当时在我家买菜，给了我两箩谷子，李仲伦回来撮了我家五十箩谷子，并蛮横地打了我。

那时红军司务长给我讲：“土豪、劣绅、土匪都是欺压老百姓的，我们红军最爱穷人。”

红军在寨上还动员穷苦人民参加游击队，我那时病，不然我参加了。寨上有冯三弟、李银周参加了，去了两年，才回来，也病死了。

红军把土豪的猪杀了，送给群众。红军还送我一双用黄州布打的草鞋，我穿了好几年。

红军住挂榜山、高寨、平摩寨、吴家湾、半坡等寨，红军在我们这个寨上，大约住了一个星期左右。（罗登明、杨和胜1977年3月8日记录、整理）

选自中共贵州石阡县委员会党史办公室编印：《红军长征在石阡》，1986年8月，第285—287页。

红六军团在甘溪战斗的情况[①]

陈正才等

陈正才[②]：甲戌年八月二十八日，听说红军由聚风下来，国民党就进行反宣传。我们一晚到亮未睡。第二天（八月二十九日）天一亮说红军在岩头坡，就看到广军从平心来了（有人说广军从两头来，后来才知道不是从两头来）。我们在屯坡，看到广军上白虎山，一下子枪响了。广军又由坪寨河边顺着沟下，到了三耳湾，又上老菜土安了机枪，红军就退到了洋东坳。敌人机枪封锁，红军退不过去，就从半岩边一架笕槽上走过去。但是人又多又拥挤，笕槽年久朽坏，就踩断了，牺牲了大约几十百把人。笕槽断了后面来的人过不去，就从半岩翻过，从官庄到那边上坡。1962 年中央有人来调查，我把他们带到洋东坳，中央那位姓江的同志说，这点不像了。他还说，那时撤退，一股从仡尔沟走，那里有个大寨子经过到杜老山，一股由那边上罗家坡到坪山，这两股都往包溪，都到过坪山，以上是第一次。

第二次红军来甘溪，是当年古历九月初九日，红军从国营过来，碰上李和武收捐，红军捉住他，要他带路，他带到甘溪住了一夜。当时有红军说："我们第一次是走这边。"从甘溪又过坪山，在铁厂（即坪山）

---

① 标题有改动，原标题为《红六军团在甘溪战斗的情况调查座谈会》，收入时作了编辑处理。

② 陈正才，座谈时73岁，中心大队街上生产队社员。

遇上国民党中央军阻击打了一仗，过不去，又退到甘溪的楠木坪，在山上住了十多天，山都溜平了，死了很多人，剩下的东一个，西一个，不知往哪里去了？有一部分就是管标那些人在江家坡，后来就到蔡树清那里去了，大约一班人，连枪一起带去的。

在甘溪大湾岩窝死了一个党员（是在大窝烧岩的半山岩孔孔头，这位党员，后来饿死了），遗下一支连枪，事后由高妹（高华轩的哥哥）去那里打糯叶时拾去了，以后他交给了蔡树清。有些红军在山上因出不来被饿死，以后要不要又出来个把人。

当天晚上，一个红军来到我家门前敲门。“老板，老板，请开开门啊！”我那时是帮地主家，是在别人的房子住，听到这声音，我急开门一看，见是一个流散的红军，40 来岁，穿一身青便衣，衣服挂烂完了，几多深的头发，虽未受伤，但很疲倦，拖得不像人了！他没有枪。饿很久了，我们吃的红苕，我弄了夜饭给他吃，留他住一夜，第二天他就走了（这个时间是第一次来甘溪打仗后的十余天，古历九月间）。

蔡成纲①：想起当年红军，我很感动，我们今天的幸福日子，是这些先烈牺牲换来的。我初听到，红军在三穗到了岑巩，我们就得信了。接着听说红军到了黄平，一天的时间就到走马坪。我那天正赶走马坪，到下午街上就扎满了，后又扎廖家屯。这时，甘溪街上的人家都搬完。第二天，我在甘溪一座山上看到，先是来了一队红军尖兵，穿长便衣，才翻洋东坳，红军大部队就到了。

解放后，中央来调查，到这里开会，我参加了。他们说，那时第一团扎水井这一面，占甘溪这一面，阵地占差了，就是现在仓库那点。第二团在街上，第三团在洋东坳那边（那年中央调查来开会有一个号兵，他就在水井这边当兵）。来调查的有四个官长，在乡公所开的会，准备去三关冲绘图，参加他们开会的群众有：刘光荣、蔡其阶、杨培轩。我

① 蔡成纲，座谈时78岁，红心大队第一生产队社员。

们引他们到金星，绘了三关冲的图，还绘了走包溪的路线，还引他们到当时红军牺牲的地址，有的已找不到了。在洋东坳埋红军的坑坑，我还找得到，因为打火线第二天，蔡区长叫我们埋人，我看到的。调查的同志说：“以后要找到这些遗体埋葬。”当年本地群众，如果知道红军的政策，引红军占领白虎山，就会打死那些国民党广军。

红军来这里很苦，回想红军，心中很难过。当时，我曾见一个红军伤员，伤在腿上，躺在长沙沟路边，下边铺垫单上面也盖一铺垫单，我从路边过，他说：“老乡！有药没有？”我说，我没有药。我问他：“你吃饭没有？”伤员同志说，他有三顿没有吃饭了。我回家熬了一碗稀饭给他吃。他那时还勉强走得，我找到一根棒棒给他拄路，引他到祠堂里好遮风避雨，我接连送了两早晨的饭，我后一次去送饭时，他不见了，原来蔡树清下命令，要把三天牺牲的红军埋完，不然群众要受惩罚。国民党反动派把那位伤员也活活埋了。那时祠堂里还有三个红军伤员，有两个不能吃饭，有一个只有点气悠悠，这些战士全都被活活埋掉了。

关于拾得连枪的事是这样的：在那山上的红军，约有三班人，先来蔡树清家是一班人，后又来两班。管标和我说，蔡区长照顾他们，一批一批送走。拿短枪那个是个“官员”带了伤，管标劝他走，走不动，管标想要拿他那支短枪，官员不准拿，那官员说：“你要拿我的枪，我就用这支枪毙了你！”据说那支枪是支快慢机。

红军被追击时，有的枪取了机柄才扔掉。当时陈尚瑾家里遗留了许多东西，被他家得了。陈尚瑾生了病，认为是红军的魂找他，就把那些东西烧了。

红军在三关冲曾经杀过一匹骡子（骡子是滚跰了才杀的），在三关冲歇了一夜，后翻过三关冲，走骂溪，但那边又有湘军、广军追，才又退回甘溪。

红军在甘溪是八月二十九打火线后撤走，到九月初九日，又重来甘溪，听说就是在骂溪那一仗才退回来的。

陈尚衡[①]、陈正才：红军撤走时遍山走，当时准备到骂溪，过施秉，但遇敌人，又从国荣退到甘溪，在甘溪住一晚，又从杜老山过坪山，在铁厂（坪山）遇中央军，又退回山里头，在双尖一带就拖散了。有一部分退到坪心，在土地平被 ××× 杀害，公社有案可查。

陈尚衡：红军曾找我的父亲陈晓清带过路，我父亲是教书，他曾对我讲，当天红军侦察上前。知道广军要到甘溪。头天送公事的说红军到了走马坪。第二早晨到扶堰岩头坡，早饭时到甘溪。我父亲打算吃口大烟才走，刚走到学校边，红军就叫住他，要他带路。刚带上洋东坳下边，要他等着，听说有敌人来了，就在干田边坐下休息，约几分钟，枪就响了，枪刚响，红军就丢了一个长官。一会儿，一个红军长官骑一匹大马，人很高大，他听说损失了一位长官，立即跳下马来，在勤护兵手里接过短枪，就往前冲，当时七八个红军拦住他，拦不住，后来十多个红军强迫拉他上马回洋东坳去了。那时据说周围坳坳都是红军占领。后来就弄起我父亲往坳颈那边田湾湾头走，枪就打在他们那一带。火线激烈时，红军从四路撤退，我父亲见带路不行，摸在田坎外假装解手，趁势跃在沟头睡起（就在大土这头去第一个拱桥外），一直等到停了枪声，才拄根棍棍回来，刚走到街上，广军认为是红军，一枪打来，差一点打着，后来有人说是百姓，我父亲才跑回家中。

红军失败的原因，是陈绍芝把广军带到白虎山才兵败的，陈绍芝是个狗腿，一贯不务正业。

蔡成刚、陈尚轩[②]：有的坏人，假装给红军带路，一个个叫出去整死。红军在三关冲受伤后，有八个伤员，被保长王树山请安银方残杀了，一吊钱杀一个，八吊钱杀八个。在原尔山那地方杀的，当时，还有熊发发当帮凶。

陈尚轩：当时（1934 年）打火线的时候，我亲眼看到。八月二十八

① 陈尚衡，座谈时68岁，中心大队街上五队社员。

② 陈尚轩，座谈时67岁，中心大队街上五队社员。

日，国民党反动派搞反动宣传说：“红军穿红褂褂，拿一根杆子（长矛）见人就戳屁股眼戳死。”陈绍芝也这样进行过反动宣传。那时（八月二十八日），陈辅芝叫陈绍芝去侦探，他回来时，我们群众都受反动宣传的影响跑光了。陈绍芝在八月二十七早上，回到甘溪时，有人问他：“听说红军到河坝了，有这事没有？”他说：“没有这个事。”那时我们就没有走，他刚说完不久，早上十点钟，红军就来了。当时，我和染布匠付世昌在一块，付说：“忙那样，等来了我两个再走嘛。”快来时，我担了一挑铺盖。那时有两个学生在我家搭伙，行李也扔在我家，拿不完，我担起行李就往寨面山走。我心想，糟了，我们这样多人在坡上走，红军会发现我们的，我就扔了两个包包在森林头，然后把担的行李送到陈正清家后，又转回家里来拿学生的行李。一来时，红军已经住在街上，没料到敌人也来了，我看到广军从寨面河沟来，我和大家说：“今天要打仗。”那时红军有两个侦察，广军也有两个侦察，红军来到响洞时，广军一侦察被红军捉住一个、其余广军就退了。红军隐蔽在粮仓河沟头，两个红军伏在深沟内，广军就在白虎上吹起号，没听答，就开枪了，红军就把俘虏的广军杀害了。广军抓到群众带路从河沟下过，跟到沟沟上来，并把广军带到坳坳上安了机枪，枪打得田中水溅，还打炮。这时广军一个骑马的军官被红军打死在大桥边的棬子树下。广军一打，红军就上洋东坳。红军在街上只牺牲一人，他是机枪手，用桌子做掩体，牺牲在陈尚泽家灶房里，还有五六个牺牲在街后上坡的那沟沟里。

红军退在现在纪念塔那边山上，半山腰有个木笕，人过不快，拥挤在一起，对面老菜土机枪扫射，死了几十人（具体数字不清），就由洋东坳上去，那天晚上就退到四方堰去了。广军当晚住扎在甘溪街上，又回四方堰打一仗，红军牺牲了一些人。

当晚我没有回来，回来看家的有陈尚前、付世英、付世荣等，他们回来被广军抓去抬受伤和被打死的广军，广军还把街上群众家的棺材，用来埋打死的广军。对于牺牲的红军，区长蔡树清强迫群众在洋东坳，东一坑、西一坑打软埋。

一个红军同志受了伤，因不能走，蹲在洋东坳下转拐那点，那点有个刺笆笼，他没有带枪，只有两颗手榴弹。这时，后面七八个广军向他们追来，这位红军伤员回手向广军扔了手榴弹，当场炸死了几个广军。

当天晚上，红军退向四方堰。广军驻甘溪，红军在四方堰失败后，到包溪才绕道走白沙、国营等地。

九月初九日甘溪赶场，红军又来到这里，当时一个红军首长说："转来转去，又绕到这个地方来了！"第二早晨，又来到了尖峰岭打一仗，又损失很多人。杀的被杀，饿的饿死了，不知还剩多少人到什么地方去了。第二次来是重阳，谷子打完了，我记得我家拿米打粑粑，没有吃又来了。

陈尚轩：第二次红军来的第二天是初十日，我回家来时，有红军在家。我去挑水，路上看到五六个红军往大地方方向走，他们在寨子背后坟凼凼休息，枪靠在坟上，见我过路，向我招手，我远远地跑，没有和他们答话。后来他们上大地方去了。

第一次来时，红军的一个领导被敌人打伤，抬回去时，另一个领导才拿枪冲。先认为是地方上的毛毛匪。

陈树清[①]：第二次打仗后，有些红军，被国民党保甲长押送到区公所来，有的被送出石阡。江西、湖南籍的多，送出去的一百把人，其中有一批送过甘溪街上，陈甫之指一个人说："这个人是个当官的哩！"我看这人，寡骨寡骨的，中等身材，高鼻大相的，穿得很烂，这个人被送走了。

陈尚衡：管标想投靠敌区长蔡树清，还想叫那个党员一起去，党员拿枪要打他，管标就不敢拿他的短枪了。

春生当时没有去，守着这党员，以后他饿不住了，才去找管标等人。

① 陈树清，座谈时53岁，坪心大队社员。

后来高妹得了那党员的皮包和短枪，蔡树清知道了来追高妹，高妹就把皮包、枪交给区长了。当高妹背了皮包去赶场，春生随蔡树清也去赶场，看见那皮包，春生就哭，说那个皮包是我们管员的。蔡才去追得了皮包和那支枪（皮包有尺把长、扁的，像卫生员的十字箱，是空的），管标去投区长时，拿一根长枪和一支短枪。春生说牺牲那个红军是党员，姓名、职务都没有说，春生当时在山中守了几天，后来只听说是称“管员”。陈甫之去追高的枪和包包，去了几天不得。

陈正才：红军来时写“打富救贫！”等标语在付世英家猪圈壁上，写满了，有“打倒苛捐杂税”，等等，有许多是用火炭写的。

红军来中坝，在麻六石家（麻六石姓吴，大地主）红军把他家粮食拿给了穷人。

陈尚衡：甲戌年古历九月初九日，红军从国营来捉李和武，当时红军便衣队见他收捐，就围住抓了他。捉来时驻扎我家，关在我哥哥房间内，我哥哥是屠户，平时也是李和武收他的捐，交一次捐，给一张条子，我哥历来把那些条子，用烂停子巅一张张凿在柱子上，凿了一大叠。红军见了那大叠税单，气愤地质问李和武说：“你这一叠税单要收好多捐款！”于是在我家将李和武上了刑，用杆子撬他。初十那天又把李和武带走了，听说直到河下屯时，红军就把李和武杀了。

第二次九月初十上午来我们家（初九黑了到的），我家住的红军有几十个，当时我家煮了升把米的饭，来时，我们未吃饭就走了，只见灶边这里一个碗，那里一碗，每个碗都放一百钱，共得一吊钱，这是红军开给我家的饭钱。国民党的广军来，杀了猪砍了就走。打仗那天，有个广军的帽子被红军打落三次。关庄刘恩娃给红军带路，牺牲在场口大湾湾里。

管标在解放前死了，他的姑娘打发（嫁）在国营。

关于侦探，红军侦察到平心娃林坳，是两个穿便衣的，恰好那边广军侦探二人也到了。被红军侦察认到了，大约将近几丈远，红军回头往甘溪走，到了碾房，这时红军有七八个隐蔽在碾房内。当广军侦探来时，红军侦探就将广军侦探挟持到碾房（在仡尔沟把这两个广军侦探杀了）。后来广军又来了两个侦探，中间还夹着一个老百姓，红军刚把前面那个广军侦探抓住，后面二人（其中一百姓）就往回跑，红军准备开枪打，另一个红军说："莫打，有一个是老百姓。"将到大桥河边时，见广军来了一个骑马的官，带一个人，正在部署打红军。被红军一枪把那个敌军官打下马来，当场被打死，这样，火线就打响了，广军占领了山头。

雷应开①：我亲眼见到三个红军伤员，一个先牺牲，有一个十余天才死，因腿上受伤直到烂了才死。他用裹腿绑起，拴在身后的柴极极上，把卷的那一头吃力地砸在面前几步远的水田里，然后，收回来，把浸湿的一端，用手指捏挤出几滴水送往口里吃。我看不过心，每天给他拿罐茶去，有天把拿点饭给他。我那时是帮地主家。此后十来天他终于被折磨死了。他埋在凉水井湾湾里。另有两个红军伤员，仰卧在井边上死去的，我们当时也把他俩埋在死的地方。

那次打仗后，彭家坳一个地主水缸盖上的菜不见了，饭也没有了。后来发现甑子里，菜碗里都放了钱，连这地主回来也讲："这些人吃饭还是付过钱的。"

红军第二次从国营上角颂来的，拉了周永之带路，此人最狡猾，当过国民党军班长，拖过土匪，那次红军找他带路，他却引红军绕道走，避开他住的寨子。从角望到牛皮沟过河，从甘溪到山里头去了。红军要周永之引到地主家去，周狡猾，他把红军引到一个食堂里欺骗红军，被红军认出来了，红军打了他，周半夜偷偷跑了。

罗廷生②：红军快来时，保长造谣说："红军来了把人当狗。"我和蒋皮匠在风云洞头躲。早饭时，听说广军也来了，我们不知道，只听枪声很密，打得很凶。我看见转马坳的红军占扎，后来广军又占领老虎冲

① 雷应开，座谈时69岁，中心大队三耳湾队社员。

② 罗廷生，座谈时69岁，中心大队三耳湾队社员。

坳坳上（是中午时间，打了一阵工夫），只见一下拥过去，一下拥过来，红军排起队伍冲锋，老虎冲那里就用机枪打，红军才往洋东坳撤。广军在老莱土架机枪时，红军牺牲有百把人。在坟坡死的最多。（杨和胜整理）

选自中国共产党石阡县委员会党史办公室编：《红军长征在石阡》，1986年8月，第209—219页。

红军经过川岩坝情况[①]

梁国兴[②]

甲戌年九月初九日，红军由朱家坝来我们这里，听说红军在甘溪和湘军打了一仗，红军被打垮了，从国营、晏家湾到川岩坝。拉了一个人带路，叫带往荆竹园，这人却带往板桥，还没有拢板桥，有汪营长（汪树清）和湘军在那里堵截，就在朱家坝歇了一夜。第二天，从朱家坝经我们核桃湾，走到核桃湾后头，与九区区长王晓凡的人又打，但王晓凡头一天知道红军来了，就派人到石阡联络湘军一同在我们后头及螃蟹井一带打了一仗。红军死伤很多，有的被捉到杀了，一部分奔向川岩坝方向。当天快黑的时候，来了几个红军到我家，我正在洗脚，同时有关口坪朱绍清也在我家，就问我："谁家有马？" 我说："张直臣家有一鞍马。" 红军要我和姓朱的带他们去，去后没有得马，当时我先跑回来了。朱绍清就帮他们带路，一直带到甘溪才回来。

还有一个红军失散在这里，叫肖又发（解放前他说他是姓李，喊出名的李大哥），1958年回去了，是江西人，回去后还在和梁华安等通信。

（肖天礼1983年6月16日记录、整理）

选自中国共产党石阡县委员会党史办公室编：《红军长征在石阡》，1986年8月，第219—220页。

---

① 标题有改动，原标题为《梁国兴谈红军经过川岩坝情况》。

② 梁国兴，采访时71岁，住龙塘公社新平大队。

掩护红军情况[1]

杨树珍[2]

红军来那年，有个红军名叫刘绍清，在梁子上被打垮逃脱，深夜摸到吴万胜家来，当晚我丈夫吴思让也在他家玩。吴万胜听这人是外方口音，提起杆子要杀，吴思让抱住他说："你杀了他是摊血，做点好事，救他个命。"但还是被吴杀了几杆子，把脚掌上也杀一条口。当晚不知道刘到何处。第二天茶时候，他又要饭要到我家院坝来了，连裤子都被人家脱走了，我拿吴思让的一条旧裤子给他穿上，就叫他躲在我家吞口上的板子里边，每天给他饭吃。久了又怕当地的政府知道出事，想叫他走，但又看他可怜，我又才去求联保主任肖万顺，肖说："他被打垮的，救他条命，做点好事。"此后就叫他抱给我当儿子，给他改名"继宗"。每天给我家弄点柴。后来去秦子臣那里学了一年裁缝后转家来，他说要到石阡去学艺。去后，开始他还经常回来，时间久了只是来点把信，以后给我们带过三年的钱来，过后就音信杳无了。他在我家时，上坡做点活回来，捡些土红，整起写些字在板壁上。听说这年写了一封信在大队，大队没有回他的信。（肖天礼 1983 年 1 月 20 日记录整理）

选自中国共产党石阡县委员会党史办公室编：《红军长征在石阡》，1986年8月，第220—221页。

---

① 标题有改动，原标题为《兴龙乡杨树珍谈掩护红军情况》。

② 杨树珍，女，采访时78岁，住兴隆乡农林村。

红军两次来甘溪的情况[①]

高华轩[②]

红军来甘溪两次。头一次来是甲戌年八月。红军是由上头马扶堰来的；第二次是同年的古历九月初九日，红军是由国荣过来经过我们这里到山里头去的。

第一次是甲戌年古历八月二十九的天，听我父亲讲（那次我外出安山去了），那天红军是由扶堰来甘溪的，国民党的广军从中坝那边来，在甘溪打了一仗。那天枪声像放鞭炮那样响。后来红军撤到烂沟，到烂沟又接火打。打后红军就翻过包溪去了（从洋东坳撤的）。在烂沟又牺牲几了位红军，牺牲在双尖的坪坪上。记得在烂沟枪响的时候天已经黑了。当天晚上，红军就到了坪山的包溪。据说这次来的是萧克的队伍。

红军第二次来是九月初九日，即是红军撤出甘溪后的第九天。记得那天是联保主任陈甫之讨生酒，我们寨上还有人去吃酒。那天我在坡上割草，听到对门彭家坳闹哄哄的，后来知道是红军来了。那天我的一个堂哥去陈甫之家吃生酒，气喘吁吁地跑回来，他有痨症，咳得上气不接下气的，我在山上见了好笑，问他跑什么？他说红军快到甘溪了。我妈说："你还咳，红军都拢了。"他转身一看，红军已到寨门口，他就拼命地往山上跑。

---

① 标题有改动，原标题为《高华轩老人谈红军两次来甘溪的情况》。

② 高华轩，仡佬族，采访时80岁，公社中心大队社员。

红军进了寨子，我跑去藏在后头石家。有几个红军走到我家来，我听见他们问我母亲说："老人家，老乡们到哪里去了？"母亲说："都到山上看庄稼去了。"那红军劝我母亲说："老人家，你不要走，就在屋里看家，我们不会惊动你们的！"不几天红军就走了。红军住在寨子下边，没有动我们的一点东西。

我从石家回来，当时我们对红军不了解，一回家，妈叫我背起娃娃又跑到离我家三里多路的溜湖去了。第二天早上红军就出发了，我站在山上看，只见红军像牵线线似的从我们寨上过（即九月初十），从早上到下半天才过完。这天，红军的去向是：翻老木岭，过山里头，到姜家坡，向河口方向开发。第二次来的路线是：国荣—彭家坳—甘溪（宿一夜）—山里头—姜家坡到中坝河口（打一天一晚）。（罗登明、杨和胜 1976 年 12 月 8 日采访整理）

选自中国共产党石阡县委员会党史办公室编：《红军长征在石阡》，1986年8月，第224—225页。

医治红军伤员

高华轩

甘溪一仗，有个红军在洋东坳受了伤，他走到杜老山溜湖，因伤痛，就到玉林麻爷家（这是浑名，他叫陈尚杰，贫农）要求在他家休息一下。当时玉林麻爷的爹（我叫他满叔）就留他住下，并煮饭给他吃。由于他伤痛，只吃了点点。第二天，我去玉林麻爷家，恰好碰到红军伤员在他家，银满叔说："你会医病，你就给他医一下吧！"我当时就答应了。这位伤员年纪不过 20 岁左右，很结实，矮墩矮墩的。他伤在右肩软处穿出去了，血染红了右臂，他背的皮包也浸红了。他只用左边身子侧睡在玉林麻爷的床上。我问他痛不痛？他说很痛。我就到坡上花了半天找了几种草药（其中一种叫关八角）回到房里捶碎，用干净帕子给他扎了伤口。药包了一会儿，红军伤员说不痛了。他表示非常感激。他说："我当时带了伤，我的一些东西拿不动了，现在我没有什么东西谢你，很对不起！"他还对我说了他是如何来到陈家的，他说："我受伤后，随着同志们撤走的方向，走到这座山头，伤很痛，跟不上队伍，见到这里是一间草房，我才进这位老乡家里来。这位人（指满叔）很贤惠，留我住下来。"他还向我说了他受伤的经过："我这伤是趴在地上向国民党军瞄准射击时，敌人一枪打来从这里穿过的。"说时他指着背包，"你看，这背包都被血搞脏了。"这位伤员还说他是江西人。

我医了伤员后，当天就回家了。过了三四天，我又去望了那个伤员好了没有，银满叔对我说："你把那位伤员治好了，他还没有好过功，他着急去找他们的队伍。你走后的第三天，他就走了。"听银满叔讲，那位红军伤员是从山里头这根路往包溪方向去的。

银满叔早死了，玉林麻爷在前年也死了。他家没有什么人了，仅有一个老婆婆（陈尚杰的前妻已死，此是后娶的）还在，现有70岁左右。（杨和胜、罗登明1976年12月8日记录整理）

选自中国共产党石阡县委员会党史办公室编：《红军长征在石阡》，1986年8月，第225—227页。

要不我们就没有推的了

高华轩

1934 年红军要到石阡之前，本地的官绅和反动派十分害怕，他们到处进行反动宣传，造谣说红军来了要搞“三光政策”。保甲长们，为了不让红军从我们甘溪经过，逼着我们上山砍树拦路，天气又冷，搞到半夜才回来。我又气又笑，心想；我们安山，哪里都能走，难道红军还怕你拦路？搞这蠢事，白费力气。

国民党反动派和陈甫之等这些坏家伙，不让红军来有饭吃，逼着我们把家中的石磨、碓等家具砸烂，把灶挖掉。当时，我们寨上有些人家，准备把磨子抬出来砸烂，见我家无动静，问我为什么不砸？我说：“我家不砸，他来（指红军）他得推，以后我也得推嘛！”后来他们也没有砸了。红军走后，他们又提起这事，还说：“全得高华轩劝我们不要砸，要不，我们现在没有推的了。”（杨和胜、罗登明 1976 年 12 月 8 日记录整理）

选自中国共产党石阡县委员会党史办公室编：《红军长征在石阡》，1986年8月，第227页。

一个红军党员牺牲的情况

高华轩

红军第二次来甘溪的第四天，一部分红军就到中坝的河口打一仗。过三四天，红军的管彪等十余人，从河口退到甘溪寨子对门的山上，在山上住了几天，又累又饿，管彪就一人到甘溪来，他走到头道河，就有人清问他，管彪说：我们还有几个人在山上的树林里。后来联保主任陈甫之等才押着他们到区长蔡树清那里去。管彪等在蔡树清处一年多才走了，白沙区长王恒益被当地土匪杀后（和史本清争区长当），上边调蔡树清带人去打史家，管彪等人也被带去了。我也被派去了。我在蔡区长家搞了个把月。当时我去时，春生也去了，这时大概隔红军在甘溪打仗一年多。

管彪们退回对门山那次以后，我的哥哥去对门山上打糯叶，在大湾岩脚拣得一个铁杓杓，我哥哥拿来藏在牛圈楼上草头。这消息不知为什么被联保主任陈甫之知道了，好几次派人来我家清问，逼得我无法，我才去问我哥，我哥才拿来给我看，我才知道是一支短枪，当即就被陈甫之拿去了。过了20几天，我哥才引我到对门山大湾去看，才看到有两位红军烈士的尸体，一个在半岩，一个在岩脚，都烂了，只看得见一些烂布布。岩脚那个人的上衣像鬃衣的绒毛似的，板栗色，有人说是粗尼子。据管彪说：有短枪这位是个党员。听说在我哥拾得短枪前，有人也在这里拣得一个公文包，也被陈甫之拿走了。

解放后，有人去清理这位红军的遗体埋葬时，连骨头都找不到一根了。（杨和胜、罗登明 1976 年 12 月 8 日记录整理）

选自中国共产党石阡县委员会党史办公室编:《红军长征在石阡》，1986年8月，第228—229页。

红军在甘溪战斗情况[①]

蔡成祖

甲戌年农历八月二十八日晚上，区长蔡树清派出去打听红军消息的侦探回来，向蔡树清汇报说：红军拢了河坝场，不知道红军往这里，还是到白沙。第二天（那个月小），我们在割秧草肥田，刚挑起走到寨当门白粉墙那里，就碰见红军来了。红军找了一个挑秧草的农民刘恩娃，叫他带路往石阡去。刘是官庄人，已死。

那时，听说石阡有广军廖磊部队，他们往上边走，目的是想截住红军。由于消息不灵通，开始往大地方那边走，后来广军的探子知道红军往甘溪这里走，广军就从大地方扯回来，转向甘溪这边来，在甘溪河沟碾房那里与红军相遇，双方就停止前进了。

红军来时，我们都跑到寨子背后的屯上，躲在屯上边看，看到红军牵起线线的，坐在寨当门的路上。蔡树清说："红军莫不是要打我们屯上？"一会儿，听到甘溪打枪。蔡树清就说，怕是广军把红军截住了，过了一会儿，枪声就响得很厉害了，像放鞭炮那样，隔一阵又轰隆一声。像是炮声，响了大约两个多钟头。红岩这边的红军就往洋东坳下，向甘溪那边进攻，有一股广军顺河而下，往龙角屯那边冲上来。红军的主力部队也往龙角屯移，想去堵住广军。有一股广军由沟里往街上冲，红军

① 标题有改动，原文标题为《蔡成祖介绍红军在甘溪战斗情况》。

没有注意到，就从街上退往洋东坳来。坳上红军的指挥员姓龙，没有挡住广军，广军往坳上扑，冲上来，红军在坳上牺牲了二三十人。姓龙的也牺牲了。过红岩时，我们听见红军哭，我们猜想，可能牺牲了一个重要的指挥员。

龙角屯那股广军从雷光耀家那里冲上去，红军就从洋东坳那里退。我们亲眼看见有些红军从坡上滚下来，有些往罗家坡那边爬山。那里有条坳沟,坳沟上边是一堵明岩,红军踩着堰沟上的笕槽跑。在笕槽那里，广军的机枪对着那里扫，红军爬不上去，死了四五十人。在洋东坳死了二三十人。其他地方也死的有。

在官庄那里的红军，看见洋东坳那边打，就从那里过河，去支援洋东坳那边的红军。广军在甘溪找到了熟人带路，就从寨坪生产队那边过来，堵住了这股红军。这股红军就退转来，走桐木坪，过河走铺溪，翻铺溪后头那个垴垴，这时天都快黑了。

广军从洋东坳翻到我们红岩。他们以为屯上是红军，把屯上包围起来，蔡树清说:“都是老百姓。”广军就在红岩歇了一夜，叫我们派军米。

往罗家坡那面山上走的红军，就过老林，走四方堰。由桐木坪下来的红军，后来就过国荣，到龙塘。龙塘那时是王晓凡当区长，他趁火打劫，杀死了一些红军。由于王家烈部队由余庆下来，搜索佛顶山、扶堰、四方堰一带，这些地方的乡丁也参加搜索，缴得了一些枪，但没有杀得有哪样人。红军结果如何，就不知道了。

王家烈部队是二十五军，王是军长。搜索完以后，王家烈在蔡树清家住了两晚上，还要委任蔡树清为二十五军军部咨议。住两天后，他们转去了。王家烈认为蔡树清维持地方有功,所以委他。广军过后湘军来，要蔡树清派米,没有派得,李觉还把蔡树清捆一索子,把蔡的枪也缴了。后来王家烈来石阡甘溪时，蔡树清向王家烈告了李觉的状。

王家烈部队搜索时，在四方堰这面山上，有十多个红军归不到队，就到大地方区里去交枪，大地方派人引这十多个人来红岩投蔡树清交枪。当时大地方为四区，红岩为五区。蔡收了枪后，对他们说：“你们就在我这里，我帮你每个人讨个老婆。”有的不干，要回家。有个叫宋德胜，有个叫刘贵生，有个叫周和胜，他们不干，蔡树清拿给每人十元钱做伙食，让他们回去了。到蔡树清家来的十个来人，头头是个营级，叫管彪，共有十多根枪。除不干的外，留下的有：管彪、吴敬德、骆春生、李敬德、李彪、张跃辉、周天云。蔡树清要管彪为第五保区警队副。管彪、骆春生在此地病死，蔡不当区长后，其余那些人也转去了。

红军在甘溪失败的原因，主要是当时没有得到地方农民的信仰，国民党宣传红军捉到人就要杀，因此农民怕，红军来时都躲起来了。不给红军带路，红军对山形、地势不熟，所以吃亏。刘恩娃带路到东洋坳，就遭广军机枪打死了，后来我们把他埋了。刘恩娃是四川人，搬家来官庄，是个佃户。

红军在甘溪，一共大约牺牲了百把人。桐木坪的冯景茂杀了个红军。有个红军受了伤，经常到他家去要饭，他家不理，把门关起，红军伤员就到窗口去喊，冯景茂就拿梭镖从窗户里把那个红军伤员杀死了。

据说在洋东坳这面山上，有七八个红军伤员，住在一个岩洞里，其中有穿呢子大衣的，后来没有找到。打仗后蔡树清派附近（团转）的男劳动力去安埋红军尸体，埋一个一块钱，尸体上收得物品交区，交一根枪得十块钱。

那时红军穿的衣服很杂，哪样都有。有百分之七八十的穿便衣，有穿蓝、灰色军衣的。有的帽子上有五角星，多半是头上或领子上缠红布。打完火线后，我们去罗家坡，看到山上像树筒子滚过一样，树林林头都碾平了，地上丢得有烂衣服、布片子，碗、茶缸、鞋子（胶鞋）等东西，洋东坳顶上，罗家坡那面山上，机枪子弹壳，都撮得几箩。王家烈部队在四方堰那边拣得有20多匹马，还得了两门大炮，是用铁箍箍起的，这些马和炮，都由王家烈部队拿去了。扶堰那边有人拣到棉衣、棉絮和枪支，扶堰的乡丁参加搜索，得了一百多根枪，李觉部队挑了十多挑红军遗物去。

管彪在甘溪成了家，他爱人叫刘淑珍，生了两个姑娘。管彪病死后，爱人改嫁给蔡神宝。现刘淑珍、蔡神宝随姑娘住在国荣公社联合大队。吴敬德是湖南茶陵人，也成了家。爱人姓张，后一起回湖南了。还有个来发，当时流散在罗家坡生产队，后转去了，现在上海那里工作，最近几年还写得有信来。

红军是从河坝场到走马坪，经过地袍、铺溪到我们这儿来的，当时在红岩没有进寨子，但在寨子里写得有标语："优待白军俘虏！""优待白军伤病员！"是用土红在板壁上的，现在已经看不到了。二十九日来时是早上八点钟左右。战斗最激烈时大约有两小时之久，后来枪声一天到黑都没断，红军一直到天黑才走。

1934 年农历冬月，听说龙圹又来一股红军，有 1000 多人，在甘溪住宿一夜后，就往大地方那边去了。

过后老乡都摆说，红军打仗勇敢。管彪也说过：他们吃饭是边打边煮，地上掏过洞，用茶缸煮米饭。

从红军来，到王家烈部队走，先后大约一个月。（聂孝光、廖康鹏 1976 年 12 月 8 日调查记录，聂孝光整理）

选自中国共产党石阡县委员会党史办公室编：《红军长征在石阡》，1986年8月，第229—233页。

红军两次过河坝场情况①

林元华等

汪玉新：红军由草塘到龙溪，当时曾云清当旧区长，红军抓住他后，叫他敲锣锣，敲锣后就枪毙了。甲戌年古历八月间从龙溪—河坝—本庄—甘溪打仗后，过川岩坝就打散了。

第一次由黄平—草塘—龙溪—河坝—三角庄—高王平—走马坪—甘溪—川岩坝下去就不知道去哪方了。

第二次来是腊月二十八来的。由石阡关口坪—三塘—火石坪—王家寨—三角庄—河坝，在朝阳搭浮桥过河，搭浮桥用的材料，是在杨柳寨三角庄的群众家里借的桌子、板子。从这里过了三天三夜。当时河坝街上扎得有国民党二十五军二十三师。红军过河二十五军也知道。龙溪也扎得有，还筑有泥巴的碉堡。国民党二十五军在河坝只有一营人（国民党的碉堡是用竹扎个圈，筑上泥巴，可以掩护一二人）不敢出来，只在碉堡里打枪，营长姓刘，敌人副营长和高团长扎在龙溪。

在河坝晴洞垴垴上国民党有一班人。在碉堡里打红军，红军冲锋队冲上去，就把他们打垮了，抓住匪排长和七个匪兵，只逃脱三个。匪排长和一个为国民党送信的人一起在河沙坝枪毙了。在大桥又打死国民党的一个兵（在龙溪牺牲红军 100 人）。在大桥坝碉堡里的敌军，听说红

① 标题有改动，原标题为《河坝乡老人座谈红军两次过河坝场情况》。

军来了，就喊："来了！来了！"红军的一些战士就冲下小坡，冲到鱼塘向碉堡射击，打伤碉堡内一个敌军。又到歇气堂打一仗。一部分红军掩护主力向龙溪进军，甩开了敌人，走勘洞—邵平沟—沙坝—大合沟—高坡—大涵洞—小岩口—龙溪（未进街）麻溪河—毛平哨—木叶岭—松坪—草塘。

红军第二次来是乙亥年腊月二十六日、二十七、二十八过了三天三夜，白天，只看黑麻麻一片，晚上用竹槁、葵花杆和竹筒装上油（可能是洋油打起来很亮），照着行军。找不到火把就摸黑。我们还看见他们行军时，有的休息，有的走，前面休息了后面部队又上来，休息的时候还唱歌。当时红军衣服穿得很烂。

国民党扎在河坝场的兵，等红军走了才走，是初一走的。

林元华：1934 年过河坝那次是经过老街，很多人病了拉肚子。当时从河坝老街过河，红军的衣服因拉肚子打脏了，衣服又打湿了，有的把衣服脱下丢在河里。

红军过时，打了安家碉堡，碉堡第一道门是木门，第二道有点铁皮包起的。乡长、保长、甲长都住在安家。红军打二道门未打进，对门吹调号，就停止了攻打，到本庄去了（当时安家当乡长，白纪刘继昌当区长）。

红军头一次来只有两师人。

林元碧：红军第一次来从我家门口过，因为我家是"干人"，所以就未逃走，红军见一路喊一路："大家不要怕。"

当时，我大嫂何秋莲把自己种的柑子打下来卖，她见到了红军，就叫红军吃柑子，又在柑子林打了些柑子送给红军吃，边打边喊红军："你们打下来吃嘛！不要紧！"红军吃了柑子就给她很多铜元（大约有一碗碗），大嫂叫红军不要给钱，红军说："要给钱呢！"红军又拿一匹黄州布（约三丈二尺）给大嫂，他们说："这匹黄州布给你家，你们拿去缝衣裳。"大嫂一定要给红军钱，红军就在碗里随便拿了两个（表示个意思）。我大嫂解放后当妇女主任，1966 年才死。

红军路过时，我们看见他们抬起大碗颜料、石灰等，一路写着标语走，标语内容是“打富济贫！”“打倒土豪！”“打倒官僚！”，等等。

林元华：1934 年路过时，有个红军因拉肚子死了，埋在平根一碗水那点，是群众埋的，原来有点堆堆，后来修马路就壅了。

红军每个连都写有标语的，提个石灰水的小桶，一路走一路写。（杨和胜、罗登明、廖康鹏、聂孝光 1976 年 12 月 22 日采访，杨和胜 1977 年 3 月 17 日整理）

选自中国共产党石阡县委员会党史办公室编：《红军长征在石阡》，1986年8月，第233—236页。

红六军团过冷家榜①

汪茂轩

红军第一次是由苗寨（今尧寨乡）到冷家榜老街，到对门寨、田坝子、椒子湾一带驻扎。第二天鸡叫就向公鹅坳那边去了，红军离开冷家榜，经茅坪、马多子梁上，到营盘坳、友溪沟到公鹅屯。

红军来时我已 20 岁，记得是赶老街，有人说："红军在苗寨来了。"不一会儿红军就到冷家榜了。当时对门寨是茅屋，而且房子少。现在的青阳街叫达林土，红军主要住这里。当时乡公所叫联保处，地址在屯上，是陈家湾的石金凤当联保主任，进过黄埔军校，当听到红军要来，把他吓跑了。红军来前，有人造谣说："红军只许十家共用一把菜刀，不许关门……"等等。但当红军来后帮穷人，打富济贫。如是穷人，就扔吃的穿的给他们。红军叫杨文彪父子带路，见他家穷，就扔了五块大洋在他家灶上。汪明轩、刘光明两家原是土豪，红军杀了他家的猪，谷米也由他几家出。

红军在茅里坪和敌人打了一仗，牺牲了一位红军战士。（李佑常、汪育江、杨和胜 1984 年 8 月 31 日访问，杨和胜记录整理）

选自中国共产党石阡县委员会党史办公室编：《红军长征在石阡》，1986年8月，第236—237页。

---

① 标题有改动，原标题为《青阳乡汪茂轩谈红六军团过冷家榜》。

红六军团过大坝[1]

杨兴周[2]

红军来时走茅坡路，那次是萧克的部队从这里去石家场。他们是从大地方带错路才到这里的。开始到这里，天还没有亮，中午过完，有1000人左右。过这里时没有带炮，甩手甩脚的，有的走路很吃力。他们找了杨伯祥带路。来时是那年古历八月，在收谷、晒谷子。红军下来就在我家煮早饭，饭后东西收拾得整齐，剩下的饭盖得好好的。红军在煮饭的群众家放了铜钱作报酬。是拿土豪杨兴科家的谷子去煮的。另一部分红军是在冷家榜街上煮饭吃。当时青阳新街未修，红军在冷家榜住了一夜，住在岩坑土、上寨、对门寨、达林土，可能也住五显庙。

那次周立廷收有一个掉队的小红军，有人要杀，周保下来了，后抱给他做活路，当孙孙。解放后周伯衡的儿子被关，他说明是红军。现在五德公社下黄泥生产队安家。（潘礼华、汪育江、杨和胜1984年8月31日访问，杨和胜整理）

选自中国共产党石阡县委员会党史办公室编:《红军长征在石阡》,1986年8月,第237—238页。

① 标题有改动，原标题为《青阳大坝大队农民杨兴周谈红六军团过大坝》。

② 杨兴周，采访时为青阳大坝大队农民。

协助红军缝制军装打土豪①

杜西云

1934年9月，甘溪战斗后，被俘虏的红军关在万寿宫（现在的粮食局），大概有几百人。当时我做点小生意，我到万寿宫大门口卖橙子、地瓜、粑粑等东西。我看到被俘来的红军头上还戴着伪装（草、树叶编的帽子）。大门锁着，他们由门缝里递钱出来买东西吃。他们每餐只得吃一铁瓢稀饭，吃不饱，有时我就送饭或粑粑给他们吃，有钱就拿点，无钱就算了，橙子、粑粑等东西都是由门缝里递给他们。

万寿宫下边的巷巷里，国民党站有岗，大门上了大锁，我们卖东西给红军是悄悄的，被哨兵看到就要挨打。

红军第二次来是乙亥年腊月。我去赶石家场，还在刘×家吃饭，红军就进街了。都是穿青布服。当时我有点怕，就几个一起当晚都赶回来了。到家已半夜，很累，一睡就到大天亮，等醒来，出门一看，天主堂和天主堂前面的田坝都坐满了红军。余润生家住的是煮饭的红军（炊事班），方克圣家住的是女红军，她们打草鞋，补衣服。女红军都是农村妇女打扮，听说南门李一山家也住有红军。

红军有无线电发报机等装备，在现人武部那边坎坎橙子树脚，立根竹竿，埋根铁丝。

① 标题有改动，原标题为《杜西云老人回忆协助红军缝制军装打土豪等情况》。

方银中家也住有红军，是做啥的我不知道。红军在城头打土豪，我知道的徐松全家，徐当时当国民党军官，红军来他跑了，他妈跑到我们阶檐坎，被红军捉住，问他儿子、媳妇跑到哪里去了。我看到害怕，吓得发抖。红军赶快牵着我的手说："你不要怕，我们是一家人，你进屋去休息！"红军就把徐松全的妈拉去关在天主堂大门的那间屋子。红军走后，才把她放出来。

红军到我家看我很穷，床上是烂襟襟，晚上就给我抱了两床棉絮来。我说不要，怕你们走了要挨整。红军说："你不要害怕，这是我们自己的。"

徐松全家妈到我家正抱着水烟杆吸烟，红军抢过来就给我了。后来我又还给了徐家。

打土豪还有夏疯子家。红军来那天，夏贤明正在结婚，摆的酒席被红军吃了（夏疯子的老者是管粮房的先生）。

我曾给住余家炊事班的红军挑水、洗菜、纳袜底。我给他做活，他们用簸箕装饭给我家小孩吃。

红军从不拿群众的东西，他们用谷子、衣服等跟我们换菜吃。

红军在寿福寺内外摆起桌子，请群众去吃饭。

红军还在街上进行宣传、化起装，穿着少数民族的衣服，踩高脚唱戏，唱打富救贫等，还向群众宣传说："你们不要怕，和我们一路，有饭吃，有衣穿，不拉兵，不派款。"动员群众参军。

红军送给我家小孩一面镜子，方的，很厚，无镜架。我的女儿出嫁带去被人偷了。还有两件衣服（一件是呢子的，一件是白的）。还送了一床青色被面。现在仅存棉絮二床，仍不用。

48年前，贺龙来石阡寿福寺，丈夫陈自清就和他们走了，现无消息。

红军第二次来石阡，是从石固花桥来的，由三路进城，一路从黄麻圹，一路从哨楼口，一路从沙坝。（**杨和胜、罗敦明、聂孝光1977年3月15日访问记录，杨和胜整理**）

选自中国共产党石阡县委员会党史办公室编:《红军长征在石阡》, 1986年8月, 第244—245页。

红军长征经花桥的情况[①]

封家善等

封家善[②]:红军是民国二十五年（1936 年）腊月十几过这里。梁少伯、陈少初来我家动员说："你们青年人去当红军打土豪，干革命闹翻身，那才好哩。"过几天我就参加了红军。我们从花桥出发，到石阡歇一夜就走了。我走到威宁、毕节、大定，从盘县到贵阳洗马河时，我们游击队正式编入五师十三团二营五连当战士。团长姓高名立国，湖南人，才 23 岁，很年轻，在花桥时他就扎马家山梁瑞庭家。营长姓刘，连长姓啥记不得。后从贵阳边境过河，走上官、下官。在云南石鼓江边休息了两天，白天开会，高团长对我们说："同志们！明天我们就要翻雪山过草地了。天气冷，被条不要丢，干粮要准备四五天的，你们拿苞谷炒熟，用通袋装好背起走。"第二天天一亮我就翻雪山，像上楼一样，上了一屯又一屯，我脚都走痛了。上了山又下山，那天我和连长（姓黄，20 余岁）一路上前，黄连长对我说："这里是蛮地，老百姓看到要杀。"我说:"不怕，唧大的部队，还有排长他们在后面。"我走着走着，不晓得是哪个的，（他在后）整倒我一家伙，我就趴在地上走不得了。不一会儿，一个红军官长拉了一匹马，看我走不得就叫我骑着走。他扶我上马去，好几次都摔了下来。下完山，到了第一个村子，这个红军官

① 标题有改动，原标题为《红军长征经花桥的情况调查座谈会记录》。

② 封家善，座谈时62岁，坉坪大队大秧地生产队农民。

长看我骑不得马，就抓了把钱给我（约有八九十元），叫我到村里休息。这个村叫文卡，后来排长来了也拿点钱。我就在文卡歇下来了。当天下午部队过完了，有的老百姓就来问我是什么人？我扯谎说是被红军抓来的，跌伤了。他们要看伤，我就卷起裤脚给他们看，他们就看到了我藏在鞋头的钱，就拿走了 20 多元。我住那家有老者拿条烂毛毡给我盖，我觉得他好，就向他说实话，想把钱交给他，请他买点吃的，但他没有接。结果我身上的钱，被当地的东搜一次西搜一次的就搜完了，最后就只剩下一身衣服了。

在那里我遇到一个四川人，也是当兵流落在那里的，他在那里上门。我和他摆谈，他见我脚痛，就问我，我就说了详情，他叫我别说是红军。他看了我的脚，说是伤了筋，答应给我医，扯了点药，我拿了半元钱给我住那家的那老人，请他到隔 30 里路的西康打酒。得了酒又请那人用竹筒给我打扎角。这样我的伤就慢慢地好了。有的群众还送点荞面条给我吃。

有天我住那家的老者去报告当地蛮司长，说："我家有个小红军伤了，看你们是杀了还是唧个？"蛮司长回答说："哪个见人就杀？他没吃的，你们就给他点吃的。"起初每天都要盘问我一次，后来渐渐没有人经绊了。

那个地方是蛮人（少数民族），十几岁小孩都带有一把刀子。我伤好后，已找不到部队了。我只好沿路讨起饭回来了。

陈和清[①]：我是自己参加红军的。那时我年轻，民国二十四年腊月红军来，起初一连扎中峰寺庙头，住了四五天，后又有来的，起散半个月。高团长扎梁瑞庭家，我们在上马安山梁少奎家那里扎了四五天，我们去打土豪，杀了土豪的猪。我们出发前，赵兰廷大队长（游击队大队长）召集我们到梁瑞庭家院坝里点名，约 200 余人，高团长站在阶檐坎

① 陈和清，座谈时地坪大队群众。

上讲话，他说："我们都是兄弟，比同窗共母的都好，你们和我们去。"老红军们像对待兄弟一样对待我们。红军住在哪家借草还草，吃饭拿饭钱，吃酒拿酒钱，走时把地打扫得干干净净的。

我跟着红军走了，我母亲撵我到自岩湾，但没有撵到。到石阡后，我们在城里的天主堂住了一夜。上级叫我们把天主堂的玻璃打烂，第二天就出发上关口坪。国民党架起机关枪堵我们，红军才死两个人就冲上去了。红军打起火线真不得了，一股劲地往前头冲。当天歇白沙。领导宣布说："今晚歇白沙，明天歇河坝场。"第二天从白沙出发，翻到茅坡梁子上，就听到河坝龙溪一带机枪响得不得了。我们从白沙到龙溪两天才吃两顿饭。在河坝、龙溪一带打了两天两夜。国民党反动派都还在赶来。到河坝场对门梁子上已黑了，指导员、连、排、班长叫我们用草、雨伞来照亮，一夜赶到龙溪背后坡上的一间茅草棚里，我们连才在这里做早饭吃（胡家坡童庆就从是这里回来的）。吃了早饭又出发，当天到尝子场歇。在这里过的年。我们扎在街后的一个土豪家，那家只留下一个月母子，其他人都跑光了。猪、粮、钱都隐藏了。连长说："同志们，我们咋个过年？大家要过年就要想个办法。"听了连长一说，我们就拉那个女人审问，那女人经不住审问，什么都说出来了。结果我们得了五六头猪，十五六蒸钵大烟，大洋一百四五十元。一连人就在她家过年。

第二天早晨，我们要集合出发了，看到有八个人骑大骡子，有七个骑的灰骡子，有一个骑的是匹黑骡子，骑黑骡子的这个穿的黄袍（黄大衣），三水胡，大汉，40余岁，黑长黑长的。我听何班长说（何，江西人），这个人就是贺军长。

第三天（初二日）歇大麻窝，打土豪，下大雪得四大马，初三日到洗马河住了五天（初三—初八日），游击队编入红军，赵大队长思想不通，高团长逗他说："赵大队长，你多有岁把了，这匹骚子马你骑不得，你骑我那匹骡马吧！"以后赵大队长就经常骑高团长的骡子。

初九日，我们经修文歇扎佐。敌人丢炸弹，落在我们住那家的水缸里，缸里装满了水，没有炸，要不我们住在那里的要受损失。第二天过乌江。为过乌江，撤了三架小房子扎筏子，人从筏子上过，水淹了半身，骡马驼起枪炮行李等过去。过了江到卫上乡下住。次日过鸭池河。到黔西，大定打火线，打得很凶。走到威宁我就走不得了，脚肿起几多大。连长对我说："你走不得，就在这里休息，我们后边的队伍还多。"他给了我六块大洋，我就在一家住下了。那家有双老，他们叫我住在他家楼上。老人给我一付绳子和一根扁担，教我莫说是红军，是挑担子的。第二天我就装作挑脚的回家了，回到家，屋都不敢进，就跑出去帮人。我到大哥家，大哥说住不了。我老三还好，给了我三百钱，叫我买碗饭吃。

赵大队长过了乌江，可能到了威宁也就回来了。

陈保初①：我在梁腊贵家吃了饭，他们就选我做游击队正队长，选胡正华当副队长。我们共有四五十人去凯峡河打土豪费家扎的洞子。高团长和我们一起去的（我是这天才认识高团长）。我们去了三次，才把洞打开。洞从灶坑里下去，把东西弄上来，我们只得一头猪，其他东西没得。回来就下石阡，歇夏明安家。指导员叫梁云开，胡正华和我回花桥来喊人，第二天部队就开走了，我们没走成。

红军走后，凯峡河费家就去向旧区长崔廷相报告，派人来抓我们，我跑了，抓到陈文直、陈忠毕两个，他两家花了三百吊钱，崔区长才放了人。我跑在岑巩躲了个把月，当了清明田，得三百吊钱，请石阡旧区长张锡武和陈区长去说情，我才敢归屋，他们才没有经绊。

罗迟昌②：我也是民国二十四年腊月，和他们一起参加游击队跟着红军走的。我才走到白沙就回来了。

我们从石阡出发，歇白沙小岩。我和张大才（花桥人）去扯草铺，被藏在丛林中的老百姓抓住，盘问我们，就不得脱夹了，但那里离部队不远，也不敢对我们怎样，他们押着我们上去，那路有很多道关卡，有

① 陈保初，座谈时70岁，坉坪大队黄沙地生产队农民。

② 罗迟昌，座谈时69岁，民主大队红旗生产队农民。

四五个人一卡。我们走到第二道关卡，就不准我们走了。我用半截围腰揩脚，他们才相信我是本地人，他们又送我们到上面的一个庙里。那里藏有当地群众，我们在庙中饿了一夜。那里有花桥的弹花匠，证明我是花桥的，最后才放了我们，我就这样回来了。我回来没有受过欺压。

封玉成没有跟着红军走，只参加过打土豪。还没有走就被乡丁黑杀了。

陈和清：我们在石阡天主堂住了一夜，头天一到就砸玻璃。我们的地铺，铺在一进门的两边。

罗迟昌：我们是腊月二十六下城，在万寿宫开欢迎会，欢迎游击队，还表演节目，没有舞台，就在地上表演，装成工农兵，有背蓑衣的，有扛钉耙锄头的，在欢迎会上，贺军长还讲了话，内容记不得了，大致是说，我们是工农红军，是人民的子弟兵等。表演节目是在我们吃饭前进行的。

（当问到红军过花桥时的人数时，众说有几万人。在花桥过了几天几夜。）

封家善：这是老班长告诉我的，红军、游击队一起算。红军来时，有 100 多人便衣队打前来，先到大屯杨家烧开水，看到杨家只有两个罐罐来煨，就说："老乡，你那点不够吃。"后来烧了几大锅，没有好久红军就到处扎满了。

众[1]：红军从我们后头路上过，一点都不响，只听到说："跟上！跟上！"

封家善：我们参加游击队，没有发衣服，只发了个帽子。

陈和清：还发了个牌牌，戴在胸前作符号，长方形上面写名字及番号。帽子是青色，遮阳有八寸长，上有五角星，还发有米袋（至少装有半升米）。在洗马河编入红军有的发了枪，有的没有，年纪较大的就发了。

（当问及红军除这次到花桥外，以前来过没有时）

① 参加座谈会的老人还有罗绍清，当时73岁，民主大队红旗生产队农民。

陈保初：民国二十三年，大概九十月，红军有过几百人从小河来，到凯峡河碰到湘军打一火线，打散了，有的就从汪河那边走了。

（当问及红军1936年腊月来花桥的路线时）

众：红军由龙溪口→岗溪屯→公鹅屯→石家场→栏桥→凯峡河→屯平→民主大队（罗家寨住十余天）→花桥街上→长安营→长冲潮→碗水→哨楼口→石阡→高寨→洞沟→关口坪→二塘→三塘白沙（住一夜）→聚风（走马平）→马屯→高王→河坝场（打火线）→龙溪……

据罗绍青等人回忆，参加游击队有：（详见1936年石阡参加红军游击队花名册）（杨和胜整理）

选自中国共产党石阡县委员会党史办公室编:《红军长征在石阡》，1986年8月，第250—252页。

回忆参加红军游击队①

罗绍清

民国二十四年腊月十五日的晚上，红军打夜工来的（我记得白天是赶场），十六拢这点，我们男女老小都跑到团转的垴垴上（因为当时以为是国民党的兵来都怕掠抢）。红军来了后就向坡上喊，指导员呀、兵呀满山坡喊。“老乡们，快回来！坡上冷得很，快回来烤火！”

我们回来后，就叫开会。张司令官（叫张国清）就站在我家屋檐坎上，院坝里站满了寨上的七八十个男女，张司令官说：“我们今天开会成立个游击队，你们同意哪个当游击大队长？”大家说:“罗绍清！”他说：“同意的就举手嘛！”当时我们不懂举手，他就把手举起来说：“像这样！”大家就全都把手举起来。我就说：“军士！我不得行，不懂啷个干！”他说:“大家选你不行也要干。”我也同意了，他就把我们一起喊起过罗家寨去了。住罗祖堂（地主）家厢房里，有 80 多人带上铺盖行李，吃饭睡觉都在那里（游击队成员从 15—30、40、50 岁的有个把）。张司令住罗德辉家房子，龙门那里有电话。张司令屋里有背短枪和背格蚤龙的保护他们，周围的坳坳上都架起机关枪。张司令穿青色的皮大衣，很年轻，大约二三十岁。

我们去后，由指导员（姓杨）管我们，连长也是姓杨。第二天吃

① 标题有改动，原标题为《花桥乡罗绍清回忆参加红军游击队情况》。

了早饭就喊:“集合！”红军有百把人，到大坪（花连大队大坪生产队）去打土豪王必成。去时王必成在院坝里站起，家里的谷子被另一支红军部队挑了，猪也杀了，看来已经打过了。我们又回到花桥打土豪黄文魁家（现生猪站下边），那里也扎有红军，也打过了。我们就回驻地。指导员对我们讲：“你们和我们一路，不要出去跑，饭有你们吃的，衣有你们穿的，你们是游击队员，你们出去要报告游击大队长，大队长来报告我们，许可你们回去就回去一下。”当时坡背一个大队：封玉成的大队长，几十人，平坡一个大队：赵兰庭的大队长，七八十个人，罗家寨大队：罗绍清大队长，八十多人，田坝大队：孙云恩的大队长。

赵兰庭的队伍还得表扬，说他的队伍整齐，喊来就来，喊去就去，人去得多。他也跟着红军去了半年才回来。我们 86 名也全部走了。

腊月二十三四出发的，队列前边是部队，后边是部队，我们游击队走中间。我们从关口坪、二塘、三塘就到白沙琵琶沟，遇到王恒益的兵在两山打，红军未还枪。我们游击队因未受过训练就到处跑，红军就喊：“不跑！不逃！”但有的都跑了。我有个侄子在本庄被区长王群宗抓了。我在二塘琵琶沟（现琵琶公社）就连夜逃回家了。有十多个人直到现在没有回来。

回来的就糟了，地主罗宗义家把我们的谷子挑完了，当时罗宗义家哥说我家里是一色的麻谷，不是他家的谷子，他都硬要挑。

腊月二十八，国军的谍查队来了二三十个穿长衣的，罗迟昌来报信叫我跑。我说我打土豪又没得啥东西，我就没有跑。第二天早晨就把我和我满兄弟捆送到花桥。王国云(国军谍查队队长)用枪口抵到我胸口。后来他不敢开枪。就把我们解到石阡，我找包队长解索子，索子钻到肉里去了，用刀才割断的。我们要求放人，说成五十块大洋放一个人。余汝明家妈去给我们借的钱，七还十（每十天七元还十元）。年三十去借的，说初一放人。后又来了两个兵，一个姓修，一个姓李，又把我交给另一个人，说：“不杀你，等我们军长来了就放你。”初八匪军长郭汝栋才来，他叫我说，我说了当红军的情况。晚上，叫我去，他说："要杀你们，杀一百两百都该杀，现在不杀你，杀你是摊血。红军来这里打土豪，打得稀巴烂，县长都撵跑了，莫说你们，我们很多军队跟在他们后头都无法啵，你去把区长找来，我要问他，他得了你多少钱。"我不敢说实话，只说给他们兄弟伙一个一元钱买烟吃。后来把崔廷相找来了，敷衍一下就走了。

我回来还不起账，把三坳田都卖了还七十块钱未还起。余汝明家妈来要钱，要抽大烟，抬轿的也要抽大烟。田卖了，只好帮人。直盼到解放。

当时我因参加红军游击队，国民党抓住就要杀我，封玉成都被他们黑杀了，我也差点杀了头。后来又抓我当过三次兵，我躲都躲不脱。解放后我的孩子罗登才去参军，我鼓励他在部队要好好干。我们今天的幸福生活是毛主席、共产党、革命先辈一枪一弹打来的。我们不能忘本，不忘毛主席和共产党。（杨和胜、罗登明、聂孝光 1977 年 1 月 11 日记录整理）

选自中国共产党石阡县委员会党史办公室编：《红军长征在石阡》，1986年8月，第252—255页。

关于罗家寨红军游击队情况

罗祖扬　罗祖禄　罗忠智

罗祖扬①：民国二十四年腊月，贺龙的部队，从这里一直到石阡，后头的部队就住我们这一带。大部队住罗家寨。当时在罗祖芬家堂屋内，接我们参加游击队的人去吃饭，两钵豆腐，两钵瘦肉，两钵肥肉，一钵黄花菜，还有酒，这些都是打土豪得的，肥猪是在土豪家拉来杀的。当天有三四桌，饭后，有个红军说："我们有个指导员去和你们住，晚上和你们开会。"指导员到了我家后，就住在屋里，游击队在我家堂屋内开过两三次会。指导员动员我们说："我们穷人受土豪劣绅的压迫，吃不上饭，天天给他们做活，还要抓兵派款，大家参加我们游击队，把土豪劣绅打下来，分东西，分田地。"大家听了很高兴。

我哥哥罗绍清当游击队大队长，参加的人有我、罗忠智、张大才（这几个现在还在）。彭连芳科长也是那次去的。聂昌昌（去了未回）。罗腊狗、罗顺（本队人去了无音信）、黎龙才（解放前两年回来），六〇年死的（花前黎家弯队的人）。罗修文（随军去了四个月后，因打仗散了就回来了，还被本庄乡公所抓去吊打，花桥写信去保才放回来。后来帮人，解放前已死）。罗直昌（本队人，去了个把月回来，现还在）。黎绍伯（黎家弯队，现还在）。黎绍开（黎家弯队已死）。

---

① 罗祖扬，采访时61岁，花桥区花桥公社民主大队红旗生产队农民。

当时黎家弯、罗家寨是一个保，成立一个游击队，报名参加的有30多人，走的20多人，因为当时才发动三四天就走了，走时有的还在坡上做活路，撵都撵不到。

我也去了，去时很高兴，我那时才18岁。走时每人发一袋米，装半把升米。老兵对我们像客一样，一拢地就是他们去柴弄水弄米，照护我们，我才走到白沙，听见枪一响就吓跑回来了。

我大哥腊月二十二随红军走，腊月二十七八回来。正月初一那天，甲长罗祖步（已死）带湘军的谍查队的人，把我和我大哥都捆送石阡，关在西门口余汝明家，余妈对我哥说："罗绍清，我去给谍查队说说情，你们花点钱，放你们出去嘛！"先说一次是解索子花丁20元大洋（当时捆的索子都陷在肉中去了）。后来又去讲100块大洋放二人。我们就请余汝明家妈给我们借钱，八还十（十天八元还十元），不还就"利滚利"，因利太大，我就借钱，还了这借款。在石玉清处借了46元，黎正顺10元，我亲爷处20元（没有利）。为还这些钱，每年要60斗谷子，光利钱谷都遭了300多斗，维平60斗谷。后来我当了一块田给罗忠义得1160吊钱，四年才把账还清。大哥为还钱卖掉了一亩多田，后来他只好去帮人。因为我当游击队，后又被乡长黄金万抓过三次兵。

如当时我弟兄不被捉进城，也会像封玉成那样被黑杀。地主罗祖堂就扬言说："不该捉去，该杀了。"

当时红军都是穿青服，过了三天三夜，他们是有步骤的，今天调这个部队上前，明天调那个部队上前打土豪。每人都背有粮袋。

罗忠智①：指导员过这边来住时，我说晚上开会，我们那边没有灯哩！他说："我们各人带得有。"当时有个红军拿了一把蜡烛给指导员。

罗祖禄②：腊月十七的天下午出点太阳，有个年轻的红军喊我说："来、来、来！你来给我说说那点叫哪样地名，叫哪样路？"我就和他

① 罗忠智，采访时63岁，花桥区花桥公社民主大队红旗生产队农民。

② 罗祖禄，采访时72岁，花桥区花桥公社民主大队红旗生产队农民。

到晒米咀垴垴上，我边说地名他边绘图，正绘时那战士说："你看，你看！我们军长来了！"我问："哪个军长？"他说："贺龙军长！"我忙叫他指我看是哪个，他说："你看三四大骡子骑中间那匹大骡子的，就是贺龙军长。"我赶快跑到大路边去看，三四大骡子的前后都是一色背格枣龙机枪的红军，见我去看，他们一拥，打一个团堆，就把我挤到路边土头去了（我估计是为了保护军长，不知我是好人还是坏人），我就没有看清楚。回来时，绘图的战士问我："你看到军长没有？"我说："看到哪样？他们把我挤到一边去了。"

有个小红军才十二三岁，走不动就哭了，我就说："你走不动就在这里休息两天。"有几个大约是师、团长的听我说这话都笑了，他们说："你还晓得休息呀！"那些当师团长的都是走路，没有骑马的，住罗家寨有团把人，在那里安有电线、电话。（罗敦明、聂孝光、杨和胜1977年1月10日访问记录，杨和胜整理）

选自中国共产党石阡县委员会党史办公室编：《红军长征在石阡》，1986年8月，第255—258页。

参加红军游击队情形①

付云清②

红军第一次到余庆、印江。到石阡是第二次，时间是乙亥年腊月十几。由于我们对红军不了解，所以都有点怕，红军一来，我就跑到王六爷家去了。王家还在睡（天刚亮），红军就把他家包围起来（王家是土豪）。因红军不认识我，误认我是罗德辉（土豪），就把我和罗忠义（大土豪）的妈吊起来。后来红军把我们送到罗家寨罗忠义家，红军新五师警卫连住他家。警卫连连长问我："姓什么？"我说："姓付。"他又说："我也姓付，我们是家门。你和我们去，打富济贫。"他们知道我不是罗德辉就把我放了。我看到罗家寨罗绍清（任游击队大队长）也在那里，我就答应和他们走，我参加后，和红军打了王书云和陈树林两家土豪后，就开下石阡去了。红军来这里扎了十来天，来那天我才参加，又过了几天我们才走。

我们在石阡驻扎了两三天，住在李家花园李一三家。第二天晚上还在万寿宫演戏欢迎我们。还有葵花、花生堆起吃。那天还办招待，指导员对我们说："今天贺军长办招待，招待我们游击队，明天我们要开走了。"那天吃的菜有十四五碗，像办酒席一样，有肉、粉条、黄花菜等。

① 标题有改动，原标题为《花桥公社花前大队大圹生产队付云清谈参加红军游击队情形》。

② 付云清，采访时71岁，花桥公社花前大队大圹生产队农民。

饭摆成两排。当我们正在吃饭时，指导员说："贺军长来了！"听说贺龙军长来了，我们赶快站起来，贺军长向我们摆手，意思是要我们不要站起来。我看到贺军长是一个黑笃笃的大汉子，戴顶大盘盘帽，披件雨绸（即雨衣），一口黑桩桩胡，打起大裹腿。他们来了三四个人，会见了大家就走过去了。

第二天早晨，我们出发了，由岩脚屯上关口坪，往白沙去了。出发时，我们带了很多东西，一上关口坪累得不得了。又下雪，丢了不少东西。我们经二圹、三圹，歇大岩，第二天到河坝。河坝两山有敌人，这里听到机枪哒哒地响，那里也哒哒哒地响，指导员问我们怕不怕？大家说："不怕！"在河坝没有晚饭吃。我们过了河，住在河坝对面坡上，当晚就露天歇。天没亮，前卫部队就打开了关口。第二天我们就过龙溪了。在河坝，看到炊事班的送饭给打仗的老兵吃，我们争着要吃，送饭的不给，指导员就向他们说："老兵饿得，新兵饿不得，就拿给他们吃。"我们新兵就先吃了饭，那天我们翻过龙溪歇蒋家庄。在路上我看到了贺军长，和他一起的一样打扮的有 80 多人，每人颈上搭一根大红围巾，穿便衣，都背有枪。我们不知是贺军长，是指导员告诉我们的。贺军长们还有钢炮，行军时拆了由骡马驮，打仗时又拿来箍起。第一天由蒋家庄出发过草圹到瓮安过的年，初二打开平越。听说平越有个专员带有1000 多人在那里，红军一到就把敌人轰跑了，当天打下平越。我就是在这里回来的，同我一起参加游击队的人有：（略）

出发前的两天，新五师警卫连连长对我说："你和我们去后，你家里有个老母亲，没有吃的，你就拿点鸦片烟回去（三饼，约有二三十两），卖了作为你母亲的生活费。"我说："我家屋里还有几挑谷子，可以过的，我不要什么东西。"到石阡后，发给我们每个两双草鞋，有黄州布条条打的。还发了一件便衣。那时吃的东西很丰富。

那次红军过我们这里过了几天，大致有万把人。在部队中有时我们和指导员、连长打跳、摔跤，摔在地上按起，指导员说："轻点哩，我们是闹着玩的咧。”

记得指导员教过我们一首歌：

当兵就要当红军，处处工农来欢迎。

指挥作战都一样，没有哪个压迫人。

当兵就要当红军，碓窝下来要扯平。

打倒卖国蒋介石，杀他一个不留情。（罗敦明、聂孝光、杨和胜 1977 年 1 月 17 日记录，杨和胜整理）

选自中国共产党石阡县委员会党史办公室编：《红军长征在石阡》，1986年8月，第258—260页。

回忆参加红军游击队经过[1]

赵玉珍[2]

红军来中坝五次（？），第一次来从本庄过来擦过庄家岩杀了李和武。李和武是国民党政府收捐的，他带路走马桑平，碰到湖南湘军。过后到河下屯老窝沟时，杀了李和武。后红军过甘溪，遇到敌人，突围后经江家坡，去镇远。遇敌人又退回甘溪，遇敌广军，又走扶圹。在此遇敌人退回走包溪潮，又过羊场，折回走佛顶山。

在甘溪一仗红军死伤不少，最后红军才猛扑过去。

我参加游击队（1936 年 1 月），是红军由石阡来，准备去甘溪，在甘溪遇到王家烈和本地蔡树清敌部。然后才回石阡住吴家湾的李家。由石阡到中坝的红军有个营，来那天，我正杀猪（那天九个）。红军到中坝是晚上 7 点过钟，红军住在街上谭晓初家（地主，现在的银行）。

红军在中坝住了三天，对河二岸都住得有，还抓了几个大地主，如赵万顺之妻。红军没有去堕角，只找了甘玉清的父亲。河对门搞运输的关洪章也参加了红军。他劝我当队长，他说你当要得。但他走到河坝就跑回来了。我们寨上卓岩中也鼓励我说："出去好，在家也可怜。"

我们一起参加的有杨书书，他在我们队当班长。在平越县时，拨给我这个大队的还有黄毛、李兴同的兄弟，马老冲的周兴卯，江坡有一个

① 标题有改动，原标题为《中坝乡赵玉珍回忆参加红军游击队经过》。

② 赵玉珍，采访时80岁，河东大队第三生产队农民。

名字忘记了。在石阡城很多地方都有人参加，如上、下来潮、新场、溪口都有人参加，红军还发给我一支短枪。

红军在中坝除了动员群众参加红军外，还写过标语在谭 ×× 家壁上，现房子已被烧了。

我就是这时参加红军游击队的，参加后，跟红军出发到石阡，驻扎在吴家湾李正伦家。当时领导上要我带人去打土豪，那时杨昌庆是二班长，杨书书是三班长，我是游击大队长。我带人到赵家洞去打土豪赵习之家，要杨昌庆带人去打胡乔乔家。胡乔乔是杨昌庆的姨夫佬。我们去打赵习之家，杀了他家一头 280 多斤的肥猪，用刺刀杀的，没有杀死，就抬走了。后来把肉分给参加游击队的同志们，要他们带回家里吃，并叫大家的家中放心。我当时没有分，大家见我不怕，就要我当队长。我们在吴家湾住了一晚，就走龙圹过白沙。第一晚住马屯曾文焕家（大官僚地主），曾跑了。

我们游击队没有枪，大部队保护我们。大部队走河坝场到平越（福泉），在那里杀了"刘老太爷"。刘曾在石阡当过县长，在杀他时他还胡说："我在石阡三年没有摸过哪个。"到平越后，准备过雨林、乌林、莫林，没有得过，就走杨家湾到遵义，部队准备北上，在遵义白腊坎遇敌广军。

在游击队时，拨给我这个大队的有 80 几个人。到 ×× 时，我因贪污两块大洋，就取消了我大队长的职务，那 80 多个人就加入了红军，我就回家了。

我回来后，蔡树清区长弄我去，他说看在我父亲份上才不杀我。

杨昌庆的干亲家得到的东西，放在他家里，他贪污一些东西，红军走后那人未回来。东西全被杨昌庆得了，所以他发了家。杨昌庆从红军中跑回来后，区长蔡树清罚他买了一支枪。（杨和胜、罗登明 1976 年 12 月 6 日记录整理）

选自中国共产党石阡县委员会党史办公室编：《红军长征在石阡》，1986年8月，第263—265页。

红军在长安乡①

冯锡光等②

石阡县城西13—22华里的长安乡(今高魁乡长坡、太平两行政村),是红二、六军团长征驻县城期间派连队进行革命活动的重要区域,也是国民党基层政权随后对游击队员实行镇压较突出的地方。

1936年1月11日(旧历乙亥年腊十七日),红军占领石阡县城,13日派一连另两个排到长安乡,其中两个排驻姜家山雷德政、雷德华之宅,早出晚归,去外乡的汤家沟、乾田坳、吕家湾一带进行工作,主力连到马鞍山分驻上、中、下寨的谭廷辉、谭朗初(长安乡长)、谭光治等宅。深入全乡十余个村寨,开展打富济贫和组织游击队,播下了革命种子,在群众中留下了极为深刻的印象。

红军初到时,群众由于听了国民党地方政权的欺骗宣传,一部分跟着乡长闾长和富户慌忙潜藏山林。于是红军干战迅速分成若干小组,走村串户,亲切地向在家的群众宣传打富济贫和翻身闹革命等政策,使大家疑虑顿消,潜藏山林的人纷纷返宅。从此至18日六天中,红军采取散发张贴宣传资料,书写标语口号,召开群众会议演讲等多种宣传形式,充分发动群众,激发了农民的革命热情。标语写得最多的是在马鞍山,内容有"打倒土豪劣绅!""打倒卖国罪魁蒋介石!"等,最有效

① 标题有改动,原标题为《高魁乡太平、长坡两村老人座谈红军在长安乡》。

② 冯锡光、冯再群、冯银周、冯应芝、谭其恒、雷德政、杨绍荣,冯登高、冯金祥等口述。

宣传形式是开群众大会，小型座谈会，口头演讲和个别动员。红军中有杨营长到任家山，善于做这方面的工作，使该村 20 多户就有 19 人参加了游击队。

红军驻马鞍山五六天中，打击了谭朗初（乡长）、冯久如（副乡长）等六七户土豪劣绅，吃了他们的粮、肉，分了他们的谷物，发展了 80 来人的游击队。红军临时从马鞍山到县城集中时，多数游击队员由于不知信息等原因，在家未能随行。据十余位老人的回忆，游击大队长是杨树清、冯光忠，队员有杨胜华、黄大泽等数十人。其中 20 多人随军开离石阡，部分编入红军。虽然黄大泽行军经草地途中牺牲，冯登位、汪福林一去无音讯，多数在贵州境内脱队回家，如杨胜淮、杨炳南从黔西返回等，但杨胜华同志历经长征、抗日和解放战争，50 年代转业到中国科学院工作。现仍健在于北京。

红军驻长安乡连于 1 月 19 日从马鞍山到县城集中，一些土豪认定红军不会返回，即向游击队员报复打击，首遭的是大寨自然村冯发生，正副乡长谭朗初、冯久如使乡丁和闾长于 22 日时将冯发生扣押拷打，24 日又抓去游村示众，迫其边走边喊：“大家听着，千万莫学我投靠红军拿东西，如拿了不还，就像我这样。”游完即枪杀于大汇河。同时还扬言，对投靠红军的要“全家诛灭”等。幸而县城传出消息：国民党中央有文件指示，凡红军挠过的地方，财主可以清回失去的东西，但不准随便抓人杀人。否则还会有更多的群众惨遭迫害。但土豪们仍不肯罢休，又捆绑了冯光忠、冯见二及谭光贞之父（因光贞临时逃脱），勒令冯光忠、冯培勋、冯光宽各出 12 挑谷子给冯久如填仓，迫使谭光贞请客（请每户一人吃饭）认错才算了事。

此外，红军离开长安乡的第二天（20 日），有一姓周的女红军欲追赶部队，经由小长坡过朝天马往青岗林走的途中，被甲长冯德山扣留欲加杀害，后恐产生严重后果而未敢下手，将其关押数日，饥饿不堪，至除夕日放出走不远即死于塝塝田。（谭光安 1986 年 3 月

记录整理）

选自中国共产党石阡县委员会党史办公室编：《红军长征在石阡》，1986年8月，第266—268页。

红军游击队情况①

杨昌文②

红军在此住半个月，大约30多人，河对门梁家嘴大约住一连（或者是一个机关），那里有迫击炮、机关枪等。

我父亲杨光辉当游击大队长，后跟着红军去了半把个月才回来，杨麻四爷当游击队事务长（未去），杨汉成当管仓员，队员有毛克清、毛绍清（未跟红军去、现已死）、芦汉轩（现已死）、芦清德（现已死）、杨汉清（未死，63岁，贫农）共约20多人。跟着红军走的有祝万年两弟兄（万年弟叫祝老三），祝万年走到包头，就安了家，后来又回到荆坪，前几年才死的。

跟着红军去的，我们寨有个叫鸡灶妹的（大名杨通达），至今无音信（去的时候是暗中跑去参加的，家里不许他去）。

我当时才十七八岁，每天跟着红军去打土豪，得些花生、板栗来吃。晚上就煮起地主家饭吃。当时我胆子大，想参加红军，人家不要，嫌我年纪小了。

当时打土豪有黄志清、凌晋普、强志新等几家。打土豪分得的谷子，我们都是登记起的。地主凌晋普回来背着马枪，拿大石头把我家碗柜都冲得稀烂，后把每家的东西都收尽了来还他。

---

① 标题有改动，原标题为《荆坪大队杨昌文谈红军游击队情况》。

② 杨昌文，采访时51岁，荆坪大队荆竹小队民兵排长、副队长、农民。

前几年搞“三清三查”听说野猪洞（梁家嘴后面）埋有几个红军，是红军在蒙子坳打了仗走后、流散的红军在梁家嘴被敌军杀死的，但后来没有查出来。（聂孝光、杨和胜 1977 年 3 月 11 日记录，杨和胜整理）

选自中国共产党石阡县委员会党史办公室编：《红军长征在石阡》，1986年8月，第268—269页。

红军驻石阡情况①

杨辅之

红军是乙亥年腊月二十六来的，二十八、二十九两天走的，那几天群众正在办过年的东西。寨上杨衡之的父亲杨文章家住一个班。在这里的活动主要是打土豪。我们寨上是打坎上的杨锡之家（其后代现是中、贫农），余家湾打余福之家，井底下打张家，张家在和平当乡长叫张玉堂。红军来了几天就成立游击队，参加游击队的成员有原来是砍柴的农民，张玉堂抢过他们的柴。成立了游击队，他们就带着游击队长打张家，把张捉到团部（团部住在梁家咀）去斗争，不几天就被枪毙了。红军走后，张家把尸体抬到游击队家里去。

成立游击队有：杨炳奎家两弟兄，杨锡之家吉娃，杨祖发，张香香，张老六，胡老八，老龙戛子，杨方子，彭德荣，前面九人都是去后没有音信，还有杨直之，杨正明、张友发、杨全大四人到卫上就回来了，后在家死的。彭德荣一直解放后才回来，现在花溪葫芦坡红军宿舍五十六号，国家修的房子，那里还住有另外十个老红军。彭德荣现有70多岁了。

在这里还枪毙过一个人，据说是侦探，还是彭枪毙的。

前一两年（1934年），萧克部队过来进石阡，到川岩坝就打散了。第二次是贺龙的部队，住梁家嘴、下屯、新鲜、荆竹、北平公社也住得有。

① 标题有改动，原标题为《北塔乡新鲜大队杨辅之谈红军驻此情况》。

雷屯也住得有，红军在这里扎得宽。祝万年可能就是那次去的，荆竹杨汉成还当过游击队队长。

红军开发的时候，这里一班红军头天走，到雷屯集中住一夜，第二天从雷屯上关口坪去的。（罗敦明、聂孝光、杨和胜 1977 年 3 月 12 日访问，杨和胜整理）

选自中国共产党石阡县委员会党史办公室编:《红军长征在石阡》，1986年8月，第269—270页。

修枪工人参加红军[①]

谭鹤梅

红军于1936年古历腊月十七日到城，腊月二十九日出发走的，水洞门一个姓徐的两口子，当时女的30来岁，徐有40来岁，家里很穷。1936年红军从石关门来城时，参加了红军游击队任小队长，随红军去未回，去前他女人为我们造枪工人洗衣维生。

随我们一起来石阡造枪的湖南人，在当时参加红军的共有七人，记得的有朱义和、何子宜，彭顺松等。除彭顺松外，其余六人都没有下落。

彭顺松1942年从延安回来，回到湖南家乡，打死了嫂嫂后，又回到贵阳做手艺，病死。

打土豪时朱义和分得许多衣物，走时全交申铜匠家了。申铜匠现已死，其妻在思南。

在万寿宫发给穷人衣物。还杀猪叫百姓去吃，许多人参加了红军，知道红军情况有张逸仙、邱云臣、王恒久。

红军住旧县政府、万寿宫、禹王宫等处较多。（杨和胜1977年3月8日记录整理）

选自中国共产党石阡县委员会党史办公室编:《红军长征在石阡》，1986年8月，第270—271页。

① 标题有改动，原标题为《五金厂工人谭鹤梅谈修枪工人参加红军的情况》。

回忆参加游击队的经过[①]

邱树礼[②]

那时平丁寨驻有红军“地方科”的桂科长，未成立游击队。吴满弟父子来发动的，吴是野猫孔的人，两父子都去了，现未回来。他和几个红军来我家说:“同志，你们不要怕，我们是来打富济贫，为穷人报仇的。你们无衣无食，今后使你们穷人过上好生活。”于是我高兴地参加了，在平丁寨吃了几餐饭，又在天主堂、西门口的学校当门吃饭。

我们编入游击队的约 50 多人，有杜家寨的、德苕的，邱家坡有陈德全、杨宗贵，张见狗是铺子坳的（张已在云南安家）。红军在石阡发给我三套便衣。我们游击队的队长是吴满弟。

腊月二十七从石阡出发，驻白沙陈家沟，二十八到龙溪（乡下），当天下午打了一仗，是和正式敌军及保安团的敌部打的，我们一天一夜走了百余里。二十九日住草圹（猴场），三十日打平越，打了四个小时，杀了一个专员，把头砍了，用梭镖插在头上，搁在县政府出来的街口。三十夜住平越。初一上午下大雪，又行军到青杠坡到福泉县。打乌江，两天才过江，自己搭浮桥过的。此后到息烽、修文驻扎，我们没有进城。到遵义也未进城，在乡下住。在此打火线。后到黔西，在黔西共十来天，又到大定、毕节，以后又退转黔西，上青岩到安南至盘县。都是走乡村

① 标题有改动，原标题为《城关邱树礼回忆参加游击队的经过》。

② 邱树礼，采访时57岁，理发工人，住城关东风街24号。

小路，盘县休息三天，到云南的一支孔、寻甸、亦农、沾益、三板桥整顿队伍（轻装出发）。在这里会到炮连的彭科长，还摆一会龙门阵。从三板桥打夜工走杨村，又到镇雄。又夜行军到威信到斑鸠沟，过金沙江，我们在此往返七天七夜。过江后，到四川边界，草坪大鸦山，在此我的脚被飞机弹片炸伤，后来讨饭回来。

我15岁参加游击队的。在黔西时我拨在供给部（担粮食，搞后勤）。在黔西是二军团，在盘县时是六军团。在寻甸时我参加了担架队，排长石玉成（湖南人，左手受过伤）。

参加后我们当时衣内存有暗号是一根带子，发的帽子有遮阳，约有四寸。我们没有旗帜。红军有旗帜，旗是红色，长方形的。

在石阡，红军天天下乡去动员参加游击队，说："你们受压迫，我们来替你们除痛苦，没米、衣我们给你们，打土豪劣绅。"出发那天，我们在坪丁寨集合（寨上有十余人），天未亮就出发了。在石阡打土豪，打了吴立廷、陈鸣皋，街上邱××等。

我回来后，陈鸣皋说："红军崽崽回来了。"我父亲跑去跪着给他说好话，我又去他家当两年帮工。

红军在行军时住群众家，老兵向我们宣传借东西要还，走时要把房子打扫干净。记得在打寻甸时呼的口号是：

"不怕死、不贪财，爱国家、爱百姓。"

"为民族而奋斗，为祖国不怕牺牲！"（杨和胜、吴正光、张锦山1976年11月、1977年10月18日两次采访，杨和胜记录整理）

选自中国共产党石阡县委员会党史办公室编：《红军长征在石阡》，1986年8月，第271—273页。

回忆参加红军游击队情况①

杨宗昌②

我是在当年腊月十七日参加红军游击队的，二十四日通知我到新场成启宇家院子里集中，成家是驻红军。二十四日下午五时左右，开到香树园，宣布在院子中（现晒坝处）吃饭，在田坝头摆两排席。二十六日就开走了。我事前和曾令兹说我不去，曾说明天和他一起回家。所以我和曾令兹未去。

我们这一带大约有 50 多人参加,张玉清（湾里人）当游击大队长。

我是曾令兹动员参加的，当时提出的动员口号是："打富济贫，保卫地方。"我们以为是保卫地方就参加了，寨上杨宗芳参加了，后因他太小，要他爹去，他就才没有去。

红军走后，思南大坝场区的区丁放哨，放到了四湾等地。曾令兹被大坝场的人抓了，有人要杀曾，大坝场的人说："哪个杀他哪个要负责！"结果把曾放了。因曾的父亲在大坝场有熟人。曾令兹躲藏在杨元本、杨元芬家，罗义之弟兄每人各执一把杀猪刀要杀曾，曾从杨元本家翻墙逃走，杨元本保护曾到各地躲藏才幸免。

红军和游击队，在我家煮了一锅阴炒米稀饭做午饭大家吃，还叫了一个和平乡的农民来吃，没有吃完。（杨宗群、杨和胜 1983 年 6 月 16

---

① 标题有改动，原标题为《龙洞乡杨宗昌回忆参加红军游击队情况》。

② 杨宗昌，采访时67岁，龙洞公社前坪大队杨家寨农民。

日采访记录整理）

选自中国共产党石阡县委员会党史办公室编:《红军长征在石阡》,1986年8月,第273—274页。

回忆参加红军游击队①

杨宗华②

红军来时，大树湾参加红军游击队的有书生娃、杨香娃、杨妹娃等，随红军去后没有回来。杨润之到毕节后才回来。杨志贵、杨国正是叔伯弟兄，随军到黔西后自行回家。

枞木湾和杨家寨参加的人有：杨银昌（去后未回），杨海中（解放战争时在淮海战役中被俘后回家），杨春二、杨元凤、杨元本、杨宗方等。鲁家寨参加的有：鲁济福、鲁祖培（此二人去后未回，至今无音信）。

这个游击队，由红军和曾令兹带领（曾当游击大队长），去打了苏梅大孃（毛翼之的儿媳）和毛元明两家土豪。红军还抓了苏梅大娘去荆竹，因当时毛翼之跑了，后来是拿钱去取回苏梅大娘的。之后，还去鲁家寨打了土豪鲁信之，鲁信之把大烟藏在柜子的第二层，被人揭发，结果在他家搜出一挑多鸦片。

在甘子坪毛春柏家有一只公羊，红军到那里，本不打算拉他家的羊子，但毛春柏见红军从下边过路。他在上边喊："你们莫拉我那羊子，那是某区长送我家娃娃的！"红军听了说："啊！你和区长有往来。"于是就把他羊子拉走了。

雷家屯天主教堂被红军搜过，红军走后，教堂和当地土豪进行反

---

① 标题有改动，原标题为《龙洞乡杨宗华回忆参加红军游击队》。

② 杨宗华，采访时63岁，龙洞公社前坪大队杨家寨农民。

攻，捆打当地贫苦农民，有的被打“鸭子扑水”。

红军走后，大坝场区长带人来抓了曾令兹，当时，地主罗义之要杀曾，但大坝场的人不准，把曾拉回来了，原因是曾令兹的父亲曾谷臣在大坝场开过药店，和大坝场区长有交情，所以曾令兹才没有被整。（杨宗群、杨和胜1983年6月16日采访）

选自中国共产党石阡县委员会党史办公室编：《红军长征在石阡》，1986年8月，第274—275页。

回忆参加红军游击队[①]

杨润芝 杨正国 杨宗芳

杨润芝[②]（元凯）：我参加红军游击队后，开到下屯成伯清家，吃了早饭就开走了。那时我们寨上苏梅大娘被红军捉了，曾令兹来动员我说，我们去约一支队伍参加，可能放回苏梅大娘，结果就这样参加了。参加后仍是没有放苏梅大娘，后来是她自己从香树园跑回来的。

我们去时，大约有30多人。随红军出发时走白沙，由滥泥沟到龙溪。到河坝时是搭浮桥过河的，到擦耳岩遇敌堵，到龙溪有千多人堵。当晚摸黑到龙溪，没有得晚饭吃。直到嗓子场过的年。在平越时打了胜仗，得了不少枪，我们每人背两支枪，是半夜打的平越的。到福泉过鸭池河上坡，到石堡寨，后到毕节。到了毕节，我才编到连，我们四师十二团的部队。到了毕节编下连时我就走了。走到城边被国民党部队抓了。被关了26天，我们在狱中烧了牢柱子才跑脱。

在过巴香清水河时，水流急，只能过一人，上有飞机轰轰响，都忙过江，红军在两边招呼，只能一人一人地过江。

在毕节打错一个土豪，后来走了40多里后，又拿谷子去还他家。打土豪时，土豪家有猪就打，如果是农民的都要拿钱。每天要杀几个猪。

---

① 标题有改动，原标题为《杨润芝回忆参加红军游击队》。

② 杨润芝，采访时82岁，住龙洞公社前坪大队。

杨正国[①]：曾令兹在红军要走的头晚上，他装肚子痛，他得了两碗鸦片烟，就跑回来了，大坝场张恒昌（瓮鼻子）区长，带国民党的兵和壮丁抓到了他。抓到大沙坝就放了。到曾令兹屋里搜了一下没有搜出什么东西。

至于张玉清，随军到毕节才回来。

杨宗芳[②]:甘家寨（文新公社）甘培兰也参加了游击队,中途回来，现已 83 岁。

杨润芝：甲戌年西征时，有三个红军，把枪的机柄卸了，去大沙坝找饭吃，被毛区长（毛世超）派人杀在大沙坝的河沙坝。

选自中国共产党石阡县委员会党史办公室编:《红军长征在石阡》,1986年8月,第276—277页。

① 杨正国,采访时64岁,龙洞公社前坪大队农民。

② 杨宗芳,采访时63岁,龙洞公社前坪大队农民。

红军路过石固的情况①

周朝俊②

红军是民国二十四年腊月十六到这里。当天逢石固赶场。人们正摆红军在龙溪口来了，这话刚说，就听见枪响。那时还不知红军来得这样快，大家误认为是土匪，都跑了。后来听说是红军，大家才转来。我回来，听说打倒一个人，原来被打伤的是乡公所的乡丁，这个乡丁，当时背起枪往公社后边坡坡上跑，红军就打中了他。红军进街后，听说被打伤的是一个兵，叫田河清，红军就给他医伤上药。红军走后乡公所把田河清抬至乡公所，不久就死了。

当天红军进场前，见是赶场，怕打伤群众，枪口都朝天打，进街时，先是便衣队，以至进了场大家都不清楚。我们逃出去不久，红军和家里的人都去喊："不要紧，是红军来了！""我们是打土豪的！是打富济贫的，你们快回来！"不到一个把钟头，听到喊话，都回家来了。

红军过三天两夜，腊有十六日、十七日、十八日。有两股：一股从黑水溪，岗鸡屯到这里；一股是十八日由江口闵家场来。后一股是贺兰英的部队，都是女兵。这一股有一部分剪短发戴红军帽子（黄色），衣服也是黄的，都是走路，不大看得出是女的。

在场当头枪毙了一个人犯，是从别处抓来的。在蒲枣圹还杀了土匪

① 标题有改动，原标题为《石固公社石场大队五队队长周朝俊谈红军路过石固的情况》。

② 周朝俊，采访时为石固公社石场大队五队队长。

魏国清，魏当保长，红军在他家搜到些拉兵派款的条据，就把他抓了，走一里把路，就枪毙了。红军当时一边行军一边开会宣传。杀魏国清时，是先开会演说，然后才枪毙的。

红军驻扎的范围很宽，来时住平坝、正冲、陈家、黄家、费家、赵家、蒲枣圹等，差不多沿途左右寨子都扎满了。一晚到亮都在过路，半夜都还有马蹄响，那时官兵都一样，认不出哪个是官。

我家也住有红军，其中一个红军问我姓什么，我说姓周，他高兴地说："我也姓周！"那些红军叫他作周副官，他一进屋就问："这里哪些是土豪？"他们一到就出去打土豪。他们都对我们说："我们是来打土豪，为穷人闹翻身！"红军把地主家的谷子拿来送给穷苦群众。在栏桥，红军把保长黄纯武家粮食挑去送群众赵鳌勋等。后来红军走后，保长黄纯武把赵鳌勋吊起用马刀砍，逼得赵逃到本庄去了。

红军在石固街上捉了土豪赵柱九家女人，捉到坡背才把她放回来。

红军走后，土豪一家都来搜群众的家，翻箱倒柜，许多穷人被整得好寒心哪！

当时参加红军去的有观音宝、杨老二等人。（罗敦明、夏孝光、杨和胜1977年1月7日记录）

选自中国共产党石阡县委员会党史办公室编:《红军长征在石阡》，1986年8月，第288—289页。

回忆红军占领石固的情况[①]

熊昌华　杨登周

熊昌华：民国二十四年腊月十六日，石固正赶场，红军来，过路过了几天几夜。红军是维护穷人，打土豪的军队。可是，国民党反动派在红军未来之前，进行反动宣传。那时石家场是旧区公所所在地，区公所的人造谣说："红军来了要杀他们这些"，强迫派老百姓挖毁去白沙这根路（下铜仁要走这条路），使红军过不来。

杨登周：红军当天进街时，便衣队到区公所就打了几枪，喊："围呀！杀呀！"占领了石固，那些卖粑粑、卖米的，扔了摊子就跑了。

熊昌华：红军就当时喊："不要怕、不要逃！我们是打土豪、保护穷人的。"

我当时没有跑。记得那天红军来时是下午，正齐场。头的天才听说红军还在龙溪口，但第二天下午就拢这里了。来后，群众的东西一点未动，他们主要是打区公所的兵，撵来撵去的打。红军一边打，一边向群众喊话："你们老百姓不要逃，我们是打土豪的。"打一阵后，红军大部队牵起线线来，过了两天两夜。有许多驻扎在这里，把土豪家的粮食扛往穷人家去，把猪杀了煮起喊群众吃。那时这街上财富多，可是红军走后，大地主刘家雄、刘占臣就整这些老百姓，估倒来挑群众的谷子。贫

① 标题有改动，原标题为《石固熊昌华、杨登周回忆红军占领石固的情况》。

农刘正斋家被刘叫人来担去了他家的谷子。

红军快到石固前，国民党进行反宣传，强迫群众挖灶把锅藏在草头，企图不让红军煮饭。

红军走时，我们这里有梁老二和观音宝参加了红军，以后没回来。

杨登周：泥圹大队有人参加了红军，一直没有回来。

熊昌华：我那时是写别人的房子坐，当时红军扎在我家。那时我喂一头肥猪，红军望都不望。他们是杀土豪家的猪，杀后给我们穷人吃。

头的天宣传红军要来了，区长派人调民团到四处堵口，结果被红军打死了一个区丁。

杨登周：红军扎满了石固、楠桥、花桥一带。我们街上杨元芝当时是土豪（即徐万年的妻子），红军把他妈抓下石阡。不久，红军派一个姓魏的人（大约 30 多岁，因红军驻扎他家），来给徐家送信，叫他家拿 124 元大洋叫我去石阡取回。魏家在石阡北门坡摩锣坐，红军住在那里，到了魏家，只见两边搭灶，杀了牛在熬牛肉。红军住在魏家堂屋两边。我去时是红军一个指导员接头，交了 120 元，就把杨元芝放了。当时姓魏的吃大烟，红军也没有吊她。我们取了人，怕沿途驻扎的红军不准通行，红军的那位指导员还给了我们一张条子，沿途红军见了那条子，就让我们通过了。

杨元芝心太狠，那时我一家大人娃娃全靠我，又是数九寒天，我去取时，拿的 124 元，当中我取四元做我的盘费，但把她取回来后，她硬逼我退还那四元钱。

熊昌发：红军在孙家坳蒲枣圹捉了一个保长叫魏汉清，抓到孙家坳枪毙的。

杨登周：那时是崔廷相当区长。

熊昌发：崔廷相是石阡狮子桥的，一个大胡子，现在这人还在，我今年 4 月开会去过他家。原来在这里当区长，和刘占臣搞不拢，被刘家整走了，还逼他出了许多钱。原来石家场是刘直青的区长，后来崔带一班人接刘的事。

当时红军过这里，听说是朱德、贺龙的部队，那时丢了一个娃娃在这里，现在还在。

红军来了，要是你家没米，红军晚上就给你担来肉、油、盐、米。

我们这里有个叫孟子云的，当过区丁，打过红军，解放后去受过训。

红军来在公鹅坳板桥山和国民党湘军打了一仗。两边架起机枪，有一次在凯峡河打一仗，两次国民党都被打败了。

熊昌发：红军走后，国民党湘军来了，在牌坊、大坡梁子、黄瓜荡、干鱼圹等的堰堰上，砍大斑竹筑碉堡。派人站岗哨，把各地竹子都砍光了，还派群众扛送。

红军来的路线：龙溪口—朱家场—马鞍山—关河—岗鸡屯—云盘坳—大海溪—乌苞洞—欧家湾—石家场—大平—正冲—栏桥—凯峡河—坡背—梁家屯—黎家湾—花桥—白岩湾—段家湾—石关门—石阡。（罗登明、聂孝光、杨和胜1977年1月8日记录，杨和胜整理）

选自中国共产党石阡县委员会党史办公室编：《红军长征在石阡》，1986年8月，第290—292页。

红军经过白沙化塘情况

黄祖相[①]

乙亥年腊月二十六日（1936 年 1 月）上午 8 点钟左右，红军一部到达，从我家环边追击逃跑的土匪曾凡礼所带的残匪。一直追到王家寨去了。当时，我才六七岁，父亲背我跑上坡。

中午我父亲黄敬臣给红军主力部队带路，带到翁开，红军向他打听曾文焕家住址，并要他带路到王家寨。当天晚上带到王家寨，并在王家寨宿营。红军又问我父亲，前边还知道什么地方，我父亲说只晓得去河坝的路。结果我父亲带到河坝后，红军就叫他回家了，父亲去了一个星期才回来。

红军是二十六上午来，过了三天三夜。

红军从这里走河坝是两路：一路是三堂—包马坡—小岩—白沙街上—白马—龙塘嘴—谷米寨—猫猫沟—寨口—化塘—泗平—翁开—指甲坪—王家寨（两路在此会合）—马家屯—七岭（苗坡）—河坝（苗坡脚下是三角庄）。

另一路是由均田—花柳田—瓮仰—羊角山—指甲坪—王家寨（两路会合）。

当天，一部分红军驻满了我们寨子。晚上四处站岗放哨，住在

① 黄祖相，采访时48岁，民校教师，白沙化圹人。

我弟黄祖武家的红军，通知驻各地的红军开会。我去看，被红军喊出来，不叫我看。住我弟家的房后安有大炮。第二天早上天还没有亮就开走了。

走后三天，我捡得一根白铜斗斗的破烟杆，还得一个帽子，帽子不像是红军的，一个大盘盘。

事后，听人说，曾云焕等红军走后回来时，见他门上挂有一张条子，红军写的。条子上写着："要知以前事，中堂壁上看。"结果曾文焕见屋内中堂挂的对联的移动处，揭开一看，身边有一张条子。他就放在怀里了，条子的内容以及后来怎样我都不清楚，是听人说的。

红军遇害情况：

过我们这里，有四个红军掉了队，被箱子坪保长杨敬臣的保丁抓住的。其中一个红军，杨敬臣把他捆在化塘寨的岩上洞口门前的一根五倍子树上。有人要这红军唱国民党的国歌，他拒绝说："我不会唱。"于是他唱了一首《国际歌》，一些群众感叹地说："这是一个真的红军。"后来杨敬臣又把那位红军捆起，用三块大洋请了当地一个刽子手叫王敬宣（已死），把红军拉在苗坟堰（即我家后面堰坎上）残杀了。杀时，先给这个红军的饭吃。不久就吊在一根茶子树上，王敬宣先杀了一杆子，那红军愤怒地说："你们要杀快一点！"结果王又杀了几杆子，那位红军才英勇牺牲。杀后胡乱埋在那里。以后，由罗世臣（化圹人），在黄祖武家坎坎上坐，迁在这个岭岭上朝白沙方向。解放后成立农会时，我们去磊了坟，是否立碑，不知道。当时这是四个当中的一个，另外三个据说也遭惨杀，扔在独羊角消坑头。

现在，轿子顶也有两所红军坟，其他地方还有。1953 年，乡里还去磊过坟，具体地方，支书王恒德知道。他现在黑山沟。知道情况的还有陈心全（相子坪大队三队）、王华轩（六队，70 岁）、何帮兴（四队，80 岁）、彭玉臣（化圹支书，60 岁）。关于甘溪事件可找彭玉臣、陈兴全，他们知道一些。（杨和胜、贺世凡 1977 年 10 月 20 日访问，杨和胜整理）

选自中国共产党石阡县委员会党史办公室编:《红军长征在石阡》,1986年8月,第293—295页。

回忆民团被红军俘虏的情况[①]

景河清[②]

1928年（民国十七年），我的外甥杨海云介绍我到龙圹王晓凡那里去当厨师，为他办海参席。王晓凡当时是一个老赌二，他在张家寨占有300多挑谷田，因他赌钱把田地输光了。他就请了本区的联保主任、保长豪绅等来赴会，每次办一次筵席，每个帮他15块大洋，名叫起“会”。有的人帮过头会就算了。因此我经常在他家办海参席。大约整了四五年，共有30个人始终办下去。这样，他就把输去的田也取回来了。以后，他当了区长，叫我在他手下当班长。

民国二十三年，听说红军在印江来了，石阡县长（姓刘）调集各区区丁守县城。当时我们龙圹属九区，调来三班人，30多支枪，由刘华安带队，来后驻扎临江楼。那时，除一区区长陈鸣皋亲自带的二三百人外，其他如白沙（七区），宋国丰带三班、聚凤曾凡礼三个班、平地（十区）三个班、五区国荣三个班、甘溪蔡树清（亲自带队，用滑竿抬来）三个班、花桥都有人，总计约四五百人。守了十多天，后听说红军到某某地方去了。各区才调回各地。去守自家地方。

天刚亮我们就吃早饭，出发走杜家寨，到杜××家，杜和他老婆正在床上吹大烟，要叫我们给他家带三口箱子往龙圹跑（箱内装花钱）。

① 标题有改动，原标题为《景河清回忆民团被红军俘虏的情况》。

② 景河清，采访时85岁，城关公社红旗街人。

我叫几个兄弟扛，大家摆，他家太吝啬了，有腊肉炕起都不弄点我们吃，我只好自己动手扛一箱，其他人扛两箱，扛上坡又扛不起，好不容易扛到龙圹老娃屯洞头。后来县长又命令我们一区的人扎守蒙子坳。我这个班就扎在蒙子坳岩上一个洞头，洞里还有些百姓躲着。有天红军来了，就扎在岩上、岩脚。在那里下操、煮饭。我们躲在那里不敢动，不到两点钟，红军就冲上来了，打了几枪，吓得我们那些区长、队长落了魂，一听枪响，这些头头没命地跑了，结果，只剩我们当兵的在那里。王晓凡吓得走不动，累得嚇一嚇的，还由几个人扶起他直往凉水井、大路平方面逃跑（当时王才 40 来岁），有的红军也往那里追。

当天我们在岩上林林头，那些头头们跑了，也不通知我们一声。我叫黄炳清守着，我跑去偷望了一下，看见了红军正在搜索，我就倒在田坎上，几位红军就包围了我，红军边喊:“不要跑，不要跑！”我要求说：“红军，我把枪缴给你饶我吧！”我就把枪交给了红军。当时红军还抓到两个土豪，一个是保长，一个甲长，另外抓了几个民团团丁。当时，由蒙子坳把我们送到天堂寨，红军在茶腊土太阳庙那点，把抓到的保长枪决了，走到太阳庙才把我捆起。那时抓住我的红军，向在太阳庙的红军领导（营长）报告说：“报告营长，抓到几个土匪！”营长说：“叫他们过来。”营长问我：“你姓什么？”我答姓景。“住什么地方？”我说我是石阡的人。营长问我：“为什么到这里来？”我说：“报告营长，我是个干人，我没有租地，我帮他们煮饭，他们叫我来的。”营长听说了就叫我坐下来，问我：“你拿的什么武器没有？”我说他们病了，交给我一根夹板枪，刚才被俘时，我缴给你们红军了。营长立即问那几个红军得枪没有，那几位回答说已经得了。接着就叫我们被俘的五六个人蹲在那里。天黑了，营长命令红军说：“把他们送到师部去”，接着十四五个红军背着长短枪，押我们从滩上过桥到北塔孙家寨吴吉山家，司令部就在那里。一进屋，前面一个红军班长进屋向一个红军首先报告：“报告帅长，我抓住几个土匪送来。”那师长有 30 岁，坐在火盆上办公说：

“带进来！”我进去了，师长同样问我姓什么、哪里人、家里有多少租子等。我说:“我是城里人,原也住孙家寨,我是个干人,帮人当厨师的。”师长很好，他问完我们五六个后，就叫把我们的绳子松了。后来师长又叫把我们送在冉家坟吴家，那里住红军的机枪连。到得天亮时，听说军部要开发，吹号开饭了，叫我们也吃饭，我没有吃，走时仍走寨蒙。前卫部队到三堂，在关口坪时，土匪曾凡礼带二三百人妄图阻红军，被红军打得落花流水，一路追曾匪部队打。走时我们四五个俘虏仍有红军看守，我们和部队一路。有一位红军说：“老乡，给我背这个包。”大约十多斤。到二堂时，我还见在当地杀了两个企图逃跑的人，经三堂到白沙已经天黑了，休息了一下，出发到指甲坪宿营。第二天早晨，吃了早饭后，连长说:“把这个人放回去。”又给我一些干粮（锅巴）。我当时说：“给我一个路条，我怕路上有人经绊我（盘问）。”连长说：“不要紧，不要手续。”结果我一个人回来，路上确实没有人经绊我。第三天我写了封信给王晓凡,说我没有死,回来了。送信时,区公所门关得紧紧的,还怕红军来，连送信人也不让进。信从门缝缝递进去。可是王晓凡是个怕死鬼，奸猾，他不在区公所而躲在老娃屯洞头。后来才告诉他，他见了我,高兴地说:“好了,好了,叫景妈妈不要哭了,景河清回来了……”原来我被抓后，许多人说我被红军杀了，我老婆吓得要死，又气恨，一气跑到王晓凡那里，哭闹着要王区长还人，我老婆说：“生要见人，死要见尸！”弄得王晓凡莫可奈何，他又怕红军，又不敢生我老婆的气，只好胡乱哄着,“没有死,你丈夫会回来的”。这下我回来,给王解了围。

丁品三是唐周珍的脚脚，红军来时，丁品三代区长，他派人送信，被红军抓住送信人，了解到他也是代区长，还收捐，所以红军一到走马坪，丁正在搜刮百姓，红军把丁抓住，马上请示红军一个长官，那连长说：“是恶霸，杀了！”于是在走马坪把丁品山枪毙了。

1934 年的九十月间，不知是哪一天，国民党湘军过龙圹来，要叫我们区的引路，命令各保分兵集中 30 人，我和 30 人一路，师长问我们:

“三台坡有好远”，说了后，他们就在三台坡槽槽里埋伏，安机枪，命我们去守晏家湾一带。当天在三台坡十多挺机枪打，红军损失不少，有的到金家山（梁昌顺家后一个洞），那里牺牲很多。

打了三台坡后，敌五十三师就到圹头、下思南，王晓凡还拿了一匹好骡子去和师长换了一根快慢机，30发子弹。其实是那师长想王的那匹骡子。王不干，后来王怕得罪师长，只好抓陈文斌牵了骡子去圹头换的。

选自中国共产党石阡县委员会党史办公室编:《红军长征在石阡》, 1986年8月, 第295—299页。

红军打土豪的情况

聂文科 ①

（红军）民国二十四年腊月十四的天到这里，十八的天开走的。红军来的头天聂文秀家接媳妇,我去帮忙,没有睡觉。第二天我在家睡觉，红军就来了，打我家的土豪，拿去了四五斤鸦片，百把封毫子，原来杀的两头猪炕起的，红军拿去吃了。仓里有三四百箩谷子（我家有五六百箩谷子的田），红军吃了些，穷人挑去了些，又把我捉去。红军当时捉到我没有打，有个主任（20 几岁）问我："你家有些甚么东西，有好多钱？"我说：没有甚么东西，没有钱！"他说："没有钱那不行！"后来就说要带走。我父亲请张海山（是湖南人医毛病卖药的）去说，红军说要 40 块大洋去赎,但筹不到钱,因为当时有钱的都跑光了。主任就说：没有钱就要带人走。后来就把我带着一起走了，和我一起走的有个叫梁明成的，也是地主，有二十三四岁，到黔西才放我回来。他也和我一道放回来了。放我们时是在黔西开大会，贺龙讲话说："这个案子必须放他转去（大意）。"我想我当时年龄小（才 14 岁），做不到哪样事，所以他们就放我回来。开过会后，营长就把我们放了，当时我们向他要张条子，怕路上受拘绊。他说用不着条子，也没给我们钱，我们就回来了。也放了部分回来，有的年纪大了走不得放回来的，也有的拿钱去赎放回

---

① 聂文科，采访时58岁，花桥乡花锋大队马安山生产队人。

来的。

在这里是二十六日的天捉到我的，二十七的天到平地，歇周建林家。二十八歇龙溪，连夜打晚走。从平地到邱家坡到关口坪，有两三万人走，到龙溪天大亮了。二十九在龙溪吃早饭后又走。到平越就过清镇，在黔西个把星期，白天可以自由去玩。平时，他们有饭吃我们也有饭吃，行军时，也没叫我们拿东西，吓是吓我们一下，但也没有打，也没有骂过我们。

红军住在这里时，从白岩弯胡家、花桥直住到平地。

红军对待穷人和对待土豪劣绅不同。到瓮安牛场，有个红军没有碗，去拿贫雇农的碗，连长看见就批评他，他就拿还了。穷人的茅草都不许绊一根。

在黔西开大会，贺军长讲话，我看见过他，他个子很大（有我们普通人两个身材大），穿个黄外套，背一节大连枪，一节小连枪，有点三水胡，骑匹黑骡子，他讲话时旁边还有背连枪的。

红军晚上走路是打电棒，不过比较少，不像现在这么多，有的打火把。

我家有五六百箩谷子的田，我父亲叫聂宗云，我家当时请三个长年，零工一天要两个。红军走后，有的穷人把粮食挑来还了。我听老人说，不要去要，他想得到的就还，想不到的就算了。

参加游击队去的有：梁金林、麻志林（浑名，他姓聂）、聂必林、聂长林、聂志香去了未回来。

花锋五队有：蔡必仲、蔡必发、蔡明芳、蔡炳二、蔡建娃等，去时都才十六七岁，去了未回来，蔡岩山去了又回来，现还在。花锋三队聂石桥去了未回来。（罗登明、聂孝光、杨和胜 1977 年 1 月 12 日记录，杨和胜整理）

选自中国共产党石阡县委员会党史办公室编：《红军长征在石阡》，1986年8月，第299—301页。

红军长征歌

蔡仁声

民国二十四年（1935年），我在芷江黄甲街，看到红军长征部队胜利地进入芷江，斗志昂扬，战歌嘹亮。那时红军一部分驻扎在黄甲街教会内，唱着长征的歌曲。当时我很年轻，好奇的心促使我在旁静听。不久，就学会了两支战歌。迄今虽已50余年，但当时那雄伟的场面，英雄的气魄，嘹亮的歌声，至今仿如昨日。那两支长征战歌，也记忆犹新，今将它抄录如下。

其　一

工友们！农友们！英勇红色战士们！亲爱的劳苦群众们！准备作猛烈地向着国民党冲锋，消灭那万恶的敌人！共产党领导，苏维埃指挥，最后胜利归我们。我们要坚决地拥护苏维埃政府，完成中国革命！

其　二

枪儿刀儿在我手，向前杀敌莫停留。我们要把红旗飘扬遍全球。杀！杀！杀得赤血横流，革命精神倍抖擞。枪儿刀儿在我手，向前杀敌莫停留，我们要把红旗飘扬遍全球！

选自中国人民政治协商会议湖南省新晃侗族自治县委员会文史资料研究委员会编:《新晃文史资料》第1辑,1987年12月,第89页。

红军过仙桥

代仁值① 周海清②

1936年1月26日，红二军团攻破平越（今福泉）县城，在打死专员聂恍之后，于27日清晨离开平越县城，途经杨义司、粑粑箐，与从牛场方向来的红军六军团在此会合，并一道向仙桥、龙里方向前进。

28日红军到达清水江渡口，在当地老船工周海清的热情帮助下，先后迅速架起两座轻便而简单的浮桥。红军部队顺利过江，快速向龙里县境的水尾方向挺进。

2月25日下午，红军先头部队经粑粑箐、梁家铺到达仙桥街上，平时在这里作威作福的国民党自卫军也逃得无影无踪了。由于当时群众对红军还不了解，因而在红军未到仙桥时就几乎全跑光了，街上唯一只剩下余培清父女和代仁直三个人。

红军进入仙桥后迅速占领了自卫军的碉堡（过后把碉堡烧了），并占领了各个路口。红军当时把躲在山上的穷苦百姓动员回家来，还在鸡场、兔场开展打富济贫活动。

26日上午，红军打开了恶霸地主代仁慈家的两间粮仓，把谷子抬去分别送给穷苦农民，大部分是红军直接挑到家的。红军还把地主家的衣服分送给穷人。并杀了代仁慈家的两头大肥猪，第二天，红军大部队

① 代仁值，口述时72岁。

② 周海清，口述时81岁。

来到仙桥街上，部分红军就住在仙桥，他们用棕片扎成刷子，醮红土和墨水在墙上写上了许多标语，有的保存到现在还清晰可见。

红军大部队在仙桥街上住了一晚就出发了。为了顺利过江，在往清水江前进的道路上，经茅草坪陈海清家便把马棚拆了，将木板等材料全部抬到清水江渡口架桥。

红军用木料在清水江上架浮桥，当时因为木料不够，就在老船工周海清家借了两把斧头，在山上砍了七八根大杉树，才把桥搭起。由于人多，桥窄，部分红军不得不从江中蹚过，江水虽然平稳，但淹齐腰深，给红军大部队过江带来了困难。于是，红军又在清水江渡口下游30公尺处，用桌子等物又架起一座简便浮桥。

红二、六军团就是从这两座浮桥上整整过了两天才过完。

选自黔南布依族苗族自治州史志编纂委员会办公室编：《红军在黔南》，1983年12月，第249—250页。

我们都是贫苦人

刘启文①

民国二十五年正月初二，天没有亮，红军就到了平越城外，等天亮才攻城。我听到枪声响了一阵，红军就由大西门冲到街上，随后大部队就进城了。

当时，我住大西门，煮酒、打粉卖，家里盆盆桶桶很多。红军来了一排人住在我家，带队的排长是湖南人，是个高大汉子。红军穿的衣服多数是青的，有穿棉衣的，也有穿单衣的，戴的帽子都是青的，帽檐很长；脚上穿的有球鞋、布鞋，有一部分是穿草鞋，还有打光脚板的。

正逢过年，那早上我家正煮粑粑吃，就喊他们拿碗舀粑粑吃，他们不吃，我就拿碗来舀好端给他们。他们说："老乡，我们都是贫苦人，老百姓的东西我们不能随便要、随便吃，要给钱才能吃。"我说："粑粑煮好一大锅，不吃不行。"红军战士个个就把铜钱甩得满灶头都是，这才端起粑粑吃。我家又烧热水给他们洗脚，腾出房间给他们铺铺，人多了睡不下，又把堂屋腾出来铺成通铺。那天下大雪，天气很冷，我家打粉卖每年杠炭很多，就在堂屋中间烧起一大笼炭火给大家烤。

到了晚上那些兵都睡了，只有排长一晚上都没有睡觉。他大概相隔一两个钟头，就去看看战士给他们盖被子，或到外面去看看情况，有时

① 刘启文，口述时76岁，住城关公社大西门。

又给我讲红军是共产党领导的军队，是为解放贫苦老百姓的队伍，要打倒蒋介石、镇压贪官污吏、恶霸地主，有时又摆起家常来，他劝我跟他们一起去当红军。我说：“我要在家照顾老小。”就没有去。

第二天红军要走，天刚亮就起来把背包打好了，捆的捆草，扫的扫地。我说：“先生们，你们不要搞，搁倒搁倒，等我们来搞。”红军说：“我们在哪里住，都要打扫干净。”在临走的时候还说：“我们去贵阳不久要转来的。”（兰正林整理）

选自黔南布依族苗族自治州史志编纂委员会办公室编：《红军在黔南》，1983年12月，第254—255页。

一把“红军刀”

罗惠龙

1936 年阴历正月初三的一天，大雪纷飞，国民党平越专员公署的公职人员、保警兵、壮丁都像惊弓之鸟，望风逃窜。那天只听见几声枪声红军就进了平越城。天很冷，一个个红军的衣服都湿透了，有一部分红军来到了罗惠龙大伯家，罗大伯又是烧火，又是烧茶烧水，又到邻居农民家中找来稻草给战士们铺床。红军战士们向他讲解红军的政策，和他摆家常。晚饭后，有的站岗，有的放哨，有的围着火堆，战士们有说有笑，一直到深夜才睡去。

第二天，天刚亮，寒风呼啸着，战士们又起床了，有的忙着挑水，直到把大缸挑满为止。有的打扫卫生，把屋里屋外，收拾得干干净净才背着背包出发。临走时红军送给了罗大伯一把刀，把这刀，一直珍藏了 40 多年，1978 年才送给福泉红军遗物征集组（同年送贵州省博物馆展览）。（刘月冰整理）

选自黔南布依族苗族自治州史志编纂委员会办公室编：《红军在黔南》，1983年12月，第255—256页。

三件皮大衣

李志远 ①

红军过平越（今福泉）县城，是民国二十五年旧历正月初二（1936年1月26日）。那时我在陕西省做生意，给家里买了三件皮大衣。抗日战争爆发后才回家来。

我到家后听我父亲（李芷煊）说："民国二十五年红军到平越，当天下午有几个红军来到我们家，见屋里有三件皮大衣就拿去了，并把我也喊起去。红军就带我到中街杨木匠家（即现在印刷厂），在一间房子里，有几十个本地人。过了不久，红军就一个一个喊出来问，问清楚了，就叫走。又过了顿把饭时候，就喊我出来问：'你是做什么的？'我说：'我做农业，我儿子做生意。皮大衣是我儿子买的。'问清楚后就喊我走，并把两件皮大衣还给我。我一看还有一件黑皮大衣，就没有走。有一个红军问我：'叫你走，你还不走？'我说：'我是三件皮大衣，只得了两件。还有一件黑皮大衣。'那个红军去查了个把钟头，拿回那件黑皮大衣，问：'是不是这件？'我说：'是。'就抱起三件皮大衣回家了。"（兰正林整理）

选自黔南布依族苗族自治州史志编纂委员会办公室编：《红军在黔南》，1983年12月，第256—257页。

① 李志远，口述时78岁，城关公社东街大队人。

三双布鞋

周德荣[①]

1936年旧历正月初二清晨，我起来一看，大雪已下齐腿肚子深了，还纷纷扬扬地下个不停。昨天人们传说今天红军要来攻打平越县城，怎么一点动静也不见，刚想到此，只听得响了几声枪声，再一看，县城周围碉堡上有人影晃动，才知道红军早已占领了各要道制高点。由于受了国民党反动派宣传的欺骗，我们全家人顾不得收拾细软，慌慌张张拖儿带女往东门大坡跑去。路又小，雪又大，不时摔倒在田里，爬起来又跑，我感觉脚有些冰痛，一看鞋全湿了，这时我才想起家里还有两双新布鞋，一双旧布鞋放在家里鞋架上忘了拿来，现在有一双鞋就好了。

我们跑到山半腰一户人家，但迎出来的却是一群红军，我们已经无路可跑，只好硬着头皮，看他们怎样对待我们。谁知几个红军却笑容满面地招呼我们进屋去烤火，一个年纪较大的红军安慰我们说："不要怕，我们是穷人的队伍，不拉兵，不派款，我们专打国民党和地主恶霸，你们放心吧，坡上冷得很，好好回家去看家。"经他这一说，我们恐惧的心放下了。这时我才敢朝他们扫了一眼，他们有的光着头，有的穿一件单衣，有的穿一条齐膝的裤子，有的穿草鞋，还有的打赤脚。顿时我又想起我家屋里的三双布鞋。

---

① 周德荣，口述时67岁，为城关公社北街大队农民。

下午我回到家里一看，屋里住满了红军，一个红军迎过来问我：“老乡，这是你的家吗？”我问答是。他又说：“真对不起，我们有个同志的脚受伤实在走不动，拿了你家一双鞋给他穿。”我一看放鞋的地方确实少了那双旧布鞋，而放了一大堆鸦片在原处，起码要值几双鞋子的钱，我看到还有几个打赤脚的红军，就赶紧把两双新布鞋拿出来给他们，他们推托了半天谁也不愿穿，我无法，只得罢了。

第二天天还没有亮，红军同志就已把屋前屋后打扫得干干净净，向主人告别了，我赶紧起来又把两双布鞋塞给他们，他们怎么也不收，打了招呼匆匆地上路了。看着打赤脚的红军哥踩着积雪一步步离去，我心里直感叹：红军真是好人哪！（蓝有富整理）

选自黔南布依族苗族自治州史志编纂委员会办公室编：《红军在黔南》，1983年12月，第257—258页。

一床棉被

王宇舟

1936年古历正月初一，牛场街上各家各户都在欢度一年一度的新春佳节，红军像天兵一样突然降临在福泉县（平越）的牛场街上。红军个个身穿粗布衣，头戴布帽，被雨雪淋得全身都湿透了，可是他们不顾疲劳，不换衣服就去抓了恶霸地主王绍奎等，并打开了粮仓，把这些恶霸的粮食分给了群众。红军有的在街上宣传政策，有的在给群众分粮。贫农王宇舟看到红军部队却与国民党军队完全不同，便主动邀请红军到他家。二军团红军某连连长，进到他家后，见王宇舟家里十分贫寒，就把一床随身用的棉被送给了他。王宇舟从小随父母帮人种地，有上顿无下顿，活了20多年，没有盖过一床被子，更没有人怜悯过他，他接过连长送给他的棉被，感动得说不出一句话。这一天，王宇舟又帮红军杀猪、做饭，忙了一天，第二天又给红军带路，直到红军离开平越，王宇舟才挥泪与红军分别。

这床浸透着军民鱼水情的棉被伴随着王宇舟度过了半生，1978年，福泉县文化馆把这床棉被送省博物馆展览。（刘月冰整理）

选自黔南布依族苗族自治州史志编纂委员会办公室编：《红军在黔南》，1983年12月，第259页。

红军攻克瓮安城

庹海清 ①

红军两次打进瓮安城。头一次红军进城，我不在家。红军第二次进瓮安城，是民国二十五年的大年初一。那天，我正在家烧糯米粑吃，外面突然响起了枪声，听到外面吵嚷着说红军进城了。我心里很害怕，就慌忙拿了个粑粑，跑到坡脚的一家去躲，我就坐在坡上看到红军进了城。

直到天擦黑，我才慢慢回家来。一进家门就看到屋里坐满了红军，正在吃饭，我正要回头走开，红军就客气地招呼我坐，当他们知道我就是这家房屋主人时，又添饭让我吃。

那年红军进瓮安，病号、伤号很多，红军一走，国民党回来就杀了几个。有几个红军的伤病员被陈开全（当时厘金卡子总办）支派到煤厂去，就没有被杀害，因为他做了这件好事，就没有被杀害。陈开全有罪恶，解放后原判了七年徒刑，因为他做了这件好事，就减为三年徒刑监外执行。当时还有一个当差的叫苟福安，也收留了一个小红军，后来这个小红军回江西去了。还有一个留在本地的红军，叫谢银开，现住玉华公社。（刘昕 1971 年 4 月记录整理）

选自黔南布依族苗族自治州史志编纂委员会办公室编：

《红军在黔南》，1983年12月，第133—134页。

---

① 庹海清，口述时为大山头生产队队长。

毕节中心县委[①]

李国斌

1936年2月，我军长征路过贵州省毕节县。我大概是2月18日到毕节的。当时，任弼时同志找我谈话，要我任黔大毕中心县委书记。谈话时有六军团政治部副主任张子意同志在场。

任弼时同志指示：中心县委的主要任务是发动群众打土豪，没收地主的财物分给老百姓。

我们中心县委（主要是群工部的一摊人）当时组织了四个工作组下去工作，三个组到农村（都是离毕节城一二十里的地方，地名记不清），一个组在毕节街上。四个工作组的同志的姓名大多记不起了，只有一个外号叫毛狗的负责街道组，有一个叫尚有明，现任北京三机部副部长。工作组的任务也是找当地的群众，建立党组织，主要还是要依靠当地地方组织把中央政策同他们讲，我们指导他们去打土豪，分地主的东西。派去的工作组通过发动群众，在毕节建立了几个乡政府，但由于我们在毕节的时间不长（大概三个星期），很多事情和地名记不清了。（朱启荣采访，朱小华1985年6月28日记录整理）

选自中共毕节地委党史办公室编印:《红军在黔西北》，1986年3月，第204页。

① 标题有改动，原标题为《访李国斌谈毕节中心县委》。

毕节中心县委的活动[①]

杨杰[②]

红军到毕节三四天后，我到夏曦同志处，他写了张条子叠好后交给我说：要我拿到县委去报到，县委安排我的工作。我拿起夏曦同志写的条子，就到县委去报到。住址是在福音堂对面吴家祠堂的右厢房里，那办公室里有几个红军，摆了几条板凳，铺了几张床，有二张桌子，烧了一笼火，几个红军就在这里办公和煮饭。交了条子给红军看后，那个看条子的红军对我说："你以后每天到这里来。"我的工作就是提着桶满街写标语，另外就是向群众作宣传。

红军要走的头几天一个早上，我到县委后，有一个同志就安排我，要我逐家逐户的去通知群众，每一家准备一个灯笼或火把，晚上在小教场去参加抗日游行示威提灯会。我负责通知的是威宁街至沙石路这一段街道。到会的那一天下午约五六点钟时，在现在的桥边饭店门口那里遇见了邓止戈同志，他很匆忙。见到后他要我搬到抗日救国军司令部去住。我说现正在组织群众晚上开提灯会，明天搬行不？他答行，然后又匆匆忙忙地走了。

晚上在小教场开会，会后就游行。前面是红军，队伍的排列后面是

① 标题有改动，原标题为《杨杰同志谈毕节中心县委的活动》。

② 杨杰，又名杨慎物，长征时系贵州地下党员，原在毕节地区农机厂工作，采访时已退休。

群众。我是领导群众呼口号的。游行的路线从水东门出来，走箱子街，上古道路，到南门口、威宁街，到南关桥处队伍就散了。

第二天清晨，我起床后红军不见了。四处打听，才知道红军已经走了。我就追，但只追到流仓桥，就遇见了国民党的队伍，我就只好跑回家躲，就这样与邓止戈同志、红军失去了联系。

在县委工作的时间，我只知道按安排的去做工作，其他的比如县委的工作任务、组织领导分工等都不知道，就连红军同志的姓名，现在也记不起了。（邱亮、李东升采访，李东升记录）

注：杨杰同志补充说明：

（1）关于我在红军建立的毕节县委工作的问题，我历来向组织报告的材料中都只说我当时主要搞的是群众工作和刷写大标语。1984 年宁起枷同志来毕节时，和他闲谈中，他问我搞的工作是谁安排的，我说是红军成立的县委，他说：这是个重要情况。你好好回忆一下（当时糜崇习同志在场），可是原来我未注意这情况，现在时间太久，详情更记不起来了。

（2）当时我还听说红军主持选县长，先选段光明，后又改选挑水夫朱子清。

1985 年 9 月 28 日

选自中共毕节地委党史办公室编印：《红军在黔西北》，1986年3月，第205—206页。

回忆和红军在一起的日子

曾维新

伟大的长征，以我们的胜利，敌人失败的结果宣告结束。今年是红二、六军团长征至毕节50周年的喜庆日子，我们的祖国正处于建国以来经济、政治形势发展的最好时期之一，党又带领着全国各族人民进行新的长征。抚今思昔，感慨万端。逝去岁月中拨动心弦的往事始终历历在目，具有历史意义和现实意义的壮举才会铭刻在心。当年万里长征的英雄事迹和历史功勋将永远激励着亿万人民奋勇前进，去攀登新的高峰，实现本世纪末的宏伟目标，夺取新长征的伟大胜利。

(一)

1936年2月初，中国工农红军二、六军团抢渡乌江上游鸭池河，一举占领黔西、大定（今大方）。此时，毕节专、县的国民党政府官员惊慌失措，纷纷潜逃。9月，红军在地下党的配合下，一枪未放便进驻了黔西北重镇——毕节。

毕节虽然偏僻落后，但革命影响却是深远的。1933年冬，以抗日救亡运动中的积极分子为骨干的“草原艺术研究社”，用各种文艺形式宣传抗日救国，焕发了民众的爱国热情。1934年1月贵州地下党毕节支部的成立，把抗日救亡运动引向纵深发展，党的抗日民族统一战线更加深入人心，广大人民群众对中国共产党领导的红军有了进一步的认识。因而，当红军到达毕节时，城内大街小巷张贴着各色欢迎标语，拥护中国共产党和工农红军。城里各阶层进步人士、贫苦大众和青年学生，汇集到五龙桥、望城坡一带去迎接红军入城。我也满怀喜悦地参加了欢迎的群众行列。红军踏着整齐的步伐，高呼“团结起来，共同抗日！”、“发动干人，打富济贫！”、“工农联盟军，大家一条心，打倒土豪和劣绅！”等口号，雄赳赳地走在路中间。马路两旁挤满了人群，他们笑语喧天，一阵又一阵地鼓掌，还放起了鞭炮。红二、六军团占领了毕节，全城一片春色，沉浸在欢腾之中。

红军进城后，立即颁布了《中华苏维埃人民共和国川滇黔省革命委员会布告》。当晚，二、六军团政治部主任夏曦召开了各界人士参加的大会，指出川滇黔省革命委员会是反蒋抗日的革命政权，其战斗任务是扩大抗日武装，建立民族统一战线，以求得中华民族的解放。川滇黔省革命委员会设在百花山福音堂，保卫队住百花山脚的杨家公馆。同时，红军还贴出《安民告示》和标语口号，宣布了各项政策法令。指出：红军是工农的军队，是讲理的部队，只打贪官污吏和土豪劣绅，不拿百姓一针一线。红军务必使小商小贩各安生理，做工的做工，务农的务农，做买卖的只管做生意。由于红军纪律严明，秋毫不犯，对老百姓和蔼可亲，赢得了广大群众的信任和支持。几天后，全城一片生机，大小商店相继开门，公买公卖，大街小巷挑卖的各种小吃和新鲜蔬菜应有尽有，大教场赶场坝上摆满了各类粗细杂粮。此间，我的诊所接待了不少红军伤病员，我竭尽全力为他们医治。

红军还派出宣传队在大、小横街，威宁街，砂石牌坊一带唱红军歌曲，演出“活报剧”并进行演讲。宣传反封建的土地革命，宣传中国共产党“反对卖国贼，抗日救国”的主张，等等。群众无不欢欣鼓舞，“打倒帝国主义！”、“一寸山河一寸血，十万青年十万兵，团结抗日，保卫祖国的大好河山！”的口号声连成一片，此起彼伏，声震寰宇。唤醒了民众，振奋了人心。

在红军供给部的文庙内，集中了全城部分裁缝工人和缝纫机为红军的新老战士赶制衣服。手工和机子一起上，红军和群众一起动手，欢笑声、机器声汇成一支抒情曲，唱出了军民鱼水情。魏银皋的“文顺堂印刷局”和张俊卿的“三合石印局”夜以继日地为红军编排印刷《川滇黔省革命委员会布告》、《为抗日讨蒋告工人、农民、爱国战士书》以及对少数民族的标语传单等，张贴、散发在黔西北的城镇和乡村，极大地鼓舞了人民，震慑了敌人。

与此同时，红军砸了毕节仅有的松山路刘子英、中山路刘仙池的两家当铺，把衣物钱财分给了衣不遮体的穷人。红军还查抄了大地主沈春甫、郭元叔、陈次五、瓦绍康等几家的粮食、浮财，当即分给了贫困的群众。每天早晚，街上鸣锣吃饭，食不果腹的干人自带碗筷前往国民党县党部和万寿宫庙内去就餐。红军的革命行动，扩大了革命影响，真是“红军到，干人笑”。穷苦大众积极参加红军，形成了“从者如流”的扩军热潮。当时，黔、大、毕一带参加红军的青壮年就多达5000余人。长期流行在黔西北的红军歌谣：“好铁巴要打钉，好男儿要当兵，当兵就要当红军，解救天下受苦人。”这便是历史的见证。

在革命形势的影响和党的统战政策的指引下，红二、六军团一系列卓有成效的政治鼓动工作，群众觉悟空前提高。干人们真正认识到，只有共产党才能救中国，才能救人民于水火。因而，群情激奋，斗志昂扬，群众组织如雨后春笋。黔、大、毕县城及较大的乡镇相继组织了“抗日救国委员会”、“人民抗日大同盟”、“苗族自卫军”等抗日组织。毕节以知名革命志士周素园先生为首组建了“抗日救国军”。参谋长是贵州地下党省工委的邓止戈同志，下设三个支队分别由席大明、周质夫、阮俊臣担任支队司令员。欧阳崇庭同志被任命为第三支队的政委。我在周老先生的影响下参加了“抗日救国军”。

（二）

1930年我到毕节不久，在行医中有幸结识了周素园老先生。周老先生是同盟会会员，思想进步，眼界开阔。他对我总是诚挚相待，态度和蔼可亲，谈吐温文尔雅，我十分敬重他。他对我的医术和医德表示赞赏，他家无论大人小孩生病均由我诊断治疗。周先生学识渊博，家中有许多进步藏书，我在借阅和求教过程中直接受到他的教诲，收获不浅。平时，周老出门总要来我家坐坐，聊聊；我对周老更是无话不说，无情不报。因此，周老先生对我十分了解。

我出生在四川自贡的一个世代中医之家，幼时学习中医。19岁到内江红十字医院和四川陆军军医传习所学习西医，曾任上尉军医佐。1929年冬，我因看不惯旧军阀的腐败而毅然辞职，只身行医漂泊流离几个月才辗转来到贵州毕节。我在城关靠摆摊行医度日，又被当时的国民党城防司令周相魁敲诈陷害，受过"火背兜"等酷刑，还是得到肖云章老先生的搭救，才在毕节安下身来。

我岳父肖云章是秦天真同志的文史教师，由于这种关系，我结识了秦天真同志。青年时期的秦天真勤奋好学，多才多艺，思想活跃，富有革命激情和远大抱负，给我留下了深刻的印象。接触中，我受到了进步的启蒙教育并懂得了一些革命道理。

30年代初，特别是九一八事变后，在贵阳读书的秦天真同志就积极投身于一系列的抗日救亡活动。那时，我曾资助过他从事革命活动。

1933年初，秦天真转到毕节中学（在百花山）任教，组织了一批思想激进的爱国青年创办了"草原艺术研究社"。以文学、绘画、歌咏、戏剧等文艺形式，宣传马克思列宁主义，宣传中国共产党的抗日主张。通过这些活动和斗争，于1934年初建立了贵州地下党的第一个党支部——毕节支部。在此期间，我经常在邱家花园见到秦天真同志，交往增多了，我也进一步受到了革命思想的影响和熏陶。因而，当红军进驻毕节时，我十分欣喜地积极参加了“抗日救国军”的革命工作。

1936年2月中旬的一天，李慎之通知我说：“周九爷（即周素园老先生）找你有要事商量，立即就去。”我到了周家，周先生说：“你是一个外乡人，到毕节来安家真不容易。我知道你的坎坷经历和思想倾向，你融贯中西医术，现在是大有所为的时候了。”接着，周老先生从国家内忧外患，山河破碎，民不聊生的黑暗状况讲起，不断发出忧国忧民的感慨。在叙述王震、夏曦等领导同志会见他的情况之后，讲到了中国共产党的抗日纲领和中华民族的出路以及革命形势的要求。最后他说，在红二、六军团的领导下，他已着手组织抗日救国军，军部暂设在他家中（即现在和平路86号房），他已担任司令员。要我出任抗日救国军医务主任，把医疗技术贡献给抗日队伍。他还要求我尽快组建医疗卫生队和担架队，随红军长征，北上抗日。我沉思片刻便作出抉择，领到了布制的抗日救国军圆形胸章（蓝底白字），旋即投入了准备工作。

我一面结清诊所账务，安顿好家庭生活；一面抓紧组织医疗卫生队。由于时间紧迫等原因，我未能找上合适的人选，只准备好易于携带的医疗器械和部分常用药物。此间，我曾参加了抗日救国军在水东门刘家龙门堂屋（现新生路62号）召开的多次会议，每次会议，二、六军团都派员参加并作了重要指示。

记得，抗日救国军三个支队很快发展到1000多人，均由邓止戈同志负责军事联络和指挥。李慎之担任总部采买，办理伙食。炊事员是屈克成。戴维武搞外勤。第三支队阮俊臣还率部进城接受红军整编，一部分驻扎在箱子街聂家龙门，一部分驻扎在十字街龙家龙门。

红二、六军团在黔大毕执行抗日民族统一战线政策，尊重少数民族的风俗习惯，严格执行群众纪律，获得了广大人民群众的拥护，抗日救亡活动轰轰烈烈地展开了，革命形势发展很快。这时，国民党反动派恨得要命，怕得要死，匆忙拼凑了十几倍于红军的兵力，妄图在毕节与红军决战。地下党及时搜集，提供了敌人的政治、军事情报。红军为了摆脱敌人的包围，遵照中央军委的指示，决定撤离毕节，向云南方向转移。

2 月 26 日（阴历正月间）晚上，毕节举行了声势浩大的万人提灯大会，贺龙同志在小教场城楼上发表讲话，鼓励人民加强团结，夺取反蒋抗日的最后胜利。会后进行游行，游行队伍走出大水口，红军便分期分批、陆陆续续撤出。群众自发送一程又一程，军民情谊，难舍难分。

我跟随周素园先生于 2 月 27 日清晨从毕节出发。红军为周老先生备了一匹马，我带着医疗箱走在他的身旁，我们与红军队伍一道往杨家湾方向进发。当开往赫章县平山堡时，遭到地主武装朱益斋民团的伏击，接上火后，红军很快分散隐蔽还击。我无枪扑在地坎下，周司令员伏在坎堡边。出于我没有战斗经验，当枪声停后走出地坎下才猛然发现部队是边打边走,已经迅速转移,早已不见。我便急急忙忙追至野马川，红军仍无踪影；我又继续往前追赶，快到赫章时，国民党的先头部队已经到达。不得已，我只得把抗日救国军胸章扯下藏于内衣内，带着随身药包，悄然返回毕节。周老先生则随红军二方面军一道长征，粉碎了敌人一次又一次的围、追、堵、截，历尽了千辛万苦，爬雪出，过草地，最后到达陕北。

（三）

红军长征经过毕节，播下了革命的火种。活跃在川滇黔边境的游击支队坚持了长期的武装斗争。我在长征途中虽与部队失去了联系未能使我得遂初衷，可是，当我回到毕节后仍怀着报国之心积极与抗日救国军游击队联系，不久便接上了关系。

小横街三省堆站左侧铺房设立了一个“天民诊所”,挂的是个空牌，并没有应诊，负责人是四川叙永县的刘天民。这个“天民诊所”刚好在我的诊所对面，它实际上是抗日救国军第三支队的联络点，孙炳奎知道我曾参加抗日救国军并任医务主任，已随红军长征，现又转回毕节感到有些意外。他先派刘天民、朱叔和（现在水钢）到我处探明原因，后直接出面请我为三支队伤病员诊治，我正处于报国无门的境地，急于寻找组织，便立即答应尽力。

起初几次，我为三支队伤病员医治均在孙炳奎家中，他家来往人员多，我看情况不当，恐被特务发觉密告，建议孙找个隐蔽安全的地点，后经策划才确定在双井寺“炳辉旅社”医疗。“炳辉旅社”为木结构，依山建筑，后房门直通“文峰阁”，若有不测情况，便于撤退上山转移。为此，还将整个房子改造了一番，把外屋与内屋隔开。外面专门接待外来旅客，以四川人为多。内屋住伤病员，病号一两个，三五个不等，最多时达七八人。我往往是在晚上到里屋为伤病员治疗。内科、枪伤由我负责，骨科、跌打扭伤由李道生医治，我治疗的第一个伤病员名叫黄华煊。他是一个铁骨铮铮的硬汉子，左膀枪伤已经溃烂，疼痛非常，每次清洗伤口换药，他咬紧牙关，从不哼一声，犹如“关云长刮骨疗毒”，此情此景，我至今还记忆犹新。据说他是阮俊臣部的一个头领，带有百十来人的队伍，敢打敢拼，是一名勇士。

数年断断续续地为三支队伤病员医疗，我均未收分文药资。有时支队所需药品、棉花、纱布等我都无偿捐助。送往支队的医药用品材料是由孙炳奎派戴绍华、戴维武等送下乡，交给政委欧阳崇庭同志。

红二、六军团在毕节期间，有一位名叫黄觉民的红军排长，左腿负伤，曾多次接受我的治疗。红军撤离毕节后，他的伤势还很严重，不能随部队同行。当我因被民团武装冲散与周素园失去联系后返回毕节不几天，他又来找到我，他说明腿伤未好，实在走不动，只能留下来。还说，他是江西半城县人，到毕节仅 20 多天，举目无亲，特来找我想办法。我感到责任重大，义不容辞，当即冒着极大的风险把他隐蔽在我家中居住。吃、穿、医疗、护理全由我承担下来，在我的关心照料下，数月之后他的枪伤痊愈了。

黄觉民同志，一个中等个子，瘦瘦的，负伤流血后显得还有些虚弱，但他腿伤一好就坐不住了。我了解到他有一定的文化，还懂点印刷技术。我们反复商量后，按照他本人意见，愿意从事印刷工作，我便去“文顺堂印刷局”找魏银皋老先生帮忙。魏银皋平时和我感情较好，一口就应承下来。黄排长在“文项堂”大约做了一年的印刷工作，没有暴露过身份。

延安抗日军政大学成立的消息传来，他高兴地来和我道别，声言一定要设法去延安学习，临行，“文顺堂”给了他一整钱，我也资助他一些路费。他送给我一幅中堂山水绣画作纪念。这幅画我一直珍藏到现在，因为它是红军长征在毕节的永久性纪念。

黄觉民后来给我来过一封信，说他在家乡的一所农村小学教书，不久将去向往的地方，即中国革命圣地——延安。

1985年10月初稿，1985年12月修改定稿。

选自中国人民政治协商会议贵州省毕节县委员会文史资料研究委员会编：《毕节文史资料选辑》第5辑，1986年2月，第139—147页。

回忆我在苏维埃毕节县革命委员会工作的日子

李高吉

1936年2月，红二、六军团进占毕节，我在街上碰见了几个先进城的红军，他们问我，专署里面还有没有人。我告诉他们，昨晚半夜人就走了。红军根据我说的情况去调查，果然专署里面没有人。红军就把在梓桐阁待令的队伍开进专署。我又去看他们，并向他们叙说了我的身世，他们知道我是一个穷人，死了丈夫，帮人拉磨舂碓维持生活，于是就向我打听，毕节城里哪些是地主？我就告诉他们，毕节的大地主有沈春甫、瓦少康、宋绪武等人家。这样，红军就吸收我参加他们的活动，在部队走进走出的。因我是穷人出身，脚没有裹过，是大脚，能走能跳，红军来毕节前，我帮魏云皋家时，省工委负责人邓止戈在毕节组建武装就住在魏家，喊我去阴底、杨家湾联系过席大明的部队，我和席大明一起工作过，所以红军到毕节，邓止戈就叫我参加红军活动。因此，我就带他们先打林祖铬家和刘家的“当铺”。红军把物品抬出来，就喊穷人去分财物。大小扳、大烟、银子等贵重物品，由红军留下做军饷。我边同红军打地主，边向红军同志说：“红军爷，我和你们干，我是穷人，你们走了我怎么办？”红军说：“不要怕，我们不会走的。”这样我又大起胆子的和他们一起打地主，土豪劣绅，把这些人的财产分给穷人，我的女儿也分得了一些铜元回来，这样，我就直接参加了红军的工作。不几天，贺龙、萧克、王震、夏曦、邓止戈就领导我们成立“毕节县苏维埃革命委员会”。萧克、王震、夏曦在百花山福音堂给我们开会。我跟萧克、王震、夏曦、邓止戈最熟悉，特别是萧克、夏曦对我最好。现在我只要一听到萧克的名字就感到非常亲切。

毕节县苏维埃革命委员会成立后，夏主任、邓止戈就叫我参加革委会工作，分我在妇委会，我们妇委会的负责人是红军里面的贺兰英。我去报到时她问我叫什么名字，我说，我叫孙牵氏，她说，你的这个称呼不好，太古板了。于是她就给我改名字，叫李高吉，并且把我的头发转转剪掉。当时和我一道参加红军的女同志有黎显珍、袁毛姐等人，我记得“革命委员会”下设有“宣传处”、“供给处”、“妇委会”。宣传处是一个姓刘的本县人负责（名字记不清）（笔者注：刘竹均）。供给处是一个姓赵的红军负责（名字记不清）。妇委会是贺兰英和我负责。这些机构建立后，我们毕节县苏维埃革命委员会就积极配合红军政治部工作，主要负责四件事：一是由宣传处配合红军政治部在毕节城镇和农村宣传红军的政治主张、反蒋抗日、打富济贫的方针政策；二是由供给处帮助红军筹积粮饷，把打地主、土豪劣绅得到的谷子，背在清华路的水碾里去加工成大米，又运到松山路学校（女二小）里，由红军赵同志发粮饷，我们组织人把粮食背到红军的住地给战士吃；三是由妇委会组织发动妇女参加红军送传单，同时组织一些会搞缝纫的女同志在女二小里做服装；四是寄养安置伤员。总的来说，我们妇女，白天和红军一道打土豪，晚上为红军做衣服，同时还分一部分人到乡下去发动乡下的妇女参加红军。我们的领导人贺兰英同志叫我把妇女组织起来，我当负责人，她们就喊我组长、主任，有时喊队长。我说，我是帮人舂碓、拉磨的穷人，没有文化，当不了官，叫她们不要喊。

我们“毕节县苏维埃革命委员会”的地址是设在大东门，一幢高大、宽敞的房子里。我们有时在里面开会，接受任务后，各人做各人的工作。我的任务比其他的同志要重得多，由于红军相信我，我便担负送传单的任务。红军印的传单是在魏云皋家印的，印好后由红军的同志分发，由我分别送到百花山福音堂、安息会、文庙几个地方去给军团首长看。所以我对夏主任很熟，他叫我胆子放大一点，尽管抓工作。后来我就带起妇委会的同志天天到处跑，为红军筹粮食，背谷子去加工，一天忙到晚，因为我热爱红军，所以心甘情愿地为他们服务。

我们革命委员会的主席是朱绍清，这个人很穷，当时在毕节挑水卖，大家都叫他挑水夫，所以他当主席，大家都说："挑水夫当主席啦！"他管的事情很多，常常和司令部联系汇报工作。萧克、王震同志在百花山跟我们开过会，讲话的大概内容是说，工农红军是穷人的队伍，叫我们把当地的劳苦市民组织起来参加红军，不要怕，胆子放大一点，将来革命胜利了，穷人当家作主，好处很多。他们是远方人，我们是本地人，要和红军一起做好宣传工作，发动穷人参军参战，打地主分田地，将来当家作主。

红军在毕节住了20多天，国民党的飞机接连来扰乱两天。红军司令部就下命令把驻扎各处的部队调拢，晚上在毕节大教场开万人大会（又名提灯会），贺龙同志在会上讲了话，我记得讲话的大意是：我们红军是为穷人服务的，是打富济贫的队伍，处处照顾穷人，你们不要怕，要站起来，我们红军支持你们。你们愿意跟红军走的，作好准备，说走就走。你们要吃饱饭就只有跟红军走，不要怕，男的女的都可以走，我们是中国工农红军，欢迎穷苦人民参军参战。接着，红军指战员同参加大会的穷苦百姓一起，提着马灯，打着火把游几条大街，散发传单，呼口号，打倒日本帝国主义！拥护中国工农红军！打倒蒋介石！等等。开了万人大会之后，天还没亮红军队伍就开始陆续离开毕节，第二天就走完了。当时，我们参加红军的人很多，我也和红军一起走，去到平山铺，红军和朱益斋家打仗，打伤我们红军的一个周指导员（笔者注：周南山），夏曦主任给我20块大板，叫我把周指导员带回毕节我的家中养伤，说部队是暂时离开毕节，还要打回来的，打回来我再参加。为什么夏主任要交这个任务给我呢？因为我的丈夫孙竹亭，红军来的时候刚死不久，红军一来我就参加红军。夏主任说，你的丈夫才死，你是一个寡婆，不要怕，你把他带回去寄养在你家，你们装成假夫妻，就可以保下来了。于是就将周指导员改名孙祖平，交给我带走，我就带着他离开了部队，走了几天的小路，把周指导员带到毕节城边边住下。由于他的伤势重，走不了，我先进城到徐家坡。因我的家住在徐家坡，对那一带的人员很熟，我就去请一个姓穆（名字记不清）的穷朋友，给他一块大板，叫他从城外把周指导员背到我的家里来。姓穆的对我说，孙大娘，红军对我们穷人都很好，你都出力，我也要出力，哪个要你的钱。于是姓穆的就去把周指导员背到我家来了。我就去请杨兴全医生给周指导员看病。杨医生不收钱，他说，红军对老百姓很好，大家都要爱他们才行。这样，经过一段时间的治疗，快要把周指导员的病治好了。后来国民党专署组织人员搜查寄养的红军伤病员，孙炳奎、阮小喜、张一清等人带了十多个人来我家抓红军，这些家伙很凶恶，一进门就抓住周指导员，叫伸出手来看，他们一看就说是红军。恶狠狠地打了周指导员的脑壳几下，打了一个大眼眼，把我戴的“孝帕”揭下来一脚把我踢去多远，就把周指导员绑走了。

当时我为了救红军，想了很多办法，请魏云皋老伯写一个“灵位”，把我已经死了的爱人孙竹亭当成老公公供起，用这个办法也救不了周指导员。后来我也被抓去关起。敌人把我的肩膀都打断，要我承认周指导员是红军。我想活不成了，托人给魏伯伯家讲，请他家可怜我，养活我的两个孩子。当时被抓来关起的人很多，每天要我们闻屎闻尿桶。我尤其受刑更厉害，说我是小头目（当队长），红军放得有枪在我家，准备把我处死。恰好这个时候，云南的安旅长来毕节清查红军流落人员，沈春甫家办席招待，沈向安旅长提出，要安在小教场架起机枪，把参加红军的人都打死。安旅长不同意这样做，说，穷人是为吃，你把他打死，你有孩子，他也有孩子，以后他的孩子长大，你就是仇人。后来安旅长不但不按沈春甫的意见办，反而把牢门打开把我们放出来。我回家养伤，养好后我去帮人洗衣、推磨，养活两个孩子。一面又求人救周指导员，通过魏云皋家的帮忙，救出了周指导员。抗日战争爆发，周指导员说他要去参加抗日战争，约我和他走，张一清派人监视着我，我没有走成功，我就一直在家帮人做工。解放后，我又参加人民政府领导的工作，打地主分果实，1952 年移居贵阳，我现在是贵阳市人大代表、市府办事处第七居委会主任，今年 94 岁。我的身体好，还能为党为人民做力所能及的工作。

我一生也忘不了共产党、毛主席对我的恩情，一想起我在毕节参加红军工作的岁月，我就彻夜难眠；一提起萧克、王震、夏曦、邓止戈几位老首长的名字，就备感亲切！

我现在的唯一希望是多活几年，再为党和人民做几年的工作，这次你们来找我回忆红军在毕节的情况，我太高兴了！欢迎你们再来！（李声亮整理）

1985 年 6 月 28 日

选自中国人民政治协商会议黄州省毕节县委员会文史资料研究委员会编：《毕节文史资料选辑》第1辑，1986年2月，第117—122页。

茶亭游击队的建立情况

萧明光

我们茶亭游击队，大约是1936年左右由红军领导建立的。队部设在周伍（茶亭）彭正轩家、彭开阳家。队长萧明光、彭正洪，文书彭凯。

游击队建立后，就去城里夏曦同志那里领队旗。夏曦同志亲手将两面队旗交给彭凯带回，分别插在队部彭正轩和彭开阳家门口。红军走后，在白色恐怖下插在彭正轩家那面被毁了，插在彭开阳家那面以后遭火灾烧了。

我们组织游击队的缘故是：有一天萧明光和彭正洪一起到城里去欢迎红军，准备参加红军，去到城里南门口有几个红军走来，二人就要求参加红军，红军同志就把他们带到夏曦同志的住处，对他们说，你们要求参加红军，这里也要人，同样是干革命，你们回家去成立游击队。我们二人就高高兴兴的接受了这一任务，由我和彭正洪主持召开会议作了动员，说明今后的任务，向到会的人说明：游击队是共产党、工农红军领导和发展的革命组织。游击队的任务是团结一切力量配合红军打日本鬼子，打蒋介石，打贪官污吏，打土豪分田地等，于是发展队员彭开甲、彭树全等很多人，我们就跟着领导我们的红军活动，打土豪分财产，红军走后，我们就被国民党说成是“共匪”，被关起来。

1984年8月13日

选自中共毕节地委党史资料室、中共毕节市委党史研究室编印：《乌蒙磅礴——红军长征在毕节》，1996年2月，第191—192页。

宋官屯、下伍溪、蔡官屯三个游击队的情况①

朱正元等

朱正元②回忆说：

红军是正月间来的，在宋官屯住一二十天，主要住在大沙凹和钟少堂家。宋官的穷人在红军的领导下成立了游击队，红军走后，同去的多得很,红军游击队是打大富,组织人背钟少堂家苞谷。钟的外甥不准背，就被红军游击队枪决了。红军离开我们这个地方，有钱人说，凡是参加红军的大人、小娃儿都要拉来杀，把我吓倒了，因我的爱人钟玉成同红军去了。他在红军里带一班人，去到云南回来的，已病死好几年了。

王成明③回忆说：

我记得红军是属鼠的年的正月初七来的，正月十九就走了，有三四百人，团部是住在钟少吉们的房子里。红军不宣传的都是要成立游击队，打土豪、背大户的粮食，他们吃不完的就分给穷人。喜欢参加游击队的都跟红军报名，红军走就同红军一道走。我和卯正昌、钟汝益都是参加游击队的，后来我们三人都没有去成。钟银光参加游击队，当队长，同红军去到田坝转来被本地人打死。

红军在这里的时候，我们带红军到大凹子背钟定久、钟少堂家粮

① 标题有改动，原标题为《宋官屯、下伍溪、蔡官屯三个游击队的调查材料》。

② 朱正元，女，采访时76岁，清丰乡白果队农民。

③ 王成明，采访时68岁，清丰乡丫口队农民。

食，钟的外甥魏毛幺说：“你们背我家大舅家粮食，红军走后，要砍你们的脑壳。”红军就用枪打了魏毛幺。

孙万全[①]回忆说：

红军第一次到我们这里已有四十八九年了。当时我是游击队长，带有百把人由赶场坝出发，到宋官屯、下午溪一带与钟文光、李绍武、吉维周几个游击队长汇合，由下午溪到长春堡街上去找驻扎街上的贺龙部队。土地部王部长（江西人）叫我们到田坝与萧军长部队合股。到田坝后又到阴底，由阴底到七星关，在七星关与朱家打仗，后又到妈姑，由妈姑到可乐，展开乌蒙山回旋战。可乐我们去了两次，后又打走赫章哲庄坝，在那里打了一仗，转走云南奎香，由奎香到淌塘，被困三天，又到东川，绕道接近云南保山，在接近宝山的地方打了一仗。我和钟文光的脚走跛了，掉队，后来我们二人就转回来，到大定小兔场被丁树臣家捉住，捆绑吊打四天，推到沙田枪决，我被丁的爱人保放，只把钟文光枪决了。我就放回家。

钟克志[②]回忆说：

红军来这里，是住在李伯生家，大约有 200 多人，有一个姓邓的团长，营长、连长记不起了，他们讲的话听不懂，我们这地方的游击队，加上红军已经发展到 500 多人。

我记得，我去的那年我父亲病死，埋了我父亲的第二天，红军要我们成立游击队。我们当天与部分红军就出发到沙木坝到中屯，经长春、撒拉溪到阴底才碰到李正先带的游击队，当时从沙木坝去中屯时曾打过赵马头家、张贵香家。从阴底又到杨家湾顺河上，我们是涉水过河去的，并在平山堡过去点住了几天，到宣威打仗，过宣威去打下来我们的人走散了，只有我一个，我就逃回家。

我记得我们成立游击队时是红军召集我们在李家祠堂开会，指名

① 孙万全，采访时72岁，南箐乡寨脚队农民。
② 钟克志，采访时75岁，王丰乡蔡官屯村民委员会七一队农民。

我当大队长，丫口队的张时俊当伙食委员。游击队成立后由红军带起活动，打大富，积粮食，学习宣传红军的政策。红军走时同我一道参加红军的有二三十人。我从开始到回来都没有换衣服,只发符号,印有姓名、番号，要求戴在内衣里。

付汉成①回忆说：

红军来这里，是住在李家祠堂，有百把人，李绍武任游击队长。红军带领游击队提出打土豪分田地，把钱银安、钱祖元家的猪杀了分给穷人。红军走后，我们很多人都参加红军一起走，去到平山堡我编为十七师五十团一营三连一排，连长以上的干部的名字现在都记不到了，只记得排长姓王。我们一路打了很多仗,我在云南陆迁县被打散我就回来了。

樊少章②回忆说：

红军来我们蔡官屯带的是一个连，100 多人，连部住下伍溪李子英家房子里。讲红军的好处，当时就是打倒土豪分田地，其余就是宣传政策，组织“干人”。首先是杀地主的猪分给“干人”，把穷人团拢，提出成立游击队，下伍溪成立一个，蔡官屯成立一个。游击队成立后，选出队长，由队长召集人开会，下伍溪大队长周小应，蔡官屯大队长李房堂的父亲。蔡官屯游击队有 30 多人,我们和红军一道打了中屯赵马头家、吉正国家等。打得的衣物、粮食都分给了穷人,第二天就起程到长春堡，经撒拉溪，在撒拉溪住七八天。后来又到杨家湾住了几天，在杨家湾换衣服，编连队，编好后就一直往前走，一路都在打仗，我去到宣威转水城方向我就转回来了。

黄明荣③回忆说：

红军来毕节时，我只有十多岁，红军来下伍溪、蔡官屯时只有百把人，加上以后成立的游击队有二百多人。宣传的内容是：“打富救贫”，

---

① 付汉成，采访时66岁，王丰乡蔡官屯七一队农民。

② 樊少章，采访时72岁，王丰乡蔡官屯联合队农民。

③ 黄明荣，采访时67岁，王丰乡蔡官屯大园队农民。

动员青年人参加红军，成立游击队。红军在我们这个地方活动不久就走了，随红军走的游队员很多，有的转来，有的杳无音讯。

钱少周①回忆说：

红军到下伍溪只有30多人，住在李子英家房子里。红军领导叫张副官，只住了十一二天。一来就到山上放哨，唱的歌就是打土豪分田地，叫老百姓（“干人”）和他们去。说红军里好玩得很，很和气。我们这里有几十个人参加了红军，李少武同我一道去，我当时是游击队班长，管十五六个人。红军走时，我们走宋官屯到大沙凹顾家住了一夜，第二天到阴底。我们这支部队到镇雄才换衣服，前去到了奎香，同红军在了几个月我就回来了。

张继贤②回忆说：

红军来我们这里住在张崇光家，有的住在长春堡常来常往转回，并在庙湾街上成立游击队，选了张跃轩（外号面子客）为大队长，当时红军发动宣传时说：“红军很好耍，有吃又有穿。”“干人”，穷人年轻人和我们去当红军，又说：“打倒一千，不如我们招一天；打倒一万，不如我们转一转。”红军很想招人，我和张继彬跑到红军住的长春堡玩了十几天，吃住都在红军那里，后来说我们年龄小，我只15岁，张继彬14岁，我们俩没有去成。红军还送两件衣服给我们拿回来。我回来，我的父亲（张宗华）参加游击队，和红军一起去做饭，去了两年时间才回来。同我父亲一起去参加红军的还有张宗绕，他到奎香就回来了，其余情况我不知道。

张继彬③回忆说：

红军到我们这里，那时候我只十四五岁。红军到这里最多活动有月把时间，领头的是张司务长，有的喊他游击大队长。红军是吃住在张崇

① 钱少周，采访时68岁，王丰乡伍溪湾子生产队农民。

② 张继贤，采访时63岁，王丰乡水营村农民。

③ 张继彬，采访时63岁，长春粮管所退休干部，住王丰马鞍生产队。

光、张洪举两家大户家。张司务长是住在我们这里的庙里。每天都带领人扛着旗帜、标语口号到处宣传说："上等之人该我们钱，中等之人不照闲，下等之人同我们去玩几年！""白军来参加红军，要打的是官僚资本和土豪劣绅，打倒土豪劣绅，把田地分给穷人弟兄们！"

红军游击队当时在我们这里只打张崇光、张银祥（六枝县长）两家大户。以后就开走了，我们游击队去的人很多，我和张继贤只到长春堡住了两夜，因年小，有仗打，不让我们去，来时还给了我两件衬衣。（材料摘抄于县委落实政策办）

1984 年 10 月 9 日

选自中共毕节地委党史资料室、中共毕节市委党史研究室编：《乌蒙磅礴——红军长征在毕节》，1996年2月，第192—196页。

红二、六军团到毕节组织地方游击队[①]

聂玉清等

聂玉清[②]回忆说：

贺龙领导的红军到我们官屯的那年，我记得很清楚的是来到官屯的时间，那年我母亲是正月十二日死的，二十二日才安葬，二十四日我们到我母亲的坟上去复山，那天国民党中央军飞机来丢炸弹。红军是正月十五日的天到官屯的，红军到后箐去打土豪，来回几次都从我们门口过，还给我们宣传说：红军是老百姓的队伍，穷苦百姓跟红军走，有饭吃，有肉吃，有衣穿，不受剥削压迫。

红军到我们官屯乡，还组织得有游击队，正规红军穿的是青衣服，游击队员穿的是老百姓衣服，每个人的胸前还戴有一个符号，上面写的游击队的名称和每个人的姓名，我们这里参加游击队的有司晓安、宋可安等人。

红军打大土豪邱吉昌家的那天，跟着红军去的贫苦人很多，把粮食分给大家后，红军的指导员就演说：你们这里邱家有谷子，是剥削穷人得来的，我们打了他家把粮食分给你们，这些谷子应该还给大家。红军还在岩上、邱家的柜子上，用石灰浆写了好多字，认得字的人才晓得是标语口号。

① 标题有改动，原标题为《红二、六军团到毕节组织地方游击队调查材料摘抄》。

② 聂玉清，采访时71岁，毕节官屯乡大渔洞生产队社员。

红军走后，我们这里参加游击队的人都吃够了苦，有几个还被大地主朱家抓来杀了。理由是这几个参加过游击队，分过他家的财产。

聂鸣禄[①]回忆说：

我父聂松山、大哥聂兴春、二伯聂树南三人都是红军到官屯时，听到了红军的宣传，得知红军要打土豪，分田地，是穷人的队伍后，我父亲他们几个就约起去参加了红军游击队。红军走后，本地的大地主朱作舟、王职彬他们就组织了还乡团，说我父亲在毕节去联系红军来打他们家，就抓了我父聂松山、大哥聂兴春、二伯聂树南，还有陈家毛老六等人，进行逼供拷打后，于丙子年（三六年）古历二月十四日杀害在许家沙坝。听说凶手是赵树成、聂海云。我父亲先是埋在园子里，后迁到立柴山大坟。

朱光扬[②]回忆说：

红军走后，为了报复打过他家，分过他们粮食的群众，朱作舟等几家大地主，把聂松山、聂树南、聂兴春、陈老六等人抓来，残酷拷打后押往许家沙坝，朱作舟亲自杀了聂松山、陈老六；朱小舟亲手杀了聂兴春、聂树南。

红军到我们官屯，是民国二十五年古历正月初八到的，我们许多穷人都去看，红军对“干人”很客气，向大家宣传说他们是穷人的队伍，是打土豪分田地救济老百姓的，要穷人参加他们。当天晚上就留了许多人在红军队伍里吃饭，我们许多人也在红军的驻地住下了。就在这晚，有一位红军同志对我说：你就当游击队的大队长吧。过后几天就组织了有一百多人的游击队伍，在红军的带领下，我们打了朱作舟、朱仲坤、彭时清、彭维清、彭中章、聂树清、王职彬等几家大地主，得到的胜利果实，除留下部队吃的外，其余的都分给群众，队伍是住在朱作舟、朱仲坤家，吃的粮食也主要是这二家的。

---

① 聂鸣禄，采访时52岁，毕节县官屯乡立柴山生产队社员。

② 朱光扬，采访时83岁，住毕节县官屯乡龙潭村苗小冲生产队。

游击队的副队长是赵树成，队伍没有打旗帜，只是宣布叫红军游击大队,队伍共活动了20左右天。红军走时,编了八九十人走,但到中途,都因战斗逐步回来了不少。

活动了十天左右，游击队的赵木匠给红军反映，说我是朱敬斋大地主的侄儿子，有人证明我不是朱的侄子，红军就把我放了。

朱绍明①回忆介绍说：

红军来官屯，是住在朱作舟、朱仲坤家。他们到了几天后，我们听人些传说红军是穷人的队伍，要组织游击队，我便去参加。去时红军正在杀猪，我就在那里住下，参加吃饭，参加了游击队。红军委任我当游击队的班长，委我任班长的这个红军过后几天才知是吴连长。

聂鸣均②回忆说：

红军走时，游击队编队跟红军一道出发，在毕节城里小教场开了会后，就从阴底方向前进，然后转回七星关，在平山堡过去打大仗，跑散的人就多了。我们官屯的聂绍其、聂绍臣、陆老四、小长发、小狗幺、李树清等人随红军走了，至今没有音信。

1984年11月5日

选自中共毕节地委党史资料室、中共毕节市委党史研究室编:《乌蒙磅礴——红军长征在毕节》,1996年2月,第196—198页。

① 朱绍明，采访时83岁，毕节县官屯乡龙潭生产队社员。
② 聂鸣均，采访时71岁，毕节县官屯乡瓦厂生产队社员。

回忆杨家湾游击队[①]

彭元清　李福安

彭元清[②]回忆说：

红军到毕节的那年，有一个团开到杨家湾驻扎，团部就设在王建昌家；红军一来就开始搞宣传，动员群众参加红军，到处书写张贴标语、口号，组织游击队，带领群众打土豪，把土豪的粮食、浮财分给群众，很得群众的拥护。

杨家湾游击队组织起来以后，由杨少清当队长，刘少周当副队长，我记得参加的人有胡小咡、周万福、周训珍、周长寿、何玉昌、胡海文、郑世清等100多人，这些都是我认识的。组织好后，我们游击队就去打了土豪周元珍家，把他家粮食背来分给大家，我也分得了几十斤苞谷。游击队还去打了周驿的李明宣、李兰宣、翟麻六、王仲四等几家土豪。红军走了以后，土豪些就来围攻我们游击队了，我们强不过他们就散了，队长杨少清、副队长刘少周被抓住后，杀在周驿街头斑茅山老凸；队员周万福被王仲四家打死在街楼，我是跑到周炳清家才躲脱的。

我记得红军在老街的大石碑上写得有首诗，主要内容是：正月丙子我们谈，红旗插在大门前。

1984年8月4日

---

① 标题有改动，原标题为《回忆杨家湾游击队调查材料》。

② 彭元清，采访时70岁，原杨家湾区区长，已退休。

李福安①回忆说：

红军到杨家湾，有一部分是驻在周春发、刘万全家屋里，我和我们茅草坪的谭春元、周训春上街来玩，遇见红军在街上，红军就喊我们几个去吃饭。吃过饭后，红军就动员我们参加队伍，一起去打日本，打土豪、分田地，我们几个看见红军很客气，讲道理，当时就答应，参加了红军。参加红军后，我们在本地活动了一个星期，打了周元珍、周顺清、李明宣等几个土豪家，把土豪的粮食拿堆在杨家湾街上猪市的一个石碑那点分给大家，游击队的人每个分得一碗粮食，一块肉。过了几天，红军开发，我们也随队走了，先是朝长春堡走，绕道到阴底又转回来从七星关过河，在平山堡打了朱后堂家。以后到哲庄坝打安兴田家以后我就掉队了，在茅草坡转回来了。我们一道去的周训春、谭春元都没有回来，谭春元现在西藏。

杨家湾游击队的队长杨少清、副队长刘少周两个，在红军走了以后就被土豪抓住杀害了，听说杀手是王七幺和翟麻六的弟兄。当时参加游击队的我记得有一个叫顿箩的，喊不出名字，还有杨家湾街上的周志堂。

1984 年 9 月 19 日

根据中共毕节县委组织部落实办调查材料整理。

选自中共毕节地委党史资料室、中共毕节市委党史研究室编：《乌蒙磅礴——红军长征在毕节》，1996年2月，第198—199页。

① 李福安，采访时69岁，住杨箐镇杨家湾大队第二生产队。

回忆撒拉溪游击队①

王成弟　路成文　路成祥

王成弟②回忆说：

红军是民国二十五年的正月初到撒拉溪的，来了以后就发动群众打土豪、分田地，宣传打富济贫，动员大家参加红军，凡是愿意的都可以跟红军一起走，并在这里组织地方游击队。当时参加游击队的有：路国成，他是游击队的队长，我的兄弟王清和是副队长，还有路海云、顾庆宣，他们四个人是游击队的领导。队员有王母猪、张维云、顾尚全、代百万、顾二喜、张国成、路兴章等100多个人。游击队的主要任务是参加红军打土豪、分田地，为红军带路。后来红军走时游击队也跟着走了，有些去了就一直没有回来，如：王母猪、张维元、代百万、顾二喜、路齐武等；有些和红军去拢云南奎香，与红军半路上失掉联系的时候陆续回来了。我兄弟王清和从奎香回来后，就被土豪刘永康、路银山家抓到场坝头杀害了，游击队员路子清也被他们杀害在桥边。另外，我们这里还成立的有一个五星游击队，大约有20多个人和撒拉（溪）游击队一起活动。

1984年9月7日

① 标题有改动，原标题为《撒拉溪游击队调查材料》。

② 王成弟，女，采访时80岁，住撒拉镇桥边四队。

路成文①回忆说：

民国二十五年腊月十八，贺龙、夏曦率领红军来到撒拉，住在钱和生家房子头。来了后，向群众宣传打土豪、分田地，通过宣传，组织了游击队。由我的后父路国成任游击队的大队长，张国成、王清和任副大队长，秘书是孙伟，成员有刘国明、刘清和、顾树宣、路子清、路海云等人。游击队成立以后就和红军一起去打土豪，打过田坝的徐少生、兴隆的朱大清、徐大文、袁支凡等几家，粮食就背给红军做军粮。我们和红军在小翁聋抓到了土豪钱和生的老婆，缴得了12支枪。在野马山洞，捉住了土豪路银山的两个姑娘，缴获了四支枪。在当地活动了一天，红军和游击队从杨家湾到平山堡攻打朱益斋家，随后就北上抗日，游击队的有一部分随红军北上了。如：路老五、张陆明、郑保咪、顾二喜、路克俊、路七五等，其他的游击队员就返回当地。

我后父路国成、王清和等人带游击队留在当地继续坚持斗争。红军走后不久，土豪刘永康、路银山、钱和生等回到撒拉溪，对参加红军游击队的人进行打击报复。3月20日中午，我后父路国成、王清和、路子清、路端喜几个都被土豪们抓住杀害了，只有路端喜一个人挨了两刀，家里人卖田卖屋才把他救活下来。

1984年9月1日

路成祥②回忆说：

红军来了以后，有一个叫贺指导员的红军干部，组织起我们街上做手艺的人，组成了一个“铁业工商联”。参加的有铁工、石工、木工等，成立了“铁业工会”，工会主席由路贵香担任，我任副主席，贺指导员

① 路成文，采访时60岁，住撒拉太平山14队。

② 路成祥，采访时79岁，手工业出身，撒拉中街8队。

经常给我们讲：要我们大家好好的干，今后是工人阶级当家作主，掌握政权。但因我们组织起来后不久红军就走了，工作上也没有做出些什么成绩来。

1984 年 8 月 29 日

注：以上材料系据毕节县委组织部落实政策办公室调查材料整理。

选自中共毕节地委党史资料室、中共毕节市委党史研究室编：《乌蒙磅礴——红军长征在毕节》，1996年2月，第200—201页。

回忆七星关游击队①

朱顺成　谭祈林

朱顺成②回忆说：

红军来的时候在我们街搞宣传，组织游击队，带起打土豪、分田地，我们七星关游击队组织起来，是金绍周当队长，队员有郑玉和、刘和生、谭祈林等60多人。游击队成立后，接到命令到杨家湾集合，随后和红军一道从大垭口到阴底，攻打大地主邓家。我们一到，邓家就被吓跑了，没收了他家的财产分给大家，我们游击队的人每个都领到了三块钱、一块毛巾，在未到阴底之前我们还到江南打过土豪韩小玉、韩万昌家，分了他们的粮食。从阴底出发后，我们又经马场回到七星关，当时的情况紧，我们连家都没有回去看一下，就和红军一道过河走了，正式参加在红军里面。和我一起的有刘和生，我是编在四十九团里，去到昆明前去不远，我掉队后就转回来了。

游击队有些没有跟着红军去，金绍周也没去，红军走了以后，游击队也就散了。

1984年8月5日

---

① 标题有改动，原标题为《七星关游击队调查材料》。

② 朱顺成，采访时79岁，住七星关街上。

谭祈林[①]回忆说：

红军来时我 28 岁，红军在我们街上组织游击队，我当时也参加了，七星关游击队队长是金绍周。我们游击队组织起来后，就和红军一道去打土豪，打过赫章江南的韩小玉家，还打过地主黄银光家、金必辉家，红军走后，地主土豪们就来报复，金绍周是跑到朱思尧家去躲脱的，游击队员些都挨整，我是赔了金必辉家 14 块钱，才算没事的。

参加七星关游击队的人，我记得有：李杨岐、杨银安、翟吉成、刘和生、金开品、闵小满、金汝奎、翟绍成、郑吉伍、徐银光、朱顺昌等。

1984 年 8 月 5 日

注：以上材料根据中共毕节县委组织部落实政策办公室调查材料整理。

选自中共毕节地委党史资料室、中共毕节市委党史研究室编：《乌蒙磅礴——红军长征在毕节》，1996年2月，第201—202页。

① 谭祈林，采访时76岁，住七星关街上。

回忆兴隆游击队[1]

徐绍祥　李有方

徐绍祥[2]回忆说：

红军来我们兴隆，组织起了游击队，是由郑祝成担任队长。游击队的队部就驻在我们街上的香姑庙里，游击队组织起来的任务，主要是和红军一道打土豪。当时，有钱人家都逃跑了，游击队就去把土豪的粮食分给大家，当时还有许多人都参加了红军，随红军北上抗日。红军走后，游击队的人遭到了反动土豪的镇压，队长郑祝成被土豪朱大清杀害在街头上，队员们都被逼得四处躲，有些被整得倾家荡产。

1984 年 8 月 11 日

李有方[3]回忆说：

红军来的时候我才有八岁。我伯伯李群英是教书的，红军来后他就和他们出出进进的，红军的团部是设在何俊臣家和我家对门，我家是保管室。团部安得有个机子，一天到黑都时刻在叫，红军在兴隆组织起游击队，队长是郑祝成，分队长是郑奎清，我伯伯李群英当他们的秘书，

---

① 标题有改动，原标题为《兴隆游击队调查材料》。

② 徐绍祥，采访时70岁，住兴隆大队8队。

③ 李有方，采访时56岁，住兴隆街上。

专门给他们抄抄写写。我记得凡是参加游击队的人，每个人胸前都挂得有块红布条，上面写得有本人的名字，还盖得有一个方章在上面。我记得参加的李国成、李明成、李绍成、李世明、刘长生、朱长安、王奇石、王少成、朱大苗、徐天仁 50 多人，他们每个都挂得有。

1984 年 8 月 31 日

选自中共毕节地委党史资料室、中共毕节市委党史研究室编：《乌蒙磅礴——红军长征在毕节》，1996年2月，第202—203页。

回忆西方游击队[①]

吴明九　徐万安　徐炳清

吴明九[②]回忆说：

记得红军来拢我们的这里是正月间，来了以后到处都住得有，在这里宣传红军的政策；宣传打土豪分田地，动员群众参加游击队。红军中的一个叫王指导员的负责组织游击队，先是在地母庙里召开群众大会，当时有很多人都去听，开完会成立游击队，大部分人都报名参加了。游击队成立起来，王指导员就委派了徐万安任游击队的队长，负责报名登记的是肖幺六，另外徐树恒、徐建银他们几个都是游击队里负责的。记得头一天报名的有十几个，后两天就有了三四十个。

我们西方游击队和兴隆游击队是分队，大队部是设在撒拉溪，大队长叫申中明，人们都爱喊他李和尚。红军王指导员是时来时去的，是游击队的总指挥，大队部还有旗帜，我们游击队组织起来后，活动了一二十天，先后打了地主袁树平、吴建庭、徐少生等好几家，粮食分给大家吃，也送给红军吃。后来红军走时游击队大多数都跟着一道走，去到平山堡我们的游击队就编为正式红军，一起北上抗日，当时编队都是打乱插进去的，所以记不清是编在哪一股部队。我还记得红军教我们唱的有首歌：

步哨手中不离枪，眼睛时时望前方。

---

① 标题有改动，原标题为《西方游击队调查材料》。

② 吴明九，采访时65岁，住撒拉镇五星大队七队。

不准闲谈不准坐，不准抽烟或睡卧。

官长来了不敬礼，不向敌人口答知。

游击队开始随红军去的多，后来因为各种原因大都陆续地回来了，回来以后，凡是参加游击队的没有哪个不被土豪们吊打，赔钱赔粮，受了许多气。

1984 年 9 月 1 日

徐万安[1]回忆说：

红军是民国二十五年来的，开始来的时候是住在撒拉溪，随后红军就派有两个人来我们这个保，召集我们到地母庙开会。当时大家都多少了解了一些红军的故事，所以在我们这里一召集开会就有 100 多群众去参加。开会时，红军就向群众宣传革命道理，讲的是打土豪，分田地，过好日子，以后革命成功，对土地进行平均分配，人人都有饭吃，有衣穿。完了以后就说一个保成立一个游击队，愿意参加的就向一个姓王的红军指导员那里报名，当天报名的就有 20 多个。报完名后就喊大家选队长，结果是我的队长，徐树恒的副队长。游击队成立好后，姓王的红军指导员就回撒拉溪去了，第二天，派了一个姓杨的指导员来领导我们，配合起撒拉溪的游击队就去打土豪徐少生、吴进庭家，又去背陈凤群家粮食，搞得热火得很。大约过了十来天，游击队随红军出发，说是要去阴底。去到九股水，路去不通，于是又转回来走大路，红军和游击队过完后就放火把七星关桥烧了，为的是截断敌人的交通。我们这个队的 30 多个人都随红军走的，去到奎香后，杨指导员去开会，没有回来，我们就和红军失掉了联系，没有人领导，大家就折转回来，不久游击队就散了。

1984 年 9 月 1 日

---

① 徐万安，采访时70岁，住撒拉溪西方大队。

徐炳清①回忆说：

红军来的时候我是在煤山上帮土豪朱大清家，有一天，当时的甲长肖万帮、郑汉清派朱大清家一斗米，叫我背到撒拉溪交给红军。我把米背到撒拉溪交给红军后就没有回来，跟着红军一起吃住，过了11天我回来后，我们西方的一些大富为了保家，把一批“干人”组织起来，也叫游击队，队长是徐少云。我也被喊去参加在里头。过两天，几个队长商量说，我们这个游击队就像大富们的保镖，大家就像给他们讨口一样的，说好不干了，第二天就由徐少云带起到撒拉溪向红军的肖连长报了名。肖连长说好，把队伍再重新组织一下，重新组织好后，我们的游击队有百把人，把我们西方的那些大富们都吓跑掉了。我们就住在地母庙里，在里面插了一根竹杆接起电话，肖连长负责指挥，后来肖连长写了一封信，叫我和陈中祥送到小翁聋交给副连长陈吉明，结果我们去到马蝗山就被土豪徐司刚抓住，把信搜去撕了，把我们关起，后来我们抽空跑了。我从大垭口跑到杨家湾，又跑到七星关才找到肖连长，就参加红军和肖连长们一起走了。去到水城我生病了，肖连长和一个排长送了我23块钱，在水城我养好病后就回来了。

1984年9月5日

注：以上材料根据毕节县委组织部落实政策办公室调查材料整理。

选自中共毕节地委党史资料室、中共毕节市委党史研究室编：《乌蒙磅礴——红军长征在毕节》，1996年2月，第203—205页。

① 徐炳清，采访时73岁，住西方大队十一队。

红军过六寨[①]

李至远

我的名字叫李至远，叫李少云也不错。李至远这个名字是根据家族中的排行改的。我家原来住在大定县八堡六寨苗族寨子，1947 年初迁到黔西铁广的五里坝，坐不顺呀，死了个小娃儿，就迁到河边住（河指鸭池河——记录者注），有河隔着，去不了河对面修文县。1949 年那阵，河边上有国民党兵守着，我们更过不了河。解放后到土改时，我家一直住在河边上。土改那年，工作队还要我当组长，我家又在那里住了一二年。参加高级社那年，我家，还有河对面住的李义猫家一块迁到我们李家苗寨的寨子中来住，就是我家现在住的这个寨子。属黔西县素朴区铁石公社管脚大队第七生产队，我们这个寨子叫安家漕。

我今年 72 岁了，到安家漕生产队后，我的大儿子李德刚死了，儿媳妇也走了，丢下一个孙孙，现在十三四岁了，伴我们老两口在。我的老伴长我四岁，她叫李杨氏，寨子里头人们也叫她幺奶呐。我的二儿子李文学，他家生四女二男共八口人；三儿子李德开，小学老师，生五男二女共九口人；我这一家老小共 20 口人。

我们和军长（系指王震同志——记录人注）照的照片，前排第一人是王震，那阵我们不晓得，只管叫军长。那个军长呀，好一个小伙子

① 标题为编者所拟，原标题为《访问李至远记录》。

呐。靠着军长站的叫李德洪，已死了。第三个叫李正方，也死了。第四个叫马小郎（读第一声——记录人注)，又叫马如之，是马维驹的堂哥，已死了。第五个叫马文明，又叫马义梭，是马维驹的叔父，已死了。第六个叫李义猫，已死。他家也是由八堡六寨先迁到修文，后来同我家一起迁到这里的。李义猫的儿子叫李德华，属猫的，现年45岁，四子一女，全家七口人。第二排第一、二、三个认不识，只晓得是毕节小坝的汉族，第四个叫李义竹，已死了。第五个就是我。第六个是马义藻，已死了。第七第八个不认识，也是小坝的汉族。后头站得高高的那个叫李义家，现在八堡上寨，快80岁的人呐。我们李家六个人，马家三个人，李家那五个都是我的侄辈，下头我就说说我们在鼠的那年（即一九三六年——记录人注）正月份的事呐。

那年正月呐，我们苗家爱打山（即打猎——记录人注)，我们九个人跑了好远好远，天黑呐，我们才走到毕节的小坝，想到寨子里头去打点酒吃。见有扛枪的卫兵，他问我们是什么人？我们说是六寨的苗家。他就邀我们去见官官，我们还不知是啥事？见到的兵都是一色青，态度可好呐，他们说是红军，我们才晓得不是老政府兵，我们放心呐。见了他们连长，连长留我们住下，还约我们同他们一起去破潘家洞，并说："这是打土豪嘛，你们不要怕！"我们说，我们有家小，还是想走。连长说："莫走！你们苗家好呀。"要留我们，又带我们去见他们的团长，这个团长呀，才十七八的小伙子哩，格朗得很。团长说："我们红军坚决支持你们苗家。我们先要去打日本，打完日本回来再打老蒋家，到时候让你们苗家好好的种庄稼。你们莫急，我们还要派人送你们上毕节军部去。"他便派人送我们上毕节。

到了毕节，我们住在洋学堂（指福音堂——记录人注）下面的学校里头，一共歇了两夜，去的第二天，军长他请我们六寨苗家的九个人和小坝的五个汉人吃饭，在洋学堂里吃的。洋学堂就是洋教士住的地方，军长就住在洋学堂里头。我们14个人坐一个大圆桌，这个圆桌是洋教士们用的，可真大啦。夹菜都夹不周到，你说大不大嘛。军长到我们每个人跟前，拿我们的筷子夹一筷菜吃，喝一口我们碗里的酒，我们苗民和那几个汉人都乐呐，世上哪有这样的大官官。一个军长嘛，还不嫌弃我们脏，他这个人太仁义呐。军长讲话不多，他对我们说："我拿人陪你们去，你们回去后要把六寨苗家和小坝的汉人里的乾人组织起来，登记好名册，我们好指定哪个当游击团团长。"走的时候发给我们六寨苗家九个人每人一支枪，每支枪只有五发子弹。要我们每人把没收土豪的衣物抱一抱，也就是三五件样子。给我们发了一面大红旗，旗子是红咔叽的呐，有四五尺长，拿一根竹竿挂起来才能扛得起，旗上面好像是写啥游击团呐。我们还和军长照了相，照相的机器不像你们背的这个样，有架架起来照的，照相的不是红军，是个汉人百姓。走时军长还拿了一条纸烟送给我们。由毕节出来到八堡有 90 里路，这些地方都扎得有红军的一团人（不是指一个团——记录人注）。我们和三个红军委员一起回八堡六寨，路经毛鸡厂、王仲关、壕沟、小坝、八堡。这三个委员在我们六寨寨子头住了几天，他们各个寨子都登记了一二十个青壮年，还说："谁当团长要回去研究以后上头批准，还要发给你们枪。"这些名单全由李少白包起，他是我们选的，就是还没批准。我们参加游击团的十几个苗族青年扛着枪送三个红军委员回毕节，为啥要送呢，他们又不是不晓得路。主要那阵扎在瓢儿井的一团红军开走了，好些寨子红军开走了。我们走到东关坡，遇到保董的保丁，三个红军委员要我们补充他们一块打保丁，一水就把这些保丁打跑了，我们苗家的子弹也全打光了，扛着空枪送红军，走到八堡时遇到老政府兵，这些兵不是 100 就是 80，满是灰衣服灰帽帽。我们挨了这狗日的些打我们一个"么烧"（即伏击之意——记录人注），三个红军掩护我们，我们丢了空枪就跑，不管路和水田，乱跑。子弹打在水田头，"嗖，嗖"地打得水发响，我该得不死，没打着。我们的旗帜由竹竿上"嗯"的一下扯下来包起来交与李少白。李少白这人机灵，跑得真快，他把旗子和名单一起埋在山坡上，以后我们去找什么也没找到了。我们当时的苗家全跑脱了，掩护我们的三个红军死了两个,一个跑回毕节了。要没有他们掩护,我们还活过球。我们跑脱的人一商量，要李德红去毕节向军长讲，李德红当时才十五六岁,个子矮。别看他人小,胆子可“外”(读外的第二声,即大的意思——记录人注)得很,不怕死不怕活的。李德红到毕节见到了军长,军长说,他们要去抗日，要我们苗家好好干，他们要回来的。还给李德红两张我们和军长照的照片,一些粮食。他往背上一背,就大摇大摆地回到六寨。在路上，每一站都扎有老政府军队，他们见他这个小苗娃娃，以为没有啥，他才把相片安全背回来。马家得一张，李家得一张，我们李家和马家是亲戚，马玉珊家爹是我的老表，马维驹是马玉珊的侄儿子，算我的孙辈去了。马维驹前一阵来过，他隔60不远了，交给李家的那张由我保存，我把它用纸包起来，这个相是硬板的，有花片的。放在茅草屋的屋顶梁上的缝缝头，保甲长们来也搜不到。我还记得三个红军委员到我们寨子后,教过我们唱歌,红军对我们干人真顾心,又不欺骗大男小女,一个小兵都找小娃儿谈话，拿点政策摆出来。他们教我唱的歌，可惜我不识黑(即不识字——记录人注),半句也记不住了。唉,这些红军真好,自从红军走后，六寨的苗家哪一个不想他们呢？保长常常来，要我们喊共匪，我们喊不出口，保长骂我们是投红军的苗子，叫人们不要拿脸嘴给我们。我爸妈在世时，我忍着受，爹妈死了，我实在受不了，1947年初我便一赌气离开了六寨,搬家时我到梁上去拿照片,唉,还有个球,耗子早啃烂了。马家得的那一张是交给马玉珊的，我也搞不清他家的还在不在，红军部队派来的三个委员叫啥名字我也不晓得，唉，只怪我还是这个不识黑嘛!

解放的那年，我家住在河边，部队由河对面打过来，解放军要我带路，这些解放军说的话不像红军讲的话，我大部分还听得懂。他们要我带路，我说，我不是黔西这地方的人，路不熟，只能带一小段，带到青杠坡，我前面的路认不得了，我给连长说了，连长拿一碗酒来给我吃，他还问我见没见过红军？我说：岂止见过，参都参加过。连长笑了，又敬我一碗酒，我才高高兴兴回到家。唉！这30多年来，要是那几个人我才给人家摆，不是那几个人，我怕人家说我吹。摆的都是些群众，我从来不给干部摆过，摆这些事嘛，不怕呐，摆的是我们这个朝代的事，还怕个球！上回马维驹带些干部来，还给我照相，今天你们来，又送我一瓶烧酒，好呐，我就得从头到尾摆与你们听，现在算摆完了。（孙日锟1983年4月23日记录）

选自中共贵州省委党史办《红军在贵州资料编研组》：《红军在贵州》资料汇辑第1辑，1983年8月，第28—32页。

红军长征纪实丛书

沿途亲历者忆长征卷

3

中共中央党史研究室 编

中共党史出版社

本册收入第二至第四部分文章204篇

忆红军追击滇军过赫章战况

徐仁芳

我家住在黄泥坡滇黔宙驿道旁，同赫章、卸旗冲呈三角形对峙，可以互相眺望。

1936年，我刚进入七岁，正是蹦跳好奇的童年，对亲见亲闻的大事，基本上可以铭记不忘。我记忆最深的是2月29日，红二、六军团二万五千里长征，北上抗日、路经赫章追击滇军的战况。为使这一史实传之后世，现记述如下：

早在一两个月前，赫章、黄泥坡、卸旗冲等地就风闻红军要来了的消息，地方官吏、有钱人家就开始作隐藏财物、避居岩洞，逃离他乡的准备，惶惶不安。广大的贫苦大众则于1935年7月，曾亲眼见“中国工农红军川滇黔边区游击纵队”进占赫章，打富济贫的情况，知道红军是人民的队伍，是为人民翻身求解放的，在当时的情况下，口头上不敢讲，但内心是乐滋滋的，巴不得人民的子弟兵——红军赶快到来。

在红军快来的前两三天，有一队人马由毕节向经卸旗冲坪子、赫章慌慌张张逃向威宁，人们纷纷议论说：“这是毕节莫专员带的队伍，可能在毕节稳不住，往威宁逃了。”只隔两天，又有一批披羊毛披毡，穿对襟衣、大裤脚，持刀枪的人，又从平山铺经卸旗冲坪子匆匆忙忙地逃跑，人们又说：“这是被调到七星关、平山铺堵红军的杨正荣、文正朝两家的人马，看样子，是被红军打败下来的。”看到这一系列的情况，人们都在猜测："红军快要来了。"

2月29日，阴霾满天，乌云翻滚，时黑时亮，爱唠叨的女老婆婆不断地叨念："三黑三亮，不晓得哪里又要打仗了？"

真灵。刚吃过早饭不久，听到水坡方向传来"噼噼啪啪"的密集枪声，紧接着听见有人边跑边喊："红军来了！"枪炮声，人马杂沓声，惊动了静谧的村寨；院落里"汪汪，汪汪"的狗吠声，大人呼唤小孩、小孩边哭边喊爹妈的呼叫声。顷刻，整个村寨失去了平日的宁静，一切都在沸腾。随之，先见卸旗冲坪子上有几十个军队分成两组，一组寻找掩体打掩护，一组找退路逃跑，轮流交替，掩护溃逃。子弹头在空中发出"嘘，嘘嘘，嘘嘘……"的吼声。我随着大人们站在黄泥坡观战，有的人用手指着边跑边埋伏的部队说："那就是昨晚由威宁来赫章，今天早上从赫章开往野马川堵截红军的两排滇军。勇猛直追、满山遍野而来的，就是红军。好多的红军，滇军哪里堵得住啊！"话音刚落，从古驿道经金钟山分路，沿郭家树林、官车桥来的另一股红军先头部队，如猛虎扑羊，快步到达我们的面前，直向卸旗冲坪子方向前进，侧击滇军。人们怕受流弹误伤，急忙跑回家中隐蔽。这时，各家各户的院坝里已有成连成排的红军席地休息，准备投宿。

红军从住下直到动身，一共在赫章、黄泥坡、卸旗冲、七家湾等处住了四天，纪律严明，秋毫无犯。同时把地主、恶霸未搬走的粮食、财物没收来，逐户按家境情况分给穷苦人家。每个红军既是战斗员又是宣传员。宣传的主要内容，都是"团结抗日、打富济贫"等，深受群众的拥护，很多家庭穷苦的青年亲身体会到红军是自己的队伍，纷纷报名参军，踏上了长征的征途。

红军刚走一两天，国民党尾追红军的中央军来了。抓伕、派粮、派款、捉杀鸡鸭，人民深受其苦，称其为："遭殃军"。

在一个晴朗的日子里，天空传来"嗡嗡，嗡嗡"的吼声，人们抬头一看，见一架飞机从东边山头窜出，不住地喊："飞机，飞机。"顿时，不管老人，小孩都举手搭额遮住阳光，双眼直盯飞机，直至飞机向红军去的方向消失为止。很明显，这架飞机是侦察红军行踪的，这是赫章人第一次亲眼看见飞机。

事后获悉：云南军阀龙云，害怕红二、六军团进入云南，导致中央军入滇，从而控制云南，重蹈王家烈的后辙，遂把孙渡纵队摆在昭通、威宁一带防堵。红二、六军团进驻毕节后，组织抗日支队，国民党的“进剿”部队分堵各路。但对红军的动向不明，身处前线的威宁滇军，为了了解红军情况，派出两排滇军来赫章一带侦察，于28日晚住赫章，29日早上前往野马川，在乌木铺峡谷口与红军遭遇，受到红军的迎头痛击，边打边撤。红军跟踪追击约三个小时，直至七家湾，因天色黄昏，目标不明，撤回休息。滇军如惊弓之鸟，于当夜逃回威宁县城。

选自中国人民政治协商会议贵州省赫章县委员会文史资料研究委员会编：《赫章文史资料选辑》第3辑，1989年11月，第1—3页。

回忆找红军联系的经过

马仲明

1935年冬至1936年春，我在寻甸县工作，社会职业掩护是寻甸县清仗分处善后处的会计和寻甸县立中学的兼职教员。1935年，中央红军长征经过寻甸，留下深远的影响，人民群众一直怀念和称颂红军。1936年二三月间，听说贺龙、萧克率领的红军二、六军团又将进入云南，可能再到寻甸。我心里十分激动，急忙跑到昆明，报告云南地下党组织的联系人李剑秋同志。向党组织请示：如果红军到寻甸，我如何与红军联系？我是否可以参加红军？组织答复，如果红军经过寻甸，一定要跟红军联系上，把云南党组织已经恢复和重建的情况报告红军，而且要把云南的政治、军事情况报告红军。至于是否跟着红军去，听从红军领导的决定。组织联系办法是：请红军与上海党组织联系，问"天水"的情况。我回到寻甸不两天，红军到宣威、沾益的消息就传到寻甸了。

1936年4月6日午后，红军到了寻甸，恰巧是个街天，从乡下到城里来赶街的人很多，东门外最热闹。为了避免伤害群众，红军远远地鸣枪示警，赶街的群众相继散了。伪县政府慌忙关了城门，常备中队到城墙上抵抗。不久，红军攻占北面紧临城边的青龙山，居高临下，寻甸县城很快就被攻下了。事后了解，除了伪县长、少数反动官员和在城墙上对抗的少数官兵外，极端拥挤的东门街子上，没有一个群众受伤。

红军攻进县城，我就去找红军。刚走到县政府门前，遇到了一个红军干部，我就上前跟他打招呼，我们一边走一边谈。到了他的住处，警卫员送饭来了，我们边吃边谈。我给他谈1930年云南党组织遭受破坏和1935年恢复重建党组织的情况，红一方面军长征过云南后群众的反映，云南的政治、军事情况。当我谈到云南地下党领导人王德三等同志牺牲的情况时，他说，他在广州见过王德三，听过王德三在黄埔军校讲的课，对王德三的牺牲十分惋惜。他告诉我，他是总指挥部参谋处的作战科长（名字已记不清了）。我们一直谈到天黑，我要求参军，他说："要求参军，我们欢迎，不过因为你是带着任务来的，应该通过政治保卫局决定。"随即派一个战士陪送我到保卫局去，吩咐战士说："他是个党员，好好招呼！"分手时，我把自己用的一支自来水笔送给了他。

我和陪送的红军战士连夜出城，到保卫分局，找到了值星科长，向他详详细细作了汇报，当晚，值星科长安排我在驻地休息。

天还没有亮，一阵清脆的号音把我惊醒，值星科长已在房门口等着我。他说，部队吃了饭就出发，要我和部队一起走。走到羊街坝子东北部的山坡上，远远看见左侧方有一群骑马的人向前奔驰。陪同我的战士说："你看，那就是贺总指挥。"我还在上小学时，就听到贺龙的英名，有个家乡人给我讲述贺龙的故事，曾使我听得发迷。我久久地望着贺龙远去的背影，心情很激动！

下午，左侧方山那边传来了枪声，国民党的飞机到我们头上盘旋，投掷炸弹。黄昏的时候，到一个不小的村庄宿营。一进村口，就看见柯渡回民写的"欢迎工农红军"的标语。第二天，我在这里停留了一天，我到街上看一看，街上贴着红军部队的各种告示，宣传标语，秩序井然。

第二天天不亮，部队又要出发了。这时值星科长来找我，对我说，经过研究，云南党组织刚恢复不久，地方工作也需要人，要我留下来坚持地下斗争。天亮后，我目送红军部队全部走出村子，踏上归途。

摘自中共云南党史资料丛书(一)《红军长征过云南》

选自中共寻甸回族彝族自治县委党史资料征集办公室编:《红军长征过寻甸》，1991年6月，第73—75页。

开仓放粮救百姓

张玉兰

属鼠年（1963年）旧历三月，红军在寻甸六甲和富民款庄、老干山同滇军打完仗后，到嵩明阿子营住了一天。红军在阿子营打开了积谷仓，把粮食分给阿子营、贾郎古和我们张家营的贫苦百姓。红军还在阿子营的河滩上处决了五个顽抗的敌人。

红军来的时候，我们正吃着早饭。听说红军来了，村里很多人，特别是有钱人家，全都跑上山去躲藏。我和张志雄的母亲没有跑，就在家里。我看见红军抬着三个伤员进了我家的大门，有一个放在堂屋里，已经牺牲，有两个放在天井边。红军一住下，就忙着打草鞋，是用地主家的被单撕成条条打的布草鞋。这时，我就打水来给他们煮饭，还帮他们磨谷子。饭熟了，红军喊我们跟他们一起吃，我们胆子小，不敢吃。正在这时，地主司绍周的母亲从山里回来说，你们还不赶快跑，人家搬兵去了，援兵一到要斩草除根。被她一吓，我就领着几个孩子和张志雄的母亲一起跑到土坝冲躲着。到了深夜，红军走完了，我们才回家来。我回到家里的时候，火塘里的火还没有熄，桌子上的猪油灯也还亮着，趁着灯光，我看见我们离家之前磨的谷子还堆在堂屋里，我和张志雄的母亲就把谷子搂起来，抬上楼去。到了楼上一看，这里也放着一堆谷子、一箩苞谷和一箩黄豆，我们就把这些粮食分了。这些粮食，都是红军打开阿子营的粮仓后，扛来我们张家营分给穷苦人家的。

有了这些粮食，我们才算度过了饥荒，要是红军不来，没有这些粮食，我们一点吃的也没有，硬是要饿死呢！（段自贵整理）

中共嵩明县委党史办公室供稿。

选自中共昆明市委党史办公室编：《威逼昆明巧渡金沙》，云南人民出版社1988年6月版，第134—135页。

抢救伤员

刘和扬

1936年，我在西山区老花铺万学荣家当帮工。万学荣的儿子万云峰是个医生，在当地人缘很好。

4月10日晚上，路过的红军到万家门口时，把一个重伤员委托给当地群众照料。当时，万学荣已为先过的红军队伍带路去了，只有他的老伴和我在家中。后来，万云峰从外面回来，他见到红军伤员后，吩咐村里的老五奶收下伤员，并叫好好服侍，所需的东西由他送去。伤员安置好以后，他就为伤员清洗伤口、上药、喂药。伤员的伤口在右腿上，子弹是后进前出，出口有拳头那么大，而且已化脓生蛆，但经过几天治疗，伤势有了好转。

大约半个月以后，村子里听到了滇军要挨户搜查红军伤员的消息，万云峰赶忙吩咐帮工曹进祥等人将伤员转移到大斜角苞谷地的草棚子里隐蔽，仍由老五奶每天送水送饭。到了深夜，万云峰就去棚子里为伤员换药。过了一段时间，伤员的伤口逐渐愈合了，红军伤员对掩护、救治自己的群众很感激，曾将自己的银元分送给他们。万云峰知道后，就对老五奶、曹进祥和我讲：不能要红军伤员的钱，他是红军干部，他伤好后，回归部队要有路费才行。

老花铺有两个坏人，一个是赌徒李开昌，另一个是大烟鬼朱四。他们探得红军伤员有一包银元，就起了谋财害命之心。在夜深人静时，放火烧了伤员隐蔽的草棚。待伤员醒来，爬出草棚后，已被烧成重伤，昏迷过去，两个坏人就抢走他的银元逃走了。万云峰闻讯赶到时天已快亮，他从家里拿来衣服给伤员换上，又叫曹进祥把伤员背到石板箐炭窑洞内隐藏。第二天早上，万云峰和老五奶去给伤员送饭和换药时，这位伤员已经停止了呼吸。红军伤员牺牲后，万云峰找了一些人，把这位红军战士的遗体安葬在公山的水沟边。

事后，万云峰为了处治李开昌、朱四两个坏人，曾以五石米悬赏捉拿他们。不久，李开昌因抢人被打死，朱四也病死了。

红军伤员于 4 月 10 日到达老花铺，经村子里的群众掩护、救治到牺牲，历时 20 天。（李星光整理）

中共西山区委党史办公室供稿。

选自中共昆明市委党史办公室编：《威逼昆明巧渡金沙》，云南人民出版社1988年6月版，第163—164页。

死亡线上救伤员

李镇

1936 年 4 月 11 日晚上，红军长征到了我们富民县城。当夜我们村也来了不少红军。他们纪律严明，说话和气，买卖公平，还把随身携带的干粮分给没有口粮的穷苦人。红军在我们村虽然时间很短，但却给我们留下了很好的印象。

红军大队人马走了以后，留下三位重伤员在我们当地隐蔽养伤。

红军走后第二天，化装逃脱的富民县民团总头目高清卷土重来，他带领民团积极配合滇军在县城内外进行严密的搜查，结果，三个红军伤员被他们在后街的仙龙庙中抓到了。他们把伤员身上的钱洗劫一空后，又施以种种毒刑，把伤员折磨得死去活来，直到奄奄一息。最后，高清又派爪牙把三位伤员抬到南城外大西村的大井头挖坑进行活埋。当时，在附近挖田的农民群众，密切注意着敌人的残暴行为，敌人一走，他们就立即从土里将伤员救出来。最后刨出的那一位，因伤势过重，又被埋在最下面，已经牺牲了，另外两位还有微弱的呼吸，经抢救才慢慢苏醒过来。群众在安埋好牺牲的红军伤员后将救活的两个背去隐蔽。正在这时，我和我父亲李增福刚好路过看见。我父亲懂得不少草药会治伤。他看了两位红军战士的伤情后对我说：李镇，这两个“老共”的伤不轻，须抓紧抢救。回家以后，我父亲叫我先送连汤饭到隐蔽地去喂这两位伤员，他自己即去煨口服的和准备包扎用的草药，到了夜深人静时，和我一起去给伤员服用、包扎。从此以后，我们每天给伤员送药送饭。过了几天，伤员的伤有了好转，可以站立起来扶着墙挪动了。我们心里很高兴，伤员总算有救了。

在后来的日子里，不管怎样忙，我父亲总是不辞辛劳地翻山越岭去采挖草药，过三天就必定给伤员换一次药。我们全家对伤员的生活也很关心。约20天后，伤员拄着拐杖可以勉强走路了。但是，伤员在西山村活着的消息传到县城后，敌人不断派出探子到我们村来探听。为了红军伤员的安全和我们全家的生存，我们父子在深夜把伤员背到我家猪圈楼上藏起来继续医治，躲过了敌人的几次搜捕。又过了一段时间，我家终于引起了敌人的注视。为使伤员不再落入敌人之手，我们父子又再一次冒险，把他们转移到村后芦苇丛生的沙沟里隐蔽，我每天借外出割草之机,给伤员送药送饭,这样又躲过了敌人的几次清查。三个月过去了，两位伤员在我们的护理下，伤势明显好转，但敌人也搜得更紧了。两位伤员怕连累我们，又急切盼望归队，终于离开了我家。

亲人离去的那天夜里，我们全家和他们两位，团团围着桌子吃了顿不平常的团圆饭，说了一夜的话，共叙分离之情。约过五更时分，我和父亲将筹集的衣物、盘缠给了两位红军战士，指引了到昆明的山间小路后，挥泪告别。

这两位红军亲人是红二军团六师十八团的，一位叫秦昌贵，湖南龙山县人；另一位姓杨，名字记不清了，贵州黔西县大定人。他俩离开我家后，姓杨的那位返回到部队，秦昌贵住在昆明，解放后我们一直都有联系。（马定坤整理）

中共富民县委党史办公室供稿。

选自中共昆明市委党史办公室编：《威逼昆明巧渡金沙》，云南人民出版社1988年6月版，第165—166页。

在元永井为红军演滇戏

况必成　刘月明

1936 年农历三月十五日，是禄丰县元永井的农神会，著名滇剧老艺人张子谦及楚雄、昆明的一些滇剧艺人都到禄丰演戏。

会戏十五日开台，一直演到二十日晚上，这时，就传说红军要到元永井来，当时我们不知道出了什么事，红军是什么队伍，一问才知是共产党要来啦！有的人不了解共产党，很害怕，议论纷纷，张子谦对大家说："共产党是以俄国的共产党为首，恨的是有钱人，是有正义的，对穷人好，还要接济穷人，我们唱戏的人不要怕，共产党是不会恨我们的。"经他一说，大家思想稍安定了些。

两天后①，当地的保井队、缉私队、有枪杆子的人完全都跑了。过了一天，红军从早上开始入井，是分几股进来的。走外白关进来一股，服装是黑的，长遮阳帽，打绑腿，穿草鞋，背着枪。这一股进来的人要多一点，因为这股路，比较平坦好走。走林旧山那边来的少一点，女的也有，很朴素，还有一股是由小红山走阿勒井进来的。

相隔半个钟头，老龙祠里面来了三四个背着小手枪的红军，问我们是搞啥子的。我们说，因为元永井做龙神会，我们到这里来演戏。红军同志说："哦，原来你们是唱戏的。"态度很和蔼，又招呼我们坐。大家

① 红二、六军团到元永井的时间为阳历1936年4月14日。

就相互坐在床上聊天。他们说："你们是不是演大戏？还要敲锣鼓，穿蟒袍铠甲（因为他们说不来蟒靠）？"我们就跟红军同志说："是演大戏的，是外地人。"我们互相谈了一阵，才知道他们是先头部队。他们说："我们是红军，是共产党的队伍，我们是为人民的。蒋介石他已经把中国卖啦，这个人不对哪，出卖了祖国，我们是为老百姓才来。"另外，还问我们一天吃几餐，我们说两餐，他们说："太苦啦，我们每天是吃三餐呢。"

他们又问，你们这些行业当中，是有老板唛，还是大家共同找了来吃？我们说，工厂有经理，你值几文给几文。别的不说，就拿这些背盐水的工人，你们可以去看看，连衣服裤子都没有穿的，每天晚上滚草窝的都还有。他们说：不行嘛，将来我们国家要办工厂，工人是很难得的，你劳动一天 8 小时，给你的报酬都是很公平合理，到一定的时候还给你退休，退休有退休金，还给你养老。他们还拿起我们刷牙的牙粉打比例说：这个牙粉值多少钱，一天能造多少出来，它有多少钱的找头（现在叫利润），平均算下来，它的成本除了，剩下的就是大家苦的啦。到那时有病要医，还要养起，生养死葬嘛。

说话间，又进来了两个红军。要我们唱大戏的人当中找个会讲话的跟他们去见首长。当时我们还认不得什么是首长，问他们是不是司令官？他们说：是嘛！当时，大家你望我，我望你，都不敢去，后来就推选张子谦去。张子谦就叫着刘月明和杨泰吉随红军去到红军首长住地（鸡鸣山李三老爷家的公馆）。

在楼上的正房内我们见到了萧克，萧克旁边还有七八位红军首长模样的人。萧克见到我们到来就十分客气地起身让座，倒水给我们喝，问我们唱什么戏，我们回答唱的是云南滇剧，萧克同志听后说："今晚就唱嘛。"还问我们唱一晚上戏要多少钱，我们答复他唱一天晚上是收 60 元滇票。随后，萧克还问我们会不会唱《捉放曹》；又一位红军首长模样的人，建议我们再唱一场《花子拾金》；另一位红军还建议我们唱一场《小放牛》。他们点的都是京剧剧目，这些剧目滇剧也演。当时，张子谦对红军首长萧克等所点演的这些戏就一口答应了。萧克还要我们到街上敲锣宣传，请老百姓晚上来看戏。一位红军首长问我们演戏有什么困难没有，张子谦当即提出没有汽灯。这位红军首长立即说有，并当场叫我们等一下来提就是。我就提出，怕等会来提汽灯时站警卫的门岗不让进，萧克听后，从衣袋里掏出一张名片（这张名片是石印的，中间印着“萧克”，左下角印着“陆军团长”四个字），并拔出水笔在名片背面写上“允许通行”四个字交给了我们。谈完演出事宜之后，萧克等红军首长连叫带拉地把我们拉到中间的房间里和他们同桌吃饭，桌子上摆的没有七碗八碟，也没有鸡鸭鱼肉，只摆着一个火锅，锅内煮的是大头菜、青菜、白菜和萝卜丝，放了许多辣子，饭是红糙米，还夹着许多谷子、沙子。同一桌吃饭的还有三位红军首长，有位身体稍瘦而有神，年纪在二十七八岁的女红军，加我们三个人，共八人同桌吃饭。在吃饭过程中，张子谦问萧克，同桌吃饭的这位女红军是不是贺姑太（指贺龙的妹妹贺兰英），引得萧克微笑了一下，带着笑脸说:“不是。”并解释说，他们（指贺龙指挥的部队）走另一条路，向西去了（事后得知是到宾川去了）。坐在萧克旁边的一位年纪稍大些的红军首长，我们问他是干什么的，他说是在政治部工作。他继而对我们说:“你们滇剧唱得不错嘛，前天晚上我还在昆明的群众舞台看过滇戏，有个旦角叫李少兰的唱得不错嘛。”这时，萧克对张子谦说：“你们滇军有个张冲师长，不错嘛，他在普渡河跟我们打了一下，打得不错。”吃完饭后，我们就从红军的住所回来了。

晚饭后，约下午 4 时多，我们拿着萧克的名片准备去提汽灯，走到街上，看到许多红军用绳子捆着几个恶霸豪绅从街上走过，群众都投以高兴的眼光。天黑前，我到李三大人家的公馆红军临时住所内把汽灯提到龙祠内唱戏。这天晚上来看戏的老百姓很多，萧克同志也来了。我们演出了《捉放曹》、《花子拾金》、《小放牛》，萧克和政治部主任把《捉放曹》看完，就因为有事走了。

第二天天刚亮时，有两位红军送来 60 块大洋作为演出费给我们，张子谦不敢收这样多的钱，红军硬要给，还说了些劝张子谦收钱的话。张子谦说红军很辛苦，看场戏还给钱，又给的是这样多的钱，不应该收。但红军硬是要给，说是奉首长之命送来的，不能不收，张子谦只好把这 60 块大洋收下了。到了下午又有几位红军给戏班送来了两大块猪肉和两斗红米，说是对剧团演出的酬谢，由于红军这样厚待剧团，使得剧团的每一个人心里都十分感动。

红军走后的第三天，中央军来了，他们一进入城内，就到处抢占民房，还进入我们戏班里，胡作非为。

不几天，我们戏班也难以再演出，只好回到各地。

选自云南省文化厅、中共云南省委党史研究室编：《中国工农红军在云南革命文化史料选》，云南民族出版社1996年5月，第133—135页。

记红军长征二三事

王以纯

1936年暮春时节，中国工农红军红二军团的队伍，长征途经镇南（南华）。一部分曾住宿沙桥、高家村等地。红军所到之处，纪律严明，秋毫无犯。他们有鲜明的革命宗旨，嫉恶如仇，对老百姓亲如一家；他们沿途宣传教育群众，传播革命真理；他们和国民党反动军阀的队伍截然两样，在人民群众中，留下恋慕之情，凡此种种，民间广为传闻。以后又屡听乡邻、亲友说及，故而记之，以志不忘。

我要说的是红军长征过沙桥一带的二三事。

一张留言条

我姐夫余兆耀，是沙桥东街人。祖祖辈辈以种田为业，风调雨顺之年，一家人俭朴的生活还过得去；要是遇上天灾人祸，则不仅温饱难以保障，还要债台高筑，用几年勤苦所得都难赔清。后来兼营小型马店，景况虽有所改变，也只能勉强自给自足。

当传闻红军要来的前几天，由于国民党反动派的大肆造谣诬蔑，使老百姓产生一些恐惧心理。同时沙桥是滇西驿站的要冲小镇，历来就屡遭新旧军阀队伍的扰害，人民深受其苦，一听见要过军队，真是心急如焚，忧虑万分，生怕横遭劫难。因此，余兆耀姐夫就安顿好他家的事，托付邻居代看门户，领着三个女儿，一家五口回到我家（河上村）暂避几天。姐夫和姐姐进门就对父母说："这久兵荒马乱，怕有不测风云，只得回来暂躲几天。"亲人相见倍感亲热，母女之间，问寒问暖，并欢迎他们一家住下。

长征的红军只在沙桥歇宿一夜，就继续西上。红军走后，余兆耀姐夫心急如焚地赶回他家，经详细查看，家里的家具什物一切完好无损，他才把吊着的一颗心放下。再一仔细观察，发现屋子里的地面扫得干干净净，一切井然有序，根本不像已经住过军队的样子。更为出奇的是：在堂屋的大柜上面，留下一张纸条，上面写着："老大爷：我们路过借住你家，使用过你们的家具，吃了你家几升大米，一罐咸卤腐。付上银元四元五角（钱包在纸内），请查收下，谢谢！工农红军。"姐夫一字一句地读着"红军留言"，不禁热泪盈眶，感慨地说："我活了几十岁，从来没有见过这样好的军队。"

打富济贫

住在高家村的一部分红军对平民百姓秋毫无犯，对地主老财给予必要的惩治，对穷苦人民则给予接济。当时，在蔡长祐、周从商两家，都设过红军的炊事房。红军从地主老财高正岳、高正恒、高自宽等几家缴来了一些粮食、衣物、腊肉之类的物品，除了红军自己食用外，还散发给穷困农民。在那青黄不接，现口无粮的景况下，一些缺粮穷困户真好像旱天禾苗，得到红军洒下的一场及时雨。感激共产党，怀念工农红军之情，虽未能用口头表达，但已铭刻在心。有的农户由于长期受封建势力的统治，害怕事后遭到当地财主的报复，想推脱不收受。红军便理直气壮地教育农民说："这些粮食、财物都是农民弟兄用血汗苦出来的，被地主老财剥削去供他们享受，辛苦劳累的人饿肚子，地主、财主吃得像肥猪，这世道太不公平。共产党领导红军闹革命，就是要推翻人吃人的旧制度，建立没有人压迫人，人剥削人的新中国，地主老财的这些剥削所得，迟早是要归还人民的。”红军的一席话深深地埋藏在受苦人民的心底，它像一粒种子，在人民心中生根、发芽，不断成长。

与旧军队不同

镇南在历史上号称“四大穷州”之一，每年秋收以后，有不少穷人家就必须背井离乡，肩挑行李、工具，到缅甸一带出卖劳力，帮工做活，俗称“走夷方”。辛苦一个冬春，挣得几文现钱以养家糊口。

红军长征路过镇南那年，我村的一伙“出门”劳工，在回家的路上——普棚，遇上了行军中的红军。在那时，人们的心目中有：“秀才遇着兵，有理讲不清”的观念，思想上万分恐惧。有的人哀叹：“完了，一个冬春的血汗白流了！”有的人向神佛祈祷：“求菩萨保佑，平安到家！”也有人提议：“赶快躲开，过了再说。”但避开已来不及了，只得听天由命。殊不知大队红军从他们身旁经过，竟没有一人向他们投来不祥的目光或吓唬的话语。倒是有个像干部模样的红军，早看出了“出门人”的胆怯心理，主动地好言好语的向他们宣传说：“你们都是劳苦兄弟，我们是保护穷苦劳动人民的工农红军，要北上打日本侵略者，一不抓兵，二不拉夫，不扰老百姓。你们尽管放心走路，早日和家人团聚。”听了红军的一番宣传，又亲眼看到红军的行为，一伙远离家乡，靠卖劳力来养家糊口的我村农民才放下了高悬着的心，眉头舒展开了，脸上也露出了笑容。

他们回村后都说：“红军不愧是共产党创建和领导的军队。红军纪律严明，爱护劳动人民，与国民党的军队截然两样。”

关心学校教育

住宿在高家村周永武家的红军，因看到他家有不少的书籍、字画，推断主人定是知书达理的知识分子，又作了一些调查访问。（因周永武当时不在家）红军从访问中，得知周永武系民国十九年（1930年）从昆明省立第一师范学校毕业后，一直从事教书办教育事业的，他兢兢业业，培养乡里人才，做出过贡献。红军便对人们说：“教书办学校是很重要的事业。中国要强盛，不再受列强的侵略和欺侮，就必须培养和造就更多有作为的人才，有了人才中国的兴旺发达才有希望。”红军还劝告人们说：“村里的小娃娃都要给他们上学读书，长大后才更有用。”当红军看到他家还有一部《水浒》书时，又说：“这部书很好，梁山的英雄好汉，他们敢反封建皇帝，敢打贪官污吏为老百姓除害，他们是历史上一支坚强的农民革命队伍。”村里人听了红军的一番话，好像茅塞顿开。原来在某些旧思想观念中，流行着：“先生落末下乡教学”，历代的反动统治者把《水浒》中的英雄好汉诬蔑为“盗贼”、“匪寇”；然而，在红军的思想意识中，却有着截然不同的观念，使人耳目一新，深受教育。

当红军要出发上路前，把他们带来的一匹黑马、一匹花马送给周永武老师家，并语重心长地告诉周永武的大哥，要他转告永武，继续好好教书，努力培养爱国人才。

从以上几件小事，可以窥一斑以见全豹。它能说明：长征是宣传队，长征是播种机。红军长征过镇南（南华）时间虽然短暂，但从他们的言语行动，所作所为，有力地粉碎了国民党反动派的种种谣言，传播了革命道理，埋下了推翻反动统治者——蒋家王朝的火种，为彻底打败日本

侵略者，埋葬旧制度，建立新中国；为镇南人民的革命斗争奠定了思想基础。（沸泉整理）

选自中共南华县委党史资料征集研究室编:《红二军团长征过镇南》, 1992年4月, 第64—70页。

洒向民间都是情
——回忆红军长征过沙桥的几件事

蓝春明

中国工农红军，在中国共产党的领导下，为了战略转移，抗击日本帝国主义的入侵，粉碎国民党反动派蒋介石的“围剿”，举行了震惊中外的二万五千里长征。红军在举世瞩目的长征途中，由贺龙领导的红二军团，曾经路过沙桥，时间虽然短暂，但红军和人民群众的鱼水深情，在我的脑海里却永远也不可磨灭。

两块银元

1936 年 4 月的一天，张士元姐夫怀揣着两块铮亮的银元和一张字条，来到我家，悄悄地打开要我看。字条上写着:“主人家，红军路过，借宿你家。吃了你家的一只鸡，一点咸菜，付上银币二元，谢谢。红军留言”。我一看字条，才知道是红军给他家的，便对姐夫说 :“没关系，这是红军付给你家的鸡钱，你就收下吧。”姐夫愣住了。因为，当红军将到沙桥之前，他一家三口，已外出躲避，红军走后才回家。看到家里平静如故，连地面也打扫得干干净净，却不像有什么旁人来过。突然发现灶头上放着银元，不解地拿来问我。

张士元是个纯朴老实的庄稼人，家境贫寒，从小没有读过书，盘田种地，驭牛犁田也算得上行家里手。夫妻两人一贯克勤克俭，起五更睡半夜地辛勤劳动，生活一般还过得去。但在旧社会，沙桥小镇上深受兵匪之灾，使人不寒而栗，人民的生命财产很难得以保障。有时真叫："人在家中坐，祸往天上来。"有一次，国民党的大兵过，曾有几个荷枪实弹的兵，窜入张士元家住的民村，把老百姓家的鸡用枪打死，吊挂在枪口上扛走，主人看见也不敢过问，怕大兵寻岔，惹得不可开交的麻烦。老百姓对于兵，只能逆来顺受，忍气吞声，明知被抢，只可视而不见，听而不闻，气愤不过也只好自我安慰："破财免灾！"但红军确实与"龙军、虎（胡）军、遭殃军"（龙云、胡若愚、国民党的中央军）截然不同。红军留下的两块银元事情虽小，但一张字条却情深意长。从这里足可见红军纪律严明，保护人民群众的利益，秋毫无犯，遵纪爱民的崇高品质。

要发展教育

红军长征途中住宿沙桥的队伍，有的曾从西街蔡世达家拿了些大米煮饭吃。经红军调查了解，蔡世达家不属财主富户，家中保管存置的几石大米，是凤山（沙桥）小学的办学经费。因为凤山小学曾创立于清朝，当时叫"凤鸣书院"，清朝时期丁酉科举人余亲贤，曾掌过书院，兴学育才，颇有盛名，四乡八屯慕名来求学的人不少。以后，沙桥的许多文人和有识之士也都比较关心教育，相继办学，培养教育后代。但在反动派统治时期，沙桥这样一所具有悠久历史，教学颇有名望的学校，连办学经费多系乡里群众捐资，无固定经费。教师待遇亦十分微薄。然而，沙桥的有识之士，把教书育人当作自己义不容辞的责任，仍含辛茹苦，奋发办学，曾有过不少的不为名利，不图享受，孜孜不倦育英才的好老师，如夏石庵就是其中之一。

为了巩固学校，发展教育事业，经社会贤达余亲贤等人的力争，始得将沙桥东、西两头设有的两盘水碾划归凤山小学，作为办学基金。教师的薪俸以及学校的教学开支，就以水碾出租的“碾租”来维持。

1936 年前后，凤山小学的校长是蓝有光，经费收支是蔡世达，因此，蔡家存放的大米确系办学之资。红军在调查中，弄清了情况，他们便从凤山（沙桥）镇公所的积谷仓里，挑出稻谷，抵还蔡家。不仅如此，红军还语重心长地对蔡世达家说“办学校是利国利民的大事；教书育人的老师，红军是很崇敬的。”由此可见，红军十分关心学校，重视教育，尊重人才。

红军路过沙桥，使人们认识了许多疑惑不解的问题，在人民群众中留下了不可磨灭的深情，正是“得民心者得天下”。（沸泉整理）

选自中共南华县委党史资料征集研究室编:《红二军团长征过镇南》, 1992年4月, 第141—145页。

我见过的红军

王凤壮

我家住在天申堂，位于南华与祥云两县的交界地。这里是自古以来的驿道，我从小就亲眼见过许多军队过往。什么唐（唐继尧）家军、胡（胡若愚）家军、龙（龙云）家军，还有中央军。那些军队都是蛮不讲理，欺压百姓的队伍。那时候，人们只要听说要过军队，就惊恐万状，年轻的姑娘、媳妇不敢露面，生怕他们欺侮，家里能值点钱的东西，也要藏起来，怕他们明抢暗偷。反正他们手里有枪，横行霸道，老百姓对他们，只有躲脱算幸运，碰上了则倒霉。唯独只有共产党领导的工农红军，才是有纪律，爱护老百姓的队伍。红军所到之处，秋毫无犯，对百姓亲如一家，真是人民的子弟兵呀！

那是 1936 年 4 月间，听说红军要来，国民党政府的大官小员们，到处造谣说：“共产党要共产共妻”、“红军会杀人放火。”我们这一带的老百姓，根本不晓得红军是什么样子，心里确实有些怕。我爹便领着我躲到屋后的一个干水塘里。在那个季节，天干风大，晚上还冷，真遭罪呀。我爹又染上了吸大烟的恶习，有时候，烟瘾一发，就连天大的事也管不着，只顾他吸烟过瘾。大烟这东西，真是害人不浅，有一首民谣说：“猴儿头，管管枪（吸大烟的烟枪），吹田吹地吹婆娘。”一点不假，染上了吸大烟的人，不但骨瘦如柴，没精打采，不能劳动，为了买大烟过瘾，只要家里能变卖的东西，几乎都被卖光，害得全家吃苦受罪。

那天下午，我爹的烟瘾发了，在干塘子里又点不着烟灯，他无论如何，硬拉着我回家。我爹躺在床上“吞云吐雾”，还未过三口，就听到外面人声、脚步声、马叫声，我们父子刚想躲也来不及，听到有敲门声和喊声：“老板，不要怕，开门，我们是红军，是保护人民的队伍。”听声音还挺和气，不像国民党军队凶神恶煞，我愣了一下，又听见：“我们是红军，不动百姓的一草一木，快开门。”我大着胆子把门开了，只见满街是红军。他们的衣服跟国民党军队穿的不一样，是灰色的，也有各式各样的服装，帽子的遮阳很长，就像鸭舌头，脚上有穿草鞋的，也有穿布鞋的。特别使我惊奇的是在他们当中，还有一些女兵，就是分不清哪个是当官的，他们官兵都是一样，没有什么特殊。

住在我家的红军，自己煮饭吃，他们叫我小兄弟，很亲热。红军看到我家里很穷，问我：“这里的地主老财藏在什么地方？”又要我领他们去财主家拿些财物来分给穷人。他们还解释说：“红军就是专门打土豪，救济穷人。”要我不用害怕。可是，我还是怕红军走后，地主老财反攻倒算，只推说：“我听不懂你们说的话。”红军也不再难为我，他们煮的饭还叫我父子俩跟他们吃，又留下一些米给我家。以红军的行为与国民党军队相比，真是天壤之别。记得有一次国民党的兵过天申堂，有几个兵把吴凤林家的两头耕牛抢拉到吴学周家院子里宰杀。吴凤林家磕头求饶，说耕牛是农民的命根子，杀了耕牛，田地耕种不了，要饿死的，求那群兵做点好事，不要宰杀耕牛。可是，穷人遇着兵，有理讲不清，当兵的不但不听，还用拳打，脚踢把吴凤林赶出院门，把牛杀了。吴家大小哭了几天几夜却有冤无处诉。倒是红军，才真正爱护人民，对老百姓秋毫无犯，还打富济贫。他们要走之前，都分别把借用的东西赔还原主，地面打扫干净，红军爱护老百姓，老百姓也真正爱红军。

我还见着红军中的一些女兵，她们的穿着和男红军一样，只是留着短发。个个都英俊结实，使我十分羡慕。有一个女红军骑在一匹大马上，更是威风极了！正好有一只马掌脱了，那个女红军翻身下马，在另一战士的协助下，自己动手把马掌钉上。我看她的动作，真像个勇敢机智，一身本事的军人，有了她们，何愁妇女不解放？

解放前夕，我们地方闹起了游击队，专打“老黄狗”（国民党军队）、打老蒋，闹解放，我们穷人喜洋洋。这支游击队就是学红军的样子，在共产党领导下干起来的。（沸泉整理）

选自中共南华县党史资料征集研究室编：《红二军团长征过镇南》，1992年4月，第136—140页。

一个鸡蛋一颗心

王士进

小时候，经常听我奶奶讲起红军长征中的故事，虽然事隔几十年，至今我还记忆犹新。

那是1936年4月间，贺龙领导的红二军团，长征途中，有一部分红军曾路经索厂王家村，我家还住过一位红军首长及女红军（首长夫人），还有一个刚出生不久的红军婴儿。

女红军大约30岁，圆圆的脸，留着短发，跟红军战士一样的打扮。但由于长途行军，产后得不到很好休息，显得有些消瘦，可行动仍不失英姿飒爽。说话，待人涵养有素，和一般的妇女不同，倒像一位很有文化教养的人。女红军住在我家，虽是萍水相逢，但对奶奶就像亲人一样，问寒问暖，互拉家常，没有一点架子，却又对庄户人家的农活十分内行，对农家的疾苦知道很多，一夜之间，和奶奶亲热得像一家人。因为奶奶不大听得懂外省人的口音，她们在交谈中，往往逗得两人哄堂大笑，感情十分融洽。

奶奶看到女红军身体比较虚弱，就把我家的鸡蛋用红糖煮了，端给她吃，也好让她补补身子。当我奶奶把一碗煮好的鸡蛋端给她时，女红军怎么也不肯吃，定要奶奶自己吃。推来让去蛋都快凉了，奶奶没办法，只好假装生气地说：“你不吃，就是看不起我！这蛋是自己养着的母鸡生的，农民别的好东西有不起，鸡蛋总还有几个嘛。”女红军看到奶奶生气，只好吃了。并反复表示感谢，奶奶说：“红军礼性多好呀！”

红军要离开时，那位首长及女红军向奶奶依依告别，说:“老妈妈，谢谢你家，红军总有一天还会回来的！”同时送给奶奶一把银子做的调羹以作纪念。（沸泉整理）

选自中共南华县委党史资料征集研究室编:《红二军团长征过镇南》，1992年4月，第134—135页。

红军时刻为人民

饶振刚

1936 年 4 月间，听说红军要来，镇南（现南华）满城风雨。国民党政府又是调兵遣将，防守县城；又是造谣惑众，说什么“红军杀人放火”，真叫老百姓惶恐不安。

有一天，龙川镇的镇丁沿街敲锣，传达官府命令：规定各家各户必须煮好一甑饭，摆在门前铺台上，供给从山区紧急调来守城的刘老幺团队吃。刘老幺的民团，号称“羊皮队”，在山林中追野兽、捕猎物十分勇敢。是县长史直书为了防御红军，用十万火急的命令，把他们从马街调遣出来守城的。刘老幺欺哄民团：要他们星夜兼程，赶到镇南守卫县城，重重有赏。当他们进入城内，赏赐的首先是强令居民煮好的一甑大米饭。民团壮丁，由于跋山涉水的赶路，一个个又饥又渴，像几天寻不到食物的饿狼，闻到阵阵饭香，真是饥不择食，根本不顾什么纪律、礼节，蜂涌而上，围住饭甑，伸出双手，连捧带抓，大把大把地往嘴里塞米饭。有的进食过猛，被噎得喘不过气来，待他们填满肚子，捧着鼓胀鼓胀的大肚皮，连走路都有些艰难，东倒西歪，跌跌撞撞时，才被他们的长官刘老幺命令到财神庙宿营，坚守南城。真是一出滑稽闹戏，叫人笑破肚皮。

4 月 16 日晚上，红军围攻镇南县城。红军先是用政治攻势，向东门城内喊话，说明红军保护人民，只是路过，绝不乱动群众一针一线。

红军的一番宣传，就像一颗无形的重磅炸弹，在民团的内心炸开，使守城民团慌乱一团。接着是红军的一阵机枪扫射和几枚手榴弹爆炸，就把民团壮丁吓得四下逃窜。红军趁势攀越城墙，烧开东门，英勇地冲进城内，并活捉刘老幺和其他几个负隅顽抗、平时又欺压人民的恶棍。这几个罪恶累累的地霸被红军处死在沙桥，为镇南人民除了一害。

红军进城后，砸开了县政府的监狱，救出了被关押的“犯人”，有几个从牢狱中放出而脚上的镣还未取除的人，跑到我家，求我帮他们撬开脚镣。我见这几个人面黄肌瘦，头发、胡子又长又乱，几乎不成人形。但他们感激红军救命之恩的心情仍流露在面部眼角之间。我因为缺乏撬开脚镣的工具，只好告诉他们，到西门外赵铁匠（赵连璧他爹）家去。不用说，当他们打开脚镣，恢复自由时的心情是多么激动呀！

住在我家的红军，说话和气，举止大方，很有纪律，跟国民党军队截然不同。红军从财主家拿来大米、火腿、粉丝煮吃，吃饭的时候，红军还端了一大碗火腿粉丝要我家吃。他们还和我们拉家常，宣传抗日和革命道理：红军是打土豪，爱百姓，要解放所有的受苦人。他们还说：等革命胜利以后，打倒了国民党反动派，打倒了地主老财，推翻了人剥削人的制度，到那时，老百姓就不再受压迫，要当国家的主人，也不再穷，要过自由、幸福的好生活。

红军在我家只住过一夜，当红军要离开我们继续长征时，还给了我家七八升大米。用这些大米煮成的饭，真是又香又甜。我一家人，吃在嘴里，时时回味红军的真情——他们无论在任何艰难困苦的情况下，时时牢记为人民的宗旨，这是革命取得胜利的根本原因。（沸泉整理）

选自中共南华县委党史资料征集研究室编：《红二军团长征过镇南》，1992年4月，第130—133页。

两种军队两样情

齐中亮

我家住在沙桥东门外，祖辈以盘农业生产为主，兼营马店。在解放前，穷苦人民真是在水深火热中过日子，经常性的兵荒马乱，盗匪猖獗，弄得民不聊生，难以度日。

当我还小的时候，就常听说有什么“小霸王”、“豹子皮”等等的山林股匪，打家劫舍，抢夺民女的种种罪恶事情。他们灭绝人性，所到之处，烧、杀、抢、掠样样都干得出来。虽说国民党有时也派兵剿匪，但剿匪的军队也和土匪差不多，所以，兵匪之患，使老百姓不得安生。

1936 年，我轮着在凤山镇（沙桥镇）当团兵。当时的镇长是夏家昆，副镇长是周汝泽，团兵在镇公所里就是跑跑公事，晚上查查店子，只尽义务，一样供给都没有，饭也是各自回家吃。所以当团兵也只有穷人的份，有钱有势的人家是不用当团兵的。

就在那年的一天下晚，有六七个赶马的牟定人，从大理驮了几驮碑心石（大理石）要到徐家庙去卖，住在我家店里。听说红军已经到了镇南（南华），赶马人也由于受反动派的欺骗宣传所惑，心里有些害怕，便觉也不敢睡，连夜煮饭吃，想把碑心石连夜运往徐家庙。大约晚上十一二点钟光景，镇公所派出六七个团兵到东街来查夜，见我家里还在烧火，他们就进家和赶马人一起烤火。过了一会儿，团兵出去查夜，继续往东走不到几百米远，就看见塌土坎处有火把，手电筒光，他们还弄不清是谁，就大声发问："什么人？"当即听到回答："我们是红军！"几个团兵被吓得调头就往回跑。红军中有几个人也趁势追赶，边追边喊："不用怕，我们是红军，是保护老百姓的！"几个团兵哪里还顾得听，只是没命地奔跑，红军也紧追不放。团兵跑到我家门口，便慌不择路，一窝蜂地从我家大门内跑进去，由后门跑散。他们这一跑，惊动了赶马歇店的人，也跟着一阵乱跑。此时，红军追赶上来，见到他们惊惶逃躲，便一面喊话："站住，缴枪不杀！"一面朝团兵跑去的方向放了两枪。红军追进我家，到处搜查了一遍，却没有团兵的踪影。接着红军的后续部队也紧跟着到了沙桥。

那天夜里，进到沙桥的红军，有的就在当地住宿，有的仍然继续前进。沙桥的街道也小，就见沿街都走满了人，还有一些女兵、小兵和一些骡马。住在我家的红军大约二三十人，整个堂屋都睡得满满的。由于长途行军疲劳，他们刚睡下就入了梦乡，只是有一个红军坐着，我见他背着一支盒子枪，也许是个官长，那个身带小枪的官长，还向我问长问短，告诉我：红军是人民的队伍，当红军就是为穷苦人民翻身求解放而干革命。我觉得这位当官的与以往见到过的国民党中央军和滇军中当官的大不相同，国民党军队的官，行军要坐滑竿，住宿要在有钱人家的高楼大院，吃饭、喝水要勤务兵拿来，随时是凶相于形，使老百姓一见就害怕三分。而当时坐在我面前的这位红军的"官"，和满地熟睡的红军战士一模一样，从表面看真不容易分辨谁是官，谁是兵；要说特殊就特殊在战士们休息熟睡了，这位红军的官还得为战士站岗警卫；有时还替战士拉拉被盖，怕他们着凉；不仅如此，我看得出，他还在谋划着下步的行军和一些什么重要事情呢。过了一会儿，这位带盒子枪的红军官长问我："到祥云要经过哪些地方？"我如实地将必须经过的新铺、大炉上、小古山、天申堂……以至普棚的地名和线路告诉了他，我一边说，他一边查对着一个小本子上的记录，不断地点头，好像对我说的话很满意，最后还对我说："谢谢你的帮助！"这时，从门外进来一个红军，向这位红军长官说了几句话，他们便一同出门去了。

第二天，红军发现昨晚朝我家门口放的两枪，打中了一个牟定驮碑心石的赶马人的脚，伤势虽然不重，红军还是把那个受伤人抬了回来，并叫来红军的医生，为他擦洗伤口敷上药包扎起来，那个赶马人被感动得流了眼泪，说：“我从来没有见到过这样好的军队。”

比比国民党兵的凶神恶煞，抓鸡打狗；想想那些打家劫舍，无恶不作的山大王土匪，使我开始认识了红军真是为人民的利益而打天下的革命队伍，红军和老百姓是一根藤上的瓜。（沸泉整理）

选自中共南华县委党史资料征集研究室编:《红二军团长征过镇南》, 1992年4月, 第125—129页。

我悔恨的一件事

李思恭

提起红军长征时过镇南（现名南华）的事，虽然已经隔了几十年，我还清清楚楚地记得，红军真是好人，对待平民百姓和和气气，亲如一家，对待财主恶棍则给他们应得的打击。在我的心里常常悔恨一件不该做的事：那是红军长征到镇南的前一天，县政府派我和曹继彬两人去打听红军的消息。当时，每人给我们十块银元，我以为这是重赏了，我们这些穷苦人家，平时卖工做活，两三个月才能挣到这点钱，所以就不分好歹地为县政府去卖命了。出发前，镇南县政府写好一封“公事”，嘱咐我们：“要亲自送交楚雄县政府，并探听红军来的真实情形”。我俩当天下午从镇南出发，走到大石铺夜已经深了，不敢再走。两人商量了一阵，就找到大石铺姓靳的一家住了一夜。因为，靳家有个入赘的女婿是我们镇南东门外代学礼家的人，到那里招亲上门，原来彼此也还认识，就以老乡的情分，找到他家歇宿。在靳家我们不敢对他家说明实情，只是支支吾吾地说要到楚雄办点事。第二天，我们心中有事，一早起就赶路。当我们才走到波罗哨时，就看见红军的先头部队好多人，背着枪，有的走路，有的骑马，朝我们镇南方向走来。曹继彬悄声对我说：“不好，红军来啰。”我着急地问曹：“怎么办？”两人慌作一团，曹继彬二话没说，向四周瞅了两眼，扯扯我的衣服，我们便从旁绕到隐避处。曹继彬赶忙把带着的信，摸了出来，深深的塞进烂泥塘里，我们便转头绕小路从回龙、白衣等地赶回镇南。

当我们赶到镇南时，只见城门紧闭，城墙上都站着岗哨，情况十分紧急，我们就走近岗哨喊话，说明我们有紧急军情要向县政府汇报。岗哨禀报了队长，审识后才叫壮丁放下吊桶索把我们两个从城墙上吊了上去。

下午 5 点钟左右，我们两人慌忙跑进县政府，只见县长他们还在开会，一个个愁眉不展，没有说话的声音，只见满屋子烟雾弥漫。我们报告说："老爷，红军来到波罗哨啰！"一个官绅阴阳怪气地说："看清了没有？不会这样快吧！"县长紧接着训斥我们两个："瞎说！恐怕是楚雄三街周二老爷的兵出来护城。如果不是红军而是周二老爷的队伍，非宰你两个的头不可！"我们被官老爷一吓，脚手都在打抖，但也不得不连声回答："不敢，不敢虚报。""请老爷明察！"沉闷了一阵，县长一抬手："滚下去！"我们才像得救一样，转身就跑回家躲起来。

晚上 9 点多钟，只听见一阵枪声，我料想是红军来了。当时又庆幸自己没有虚报军情，否则，是要被县长杀头的。过了一会儿，果然听到满街都是红军的声音："老板，不要怕，我们是红军，绝不伤害老百姓。"

那天晚上，我家也住了几个红军，他们对老百姓真是亲如一家，和和气气，用东西有借有还，还向我家几弟兄宣传一些革命道理。红军由于长途行军作战，十分疲劳，他们住下以后，有的煮饭，有的就抓紧时间休息。我母亲要帮他们煮饭，红军都不肯，说："红军不劳累老百姓。"红军吃饭还叫我们一起吃。第二天，红军要出发了，住在我家的红军还叫我跟他们当红军去，因为我肚子疼，没有跟他们去当红军。

红军过后，我父亲也意外地回到家里，一家人团聚，又是悲愤，又是欢喜。原因是这样的：我家有五口人，父、母亲、我和九岁的二弟李思福、五岁的三弟李思禄。那年，我家的房产地被别人侵占了，我父亲忍不过，告到衙门里。哪知国民党的衙门是为有钱人开的，人家暗地里给县知事和豪绅送了重金，到判案时，不问青红皂白，硬说我父亲"诬告良民”，屈打成招，把我父亲关进监牢。在那暗无天日的旧社会，哪有穷人的理，哪有穷人活的路？我父亲就这样含冤受屈坐了牢。因为我父亲不服，继续上告，而狗官又是一鼻孔出气，结果镇南县官和楚雄县官勾结，把我父亲转押在楚雄监牢。红军来了，打贪官污吏，砸开监狱，救出了受苦受难的穷人，我父亲才能脱离苦海，与家人团聚。

从此，我们从心眼里热爱红军，感激红军救人于水深火热之中，因此，我心里忏悔，悔不该当时贪图反动派的十块臭钱，为他们卖命，探听红军的行动；悔不该当时没有报名参加红军！（沸泉整理）

选自中共南华县委党史资料征集研究室编:《红二军团长征过镇南》，1992年4月，第120—124页。

红军长征
——给我留下深刻的印象

李郁湘

中国工农红军，进行了举世瞩目的人类历史上罕见的二万五千里长征。红军所到之处，都以他们的言行举止宣传了革命道理，播下了革命火种，教育了人民群众，在人们心中留下了不可磨灭的印象。

奇怪的卖艺人

红军长征要过镇南（现南华）的前几个月，镇南街上曾出现过一位专写字、画卖的先生。他，一口外省口音，说话和气，态度平易近人，给人一种文雅可亲的感觉。他，特长于用竹片代笔写字，用香火头绘画各种奇丽独特的山水画。他，写字作画，不用“文房四宝”，也不需桌凳，只要随便请一人帮他拉住纸，站着就写，蹲着就画，真是笔飞墨舞，妙趣横生，十分惹人喜爱。他，常常被许多赶街的人围住观看，赞不绝口，不少人还争着要买他的字、画。更使人费解的是他作好字、画，在上面写上镇南当时的某某官绅、商号、有钱人家的名字或雅号，下面的落款是史高峰，便亲自送上门第，一登门拜访，献字送画。至于价钱，从不讨价还价，人家爱给多少他便收下。

从此之后，镇南街上便又陆陆续续地来了一些本地不常见的外省人，他们有的身背花鼓，沿街卖唱；有的耍猴戏，有的做面人，有的专看手相，有的医牙、驱牙虫，各有一技之长，使原来比较萧条的镇南街增添了几分热闹。尤其是青少年，每逢碰到这样的场面，往往是成群结队地围着看，直至他们要收场了还留连忘返。

红军长征经过镇南以后，人们才从回忆中产生了一些说法：有的说，那个卖字、画的史高峰和某些卖艺、看相的人中，是红军派出的先头侦察人员。他们就是通过一些人们喜闻乐见的形式接触人民，调查了解情况，为红军长征探明路线，了解各地风土民情以及当地反动势力的情况，为红军提供可靠的情报。

一颗信号弹

1936年，我在楚雄中学读书。有一天傍晚，学校刚上自习约十分钟，突然，天空划过一道白光，同学们都好奇地跑出教室观看。只见一个明亮耀眼的小圆圈，圈外连接有一条白带，从东往西疾驰而过，很多同学都感到莫名其妙。正在这时，不知是哪位同学惊呼："信号弹！"霎时间，大家都以此为题，谈论不休。后来，听一些见多识广的同学猜测说："可能是红军放的信号弹，是指示队伍前进方向或联络情报的。"从此，同学们的心里都在期待着红军的到来，这一夜，很多同学都未能入眠。

第二天早上，学校里果然召集全校师生开会，由校长毕希德宣布："一、学校暂时停课；二、本地学生一律回家；三、路程在一天以上的学生，仍留在学校。"学校里人心浮动，三个一堆，五个一伙纷纷议论，大家又情不自禁地津津有味地说起，那颗划破黑暗长空，迅速驰向远方的信号弹，同学们更加肯定无疑地证明：这颗信号弹就是红军放射的。

在这惶恐的情势下，学校只得把留下的学生又全部放假，各自回家。

一片惊恐

我从楚雄回来，只见镇南四城门严加封闭，岗哨林立，对来往进出城门的人都要进行检查后才得放行。听说，四城都派有地方武装把守：东门城楼由一区和龙川镇壮丁防守，归原先曾任过县团防大队长职务，颇有点武功的秦伯刚（秦荣）指挥（此人被反动当局认为是具有一定军事常识，有胆有略的秦大队长）；北门由县常备队防守，归常备中队长文应藻指挥；西门和南门分别由山区的“羊皮队”和其他区调遣来的民团防守，分属刘老幺和魏英贤指挥。

一到傍晚，全城像死一样沉静，看不到街面上过往的行人，很难听到小孩们平时的喧闹声，街邻之间，亲朋之间，互相串门聊天的更是极少极少。偶尔只能听到镇公所的壮丁，敲着铜锣，用沙哑的嗓音喊着：“各家各户听着，门前一律要点上灯笼”的吆喝声，或者是杨东藩带着几个镇丁，稀稀拉拉，畏畏缩缩地在巡街查夜，好像生怕会从哪里突然出现他们所害怕的人，将他们的宝座在一眨眼之间倾倒。

一声惊雷

1936 年 4 月 16 日晚上，镇南城里的空气几乎是窒息了，除了查街的几个镇丁从街上仓皇走过以外，全城都是关门闭户，原来是红军已到了城外不远的地方。

大约晚上 9 点多钟，猛然听到一阵枪声，由于到处寂静，那枪声更显得格外清晰。枪声有力地告诉人们：红军真的来了！红军开始攻城了！顷刻间，守城的团兵、常备队、“羊队”、六神无主，慌乱一团。在红军的政治攻势和机关枪、手榴弹威力的震慑下，纷纷丢下枪械，鼠窜逃命。大约仅十来分钟，红军就攻破东门，大队人马进了城内。

我从自家楼上窗口探头一看，只见满街都是红军，他们穿着灰布军装，腿上缠着绑腿，脚上穿着草鞋。在红军队伍中还有一些女红军和小红军，都十分英俊。

接着就听到有红军在敲门喊话：“老板，不用怕，我们是红军，请开门。”进到我家的红军，一进门就很客气地说：“老板，吵闹你们，对不起，要借你家的屋子住一住。”我祖父从红军的态度和话语中，顿时消除了一些疑虑，马上表示欢迎，并且忙着给红军烧水。可是红军虽然在国民党反动派的围、追、堵、截下，经历了长途行军作战，看起来，比较疲劳，但他们仍然不肯让我祖父为他们烧水，坚持自己动手烧水、做饭，从不麻烦老百姓。

撒下革命火种

红军进城以后，对待平民百姓和蔼可亲，问长问短，还宣传一些抗日救亡和打倒反动派，解放受苦人民的革命道理。红军还打开了县政府的监狱，放出了被无辜含冤关进牢狱的人。这些人在反动政权的压榨下，惨遭欺凌，一旦得以死里逃生，重见天日，都感激红军是救命恩人。有的被救出狱后，经过红军的宣传教育发动，当即就报名参加红军闹革命，陈舜祖就是其中的一个。红军不仅救出被官府关押的人，还抓捕了镇南的几个穷凶极恶、人民切齿痛恨的反动爪牙。听说这几个恶贯满盈的蛀虫，被红军审问后，罪恶属实的碉堡委员刘应枢、团防大队长刘老幺、还有张会计、小疙蚤等人被处决在沙桥，为镇南百姓除了一害。

当天深夜，绝大部分红军都已洗过脚，吃完饭休息了，一群青少年红军战士还忙碌在街上，有的打着灯笼、火把或手电筒，有的提着盛满浆液的桶，在沿街的墙壁、铺台写宣传标语。我记得的标语内容是：倒蒋抗日！打倒蒋介石！活捉龙云！打倒土豪劣绅！保护人民生命财产！打富济贫！建立苏维埃政权！等等，全城到处都是。

红军长征过镇南，虽然时间短暂，但他们的言行却深深地铭刻在广大人民心中。（沸泉整理）

选自中共南华县委党史资料征集研究室编：《红二军团长征过镇南》，1992年4月，第112—119页。

红军是爱民之师

殷廷美

我家住在沙桥东街，祖祖辈辈都是盘田种地的农民，到了父亲这一代，家事稍有好转，加之沙桥地处滇西要道，又是驿站，过往的马帮客商比较多，因此，我家又兼营马店。

在旧社会开马店，真是吃力不讨好。吃苦受累不算，还有受不完的窝囊气，特别是兵匪之患，更叫人胆战心惊。国民党的军队过往沙桥一次，人民群众就要遭受一次劫难。他们凭着手中的枪杆子，对老百姓凶神恶煞，蛮不讲理，任意抓鸡打狗，明抢暗偷，不管吃的、用的，只要他们看得上眼，老百姓就休想保住。尤其是我们开马店的，无论是中央军或滇军过，都要关马、住人，每次都把个家搞得乌七八糟，遍地人屎马粪，狼藉满屋不尚算，用了马草马料还不付钱。更为恶毒的是，他们还无中生有，吹灰寻缝地找麻烦，敲竹杠，我们小本营生的人家，哪里经受得了如此残踏。所以，一听说大兵要过，心里就七上八下，不知要惨遭什么祸害了。

1936 年春末，听说红军要过，当时，我们对红军到底是什么军队，一无所知，只是听到国民党反动派的一些宣传，说什么："共产党要共产共妻"、"红军会杀人放火"，心里着实有些害怕。红军将到沙桥的那天，我叔叔殷育春领着我到西瓜地躲避。我父亲说要看家，暂时没有离开。红军来时，他也躲到我家屋后的范家院心去了，只留下我娘娘一人照料门户。

4 月 16 日深夜，红军长征的队伍来到沙桥，我家也住了一些红军。听我娘娘（她是招赘在家）说："红军是好人呀！正如古人说的是仁义之师呢。"娘娘还向我们全家人不止一次地讲述了红军在我家的两件事。

换　马

住在我家的红军，可遵守纪律了，说话从不高葫芦大嗓子的。进门就对娘娘说："大娘，我们是工农红军，不是国民党的队伍，要路过，借你家的屋住一夜，打搅你们。"看，人家多和气呀，怎么像杀人放火的煞神呢。红军要用东西，都是好言说借，待主人同意了才用，从不翻坛揭罐的。

我家原来养着两匹马，平时驮烧柴，收种两季运送粮食、肥料，可也驮得不多。再说，农民家养马真是当作宝贝，精心喂养，要靠它干活嘛。住在我家的红军，牵来两匹马和一匹骡子，商量要换我家的两匹马。红军说："我们要长途行军，有时还要打仗。那三匹骡马在行军中，把腿走伤了，行走有些不便，能不能用三匹换你家的两匹？"娘娘一听心里急了，说："男人都不在家，我一个妇道人作不了主。"红军看她有难为之处，解释道："这三匹马，曾跟随红军转战，为革命立过功，是几匹好马，因为连续长途行军，走瘸了腿，又不可能休养医治。我们还得走，让它换下你家的两匹马，在你家，只要休养两天就会好的。你家再想想，让你家的这两匹马也参加我们红军一起革命。"娘娘仔细地打量了红军牵来的马，看得出确是两匹好马。因为我家开马店，见过的马也多，从马的生法、毛色、形状、吃口等都能判断马的优劣。娘娘把她的看法及红军的话找我父亲说了，父亲殷明山一听是好马，又可三匹换两匹合得来，满心欢喜地一口答应换给红军。从此我家的两匹马就跟随红军去长征，红军的三匹马在我家饲养，不多久，马脚全都好了，为我家出了不少力。

救　火

红军由于长途跋涉行军，十分疲累。到住地后，首先是烧水洗脚，吃完饭就抓紧时间休息。住在我娘娘家厢房楼上的红军，倒下铺就进入了甜美的梦乡。不知什么时候，蜡烛燃着了篾帽，把篾笆顶棚也烧了起来。一时浓烟滚滚，火舌从屋顶冒出，把甜睡的红军呛醒。“不好，起火啦！”沉睡的十多名红军一跃而起，奋不顾身地与烈火搏斗。他们用衣服扑打、用身子滚灭，有的迅速翻爬上屋顶，断火路，其他红军又闻讯赶来，用各种工具提水浇，在红军战士团结协作，英勇抢救下，一场火灾扑灭了。但有一位红军战士为了救火，献出了年轻的生命，另一位战士受了伤。

第二天，红军掩埋了为民救火而光荣牺牲宝贵生命的红军战士的遗体，包扎了受伤战士的伤口，在继续踏上征程之前，一位红军指挥员来到我家。他代表红军向我娘娘表示歉意，再三说：“使你们受惊！”同时赔给了我娘娘家 30 块银元，作为修理房屋之用。

后来，我娘娘家根据习俗，请道士送了“火神”，又请工匠把房子按原样修好，诸事顺遂后，红军赔偿的 30 元，还没有花完呢。

从我家的两件事来看，红军真不愧是共产党领导的人民军队。他们纪律严明，不拿群众一针一线，为了人民群众的利益，不惜牺牲自己的生命，这样的军队哪里是“杀人放火？”而是“爱民救火！”救人民群众跳出旧社会那个人压迫人、人剥削人的火坑。（沸泉整理）

选自中共南华县委党史资料征集研究室编：《红二军团长征过镇南》，1992年4月，第107—111页。

我家住过红军宣传科长

郭荫远

那是 1936 年红军长征过镇南（南华）的事。

暮春时节，田里的豆麦快要成熟了，农民正忙着作收打小春作物及大春备耕栽插的活儿。镇南县城内居民，大都以农为主，眼盼着半年的辛苦耕耘，豆麦长势很好，心里总是乐滋滋的，生产的信心也足，劲头也大，心想“农民靠土地”，只有获得粮食丰收，才能免受半年糠菜半年粮之苦。却偏偏又在这时，县政府三令五申，要加强城防工事，调集壮丁、常备队，加紧训练，说是：“红军要来必须严加防范”。因此，闹得人心惶惶不知所措。后来，干脆堵塞城门，农民百姓进出，要盘查后才得放行。一片怨声载道，只骂县官昏庸，不顾百姓死活。

4 月 16 日晚，只听一阵枪声大作，不多久，街上人声鼎沸，战马嘶鸣。我在门缝中窥看，只见满街是队伍，其中还有女兵，知道是红军进城了。接着就听到红军敲门喊话声：“老板，开门，我们是工农红军，要借宿一夜。”上下邻居都相继开了门，让红军住进家，我也大着胆子把门打开。进我家的有八九个红军，其中，年纪大的一个是个大个子，约 40 来岁，他后面跟着进来几个小红军。他们头戴灰黑色军帽，身着灰色军装，脚穿布筋草鞋，看上去风尘仆仆，但眼光却炯炯有神。那个年纪稍大的红军进屋后，见到我父亲（郭燮熙自称梅花老人）便温和地说：“老人家，不必惊慌。我们是红军，是贺龙的队伍，要借你家的房子住一夜。”父亲拱拱手表示欢迎，于是红军便寻些稻草在堂屋内垫铺睡下八个小红军。

那位大个子红军就和我父亲拉家常，我同母亲忙着为红军烧水、煮饭，我家还煮了些腊肉、香肠之类的食物给红军吃。由于我们母子忙着帮红军做饭，也顾不上注意大个子红军和我父亲究竟谈论些什么，但看得出，他们两人开始只是一般的一问一答，比较拘束，逐渐地越谈越融洽，有时侃侃而谈，有时爽朗大笑，好像是久别重逢的老朋友一样。

当大个子红军了解到父亲喜爱梅花，常以傲雪盛开的梅花自喻“梅花老人”、“梅花居士”，并自以“霜刀雪剑何所惧，腊梅独放香自溢”来抨击时弊，不与某些趋炎附势者为伍而自乐。当谈到云南护国起义，反对袁世凯称帝的一些事情时，大个子红军称赞父亲说：“郭老先生亦有进步思想，革命不分先后，但反蒋与讨袁同样是推翻封建统治。”我父亲也甚为感慨地说：“与君一席话，胜读十年书。”后来从小红军对大个子红军的称呼中，我们才知道他是红军的宣传科长。父亲在以后的时日里，常常回忆起他与红军宣传科长的交谈情景，并以敬佩的口吻称赞说：“红军的宣传科长有学识，博古通今，人才难得。”

次日早晨，红军起床以后，那位宣传科长还借用我父亲的笔墨，书写标语：“团结抗日！”“打土豪分田地！”“建立苏维埃政权！”“活捉龙云！”等等，标语下款署有：“红岩政宣”、“博古政宣”的字样。那时，我不懂落款的字意，猜想一定是那位科长或部队的番号吧。

大约上午10点钟，天空中响彻“嗡嗡”的声音，继而看到两架飞机作低空盘旋。我从来没有见过飞机，好奇地想看个够，还不时地叫喊着。这时，有个红军连忙拉我一把，并告诫说：“老乡，你要当心，它会丢炸弹的，很危险，快进屋才安全。”我恍然感到在危急时红军拉我一把，真是亲如家人。

红军要离开时，给了我家七元银币，我父亲坚持不收，说：“招待不周，一餐饭，何足挂齿。”红军宣传科长解释说：“我们是红军，不能白吃老百姓的。”推托不了，我们只好收下。

从我的所见所闻，当年红军长征，纪律是非常严明的，铁的事实，揭露了反动政府的各种谣言，在人民心中播下了革命的种子。(沸泉整理)

选自中共南华县委党史资料征集研究室编:《红二军团长征过镇南》, 1992年4月, 第103—106页。

在红军枪口下余生

谢光熙

我叫谢光熙，民国二年（1912年）出生，现在70多岁了。我能活到今天，并且还过上社会主义的幸福生活，我要衷心感谢共产党和党领导下的工农红军。

民国二十五年，听说红军要来，国民党县政府三令五申地强迫各乡、镇的老百姓修筑碉堡，抽调壮丁，准备堵截长征红军。那时，我也被龙川镇征集当了壮丁，还发给我一支土造独响枪，三发子弹，跟着他们训练。

红军逼近镇南（现南华）的那天（1936年4月16日），县政府命令我们龙川镇的壮丁把守东门城楼，我被分守东城楼右侧城墙的第四个垛口。壮丁分守完毕，县参议会副议长张治平，原团防大队长秦荣和镇长杨东藩他们还到城墙各个岗检查，并吩咐壮丁："一定要死守！"

晚上九点钟左右，隐约可见红军已来到城边，我们守城的壮丁，个个心里七上八下，慌作一团，又不敢动，只好等待时机。这时，听见红军向我们高声喊话："喂，我们是工农红军，要路过这里，把城门打开。我们对老百姓寸草不犯。"秦荣看到城已被红军包围，必破无疑，既不敢放枪，又不敢投降，便使出了缓兵之计，也对红军喊话："红军先生们，我们镇南地方小，城门已堵死，请你们在城外住一夜，明天开城，欢迎你们进来。"红军早已作好攻城准备，眼看民团想拖延时间，负隅顽抗，他们一面命令占领东门外王家屋顶上的机枪扫射，同时投掷了几枚手榴弹；一面命红军用梯子爬上城墙，进行强攻。守城壮丁听到枪声密集，哪里还敢顽抗，各自四散逃命去了，我也闭着眼睛瞎打了两枪，拔腿就跑。这时红军已越上城墙，有两个红军见我扛枪逃跑，便紧紧追上，一边追，一边喊我："站住，缴枪不杀！"我哪里敢站，拼命地跑，他们也紧追不舍，其中一人喊："活捉土乌龟"。我慌了，急忙从路旁的一丛刺笆棵里钻进去，顺着一条沟边跑。追击我的红军看着没了人影，便对空打了两枪，返回去。我庆幸好险呀，还算没有丧了命，真是在红军枪口下余生。

听说刘老幺守南门的民团，被红军在财神庙（现县医院后院）一带缴了枪，做了俘虏。随后红军向民团被俘人员讲话：红军和老百姓是一家人，当民团壮丁的都是穷苦人民，被反动派强抓来的，所以红军不打自家人。又规劝大家，从哪里来的，还是回到哪里去，好好盘田种地，不要再替反动派卖命。愿意参加红军的报名跟他们去。听了红军的话，大家心里明白了，放宽了。愿回家的，红军还亲自把他们送出南门外。

我也才明白过来，为什么红军战士在战斗中紧追我而不开枪？为什么我钻刺丛后，他们对空放枪？就在于红军不打自家人——老百姓；就在于民团壮丁是穷苦人家子弟，是被反动派强迫去为他们卖命的。由此可见，红军有高度的政治觉悟。（沸泉整理）

选自中共南华县委党史资料征集研究室编:《红二军团长征过镇南》，1992年4月，第100—102页。

红军救我父亲出监狱

潘忠

我父亲叫潘焕章，原籍是贵州省人。贵州，在解放前曾流行着:“天无三日晴，地无三里平，人无三分银”的民谣。父亲自幼家境贫寒，十年要有九年闹饥荒。他才十多岁时，为了生活，不得不背井离乡，拜别爹娘到外地帮工度日。在漫长的流浪生涯中，他学到了一些用中草药治病的技术，从此，他就自己在深山老林里挖采药材，走村串寨地帮人家医病，勉强糊口。

一年，潘焕章来到镇南（现南华）山区行医，就在马街乡的皎板上门安家。当时，我们山区缺医少药，不少人被疾病折磨，毫无办法，有的成残疾，落得终身遗恨；有的年轻轻的就夭折，过早离开人世。潘焕章来到皎板，虽说医术不高，但总算还能帮人家解除某些病痛之苦，再说，他多用草药价钱不贵，穷人家就是用几个鸡蛋，也还能凑合着买点药。所以，他和乡亲们关系越来越好，邻近村落也经常请看病、拿药。

潘焕章在皎板入赘后，多年没有生得儿女。为了传宗接代，于1932年把我接去做他的儿子，一家几口，勤苦勤作，日子还过得去。不料，事隔两年，家里就横遭人祸。事情是这样的：1934年，我父亲到密高村行医，不知为什么冒犯了当地的地头蛇，他们串通一气，无中生有的捏造“莫须有”罪名，对我父亲潘焕章进行陷害。由密高村的地主夏和清写密信给皎板村的地主恶棍王祥，硬说我父亲拐骗良家妇女，把李永成的大嫂拐跑，要王祥将潘焕章捉拿送监。地主恶霸之间互相勾结，残害无辜百姓的事，在那种暗无天日的旧社会里，是屡见不鲜的，特别是我们山区，真是山高“皇帝”远，地主恶霸鱼肉百姓，横行霸道，无恶不作。只要他们想得出来，就做得出来，他们可以一手遮天，正是有强权而无公理，老百姓只能忍气吞声，任凭宰割。当时，我父亲已经是有家室有老有小的皎板人，怎么能再拐跑别人妻女？真是人在家中坐，祸从天上来，我父亲潘焕章就这样不明不白地叫人活捉了投进镇南县政府的监牢里，做了含冤受屈的囚犯。

我父亲坐的那间牢房，关押了 30 多个囚犯，他们多是受苦受害的穷苦百姓。牢房里又黑又臭，空气十分污浊，加之虱子、跳蚤、臭虫、蚊子、苍蝇一概俱全，那种罪真叫人受不了。更难受的是衙役克扣，每天只给点猪狗食，又馊又有沙子糠麸，使人吃不饱，睡不着，长期不见太阳。因此，我父亲和其他一些壮汉，经过牢狱的折磨，几乎不成人形。父亲潘焕章就害了水肿病，心想：叫天不应，求神不灵，从此，只怕是要做冤死鬼啰。

1936 年 4 月 16 日，一声惊雷响彻长空，来了救星共产党，拯救灾难深重的“囚犯”出牢房。一支中国共产党领导的工农红军，长征攻破镇南城。平日作威作福的贪官污吏，土豪劣绅，闻风丧胆，逃之夭夭；受压迫、被剥削、遭欺侮的穷苦百姓，欢呼雀跃，一时间，好像变了一个天。红军砸开监狱，放出了囚禁牢笼的在押人，大家感激涕零，高呼“红军是救命恩人！”我父亲因浮肿严重，步行艰难，还是一位红军战士亲手扶他离开那人间地狱，又帮他砸开脚上的镣铐，使他重获新生。

在红军的宣传教育下，我父亲潘焕章和其他一些被拯救的人，当即踊跃报名参加红军。第二天，他们跟随红军踏上长征路，才走到沙桥，因我父亲浮肿走不动，红军给了他一些衣物、几块大洋（银元），劝他

回家，继续行医，为穷人治病。父亲只得眼送红军走远时，才离开沙桥独自挪步回家。（沸泉整理）

选自中共南华县委党史资料征集研究室编:《红二军团长征过镇南》, 1992年4月, 第96—99页。

红军先破东门

王德培

我家住在镇南（南华）城外，离东门只有几丈远。平时，东门内外的人家，相互往来比较密切，晚上都还互相串门聊天，十分亲近。但就在 1936 年 4 月间，听说红军要来，国民党镇南县政府的官员们，十分害怕，又是调集民团壮丁守城，又是把四城门用土基、沙包堵死，连百姓出入都不准轻易放行。因此，我们东门外的人和城内的人来往，就被高墙、大门隔断了。

4 月 16 日下午，红军先头部队已来到下东山、桂花水井（楚雄烟厂原料部）一带，那里是一片坟地，还有一些树木、野花、杂草。红军就利用地形地物，在那里休息待命。

挨近天黑时，有几个红军来到我家，进门就十分和气地对我父亲说："老板，不要怕，我们是红军，不伤害老百姓。"我父亲见红军文雅客气，原先惧怕的心情缓和了许多，跟红军拉起了话。红军先问了一些家常话，了解了我家的身世，是受苦的穷人家。红军才开门见山地问："城墙离你家多远？"父亲回答："不远，只有几丈，连鸡叫狗咬声也能听得清楚。"又问："城里驻有多少军队？""只有四乡调来的民团壮丁和县常备队，合拢也只是两百来人。""他们有多少枪支、武器？""平常看到的，只是一些独响枪。"红军摸清守城的情况后，就命令几个红军战士爬上我家屋顶，架起机枪，只待命令一下，便发起攻城战斗。

天黑以后，大队红军已作好攻城准备，有的荷枪实弹，有的扛着梯子，悄无声息地移近城墙附近，隐避埋伏着。开始是红军向城内喊话：“我们是工农红军，从这里经过，快打开城门，借宿一夜。我们决不伤害人民，也不损坏百姓的一草一木。”“守城官兵们，你们已被包围了。你们都是被压迫来替贪官污吏保命的。快放下手中武器，打开城门，红军也不伤害你们。”红军的话，震慑着守城民团，势如泰山压顶。守城壮丁闻风丧胆，慌乱一团。秦荣（防守东门的民团指挥）施用诡计，故作镇静地答话：“红军先生们，镇南城小，请你们在城外暂住一夜，明天，我们开城欢迎。”这时，不知是哪个守城壮丁心慌意乱，六神无主，“砰”的一枪，霎时，红军架在屋顶的机枪立即喷出了火舌。就在机枪声掩护下，早已埋伏着的红军战士龙腾虎跃地接近城墙，迅捷熟练地搭起梯子，顺城墙向上爬。他们如猿猴攀岩，似猛虎下山，使守城壮丁见状丧胆，鼠窜溃逃，就连指挥城防，对红军喊话的秦荣大队长也趁势逃得无影无踪。

战斗只十多分钟，东门城楼即被红军占领。为了扫除路障，红军迅速搬开堵塞城门的沙包、土基，用汽油把城门烧毁。一时间，烈火熊熊，火焰冲天，照亮了东城内外，照亮了整座镇南城。搬开绊脚石，红军长征的队伍，浩浩荡荡挺进镇南城。镇南城沸腾了！（沸泉整理）

选自中共南华县委党史资料征集研究室编:《红二军团长征过镇南》, 1992年4月, 第87—89页。

红军长征过镇南见闻片断

杨成林

红二军团长征中经过镇南（南华），时间虽然短暂，但给人民群众留下了不可磨灭的深刻印象。就我当时的所见所闻，回忆片断。

旧政权的白色恐怖

听说红军要来，镇南县的官绅、财主、恶棍怕得要死，恨得要命。他们一方面加紧反动宣传，竭尽造谣惑众之能事，把工农红军说成是“妖魔鬼怪”，共产党是“无恶不作的衣冠禽兽”。说什么：“共产党来了，要共产共妻”、“红军会杀人放火”。妄图用如此卑劣的宣传造谣手段，分裂党和红军与人民群众的鱼水关系。更为恶劣的是由反动政府明文公告：“凡属谈论共产言论者，以通共治罪。”“宣扬红军好处者，一律严惩不殆。”想用刑法严密封住人们的口，以高压使人们丧失理智，服服帖帖地做反动统治者的顺民。

为了阻击红军长征，镇南县政府还征集民工，施行以乡、镇包干负责制度，强迫老百姓大肆修筑碉堡，凡在驿道要口，村、镇周围都必须建筑。县政府还组织成立了碉堡委员会，由刘应枢（龙川镇西街人）任碉堡委员会委员，专管筑碉建堡事宜。镇南县城除加固城墙，整修城垛外，在城外也建有四个碉堡。碉堡内有枪眼、垛口，还专设武装壮丁把守，实行站岗放哨。一派白色恐怖气氛笼罩着镇南城。

当时，我才十八九岁。按县政府的规定，凡年满十八岁的男子，都要编入民团壮丁队，进行训练，于是我被抽为龙川镇壮丁。因为我手有残疾，不能扛枪，但也不能幸免。他们说我有点文化，就分配我跟随壮丁队干清查户口，登记来往闲杂人员，搜查嫌疑人等的差事。

1936 年 4 月 10 日左右，红军要向滇西来的消息越传越急，情况一天比一天紧张。县长史直书急得像热锅上的蚂蚁，下令对四城门严加防守。记得镇南的四道城门是这样分派的：东城鼓楼的城门叫巩华门，派秦荣（又叫秦伯刚，东街人，是原先的团防大队长）带领一区及龙川镇壮丁防守；南城城门叫文明门，由山区星夜调来护城的刘老幺，带领山区壮丁防守；西门叫来远门，由魏英贤带领西区壮丁防守；北门叫龙泉门由县常备中队队长文应藻带常备队兵防守。从 4 月 12 日起，情况越来越紧急，也就是说，红军逼近镇南了。城里的官绅头目惊恐万分，一面不断召开紧急军情会议，商量如何抗御红军，一面下令把四城门用沙包、土基堵死，使城内外互不相通，并加强岗哨，严加盘查。同时出高价收买一些无业之徒，每人每天给十元大洋作偿钱，临时雇来当“探子”，放出城外，四处探访红军进军的行动。并规定：若能探得准确情报，报告及时无误的，还可以加倍奖偿。搅得全城人心惶恐，胆战心惊，不得安生。

红军攻城，县长逃命

1936 年 4 月 15 日，县长史直书写了公文，派探子曹继彬、李思恭星夜送往楚雄，探听红军西进实情。第二天，两名探子慌慌张张地跑回县政府报告说：“发现红军先头部队已进入波罗哨一带。”史直书听完报告后，先是大吃一惊，几乎冒了一身冷汗，继而故作镇静地审问两个探子："是否真实？若是谎报，定予重处不贷！"两个探子被吓得浑身打颤，连声说："小人不敢，小人不敢！"看看史县长不再作声，悄悄退了出来。

4月16日晚上，大约9点多钟，突然枪声响起，红军开始攻城了。这时，四城的守护壮丁闻风丧胆，到处逃窜。过了十多分钟，红军就攻陷东城，用汽油烧毁紧闭的城门，然后，大队人马就挺进城内。驻守南城的刘老幺的壮丁，闻讯逃躲了一些，有的还执迷不悟，妄图负隅顽抗，结果被红军当场打死两人。有的慌忙逃跑，有一人竟跌入堡子山水井里淹死了。大队长刘老幺被当场抓获，其余壮丁只得交枪投降。作恶多端的刘老幺，终于被红军带到沙桥后予以枪决。

一阵紧凑的枪弹声，使县长吓破了胆，他顾不得堂堂知县的尊严，颤巍巍地叫唤护身保镖，殊不知人都几乎跑光躲尽，只有一两个贴身随从连拉带扯地"护"着史大人，仓皇往西边出逃。史大人高一脚低一脚的逃至西边城墙，又哪知是作茧自缚，城墙高筑，城门紧闭，往哪里逃呢？"难道天意亡我？！"在这千钧一发之际，幸亏一个贴身保镖不知从哪里找来一根破井绳。史县长急忙叫侍从把他拦腰拴起，忙不迭地从城墙往下坠，县太爷还悬在空中，侍从已全身打颤，井索也快放完了，史县长恨不能再快些，连声催促："快、快！"侍从猛一失手，县官像笨猪一样跌在地上，不住惊呼惨叫。为了逃命，他顾不得疼痛，连爬带滚地逃命去了。

惩治腐恶，爱护百姓

红军攻陷镇南城后，立即冲进县政府、警察局、常备中队、团防大队等地进行搜查，捣毁这些欺压人民的巢穴。砸开了县政府监狱，营救出被蒙冤受害的在押“犯人”。那些在牢狱中受尽煎熬的人，一旦得到红军营救，真是感激涕零，感激红军救命之恩。有的人在红军的宣传发动下，当即就报名参加红军。西街的陈舜祖，北街的李发源等就是。他们毅然跟红军长征去了。

红军进驻县城，对老百姓秋毫无犯，纪律严明，买卖公道。城里的糕点铺、杂货店、咸菜店都连夜打开铺门，欢迎红军选购物品，据说在一夜之间，镇南城里大小店铺的电池、火柴、香烟等全都被红军买光。

西街有一家老财叫严慕廷，家里有数十石大米，在红军的调查了解中，被人民群众揭发他家是财主，红军便把他抓到北街张文芹家进行审问，同时向他宣传红军的政策后，他才被迫交出了千多斤粮食。红军从地霸和财主家缴获的粮食衣物，除了一部分吃用外，其余的就分给穷苦人民。

北街有一个孤老妈妈叫鲁贞连，她无儿无女，生活十分贫困，平时靠卖工度日。红军来时，看到她孤苦伶仃，穿得破破烂烂，就给了她一件棉衣，一袋粮食。以后，鲁贞连常说:“红军是我们穷人的救命恩人！”杨仕俊的母亲王福存，帮助红军烧水煮饭。有位红军看到王福存脖子粗大（这种病在旧社会很多人都有，主要是缺碘而甲状腺肿大）劳动时比较困难，就把红军带来的一个铝饭盒装着的一盒海盐给了她，并亲切地对王福存说：“这是海盐，你吃了能医治粗脖子病。”王福存又惊奇又激动地收下了这盒海盐，并照红军的嘱咐，天天吃一点。海盐虽然有限，但红军的情谊无穷。她把铝盒擦洗干净，精心地珍藏了几十年。

红军路过镇南，在人民群众中留下了深情厚谊，唤醒了民众，埋下了革命火种。（沸泉整理）

选自中共南华县委党史资料征集研究室编:《红二军团长征过镇南》, 1992年4月, 第80—86页。

红军长征住我家

罗逸

红军二军团长征过滇西时，我刚满 12 岁，已经记得一些事情了，至今仍令人难忘。

1935 年 5 月，毛主席、朱总司令直接领导的中央红军，从禄劝、元谋一带渡过金沙江。“红军来了”的消息，顿时传遍了大街小巷。但人们对红军的看法却各说不一。有的说：红军是穷人的队伍，专打土豪劣绅，救济穷人；有的说：红军是“共匪”，共产共妻，见物就抢，见人就杀；有的更说：红军是红头发、红眉毛、红眼睛，手持红缨枪，逢人就动刀的恶魔等等。多数人的说法是国民党及其政府的反动宣传内容：“红军是‘共匪’无恶不作，杀人成性。红军所到之处百姓无不惨遭杀害。”反动政府还宣布：“凡私通和支持共匪者必杀！”一时弄得人心惶惶，不可终日。

与此同时，沙桥街上逐渐出现许多表面上看好像是“卖艺谋生”的人。有的弹琴伴唱，有的打“凤阳花鼓”，有的耍猴戏玩耗子登车，有的卖纸笔书画等等，不一而足。这些人中有男有女、有穿西装、穿长袍的；有腰缠布带、头戴草帽的，也有身着对襟衣像农民模样的。他（她）们不但沿街卖艺，还不时见到他（她）们走家串户，不知和群众谈些什么。后来传说他们是红军侦察员。

1936 年 4 月 16 日深夜，我和奶奶睡在一起（当晚只有奶孙两人在家）。突然听到一阵紧骤的敲门声，接着就是一声接一声的“老板，开门！老板，开门！”“我们是过路的工农红军，借你家住一夜，不用怕，不用怕”的呼唤声，就这样连续重复多遍。我那被国民党欺骗宣传所蒙蔽，吓得魂飞魄散的奶奶，用颤抖的声音告别似地嘱咐我说：门不开不行了，以后你要好好读书，这回我是活不成了！然后，战战兢兢地下楼走到门旁。我也怕得用被盖紧紧蒙住头。事后，她自己说：当手摸到门扣要开门时，心里只想门一打开，可能就是一刀劈下，就这样完了。谁知门打开后，只听到“老大娘，对不起，你受惊了。我们路过，借你家屋住一晚，明天下午就要接着行军。凡借用的东西，走时一定赔还，能卖的东西，我们一律照价付钱，老百姓的东西，我们一针一线都不要。你放心！”听了这些话，连我这幼稚的心也在想：这些人和前几天听说的不一样嘛！我就掀开被盖，穿上衣服，蹑手蹑脚地下楼来亲眼看看这些听说是“匪”的人到底是什么样？下楼后，只见他们人人动手，把堂屋里堆得乱七八糟的东西拾到一边，把他们背上的枪支弹药和行李，顺墙放好。一位“长官”模样的问奶奶：“大娘，你家有稻草吗？借我们一点摆摆铺，明天走时，一定给你们捆好送回原处。”奶奶叫我领着几个战士到草楼上背稻草。铺好铺后，所有战士就静悄悄地熟睡了。我奶孙俩，真是一场虚惊。根本没有发生任何可怕的事情，也就回房睡觉去了。

次日约8时，红军统统起床了，有的忙做饭，有的忙打草鞋，有的擦枪。另有十来人，每人背来一大袋稻谷，说是镇公所大仓背来的。要我帮他们找石碓把稻谷冲成米。我领他们到邻居家找到石碓，这些人冲米去了。这时，我发现我家小楼房顶上伸起一根很长很长的天线，楼下有隆隆作响的机器声，楼上不时传出嘀嘀嗒嗒的声音，当时我还不知道是干什么的。以后才听人家说，那是电台，正在接收或传达首长指示或与友邻部队联系。

上午10时左右，天空中突然发出一股震耳欲聋的轰鸣声。一些迷信思想严重、加上被国民党反动宣传吓得魂不附体的老太婆,认为是“天降大祸”了,连忙跪地祈祷。一般的人,因为从未见过飞机也慌慌张张,跑出跑进,不知所措。我这个既害怕又好奇的小孩,跑到旷野之处,看看飞机到底是个什么样子!这时,红军战士便拉住我们说:这是敌人的飞机,是来堵截和轰炸红军的,它会“下蛋”或用机枪扫射百姓,被他们发现是要死人的。到门外乱跑和想看飞机的人,都被红军一一劝说回家。街上,无一人行走。飞机在沙桥上空转了几圈。沙桥好像“空无一人”,也就向东飞走了。

红军住在我家里,发现我家有一罐香味扑鼻的糯米白酒。一位红军,口气很亲热地对我奶说:“大娘,我们闻到你家里有甜酒香。我们的战士从离开家乡后,就没有吃过这种东西了。我们给你粮食,能不能把甜酒换给我们,让大家都尝一点?!”我奶慷慨地说:“我抬出来,叫大家都来吃吧!”每个战士都分到一点,高兴地吃了。以后,红军用双倍以上的大米给我家作了甜酒补偿。

中午时分,一位干部模样的红军,发现我家马厩里关着一匹年轻力壮、膘气十足的枣骝马,开始拿不准是我家的或是别的红军部队关在这里的,便说:这匹马是我们首长骑的,什么人把它关到这里?当我奶奶向他说明这是我们全家赖以逃生的驮马,并搬出鞍架让他亲眼看了之后,证实这马确实是我家的,这位红军马上道歉说:大娘,刚才误会,得罪你老人家了,实在对不起,请你原谅!现在要和你商量一下。我们也有一匹很年轻的马,因为长途行军,骑乏了。能不能贴你几块大洋,两马交换一下好不好?奶奶心想:国民党兵来,要什么就拿走什么,还讲什么换不换?就说:“好吧!要换就换给你,但你要派人把换给我们的马牵出村外,免得别的部队又说我们牵走你们的马。”于是这位红军果然派人把换给我家的小青马送出村外,还贴给四个“袁大头”。由我把这马送到姚家冲。我家的枣骝马从此也就加入了红军的行列,爬雪山、过草地去了。

另有一件事：一位干部模样的红军来到我家门前，指着隔壁周祖濂家房子问：大娘，这院里有一个老财，脸胖胖的，一咀白胡子，左脚和右手都带残疾。这人哪里去了？开始，我奶佯装不知道。他又接着说：我们早就调查清楚，这个老财本人生活很艰苦，但收租、放债，对农民剥削很严重。我们要找他算账！我祖母看瞒不过，只好直说了。他前不久还在，从听说你们要来，就不知躲哪里去了。这位干部听后，就走了。从这里我们才悟出，长征队伍到来之前，对当地情况都作了周密的调查研究。

在此，顺便再提一件事：沙桥豪绅段丕振，早年曾任县参议会副议长、沙桥壮丁自卫大队大队长。家里是地主兼工商业者。对人民的压迫剥削可想而知。但此人还有另外一面，在帮助街坊群众调解纠纷中，人们还说他说话处事公道。每逢过年，他还拿出剥削来的部分粮食作些施舍，人们就说他乐善好施。红军长征时逮住他并带到祥云。当时，人们预料，此人必杀无疑，可是几天之后，此人被释放回来了。这不能不说是与红军周密的侦察工作和坚定的抗日统一战线政策有关。

说到红军杀人，在沙桥龙井下边确实杀了四个。据说是在镇南县城内抓获带到沙桥去处决的。这四人在县城内都是流氓恶棍。他们无恶不做、恶贯满盈。但在官僚豪绅庇护下，又是谁也不敢动他们的人。红军把他们带到沙桥枪毙后，人民群众无不拍手称快。

4 月 17 日下午 5 时后，红军队伍陆续从沙桥出发了。每处住所都留下少数几人打扫卫生、清还向群众借用的家具物品。我家借用的稻草，一捆一捆地堆进草楼。有被损坏的照价赔偿，人不在家的还留下表示道歉的字条和赔偿银钱。这些被称为“匪”的人过去之后，整个沙桥却安然无恙。但群众的心里却很不平静。红军给人民心里留下了一串串问号。

红军走后的第二天中午，国民党的中央军和云南地方部队一齐涌进沙桥。顿时，沙桥满街人声嘈杂、鸡飞狗跳。拆门窗搭铺的、破桌凳烧火做饭的……一派乌烟瘴气。各家各户的猪厩、鸡厩被劫掠一空。就连小鸡小猪也难以幸免。我家养着一头 50 来斤的半大猪，先说卖给他们杀，一边说一边将堂屋门板取下当案桌杀猪宰肉。猪被吃掉，门板被砍烂，最后落得个“他妈的！老子为你们打共匪，吃你一头猪，砍烂块门板算个屁！”的“报答”。红军过时没有动过一颗米的柜子，这天被国民党军扫得空空的。弄得全家无法开锅。我的一家邻居，被中央军进去翻坛揭罐，他们发现一罐黄生生的东西，以为是蜂蜜，卷起手袖下去就大抓一把，罐子被搅动，发出一股臭味，这个想吃蜂蜜的人，结果把尿罐也弄翻。

两种军队都用活生生的具体事实，教育着广大人民群众。不同的军队，有各自不同的宗旨和性质。人民群众从亲身感受的对比中，内心更加热爱红军。从长征到解放战争，中间相隔十多年时间。解放战争后期，南华县能在不到两年时间内，不但建立起八支队二、三、五游击大队，还建立了以一街、五街、马街为中心的整个南山区游击根据地，不能不说这和红军长征播下的革命火种有关系。

选自中共南华县委党史资料征集研究室编：《红二军团长征过镇南》，1992年4月，第71—79页。

红军路过我们村

吕正荣

阳春三月，满山野花怒放。村村寨寨传送着红军要来的消息。

尽管反动派宣传:红军是“共匪”、“共产共妻”、“到处杀人放火”，但受苦人总是不相信。因为半月前，有些唱湖南花鼓的人路过这里，悄悄说红军打富济贫，是为穷人打天下的大好人。我们村里仍然有些人跑到后山躲避，只有年老的留下守家。那时，我刚 11 岁，也没有躲，因为家里穷，白天还得上山拾柴禾呢！

一天夜里，许多家都熄灯了，我也上床要睡了。突然，邻村的狗一个比一个咬得厉害！“红军来了！”有人这么一喊，我们都爬上房头，悄悄地向村南大路上望。

大路上，灯笼火把排成一条长龙，向西北方向游动。夜风徐徐，隐约可闻脚步声和马蹄声。鸡叫二遍，还未过完，真是万马千军村前过，人们还在睡梦中。

看红军夜行不过瘾，天亮后，我们三五个娃娃约着，背起捡柴的箩筐向村外跑去。大路上，队伍还未过完。早上的太阳照耀着面面绣着镰刀斧头的旗子,鲜红耀眼。战士帽上的红星闪闪发光。虽然走了一夜路，还个个精神抖擞，好像根本不知疲倦，还笑着跟我们打招呼呢！身穿蓝衣，脚踏草鞋，都一样打扮，队伍里还有不少女兵和比我稍大一点的小战士。我看见一个红军走不动，就有战士来抢他的枪和背包背。

红军与红军真亲，红军战士真有骨气啊！

千军万马连夜走，路边的庄稼没踏坏一棵。直到早饭后，队伍才过完，还在墙头和大树上写下“抗日倒蒋”、“北上打东洋”、“红军买卖公平”等大标语。

邻村的一位大妈，背着草鞋上街卖，遇上红军，一双给两双的钱，全让红军买光了。红军见大妈穿得破烂，非常可怜，送给她一条银链子，叫她卖了缝衣穿。大妈说：“我活了半辈子，从未见过这样好的兵！”

选自中共祥云县委党史征集研究室编印：《红军长征过祥云》，1991年6月，第61—62页。

童年记事

西才

那年春天，我刚十岁，听说红军要来，我们桃树坡大大小小的人都跑光了。爹爹背起我爬上后山，在一间小窝棚里躲着。

我们这里靠近公路，国民党中央军常来。那些人，买东西不给钱，借张家大锅煮饭，因抢锅巴吃砸烂了锅，不仅不赔，还骂人家的大锅不牢！每次他们来了，村里的牛、羊、猪都遭了殃。有一次，我家的黄花鸡，正下蛋，也被他们抢走了，还打我爹三巴掌、两枪托。

山里人怕兵如怕虎。我小时哭，只要大人吓唬一声："再哭，黄兵来了，"就不敢再出声了！

可是，这回红军在我村刚住下，留在村里的一位老大爷就爬上山来找我们说："他们是红军，是遭殃军①的死对头，不拿百姓的东西，是拿起刀枪的受苦人，专替穷苦人打天下的。"

耳听为虚，眼见为实。许多乡亲都下山回村，我爹也背我下山回家，只见地扫得很干净，红军的背包一个个放在堂屋里。我家床上的破毯子、烂棉絮并没有动一下。

"大爹，我们在你家歇一会儿，打扰你们了！"

"哪里、哪里！"我爹放下我，就去抱柴烧水。

---

① 遭殃军，指国民党的中央军。

一位红军把我抱到膝上问："小弟弟，你害怕吗？"

我回答："不怕，你们又不是遭殃军。"

抱着我的红军笑了，爹爹和满屋的红军也笑了。

"小弟"，那红军抚摸着我的头和气地问："你的头发长了，剃头要到街上去吗？"

"不,是我随便给他剪的。"爹爹看着我回答:"山里人不容易上街，他长这么大还没去过街上呢！"

"等一下有空，就叫指导员给你剃一个好吗？"

指导员？我想：指导员一定是个大官，他还会剃头！用剃头刀不会像爹爹剪那样疼吧？

"报告连长！"一个拎石灰桶的战士进来说："该写的标语都写完了！"

抱着我的红军把我放下，跟着那个写标语的战士走了。连长，抱我的就是连长？他为什么和所有的红军穿成一样？所有的红军都当连长？我迷惑不解地想着。

开饭了，红军硬拉我和我爹爹跟他们一齐吃。饭后，军号一响，红军就要开拔。连长拿来一件棉袄给我穿，棉袄很长，膝头都盖住了。连长对爹爹说："长一点不怕，孩子正在长，不管怎么苦，也别给他冻坏饿坏。"

爹爹看看我身上的棉袄，又看看红军连长，像小娃娃一样哭了起来。指导员抱着我，安慰着爹。这时，连长又掏出两块银元，塞在爹爹颤抖的手里说："这两块银元留做纪念吧，我们还要回来的。"

红军走了，爹爹抚摸着我身上的棉袄说："要记住红军的恩情，没有红军，我们莫说穿棉袄，就是见都难见到！"

他把红军给的银元包起来，放在一个空罐子里，留着做纪念。谁知红军走后第三天，中央军来了，他们翻箱砸罐，把那两块银元翻出来。爹爹扑过去夺，可是被一阵拳打脚踢，打得他口吐鲜血，银元也被抢走了。

我扑在爹爹身上，放声大哭，呼唤红军亲人，你们快回来呀！

选自中共祥云县委党史征集研究室编印:《红军长征过祥云》, 1991年6月, 第63—64页。

红军最爱受苦人

刘玉春

听说红军要来,土豪劣绅怕得要命,强迫我们去守祥云城。那年月,我们是在豪绅手板心里过日子。他们叫去,不能不去!只好抱起蓑衣、羊皮褂,借了四元花钱①上城来了。

进了城,城防队长叫我们守北城埂,我们几个就在城埂上垫起蓑衣,盖上羊皮褂过夜。蚂蚁和小虫叮得人怎么也睡不着。由于白天黑夜地值更守卫,又冷又饿,瘦得皮包骨头。守到第七天,到了半夜,几声枪响,红军攻城来了。我们这些庄稼汉出身的不知如何是好,一个个抖成一瓢水。一些头戴八角帽、身穿蓝布衣的红军战士已经架起梯子,爬上城头。他们高喊:"大家不要乱动,在原地蹲下!"

那些平常耀武扬威的警备队都跑光了,我们这些临时抓来的壮丁,蹲在城埂上个个直发抖,哪里还敢动。

"乡亲们,不要怕,我们是给你们掀大石板的,我们决不伤害老百姓。"红军一喊话,我们都把手里的矛头、锄棒丢到地上。

天亮了,一个红军战士带我们去集中,他听见我衣袋里叮当响。就问:"怎么不把武器交完?"

我哆哆嗦嗦地说:"有……一把,刀……刀子,已经交了。"

① 花钱:即银元。

“衣服里是子弹吗？”

“不……不是。”

那战士见我支支吾吾，一定要我掏出衣袋给他看。这一下，我可急了，这四块花钱，是找了八九家人才借到的。到城几天了，我一直舍不得用，如被搜去，回去怎么办呀？

我越犹豫，他更怀疑：“你还留着几粒子弹干吗？”

无奈何，我只好把那四块花钱掏了出来，交给他。心里想，只要人命在，怎么还债，回去再想办法。

“不是子弹！”他见是花钱，后悔地说：“收起吧，花钱我们不要。”

我呆呆地望着他，感动得久久说不出话来。心想：天底下，真有见钱不要的兵？

“老乡，你家离城远吗？”

“远，远着呢！在米甸克昌。”我用手指着东北方。

“几个人吃饭呀？”

“有五个人吃饭，而且都能干活，可没有一个能吃饱饭！”

“这是怎么回事呀？”

“我们都给有钱人家干活，每天吃糠咽菜。”

“哦……”红军长叹了一声。

“真是天下乌鸦一般黑，世上的土豪都一样坏呀！”

他从身上解下粮袋，挂在我的脖子上，亲热地说：“你拿去，路上吃。”

我不接，也不行，可两眼一酸，豆大的泪珠，滚落下来。他抚摸着我的肩头，响亮地说：“别难过，有毛主席、共产党，再熬上几年，我们穷人一定会有好日子过的。”

抓来守城的，都是穷苦人。红军走时，许多人都参加了红军。我们没有去的，有的人得到红军送给的衣裤、被毯，有的人得到粮食、生活用品……大家都有一个共同的想法：“红军是穷苦人民的红军，红军爱护我们穷苦人。”

选自中共祥云县委党史征集研究室编印:《红军长征过祥云》,1991年6月,第65—66页。

红军长征为人民　穷苦人民爱红军

佚名

一天晚上，狗一阵比一阵咬得紧。心想，难道遭殃军又来了！我惊惊惶惶地到门前一看，20 多个穿普通衣、戴八角帽的人出现在门口。一人说："大娘你不要害怕，我们是中国工农红军，是穷苦人民的子弟兵，我们是一家人啊！"

一进屋，他们真像家里人一样，围着火塘盘腿坐下。我老伴递给他们草烟，他们都谢绝了。一个个慈眉善眼，态度和蔼可亲。我们围着火塘你一言他一语，无拘无束地叙谈起来。谈话中，我听出他们还没有吃饭，就赶快起身，拿出柜底的一盆米去淘。

"大娘，不必煮了，就这点米，留着你们自己吃吧！"

"一齐吃，煮干饭不够了，煮稀饭，大家高低吃上一顿算了。"

他们烧火我煮饭，边煮边谈，满屋子暖烘烘、热腾腾的。

饭快熟了，可没有菜，我只好拿出家里仅有的一块火腿肉。红军见我切火腿，连忙阻止："大娘，不用了，你家留着用吧！"

"既是一家人，还说这个话！"我一本正经地说："你们爬山过岭，给穷人打天下，要是穷人真的翻身作主，到那一天，你们转回来，我还要宰个大肥猪招待你们呢。"

一席话，逗得红军战士哈哈大笑。

饭后，战士们抢着洗碗刷筷。

夜深了，他们便在火塘边打开背包，挤着睡了。我老伴说："我活了四五十年，从未见过这样好的队伍！"

天还没亮，他们便要起程。一个战士硬将一把银元塞在我的手里，一定要我收下。他们说："大娘，毛主席为红军订下三大纪律、八项注意，人人都要照着做，这是纪律，不能违犯！"

我无可奈何地说："好嘛，但也要不了那么多……"

"你家很困难，这是我们的一点心意！"红军战士说。

红军留下了白花花的一把银元，也留下了革命的情谊。（蕊芳整理）

选自中共祥云县委党史征集研究室编印：《红军长征过祥云》，1991年6月，第65—68页。

红军毡子

张金连

红军来到我家，相处半天，大人小孩都从心里喜欢他们了。第二天，红军要走我们的心里很难过。

一位战士走到我面前，双手捧着一条羊毛毡子，依依不舍地说："大娘，别难过，我们赶走了东洋鬼子，就要回来。这条毡子留给你，你想我们就看看毡子，我们就像又回到您身边一样！"

我接过毡子，眼泪止不住地往外流！心里想我们受穷吃苦活了半辈子，有谁能像红军这样关心、体贴我们呀！红军走远了，我还呆呆地站着、望着。

红军走了没半天，国民党军就跟踪追来了。他们到处清乡，挨户搜查，要找红军的伤员和留下的东西。一天，保长领着几个遭殃军闯到我家，气势汹汹地问：

"红军在你家住过？"

"嗯！"我低头做活，懒得看他们。心想："你明明知道还用问。"

"红军走时……"一个遭殃军迫不及待地追问，"红军给你留下什么东西？"

"你们看吧！"我不客气地说，"我家就这么大一点地方，一石头打进来，都碰不着一样东西……"

"少啰唆！"一个地头蛇拎起毡子大声问，"这条毡子是红军给你的吗？”

“不是，这是我出嫁时，我妈买给我的。”

“放老实点，恐怕不是吧？”他追问着。

“怎么不是！”我从他手里一把夺过毡子，翻出中间我事先做的记号。地头蛇还想说什么，几个遭殃军说：“别跟她啰唆了，走！”遭殃军一走，地头蛇也灰溜溜地跟着走了。

红军留下的毡子，我把它订在棉被上，用被里被面保护着，不让灰尘落上。盖了 41 年，毡子虽烂成几片，我还一直保留着。多少年来，只要一拆洗被子，我们总要多看看这条毡子！解放了，我们翻了身，生活改善了，但这条红军留给的毡子，却依然是我家的无价宝。

选自中共祥云县委党史征集研究室编印:《红军长征过祥云》，1991年6月，第69—70页。

一把锁

王连英

红军攻下祥云城，打富济贫的消息像长了翅膀，一下传遍了街头巷尾，千家万户。我妈外出帮工回来，家里已住上了红军。他们热情地打招呼："大妈，让您受惊了，我们到你家住！你们外出，怎么门都不锁？"

我妈只是轻轻地长叹，不知怎样回答好。

一位战士安慰说"大娘你家很苦啊！"一提到生活苦，这下可触动了我母亲的心病，她伤心的眼泪止不住嘀嘀嗒嗒地滚落下来。

"人说黄连苦，我家是黄连树上挂苦胆，苦上加苦啊！"我母亲指着家里的全部家当说："你们看看，整个家当不值一把锁钱。盗贼也看不起，不会摸进门来！"听了我母亲的讲述，一个战士激动地说："大娘，现在有共产党有红军，苦日子会有出头时。"

另一个红军战士说："我们红军是毛主席、共产党领导的，是穷人自己的军队。"

在谈叙中，一个战士从挎包里掏出一把锁说："大娘这把锁留着用吧。"

我妈伸出颤抖的双手接过锁，不知说什么好！

红军走了，我妈一直把锁藏在枕头底下，天天盼望红军早日回来。

解放了，穷苦人民真的出头了，翻身做主人。土改时，我母亲还用一块红绸把红军送给的锁包着。每讲到红军，她才拿出来让人看看。前年，我妈病重，临终时她把我喊到床前含着热泪把锁交给我，无限深情地说："千万不要丢了，这是红军送的。"

我妈死了，红军送给的锁，又传给了我，我还要把它一代一代地传下去。

选自中共祥云县委党史征集研究室编印:《红军长征过祥云》,1991年6月,第71—72页。

贺龙住我家

杨忠汉

40年前，红军路过祥云的时候，一支部队住在我家。那时我年纪小，不懂事，但红军在我家住宿的印象却很深。

在我家的红军大约有100多人，15匹战马。我家除祖父守家外，其余的人都从后门溜走了。红军安排好住宿后，发现我家的人不见了，一位红军对祖父说："老乡，不要怕，我们是红军，是打土豪劣绅、贪官污吏的。对贫苦人民我们是保护的，对你家也绝对保护。"还动员祖父把人很快找回来。有一位红军和祖父一道出去把我家的人都找回来了。我看到这些红军纪律严明，态度温和，说话客气有礼貌，也就没有什么拘束了。

第二天早上，一位红军对祖父说："你们不要烧火煮饭了，同我们一齐吃！"硬是不准我家生火，就这样跟红军战士吃了一天饭。红军生活非常简朴，只是一菜一饭，下午打牙祭吃火腿，给我的印象太深了。

红军穿着很整齐，装备精良，有的抬机关枪，有的背步枪，还有的挂盒子枪和大刀。大门、二门和后门都派双岗双哨。有一位首长就住在我家大客堂里面，室内有电话机，有专人值班。不论白天、黑夜都有战士站岗，晚上灯火通宵达旦。首长们三五个在一起查看地图、谈论……

肥壮的战马，是精心饲养的。住在客房里的那位首长，对马很感兴趣，还亲自动手洗刷马背上的灰尘。

这支红军走后，祖父给我们说，住在客堂的那位首长，就是贺龙军团长，后来我才知道他就是两把菜刀闹革命的贺龙。

选自中共祥云县委党史征集研究室编印:《红军长征过祥云》, 1991年6月, 第75—76页。

忆红军在祥城的二三事

杨颖生

在我童年生活中，对红军路过祥云一事，仍记忆犹新。1936 年 4 月，我 11 岁，正读小学。一天清早，全家人被激烈的枪声惊醒。起床不久，就有一些头戴红星帽、身穿灰布衣、肩扛钢枪的战士要到我家住。祖父立刻上前接待，并安排住在我家正堂屋和楼上。他们多为两湖一带口音，态度温和，平易近人。战士们对祖父说;“你们不要怕，我们是红军，是保护老百姓的军队。”祖父早已耳闻红军是共产党领导、惩贪官、除恶霸、专为穷苦人民翻身求解放的队伍，悬着的心，一下子落了下来。红军战士在我家大厨房中煮了一大锅饭和一大锅白菜、萝卜加火腿片汤菜，摆在走廊上和天井里。一位红军彬彬有礼，诚挚热情地邀请我全家跟他们同吃。盛情难却，就与红军战士共同进餐，大家吃得分外香甜。炊事班长对祖父十分亲热，还将一双黑力士胶鞋送给祖父穿，祖父回赠班长一块牛肉干粑。有一个小红军战士和大哥玩得非常融洽、亲密，大哥就把心爱的手电筒送给他作纪念，小战士也给了大哥镍币一元六角。

饭后上街，见我家大门口站着两位身背冲锋枪的红军战士，他们对我很友好，称我为“小鬼”。大街上行人熙来攘去，热闹异常。原来是红军开仓放粮后，四乡的贫苦农民入城挑粮，欢声雷动，感激之情溢于言表。

沿街两侧的墙上书有“打倒亲日卖国的南京政府！”“苏维埃与红

军是抗日救国的先锋！”等巨幅标语。当时我年幼无知，不懂“苏维埃”之意，但这支红军队伍纪律严明、买卖公平、对百姓秋毫无犯，刻入我的脑际，永远难忘！

在我家正堂屋大炕床上，住着一位衣着朴素、身材魁梧、目光炯炯、留着大胡子的红军首长，桌上放着马灯，点着煤油灯，他时而看文件，查地图，翻阅报纸；时而和其他首长谈论，把烟斗抽得吡吡发响。后来才听祖父讲，这位首长就是威名赫赫的贺龙军团长。红军仅在我家住了一天一夜，就起程前往宾川。临行和我家依依惜别，难舍难分。

当时我家住北中街21号，门头上留有一块长方形“将军第”匾额。多年来由于风雨剥蚀，大门破损。在盛世修史、修志的形势下，中共祥云县委、县人民政府为缅怀贺龙军团长的丰功伟绩，对他住过的“将军第”宅院大门进行修理，使其面目焕然一新。“将军第”三字清晰再现。

1991年6月

选自中共祥云县委党史征集研究室编印:《红军长征过祥云》,1991年6月,第80—81页。

我为红军战士治伤

雷永前

红军攻占祥云城后，有几个红军来我家住。他们一进屋，就不声不响地帮我扫地、抹桌。祥云是有名的干坝，三四月水贵如油，可大缸小罐，全让他们挑满了。我和老伴心里又感激，又过意不去。有位小战士负伤了，也在我家住，还忍着痛帮我打扫屋子呢！

我想，自己虽然不懂医，可还装着几剂刀口药，此时不用，何时用？

我用热水轻轻地给小战士洗伤口，伤得真不轻。但他却紧紧咬着牙，额头上冒出晶晶的汗珠也不哼一声，洗完伤口，上好药，我的背脊和眼眶也湿了。红军战士真是铁打铜铸的汉子。伤在他的腿上，却疼在我的心上啊！

第二天早上，他高兴地说伤好多了，并夸云南的草药灵验。部队要出发了，小伤员也要随队伍出发了。我把用剩的药包起来送给他，让他在路上换。他接过药，感动得直淌眼泪："太感谢了，老乡，你待我们太好了！"

我说："应该感谢红军，你们千里迢迢来到这里，为我们打土豪才负伤流血的！"

小战士从包袱里拿出一件衣裳，送给我做纪念。现在已隔 40 年了，这件事仍历历在目，小伤员的英雄形象时时浮现在我的眼前。

选自中共祥云县委党史征集研究室编印:《红军长征过祥云》,1991年6月,第82页。

红军钟

曹玉堂

在我的生活中，一刻也离不开我心爱的小钟。因为它是当年红军长征过祥云时，指导员送的，全家都亲切地喊它“红军钟”。

那是40年前的事了。当时我才12岁，但已是一个懂事的孩子。红军长征路过祥云，在我家住了一夜。那些头戴八角帽的红军，对穷苦人民非常亲热，对小孩更是好极了。他们教我写字、画画、唱歌，还给我讲了许多长工斗地主的故事。红军吃饭时，把我全家都拉去吃，而且把菜里的肉直往我碗里拣。那一顿饭啊，我吃得很饱哩！

第二天一早，红军要上路了。我一脚蹬开被盖，翻身爬起，纽子都顾不上扣，赤脚下地追出门外，双手紧紧地抱着指导员的大腿，连声说：“叔叔，带我去、带我去！”

“不行，你太小了！”指导员弯下腰替我把衣裳拉平，纽子扣好，耐心地安慰我：“等着吧，有毛主席、共产党领导，红军还要回来。那时你长大了，我们一定带你去，行吗？”

父母亲也在一边劝说：“等他们转回来，你再长大些，一定让你去！”

现在红军叔叔要赶路，不要耽误他们了！没奈何，我只好松开手，指导员笑着说：“好，听话的孩子，等我们回来，一定来领你！”

其他红军也同声说：“对，就把你编在我们连！”

临别前指导员拿出一只小钟送给我，并亲切地说：“这钟留给你作个纪念。看，这短针走一圈，是一天。等着吧，我们还会回来的！”

军号“嘀嗒”响，队伍开走了，红军钟却留在我身边。多少年来，我时常捧着它，数着时针走过一圈又一圈，盼望红军队伍转回来！

选自中共祥云县委党史征集研究室编印:《红军长征过祥云》，1991年6月，第83—84页。

红军给我家送棉被

王国标

那年，红军袭占祥云城后，一些战士到我家住宿。红军待人亲热得很，开口老板，闭口老板娘，我们能拒绝吗？

天亮了，红军又收拾行装上路了。我好奇地站在门口看热闹，这时跑来一位抱着棉被的红军战士，我们围上去问："李玉楼真的捉住了吗？"他高兴地回答："捉住了。"母亲要拉他进家交谈。"不，大妈，我们就要出发了。"他把一床棉被送给母亲，亲切地说："大妈，昨晚住在你家，麻烦你们了。指导员看见你家只有一床被子……这床棉被是他叫我送给你家的，请你收下吧！"

啊……母亲抱着红军送给的棉被，眼含热泪。那个红军战士走了，可她还呆呆地站着，喃喃自语："红军真是穷人的子弟兵。"

选自中共祥云县委党史征集研究室编印：《红军长征过祥云》，1991年6月，第85页。

宝书暖人心　腰带情谊长

陈允忠

多少年来，一根腰带伴我生活；一本革命的宝书，时时暖着我的心。事情是这样的：

1936年农历三月二十八日，东方刚刚发白，红军就攻下了祥云城。红军进城后，在墙上写了“抗日倒蒋”、“打土豪分田地”等醒目的大标语。他们打土豪，惩恶霸，把大地主家的粮食和财物分给穷人。

那天有几个红军战士到我家，我忙着挑水、煮饭，热情地接待亲人。他们亲热地拍着我的肩头，亲切地和我拉家常，叫我“小老板，你真行”。多少年来，我给地主当牛做马，从来也不把我当人看。红军说的话句句暖人心，我听着热泪盈眶，决心跟红军去打日本、打老蒋、打骑在人民头上的土豪劣绅。可是，家里还有老母亲谁来侍候？红军战士知道我的心思，他们耐心地开导我，说服我留下来照看母亲。

第二天，红军要走了，我依依不舍。一位红军战士从身上解下腰带送给我，我不肯收。心想：“红军天天行军打仗，多么需要它啊！”那战士一再说：“收下吧，我们都是穷苦人，这是我的一片心意，留下作个纪念。”我伸出双手，接过腰带，激动得说不出话来。

指导员也亲热地握着我的手说：“老乡，不要难过，有共产党领导，我们一定还会回来的！”说着，从挎包里拿出一本书送给我说：“老乡，穷人要解放的道理全在这里头，只要看看这本书，就会心明眼亮。”他还说："要收藏好，千万不能让它落到白狗子手里呀！"我含着激动的泪水，接过这本《马克思主义》的宝书，目送着离去的队伍。

红军一走，滇军去后，保安团又来。他们清乡把红军分给穷人的东西，统统收缴回去，交不出的，就加倍罚款，还到处搜捕红军伤病员。虽然他们天天抓人、打人、杀人，但我还是想尽一切办法把这本书保藏好。风声平静了，我常关紧房门，点燃小油灯，细细阅读，使我找到了挨冻受饿的原因，明白了"全世界无产者和被压迫民族联合起来"的道理。几十年来，每当我想念红军，就悄悄拿出宝书来看看，盼望着红军战士讲的好日子很快到来。

选自中共祥云县委党史征集研究室编印：《红军长征过祥云》，1991年6月，第86—87页。

红军说出穷苦人民的心里话

冉义

1936年，红二军团由盐丰到楚场，大队人马浩浩荡荡，把安静的山庄，变得热气腾腾，给当地村民留下了深刻的印象。

阴历三月二十九日，将近吃早饭，我赶着猪去放，与两个陌生人相遇。一个问："老板，请问到黄草哨从哪儿走？"我看着这两个陌生人说话很亲切，就比比画画地给他们指路。他们又问："这条路还通哪些地方？"我说："通查磨箐、拉乌、平川，再绕宾川。"他们一边问，一边在笔记本上记着。还同我商量：把猪赶回去，给他们领一段路。我同意了，并和他们一起出了村。

"这里田多的有几家？"一个问。

"有两家：吴正华和杨子将家。"我回答。

"你家有多少田地，是租田种吗？"又问。

"一点也没有，全都是租来的。"我说。

"我们都是无产者，今后土地还要分给穷人，我们就是来打土豪的。"另一个说。

"打土豪，你们是？"我疑惑地问。

"我们是毛主席领导的、专为穷人打天下的红军。"两个战士齐声回答。

"你们是红军？"我又惊又喜，回过头来仔细地打量着这两个陌生人。战士炯炯有神的目光在剑眉下，显得多么威武雄壮！两个战士也看出我这饱经风霜的面容和庄稼汉特有的本色。一个战士从怀里掏出一个五角星，深情地对我说："老板，红军大部队随后就到，那些依官仗势欺压百姓的劣绅就要受到惩办。"我听到这喜讯，激动得热泪盈眶，不知说什么好。临别，红军战士紧紧握住我的双手说："谢谢你，老板，请回去吧！这条裤子送给你作纪念。"我接过裤子，目送着红军的背影消失在山林之中。

我回到家，大部队已经来到，住在我家里的就有 30 多人，他们把地扫干净后，正在挑水、抹桌，还从伪乡长吴正华家抬来一箩谷子，准备舂米，我也帮助他们舂。红军讲："革命胜利了，今后要用机器碾米磨面，不像这样使夯力。"

"如果真有这样的好日子，那真个好了！"我说。

"只要穷人一条心，革命胜利就来得快。"一个战士说。

我摇摇头说："我们老年人恐怕盼不到这一天了！"

"天下穷人比富人多，只要穷哥儿心齐，合成团干革命，就能把劣绅打倒，穷人就能翻身做主，过好日子。"红军说的话，使我浑身感到热乎乎的。

当夜无话。第二天，天还没亮，红军接到命令提前出发。一个红军战士把一个红木箱送给我说："老板，这个箱子留给你装装东西，作个纪念。"我收下箱子，依依不舍地看着亲人离开家门。

太阳升起来了，我在红军睡过的草垫下拾到一颗手枪子弹，多年来，我将这颗子弹珍藏着。

红军过楚场已是 41 年了，他们说的话，做的事，深深刻在我的心中，使梦想变成了活生生的现实。

选自中共祥云县委党史征集研究室编印：《红军长征过祥云》，1991年6月，第92—93页。

追红军去

杨义茂

前两天被迫当壮丁，到祥城守城的大伯回来了。我迫不及待地跑去，想打听打听红军的事。这时大伯家里已经来了好些穷乡亲。他就把自己的所见所闻讲给大家听：红军进城后，就把劣绅李玉楼、李成林抓起来，把他们的财产分给穷人。红军在城内住，看见一个老大爹穷得揭不开锅，就从李玉楼家抬了两箩米、两床毯子、两匹布送到他家。老大爹感动得直流热泪说："好人！好人！你们是天下的好人，老天会保佑你们的！"一个红军对老人说："我们是工农红军，是共产党领导的军队，专为穷人打天下的。"另一个说："天下穷人是一家，只要穷哥们一心跟着毛主席、共产党干革命，革命就一定能胜利。"大伯有声有色地讲述着。

夜深了，穷乡亲们，带着希望和向往离开了大伯家。我一个劲地追问着大伯，总感到还不满足。大伯对我的好奇而又无法满足的心情，惋惜地说："你要看红军？可惜已经走了！他们到宾川州城去了。"

回家后，我久久不能入睡，大伯讲的红军"打富济贫"的情景，浮现在我的眼前。不知怎的，家中受欺侮、受压迫、受剥削的悲惨遭遇，也萦绕在我的脑海中……

我刚刚懂事，由于家境贫困，只能给地主放牛，寒冬腊月没有鞋子穿，只好用稻草绑在脚上。脚上冻开了很多裂口，直淌血，每次洗脚都钻心地痛。特别使我痛心的是，父亲在世时，上了 60 块钱的一个赊，父亲死后还剩 30 块，狠心的地主为了逼取这 30 块钱，就想方设法骗我家：假意说给我哥讨媳妇，而实际却把他骗去当兵。哥哥又气又急，活活被气疯，就被国民党军队赶出来。哥哥疯疯癫癫，整天叫骂，不久就失踪了。我越想越气愤，眼泪被心中的怒火烧干了。为什么人间会有这种不平的事？

血泪的家史、阶级的仇恨点燃了我复仇之火，我下决心参加红军，为穷人报仇雪恨。

东方刚露出鱼肚白，我咬咬牙假意对妈妈说："妈，我挑柴去，你可要注意冷热。"说完，我忍住快流出的眼泪，顺着山间的羊肠小道快步如飞地走去。再高的山爬起来也觉得不费力，心里只想快赶上红军。有时遇到湍急的流水，也来不及多选择，裤脚一卷就下水。就这样，紧走慢跑地赶到了州城，可是红军头天就离开州城，向鸡足山方向挺进了。听到这个消息，我心里多难受，只恨我的腿短没有赶上红军。

走，继续赶。我暗暗下了决心，朝鸡足山方向追。天黑了，伸手不见掌，我走到小新村亲戚家，吃了饭就休息。一整天的跋山涉水，虽然感到很疲倦，却翻来覆去不能入睡。心里只想着快赶上红军，为穷人打天下。

第二天，遭殃军踏着红军的脚印赶来了。好心的穷友都劝我："孩子，你年纪小，这些强盗一股劲地'追剿'红军，你一个人怎么能应付，大丈夫报仇三年不晚。"我后悔走时没有约小伙伴和自己一起来。要是有人做伴，哪怕是天涯海角，也要追上红军。

现在怎么办呢？孤掌难鸣。我怀着失望的心情只好回家了。

选自中共祥云县委党史征集研究室编印：《红军长征过祥云》，1991年6月，第94—95页。

红口缸

余善义

我有一个红底白花绿叶的口缸。40多年了，口缸漏了，我将它补起；把子脱了，我请人接上。别看它很陈旧，但它有一段不寻常的经历。

那年农历三月，桃红柳绿，百花争妍，红军长征经过我们这里。我家对面祠堂里住着一位中年汉子李厚德和一位十五六岁的小鬼，他们在长征行军中，因气候多变，身染重病而掉队。我看着这两位红军战士很心疼，就找了一些草药给他俩治病。那时，我家常年给有钱人家干活，所得无几，还遭土豪地痞刮削，全家生活非常困难。但是，我宁愿多吃点山毛野菜，也要省下一点米，给他俩煮两顿稀饭送去。我们家只有土锅土碗，端水装饭煎药，都只好用这两位战士的口缸。

因为缺医少药，我们找来的草药治不了他俩的病。他俩饭量一天比一天减少，身体一天比一天瘦。半个多月以后，先后闭上了眼睛。穷苦乡亲们用木板，做了两口棺木，忍痛将他俩安埋在村后的小山上。

中央军来了，到处搜查红军的伤员，扬言要撬他们的坟。可是，山坡上刚埋不久的坟堆很多，中央军和地头蛇都无法辨认，无处下手，只好灰溜溜地走了。

两位红军战士已去世，但是他们的口缸却留下了。

解放后，解放军战士常来我家，一见到解放军，便使我想起那两位为革命献出了生命的红军战士。我常用红军战士留下的口缸给他们讲口缸不寻常的来历。

选自中共祥云县委党史征集研究室编印:《红军长征过祥云》,1991年6月,第100—101页。

红军箱

张家富

1936 年农历三月二十九日，1000 多红军住我们村。有十多个战士大步朝我家走来，一进屋就问："大妈，在你家住一晚行吗？""你们不嫌我家脏……"领头的战士忙说："大妈，我们也是受苦人。"一边说一边卷起袖子，露出一道伤痕。"大妈你看，这是狗财主打的！我们是红军，是穷人的队伍。"

天渐渐的黑了，星星像嵌在天上的宝石闪烁着光芒。跟我们攀谈的红军战士都上楼把草铺好，一个挨一个地和衣而睡。我妈在灯下一边为红军战士补衣，一边还在琢磨战士们讲的道理。

一阵清脆的哨声，划破了凌晨的寂静，楼上发出阵阵收草声，紧接着是下楼的脚步声。我们忙起身问他们啥事？那个手上有道伤痕的战士说："大妈，打扰你们了，现在我们要出发了，这件毛呢衣裳拿去裁剪裁剪给小孩过冬；这箱子、铜壶送给你们作纪念。"我妈紧紧拉住红军战士的手，激动地说："我活到这把年纪，还没遇到过这样的好人，你们要回来啊！我们盼望着你们。""大伯、大妈，我们一定会回来的。"在我家住的战士们都围上来告别，我妈把他们送到村外，依依不舍地目送战士们远去的背影。

选自中共祥云县委党史征集研究室编印:《红军长征过祥云》, 1991年6月, 第102页。

红军是好人　官兵情谊深

杨清元

1936 年农历三月，祥云旱坝沐春雨。中国工农红军二、六军团长征来到了我们这里。

开初，我听信反动宣传，红军刚到，来不及赶上赖以谋生的两条干黄牛，就跑到山地里一间窝棚内躲起来。红军进村后，有人上山来告诉我，我的牛被红军杀吃了！本来就胆战心惊的我，一听这话，更是晴天霹雳。两条牛，这是我全家的命根子，如今被杀，这还得了！不知从哪里来了一股劲，我一口气跑回村，定要看个究竟！

一进家门，先奔牛厩，只见两条牛在厩里摇头甩尾，安详地吃着草，我悬着的心一下子落了下来。

我又到村巷里转了一圈，“红军是好人、不伤老百姓”，“红军是穷人的队伍……”到处都在谈论。我心里想：管它七三二十一，是红是白，耳听为虚，眼见是实，定要看个一清二楚。

到了南门外，只见人来人往，穷苦乡亲们肩上扛着，手里端着红军分给的胜利品，兴高采烈地像小娃娃过年一样喜欢。他们和红军亲热得像亲兄弟。那些常年愁眉苦脸的庄稼汉个个笑逐颜开。

我正在发呆，一个高个子战士走过来和我打招呼：“老乡，你是哪个村的？”

“报告长官，”我的心怦怦地跳着，用颤抖的声音答道，“我是梨园村的。”

“好啊！”他大声说：“给我带个路行吗？”

替自己的队伍带路,我非常高兴地答应了。后来我才知道他就是连长。

第二天一早，队伍就浩浩荡荡地出发了。他们一个个背着背包扛着枪，威风凛凛地起程。我牵着一匹驮着弹药的高头大马，和连长一起，走在队伍前面。

到了周家庄，路窄马惊，马失前蹄跌入路边秧田。连长卷起裤脚，脱鞋下水，战士们也一齐来帮忙，推的推，拉的拉，才把马拉上路来。我们卸下马驮子，牵马到沟边，将马身上的污泥冲洗干净。连长还递过羊肚白毛巾，要我擦干手上的水和头上的汗……

一路上，连长给我讲了许多革命道理。他说：“天下的受苦人都是一棵藤上的苦瓜，穷人要想翻身，只有跟着共产党，拿起刀枪和土豪劣绅斗争！”

战士们歌声嘹亮，互相关心，亲密得像手足一样。有两个小战士走得满头大汗，气喘吁吁，连长就把他们的背包接过来，加在自己背上……

到了宾川，田边地里到处都有西瓜，战士们虽然走得口干舌燥，但谁也不去摘一个来解渴。

云雾缭绕的州城钟鼓楼依稀可见了，给红军带路的任务也完成了。战士们一齐拥上来，纷纷和我拉手告别。连长紧紧地握着我的手：“回去吧，再忍受一段时间，我们一定要回来的！”

说着，从挎包里抓出一把银元，塞在我手里，要我收下。另一个战士也拿出自己仅有的被子，送给我作纪念。我羞涩地收下被子和红军战士依依不舍地告别！

选自中共祥云县委党史征集研究室编印:《红军长征过祥云》, 1991年6月, 第98—99页。

红色宝书传山乡

罗占标

1936年阴历三月二十九日，红军来到黄草哨大村，在这里住了一夜。当晚，团首长住在我家，深夜大家还围着火塘攀谈，首长详细地向我祖父询问了土家人的风土人情和土豪劣绅剥削农民的情况。用通俗的事例宣传革命。我祖父记忆最深的是，首长用手势比画着讲："红军是共产党毛泽东领导的革命武装，是为穷人掀开压在头上的大石板的，我们工农红军就是要砸烂旧世界，开创一个人民当家作主的新世界。"团首长一边说着，一边用手中的竹杖将火边上一块被烟熏得乌黑的破砖翻了一翻。我祖父被这生动的讲述深深地打动了，心里憧憬着这一天的到来。

拂晓，红军要起程，团首长从挎包里掏出一本书，郑重地送给了我祖父罗应弟，并拉着我祖父的手嘱咐着："老伯伯，你已经74岁了，这本书要保管好，留给子孙后代读，它会告诉他们很多道理。"

红军走后的第二天早上，我回到家里，祖父喜气洋洋地对我说："昨晚上家里来了一位首长，送我这本书。"我把书接过来，《中国工农红军》几个醒目的大字映入眼帘。

长夜漫漫，在夜深人静的时候，我常拿出红宝书在油灯下如饥似渴地阅读，心中就像点了一盏灯，知道了很多道理。在劳动空隙之余，我将书中的道理讲给知心的穷朋友听，有时把书借给可以信赖的穷乡亲传阅。红色宝书传山寨，字字句句暖彝家；盼星星、盼月亮，盼着红军来山乡。

春雷一声震天响，到了 1949 年，家乡解放了，红色宝书讲的新世界来到了人间。毛主席共产党的恩情，红军的丰功伟绩，我们彝家人永远记心上。

选自中共祥云县委党史征集研究室编印:《红军长征过祥云》, 1991年6月, 第107—108页。

军民鱼水情

罗春奎

阳春三月，红军来到群山怀抱的黄草哨。

那时,我刚懂事,一位带短枪的红军干部,领着几个战士向我家走来。

我很惊奇，母亲也很紧张，不知他们来干什么。

那干部操一口外地口音，笑容满面地说："老大娘，莫害怕，我们是中国工农红军，是共产党领导的打富济贫的队伍，今天路过这里要在你家借宿，打扰你们一晚上。"

山里人好客,人家又那么和蔼可亲,我母亲答应了。红军进了我家，把背包一放，七脚八手地帮开了。不多一会儿，屋里屋外，门前门后，都被打扫得干干净净。那干部还卷起袖子，挑起水桶把水缸都挑满了，母亲硬拉他们坐下歇气。

红军住下后，决定跟村里人借一头猪与乡亲们一道会餐。那时，我家的猪正养得又肥又胖，母亲便跟一红军干部说："把我家的猪杀了吃。"红军同意杀我家的猪，我也很高兴。可以提前过大年了！"你家的日子并不太好，养肥一头猪不容易，你怎么舍得呀？"一位邻居大婶悄悄地说。

"大婶你不清楚,红军都是好人啊！"母亲拉着大婶的手亲热地说："他们原来也是盘田种地的，都是受苦人，如今要北上打鬼子了！"我妈把红军讲的道理，又讲给了隔壁的大婶。

这些都是红军来到黄草哨那晚上，除向房东宣传外，还挨门挨户向全村群众宣传的革命道理。

根据村民的请求，第二天早晨，红军惩办了黄草哨的土皇帝自灯草。打开了他的粮仓，把粮食分给穷人。几个战士还抬了十斗（每斗70市斤）谷子到我家里，用来抵猪钱。母亲不收，红军说："你家生活也很困难，穷苦人家养肥一头猪不容易啊！"

我母亲说："红军为我们惩办了自灯草，给我们报仇出气，我们已经满意了。"

那位红军干部说："借东西要还，这是我们红军的纪律。大娘请收下吧！你的心意，我们忘不了！"

母亲只好收下谷子。中午，红军又要出发了。全村人扶老携幼，齐聚村口欢送亲人。

有些青年误听谣传，跑到了山上躲避，回来后听家里人讲，悔恨自己偏听偏信，贻误了与亲人见面。虽然红军在黄草哨只住了一天，但红军和受苦人的鱼水情谊却几天几夜都讲不完。

选自中共祥云县委党史征集研究室编印：《红军长征过祥云》，1991年6月，第110—111页。

大衣寄深情

张云崇

我家这件黄毛呢大衣已保存40多年了。这是红军送的,数九寒天,穿在身上却暖在心啊!

在旧社会,我们吃的是山茅野菜,穿的是破衣烂衫。要不是红军来,我家住在穷山沟,像这样的毛呢大衣别说穿,就是见都没见过呢!毛呢大衣传深情,红军情谊暖人心啊!

1936年,红军顺着这个穷山沟,向北挺进。队伍过了一起又一起,有的停下来休息、喝水、吃饭。买一个鸡蛋给两个的钱,喝一碗冷水还谢了又谢。对我们可亲热哩!

一天,太阳当顶,又有一队红军停下,到我家烧水煮饭。一位30岁左右的红军对另一位红军说:“连长,这老乡家里,好像是歇过不少战友,还在这里煮过饭呢!”

“对!”叫连长的红军,打量着火炭及红着的灶洞,走上前来,亲切对我妈说:“老大妈,今天可打扰你们了!”

我妈说:“哪里的话,你们千里路上来歇脚,难逢难遇啊!”

红军们七脚八手,不多一会儿,饭菜就熟了,并邀我家跟他们一起吃。饭后,把所有剩余都留给我们。接着唱了支《三大纪律八项注意》的歌就上路了。红军连长抱来一件大衣,亲热地说:“大妈,我们要走了!今天我们和先前兄弟部队在你家烧水煮饭,烧了不少柴,这件大衣就留给你吧！”

“不、不……”我妈结结巴巴地说，“柴没有烧了多大一点，是我自己砍的。”

连长说：“刚才我们歌里唱了，这是应该遵守的纪律，大妈，你就收下吧！”

红军个个布衣草鞋，就是站在跟前的连长，也和战士一样，蓝布衣裤，膝头还补了个疤。怎好忍心收他们的呢！我妈说：“你们……”

“我们……大妈，你比我们更需要呀！”连长说：“这大衣还是一个国民党军官的。别看他们对老百姓凶得不得了，可红军一到他们就跑。连大衣都顾不上要了……”

说罢，哈哈大笑起来。硬把大衣往我妈手里塞。多好的部队，多好的人啊！不论怎么说，不收也不行。

因为是红军送给的，我们一直舍不得穿，所以40多年了，还好好的。我妈临死前交给我！现在，下截都让虫蛀坏了，我裁剪后，做上一个套子，保护着它。将来还要传给后代。

选自中共祥云县委党史征集研究室编印：《红军长征过祥云》，1991年6月，第112—113页。

红军帮我喂胖猪

罗永吉

1936年4月19日，听说红军要来，流言蜚语一阵比一阵紧："红军是共匪，杀人放火"，"红军是刁民，共产共妻，犯上作乱"等等。那些土豪劣绅、有钱有势的人家，惶惶不可终日，他们带上细软金银连夜逃跑了。我们全家人误听谣传，也同村里的穷人一起到村后的高山密林中躲藏。

中午，太阳正当顶，我们在山顶看到了红军大队人马，浩浩荡荡向黄草哨走来。个个头戴八角帽、身穿灰色军衣，雄赳赳气昂昂，一杆杆钢枪在阳光下闪闪发亮。

红军进村后，只见家家户户炊烟袅袅。一看这情景，我不由自主地说："完了，全完了！家里的房屋，大胖猪这下子全完了。"

我想到大胖猪，心里就像油煎一样难受。这头猪，是全家人起早摸黑喂了两年，想留到七荒八月换粮度荒的。猪保不住，往后的日子就无指望啦！

两天过后，红军刚离开村，我就迫不及待地往家里跑。进村一看，村里的房屋依然如故，然而一条条巷道却打扫得干干净净。墙壁上写满了标语："红军是工人、农民的子弟兵！""红军是打富救贫的军队！"……由于我归家心切，来不及细细体味这些标语的内容。

到了家，里里外外都被打扫得干干净净。炊具、农具收拾得井井有条。我连忙打开猪厩门一看，胖猪安详地躺在厩里，肚皮吃得滚圆，还在“呶呶”的哼着呢！猪槽里还剩下一些锅巴，我提着的心一下子落了下来。

我转身到厨房，只见灶头上放着两块银元，下面还压着一张字条，上面写着：“老乡，我们是工农红军，到你家烧水做饭，用了一些柴禾，这两块银元作为补偿请收下！”这一情况使我惊呆了，我揉了揉眼睛，又细细地把银元和字条打量了一番，银元亮堂堂，字条写得清，胖猪睡得香。这些事实，深深地教育了我。我抓起银元，拿上字条朝门外跑去。跑到山顶上，红军队伍已向米甸坝走去。我身边的人越来越多，大家都惭愧地用目光送着渐渐远去的红军。

选自中共祥云县委党史征集研究室编印：《红军长征过祥云》，1991年6月，第114—115页。

童年的回忆

张渺

半个多世纪过去了，红军的丰功伟业照着神州大地，千秋万代。

公元 1936 年 4 月 20 日（农历三月二十九日）——这是我苦难的童年时代闪光的日子，也是终生难忘值得自豪的日子，而且是对我立身处世有着重大影响的日子。这就是中国共产党领导的中国工农红军第二方面军第六军团北上抗日，万里长征经过石羊井（盐丰）到达我的家乡祥云米甸街的日子。那时，我只七岁多一点，我是属龙的，腊月的龙。还没有开蒙读书，父亲订了一个草纸本，教我识“上大人，孔乙己”等类的字和描红。一个娃娃，懂的事还不多，只简单晓得红军是从很远很远的地方来的，是穷人的队伍帮穷人。所有的记忆都是自己看见和听见的。有的是听大人讲的，都是磨不灭，消不掉的。

红军到来的时节，正是春暖花开的时候。那一年不知为什么，米甸坝子的庄稼地里，种的豆麦少了，种了很多很多的罂粟。我们去找猪草时看见，开的花有红的、粉红的、白的、黄的，真是好看极了，是我头一回见到。大约红军来前半个多月，在邑尾村新桥的木橙上，在江东村口的大石桥上，在光庄村火把杆附近，吃了晚饭，大人们总是三个一伙、五个一堆在谈论红军要来了。一个比一个算得上“消息灵通人士”。

我们一群娃娃，乐喜西闹[①]时，爱跑到大人旁边，偶尔听到一句半句。说红军要来，是贺龙、萧克带着来的，穷人要翻身了，有好日子过了。红军打富济贫、买卖公平，吃一文、开一文，对穷人最好了。大人们见我们在旁边偷听，便告诫我们“不准说”、“说了要割舌头的”。我们也就吓唬得跑开了。每逢米甸街子天，有好几起打花鼓、耍把戏的。我们东钻西钻，在拥挤的人群空里看热闹。虽然唱的说的不完全听得懂，但总觉得很好瞧、很新鲜。听大人们说，这是红军的先头部队，是来打前站，作宣传搞侦察的。街子上和村里的有钱人家害怕得很，把值钱的东西都藏到山村里去了，人也躲了，而且还散布了好多好多谣言，说红军的坏话，不外乎“共军来了要共产共妻、杀人放火”之类，以蛊惑人心，欺骗威胁老百姓不和红军接近。

红军来米甸前后的那几天，差不多每天太阳快当顶的时候，只听到轰嗡轰嗡的声音，还以为是什么地方推大磨的响声，响声越来越大，只听见大人们叫喊，快看飞机，我们就跑到街心里看了个够。有两架双翅膀的飞机从新里坡那边来，从小松坡那边飞去。后来大人们说，那是国民党蒋介石派来侦察红军行动的飞机，其实是给红军送行罢了。这是我头一回看到飞机在天上飞。

红军到米甸那天是一个街子天，赶街的人比平时少，红军来了，赶街的人也不跑，站在旁边看热闹。红军有20多人住在我家楼上，他们自己烧火做饭，什么东西也不要我们的，他们吃饭时还捏了一些饭团并给我盛了一碗饭。红军烧了我家的柴还给钱，我父亲不要，红军一定要他收下。红军第二天要去宾川，和我父亲商量，要请我父亲带路。父亲小时，祖父就去世了。我祖父是银匠，遗下银匠家什一套，薄田三亩六分。银匠活计也停做了。我父亲张荣华，当时27岁，一家四口，家境贫寒。因为谣传多，为了把稳，米甸街子上的成年人，有好些避开了。

---

① 原文如此——编者注。

我父亲相信红军，胆子也大，就答应给红军带路（包括带住在别家的红军）。第二天天才亮，红军就离开了我家走了。红军走了，红军头上戴着的八角帽，红五星深深地印在我的心里，到天擦黑黄昏时，父亲很高兴地回来了。父亲说，他把红军领到乔甸吃凉水（地名）到宾川的大路上，才告别。红军赠送他两个“袁大头”。这两块大洋，无论怎么困难都舍不得用，一直珍藏下来作纪念。12 年后，我离开家乡参加革命时，我还看了又看。我父亲只参加红军万里长征 30 里。我要学红军为解放全中国革命到底！

红军到来前，米甸邑尾村的水阁（奎星阁）里，住着一伙搞“清丈”的。那一群坏家伙就是国民党田赋管理处搞丈量耕地的。经过丈量后，把耕地分三等九则（上上、上中、上下、中上、中中、中下、下上、下中、下下）。按等则发给地契、并缴纳耕地税。老百姓最讨厌和痛恨那一群坏家伙，因为他们贪赃枉法，敲诈勒索，把有钱人家的好田好地面积缩小定为下等，把穷人或不送礼的人的田地面积扩大定成上等，所以有的人家田大面积小，负担轻；有的人家田小面积大，负担重，真是伤天害理！他们种下的这个祸根，一直到解放后农业集体化了，生产队作业组评工记分时，矛盾都还存在。他们作威作福，骄奢淫逸。我印象很深的两件小事是：奎星阁的一、二、三层楼哨角都挂有风铃，风吹风铃响，影响他们睡觉，他们就把风铃打烂。他们吃火腿不吃皮子，把火腿皮子丢到大门外让一群娃娃抢吃，他们好取乐。我也参与过抢吃火腿皮，我父亲知道了，狠狠地打了我一顿，并说：穷，要穷得有志气。老百姓巴不得红军来了，狠狠收拾这些狗东西。这些坏家伙也知道红军来了没有他们的好下场，所以在红军到来以前，他们就屁滚尿流逃之夭夭了。

红军离开米甸后七八天，国民党蒋介石追红军的追兵来了，这些追兵凶神恶煞、欺压敲诈老百姓。头几天听说追兵要来，我父亲就背着弟弟，把母亲和弟弟送到大松坪去躲避。追兵来到，米甸街弄得死气沉沉。有十多人住在我家楼上，终日吃酒吃肉、赌钱、抽鸦片烟。红军住在我家楼上时，把我家挂在楼上的苞谷掉在楼板上的粒粒收拾在一边，走时，还把楼板扫得干干净净。而国民党蒋介石的追兵，在苞谷粒粒上乱踩乱吐。第二天、第三天他们都赖着不走，还说是追红军。其实，红军的屁他们都闻不着，只顾欺压老百姓。他们把我家挂着的苞谷全部撮到街上去喂马。因为米甸街十年九旱，苞谷是我们一家人的主粮。这些天杀的追兵，不仅断了我家半年多的口粮，还吊打我父亲，追究他和红军的来往，经过请亲戚说情送礼，才免了大灾难。追兵走时，到处拉夫封马，敲诈勒索，闹得鸡犬不宁。不同的军队，哪个好，哪个坏，老百姓都记得明明白白。

国民党追兵到来前，县城传来很多很多大快人心的好消息。说是红军打下了祥云城，把大恶霸民团团总李玉楼抓来杀了，把他家的好几囤箩花钱镍币拿出来分给老百姓。还说，国民党县长杨中寿投降了红军，红军优待他，他和红军出北门去宾川，还骑着一匹马。又听说，被强迫拉去守城防堵红军的民团团丁好几百人参加了红军。我记得最实在的一个就是光庄村的洪锡大哥哥。还有一个是释放后在下关因开会坐在一起才认识的王宗海同志，我们结识后经常来往。他是前所炼昌人，当时拉入民团守祥云城后参加红军北上抗日，以后随着大军南下，分配在大理专区公安处工作。国民党追兵走后，又从县城来了一个传闻，说是："猪爬中鼓楼，红军要回头。"因为中鼓楼门开着，几个小架子猪从台阶上爬上去进了中鼓楼。于是，就有人借题发挥，添枝加叶，表达了老百姓的愿望，希望红军能回来！这个传闻到了米甸，米甸街的有钱人家，逃的逃，躲的躲，一场虚惊。而老百姓听了，心里扎实、舒服、痛快，盼望红军快回来！

选自中共祥云县委党史征集研究室编印：《红军长征过祥云》，1991年6月，第119—122页。

良马献红军

丁家鹄

我的父亲丁茂东，年青时曾在云南讲武堂做事，对北伐战争，对国民革命都有认识。他退役回家后，在祥云城南街开了个“丁记茂盛”小店，生易也还兴隆。由于他在军队里养成一个爱马的癖好，只要相中了好马，不管价钱多大，都舍得花。

有一年，父亲买到一匹枣骝马，这是他一生中最得意的好马。此马膘肥体壮，生形颇好。跑起来快如飞，稳如舟。每年大理三月街赛马会，我父亲就骑上枣骝马前去比试。只要我家的枣骝马出场，就鳌头独占。它为父亲赢得了荣耀，父亲也得到无限安慰。枣骝马成了他的心爱至宝。

1936 年 4 月，红军长征要经过祥云的消息一传出，好心的朋友劝父亲出城“避难”，可是他心里有数，不管人们怎么说，都无动于衷，照常开门营业。

红军攻占祥云城后，我家店子里也住了许多红军。他们看中我家的枣骝马后，都劝父亲把马卖到军部，准能得个大价钱。但父亲就是不肯，还说：“君子虽穷，可不能借出售心爱之物以发财！”并表示，如果红军指挥部贺老总看中了，愿意无偿奉送。因为他对贺龙总指挥的英名早已如雷贯耳，非常敬佩。红军战士看到父亲耿直重义气、讲交情，就不再谈卖马的事了。

下午，父亲将马笼头交给两位红军战士说：“君子一言，驷马难追，这匹枣骝马我作为礼物奉献给红军了！”两位战士费了很大的劲，都不能将马套上，又跑来请父亲帮忙。我父亲二话不说，提上笼头就进马厩。枣骝马昂头摆尾低声嘶鸣，亲昵地打着招呼。父亲走去轻轻地拍着它的面颊，不费劲就把马套住，牵出了厩门。

枣骝马就要与我家分别了，家父难舍难分。他提出要给枣骝马拍照留念，红军战士立即请来师傅，照了一张枣骝马的英姿和一张父亲牵着枣骝马站在财神店门口的相片。这两张照片一直成为我家的传家之宝。每次搬家都十分珍重地收藏。可惜，在“文革”中，被母亲忍痛烧毁。

枣骝马虽然随着红军踏上了革命征途，但它的骏姿仍留在我们心中。

选自中共祥云县委党史征集研究室编印：《红军长征过祥云》，1991年6月，第129—130页。

教育新战士

刘海①

红军进祥云城后，我作为被抓来守城的壮丁之一，被集中在一个场子上，一位红军连长给我们讲革命道理和红军的政策，直说得我们一个个摩拳擦掌，纷纷要求参加红军，为穷苦人打天下。连长答应了我们的要求。

连长见我身体较弱，派我去喂马。行军中，连长对我很关心，吃饭尽量让我吃好的，睡觉把背风的床位让给我。

来到宾川地界，热得喘不过气来。看见大片的甘蔗林，有个新战士就去扳甘蔗。才跳下田，就被班长叫住了，班长说："我们是革命队伍，要遵守三大纪律八项注意。"新战士说："口渴得很呀！要买，人又不在。"班长说："人不在，就更不应该拿了。"说着，取下水壶，递给新战士，说："口渴就喝吧。这是从你们祥云背来的水。"

到松桂，我病得走不动了。班长排长找来医生给我看病。夜里，连长对我说："刘海，你留下来，回家去吧。"我说："不，我不回去！我要跟红军打土豪干革命。"连长说："我也舍不得离开你，可是，你身体本来就弱，现在又病成这样，前面要爬雪山，如何受得了。"

我服从了，连长给了我一套衣服和一笔路费。（赵琼英整理）

① 刘海，祥城黄家大队人。

选自中共大理州委党史办编:《红军长征过大理州》资料选编, 1986年4月, 第120页。

彝族周大娘救了红小兵

黄有才①

1936年，我14岁，跟随红军从贵州进云南，于3月21日来到祥云楚场。部队刚住下就接到上级命令，要我们连夜行军60里赶到宾川参加战斗。天黑山高路陡，又是急行军，而我正患急病，所以掉队了。

我独自在双桥河磨房里住了一夜，天一亮便去追赶队伍，太阳落山时来到米甸。问问老乡，才知道路走错了。按老乡指点，我朝大沙沟方向走去。到大沙沟，天全黑了，肚饿得提不起脚，只好在刺蓬下休息。天刚亮，被中央军抓住，有一个问我："你们有六个伤病员掉队，其他五个在哪里？"我说："我正在找他们呢。"另外三个便来搜身，搜了半天，什么也没有得到。其中一个说："这个小娃娃连个半开也有不起，听说有个当官的，快去追。"

中央军才走，我就开溜。有路不敢走，一直顺山爬，吃野果，睡刺蓬，到第七天，一位老大娘发现了我，给我送饭，送红糖和核桃。这位大娘姓周，彝族。周大娘怕我在"清乡"时再度被中央军抓去，把我的病医好后，就把我转移到街上一家姓黄的四川人家里，主人黄大妈收我做了她的儿子。我从此就留在米甸。

① 黄有才，祥云米甸公社克昌大队人。

选自中共大理州委党史办编:《红军长征过大理州》资料选编,1986年4月,第121页。

你一走，你母亲靠谁

杨从①

红军还隔着祥云楚场百多里时，我就听到从大姚来的熟人说：“红军对老百姓好，还没收土豪的浮财分给穷人。”当时，我正在帮有钱人家放牛，经常挨打受骂，就串联了六个放牛娃，约定：红军一到，我们就去投红军。

红军到了，我们要求参军，指导员答应了。

可是第二天队伍临出发时，指导员突然问我：“你家里只有一位老母亲，年老多病，是不是？”

我默默点头。心想，他怎么打听得这样清楚。指导员接着说：“你有志气，要参加红军干革命。可是，你一走，你母亲靠谁？所以，你的那五位小伙伴可以走，唯独你要留下。”我哭了。

指导员说：“莫哭，我们还要回来的。你有志气，留在本乡也可以干革命。”

选自中共大理州委党史办编:《红军长征过大理州》资料选编，1986年4月，第119页。

① 杨从，祥云楚场人。

三个鸡蛋和一只大母鸡

杨善①

红军长征时从我们姜寅坝过路。一天晚上，二三十个红军住在我家里。他们一到就挑水扫地，待人也非常和气。一个军官模样的人和我亲切交谈，他说："红军是人民的军队，我们要打倒土豪劣绅，解放穷苦人，现在我们北上是为了抵抗日本的侵略。"他问我"多大年纪？腿是怎么断的？"我告诉他："今年45岁了，小时候被拉去当兵，腿被打断，现在成了残废人。"他很同情我的遭遇，安慰我说："我们打倒日本侵略者，打倒土豪恶霸，日子就好过了，那时候就没有抓丁派款的事了。"听了他的话，我心里热乎乎的。

有一个红军战士生病，我想给他煮点好吃的东西，但屋里什么好的都没有，到鸡窝里一看，正好有三个鸡蛋，我就把三个鸡蛋煮熟，端给这个红军战士，他对我说："大叔，我们红军不能随便吃老百姓的东西。"我说："出门人讲不得客气，你们跋山涉水，千辛万苦，还不是为了我们穷人，你有病，这几个鸡蛋非吃不可。"得到"长官"同意，他才把鸡蛋吃了。这时，另一个红军却硬塞给我一把镍币，过后我数了数，他拿了给我足够买十个鸡蛋的钱。

红军走后没几天，国民党的追兵又住到我家。一进门就翻箱倒柜，

① 杨善，黄坪区财丰乡人。

把好点的东西都拿去了。还到鸡窝里把正在下蛋的母鸡也抓出来宰来吃了，他们不但不给钱，还骂我家里穷，没什么好吃的东西招待他们。

这时，我很想念红军，如果他们在这里，国民党匪兵就不敢这样作恶了。

选自中共鹤庆县委党史资料征集办公室编:《红军长征过鹤庆》,1990年,第82—83页。

打土豪

赵觉民①

红军长征还没有来到鹤庆，地主豪绅就惊慌起来了。他们到处造谣，吓唬百姓。说什么“红军就是‘共匪’，每到一处就烧杀抢掳”。由于受他们的欺骗，我们村的大部分群众都躲藏起来了。

有一天早饭过后，听说红军要来我们村，我和几个伙伴就躲到麦田里。不一会儿，就见远远的大路上，有一队扛枪的红军朝我们走来。进村后，就向留在村里的群众宣传红军抗日救国的主张。他们叫老百姓为“老乡”或“老板”，待人非常和气，喝了哪家的一碗水都要开钱。消息传开，人们陆续回到村里。我和几个伙伴，也从麦田里出来去看热闹。这时，走来一位红军战士，手里拿着个纸条，问我们赵子久家在什么地方？要我们带路。

赵子久是我们孝廉村有名的大土豪，当时他是反动的地主武装——民团大队的大队长。他在村里欺压百姓，敲诈农民，横行霸道，无恶不作，提起他，全村老幼无不切齿痛恨。听说红军要找他，我们当中的一个青年就跑上前去说：“我知道他家，我带你们去。”说着就领着红军到赵家门口，赵家大门紧紧关着，原来赵子久已经逃跑了。红军砸开了他家的大门，没收了他家的财产。把他家的大米、腊肉、衣服等物，当场

① 赵觉民，金墩区孝廉乡人。

分给了贫苦农民。红军临走时，在他家大门上贴了个纸条，上面写着：

土豪赵子久，
收租百余石。
没收其家产，
分给穷老乡。

选自中共鹤庆县委党史资料征集办公室编：《红军长征过鹤庆》，1990年，第68—69页。

洞经古乐迎红军

赵绍州①

1936年红军初来的时候，我们有些害怕，不敢去看。后来，听了宣传和看到红军打土豪分财物的事，就不怕了。我们明白了红军是穷苦人的队伍，是为老百姓打天下的军队。他们专门整治国民党，打土豪，分财物，和国民党兵完全两样。我们亲眼所见，想不到世上还有这样好的军队。我们信得过红军，心想红军来了，出头的日子到了，心里面啊，要多高兴有多高兴。我们互相邀约去欢迎红军。

当时，我们村里有个洞经会，每年都要演奏几次洞经音乐。我们左思右想，就打算用演奏洞经古乐的方式去欢迎红军，几个人一商量都觉得行，于是就邀约了我们村里的赵庆昌、赵辉斗、赵尧根、赵枝配、赵应先、赵润七等几个人，各人拿出了自己的乐器，先在一个院子里吹拉弹唱起来，试演了一番，还引来一院子小孩和妇女。头一天，我们去到邑头村前大路边上演奏，第二天、第三天就在柏树庙大路边。因为红军队伍是整天络绎不绝的过路，因此，我们也整天的演奏，累了，口渴了就休息一下，接着又演奏。肚子饿了也不需要回家吃饭，只消在路边上就可以吃到食物，因为到处都有慰劳红军的群众。

红军听了我们的演奏，非常高兴，红军战士都用拍掌来表示对我们

① 赵绍州，金墩区化龙乡曲罗邑村人。

的感谢，还和我们握手表示亲热。我们见红军战士高兴，吹拉弹唱的劲头更足了，场面也更加热闹了。

我们的周围人很多，都是来欢迎红军、慰劳红军的百姓，人山人海，像赶庙会一样。红军战士对老百姓的欢迎和慰劳表示感谢。他们说：红军不征粮、不征税；要老百姓过好日子；要反对蒋介石的卖国政策，抵抗日本帝国主义的侵略。红军散发许多传单，有的就用石头压在路边上。对老百姓的慰劳品，红军都付钱，群众不要也不行，红军给的钱有铜币、镍币和银元。

我们直到最后一批红军走完了，才各自回家。后来，听说红军到了丽江石鼓，渡过金沙江，北上抗日。我们一直盼望红军胜利归来。解放了，我们穷人翻身作了主人，当年红军给我们宣传的主张实现了。

党的十一届三中全会后，富国富民政策在我们村子里安了家、落了户，生产生活越来越好，群众的文化生活也活跃起来，古老的洞经音乐又在我们村子里演奏起来了。

选自中共鹤庆县委党史资料征集办公室编：《红军长征过鹤庆》，1990年，第66—67页。

红军是我的救命恩人

王树清①

我叫王树清，今年 72 岁了，每当回忆起红军救我出监牢的事来，心情就十分激动。

那是 1936 年的正月间，我母亲领着哥哥和我，在王营马路口帮人为生。有一天，我和几个朋友到姜寅街上去看戏，正当我们在茶铺里要水喝的时候，民团大队长张阿鉴带着他的兵丁把我们三个抓了起来，捆到老街，严刑拷打，硬逼我们承认是土匪。没有得到口供，就把我们送到县城的监狱里关押起来。到第 43 天（即农历闰三月初三），清早，伪县政府静悄悄的，狱卒的叫骂声也听不见了，我心里好纳闷。中午时分，整个鹤庆城突然喧闹了起来。我们侧耳细听，隐约听到街上有人在喊"红军进城了"。这时，死气沉沉的监狱一下子活跃了起来。这个振奋人心的消息，像春风化雨使万物复苏，像阳光照暖了我们的心。盼啊盼，终于盼来了穷苦人的救命恩人。过了一会儿，红军打开了黑咕隆咚的监牢，把我们放了出来，请来铁匠撬开脚镣，我们 20 多个难友，激动万分，看着解救我们的红军，真有说不尽的心里话，诉不完的苦和仇。我拉着红军的手，感激的眼泪，情不自禁往下流，那情景真是我一生一世也忘不了的啊！

① 王树清，黄坪区围子田乡人。

一位红军讲话了，他说："老乡们，我们是中国工农红军，是解救受苦大众的。现在你们解放了，愿回家的可以回家好好盘田，我们还要北上抗日，愿意参加红军的跟我们走！"那位红军的话音刚落，我们好几个人踊跃报名，参加红军。红军当即表示欢迎，发给我们每人一个符号，编入新兵营。

第二天，我们就随红军到了丽江，因为我先后被折磨了六七十天，到监狱后又戴上脚镣，脚被磨破，行动十分艰难，确实难以适应部队的急行军。营长看到这个情况，让我回家。临走时，给我一张毯子和几件衣服。

我又和全家团聚了。一家人又惊又喜，围着我问长问短，我把红军救我出监牢的经过告诉了他们，全家人感激地说："红军的大恩大德，我们一辈子也不能忘啊！"

选自中共鹤庆县委党史资料征集办公室编：《红军长征过鹤庆》，1990年，第70—71页。

亲如一家

李存第①

红军长征路过鹤庆时，我家住了一些红军战士。他们对人十分亲热，开口就叫我“老大娘”。住下就帮我家挑水、扫地，硬要我们一家人和他们吃饭。一面吃饭，一面给全家讲革命道理。饭后，还给小孩子讲故事，教他们唱歌。

有一个十五六岁的小红军，亮亮的眼睛，圆圆的脸蛋，非常可爱，我见他走起路来一瘸一拐的，每走一步都要咬咬牙，便问他：

“脚咋个了？”

小红军回答说：“大娘，不要紧的，脚上开了几个口子。”

我一听就知道他是开脚裂疵，叫他把鞋子脱下，只见左脚跟上有一大一小两个口子，已渗出鲜血，连鞋子都染红了半截。我小时候给财主做活，受够了开脚裂疵的苦，知道他受了不少罪，心里非常疼他。我用热水给他洗了脚，拿出针线，把裂开的口子一针一针地缝起来，擦上药，包扎好。脚刚落地，他高兴地说：“大娘，不疼了，谢谢你！”为表示对我的感激，他还给我跳了个舞，其他战士也夸我是个好心肠的人。

红军临走时，依依不舍地和我握手告别。他们走后，我们一家人都

① 李存第，云鹤镇人。

天天盼望和他们再见面。

选自中共鹤庆县委党史资料征集办公室编:《红军长征过鹤庆》, 1990年, 第84页。

红军留下的腊肉

阮维勤①

那年（1936）属鼠，闰三月初，不知哪里传来军队要路过的消息。人们议论纷纷，说法不一。有钱有势的人家，带着细软领着家小闻风而逃，就是一般庄户人家，能躲的都躲起来了。穷苦人虽说没有什么钱财宝货，但是大兵一来，拉丁派款，不能不防呀。

那天，我正在犯愁：妻子生小孩还未满月，她因身体原本虚弱，产后又是半饥半饱，奶水不够，孩子饿得日夜啼哭，真是走也走不脱、躲又没处躲啊！忽听外面马嘶声和人语声由远而近，我只得守在妻儿旁边，急得团团转。不久，就听到外面叫门的声音。接着，有人轻轻地推开大门，正碰上我由里屋出来，想躲也来不及了，只好硬着头皮站在那里。没料进来的人挺和气，很亲切地对我说："老乡，借你家的水桶用一用。"我答应后，他挑上水桶出去了。我心里想，看他满头大汗，往常这么热的天，当兵的要喝水，只要开句口，难道我们老百姓还敢不挑？但这个当兵的却这么规规矩矩的借水桶去自己挑水，这是怎么回事？随后，又陆续进来几个军人，在院子里各自找个荫凉的地方，坐下乘凉。一个叫司务长的走拢我，很和气地对我说："老乡，借你家的柴火锅灶煮顿饭，走时一齐算账，不知方便不方便？"我想：锅灶明摆在灶房里

① 阮维勤，松桂区南庄乡人。

闲着，柴就堆在眼前，当兵的要用，莫说锅灶柴火，再值钱的东西要拿就拿，难道我还敢说个不字？只要不难为我们一家大小就算万幸了。就说：“你们用吧！”渐渐地处得有些熟了，才知道他们是红军，是为穷苦人闹翻身的队伍，他们问了我本地的许多情况，我就向他们诉说了乡亲们和我家的许多苦楚，红军对我们的处境十分同情。在那时，还有谁能像红军这样仔细地听我叙苦情，给我安慰和力量呢？

红军个个麻利勤快，说话间，便七手八脚的做好了饭，司务长拿来一块腊肉，切下约莫两指宽的一片，准备下锅炒菜，一个小红军在旁边逗着说：“司务长，今天打个牙祭，多来一片吧！”司务长不紧不慢地说道：“日子长着哩，能省就省点，将来胜利了，在庆功宴会上再满足你的口福吧！”说得大家都笑了。当时，我只怪自己穷得罐干水尽，拿不出什么来，要是有一支火腿送给红军，给小红军压压馋该有多好啊！

这时，屋里又传来阵阵揪心的婴儿啼哭声。“孩子他妈缺奶水，我去喂孩子点水去，”我自言自语，一边就向里屋走去，听到战士们仿佛在我后边议论什么“孩子……缺奶……腊肉……”我忙着进里屋照看她母子俩，也没注意他们讲的是什么意思。

饭菜做好了，司务长端来一碗连汤饭给她母子俩，还硬要拉着我去同他们吃饭，我婉言辞谢，战士们哪里肯依。饭后又要付给我一块银元的柴钱，我不好意思接受，司务长就硬把银元塞在我手里了。

红军要进鹤庆城，从南庄上县城有岔道，我自告奋勇地去给红军带路，到了直达鹤庆的大路上，战士们就一直催我快回家照顾家小，我只好依依不舍地和红军道别，一边走一边回头看，直到望不见红军的背影……

回到家中，时候已不早了，我赶快料理了一下，就去生火做饭，当我去拿柴火时，发现柴堆里有块腊肉，我好生奇怪，仔细一看，原来是红军刚切过一刀、连多切一片也舍不得的那块腊肉。正当我苦苦思索的时候，孩子的哭声把我从沉思中唤醒了。啊！红军吃饭前在我后面谈论

“孩子……缺奶……腊肉……”的情景忽然浮现在眼前，我恍然大悟，原来腊肉是红军特意留下给我那可怜的母子俩的啊！

我赶忙熬了一碗腊肉汤给妻子，并告诉她这件事情时，她默默地点了点头，凝视着孩子喃喃地说：“孩子，我们有救了，快快长大吧……”

选自中共鹤庆县委党史资料征集办公室编：《红军长征过鹤庆》，1990年，第75—77页。

一件衬衣

叶迪功①

1936年4月，红军长征过鹤庆，一部分红军战士进驻赵屯街。赵屯街地处鹤庆城南五六里的地方。我家就住在这里，租了地主的几亩田地耕种，日子过得很艰难。

红军到来的前几天，乡、保长就给老百姓“传话”:“老共要来了，共产党共产共妻，杀人放火，大家快上山躲避。不准和共军来往，违者严办！”乡亲们对红军不了解，听了这话，人心惶惶，如临大难，气氛异常紧张。青壮男人、年轻媳妇、大姑娘，都忙着收拾衣物干粮，准备逃避兵灾。

我妈名叫叶阿和，有60多岁了。正在生病，连日高烧不止，因请不起医生，山上采来的草药又医不好妈的病。听了乡、保长的谣传，我们心里焦急万分，不知如何是好。但我妈却不顾带病的身子，要一个人留在家里，叫我领着孩子们上山躲藏。我实在不忍心把生病的妈妈丢在家里，我好说歹说我妈硬是不愿上山。她对我说:“我一个老婆子，这么大年纪了，上山增加你们的累赘，我留在家里，一下也死不了，再说红军还能把我这病老妈子害了不成？不要为我担心，你们快点上山要紧。”没法子，我只好忍忍心，领着孩子上山去了。

① 叶迪功，金墩区赵屯乡人。

第二天，红军来了，人数很多，沿路村村寨寨都住满了，我们家也住上了。

红军住到我家后，看到我妈生病躺在床上，就忙着问寒问暖，烧汤喂水，马上把红军医生找来，给我妈看病给药。我妈的病很快好转，第二天就能下床走动了。我妈悄悄托人给我们捎信，把红军给治好病的事告诉了我们。这件事深深地感动了我们全家的人。我们还听说红军不打人，不骂人，对老百姓和蔼可亲，帮老百姓干活，还打开地主的仓库，把粮食、火腿和浮财分给穷苦百姓。我将信将疑大着胆子回家一看，妈的病果真由红军治好了，家中里里外外都扫得干干净净，一样物件也没有丢失。妈妈拉着我的手，含着热泪对我说："孩子，红军对我家的恩情千万不能忘啊！"红军见我们回来，很高兴地对我们说："红军是共产党领导的军队，是为穷苦人打天下的队伍。"我心想，原来这世上除了如狼似虎的国民党"遭殃军"以外，还有这样好、这样处处为穷人的队伍，我心中的疑团解开了。

我由山上回来的第二天清早，红军集合出发了。村里的乡亲们，见红军要走，男男女女，老老少少，都出来欢送红军上路。有的拿出食物，有的端来开水，簇拥着红军，送到赵屯街口，送到映虹桥，送了一程又一程，送了一里又一里，难舍难分。有的一直送到城里，有的给红军带路到丽江，有的干脆跟着红军走了。在这熙熙攘攘的送军洪流中，我们一家老少也和红军肩并肩，手拉手，一路走一路说，诉说不尽军民之间的鱼水深情。一位服侍过我妈的红军战士，看着我妈衰弱的身子，单薄的衣着，就从挎包里拿出自己换洗的一件衬衣送给我妈，恳切地说："大妈，你病刚好，身子弱，注意着凉，这件衬衣快穿上。"我妈推让再三，不要硬是不行，最后只好收下了。这哪里是一件衬衣，分明是红军对我们穷苦百姓的一片心啊！我妈含着热泪接过衬衣，用颤抖的手拉着这位红军战士说："孩子，你们真是世上最好最好的人，我们世世代代都会记着红军对我们的恩情，你们走了，要快点回来啊！"红军战士坚定地回答说："大妈，我们总有一天要打回来的！"

红军走了，地主土豪，乡、保长又耀武扬威地回来了，一切又恢复了原来的样子，天上布满了乌云，人们再度愁眉紧锁。我们家住过红军，又得过红军分给的物件，为了不给土豪们抓到把柄，我妈十分珍惜地把红军给的这件衬衣紧紧的收藏了起来。

1949 年鹤庆解放了，13 年前开走的红军终于回来了。我妈非常高兴，她把已珍藏了 13 年的红军衬衣，拿出来给这个瞧，让那个看，激动地对解放大军说："瞧，这就是红军给我们家的传家宝啊。"

1954 年，赵屯乡进行第一次普选，在举行选举大会这天，我妈高高兴兴地穿上红军送给的这件衬衣，以 83 岁的高龄，由我搀扶着，亲手投下了庄严的一票，行使了当家作主的权利。

就在这年的年底，我妈与世长辞了。我们遵从妈妈临终前的遗嘱，给她穿上了这件衬衣。让象征着红军和人民鱼水深情的这件衬衣，永远陪伴着我的妈妈长眠。

选自中共鹤庆县委党史资料征集办公室编：《红军长征过鹤庆》，1990年，第85—87页。

贺龙送我银酒杯

杨瑞生①

1917 年（丁巳年），我 16 岁的时候，由鹤庆到中甸做小本生意，经营药材及日用百货。时间长了，学会了当地的藏话。

1936 年 4 月，听说红军要到中甸，土司头人造谣惑众，说什么红军来了，烧杀抢掠。很多在那里做生意本钱大的都躲起来了。我是小本经营，没有躲藏。红军来的那天，还邀约了几个朋友，到城外去迎接，大部分红军进城之后，我们也跟着进城，只见城里已经张贴了署名贺龙、任弼时、萧克等名字的布告。当我和几个朋友在说话的时候，一位骑马的红军下马来问我："你会讲汉话？"我回答说："会讲汉话，也会讲藏话。"那位红军就请我跟他去了一趟，我跟着他到了一个小食店，看见一个身材高大、留着八字胡、穿着普通军装的人在吃糌粑。旁边有个藏族通司（翻译）叫卢银河，是我的老相识，我不知他是什么时候参加红军的，他告诉我："这位是贺龙主席。"我听了心情非常激动，我竟见到了指挥千军万马的红军将领。我赶忙上前恭恭敬敬地打了个招呼，贺主席让我坐下，亲切地问我是做什么的？我回答说："是做小生意的。"他又对我说："你帮我们去买些东西，并告诉老百姓，我们红军是公道买卖，吃一文，开一文，但是他们也不要高抬市价。"说完，他

① 杨瑞生，云鹤镇东升街人。

又转过去和那位红军说："我们是工农的队伍，要严格遵守纪律，尊重少数民族的风俗习惯。"贺主席交待完后，我就和这位红军去买了红糖、土布、草鞋等许多日用品。

三天后，一位红军来请我去吃饭，下午，我到红军指挥部所驻的松家大院，到那里时，已有二三十位老乡被请来了，有汉族，也有藏族。当天我们吃的菜是萝卜煮腊肉。吃饭时，贺主席微笑着走了过来，当走到我旁边时，停住脚步，特别关照我道："老乡，喜欢吃什么东西？"卢通司在一旁回答说："他就是喜欢喝酒。"贺主席笑着对另一位红军战士说："找一样喝酒的东西送他吧！"过了一会儿，那位红军战士拿给我一个银做的、外边镶有精细花纹的酒杯，我接在手里，喜在心头，心想贺主席不仅关心受苦人翻身解放的大事，也关心受苦老百姓的生活小事。从此以后，每当我心里高兴喝一杯酒的时候，就把这个酒杯拿出来用，喝起酒来，也觉得格外有味。

红军在中甸驻扎期间，模范执行党的民族政策，不仅对老百姓秋毫无犯，还宣传了许多革命道理。红军走后，许多藏族同胞拿了一些纸条来请我看，上面都是写着用了你家什么东西，留下了多少钱等内容，大家听我念了都非常感动。

这件事已经过去 47 年了，但现在回忆起来还像是昨天的事一样。今年我 83 岁，我要把贺主席送给我的这件珍贵礼物，作为传家宝，留给子孙后代，让红军精神世世代代传下去。

选自中共鹤庆县委党史资料征集办公室编:《红军长征过鹤庆》，1990年，第92—93页。

藏好贺龙给的委任令

定主卓玛

我阿爸夏那古瓦(桑诺品楚)于1959年去世。每当我看到委任令,心里就想起50多年前红军来中甸时,贺龙首长给阿爸委任令的情景。

红军来的那年,中甸喇嘛寺请阿爸作为大寺代表到城里拜见红军。

记得要去见红军的前一天,阿爸坐在火塘边,喝着酥油茶对全家说:大寺请我明天进城去见“共产”。如果回不来,家中老幼的生活由大寺负责到底,你们不必心焦!

听了阿爸的话,全家人又怕又急。但这是喇嘛寺的决定,谁也不敢阻止。

第二天他领着代表去见红军,一家人心焦。吃不好,睡不安。

第三天阿爸回来了,带来一张委任令,说是红军首长贺龙亲自发给的,还对我们讲,贺龙说,红军是穷人的军队,是番民的好朋友,要在中甸休整筹粮……我明天还要去大寺,叫我们不要怕。这样全家人终于放心了。

那几天,阿爸就在城里与喇嘛寺之间忙着,为红军筹粮、借房。还请来几个红军住在我们家中,我见红军买来青稞后,不会做吃,就帮忙磨成糌粑,还忙着为他们洗补衣裳,背柴禾。红军给了一些大洋,感谢我们全家。短短几天相处,我心里暗暗想红军真正是百姓的军队啊!

不久,红军往乡城方向起程了。红军走后,那些跟着国民党的坏人多次来我家搜查。质问阿爸跟红军有什么关系？红军给了你什么好处，如果不交出红军给的东西，就把你家丢下江河……

一天晚上，阿爸说，现在最要紧的是藏好这张委任令，万一国民党搜到，就会要全家人的命。怎么办？最后我们想了一个办法，把委任令用两块板子夹住捆好，藏到房梁上，谁也看不见。以后，国民党县政府派人几次来搜查，都没有查到。这些家伙也就无法下手整我们全家。

时间一年年过去了，直到“金珠玛米”来到中甸，全家人才结束了提心吊胆的日子。1950 年，解放军和工作队知道了这件事，专门到我家中看望阿爸，感谢他为红军做了不少好事。这时阿爸把珍藏了 14 年的委任令从房梁上拿下来交给大军。后来被云南省博物馆当作文物带走了。

回想这段历史，是红军指明了我们穷人闹翻身求解放的道路，是红军给了阿爸和我们全家最大的荣誉和幸福！（张国儒整理）

选自云南省迪庆军分区政治部中共中甸县委党史办公室编印:《“兴盛番族”之光——红军长征过中甸》，1991年5月，第85—86页。

贺龙跟我换马骑

卡知年念①

有一天，我到城里见到红军首长贺龙，他身穿一件灰蓝色衣服，头戴八角帽，古铜色的脸庞，黑黑的胡须，看去像一个威武的将军。我向他鞠躬后，他叫我坐下，端了茶，就给我讲共产党的政策和红军的纪律……有个战士拿来一条红绸子的“出入证”，上面盖着章，叫我戴在胸前。从此我接受了红军交给的帮助筹办粮草的任务。

红军十分尊重藏民的信仰，不进喇嘛寺，等我把买好的粮食、盐巴、红糖背出大门时，他们才分批挑走。

回城后，同路的红军干部汇报了情况。贺龙说：老乡，辛苦了，谢谢你。给了工钱还请我吃饭。短短几天和他们在一起，我从心里暗暗想：红军真是我们藏民的好朋友，是世上少有的军队啊！

饭后，一个首长说：“我们有一匹大骑骡因中弹负伤，要换一匹马，请帮忙。”我回答：在康斯家当长工时，给我一匹小驹，如今已长成大青马。今天已放到山上去了。我到山上拉回马交给红军干部，他高兴地牵过马，又把受伤的大骑骡交给我，还给了我60个大洋。我想：土司头人买卖奴隶，最强壮的小伙子，小姑娘也才值十几个大洋。马换骡子，怎么还给这么多大洋呢。我不肯收。他没办法，只好领去见首长。贺老

① 卡知年念，大中甸乡人。

总看到大青马足腿粗壮，胸脯宽阔，毛鬃光亮，脚步走得好，满意地说，很好，感谢你对红军的支持，你家里穷嘛，再给你20块，请不要拒绝。

我只好牵着大骑骡，揣着80个大洋，怀着感激的心情赶回家了。红军大部队离开中甸那天，贺龙就是骑着这匹大青马走的。（张子英、张志强整理）

选自云南省迪庆军分区政治部中共中甸县委党史办公室编印:《“兴盛番族”之光——红军长征过中甸》，1991年5月，第87—88页。

安葬好病故的小红军

王金妹①

每当我们藏家人去世水葬时，就回忆起 50 多年前一件难忘的事。

“共产”（指红军）长征过中甸那年，正是青黄不接，老百姓生活最困难的时候。

一天，有个红军娃娃睡在我家麦场的柳树下，看去只有十六七岁。他不说话，用手指着肚子，我走过去摸摸，他的肚子已胀得像个鼓一样。我心里很难过，想抱回家，但又怕万一死了，红军知道，我们一家就交不了账。只好找来一些旧衣裳给他盖上，每天煮好糌粑稀饭端去喂他。可是他不吃也不喝，身子一天比一天瘦下去，到第三天再去看时，他已闭上了眼睛。

全家人都为小红军死去而流泪。按照我们藏家人的规矩，找来仅有的一床旧布单，包好小红军，点上香，几个人抬到河边水葬。

那几天，我心里一直挂念着这个小红军。每天都叫家里的人到河边去看……十多天后，看不见了，我才放下心。（张国儒整理）

（说明：中甸藏区有水葬的风俗。死人水葬后，家里人几乎每天都去看，是否被水冲去，还是被狼吃掉，直到不见为止）

---

① 王金妹，女，中甸中心镇人。

选自云南省迪庆军分区政治部中共中甸县委党史办公室编印:《“兴盛番族”之光——红军长征过中甸》,1991年5月,第93页。

三张火狐皮

周国栋[①]

那是1936年4月27日的早上，我料理完家务，正准备与堂哥周国治到小河边去躲避。这时，大伯领着岳父刘神宝和四个20来岁的红军到我家。红军见我衣服破烂，指着肩膀说：老乡，不要怕，也不要跑，帮我们摆渡，保证给你钱。大伯说：红军昨晚就住在我家，直到现在还没有吃饭。

我暗暗想：天下还有这样的军队？向他们说：放心，我不会跑，先做点饭吃，然后去捞沉船。

说到划船，从我祖父开始就是划船工。那时划的是小木筏。到父亲手里才有一只小木船。当时地主土豪劣绅造谣，伯父和父亲怀疑红军是不是像国民党兵那样烧杀抢掠，无恶不作？就把船沉到苏家沟水塘里，带着全家老小逃到山里去了。

红军问："沉水的船还能驶吗？"

堂哥答："没有坏，还能驶，不过得费点功夫，要带几只木桶去。"

岳父带着红军提着桶到苏家沟，我赶忙洗锅烧饭。红军把饭菜倒在口缸里就叫我领他们走。同去的一个士兵站岗，两个脱下衣服就钻进水里，我也下水捞船里的石头。不一会儿船慢慢浮上来了。

---

① 周国栋，中甸县上江乡老船工。

我们得知红军要很快过江，忙着把船划到木谷村。一看江对面站满了等着过江的红军，我对红军干部说，这里两面的滩都浅，没有回水塘，靠岸都要拉船，既费力又费时，最好到木斯扎木可湾渡。他完全支持我的要求。船到了木可湾渡口的江对面，许多红军忙着上船，严严实实坐了一船，摇摇摆摆，差点划不过去。靠岸后我找红军首长说："平时过江的人带的东西不多，可以坐七八十人。你们又带武器，还有牲口的驮子，每船坐50人才能保证安全。"首长同意。

中午有个战士送来一袋炒面和一块瘦肉。正在吃的时候，一位首长对管理干部说，给老乡做些饭送到船上来。下午又送来了大米饭和肉。

晚上，江两边烧起了篝火，火光照亮了江面，照亮了船头。经过三天两夜的摆渡，终于把这里的红军全部送过了江。虽然腰酸腿痛，眼睛熬红了，手掌磨起血泡，但感到从来没有过的高兴。

当最后一船靠岸时，有位红军走过来说："老乡，对不起了，没有什么东西送，这三张火狐皮留着用吧！"我还来不及感谢，红军队伍就出发了。

后来，我把三张火狐皮做成一床褥子，一直陪伴着我。1986年3月，南京部队派人来到我家，把这床褥子当作文物收走了。（周建整理）

选自云南省迪庆军分区政治部中共中甸县委党史办公室编印:《"兴盛番族"之光——红军长征过中甸》，1991年5月，第96—97页。

一顶八角帽

和吉昌

那年，从丽江茨科渡过江来的红军，一登上岸就挎上背包，扛着枪往前赶路。从江那边到江这边，上上下下全部是红军的人马，一部分红军住在满库村休整，营部安在和文辉家里。很多老百姓都跑了。村里只留下那些走不动的老人。我和我妈也留在村里。

这天，几个红军来到我家，请妈煮饭，刚满九岁的我也跟着妈妈到了和文辉家。院子里有很多人。有的在挑水，有的在说笑，还有的席地蹲着，身旁放着一堆稻草正忙着打草鞋。有的把编好的草鞋放在一边，再开始编新的。一进院子，打草鞋的红军战士都抬起头微笑着，问我有几岁？叫什么名字？开始我有些怕，紧紧地拉着阿妈的衣襟不肯放。不大一会儿就不害怕了，看这些叔叔打草鞋，这么大的男人了还打草鞋，感到很新鲜，在村里只见过女人家打草鞋。他们不时停下手中的活，摸摸我的头，给我讲故事，一个战士脱下帽子戴在我头上，我高兴得蹦蹦跳跳，觉得这帽子很好看，戴在头上很威风，特别是那颗红五星一闪一闪的。战士说，这叫八角帽，只有红军才能戴，我真想当个小红军，戴上八角帽，扛着大枪，打那些大坏蛋。从那起，我一见红军迎面走来就先看看红军头上的那顶帽子，心里喜欢得发痒。

四五月份正是金沙江边青蚕豆成熟的时节，我很快和红军战士处熟了，一会儿摸摸红军战士的八角帽，一会儿摸摸那扎得紧绷绷的绑腿，就像小弟弟和大哥哥一样。我到田里，摘了很多青蚕豆，剥去皮，把肥嫩的豆米送给红军叔叔们吃。一个红军战士见我常把眼睛盯在他那顶八角帽上，于是，脱下帽子，用手指弹了帽子上的尘土，对我说："小朋友，这顶帽子你喜欢就送给你吧。"接过那顶八角帽，戴在头上，高高兴兴地跑到妈妈跟前，连声说："叔叔们戴的帽子我也有了。"妈妈笑了。

红军在满库村住了一天后又上路了，我戴着八角帽，哭闹着要跟红军走，红军叔叔摸摸我说："我们走很远很远的路，还要翻大雪山，你年纪小，走不动，好好在家，听大人的话。"

从这以后，我经常来到红军住过的地方，想起红军叔叔送给我的那顶八角帽，想起他们讲的故事，我不止一次地在心里呼唤，"好心的红军叔叔，你们什么时候能回来，再送我一顶八角帽？"

选自云南省迪庆军分区政治部中共中甸县委党史办公室编印：《"兴盛番族"之光——红军长征过中甸》，1991年5月，第98—99页。

金江情深

和吉昌

我和父亲用家里的木船，已经为红军大队人马摆渡了三天三夜，把集中在丽江茨科渡口的指战员一批批地送到金沙江东岸的车轴满库，乘坐我家木船的红军少说也有三五百人。连续几天几夜与风浪搏斗，我们已经累得腰酸膀痛气喘吁吁。这天下午，太阳火辣辣的，晒得人汗如雨淋，我们刚渡过一船红军，想吃锅烟松口气，烟锅还没有沾上嘴皮，就听到从江对岸传来一阵撕肝裂胆的呼救声。随声望去，只见宽阔的江面上人头浮动，黑压压一片；我父亲惊叫一声："不好，船翻了！"他灭了烟火，带着我大步向停在岸边的木船走去，解开揽绳，把船推进江中，跳上船，急急忙忙向波涛翻滚的急流划去。

原来，从丽江茨科渡口过来一只木船，满载着红军、枪支弹药和一些马匹，渡往金沙江东岸。木船人多拥挤，超过了重量。当船划到江中间，迎面扑来一个恶浪，凶猛的浪头把船送上浪尖，又跌入浪谷。船头被打偏，不停地上下摆动，船手拼尽全身力气想稳住船头，拨正航向，终因船上负荷过重而无能为力，笨重的木船很快灌满了江水，渐渐下沉，船上的红军衣服全部湿透了，他们向江两岸招手呼叫。会游泳的红军已跳入江中向岸边游去，不会游泳的急得不知如何是好。木船失去平衡，被一个浪头撞翻了，船里坐着的红军人马全部落入江中，在浪头冲击下，只看了漂在水面的头发，有的被卷进急流顺水而下，再往下就进入危险区。父亲急得脚底下冒火，多耽搁一会儿，就会失去一条生命，凭着熟练的水性，我们父子划着木船朝人影浮动的江中追去。不远的地方一个战士一连吃了好几口江水，呼救声越来越微弱，我们很快把船划过去，把他扶到船上，接着又拨转船头去救其他落水的红军，哪里有人影，哪里有呼救，船就驶向哪里。为了救人，水急浪凶，险滩暗礁，全然不顾。一个红军把头露出江面，双手不停地拍打着，水花飞溅，不大一会儿，他手膀已无力动弹，眼看就要落下去，我们以极快的速度，追赶着他的身影，终于把他救上了船。夕阳西下，风平浪静，经过紧张的抢救，落江的红军被救上了 20 多人。他们有的躺着，有的蹲着，有的因肚子里灌了很多水，不断呕吐，刚救上船时昏迷不醒的红军战士慢慢苏醒过来，睁开了眼睛。他们安静地躺在船板上，目光久久地停留在我们父子身上，眼眶里滚动着泪珠，他们想说很多话，但终于什么话也没有说。一个被救的红军连长拉着父亲的手紧紧地握着，连声说："老乡，你救了我们的命，我们永远不会忘记你的。"

被我们父子救出的红军干部、战士，就要跟队伍走了，他们不时回过头来，注视着风平浪静的江面，注视着他们终身难忘的地方，那里有他们的救命恩人。红军连长从衣袋里拿出一个布包，小心打开，那是一只银光闪闪的戒指，他捧着戒指，作为永久的留念。直到今天，这银戒指还珍藏在家里。

选自云南省迪庆军分区政治部中共中甸县委党史办公室编印：《"兴盛番族"之光——红军长征过中甸》，1991年5月，第104—105页。

回忆红军在徽县

毛秉元

1936年古历八月间，贺龙领导的红军来到徽县。初来时，由于群众对红军不了解，所以就都跑了，我们家也跑到荆竹林沟里，住了两天。听人说红军是共产党领导的军队，不害百姓，还爱老百姓，特别对回民很好。谁的家里没有人，就不进去，在清真寺门上还站的岗，保护了清真寺，防止坏人乘机破坏，我们听了以后就都回来了。红军驻扎期间，对我们回民的风俗习惯很尊重，也有的红军战士不知道我们回民不吃大肉，把大肉提到家里，一说明就提上走了，不在回民家里做大肉。

红军在我们东关，发动群众成立了回民自治委员会，办公地点设在东关马平德家，委员长是马平德，即现在的马继周家，下设四个抗日反蒋委员会：东河抗日反蒋委员会，设在马守智家，委员长是马维英；东柳沟抗日反蒋委员会，设在马德昌家，委员长是李玉太；东关抗日反蒋委员会的委员长是苏二；东关口抗日反蒋委员会的委员长是毛崇发。红军还推举回民马克仁为徽县苏维埃政府县长。

红军驻扎期间，进行了打土豪活动。打土豪得来的粮食、衣物除部分自用外，大部分都给了贫苦农民和市民。一次东河抗日反蒋委员会的委员长马维英批条子，派人带路去抓联保主任张守巨，张在逃跑时把一条腿摔断了。红军走后，张守巨将马维英告到国民党县政府，马维英被扣押了三月之久，后花了些钱才被放了出来。红军提出的口号是“不打回民土豪”，事实上也是这样做的，只有把回民马德昌家的粮食动员出来，救济了贫苦农民。在城周围的汉民中，打了几户土豪：有石佛的董义，新寺的焦生民，银杏的杨槐青、杨金堂、刘德成、付万全等六户。

我记得红军写的标语有："安内必先攘外"、"团结抗日"、"抗日反蒋"等。红军走时，给清真寺送了一只大座钟，解放后交给县文化馆了。红军走时参军去的有马克仁、杨茂林等，在上面那里打了一仗，这两人就掉队回家了。

选自中共徽县党史资料征集办公室编印：《红军长征在徽县》，1988年12月，第186—187页。

红军待回民如家人

哈含章

民国二十五年，贺龙的部队来到徽县，主要活动在东关回民地区，办事机关设在东关马平德家中。红军驻扎期间，在徽县成立了苏维埃政府，放马克仁为县长，李玉太为抗日反蒋委员会的委员长。红军在东柳沟摆的油席，宰鸡宰羊招待回民，召集回民代表开座谈会，宣传民族政策，并书写张贴标语等，如“保护清真寺”、“尊重回民的风俗习惯”等，还给清真寺门口派岗站哨，保护清真寺。

红军初来时，群众害怕，不敢接近，以后逐渐变成了亲如一家。群众给红军送鸡、送鸭、送米送菜，个个交口称赞红军好，红军是抗日的军队，穷苦人自己的军队。红军离境时，回汉群众随军走了不少人，据说全县有几百人，回民穆玉林就是当时参军去的。（中共徽县党史办整理）

选自中共徽县党史资料征集办公室编印:《红军长征在徽县》，1988年12月，第190页。

红军路过徽县的情况

毛鸿恩等

这支人民渴望已久的子弟兵，竟于1936年阴历八月到达徽县城。当时是红军第二方面军，在贺龙军长等人的率领下，八月初二日由哈达铺来到成县，八月初三日晚来到徽县，全军2000多名战士，采取化整为零的战术，散居在全县各村庄。东至永宁河，西至成县，南到刘家坪，北至伏镇一带。军部设在旧城天主堂，贺龙军长住旧城天主堂北厢房，甘泗淇住在北街福音堂。

红军来到徽县之前，由于国民党的造谣诬蔑，说什么“红军所过地方，寸草不留；红军有三十六杀”等等，因之造成有些农民离家外出，有些老乡闭门不出。红军进驻徽县后，纪律严明，首先为贫苦百姓撑腰，外逃的老乡陆续回家。红军指战员访贫问苦，组织汉回人民建立苏维埃政府，成立了回民自治委员会，有委员30多人，多系回汉贫民。并选回民进步青年马克仁为委员会主席，此后放为县长，下设文书，设立办公地点。回民自治委员会下设四个区域性的抗日反蒋委员会：东河抗日反蒋委员会在哈永昌院内办公，委员长马维英（回），文书王继明，委员马佩伟、马连军、马吉林、蔡景文、马玉川等30多人，都是回民；东关抗日反蒋委员会，在马继周院内办公，委员长苏二，委员马承吉等20多人；东关口抗日反蒋委员会，在何嘉犹院内办公，委员长毛崇发，下设委员十人；东柳沟抗日反蒋委员会在马国元院内办公，委员长李玉太，下设委员 20 多人。上述四个委员会在回民自治区委员会的管辖下，听从红军指挥和指示，统一工作。当时，各个委员会在办公地点召集老乡开会，由红军战士宣讲时事、政策、抗日反蒋，委员会给红军筹粮、巡逻、带路等。

红军组织当地青壮年建立了自卫性的游击队。当时红军在西河坝当众宣传“红军是人民自己的武装部队、抗日反蒋叫人民作主”。听了红军宣传，许多青壮年纷纷入伍，伏镇成立了第一游击大队，有 900 多人，队长贾万林（伏镇人）。徽县大队有 1000 多人，队长王 ××（查究中），大队以下 30 人为一分队。游击队在红军司令部的领导下，以小队为单位放哨、调查了解、打土豪。各大队按小队居住村镇，在村中路口派人站哨严防坏人造谣生事，有一部分游击队，按委员会了解的线索，深入各村调查贪官污吏、土豪劣绅为非作歹的情况，联系当地农民打土豪，从土豪的仓库里拿回劳动果实，除红军自用外，绝大部分分给贫雇农，救济穷苦百姓。

红军纪律严明，军民一致，和徽县人民建立了亲密友谊。红军提出有饭大家吃，每天在街上摆出肉菜蒸馍，叫过路的或赶集的老乡吃。

红军俱乐部在文庙前搭台子，唱戏两昼夜，马克仁县长还出了两次布告。红军不但不拿群众一针一线，而且拿出财物送给当地人民，红军买东西除按价付款外，还补偿同样的东西，因此老乡往往钱物两收。如红军吃了伏镇附近地里的苞谷棒子，就在地里的苞谷秆上系上粮款；有个红军战士将城关老乡于春母亲认为干妈，送给许多东西；回民马品珍给红军带路到永宁，红军给一块白洋作生活费。

红军在徽县期间，对少数民族更为关怀，号召回民起来当家作主。红军尊重回民的风俗习惯，在清真寺的照壁上写着“保护回民的清真寺，红军不住清真寺”，“保护回民，不打回民的土豪”，“打倒压迫回民的汉官”，“红军联合回民抗日反蒋”等标语口号。所以，当地回民给红军做饭、缝补衣服、带路放哨。红军给东关抗日反蒋委员会委员长马维英颁发了党证、臂章，给委员马玉川送了一个大铜壶，一块做臂章剩下的红绸子。

回民参加抗日游击队的，据不完全统计达数十人。有的随军北上，有的留在当地坚持斗争。

阴历八月十九日，蒋机巡旋徽县，在县城投弹数枚，在南河桥炸伤了一位女战士。还有长约一米的炸弹落地未曾爆炸。八月二十日晚，红军由马品珍带路，沿榆树麻庄路过高桥北上。当地游击队 1000 多人随军离境。当时游击队大队长是贾万林，副队长魏士成。魏士成随军北上后当了连级干部，1951 年复员，是共产党员。

解放后，徽县各族各界人士在吴山建立纪念塔，追悼过去死难同胞。

选自中共徽县党史资料征集办公室编印：《红军长征在徽县》，1988年12月，第191—193页。

红军在徽县的情况

郭淑梅

民国二十五年，红军来徽县的。原来我没听说过红军，那几天街上有人说："共产党要共妻共产，红军是红脸、红胡子，见人就杀。"听了这些话，家里人都很害怕，当时我已经 19 岁了，家里便送我去永宁镇的苏沟亲戚家躲避。我去后不几天，苏沟也来了红军，吓得我不敢出门。两三天后，庄里人说："红军是好的，不打人，不骂人，不调戏妇女，还爱穷人。"于是我便回到城里。到城里后，我看到红军中还有女的，这是我第一次看到当女兵的。大概在古历八月十五日左右，国民党的飞机来徽县扔炸弹炸红军，把南桥都炸坏了，桥下有洗衣服的群众和红军女兵，把一个女红军炸伤了，以后听说死了，但我没有亲眼见。红军在徽县住了将近一月，是八月二十日以后走的，天一亮整过走完了。红军的领导都是谁我不知道，只听说有贺龙。因为红军来后，在南门外打井，原来城里的水都是咸的，红军走后，有些人说贺龙来了有甜水吃了，后来有人把这件事编成快板说。因为我当时也识几个字，爱听大人讲故事，他们对红军和贺龙的说法很多，我只记得有这样几句："贺龙来了水变甜，穷人个个笑连天，吃水不忘掏井人，留下万代幸福泉……"

选自中共徽县委党史资料征集办公室编印：《红军长征在徽县》，1988年12月，第199页。

红二方面军过南阳[①]

刘建义　杨华堂

刘建义[②]回忆说：民国二十五年是丙子年（1936年）约古历七月下旬红军经过南阳。大军住在南阳街、下付家、杨家集三个村，事后才知道是贺龙的部队。司令部住在南阳街杨喜娃家中（此人已去世）。大部队住了一夜，第二天陆续撤走了。分三路从竹园、韩院、好梯东进。大军过后的第五日，即是1936年古历八月初的一天晚饭时刻，有一些零散红军经过南阳，住在下付大庄付燕中家，被当地国民党的伪保长王克仁、助理员尹恋荣、教练范兆基、主任付建廷等人，带领自卫队包围。自卫队由杨剑义带队（现在还活着的自卫队员还有付郭善，住韩院乡；韩金金，住韩院村）。当时自卫队和红军各死一人，由保长杨华堂指派农民刘志杰、唐具生等人，将尸体埋在韩家山的半坡上了。

杨华堂[③]回忆：民国二十五年（1936年）9月（古历八月二十日左右）。中央军胡宗南的一个营驻在临江乡的谢家坝堵红军。一个连建在毛山羽尖山堡子上。连长姓曾，名字不清楚，当时有五个穿便衣的红军从宕昌到南阳侦察情况，被曾连长的部队和良恭（即南阳）自卫队在集场上抓住了，在南阳街杨喜娃家中拷打。这五名红军都是化装成郎中（医

① 标题有改动，原标题为《红二方面军过南阳的调查》。

② 刘建义，座谈时79岁，南阳乡杨家集行政村人。

③ 杨华堂，座谈时77岁，南阳乡杨家集行政村人。

生），其中一个头头怀中抱着一个药王爷的木刻像。国民党的陈营长拷问了一阵没有问出红军的口供，派人把我叫到杨喜娃家中，说要将五名红军杀害。我说："这里是我管事（我当保长），要杀到别处杀。杀在这里，将来地方上要遭殃"。陈营长说，既然你不让杀，就得有个保人才行，我就将这五个人保了出来。当时五个便衣红军很感谢我。他们要杀羊酬谢我，我就说："你们逃命去吧"，他们就走了，第二年（民国二十五年），红军又到南阳来了。红军部队派人把我叫了几次，他们说，南阳有个乡约（把保长记为乡约），去年救过我们五个人的命，我们一定要见见他。我始终未去见红军，原因是我当时给国民党当保长。我怕红军走后，风声漏出去，我就要受害。就在红军叫我见他们，我未去见的第二天，大部队就走了。（杨俊清调查座谈、杨材美整理）

1985 年 2 月 12 日

选自中共陇南地委党史资料征集办公室：《红军长征在陇南》，1988年5月，第344—345页。

红军住我家[①]

张茂德

红军民国二十五年（1936 年）来到哈达铺，在我家住了五人。两个男的、三个女的。住了三天就搬走了，走时把一个饭盒丢在了我家的院子里。我拾起一直用来装茶叶，1968 年“文化大革命”期间，交给了纪念馆。（水清明 1984 年 11 月 9 日记录）

选自中共陇南地委党史资料征集办公室:《红军长征在陇南》,1988年5月,第346页。

① 标题为编者所拟,原标题为《张茂德回忆》。

红军两次过哈达铺[①]

陈如琳

1935 年 9 月和 1936 年 8 月，红军长征两次途经哈达铺，纪律严明，秋毫无犯。人民虽有食浆之迎，必以现钱付价，分毫不受馈赠，地方人士大悦，皆呼仁义之师。南河乡前清秀才张炯奎写诗赞曰：

仓皇无计欲何之，正是闻风落胆时。只道伤残同列寇，
那知仁义胜王师。人言戮掠皆虚语，自悔潜逃反失资。
瞥眼雷霆惊震后，听来一路赞扬辞。

街头巷尾，写着大幅标语，在城门桥一民房铺门上写“抗日反蒋”四字（用笔墨写约尺五大字，我亲眼看见的）。组织地方政权，乡村皆设机构。一次在哈达铺戏楼演剧宣传时，参加地方政权的颜协曾（已死）、牛炳山二人亦参加，颜着棉布便服，左手持铜制“水烟袋”挥手讲：“你们（指群众）不要高抬市价”（当时食品盈市，价格低廉，颜恐有人高售，故拦及）。牛炳山亦着有襟棉服，胸挂“主席”二字红布条。亦如上宣传，当时台下听众拥挤，我亦参加其中，但上述仅系表面现象，未曾涉及内容。1953 年哈达铺学校维修时，拆用关帝庙木材，正殿石香炉底窝，衬糟炭一堆，放着麻纸簿一本，上贴红条，写“哈达铺会议记录”七字，被学生马永清（已死）、朱邓科二人发现，被校长王化民

① 标题为编者所拟。

（已死）拿去。想簿上定有丰富史料，现不知记录失于何处，请查找。（刘永胜整理）

1984 年 11 月 6 日

选自中共陇南地委党史资料征集办公室：《红军长征在陇南》，1988年5月，第346—347页。

红军过宕昌①

张子敬　石成璧

张子敬回忆说：民国二十五年（1936年）红军过宕昌时，宕昌、新城子一带成立过苏维埃政府，宕昌的主席（分不清区、乡）我记得是陈银匠、罗万福；新城子的主席是薛贵、蒋相荣。新城子还有一个苏维埃干部名叫沙进保。

石成璧回忆说：民国二十五年红军来了以后，宕昌区上、乡上都设有干部，区上的主席是陈银匠、罗万福；宕昌乡的主席是韩得录、韩张福；游击队的负责人是刘学荣、金古城，游击队住在现在的宕昌县文化馆住的房中，大约有百十人。我和韩得录等关系密切，经常到苏维埃政府去玩耍，有一次将台乡一个姓马的把一个红军战士的手枪抢去了。后来苏维埃主席韩得录把姓马的抓来杀了，将台乡罗家村的乔尕旦是苏维埃干部，因给红军办粮草，红军走后，被当地恶霸打死了。游击队的负责人刘学荣、金古城二人，被押到岷县，杀害在岷县城中。区苏维埃主席陈银匠、罗万福二人，被押解到岷县，在监狱里关了很长时间，一直到西安事变，国共合作时，才释放出来。（杨材美1983年9月记录）

选自中共陇南地委党史资料征集办公室：《红军长征在陇南》，1988年5月，第347—348页。

① 标题为编者所拟，原标题为《张子敬、石成璧的回忆》。

红军过康县[①]

雍天仲等

雍天仲[②]：民国二十五年某一天，我去武都两水背棉花，在路途中经过田坝（武都鱼龙），遇见红军过路，人很多，光场上有好几百人，红军见了群众，态度很好，满脸笑容，向老百姓问这问那……

李盈门[③]：那年红军到我们谈坝时是在中午，当时村里的人都走光了，我和叫王爸的长工在舅舅家里，我们放羊回来，见院子里有许多队伍，枪架在一起，穿的不整齐，有的是灰衣服，有的是便衣，我当时很害怕，不敢进屋。一个 30 多岁的人走来问我肚子饿不饿，给了我一个馒头，我接过来吃了。那人笑着说，吃了就好，又把王爸叫过来问是做啥的？王爸说是做长工的，说我是这家的外甥，父母都死了。那人听了说这孩子可怜，并让把院里的洋芋过秤，王爸说我们这里的洋芋是按背斗，就用背斗按了，然后红军用纸包了一些铜元和白洋写上字放在背斗里，把乡长的猪拉来杀了，又从外面拿来的面做饭吃，舅父家的面没动。我那时爱画画，下午蹲在院子里画麻雀，一个姓黄的人见了笑着说画得好，并给了一块白洋，让我买纸笔学习。第二天一早红军就朝叶坝方向走了。

---

① 标题为编者所拟，原标题为《康县雍天仲等老人回忆》。

② 雍天仲，采访时74岁，平洛村社员。

③ 李盈门，武都谈坝村人。

宋维新[①]：民国二十五年，我九岁，听到关上（指望关）过红军，我们都跑去看热闹。我舅领我到了关上，看见红军有几百人歇着哩，他们架起长枪，坐在地上，还有号兵，有机关枪和刀，穿的衣服有红的、蓝的、五花八门，周围看热闹的人很多。过了一会儿，就集合向长坝方向出发了。

王玉清[②]：民国二十五年八月初一，伪乡公所要拉我的佚，我准备逃跑，初三来了红军，红军是从长坝过路去白马关的。当天，长坝逢集，我在集上亲眼看着红军有三百多人，虽然穿的衣服不整齐，但纪律很好，走在前面的几个红军向老百姓高喊："老乡们，我们是共产党领导的红军，是咱老百姓自己的队伍，你们不要怕"。我村王治业在集上卖梨，都被红军买去照价付了钱，态度很和蔼。

王玉金[③]：民国二十五年八月初三日，红军从我们长坝街道外面的河坝过路，我听说是从甘泉、佛崖、望关来的。我看见有几百人，他们的衣服有长衫、短褂、红的、蓝的，脚上有穿草鞋、穿麻鞋的，有的扛着冲锋枪、机关枪，还有衣服下面别盒子枪的。有两个战士肚子饿了，走到我家要用自己带的白面换我家的苞谷面锅塌馍吃，因为我执意不要面，劝他们吃，他们都不吃走了。后他们要我弟弟王玉生带路去云台，我弟把他们带到蔡子亚，他们就去了，红军硬要给我弟弟钱作报酬，我弟弟没有要。我们从来没见过这样好的队伍。

靳克明[④]：民国二十五年搬苞谷的季节，红军路过我们这里，红军要把一匹跛马送给靳克文的父亲，靳克文的父亲没要，红军没找见伪保长靳开让，就用他家的苞谷棒子喂马。看见我娘抬的豆角，红军说："老大娘，把豆子卖给我们吧。"我母亲便把豆角送给了红军，没要钱。第

① 宋维新，采访时58岁，望关寨子村人。
② 王玉清，采访时74岁，长坝何家庄人。
③ 王玉金，采访时68岁，长坝何家庄人。
④ 靳克明，采访时71岁，巩集靳坪村人。

二天发现灶上放了几个铜板，走时给群众水缸里都担满了水，用了农民多少草料都写了借条，第二天就沿河下去，走云台了，没看见从哪里走的，反正再没路，从蔡家沟走云台是大路。

袁治邦①：民国二十五年，我是云台小学学生，听说红军要来，群众不知情况，都跑到外面躲藏。我从云台顺大路跑到小水沟门上，碰见了红军，要我带路，我带到云台时，天黑了，啥也看不见了。我带的是一个侦察连，城上的保安队听见，用电筒照过来，红军马上就开火了，红军的马队很快地通过河坝向东门围过去，保安队见势不对，就逃跑了。我带红军从城西门城墙凹子上进城，到保安队院子里，保安队已经跑光了。……第二天早上，有人叫我和另一个给红军带路的周家沟的农民去，我们去到中街李春山家，大家都叫贺师长盘腿坐在李春山家的炕上，他是大汉架。贺见了我们，先问那个农民几句话，就打发走了。又问我，康县大烟禁了没有，我回答，禁是禁了，但吃的还吃，偷着卖的还在卖。又问，学校校长是谁，还问，康县县长、绅士都是谁，我一一做了回答，后来又让我把学生、老师都叫回来开学。

董玉贤②：红军来云台扎了十来天放了一次舍饭（指分粮食），还安插了一些官，给崔怀清安了个主席，还安插了好些，记不起了，崔怀清还在大会上发了言哩。

李义逊③：我爷爷李殿臣是北京人，是很早的时候来这里安家的，红军来给我爷放了个县长，崔怀清是主席。在这里开大会，分了黄家的粮食。在大会上，我爷和崔怀清都还讲了话。听说红军住了两星期就走了，红军走后我爷被逼得喝上大烟死了。

---

① 袁治邦，采访时68岁，三官陈家坝村人。

② 董玉贤，采访时62岁，云台关山梁村人。

③ 李义逊，采访时65岁，云台街道人。

崔正保[①]:红军来时，大家都跑哩，我父亲没走，红军叫我父亲当主席，大家还开玩笑，把我叫主席少爷，红军住了几天就走了。红军走后，国民党的班长杨海忠把我父亲绑了，给上烙铁哩，其余的记不起来。

孙有福[②]:红军来时，县长王昭兰和保安队部跑到南山去了，红军让我父亲探听保安队的情况，我父亲跑去探听时，让保安队盯上了。红军一走，保安队就把我父亲打死了，还说要把我和母亲斩草除根哩，我跑到亲戚家躲了一年，王昭兰的县长换了，我才回来的。

李春花[③]:那年红军来这里时是七八月，穿得很烂，有拿刀、拿棒、拿矛子的。红军来时，有个叫管管子的，姓焦，焦家坝人，是要着吃的，他给红军叫人，帮着分地主的粮食，红军走后，被保安队打死了。孙占奎也是给红军叫人、放哨的，红军走后，保安队叫他，他跑了，前边跑，后边被保安队开枪打死了。红军给崔怀清放了个主席，大家都叫崔主席。李殿臣原在国民党县政府给王昭兰当收发，红军来后，李殿臣支持红军，动员粮食，红军说给放县长哩，不知放了没有，红军走了，听说李把啥喝上死了。

马玉生女人[④]:我是民国二十五年八月初二（即公历 9 月 17 日）出嫁的，嫁出的第二天就跑红军，由于当时我家富有，红军把三头肥猪、两石粮食拿走了，还在门上写了借粮两石，猪三头。

李瑞云[⑤]:民国二十五年，我 17 岁，记得是八月二十九，我转娘家去了。接着，我们一家人都跑到我娘家躲红军来了，红军把我家的一万多斤粮食拿到坝里给人分了，把一头大肥猪赶去了，走了以后，在我们

① 崔正保，采访时70岁，云台街道人。
② 孙有福，采访时59岁，云台街道人。
③ 李春花，采访时78岁，云台街道人。
④ 马玉生女人，云台马连坝人。
⑤ 李瑞云，采访时68岁，云台人。

门板上钉了个纸，上面写着用了十石小麦、二石米。（何世杰、闫树信1985年调查整理）

选自中共陇南地委党史资料征集办公室：《红军长征在陇南》，1988年5月，第348—352页。

红军过两当[①]

张德祥等

张德祥[②]:民国二十四年红军来时，是早上10点左右，从北崖沟、贯沟、刘坪沟几路出来。县保安队副队长乔玉良、分队长朱玉川，带了一分队兵，先在南门外一个碉堡抵抗，看到守不住了，又跑到西山顶碉堡死守，被红军全部捉住，当晚将乔朱两个队长杀在东城门外。

红军第二次来时，天才明，两名红军跟着徽县来的邮差进了西城门，收了保安队哨兵的枪，打开城门大部队就进了城。

红军进城后，县长和伪军政人员没跑，还都睡在炕上。因为两当人只知道红军到了平南镇，要打天水城，如打不开，有可能来两当，但还隔400里，所以都没有防备。

红军来后，向群众宣传政策，让商人照常营业，叫看守县衙门的刘建阳老汉敲着锣，在街上向商人喊话："红军公买、公卖，商人可以开门营业"。后来街上铺面都开门了，红军买东西，要多少钱，给多少钱，不讲价钱。当时我在"泰和堂"当相公(即店员),这个商号有20多人，经营生活杂货，三间门面，也算是大商号，但红军还是公买公卖，无丝毫侵犯。红军在这里缝了很多棉衣服，布是带来的，还带有缝纫机，也叫当地妇女和裁缝缝。

① 标题为编者所拟，原标题为《两当张德祥等老人回忆》。

② 张德祥，采访时65岁，两当城关镇社员。

罗基①：第一次红军来两当，是徐海东领导的部队，在两当只住了一个晚上，在西山碉堡活捉了保安队副队长乔玉良、分队长朱玉川。红军进城后，打开监狱，放了被关的群众，其中有一人叫罗朝礼，当过第五区区长。罗朝礼出来后，有人问了一声“罗区长也出来了？”被红军听见又押了起来。当晚红军走时把乔玉良、朱玉川和罗朝礼杀在东城外了。

第二天红军走时，我正在上峡山顶上，见红军队头已到磨河坝，队尾还在瑶沟渠，前后七八里长。红军在太阳寺进了区公所，又抓住了县司法庭丁庭长，五区区长张公生，一个商人魏加科，红军误认为是联保主任魏顺玉也抓了，在前川都杀了。

红军在两当出的安民布告，司令写的化名叫马子游。还在四条街墙上用锅墨写了很多标语，有：“保护邮政学校”、“打倒土豪劣绅”等。

第二次红军来住的时间长，红军叫我庄七八个穷人到袁家沟去背过殷实户的粮食，背了罗映怀的鸦片烟，杨春林、高老三家的小麦。鸦片烟归公，粮食给了私人。红军还在这里缝了棉衣，我看见将庙坪庄地主汪家的棉花没收来装衣服。

红军走后，罗映怀将背过粮、鸦片烟的人告在伪县政府，被告的人被处罚给县教育馆打了几天墙。我记得参加红军的有史桂生、雷得德、杨松林等。

马荣德②：红军第一次来，是中午时分。县堡梁由徽县保安队 20 多人防守，西山顶的碉堡由两当县保安队防守。双方开火后，徽县的保安队就逃回徽县，听说到了徽县给县政府讲了红军已到两当，伪政府怕设在徽县的一个军火库落在红军手中，自己炸毁了这个军火库。两当保安队其他人也逃跑了，只有乔玉良和朱玉川两个队长，带着 20 多人上了西山顶碉堡，他们还在西关架了一挺机枪射击。红军在正面攻击的同

① 罗基，采访时73岁，城关镇社员。

② 马荣德，采访时70岁，城关镇社员。

时，又派兵由南面刘家沟进去，上了西山，逼近碉堡，将碉堡攻下，俘虏了乔、朱队长及20多名队兵。队兵最后都放了，只杀了他二人。另外还杀了一个罗掌案，是从监狱中放了，得知他掌过案，又拿住的。红军在这晚天未明时，就向太阳寺走了。

红军第二次来，对老百姓很客气，要借水桶，只站在门上，不进门。在西关只做了一顿饭，因为看到西关都是回民，有清真寺，就没在西关住，住在西街老爷庙去了。西关一个姓苟的小伙子跟红军走了，再没音讯。庙坪的王德贤也跟红军走了，在盐官打散又回来的。

殷进学①：第一次红军从双石铺过来到杨店。从双石铺带来两个土豪，一个叫邢正喜，一个叫车耀宗，在关刀坪一个枪毙，一个刀杀，用柏叶盖住尸体，贴一个纸条在核桃树上，写着这两人姓名。军队在杨店没有停留就去了两当城。

第二次红军是1936年古历八月间来杨店的，有人给我家放信，我们家里人都跑到关刀坪后的山上。第一批红军住在我家，杀了我家的猪和鸡，做了一顿饭吃了就走了。晚上我们回来还拾到两双布条编的草鞋，我们不敢在家住，又跑到大坪山上。有一天晚上10点左右，来了三个红军要找殷进贤的母亲，当时炕上坐着三个老婆，一听我母亲说话是四川口音，就知道是她便带去，扣留在燕升魁家里，要缴出300个白元就放人。在这里扣留的有钱人，还有杨起勤的母亲、龙文焕等，都是用钱赎出来的，我家在南坡里放了许多粮食，红军自己背，也叫穷苦人来背。

红军在杨店住了有一个团的人员，但平常很少见红军出来，都是个别出来办事背粮，红军还做了很多好吃的，在街上请穷人吃饭，给群众宣传政策，还有些十几岁的女兵，在街上动员群众参加红军。红军的生活很艰苦，衣服都是便服，都穿着布条编的草鞋。

---

① 殷进学，采访时62岁，杨店乡社员。

杨店也成立了农会，选韦彦文的父亲韦铎任农会主席，阎世海的父亲阎有才为委员，召开群众会就由他二人召集。红军还给穷苦人送大烟、布匹、衣服、粮食，以救济他们。

董全德[①]：1935年两当有一个保安大队，由县长朱志和兼队长，乔玉良为副队长，下设三个分队。我任一分队长，二分队长朱玉川，三分队长张兴汉，共有75人。每分队25人，有步枪22支，有子弹2200发，手榴弹300枚；有警察队一个，警察20多人，内有三个班。同年8月，红军徐海东部队，从双石铺来两当，共有1000多人，看样子是一个团的建制，吃早饭过后红军就进入了两当县城。红军未来前三天，伪政府就布置守东山一个碉堡和西山的三个碉堡，东山碉堡由姚志德三兄（姚有德）把守，见红军来后未作战全部逃跑了。我也闻风逃跑，只有乔玉良带了20余人，死守野狐嘴山顶碉堡，伪政府所有人员前两天已闻声而逃，当地绅士张、雷、苏、索等四大家族也全部逃跑。红军主力部队与野狐嘴山顶的乔玉良伪保安队开火，从吃早饭后一直打到下午两点才攻下了碉堡。当时徽县派来了一个分队25人来支援，当行至老弯梁，看见两当保安队溃退，即退回徽县。再说乔玉良这一分队人到下午2点，全部被红军俘获，22支枪也全部缴获。将乔玉良、朱玉川二人在东城门外河滩里杀了，将20多个伪兵全部放回。

红军当晚出两当县城北门，经太阳寺到利桥，过太阳寺杀了劣绅张公生后走了。在县城这一仗，红军死伤7人，不知埋在何处。

红军入城后，写了“只有苏维埃才能救中国”的标语，写在伪县政府门口。

放回的20几个人，有罗金付、乔富寿等，给管了一顿饭，每人给了五个白元，讲了些政策，如说：“我们打的大土豪劣绅，救济贫苦老百姓”，叫回去后给保安队里讲。这些人感到红军对穷人确实好，因之

① 董全德，城关镇社员，1959年病逝。

到处宣传。

经过这一次后，伪政府和当地地主均表现比以前规矩了些，不敢明目张胆敲诈老百姓，也给老百姓一些小恩小惠，以避免红军再来时反映自己。长官对士兵也变好了，不克扣士兵伙食，不打骂士兵，如分队长张兴汉，自此后再不打骂士兵，因为杀了的人，都是在士兵中了解了情况的。社会上群众，自此也认识了红军真正是为了老百姓的。

红军第二次来两当，是1936年古历八月初四，是由西面来的，属贺龙部队。四日夜间天快明时入了两当城，当时两当有一个保安大队，一个警察队，先从西门进来，四个保安兵守城，红军拉开城门后大部队就进来了，收了守城士兵的枪，又从城壕来南街保安中队部，缴获了全部武器，警察队20余人，20几杆枪全部缴获。县长朱志和从后墙逃跑，藏在张玺家里，以后逃跑。我也闻风跑脱。

摘自中共徽成县委组织部1959年档案，第56—59页。

陈占海①：我1935年在两当县保安队当勤务兵，侍候队长和传达命令，每天晚上要去县政府领口令。第一次红军来，我们几个人去天水出差未在。第二次红军来，前一天还听说红军在碧口，所以城里的伪政府人员和大地主都在城里。红军来的这晚，我和几个人住在保安队部（现在人大常委会地址）大门旁三间房里，我听到枪声，就起来跑到后院翻墙逃跑，还没翻过去，一枪打在墙上，我就仍溜下来。在这个院里共俘虏20多人，把我们的枪栓摘下来，让我们把枪仍背上，到了十字街口，把守城门的队兵也集中来了。我还看见一个红军战士，向一个领导（听说是师长）报告俘虏情况，将我们先带到县政府前院的楼上住下，在这里还遇到了从李子园俘来的十几名国民党军队的士兵。又将我们带到新

① 陈占海，采访时72岁，杨店乡社员。

街雷家院里住下。第三天从队兵中抽出六个人给各区送公文，当时全县六个区公所，叫我往二区（杨店）送公文，给了我五个大板（铜元）作路费，我在东街吃了两碗凉粉，（街上照常有集市）就往杨店走。在灵官峡遇到红军队伍也往杨店开，问我去干什么？我说送公文，看了我拿的纸卷，这是军部的，就叫我走，我将公文送到杨店区公所交给助理员，就到土峰沟家里未回城。红军这次还缴获了一批刚从天水发下来的新军装。

当时两当县保安队约 50 人，三个分队长是：一个董全德、张兴汉和一个姓高的。我看见城里驻的红军，叫穷人到刘家沟背岷州王家的麦子，谁背回的麦子就给谁。

阎世海[①]：1936 年古历八月，红军到杨店。当时我家开着小店有大炕，住着约一排红军，有十几个小号兵。红军生活艰苦，穿的衣服很杂乱，各种颜色都有，还有红的、绿的。每天早上，小号兵都到上街门外练吹号。

红军在杨店筹集粮食和经费的方法是：抓住大地主杨起勤等富户，要他们交抗日捐，杨起勤家要我父亲向红军交涉放人，经我父亲说通，最后交了抗日捐，还赶来几十只羊，就把人放了。

红军在杨店成立了农会，选出维彦文的父亲当主席，我父亲是委员，其他委员记不清了。红军在杨店街上开军民联欢会，炒的菜，蒸的羊肉包子和糖包子，放在当街上，几个人围一圈，请群众吃饭，我父亲带着我也去了，吃过后还给了我很多包子。

红军在杨店上街头空地上开过两次军人大会，每次有 500 多人。在攻凤县之前开过动员会，战后开过总结会。我记得红军挎的手枪有木盒子拴着红绫子。红军在杨店写了很多标语，提着小铁盒，里面装着墨水，用大抓笔，在善桥头菩萨庙的墙上写着：“反对日本帝国主义瓜分

① 阎世海，采访时60岁，县经委顾问。

中国！”后虽然被国民党覆盖过，但还能看得见，留的时间很长，直到庙被拆除。

红军给我父亲送了一个绿色玻璃壳的钟表，给我送了一部《芥子源画册》一套四本。

周彦儒①：红军第二次到两当县城，是民国二十五年古历八月初三。这天天才微明，红军就到了保安队的院里，我们十四五个人还睡在保安队院靠西面北角一个房里的大炕上，等我们闻枪惊醒红军已经进了房子。红军战士给我们说“我们知道你们是强迫来的，不要怕”，将枪栓全部收了，枪仍由我们背上，集合后带我们到县政府前院的楼上住下。给我们送来饭吃，午饭是米饭和肉菜。以后又带我们到雷治家院里住下。三天以后红军送给我们哈德门纸烟，又给我们说：“你们家里有困难的，可以回家，发给你们路费。”给家远的每人白洋五块，家近的每人白洋三块，把人都放回了，队长董全德等住在家里，没抓住。

红军知道了我是班长，问我家庭情况，我说家里只有一个母亲很穷，又到我家里去看了一回，见我家只有一个烂柜和小锅灶，确实很穷，把我领到城内南街索家药厂，给了我黑洋布三丈多，白面30来斤，大烟一两多。

红军在这里缝了新衣服，自己有缝纫机，也叫裁缝孟师缝，叫当地妇女缝。

红军来后约有一个星期，成立了县农会，我们香泉人给送去了一个纸糊的匾，我也去送。县农会在李志福家院里，即现在邮电大楼北头，当时出来接待我们的有钟师、张正德（张钵的父亲）、何银匠、韩炳等很多人，招待我们吃了饭。香泉也成立了农会，主席是赖荣，委员有：罗定绪、乔东娃、马华、李兴基。在香泉农会住着一个红军，挎着盒子枪，穿着单衣衫，精着脚。香泉还成立了义勇军，有我和穆生荣、双德等十

① 周彦儒，采访时74岁，城关镇社员。

几人。

在我家院里，隔壁老袁家院里，住着60多名红军。老袁家院里还养着几匹马，马吃的是树叶杂草。香泉门前有林家一块苞谷，红军领导经常检查没了没有。红军烧了我家一背干柴，给了我二三十斤面粉。红军临走时，把屋里的铺草抱到院里，把屋里打扫干净，还问我母亲丢了东西没有？我母亲说：我家就没有啥东西，能丢啥。（张自雄1985年调查整理）

选自中共陇南地委党史资料征集办公室：《红军长征在陇南》，1988年5月，第352—358页。

红军经过两当县情况①

范生荣

民国二十五年八月（即 1936 年 9 月）红军贺龙部队来两当。是从西面来的，走时从二梁子过窄峡子、高桥到天水的罗家堡去陕北。

到两当县后，红军对群众秋毫无犯，街市上群众很挤，许多妇女帮助红军缝衣服，走时跟红军去的大约 80 余人。

红军在两当成立了一个农会，钟坤是主席，我是县长。红军走后，伪政府将赖荣和我都捕了，后在群众的压力下才释放。

红军刚来时，有些群众，因为偏听了反动派伪政府的谣言给吓跑了，但红军住了几天，一听是给穷人给粮给钱，打的是土豪劣绅大家都仍回来了。

1959 年

摘自徽成县委组织部档案。

选自中共陇南地委党史资料征集办公室:《红军长征在陇南》, 1988年5月, 第195页。

① 标题有改动, 原标题为《范生荣谈红军经过两当县情况》。

红军来两当县情况[1]

钟坤

1936年古历八月初四（公历1936年9月19日），天色微明，贺龙的红二方面军进驻了两当县城。该部的供给部住在现在的县花纱布公司，党部（政治部）住在现在小学校。红军先天晚上就来了一部分，先缴了伪县保安队的枪，俘虏了全部人员。第二天（即9月20日）红军又开往凤县，9月24日又返回两当县，部队驻满全城，当天红军在两当县四城门都张贴上布告。于下午又在公共体育场召开群众大会，参加的有200多人。县上成立了苏维埃政府和农会，选范生荣为县长，我为农会主席，选韩炳为粮食委员，张正德为教育委员。接着又成立田坝子、刘家坪、香泉、西关等区农会，各设区主席一人，香泉区农会主席赖荣，刘坪区农会主席马老三，田坝子区农会主席陈德元，西关区农会主席高步祥。后又组织了义勇军，队员30余人。此后就开始了打土豪劣绅，我们打了兴化潘家庄的永司良，县城周围的岷州王、罗映怀、张明德、韩植、张鉴堂、汪占魁等20余户。获得粮食100余石，白洋2100元，大烟400余两。县城内的索、雷、苏等大户都跑掉了。并以我的名义出了三次布告。

红军在两当共住了18天。走后两当县伪政府人员回城。首先逮捕

① 标题有改动，原标题为《钟坤谈红军来两当县情况》。

了赖荣、姚通全等人，后又将我扣于县政府，被各区农会斗争过的劣绅也统统向伪政府告状，要求伪政府惩办我们，后不知啥原因，再没追究。

红军在两当驻扎时，给无衣无粮的贫苦农民发给粮食和布匹，如亢生祥、张得庆等群众都得到红军的帮助，他们都反映红军真是好人，认为红军和群众是一家人，红军纪律严明，对群众丝毫无犯，有些红军人员到群众家去，态度非常好。

1959 年

摘自徽成县委组织部档案。

选自中共陇南地委党史资料征集办公室:《红军长征在陇南》，1988年5月，第195—196页。

成立哈达铺苏维埃政府的回忆①

牛炳山

红军长征第二次到哈达铺以后，在哈达铺、理川、宕昌一带，成立了区、乡、村苏维埃政府。还组织了游击队，大约有4000多人。哈达铺的苏维埃主席是颜协曾，副主席是我。区以下还设了脚力、业任、哈达、哈达铺四个乡。我记得刘连德、姜胡太、牟张娃、赵连璧、赵海家、朱胜山、谈玉英、王尕哥、苏龙龙、杨七月娃、杨祥云、杨顺喜、赵兹来等许多人都是区、乡、村苏维埃的干部。苏维埃政府的组织、活动情况的材料，红军走后，藏在关帝庙中，以后失遗了。游击队的司令是哈达铺街上的朱进禄、秘书长是阿坞乡的柳英。司令部设在哈达铺中街。

红军帮助我们成立了政府、游击队以后，我们在红军的领导下，搞宣传、斗恶霸、办粮草。在中街戏楼上红军还演戏、开大会，有个陈部长和颜协曾还讲了话，我记得还枪毙了两个国民党的密探。在打土豪、斗恶霸时，还分了大恶霸许志仁、赵旦旦、刘祖汉等的牲口和财物。

红军走后，国民党和鲁大昌等，把我们这里的老百姓、当了苏维埃干部和游击队的人杀得很多。有的逼得家破人亡，妻离子散，有的当了和尚。游击队司令朱进禄、秘书长柳英被鲁大昌拉去杀在岷县简营里，其他的许多人都被当地恶霸率领的民团打死了。哈达铺一带打死的就有

---

① 标题为编者所拟，原标题为《哈达铺苏维埃政府副主席牛炳山的回忆》。

邓永娃、赵海家、牟张娃，苏龙龙、谈玉英、王尕哥等。把我抓去打了一顿，我给国民党的营长送了 80 个白洋就放了。佐布沟的大恶霸赵旦旦领的民团把牟张娃同志围起来，牟张娃父子，一个拿着矛子、一个拿着斧头，并说："冲出来，杀一个够本，杀两个得利" 民团不敢到跟前去。赵旦旦还把赵海家押到血里坪山上，背上砸了一铁锤，头上打了一火枪，还说："今天要你给我的老黄牛顶"。（斗恶霸时，群众分了赵旦旦的牛）。赵海家临死时也未示弱，他骂赵旦旦说："赵旦旦，要吃张口，要杀开刀。今天你杀了老子，明天会有人提你的头"！解放以后，赵旦旦被政府枪毙了。（杨材美 1966 年 11 月整理）

选自中共陇南地委党史资料征集办公室：《红军长征在陇南》，1988年5月，第196—197页。

任理川乡苏维埃政府主席回忆[①]

包万象

我叫包万象。民国二十五年（1936年）红军经过哈达铺、理川一带时，在理川各乡村成立了苏维埃政府和游击营。我当过理川的苏维埃主席。我记得理川区的苏维埃主席叫梁发荣，老家在陇西。红军经过时，他住在理川。红军过后，梁被袁廷杰带的民团杀了。我还记得理川成立了五个乡苏维埃政府，理川乡的苏维埃主席先是王震钢担任，后是我担任。游击营长姓王，名字记不起了，红军过后被杀害。苏维埃的干部赵保太被民团杀在马龙村，木耳村的乔某某被杀死在拉龙里。（杨材美记录整理）

选自中共陇南地委党史资料征集办公室：《红军长征在陇南》，1988年5月，第198页。

① 标题有改动，原标题为《理川乡苏维埃政府主席包万象的回忆》。

中国工农红军长征经过永宁地区情况[①]

樊育才等

中国工农红军第二方面军于1936年古八月初二日，由四川途经徽县，分驻在永宁地区的永街、苏沟、周家嘴、两步亚等地。周家嘴、两步亚各驻一个班，苏沟约驻一个排，永街约驻一个团，总共有1200人左右，是贺龙领导的部队。当时第二方面军总指挥贺龙，第六师师长贺炳炎，其中两步亚、周家嘴所属部队的领导人是十六团团长王金田，营长姬鹏飞。共驻17天，于古八月十九日晓苏沟、永街驻的部队由永宁出发，沿河北上，途经柳林、江口庙坪、韩湾、麻庄、太白、高桥、麻沿、胡广、盐关，到会宁二、四方面军会合，沿山林小路，绕道去陕北。

红军驻扎在永宁期间，向群众宣传共产党的好处，揭露国民党的罪行，并提出“打土豪，分田地，人人有饭吃，人人有衣穿”的口号，并唱“打倒蒋介石，消灭胡宗南”的歌曲。

把罪大恶极的老财主家的粮食、衣物、银钱等，收集起来，按户数人口分给穷人，并抱猎羊杀宰后给穷人分给肉食。

在有集市的一天，召开群众大会，宣传结束后，招待群众吃了饭再回家。

---

① 标题有改动，原标题为《中国工农红军长征经过永宁地区情况的调查》。本文为永宁地区老人樊育才、周正、薛世德、彭育清、王宋健、陈玉林和老红军周昌义、胡得荣等21人的调查访问记录。接受调查的老人年龄从61岁到82岁不等。

红军纪律严明，不拿群众一针一线，热爱穷人，深受穷人欢迎。

打土豪，铲富济贫的实际行动，深受穷人的感动。在穷人中建立了临时地方政权，给红军做向导、送情报、背粮、做饭、召集开会等工作。

当时穷人为首的代表有岳王的岳会英，周沟的周巨英、周绪，苏沟的苏汉，永街的张秀玉、樊正海、林珠宝、刘长兴、薛海、郑明、刘锐、李万仓、周柏柱，罗河的李喜才等人（现都已故）14 人。

红军走后，国民党反动政府以清理“善后”工作为名，扬言要开个“人头”大会，对地方政权的穷人代表和帮助红军办事的人，施行阶级报复，进行残酷的镇压和迫害，如枪杀，捆绑吊打，上彩杆、拷问、关押、罚款等恶毒手段。如岳王的岳会英，红军走后逃跑外面十余天，古九月初的某一天，刚回家住了一宿，当地团总、老财闻讯报给区镇公所，第二天清早，派队兵在家里叫至天主堂门前河滩上，当场枪杀。樊正海吊在梁柱上拷打。周沟的周巨英上彩杆逼供。还有些捆绑送往县城关押十多天，罚款 30 银元以上，才放回家。

1936 年 8 月底驻永宁地区的红军撤走北上抗日时，自愿报名参加红军跟随去的有永街的赵童海、张秀玉、苏达武、刘长兴、刘尚贤、苏社坝，赵峡的赵继光，高山的关银宝、陈阳顺，高磨的周昌义，梁村的李存、陈根祥、袁福，柳林的李热闹，江日的冯生云等 15 人，除周昌义 1949 年回来外，其余人员至今无下落和信息。

中国工农红军驻永宁期间，经常从东方（西安）飞来敌机侦察，有时每天来，或隔日来，少则两架，多则三至四架，如发觉敌机来了，红军就吹防空号，听到防空号，红军和老百姓都躲进屋子里，等敌机飞回后，才出外工作。（魏正明、李跃进 1982 年 8 月 21 日调查）

选自中共陇南地委党史资料征集办公室：《红军长征在陇南》，1988年5月，第366—368页。

红军长征途经伏镇的情况①

贾万林等②

1936年（民国二十五年）农历三月初三日③，中国工农红军第二方面军某部政治部率领红军指战员约800多人，从徽县城抵伏镇。当时由于国民党反动派的反宣传，加之广大群众累受兵害匪劫之苦，心目中视红军如洪水猛兽，所以当红军先头部队一进入伏镇街头，（当天正值伏镇逢集），群众便惊慌害怕，四处蜂逃。红军当时高举红旗，向群众宣传说："我们是中国共产党领导的工农红军，是穷人的队伍，是为穷人打天下的"。"要打倒土豪劣绅，有饭大家吃，有衣大家穿……"初步稳定了人心，恢复了市场秩序，随后红军后续部队陆续开到伏镇。

红军在伏镇驻扎期间，说话和气，不损害群众利益，用实际行动很快消除了群众的顾虑，出逃的群众陆续返回，集市买卖交易恢复正常，街道上人来人往。红军通过访贫问苦，宣传串联，在当地一些"苦出身"的配合下，发动劳苦群众，宣传革命道理，组织游击队打击土豪，救济贫苦，如给群众讲：你们常年辛辛苦苦，吃不饱，穿不暖，就是因为财

---

① 标题有改动，原标题为《红军长征途经伏镇的情况调查》。

② 本文调查访问对象包括：伏镇前进大队当年参加过红军的贾万林；红军长征时掉队流落在伏镇官厅大队的冯维秀；榆树普驼大队支部书记杨风芹，以及伏镇街市周围60岁至70岁的老人客和、冯青山、邱连成、施永年、邱来成、雷中林、叶仲英、杨玉孝、曹俊杰等共28人次。

③ 红二方面军到达伏镇时间应为1936年9月，农历八月份。

主土豪剥削压迫穷的，财主家的粮食、钱财都是穷人的血和汗，我们要起来闹革命、打土豪、分财产……红军当时驻扎的地点有：伪联保处，大商号“隆盛丰”、“存兴仁”，酒坊“春发永”、“春发庆”。政治部设在“隆盛丰”号的楼房，他们驻扎的地方还有：北阙下、石碑下、蔡家庄、山家庄、刘家庄、李家庄、张家庄等大户人家十多处。（当时红军官兵一致，衣着无定规并出于保密的缘故，只知政治部主任姓刘）。

红军书写的标语有：“打倒土豪劣绅！打倒军阀！反蒋抗日救中国！建立苏维埃政权！”等。唱的歌曲内容有：“我们红军专打土豪资本家，保卫苏维埃中华，抗日反蒋、杀尽军阀……”青年同志们：“赶快打日本，日本鬼子占了我们东四省……”

红军在开展宣传活动的同时组织游击队。队员约 190 余人，其领导人及活动积极分子有：王德才、姚喜荣、陈贵、杨占山、杨国川、陈兆勋、郭永州、贾万林、石秀山等他们用红军发给的少量枪支以及长矛、大刀等武装了自己，活跃了伏镇境内的各村庄，随时随地向群众宣传，发动穷人没收土豪的财产分给穷苦人，他们的行动大长了穷人的志气，灭了土豪的威风，在革命力量的威胁之下，有的财主还主动献出粮食和钱财。如索罗的富户钱志献粮，受到红军的表扬，蔡家庄的财主杨清良领着游击队挖出了他家密藏多年的银窑，挖出白银 500 两左右，由 18 人背运县城红军领导机关（徽县城赵吾龙家）。被没收的财主家有：杨如棠、杨如棋、付左商、张巨德、郭集风、刘泰、田遇春、山积玉、田东阳等，处决了一个有罪恶的国民党的何队长。

驻扎期间，红军处处爱护群众，有借有还，秋毫无犯，买卖公平。如杨玉孝说：“红军当时借我家一口锅，用后还给了我二斗粮食。”卖烧饼的叶仲英说：“我每次把火烧饼送给红军，走时总要给我一笼子麦。”红军买群众的麻鞋等物也是以粮食作为酬贷，决不让群众吃亏，还经常邀集穷人一同吃饭，发给穷人粮食、衣物等。农历八月十五，敌机携带机枪、炸弹来伏镇低穿盘旋，红军当即指挥群众分散、躲避。

总之，广大群众对红军是敬慕和爱戴的，当时190多名游击队员加入了红军队伍，随军北上了。

红军前后在伏镇驻扎了约17天，于农历八月十九日晚离开伏镇去徽县。据当时跟上红军走的贾万林说：红军在徽县歇休了两天，约二十一日与徽县驻扎的部队一同出发，途经银杏、决寿、陈家沟门、杨店、胡台、任家峡门、东坡、火站，当晚住在榆树。第二天从榆树出发，向云雾山进发，经砖磨沟、刘家磨下，四合沟门、下官上到达高桥，路过孙家庄、园场子、同瓦沟门下、崔家坝、黑松甘海门到麻沿的新店宿营。第三天从新店开拔，经杨家坝、四平斩龙下，过麻沿河街到牡丹，穿过华子沟、骆驼堡子、见花年、柏家磨，进入天水县的成家河，向礼县盐关方向走了。

另有部分红军队伍从伏镇北上进峡，途经磨河坝、吊坝、剡家阙，到剡家坝，一路走了榆树普驮里，经楼房下、杨家河、蔡家河到榆树去高桥，另有少数红军战士从剡家坝去了山王河，经撒马寺、罗义、高松去高桥与高桥红军部队会合。

红军走后，第二天国民党某部十二师尾追至伏镇。

另外据当年红军长征时掉队留落在伏镇官厅的冯维秀①说：他是四方面军的。二、四方面军在甘孜会合，后由哈达铺出发，攻克成县、徽县。他们部队驻在成县的店村，晚上他去查哨，迷失了去向，走到伏镇官厅，被冯世祥等人夺去枪支，并要活埋他，村上的老年人冯彩平以慈善心肠，好言劝告，收他给冯彩平家当了儿子。据他说：他们的部队北上了，他当时年龄小，大约是从中集、卯上堡、冯家山走到官厅里来了。

据当年跟随红军北上的老红军赵健有②说：民国二十五年农历八月他在徽县参加的红军，是红二方面军贺龙的队伍，他参军后随部队去打

① 冯维秀，长征时为红四方面军第三十一军二七九团三营七连战士，原名方明建，四川巴州人。

② 赵健有，调查时老兵退伍，住高桥四右队。

两当，攻战杨家店，后又去攻陕西凤县，因城门关了，我们又折回杨家店。农历八月十五过后，我们向徽县永宁韩家湾进发，途经纪家砭、苟店到高桥砖磨沟，在高桥与徽县开拔的红军会合。

驻扎徽县的红军由县城出发到银杏北上，途经榆树到高桥，红军在高桥会合，一路从高桥走了麻沿；一路从高桥走到渭儿沟，途经白蜡峡李子园、花园沟、樊家窑，去天水县的大门镇，经吕家坡、义门台河通到汪川、小天水、罗家堡到礼县的盐官。

驻扎成县的红军从水泉、王磨、黑阴沟、黄渚关到达汪川，与徽县高桥开拔的红军会合，到罗家堡、盐官与国民党部队打了一仗，后到红河、杨家寺，北上向宁夏、靖远、海城进发。

红三十二军好多都是女兵。流落高桥的红军聂明成的老婆就是当年的红军女兵。

赵健有说：我是红六军模范师（后三五九旅）四十九团一营二连的战士。当时很保密，首长的姓名，要去的地方以及经过的地名都不让打听过问，军纪严明。唱的歌曲如："上门板捆铺草，室内室外要打扫；不要群众针和线，借人东西要送还；损坏东西要赔钱……"行军唱的歌如："走起路来有精神，努力爬山打冲锋，行军工作要做到，不怕黑天，不怕夜晚……"（秦琏、杨守忠1982年8—9月调查整理）

选自中共陇南地委党史资料征集办公室：《红军长征在陇南》，1988年5月，第370—373页。

红军在伏镇的活动情况①

贾万林②

1936 年，红二方面军长征来到徽县，军长是贺龙，住在徽县城，伏镇驻了一个师政治部，主任是姓刘的（名字忘记了）。驻扎期间在伏镇成立了苏维埃政府，主席是王德才，还建立了游击队。队长是陈照勋和我，指导员是姚喜云，游击队的成员有陈贵、杨占山、杨国川、郭永州、石秀山，杨国川还戴过红袖章，游击队员参加过打土豪活动，红军走时大部分游击队员都跟随红军走了，不过走后，大多数的仍然回来了。（秦琏 1982 年 9 月 6 日记录）

选自中共陇南地委党史资料征集办公室：《红军长征在陇南》，1988年5月，第373—374页。

① 标题有改动，原标题为《贾万林谈红军在伏镇的活动情况》。
② 贾万林，采访时住伏镇前进队。

红二方面军路经大河店的情况

周锡琏

1936 年时，我在大河任区员，于古历八月中旬，有一部分红军从咯阳的郭家坝到了节口，又到了白水江进入徽县的大河店，在大河驻了三天，召开过群众会，进行抗日宣传，还给穷人分过大肉。驻后主力部队向徽县去了，一部分经过三泉到了老神沟、两铺垭、苏沟、永宁，一小部分沿河上去，经大小地坝去了栗亭。听说在于关还放了一个农会主任，绰号叫韩信。当时徽县的县长是赵宝箴，保安队长是徐希孟。红军进城时，县长和保安队扯出了南门，经过贯沟、姚家坪，再到三家过嘉陵江，到了严家坪的梅家崖，直到红军走后才回来。回来后不久，赵宝箴、徐希孟被以不阻击红军为罪名而撤职。（张连瑞 1985 年 5 月 10 日走访）

选自中共陇南地委党史资料征集办公室：《红军长征在陇南》，1988年5月，第375页。

红军过境永宁地区 ①

王俊 ②

红军来徽县永宁地区是1936年古历八月初一到永宁的，红军是由略阳上来驻扎在永宁镇，岳王来了十多人，向老百姓宣传不要害怕，叫老百姓都回来收庄稼。有岳会英、岳全英、马永张、王俊、梁文贵、谢天宝、王正新、王定贤、李升彩、李顺夫等30多人，还有岳应兰也参加组织了一个游击队，并在岳正天主堂召开了大会，选举岳会英为苏维埃工农政府主席，岳全英、马永张为副主席，当时岳会英33岁，岳全英32岁，马永张40岁，王俊25岁。

岳会英给红军办粮食供给生活用品衣物等，打了大户人家的粮食、生猪，给红军吃，也给当地的老百姓分粮食、分肉、分衣物等东西，并领红军把徽县城里北街同春和字号药铺打了土豪，把北街吴家的两匹大白马拉走和财产交给了红军，在红军撤走时有岳会英、王俊等30多人的游击队，游击队队长是李顺夫。

岳会英牺牲时33岁。红军在永宁住时，天天敌人的飞机来轰炸，在古历八月十六日红军撤走的。走时岳王的游击队跟随红军出发由江口的罗坝河进沟走到大门镇，又折回李子园，由李子园回到小天水、坪南住下，第二天我们的这个师开走了，把两当开来的那个师留在小天水打

① 标题为编者所拟，原标题为《关于红军过境调查材料》。

② 王俊，岳王村人，采访时74岁。

仗损失很大，我们这师开到红河杨家寺，古城住下又到了广录坡与敌人又打了仗。在小天水打了一仗损失很大伤亡多，岳会英就掉队，没有跟上部队去就回来了。红军撤走后地方上的区公所，民团组织了一个清乡队（也叫善后清查队），清查给红军办了事的人和红军流落人员。结果岳会英没有跟上红军，回来后被清乡队抓去，杀害在岳王天主堂门口了。

跟红军去的30多人游击队都编到部队里，一边走一边跑，我从洛门过了渭河后，一天敌机来了五次轰炸我们，我跟到会宁逃跑回来了。我在司令部的宣传科当宣传员，一天写标语，司令员姓什么，叫啥我都不知道。一天不敢走白天飞机轰炸，都是晚上出发行军，走到什么地方也记不清楚，我们都是新兵，也不敢问人家首长的姓名。我就记得这些，人老了前后乱记下的这些事。（王新民1986年10月6日记录）

选自中共陇南地委党史资料征集办公室：《红军长征在陇南》，1988年5月，第375—376页。

红军长征在李家河村驻扎时的情况

李有堂　何书贤　李耀川　李占武

红军于民国二十五年古历八月十五日前后,(即 1936 年 9 月 29 日)先来两人，一个叫夸夸排长（脸上有个刀伤印子），先宣传红军政策，叫老百姓不要跑、不要怕，红军不抓兵不要粮，打富济贫，把逃跑了的老百姓都叫回来了。过了两天红军来了 100 多人住在柳树底下，李映汉家院里和李益奇家院子里，红军宣传群众、组织群众打土豪，把财主富人家的粮食、肥猪、衣服拿出来，由红军和全庄穷人吃用。在本村打的土豪有李时珍家、李益奇、李更寄、李申、李绍武、李映汉、李映旭等八九户人。红军在本村共住了八九天时间就走了，共搞富人的粮食五六千斤、肥猪七八头，一部分衣服、大烟、银元等。

在红军驻扎期间组织成立了游击大队，大队长是李三级（1985 年 82 岁病故），下设四个分队，一分队队长是何如珍，二分队长是李本固，三分队长是魏树德，四分队长是何光祖，共有 100 人。据今能记起的有马拜过、李川儿、何三拜、李聂绍等 37 人，其中大部分人行军到盐官时逃跑回家，至今还有九人尚无下落。红军在李河住了七八天后，连游击大队一同出发去栗亭、伏镇方向去了。

红军在栗亭时，遭敌机轰炸，马拜过中弹牺牲，进行了安埋，红军给马的父亲马义子大烟一碗作为抚恤金。

红军过后，国民党县政府派去史军柱三人在本村进行报复，凡参加过红军的人和参加打土豪的穷人都抓起来刑讯审问，凡当过红军的每人罚银元一元，要摆酒席请客。将游击大队长李三级抓去捆绑吊打后，在县上押了一年多时间，还有李凡、何朝江、李付邦、李有申押在县两三个月，每家卖地两三垧用钱赎出来，更可恶的是将马义子绑打后，没收了红军给抚恤的一碗大烟，才免了关押。（李建群、李建平 1985 年 9 月 9 日记录）

选自中共陇南地委党史资料征集办公室：《红军长征在陇南》，1988年5月，第377—378页。

红军驻扎罗河村的情况

李桂南[①]

1936年古历八月间，红军十多人来罗河驻扎，红军纪律严明，不损害群众东西，宣传红军是穷人的队伍，不抓兵不要款，打富济贫。经过宣传除财主富人外，都回来了，打了罗文玉、李桂芳两户土豪，搞了两三千斤粮食、衣服、大烟土、银元等，给穷人分了粮食。

组织成立了游击大队，大队长是豆家娃，副大队长是罗文仓（罗守元之父），据说部队在盐关，因逃跑被杀，本村有20多人参加了红军。

红军过后，国民党政府将参加过红军和参加打土豪的人，严加惩处，罗占川被捆绑吊打后拉到县扣押三个月，后将两垧地卖给罗文玉家用钱赎回来。（李建辞、李建平记录）

选自中共陇南地委党史资料征集办公室:《红军长征在陇南》, 1988年5月, 第378页。

① 李桂南, 采访时67岁, 罗河村农民。

红军过境情况①

马维英

1936年古历八月，红军长征时在徽县驻扎20多日，主要活动在东关回民地区，总机关设在东关马继周家院里，名称我记不清了，下面设了三个抗日反蒋委员会。东河坝的委员会设在马守智院里，委员长是马维英（已故），此人和我是同姓同名；东柳沟的委员会设在马国园家中，委员长为马承荣；东关委员会也设在马继周家院里，委员长为李玉太。当时放的徽县县长是回民马克仁、副县长是马军。由委员会召集群众，红军向回民宣传政策，宣传的内容有：抗日反蒋，保护回民，发展回民的经济、文化，提倡宗教信仰自由。

红军来后，在清真寺没有驻军队，还站岗保护了清真寺。当时由红军安排由黄荣光写宣传标语。红军走时住过的地方都打扫得干干净净，给群众还写了感谢信，给清真寺送了一只大座钟，据说给黄荣光家还送了些什么东西。（孙士智、张连瑞1983年9月10日走访）

选自中共陇南地委党史资料征集办公室：《红军长征在陇南》，1988年5月，第383—384页。

① 标题为编者所拟，原标题为《马维英谈红军过境情况》。

哥哥帮助长征红军[①]

岳乃英[②]　岳桂莲

红军来永宁的那个部队是由梁垭来永宁住下的，原来听人都说“红军来了杀人放火”，所以把人都吓跑了，人们都叫跑红军哩，我哥哥岳会英没有跑。

在永宁住下后，一部分来到岳王住在天主堂，我也吓跑了，后我哥哥到处找着把人都叫回来了，他说红军来了根本不杀人放火，爱穷人给穷人分粮食吃，还把拉来的猪杀了给穷人分着吃哩。人们都回来，事实上红军就是对老百姓好。岳会英带头给红军领路打土豪，把大户人家的粮食、生猪、衣服，除部分留作军用，大部分给穷人。红军住在这川里，发动农民做鞋袜和棉衣服，以作军用。在天主堂里成立了永宁苏维埃政府，推选岳会英当政府主席，这是我听说的。

红军走后引起当时地方上的绅士、大户老财的仇恨不满。有地方上区政府的谢子祥是区长、周子敬等，还有永宁一道川的团总，这一伙人把岳会英哄着叫去，杀害在天主堂的门口里，具体时间是红军走后有一月的天气，记得是 11 月 1 日晚杀害的。

选自中共徽县委党史资料征集办公室:《红军长征在徽县》，1988年12月，第185页。

① 标题为编者所拟，原标题为《岳会英烈士的调查材料》。

② 岳乃英，永宁镇岳王行政村人，采访时71岁，为岳会英堂弟。

红军在徽县的活动

黄家祥

1936年古历八月三日红军到徽县的。来时是从徽县北面来的，当时保安队守城，和红军打了一仗，红军把守北门的一个保安队员打死了，保安队就撤出城了，是从南门撤走的。我们一家人也就往出城走，准备去双石铺，因为双石铺有我家的生意。我到了永宁，听说双石铺、两当都有红军，我们由永宁折向南，往略阳方向走去。到了黄沙河碰上徽县的县长赵保箴和保安大队副徐希孟、副官廖德明，还有县农会理事长刘裕祖（远峰）和王子才也在黄沙河。他们保安队杀着吃老百姓的牛，王子才说跟上这些胡弄哩，我们回县上去，我就回来了。回来以后，看了一下。红军纪律很好，并不害老百姓，我就仍住在城里。红军在驻扎期间，国民党的飞机经常来轰炸，在南门外炸死一名红军女战士。红军离开徽县的那天，早上已经走完了，中午还来了一架飞机轰炸，飞得很低，群众都很害怕。有一个人抬了一簸箕白面，在北街城隍庙的大院里地上写了“匪已北去”四个大字，飞机就飞去北面了，这次没投炸弹。

红军在永宁驻扎时，放的游击队长是梁家垭河的梁银，工农政府的主席是岳会英。这些人都给红军办过事，红军走后被永宁（当时是二区）的团总石昌、区长马斯才、副区长周子定，还有绅士谢子祥把岳会英、梁银杀了。解放以后梁银的儿子梁文全为了报仇去谢子祥家打闹了一场，谢子祥诬告梁文全抢了他家，被政府把梁文全捕判了六年徒刑，这个事情处理是不当的。峡门镇的杨槐青、杨生堂为首把两个红军战士杀害了，以后处理了两个人，这事情内幕都是杨槐青操纵他人干的。

选自中共徽县委党史资料征集办公室:《红军长征在徽县》, 1988年12月, 第188—189页。

红军长征过境

于德仁

我今年73岁了，离开父母亲时我们兄弟二人都很小，那时我已21岁了，我弟于克仁才16岁，家中无着落，到处乱跑找生活出路，我们一同去陕西的周至县、鄠县一带收割麦子。收完后寻着给人家做另活就边走边做活，沿路往回走，到凤县听说有红军，我们跟到杨家店就赶上了部队，我们兄弟二人参了军。弟年小，分配跟的首长，我没有枪跟上红军由杨店开到两当县城住了两天，又到太阳寺，由太阳寺到太白、高桥，过了白纳峡，到了罗家堡、红河、杨家寺。国民党的飞机把红军炸伤了好多，国民党的军队也追着打红军，有的负重伤了，有的牺牲了。我们又到了天水，在天水打了一仗，把一些人被国民党抓去了。我被敌人抓去关押在天水20多天审查问明是哪个县的人，就送回那个县审查，把我送回来交给当地审问。放回来后，在家里劳动给地主家做活。我兄弟人小年轻跟上红军走了，我记的在古历八月二十二日在天水的宽川子打了一仗，飞机来丢炸弹，炸伤了好多人。

在天水罗家堡、红河杨家寺、大门宽川子时间是八月二十二日打仗飞机来炸的，我记得清楚。军队是几军、几师我是新兵营的什么都不知道。领导是谁我也只听说是贺龙的部队，团长也不知道、营长也不道知，天天行军打仗，顾不得问什么。我兄弟现在四川省成都市双流县委会工作，在1984年古历十月十二日已病故了。他的爱人是红军战士，原在一个部队上干的知道，现在成都市双流县卫生院工作，别的我说不清楚。

1985 年 9 月

选自中共徽县委党史资料征集办公室:《红军长征在徽县》,1988年12月,第196—197页。

红军长征来徽县

范连乾

1936年古历八月间，红军长征来到徽县。先头部队到后，首先占据了周主山和吴山，控制据高点。当时县城没有国民党的正规军，只有县保安队在守城，保安队长为徐希孟，县长为赵宝箴。红军向守城的保安队射击，击伤了一名保安队的士兵，保安队就撤出了南门，县长也随保安队出了南门，进了贯沟撤到姚家坪，又走到三泉，过了嘉陵江，去黄龙咀，再𠝹严家坪的梅家崖。红军驻了18天就连夜撤走了，红军走后好几天了保安队和县长才回来。

当时红军在城里和城外住的很多，城里人都害怕跑了一些，以后经过红军的宣传和遵守纪律的感召，陆续都回来了，而乡间的人仍然照常进城卖柴卖菜，安居乐业。红军在北街驻过的地方我记得有段玉如家，官井巷的李志原家，据说贺龙就住在李志原家院里，县政府里也驻扎了一部分。

红军驻扎时，张贴了很多的标语，有大的、小的，至今我还记得在一张大标语布告上印的是："照得：中国抗日工农红军，原为救国救民，宗旨光明正大，各界务须认清。……"等。全部内容记不清了，布告后面署名为朱德、张国焘。一些小标语上大都写的是告知百姓安居乐业，红军不干扰百姓的内容，原话记不清了，后面署名是贺龙、关向应等。

红军驻扎期间，国民党的飞机常来轰炸，在城附近扔过几枚炸弹，一枚扔在南桥上，炸死了一名百姓和一名红军女战士，这位战士当时是在河边洗衣服，以后不知埋在哪里了。

红军驻扎时，当地参军的人很多，银杏街上的吴海云还任过红军组织的游击队长，走到通渭掉队回来了。银杏王家坪的王友三也掉队回来了，王友三的原名叫王培益。宏化寺李生云的父亲参军后随军走了，李生云还为红军送过信。

选自中共徽县委党史资料征集办公室:《红军长征在徽县》，1988年12月，第194—195页。

马拜过参加红军情况

马富才

我家住银杏乡李家河村，民国二十五年，红军来到徽县，我哥马拜过参加了红军。在栗亭乡下店子驻时，被国民党的飞机炸死了。为了安埋我哥，红军抬了赵汉杰家中的一副棺板，还给了我家一碗大烟作为安家费用。红军走后，赵汉杰的父亲仍然把棺板掏出来，将尸体倒在河坝里，将棺板拉回去做了牛槽。当地土豪恶霸为了得到红军给的一碗大烟，将我父亲马志成抓去绑在李有堂家院边的柳树上吊打了三天，打死又泼活，土劣将大烟收去，才把人放了，在家休养了半年多，1953 年我父亲去世了。现在家里还有 80 多岁老母亲，前些年已双目失明，现民政局每月补助八元钱。

1985 年 9 月

选自中共徽县委党史资料征集办公室：《红军长征在徽县》，1988年12月，第200页。

忆红军长征过成县[1]

汪明智[2]

1936年农历八月……红二方面军在贺龙将军的率领下，占领了成县，当时国民党在成县的驻军，除了地方武装的一个自卫队外，还有……一个辎重营，这个营实际上只有100多人的兵力，他们的主要任务是由碧口接家眷赴天水。在途经成县时，被县上的官绅挽留暂驻，以加强城防力量。

当时城防的部署是：自卫队第一分队长王炳杰驻守东门，二分队长陈尚贤驻守南门，三分队长茅学成驻守西门，四分队长张士杰驻守北门。由大队长陈汝宪和中队长王振兴指挥督战。战斗开始后，红军以声东击西的战术，用极少的兵力，在南门一带佯攻，主力部队却放在城墙倒塌的东门激战，约一小时，东门已被攻克。分队长王炳杰亦被击毙，残部败退南门。红军占领东城后，分兵两路，一路由东城墙，另一路由东大街向南门包剿，南门外佯攻红军也加强火力配合。守敌陈尚贤被迫退往西门，遭大队队长陈汝宪的训斥，命令他要夺回南门，陈又组织残余，由中队长王振兴作掩护向南门反扑，到西南墙角（旧会馆背后）陈尚贤又被击毙，残部又败退西城。这时双方处于东南和西北对峙状态，自卫队又组织兵力配合辎重营向东门反扑，东门又被夺去。东西大街顿时展开了拉锯式的激烈巷战，往返三次，敌人又出动了两架安二型飞机

① 标题为编者所拟，原标题为《汪明智回忆》。

② 汪明智，采访时65岁，红军长征时是成县文化书社工人。

助战，遭到埋伏在税务局后院四名红军的英勇射击后仓皇逃去。直到下午三时许，东、西、南三条大街及城门均被红军占领，敌人在上城和北城门楼负隅顽抗，初三（公历九月十七日）夜，保着伪县长陈学乾和部分劣绅大佬，偷偷地出了北门窜进黑峪河、二郎山区，县城始告解放。

全城解放后，前沿指挥部进驻北街天主堂，砸开监狱释放在押群众，并立即进行建政工作；委派……石印馆的经理，张西轩为维持会会长；没收了东、西街两家典当铺，账济了穷人；砸锁开仓，以粮换面，补充了部队给养。清查老财地主，当时被抓到的仅有大地主乔化南及胡慎钧、杨栖鸾等，又将一名出卖了红军小战士的地痞吕凤来也扣押，红军离开成县时，在红川镇压了罪恶昭著的吕凤来。

八月初六，抓获了两名老财的老母亲和一名老地主乔化南；将一家老财的典当铺打开，召集当主认领自己的衣物，并将过期和无人认领的东西全部账济给穷人；由石印馆印制了一批宣传小册子和宣传标语，张贴街头，发给群众，配合宣传队宣讲党的政策。

八月初八，红军在鸡山崖底某处召开了军事会议，并成立了短期工农学校，播下了燎原火种，又由成化书社以廉价印制了一批宣传材料，张贴在街头巷尾，配合文工队向群众宣传苏维埃政权和革命真理。

九月二十二日，敌国民党第三军王均部三十五混成旅团长朱淮，率部由武都向东追赶红军。兵行在太石山，被驻守在大川坝、王窑等处红军迎头痛击，击毙团长朱淮。红军一边激战，一边东移到小川孟家崖，重新作了战略部署，等待追击的敌人，在小川又发生了激战。此时，敌人又出动四架飞机助战，盲目地进行低空扫射和投弹，红军被迫撤离了小川，向抛沙五龙山阵地转移。（郭生霖根据汪明智 1983 年 9 月《忆红军长征过成县》整理）

选自中共成县县委党史资料征集办公室：《中共成县党史资料》，1989年3月，第78—80页。

红军进驻成县的情况①

胡芝桂②

红军进城后，贺龙等首长均住在北街天主教堂。红军在街上搞宣传，张贴标语，还在体育场、土地祠大院、南街乔家草园召开过群众大会，贺龙、任弼时等首长在会上给群众讲过话，说明红军的目的是北上抗日，救国救民。红军纪律严明，买卖公平，待人和气，很受穷人欢迎。为了建立陇南革命根据地，曾先后在小川、丰泉、上索罗、抛沙、西关、西街、横川等地成立了苏维埃政府和抗日游击队。我记得全县扩充的红军战士800余名均在红川编为新兵团，专门进行了一天的军事训练。听当时红军首长给我们讲，成县扩充红军800余名，打击土豪劣绅50余户，收缴粮食40余石，白洋50余块，衣物、用品1000余件，肥猪60余头，骡马40余匹，缴获枪支百余支。古历八月十三、十四，红军在小川孟家崖和抛沙五龙山与国民党第三军王均部队作战，后来奉总部命令于十五日拂晓前全部撤离阵地，连同城内驻扎的红军一起向红川进发。

红二方面军总指挥部在红川南场召开了2000多军民参加的大会，会上向群众讲了红军进驻成县境内的简况，红军北上抗日的政治主张和今后的革命任务，并镇压了出卖红军战士的罪犯吕凤来。会后，红军与

① 标题为编者所拟，原标题为《胡芝桂回忆》。

② 胡芝桂，采访时79岁，城关居民。

地方游击队进行了整训，组建了新兵团。

红二方面军在红川休整后，九月三十日到达汪川镇（当时隶属成县）。尔后，经盐关、兴隆、洛门三镇，最后强渡渭水北上。（1985 年 8 月胡芝桂口述、郭生霖整理）

选自中共成县县委党史资料征集办公室:《中共成县党史资料》,1989年3月,第80—81页。

红军攻占成县[①]

王琦[②]

红军第二方面军总指挥部和所属二、六军团及三十二军约万余人在贺龙总指挥的率领下，于民国二十五年古历八月份到达成县。八月初一下午5时许，街上铺子门都已搭了，县衙门的公务人员及国民党部队闻讯上了上城。县自卫队50多人把守四城门，还有近200名壮丁分别驻守各城墙垛子。初二（公历9月17日）拂晓，红军从小川出发赶至县城，搭上云梯上了城墙，……红军主力部队一拥而入进入城内……在街上发生了激烈的巷战……县衙公务人员及县自卫队，辎重营的士兵在弹尽援绝的情况下从北门逃遁。（郭生霖整理）

选自中共成县县委党史资料征集办公室：《中共成县党史资料》，1989年3月，第81—82页。

① 标题为编者所拟，原标题为《王琦回忆》。

② 王琦，采访时68岁，红军长征时为成县中医院大夫。

红军到了成县①

钟铭福②

红军进城时除北门外、东、南、西门三面攻打，搭云梯上了东门城楼，先攻克了东门，红军部队接着都进了城，进城后贺龙等几位首长均住在天主教堂，进行统一指挥。会馆设的粮台，专门负责军需粮草。红军爱穷人，打土豪，纪律严明，买卖公平。还在街上给群众宣传政策，宣传抗日救国的政治主张，号召穷人组织起来跟共产党闹革命。（郭生霖整理）

选自中共成县县委党史资料征集办公室:《中共成县党史资料》, 1989年3月, 第82页。

① 标题为编者所拟，原标题为《钟铭福回忆》。

② 钟铭福，采访时70岁，城关镇社员、党员、老红军。

抗日乐捐[①]

李东轩[②]

红二方面军总指挥部和所属二军团四师及三十二军约万余人进驻县城及附近的一些村、镇进行了休整，补充给养。在豪绅富商中进行了“抗日乐捐”，在一般工商界号召募捐财物，资助革命。

红军在城里驻扎期间曾将一些民愤较大的富户南街的乔化南、刘叔尧、乔作谋、汪兆祥、郑盘石等家属集中在我家里，动员其捐款，并发给乐捐证。（郭生霖整理）

选自中共成县县委党史资料征集办公室：《中共成县党史资料》，1989年3月，第82页。

① 标题为编者所拟，原标题为《李东轩回忆》。

② 李东轩，采访时75岁，成县城关居民。

成县来了红军[1]

刁耀林[2]

民国二十五年古历八月，成县来了红军，我们支旗寨也住了十名左右，是由刘伯承领导的。这人当时40多岁，长得魁伟，只有一只左眼睛，待人宽厚、老实，最爱穷苦人，他住在庄里张式泳家的北房里，其他战士住在邓文福家房里，其中有位女同志也住在邓家的房里。（张光泽整理）

选自中共成县县委党史资料征集办公室：《中共成县党史资料》，1989年3月，第82—83页。

① 标题为编者所拟，原标题为《刁耀林回忆》。

② 刁耀林，采访时74岁，支旗村社员。

台万山帮助红军[①]

张廷俊

民国二十五年古历五六月份，台万山从外地回到了小川，当时他身穿军装，脚蹬马靴，腰系皮带，戴着墨镜，显得很威风。八月初，红军从西和铜厂坝经纸坊到了小川。由于地痞王振国造谣惑众，老百姓闻讯都跑了，后来听说红军爱穷人，专打土豪，我才回了家，曾给红军筹集过粮食，还跟红军学会了打草鞋。台万山是农会主席团的人，胸前戴着红布条条，他在群众大会上讲，我们是共产党领导的队伍，要抗日灭蒋，打土豪除劣绅，让老百姓过上好生活。红军从成县撤走约四五天，王振国派窦万宝、台生长在台家崖的洞里抓住了台万山同志，将台万山同志解押在团防里进行拷打，牙被打掉了，血流满面，但台万山坚强不屈，始终没有说出一句话。最后，王振国雇用屠户李士元将台万山砍死在小川宋家沟樊家窑。当时台万山才 25 岁。（李秉谊整理）

选自中共成县县委党史资料征集办公室:《中共成县党史资料》，1989年3月，第83页。

① 标题为编者所拟，原标题为《张廷俊回忆》。

红军经过秦家坝 ①

秦家谋

我今年 70 岁，农民，住秦家坝街上。

红军从窑坪经木瓜园来秦家坝，时间是民国二十五年八月里的事。听红军战士讲，他们是贺龙的部队。看战士穿得烂，各种颜色都有，有的还穿着藏人的褐衫。指挥部住在高家院子和炊光烈家，战士都沿途露宿。当时秦家坝庄稼受灾，红军吃的煮麦稞和野菜。

一位姓高的连长没左手，据他说是打仗时打掉的。我的父亲还用烟茶招待了高连长，连长看我机灵，要我跟他们去，可我父亲不准我去。

第二天早上高连长给我放下一本书。部队顺大路往置口 ② 方向去了。过境的红军估计有 1000 人的样子，陆续走了两天时间才走完。（根据秦家谋 1984 年 10 月 29 日谈话记录整理）

选自中共略阳县委党史资料征集研究办公室编：《红军长征过略阳》，1986年9月，第62页。

① 标题为编者所拟，原标题为《秦家谋回忆》。

② 原文为胥口，根据《略阳县志》，应为置口。

红军经过刘家庄[1]

刘中

我今年 65 岁，农民，祖籍刘家庄。

记得民国二十五年秋天（打谷子的时候），一个下午，天还不黑，从邓子院下来几个骑马的红军战士，径直到刘家庄来。我们打完谷子回到家，看见红军从庄里财主刘天荣家拿了些东西，返回邓子院去了。庄里的穷苦人家谁家也没惊动。（根据刘中 1984 年 10 月 29 日谈话记录整理）

选自中共略阳县委党史资料征集研究办公室编:《红军长征过略阳》，1986年9月，第63页。

① 标题为编者所拟，原标题为《刘中回忆》。

红军到白水江镇[1]

傅万山

我今年 76 岁，略阳县城关医院调剂师。

民国二十五年七月末的一天，白水江正好逢集。我一上集，就发现一个卖药酒的人，口里喊着："我这药酒专治五痨七伤。治不了病，不要钱，治好了病，八月十五来收钱。"一看就知道是个跑江湖的，药酒担子四周围了好多人；另一个是打玩纸烟的；还有一个卖针的胡子青年，弯腰取针时，露出了别在腰里的手枪，吓得我拔脚就跑。摆货摊的生意人看见我跑得紧张，纷纷惊慌起来，好像发生了什么事情；更有人收起货摊准备逃避。等了好一阵子，见没有啥动静，才又恢复了正常营业。

集日完了，大家在街头巷尾议论集日的见闻，认为卖药酒人说的"……八月十五来收钱"的话是暗语，再联想卖针人腰里的手枪，更是心下嘀咕，大犯猜疑。直到八月初七，红军来了白水江，大家才知道他们是红军侦察人员。（根据傅万山 1984 年 10 月 30 日谈话记录整理）

选自中共略阳县委党史资料征集研究办公室编：《红军长征过略阳》，1986年9月，第64—65页。

① 标题为编者所拟，原标题为《傅万山回忆》。

纪律严明的红军[①]

王三杰

我今年 75 岁，农民，家住白水江镇街。

民国二十五年的中秋节前，从徽县下来驻扎的胡宗南新编十一师百十八团，在白水江镇周围的庙山后、番子山等处修的碉堡，日夜把守。红军来白水江的前两天，百十八团感到形势不妙，就匆忙地从旱路和水路撤进略阳城去了。水路装枪支弹药及军服的三只船到了置口，就被从康县下来的红军截住打了一仗，俘虏了船和人，其中一个是副官。

红军来白水江镇住了七天，对贫苦老百姓很好，群众也拥护红军政策。如吃了复兴店的粮食，临走时留下条子放的钱。（根据王三杰 1984 年 11 月 1 日谈话记录整理）

选自中共略阳县委党史资料征集研究办公室编:《红军长征过略阳》，1986年9月，第66页。

① 标题为编者所拟，原标题为《王三杰回忆》。

红军是自己的队伍[①]

张善全

我今年58岁，白水江区公所职工。

民国二十五年八月初七晚，红军悄悄地进了白水江街。街上没来得及跑的谯官福、周尚文、我父亲张文秀、熊皮匠、黄克仁等，被红军叫到我家院子里宣传政策。当时，把谯官福错认成土豪张天成了，就给上了绑。后经马联其等人说明才放了。

黄克仁带着红军战士，逐家向老百姓宣传："红军是自己的队伍！实行公买公卖，请大家不要害怕。"我父亲陪马团副去到将军石绘地图，周尚文带红军战士去略阳侦察（没有进城）。红军马副团长壮实精干，头上有一处秃疤。

红军从置口俘虏的一个拳师（一脸黄毛都叫黄毛人）和十几个俘虏，押进我家房子里。红军离开白水江时，把这些人又押到徽县去了。

红军走后，川军尾随而到，但始终不敢接近红军。（根据张善全1984年11月6日整理）

选自中共略阳县委党史资料征集研究办公室编：《红军长征过略阳》，1986年9月，第67—68页。

---

① 标题为编者所拟，原标题为《张善全回忆》。

红军见我像亲人[1]

马潮云[2]

1936年工农红军在白水江时，我正好是略阳县烟酒税局驻白水江分卡的稽查员，人喊我马师爷。

白水江是略阳的一个重镇，南由四川沿嘉陵江北上的货船在这里停泊；北从关中及甘肃运来的货物要在这里转运。所以，江镇人口多而集中，商业、货运业繁荣兴旺。我们的分卡就设在镇中间柏成林家。

我在江镇和小河，多次看到一个外来卖药酒的人，瘦高个儿，黝黑的脸上略带红润。挑一对竹筐，一头是酒坛，另一头是行李。他边走边喊："买药酒来，药酒！我这药酒是祖传秘方，主要由虎骨、天麻等药料配制而成。主治男女跌打损伤，五痨七伤，关节酸痛。先拿酒治病，有效的八月十五来收钱……"

他操一口湖北话，语言和气，目光有神，很像一位走江湖的草药大夫。

在三天一集的白水江，有徽县来赶集的人说，药酒客是共产党的探子……因为他走过的路上，有人发现了"穷人翻身，打土豪"等内容的传单。

① 标题为编者所拟，原标题为《马潮云回忆》。

② 马潮云，家住城关何家坟村。此材料系本人撰写。

过了八月十五日，我在徽县的伏家镇亲眼见到一位红军长官，就是那个卖过药酒的人。他还向我微笑着点头招呼，好像见了亲人一般。

选自中共略阳县委党史资料征集研究办公室编:《红军长征过略阳》，1986年9月，第69—70页。

红军让我任办粮队长①

封玉俊

我今年65岁，居民，住白水江镇街。

贺龙率领的红军约400人，在民国二十五年八月初七来到白水江镇，师长住合和福铺子里，战士住在各家各户。初九这天，国民党的十架飞机，来江镇上空盘旋侦察，因飞得很低，机翼下带的炸弹都能看得清楚。飞机飞来时，红军便督促老百姓和他们一起进入房子里，飞机飞走后，才都又出来办事。

有一个红军，装成打纸烟的人，红军大队来后，战士都叫他王连长。我当时十几岁了，成天跟上打纸烟，和王连长熟识了，连长便叫伍让和我担任办粮队长。在“打富济贫”的政策宣传后，我带引红军和群众没收了封宝卿家粮食500斤，封士义家粮食800斤。我还协助红军买菜搞后勤。红军走后，保长封谋江趁机迫害，先将我绑到封玉勤家柿子树上毒打，还要杀掉我。我央求大伯封士贤讲情，才免了死罪，但要我永远离开家乡，否则，决不饶恕！我没有办法了，就拼命给人家扛盐包，想挣点钱安排了老母生活，再离开家乡。后来，这个恶棍保长封谋江，突然得病死了，我才得以待在家乡生活。

红军是从荞进沟方向来的，住了七天。走的时候，每人都用柳枝圈

---

① 标题为编者所拟，原标题为《封玉俊回忆》。

成帽子,戴在头上。用意是既可遮住太阳,又便于在飞机来时伪装隐蔽。红军过了嘉陵江，开到徽县去了。(根据封玉俊1984年11月4日谈话记录整理)

选自中共略阳县委党史资料征集研究办公室编:《红军长征过略阳》,1986年9月,第71—72页。

父亲曾给红军带路[①]

周宝莲

我今年73岁，农民，家住秦家坝乡任家台村。红军过任家台到置口，是民国二十五年。当时村里人都吓跑了，只有我父亲任三乐在村。红军要父亲带路去置口，谁知顺江上了白水江，又到了徽县的啥地方。过了八天，父亲从徽县平安地回来了，还给我们讲说红军一路对他很好。（根据周宝莲1984年1月1日写的《红军过境》材料摘录）

选自中共略阳县委党史资料征集研究办公室编：《红军长征过略阳》，1986年9月，第73页。

① 标题为编者所拟，原标题为《周宝莲回忆》。

我所目睹的红军置口战斗①

王明忠

民国二十五年八月初五晚，红军200来人从任家台子到置口，正碰上乘船到置口的十几名伪军，双方交火，伪军逃跑。红军缴获了船上的枪支、棉衣等。第二天早晨，魏老三驾着船又到了置口，红军50余人拦截，副官等十数名伪军投降。红军缴获了船上全部的枪支、粮食。有两名战士浮水取船上东西时，不幸被水浪卷走了。（根据王明忠1960年6月2日谈话记录整理）

选自中共略阳县委党史资料征集研究办公室编:《红军长征过略阳》,1986年9月,第74页。

① 标题为编者所拟,原标题为《王明忠回忆》。

长征红军住我家[1]

高培成

我今年70岁，女，农民，住置口杨家磨坊[2]。民国二十五年八月初五天刚黑，红军突然来到我家院里，把我吓得不得了，红军战士却说："不用怕，我们是红军。"我壮起胆子，看见红军把马拴到院子里，马蹄子都是用布包了的，走起路来没有响声。所以，马牵到我家时根本不知道。红军马队休息了一会儿就走了。杨家磨坊跟前的老百姓一针一线都没丢。（根据高培成1984年10月29日谈讲记录整理）

选自中共略阳县委党史资料征集研究办公室编：《红军长征过略阳》，1986年9月，第75页。

① 标题为编者所拟，原标题为《高培成回忆》。

② 杨家磨坊主人是高培成丈夫。

红军在杨家磨伏击敌军[①]

周怀建

我今年 67 岁，农民，家住置口中街。民国二十五年八月的一天，从白水江下来的三只敌船，装的枪支弹药，天黑时拢了置口的泥窝沱。埋伏在杨家磨前竹林里的红军，突然杀出，船上的伪军逃到江对岸的邓家梁，在梁上的龙头嘴架起机枪向红军扫射。河这岸的红军也以几挺机枪还击，压倒了敌机枪。伪军被打散逃跑了。船淌到郭家地下面的通干石窖。船驾长我只知道一个叫戴礼成。船上的东西红军拿走了。

红军在置口住了一天两夜，就沿江上白水江去了。（根据周怀建1984 年 10 月 29 日谈话记录整理）

选自中共略阳县委党史资料征集研究办公室编:《红军长征过略阳》, 1986年9月, 第76页。

① 标题为编者所拟，原标题为《周怀建回忆》。

秋毫无犯的红军[①]

刘宗汉

我今年70岁，农民，家住置口西头。民国二十五年八月中旬，中央军从白水江放下来四只运军火和服装的木船，正准备在置口休息吃饭，贺龙的部队从秦家坝赶到，和中央军开始了一场激战。约一个小时后枪声才停住。置口街背后发现了一具剥光了衣服的尸体。第二天上午，红军大部队来到置口，周围的村庄如郭家地、元昌子都住满了红军。红军来时，带来了两个带路的人——任三乐、陈三品。红军在置口住了一二天。红军生活艰苦，但纪律严明，和当地老百姓相处很好，从未动过老百姓的任何财产。（根据刘宗汉1984年10月29日谈话记录整理）

选自中共略阳县委党史资料征集研究办公室编：《红军长征过略阳》，1986年9月，第77页。

① 标题为编者所拟，原标题为《刘宗汉回忆》。

红军在燕子滩缴获敌军货船[1]

周怀其

我今年 75 岁，农民，家住周家坝上庄。民国二十五年八月间，天刚黑下来，国民党军队的三条货船行到燕子滩（泥窝沱下 50 来米处），被埋伏在置口附近的红军缴获。船长戴礼成一听枪响，就跳水游到河对岸的邓家梁，钻进邓银富家躲了一夜，第二天才跑回石庄沟家里。红军对贫苦农民好，宣传“打富济贫”政策。

秦家坝地主陈三品，任家台地主任三乐，给红军带路到置口，有人亲眼见了。数天后才从白水江放回来。（根据周怀其 1984 年 10 月 29 日谈话记录整理）

选自中共略阳县委党史资料征集研究办公室编：《红军长征过略阳》，1986年9月，第78页。

① 标题为编者所拟，原标题为《周怀其回忆》。

红军在泥窝沱伏击国民党军需船[1]

王开基

我今年70岁，农民，家住置口下街。置口北头有个叫陈大姐的妇女，开了个小店，人称“陈家店”。民国二十五年八月间，伪中央军从白水江放下来了两条装军需物资的船，傍晚时到达“泥窝沱”[2]。伪军五六个人上岸到陈家店休息，并捉来几只鸡，要陈大姐做饭做菜。突然红军部队从吊巴沟冲出来，一部分包围了陈家店，一部分向船上放枪围攻。伪军未敢抵抗，就缴械投降了，船驾长吓跑了，枪支弹药及军服都被红军从船上缴获了。第二天早上，江面上有雾，又有一条木船下来，红军开枪拦截，船上伪军四散逃奔。这时船上无人把舵，船横起搁浅。红军战士浮水到船上取东西时，把船上的书籍和文件抛进了江里，白花花地漂了一层，顺江流走了。

置口地方小。红军在附近的郭家地斜塥、街背后的文昌庙、元昌子等处，都住得满满的。红军在双石梁架的有炮。国民党的一架飞机在置口上空侦察了一阵子，又飞走了。红军在置口住了一天两晚，全部开到白水江镇去了。（根据王开基1984年10月29日谈话记录整理）

选自中共略阳县委党史资料征集研究办公室编：《红军长征过略阳》，1986年9月，第79—80页。

---

① 标题为编者所拟，原标题为《王开基回忆》。

② “泥窝沱”在置口以上200米处。

红军缴获军需船[1]

戴礼成

民国二十五年八月初六，我船刚拢白水江，就被驻军百十八团周团长叫去，要我从水路运送枪支弹药和文件。我驾的是戴礼富的船。船行到罝口，伪军伍团长（是个副官）先派人到街上做饭，当我们将要去吃饭时，突然红军的枪响了。伍团长命我“放船”，但枪声把我吓蒙了，慌乱中把舵不稳，船放进了罝口对面的乱石堆里，再也没法动弹了。听到枪声逼近，我就大喊：“不要放枪！”伪军弃船逃跑时当了俘虏，我浮水到江对岸的邓家梁。第二天天没亮，我一口气顺周家坝跑回了石庄沟家里。船上的东西被红军缴去了。我们丢了船上的东西，周团长要枪毙我，李副团长没有这么办。我被关押了七天才放回家。（根据戴礼成1960年7月14日谈话记录整理）

选自中共略阳县委党史资料征集研究办公室编：《红军长征过略阳》，1986年9月，第81页。

---

① 标题为编者所拟，原标题为《戴礼成回忆》。

红军到马蹄湾[1]

张善义[2]

民国二十五年八月初七，红军来到马蹄湾。我当时正往家走，迎面来了三个红军战士，同我到家，问了我的情况后，要我一起去高家坝，又进荞尽沟到了白水江，住进岳家店。过了几天，又随红军到甘肃徽县，没补名字，我就回来了。同我去的张善礼、刘天荣的老好娃，随我从白水江一块儿回来的。

红军临走时，有两匹马没有牵走，被地主周仁三拉去了。（根据张善义1960年6月20日谈话记录整理）

选自中共略阳县委党史资料征集研究办公室编:《红军长征过略阳》, 1986年9月, 第82页。

① 标题为编者所拟，原标题为《张善义回忆》。

② 张善义，红军长征过境时为马蹄湾的保长。

群众帮助红军渡江[1]

陈生昂

民国二十五年八月初七，天还没亮，红军从置口先来了200多人，分两路到崖阳沟，动员了个叫华娃的青年和梁富仁，费了很大功夫，才从两河口弄来一条船，加上鱼煎坝渡口的船，两人在下坝窝里放渡。从早上到晚上，才分批地把红军渡过江。当晚，红军就住在高家坝、马蹄湾、吕家坪三处。第二天一早，进黑龙王沟、攀星星岩，经大路口开到白水江镇去了。

我们这个地方有个叫梁明的农民，他儿媳正怀孕临产，红军来时没离开家门，媳妇生了孩子，取名叫“红军子”，大名叫梁红兵。（根据陈生昂1960年6月20日谈话记录整理）

选自中共略阳县委党史资料征集研究办公室编：《红军长征过略阳》，1986年9月，第83页。

① 标题为编者所拟，原标题为《陈生昂回忆》。

长征红军经过我们村[①]

封正祥

我今年63岁，农民，家住封家坝村垭豁里。

贺龙领导的红军，于民国二十五年古历八月初七来到白水江。来的路线是经马蹄湾、老虎湾、大垭梁、广石梁、东沟、大路口到白水江镇。沿途山高坡陡，路滑沟深，很不好走。

红军的大部队住白水江镇，垭豁里扎有一个连。军纪非常好，如借了我家的小麦200斤，还回了200多斤。在“打富济贫”活动中，“打”过大黄渠上户刘顺奎家的粮食。

红军长途行军，很苦，人都消瘦，但有精神，说起话来四川口音的人多。（根据封正祥1984年10月4日谈话记录整理）

选自中共略阳县委党史资料征集研究办公室编:《红军长征过略阳》, 1986年9月, 第84页。

① 标题为编者所拟，原标题为《封正祥回忆》。

回忆红军路过上坪村[①]

蹇再荣

我今年 65 岁，中共党员，家住徐家坪乡上坪村。

民国二十五年八月间，从置口上来的红军战士，把庄上大地主蹇少叔家的一头猪杀了，并收走了一些小麦、大米、核桃、腊肉等物。红军走的时候，还在蹇少叔家门上贴了一张告示，告示的前部分是警告地主的话，后面是没收了东西的清单。

我听说红军进了庄，没来得及关门就跑了，猪跑进堂屋正糟蹋苞谷时，红军战士还把猪赶了出来，又替我把门关好。红军战士确实仁义！

红军离庄，前头的队伍到了蹇家河后的山梁，后面的还在庄里，上千人的队伍，摆了六七里路长。

红军离开上坪以后，我家房门左侧，睡了一个 20 来岁的红军战士，看样子有病了。我给饭不吃，他也不进屋，只要了碗开水喝了，又裹起毛毯睡了。第二天早上，这个红军战士爬到我房后大卜子树下，又睡着了。晌午时分，从上面下来一个被俘逃跑的伪军，一见睡着的人是一名红军战士，便一蹦老高，气势汹汹地抓起一块石头猛砸。情况紧急，我同弟弟蹇中荣猛扑上去，抱住了伪军，夺掉了石头。红军战士被惊醒了，面无惧色地说："要打就打死，来快些！"伪军咬着牙看了看周围

① 标题为编者所拟，原标题为《蹇再荣回忆》。

的情况，便伸手搜去了战士身上的五发步枪子弹，又拿去了一把剃头刀子。最后，伪军把子弹装进上衣口袋，扔掉剃头刀，恶狠狠地转身走了。那家伙一走，我将剃头刀拾来交给红军，红军战士感激地又把剃刀送给我。当天下午，这个有病的红军战士挣扎着病体追赶部队去了。（根据蹇再荣 1984 年 11 月 7 日写的《回忆红军路过上坪》材料摘录）

选自中共略阳县委党史资料征集办公室编：《红军长征过略阳》，1986年9月，第85—86页。

掩护红军小战士①

史国文

民国二十五年八月，红军来到高家坝、马蹄湾宿营。有三个红军战士来到我家，要我给找个人带路去磨坝侦察。我就找到史连喜，他答应给带路去了。

小红军战士向培成，在星星岩刘二老汉家住了一段时间，又住到吴三家，腊月半间接到我家住的。当时，伪保长张善义拉兵派夫很紧火，我怕被发现抓走，联系了铁厂子的赵正林，把向培成带到三川去做庄稼。以后情况就不知道了。

红军来到高家坝、马蹄湾，恶霸地主梁彦文、梁焕章逃跑，只抓了伪保长张善义，给红军带路到白水江去了。（根据史国文1960年5月谈话记录整理）

选自中共略阳县委党史资料征集办公室编:《红军长征过略阳》，1986年9月，第87页。

① 标题为编者所拟，原标题为《史国文回忆》。

在老百姓家养病[①]

向培成

我原是红二方面军二军六师十八团卫生队的卫生员。1936 年 9 月 21 日住马蹄湾，22 日前往白水江途中，因有病实在支持不住了，就掉了队。星星岩有个刘二老伯，把我背到他家藏起来，老伯和他孙女给我送饭，调养了 47 天，病才好了一些。但老伯家境贫寒，没粮吃了，才又把我送到吴三家。病好后，我给吴家放牛。当时地方上查得很紧，我又被转到史家庄史国文家里。铁厂子赵正林又把我带到三川去做庄稼。1946 年，我给中川下河里许万荣的女儿招了女婿。

红军第六师师长贺炳炎，一只胳臂断了。卫生队长叫姜西生。（根据向培成 1960 年 6 月 24 日谈话记录整理）

选自中共略阳县委党史资料征集办公室编:《红军长征过略阳》，1986年9月，第88页。

① 标题为编者所拟，原标题为《向培成回忆》。

我当了苏维埃主席[①]

张得福

伪新编十一师从白水江撤退时，把一部分文件、枪支和弹药装了三只船，送往略阳，被红军在罝口缴获了。红军来时把俘虏带到江镇，但没有绑，自由地在街上走过的。

红军政治部在新庙召开会议，参加人有我、马联其和好些群众，成立了“苏维埃”政府，选我和马联其当主席，负责支持红军的工作。

红军里面娃娃多。

红军在街上向群众说：我们公买公卖，买东西一律给钱，谁要是不给钱，马上报告师长，一定惩办。

红军师长有一只胳膊断残，还能打枪，都叫他独臂将军，到我家里来过几次，人熟了，他把胳膊的断处给我看过。

红军走后，地方上的土豪劣绅周治斌、刘玉堂（工商会长）、谯官寿、强俊等 38 人，联名向县政府告我和马联其私通红军。不久，把我和马联其弄到县城关起来，花了 70 多块白洋的礼钱，并送了呈子，才放回来。

红军走的时间记不清了。（**根据张得福 1960 年 6 月 29 日谈话记录整理**）

① 标题为编者所拟，原标题为《张得福回忆》。

选自中共略阳县委党史资料征集办公室编:《红军长征过略阳》,1986年9月,第89—90页。

我见到了红军[①]

张文明

民国二十五年八月初七日晚点上灯时，我提了一笼包子去卖，刚到过街楼就碰见了红军。红军叫我蹲下不要动，我就蹲下了。当时我还不知道是红军，但发现人越来越多，我就跑到后沟番子山堬闸门子上，一直待到下半夜，没见有岗哨活动，又悄悄地摸到庙山下一位姓康的妇人家，问来的是什么人？她说是红军。我又跑到闸门上等到天亮才回家。当时我家里老婆是做饼卖的，正在烧饼。在旁边的一位红军说："老汉饿了，赶快去吃些饼吧。"

当晚，红军叫去的人是熊皮匠、张文秀、周尚文、谯老大（谯官福）。以后了解到都是摆货摊的、修鞋的，讲了话，都让回去了。只把谯老大当作土豪张天成，没让回去。第二天，张得福说明不是张天成时，就把谯老大放了。谯老大也就跑去乡下了。等到红军走后，谯老大急匆匆赶回家，一看，藏放在被子里的300块银元一个不少。

红军战士身体都很瘦，穿着各种颜色的衣服，只有戴的灰色帽子一致，帽檐子很长。

红军使用的纸币是两角一张的票面，上面印着一头牛，牛上骑着个戴草帽的人；使用的铜币上有旗、镰刀和斧头图案。

---

① 标题为编者所拟，原标题为《张文明回忆》。

李家茶店门上装有电话线。敌人的飞机每天都来，最多的一次是12架。敌机飞来时，战士都走进屋去，招呼老百姓不要乱跑。

红军初七来的，十三日早上走的，走时谁都不知道。凡是住过的地方，都打扫得很干净。（根据张文明1960年6月29日谈话记录整理）

选自中共略阳县委党史资料征集办公室编：《红军长征过略阳》，1986年9月，第91—92页。

红军来到白水江[①]

雷春生

民国二十五年农历八月初七晚上，红军从荞尽沟翻山来到白水江。十三日走的。一路走的马骏寨，一路走到徽县。

红军在新王爷庙开会，参加人有马联其、张得福、任成昌、马得祥等40余名群众。

白水江没收了郭从喜、赵建国、周三、强俊等几家的粮食。

红军来以前，国民党新编十一师来了，在庙山等处修炮楼，阻挡红军。可红军来时，他们先跑了。

红军师部住在现今的中心商店门市部（原合和福，一旁是刘家染房），门上挂有电话线。每当敌机飞来时，红军都进屋去，同时把老百姓也叫进去，不让在外面走动。

红军住了几天，街上卖蔬菜、食品的人渐渐多了。红军买啥都付清了钱的。

走的时候，住的地方都打扫得干干净净。尤其是半夜走的时候，人都不知道，也不晓得走到什么地方去了。后来听说上了徽县。（**根据雷春生1960年6月30日谈话记录整理**）

① 标题为编者所拟，原标题为《雷春生回忆》。

选自中共略阳县委党史资料征集办公室编：《红军长征过略阳》，1986年9月，第93—94页。

红军买卖公平[1]

杨子清　赵中璧

我（杨）65岁，（赵）61岁，同是江镇医院医生。

民国二十五年八月初七晚上，红军是从置口上来白水江镇的。来的晚上，绑的谯官福、熊皮匠，被错认为是土豪张天成、周凤岗了。第二天经张得福等人说明情况，就把谯、熊二人放了。

来的红军是贺龙领导的，师长是贺炳炎，一只右臂断残。贺师长住中街刘克甲的染坊里[2]，师部设新王爷庙。

红军在新王爷庙召开群众会，我们全家人都参加了。贺师长讲了话。（赵中璧谈）选定马联其为“苏维埃”主席，张得福为委员。

国民党的飞机每天都来盘旋侦察，最多的一次来了12架。红军都进入老百姓的家，把门关起来，也不让老百姓出去看飞机。

红军在白水江宣传和贯彻“打富济贫”政策，记得收了地主郭生荣[3]、刘顺奎、周三等家的粮食。

红军在集市上公平买卖，不拿群众一针一线。如：我家开的中药铺，红军战士用了通大海一斤，走时放的钱，还留了一张说明条（杨子清谈）。

---

① 标题为编者所拟，原标题为《杨子清、赵中璧回忆》。

② 刘克甲染房在合和福右侧。

③ 郭生荣是郭从喜的大儿子，土改中划地主成分。

红军在江镇住了一星期，陆续地开到徽县去了。（根据杨子清、赵中璧1984年11月2日谈话记录整理）

选自中共略阳县委党史征集办公室编:《红军长征过略阳》, 1986年9月, 第95—96页。

我见到的长征红军[①]

封万邦

我今年73岁，农民，家住江镇封家坝村。民国二十五年八月的一天，从斗嘴山下来的一名红军战士到了封家坝。这个战士给大家宣传“打富济贫”的政策之后，上垭豁[②]去了。听说红军是贺龙领导的一个师，是经星星岩到高山坪下河来到白水江的。在翻大豁垭时，以伪保长封谋江为首的团局武装，借山林为掩护，阻击红军。红军战士还枪回击，团局人逃跑，红军才下大豁垭。

红军战士穿的衣服破烂，颜色不一；营规严格，群众不在家时，根本不进屋里去；买卖公平，如我给住垭豁的红军卖了20斤茄子，红军给我装回了五升小麦，我算占了大便宜。

红军由封士民引路，没收了大黄渠上户刘顺奎、杨尚礼家粮食一二石，在磨道湾封雄家磨坊里推的面。（**根据封万邦1984年11月4日谈话记录整理**）

选自中共略阳县委党史征集办公室编：《红军长征过略阳》，1986年9月，第98—99页。

---

① 标题为编者所拟，原标题为《封万邦回忆》。

② 垭豁村在江镇西南面，距镇一华里，居高临下，可俯视全镇。

回忆母亲给红军带路[①]

封继良

1936年古历八月四日上午，我家正在吃饭，听岩背后（斗嘴山）封士玉喊叫快跑，队伍来了。母亲害怕得不知咋办。这时红军已到跟前，安慰母亲说不用害怕，并要我母亲带路去白水江。母亲封任氏就把我托上，带领红军战士下沟，又顺封家坝的庙皇渠到石榴堝（即关羽堝）为止，一眼能看见白水江镇街了，红军才让我母亲回去，还给了我母亲一块银元。母亲一记起这件事来，就对我说："红军真是好人！我们要记住他们的恩情。"那时我五岁多了，也记得清楚了。（根据封继良1984年10月31日写的"随母亲给红军领路"回忆材料摘录）

选自中共略阳县委党史征集办公室编：《红军长征过略阳》，1986年9月，第100页。

① 标题为编者所拟，原标题为《封继良回忆》。

给红军送粮[1]

侯于齐

我今年62岁，农民，住白水江镇干溪沟村。

1936年，红军北上路过白水江镇，宣传抗日救国、“打富济贫”和成立白水江镇“苏维埃”。当时我父亲侯树屏是教书先生，听到红军的革命宣传，很是感动。但因患病不能前往，就叫我和梅存发送去大米80斤，鸡两只。我和梅存发送到小河营部，营部领导招呼我们吃了饭，还送给我几本革命书籍，上面盖有师政治部章子。我记得政治部主任叫刘挺（刘型），副主任叫戴文彩（戴文彬）。

红军营部设顺成店，伙食团在泥巴匠宋三家。（根据侯于齐1984年11月11日回忆材料摘录）

选自中共略阳县委党史征集办公室编：《红军长征过略阳》，1986年9月，第101页。

① 标题为编者所拟，原标题为《侯于齐回忆》。

红军在我家开群众会①

陈荣珍

我今年 72 岁，农民，家住木瓜园街。

我家原在木瓜园街上开了个旅店，因丈夫姓徐，人都称徐家店。民国二十五年八月，红军战士三人，在我家院子里召开群众会。我就在旁做针线。那次参加会的有万启春、万得成、梁老二等群众十几人。红军给梁老二放了个什么官，我记不清了。红军开完会又回窑坪去了。红军大部队从窑坪来的时候，我亲眼看见他们分成两路，一路进灯草沟到了郭镇，一路经七里堬下秦家坝了。（根据陈荣珍 1984 年 10 月 28 日谈话记录整理）

选自中共略阳县委党史征集办公室编：《红军长征过略阳》，1986年9月，第102页。

---

① 标题为编者所拟，原标题为《陈荣珍回忆》。

我卖石榴给红军[1]

杨生珍

我今年 56 岁，农民，住木瓜园杨家庄。

红军是民国二十五年八月四日下午，从窑坪来到木瓜园的（两地相距五华里）。我那时已八岁了，提了一笼子石榴到街上去卖，看见红军沿路走来，穿得烂，有的还穿的藏民织的褐子。我卖的价钱是一个铜板二个石榴，要一个石榴的，红军就给半块铜板。态度和气纪律严，对我们小孩家，从没少给过半块铜板。

后来听人讲，红军分两路从康县走的，一路从木瓜园走七里塥去秦家坝，一路从窑坪进灯草沟去了郭镇。

红军战士人都精瘦，带刀的比扛枪的多。听地方上人说，红军过的有一个师。（根据杨生珍 1984 年 10 月 18 日谈话记录整理）

选自中共略阳县委党史征集办公室编:《红军长征过略阳》, 1986年9月, 第103页。

① 标题为编者所拟，原标题为《杨生珍回忆》。

我参加过红军召开的群众会①

万沛

我今年 60 岁，农民，家住木瓜园乡。

1936 年古历八月，红军七个人，全副武装，由窑坪下来到木瓜园开群众会，当时我 12 岁，也跑去参加了会。会场在徐家店门前的院子里。有 20 多名群众参加，其中有万启春、万得成（万启春 1978 年病逝，万得成 1963 年病逝）。一位红军排长（脸上有麻子）在会上讲话说："国民党污蔑红军来了要杀人放火，但大家看我们哪里杀人放火来？我们和穷苦老百姓是一家人！我们公买公卖，望大家不要害怕，要叫跑到外面去的人都回来。"会结束时他又说："隔一日，后天我再来开会，仍由万启春、万得成召集。"

开完会议后，送给了万启春、万得成各一本书（书名记不清了），便带上七名战士返回窑坪去了。不知道给万启春、万得成放了个什么职务，也再没开过会。红军于当夜进灯草沟到了郭镇。后来听说又返经康县的贾安、碧口等地北上延安去了。（**根据万沛 1984 年 10 月 27 日谈话记录整理**）

选自中共略阳县委党史征集办公室编：《红军长征过略阳》，1986年9月，第104—105页。

① 标题为编者所拟，原标题为《万沛回忆》。

红军两次来窑坪[①]

谭广

我今年63岁，农民，家住窑坪中街。

红军第一次来窑坪是民国二十四年七月间的事，估计不上200人，听说是徐向前的部队，在窑坪住一夜，上了青海。

红军第二次来窑坪是民国二十五年八月初，是从老康县（白马关）下来的，有300多人。因国民党的宣传说："红军来了，把人放在场上往死里碾哩。"老百姓听了很害怕，人都跑了。可是红军来后，对穷人很好，老百姓都高兴地回来了。土豪劣绅不敢回来。红军在窑坪住了两天，一部分住郑湾里，一部分住街上的新房院和黄有福、唐汉青家。没有开过会和成立什么组织。走的时候是顺河下进灯草沟，经略阳的郭镇转上康县的贾安到陕北去了。是贺龙领导的军队。（**根据谭广1984年10月27日谈话记录整理**）

选自中共略阳县委党史资料征集研究办公室编:《红军长征过略阳》,1986年9月,第106—107页。

① 标题为编者所拟,原标题为《谭广回忆》。

我见到了红军[①]

童万朝

我今年 57 岁，农民，家住窑坪上街。

民国二十五年八月，一队红军从白马关来到窑坪，我看见住在上街头吊坝河的李正东家,估计有 100 来人。当时我只有七八岁,胆子可大，就到李家去看热闹，红军出出进进，墙上挂了一长排枪。（根据童万朝 1984 年 10 月 27 日谈话记录整理）

选自中共略阳县委党史资料征集研究办公室编:《红军长征过略阳》, 1986年9月, 第107页。

① 标题为编者所拟, 原标题为《童万朝回忆》。

红军在窑坪[①]

谭中甲

我今年72岁，农民，家住窑坪中街。

红军是民国二十五年八月从武都经老康县（白马关）下来窑坪的，约有几百人。他们大部分住在关帝庙，其余的住上街、中街的老百姓家。穿的衣服破烂，有灰麻色、黄色，还有穿老百姓衣服的，且都面容黄瘦。他们背枪的少，拿刀的多。在窑坪扎了三天，由灯草沟去了郭镇。（根据谭中甲1984年10月27日谈话记录整理）

选自中共略阳县委党史资料征集研究办公室编：《红军长征过略阳》，1986年9月，第108页。

① 标题为编者所拟，原标题为《谭中甲回忆》。

我曾给长征红军磨过面①

丁素芳

我今年 71 岁，农民，家住郭镇中街。

记得是 1936 年七八月间的某一天，我上街后去找菜，看见街上住满了戴灰布帽、上面还有一颗红五星，衣着破旧的队伍。听人说是红军，总部设在“隆盛通”商号里。不多时我摘了一背豆角子往回走，路上碰见一位中年红军战士，问我豆角卖不卖？我说不是卖的，就边说边往家走，这位战士也跟我到了家门口。他态度很和气地又问，你是干什么的？我回答是专门给人家磨面的。战士就说，那就请你给我们磨几天面吧。我想这些人都是好人，就满口答应了下来。就这样，他们把小麦扛来，我就认真地磨，他们自已装；还热情地不时问吃问喝，亲切感人。我心情舒畅，浑身是劲，就一直给推了七天七夜的面，没有离开磨坊。推毕面，红军给我付工钱，还给我粮食，而我只收下了些麦麸子，没要粮和钱。红军走后才听人说，红军在街上成立了“苏维埃”，赵兴顺被选为游击大队长。（根据丁素芳 1984 年 10 月 26 日回忆材料摘录）

选自中共略阳县委党史资料征集研究办公室编：《红军长征过略阳》，1986年9月，第109—110页。

① 标题为编者所拟，原标题为《丁素芳回忆》。

长征红军[1]到郭镇

郭守全

我今年 80 岁了，农民，住郭镇芋子杆坝。

民国二十五年，红军自康县和窑坪来到郭镇，约有二三百人，住在街上的“隆盛通”等家。红军给芋子杆坝的郭守堂放了个村长职务。没收了坪沟巩其德、西沟邓景星等家的粮食，救济了穷苦人的生活。

红军在郭镇待了六七天。走时，向坪沟方向走的，是从我家门口过的路，时间是半夜里。（根据郭守全 1984 年 10 月 16 日谈话摘录整理）

选自中共略阳县委党史资料征集研究办公室编:《郭守全回忆》, 1986年9月, 第111页。

---

① 标题为编者所拟, 原标题为《郭守全回忆》。

回忆长征红军在郭镇的情况[①]

郑海林

我今年 78 岁，原籍洋县，现在郭镇街。

民国二十五年八月间，红军从甘肃的康县来到郭镇。来的红军有二三百人，分别驻扎在隆盛通[②]、二郎庙[③]、碉堡上[④]和郭保仁、高凤翔、谢玉琴等群众家。看上去，战士面容黑瘦，但精神都很好；穿的衣服有灰、黄、黑颜色，戴的帽子檐子特长。纪律严格，借了群众的东西，用过后立即归还，还要说声谢谢。

红军总部设隆盛通。因为郭镇人不了解红军政策，又听了联保处的反宣传："共产党来了要共产、共妻，还要杀人！"群众心里很是害怕，所以好多人都躲到乡下去了。可红军来了之后，说话和气，买卖公平；还没收了土豪保长巩其德和联保主任郭守基的粮食、布匹，在华家山的门口分给了穷人。所以，贫苦群众相信红军，赞扬红军，再也不相信联保处的反宣传了。于是，躲到乡下去的人，一个个又都回来了。

红军在华家门口写了"打倒日本！""打倒蒋介石！""红军万岁！"的标语。还有赞扬红军领导贺龙、徐向前的小字标语，内容记不清了。

---

① 标题为编者所拟，原标题为《郑海林回忆》。

② "隆盛通"是华家山开的商号。

③ 二郎庙已毁，即今公安派出所所在地。

④ 碉堡已毁，即今区公所所在地。

郭镇街上的工商户王茂仁等，也给红军捐钱买了布匹，使红军穿的衣服都换成新的了。

红军在郭镇住了四天的样子。走时，走的坪沟方向，不知到啥地方去了。（根据郑海林 1984 年 10 月 15 日谈话记录整理）

选自中共略阳县委党史资料征集办公室编:《红军长征过略阳》，1986年9月，第112—113页。

长征红军在郭家坝[①]

李生荣

民国二十五年八月间，贺龙领导的部分红军，从康县来到郭家坝。来的那天，郭家坝正逢集日，人很多，当时把一些人吓跑了。红军在街上放了三四张桌子，上面摆的水果叫群众吃，同时开会做安民宣传，说红军是人民的军队！是“打富救贫”的！要人民过好生活。当时来的约有七八百人的样子。

第二天，红军集合老百姓约100人，先到坪沟去“打”上户巩其德，收的粮食有三四千斤，衣服农具各十件，分给了坪沟、郭家坝、华厂沟的老百姓。第三天“打”的是金洞坪赵兴成（赵三），收的粮食有800斤。第四天“打”的郭家坝联保主任郭守基，收的粮食有二石，猪一头。又“打”了西沟邓玉瑶、邓景星，郭家坝的梁海山，收的粮食有一石多、土布130尺。“打”的粮食分给了干河坝、郭家坝、三岔子、吴家河赶集来的穷苦农民。

红军把街上的土布都买去做了衣服。当时登记名字、写的欠条。以后街上有名的王忠烈、王炳均、王茂仁三家拿出了银洋800元，才结清了欠的土布钱。

郭家坝成立“苏维埃”，选的主席是杨兆兴、副主席高二，委员是

① 标题为编者所拟，原标题为《李生荣回忆》。

王敬录、任洪春，游击队长是赵兴顺。

当时郭家坝联保处主任是郭守基，县保卫团派驻郭家坝队长是胡佐卿，工商会长是王宗烈、王茂仁。

郭镇联保的十个保是：郭家坝、西沟、华厂沟、坪沟、干河坝、金家河、梁家河、八方沟、木瓜园、灯草沟。（根据李生荣1959年6月4日回忆材料摘录）

选自中共略阳县委党史资料征集研究办公室编：《红军长征过略阳》，1986年9月，第114—115页。

红军在郭镇的基本情况①

王敬录

1. 郭镇“苏维埃”领导成员简况：

主席：杨兆兴，男，40 岁，小贩，好赌。

副主席：高二，男，40 岁，摆小杂货摊。

委员：陈正江，男，41 岁，摆小杂货摊，当过兵。

委员：王敬录（我），金玉材商号的伙计，掌柜的叫熊树德。

2. 红军来郭镇的第三天，早饭罢，领导群众“打”了商人兼地主梁海山的粮食二石，土布 110 尺，分给了穷人。接着“打”的是赵货客、郭守彦、巩其德、邓玉瑶、邓景兴等户。

3. 红军来的路线是：康县、大堡子、云台、大南驿、干河坝进入郭镇。另一部分是从窑坪经木瓜园、灯草沟、寺沟进入郭镇的。

4. 红军走后，恶霸巩其德、大商人王忠烈等把杨兆兴、高二、陈正江、王敬录告到县上，罪名是勾结“共匪”，抢了他们家的东西。县上派队伍来调查。有个李队长带了十余人叫我，我看情况不好，吱唔了李队长后，跟身跑到岸门口，隔了两年我才又回到郭镇来。第二天，杨兆兴被抓绑在二郎庙柱头上，拷打审问了两天（吊的有半天时间），才被群众保出来。

---

① 标题为编者所拟，原标题为《王敬录回忆》。

5. 红军走时，把一支八音手枪丢在梁继魁家里了。梁把枪交给了郭守基。翟凤义家也拾到一支折腰枪，解放后交给郭镇区干部康庆云了。

6. 群众选我当干部时，郭镇商号郑春和、王成龙、肖家店、范银元、马义祥等40家出来叫我支应。

7. 郭镇的“三王”是王忠烈、王炳均、王茂仁。王忠烈人称王胡子。

8. 红军到郭镇时，拉来康县财政科一个叫秦科长的人，死在了碉堡上。红军走后，康县来人把尸首拉回去了。（根据1960年5月31日郭镇金洞坪党史座谈会记录整理，傅运昌记录）

选自中共略阳县委党史资料征集研究办公室编:《红军长征过略阳》，1986年9月，第116—117页。

回忆红军在郭镇的活动①

邓幼帮

民国二十五年八月，红军蔡团长带了大约千人左右，是从康县和窑坪两路来到郭镇的。

我们邓家嘴离街近，赶集人多，听了红军宣传后，全村 40 来户人，没有一家跑的，当红军到邓家嘴来驻扎时，都积极给红军办粮草、烧开水、打草鞋、煮饭。

第二天，红军在郭镇中街三夹成（商号）门上开大会，参加会的除街上人外，还有西沟、金洞坪、邓家嘴的群众，共有 100 多人。蔡团长宣布成立郭镇街、西沟两个村的“苏维埃”政府；组织西沟、金洞坪、邓家嘴、郭镇四个地方的群众游击队。会上宣布赵兴顺为邓家嘴的游击队长，邓幼帮为小队长；穆自长为西沟游击队长，其他游击队长是谁记不清了。还宣布杨兆兴为郭镇街“苏维埃”主席，高二为副主席。委员有郭守勤，其他记不清了。

红军支持“苏维埃”政府，领导游击队“打”过上户郭守彦的小麦二石，核桃一石，猪一头。“打”过坪沟伪保长巩其德谷子一石五斗，麦子一石四斗，捉的有四五只鸡。当时去的游击队和群众有 200 人，红军战士背的枪，去了 20 多人。把“打”的粮食拿回来，放到“三尖成”

① 标题为编者所拟，原标题为《邓幼帮回忆》。

商号经理王忠烈家，红军用了一部分，群众分了一部分，剩下的粮食，红军走后，被街上的保安队吃了。

红军走时，要给每个游击队留五支枪和子弹。我们说：我们不敢要。高二也说：我们不敢要。最后也就算了。

我们邓家嘴参加红军的人有：邓占采、邓富邦、邓正会、邓代富、邓银邦、张自平、邓占勤、邓万连、邓全灵、邓万忠、李义军、邓家邦、邓占川、邓占仓、赵兴顺、邓宪邦等。因这些人吃不了苦、想家，在前往武都途中，都陆续地脱离了部队，跑回了郭镇。

红军离开郭镇走的路线是，郭家坝、瓦庄子河、龚家坝、方家坝、两河口、石碑岭、干梁河上、下梁河、杜家坝、武都……

红军走后，联保主任郭守基，召集了保长和工商界人士：梁海山、邓玉克、邓明鉴、李东清、巩其德等六七人，在联保处开会，写的公事、派乡丁郭守良送给温县长，说地方上人随了红军，要求镇压处理。第二天下午，县上派了一营队伍，约三四百人，开来郭镇“清查”。营长（不知名子）在联保处院子里召集群众开会说：“人家红军也是一党，这里的事情不由老百姓。”可是郭守基、梁海山、巩其德等人不放过报仇机会，指派乡丁邓兴发、郭建忠，捆绑了苏维埃主席杨兆兴，吊在二郎庙的梁上，用桑条子抽打，要杨供出为红军办的事情来，被折磨了半天，才被开杂货铺的柯柏贵邀集了街上的杨义成、王奎等 15 人，前往二郎庙讲情，方被保释回家。游击队副队长穆自长跑往置口，卖工度日一年多才回来。（根据邓幼帮 1959 年 6 月 10 日谈话记录整理）

选自中共略阳县委党史资料征集研究办公室编：《红军长征过略阳》，1986年9月，第118—120页。

回忆两次参加红军①

吴建堂

我参加红军的当晚，随着红军绕道北上。走的路线是：坪沟、寒风沟、五郎坪、两河口、回仙坝、白杨滩、岸门口梁上、杜家坝、燕子坝、大小南坪、西河、礼县、武山县。在武山县与民团打了一仗。走到清宁县，与红四方面军会合了。到平凉后因病掉队，住进国民党医院。病好后，就给我们发路费叫回家。走到四十里铺，有红军三十军的一个连，在那里招新兵，又把我们收去了。部队到重庆县西风镇，再到庆阳，三十军回延安时，把新兵丢给了三八五旅。旅长是王维舟、副旅长叫耿绪。部队从庆阳又转到赤水、驻扎栒邑。我在三十军三八五旅医院当炊事员，1950 年复员还乡。（根据 1960 年 5 月 27 日付运昌调查笔记整理）

选自中共略阳县委党史资料征集研究办公室编:《红军长征过略阳》, 1986年9月, 第121页。

① 标题为编者所拟，原标题为《吴建堂回忆》。

回忆红军在郭家坝①

赵兴顺

郭家坝“苏维埃”建立后，在红军的配合下，按“打富济贫”政策，对土豪劣绅郭守彦、巩其德、邓玉尧、邓景星、赵货客、郭守基家进行了没收，计有麦子四石、谷子二石、猪两头。红军用了一部分粮食，其余的分给了穷人。我记得邓战谭、谭昌云、邓富邦、邓贵邦各分麦子三升，邓家嘴20多户分到了粮，救济了全村一半以上的贫困户。

我知道建立了三个游击队：邓家嘴游击队长是我（赵兴顺）；西沟游击队长穆自长；金洞坪游击队长忘记姓名了。参加游击队的人共有100多。

红军临走时，跟去当红军的有吕安民、吕朝凤、谭长荣、邓魏邦、邓占谭、赵兴顺等20多人。郭家坝不知谁参加了。我们一块去的20多人，都怕离家越走越远，也吃不了苦，就沿路跑回家了。我只走到坪沟，借买草鞋溜回来的。

红军走后，游击队也就没有活动了。（根据赵兴顺1959年6月20日谈话记录整理）

选自中共略阳县委党史资料征集研究办公室编：《红军长征过略阳》，1986年9月，第122—123页。

① 标题为编者所拟，原标题为《赵兴顺回忆》。

长征红军经过马湾村[1]

张凤良　张凤均

我们兄弟俩住青泥河乡走马湾村。

红军约有100人来过走马湾，是民国二十五年八月的事情。战士有穿红色、蓝色、麻青色衣裳的。晚上就住在我们家上、下房和其他群众家里，对待群众很好。我们走马湾的地势是在半山坡上，坡底下才有泉水，群众吃水都是用人从下往上担，所以吃水困难。红军战士叫我们兄弟俩给他们抬水，每抬一桶给我们赏铜板一块。

红军在庄子里只住了一夜，第二天顺着青泥河到林家山，翻分水岭，进包家沟去了徽县。（根据张凤良、张凤均1984年11月2日谈话记录整理）

选自中共略阳县委党史资料征集研究办公室编：《红军长征过略阳》，1986年9月，第124页。

① 标题为编者所拟，原标题为《张凤良、张凤均回忆》。

红军住在走马湾[1]

张凤翔

我今年67岁，家住青泥河乡走马湾村。

民国二十五年八月里，红军从白水江上来了好几十人，在我们走马湾住了一夜，住的是张凤均、张凤良家的上下房。第二天，经林家山、分水岭、夸子崖、包家沟到大河店，上徽县去了。（根据张凤翔1984年11月2日谈话记录整理）

选自中共略阳县委党史资料征集研究办公室编：《红军长征过略阳》，1986年9月，第125页。

① 标题为编者所拟，原标题为《张凤翔回忆》。

回忆红军经过我们村[①]

张凤裕等

1935年八月（应为1936年），贺龙领导的部分队伍，有几百人，从白水江镇到青泥河来。一部分住走马湾，一部分住林家山，一部分住铁佛寺，指挥部设在铁佛寺庄里。

红军根据事先掌握的情况，一进庄，就派战士到豪绅任连仲家，杀了他一头猪，没收了一部分粮食。晚上，邀集贫苦农民共进晚餐。开始人都害怕，但看到红军战士说话和气，不拿群众一针一线时，好多群众打消了顾虑，才前往参加了。红军见了群众就问长问短，问寒问暖，向群众宣传革命道理；宣传“三大纪律，八项注意”。很受群众欢迎。

红军在林家山和铁佛寺庄的几处墙壁上，用石灰水刷写了“打倒日本帝国主义！”“打倒卖国贼！”“红军万岁！”等大幅标语。

第二天早上，红军战士告别了乡亲，经陕、甘交界地分水岭到甘肃去了。（根据张凤裕、任昌斌、任近远、任海德、焦宗齐1984年11月7日谈话记录整理）

选自中共略阳县委党史资料征集研究办公室编：《红军长征过略阳》，1986年9月，第126—127页。

---

① 标题为编者所拟，原标题为《张凤裕五人回忆》。

红军来到西淮坝村[①]

侯福

我今年 70 岁，家住西淮坝村。

民国二十五年八月，红军 40 余人从窑坪进罗义沟、大沟来到西淮坝。当晚住离村二里路的梁家河。去梁家河时，带去西淮坝伪保长候明朝，路上候又逃跑了。当时，近处的候家庄上户候明功家正操办埋坟酒席，红军进屋取了好多麦面馍，分给了村里的穷人。第二天早晨，红军渡梁家河上了成县。

红军没有到过东淮和贤村，当时我 20 多岁，记得很清楚。（根据候福 1985 年 11 月 3 日谈话记录整理）

选自中共略阳县委党史资料征集研究办公室编：《红军长征过略阳》，1986年9月，第128页。

① 标题为编者所拟，原标题为《候福回忆》。

红军过大石碑[1]

舒文秀

我今年73岁，家住徽县大河乡大石碑村。民国二十五年上，记得是割麦以后，贺龙的队伍从白水江开到徽县去，路经徽县和白水江交界处的大石碑，连续了三天时间才过完。

大石碑是个小地方，红军没有停留。（根据舒文秀1984年11月2日谈话记录整理）

选自中共略阳县委党史资料征集研究办公室编:《红军长征过略阳》,1986年9月,第129页。

① 标题为编者所拟,原标题为《舒文秀回忆》。

红军过境王家河[1]

王上珍

我今年67岁，家住徽县大河乡王家河村崖窝里。民国二十五年八月（正当种麦时节），红军从白水江镇来到王家河过境，过了几天。他们经王家河、大河店、蚂蝗坝、姚家坪，陆续地上了徽县。（根据王上珍1984年11月2日谈话记录整理）

选自中共略阳县委党史资料征集研究办公室编：《红军长征过略阳》，1986年9月，第130页。

① 标题为编者所拟，原标题为《王上珍回忆》。

红军来到王家河[①]

张金莲

我今年65岁，家住徽县大河乡王家河村。民国二十五年，红军从白水江来到王家河，记得住在楼底院子王俊江家、新院王子海家、上院王俊乾家，还有李书华、王家西、王俊刚家也住着红军。第二天早饭罢，就开到徽县去了。（根据张金莲1984年11月2日谈话记录整理）

选自中共略阳县委党史资料征集研究办公室编：《红军长征过略阳》，1986年9月，第131页。

① 标题为编者所拟，原标题为《张金莲回忆》。

红军在家设伙食团[①]

宋兰英

我今年 60 岁，家住江镇甘溪沟村。

我父亲宋三，是当地有名的泥巴匠。因家里生活困难，就趁八月板栗成熟，到山林里抬了些板栗去徽县卖了，用钱扯回来八尺黑洋布，买回 120 斤小麦。因红军在我家设伙食团，临走时将一装过面粉的木箱放在我家里。小河街恶霸郭从喜硬说木箱是他家的，借此带人来家搜查，把卖板栗钱买来的洋布、小麦，竟然作为赃证，大骂我憨厚老实的父亲“勾结红军”，拿了他家的布和粮食，声言要活埋我们全家，吓得全家喊天叫地地痛哭。为了全家活命，我父亲委曲求全，请来了小河街的屈尽忠、魏金川，向郭从喜下话求饶。结果，郭家除收去粮食、洋布、木箱外，还叫我父亲办了两桌酒席，请了乡绅财主做陪客，郭从喜才手下留情。从此，我家就更难维持其七口人的生活了。母亲每提起这件冤枉事来，全家人就要伤心痛哭。当时我 12 岁了，记忆清楚，至今没忘。（根据宋兰英 1984 年 11 月 6 日谈话记录整理）

选自中共略阳县委党史资料征集研究办公室编:《红军长征过略阳》，1986年9月，第132—133页。

① 标题为编者所拟，原标题为《宋兰英回忆》。

红军扩红在西沟[1]

邓邦信

西沟跟红军去的人有：邓邦信、邓邦声、石明辉、石明新、邓邦为、邓玉亭、邓玉海、邓邦忠、穆自长、邓玉山、邓玉岗、石明富、石连富、邓明实、邓明玉、石连荣、刘世发。

苏维埃主席邓邦孝，当时年已60，没有去。（**摘自1960年5月27日党史座谈会笔记**）

选自中共略阳县委党史资料征集研究办公室编：《红军长征过略阳》，1986年9月，第134页。

① 标题为编者所拟，原标题为《邓邦信回忆》。

三、红四方面军途经地亲历者回忆

红军来到镇江关[①]

兰桂珍

红军来的时候，我们镇江关的人听了谣言“红军要把人杀光，要把地铲三尺”都害怕逃跑了。我父亲兰万全带着我们全家跑到东门沟内躲藏起来，过了几天，他一个人回到镇江关认识了红军，又来到东门沟，把躲藏在这里的20多人都叫回去了，回去后，大家给红军炒干粮。我爸爸给红军筹粮带路。镇江关村苏维埃政府成立后，他任主席。红军走时，我父亲想跟红军走，有个叫李县委的干部劝我父亲留下来坚持地方工作。红军走后，国民党军队占领了镇江关，我爸爸被当地团首张启志逮捕交给国民党军队，被关押起来。记得那年六月初十，敌军强迫群众在清真寺开会，当时我在桥头一块地里挖洋芋，我的一个婶婶跑来对我说：“你快去看你父亲怎么搞的。”我放下锄头向清真寺跑去，跑到寺后听见里面有人在狂呼口号，说什么要枪毙我父亲，还要斩草除根。又听见往下场跑的脚步声，我又向下场跑去，跑到刘家后面就听见枪响。跑到字库前，看见父亲和张启云、杨益成三人被打死了。我扑上去看见父亲头部中弹，胸前还揣着一片红军发的字布。由于我听敌人说要“斩草除根”，便逃到外地去帮人。我父亲死的时候38岁左右。那时我16岁。

占领镇江关的敌军，一部顺河下去，一部从镇江关的背后上山。这

① 标题为编者所拟，原标题为《访烈属兰桂珍的记录》。

些敌军在马场和红军打仗，被红军打死很多，其余的逃回松潘。红军又经镇江关到马拉墩去了。

选自中共阿坝州委党史资料征集小组办公室编印:《阿坝州党史研究资料》第9期，1984年4月，第46—47页。

磨房枪声

陈尔之母[①]

1935年我已18岁。红军要来之前，地方反动派就大肆宣传“红军要杀人”、“要抓年轻人去当兵”，所以大多数羌族青年都跑到山林里去躲藏起来。我和寨子里的几个年轻人也跑了几天后又回到寨子里，因为羌寨里的老年人都没有跑。5月中旬，红军真的到了茂县，很快到了我们赤不苏大小瓜子。红军还与黑水土司在赤不苏进行过境谈判。红军一来就到每个寨子进行宣传，讲红军是穷人的队伍，是杀富济贫的军队，不欺辱番夷少数民族，穷人只有团结起来支援红军才能得到彻底翻身。没过多久赤不苏成立了苏维埃，大小瓜子苏维埃建立后，开展了支援红军的活动。我和寨子里的年轻人参加了赤卫队，后来赤卫队中多数人参加红军跟红军走了。不久红军要离开赤不苏，听说要到草地，各乡村苏维埃都在为红军筹集粮食，缝羊皮褂，打草鞋。那时赤不苏河一带仅有几家磨房，因缺粮磨房都空着。一天红军派了一个姓张的连长，带了十多个红军，说要用磨房给红军磨面粉，叫我们动员能推磨的老年人给红军磨面。老年人一听说都争先恐后要为红军磨面，仅十来天就磨了一万多斤面粉。由于当时粮食紧缺，青稞、玉米、胡豆很难筹集，加工出来的面粉常有土匪来抢劫，所以每个磨房红军都派了一个班，有的一个排

① 陈尔之母，羌族人。

的战士守护。在一个漆黑的夜里，天上只有几颗星星在闪烁，忽然从远处传来几声枪声，知道土匪要来抢粮了。红军战士立即做了战斗准备。果然不出预料，枪声愈来愈近，而且吼声也愈来愈大。为了保住已磨好的面粉，我和磨面的阿爷将小小的磨房门用大木头顶住，十多个红军战士全埋伏在磨房周围。我们在磨房虽非常着急，这时只听到红军班长在喊：狗杂种，要脑袋或是要粮食，有种的给老子过来拿！突然枪声大作，红军战士已和来抢粮的几十个土匪接上火了，土匪在黑暗中不知底细，终于逃跑了。等到天明我们打开磨房门，红军战士仍守卫着磨房，在距离磨房不远的河边上，土匪丢下了几具尸体。

而今当我们看到巍巍的瓦钵梁子，仿佛见到红军旗帜在迎风飘扬；听到喧嚣的赤不苏河，好像听到羌族人民那曲曲赞美红军的歌。（李家骥收集整理）

选自阿坝藏族羌族自治州文化局编：《红军长征过阿坝革命文化史料汇编》，1996年10月，第261—262页。

宁死不屈的小红军

郑子和

民国二十四年，我跟我哥在阿坝谋生。

有一天，我们俩正在河边洗皮子，只听有人喊："快去看哦，抓人了！"我俩丢下皮子，跟着众人跑去看稀奇。

跑了一段路后，到了一个大草坝子里，只见不远处马匪（马步芳）的部队，当地人都在叫马匪，押着一个人过来了。

等他们走近一看，被押的人是个小娃娃，只有十五六岁的样子，长得干净净的，脚一跛一跛的，大概是绊倒了或是受了伤。

马匪见围的人多，就停了下来。一个长官模样（因他背的是短枪）的人走了出来，对大家喊道："来看哦，来看哦，这就是共匪的下场。"

我仔细看了看那孩子，他的脸有些花，身上穿的衣服、裤子也有些烂了。尽管年纪不大，可一点也没有害怕的样子，他昂着头，挺着胸，虽然双手被绑在了身后，仍很精神地站着。

那个长官模样的人喊了一阵后，就对那小男孩说："当共匪安不安逸，啊？哼！今天，我也不为难你，你当到这么多人，就说一句：再不当共匪了，我就放了你。"那孩子头一扭，没有说一句话。

那人在孩子面前走了几转，说："你是怕我说话不算数吗？有这么多人做证，你怕啥？"那孩子也没有说一句话。

那人又盯着孩子说："哼，善说不听，你要等老子动手吗？"他拍拍斜挎在腰上的手枪说："你也晓得这个东西是干啥的，又没有喊你做啥子，就说一句话，有啥子嘛。"那孩子昂着头，仍不说一句话。

那人毛了，就喊："拿根皮带来！"马上有个马匪递了一根皮带给他。他对那孩子说："怎么样，想不想尝尝它的味道，啊？"他捞起皮带正要动手的时候，另一个长官模样的人喊了一声"住手！"

这人走出来，看了看孩子说："唉，看你人不大，当什么共匪嘛，真是作孽啊。"说完，他就对那些士兵说："唉，你们还绑他干什么？快松开。"马上有几个士兵给那孩子解绳子。

绳子一解开，那孩子揉着手，我看他手腕上有好深的绳印。这人就对那孩子说："唉，小家伙，你跟到共匪跑什么？就跟到我们多好，有吃，有穿，叫你吃大米，穿新衣，嗯，怎么样啊？"那孩子仍不说一句话。

这人又说："你只对这些人说：共匪不是好东西就行了，你一个人不愿在这草地上走，你可以给我当马夫。怎么样？"

"你们才不是好东西！"孩子终于说了这么一句话。

我们听到孩子说话，都有些高兴。大家就小声地议论："这孩子也不知干啥的，真了不得"，"在孩子面前逞凶，算什么好汉"，"这娃娃敢说那种话，真不简单"，"马匪，确实没有一个好东西"。

这人有些火了，又不好抹下脸，就吼道："大家不要闹了，你们没有看到共匪，看到了就要把你吓走，他们杀人、放火，还要共产共妻，你们这些人都不是挨家。"说完，他走过去，抓住孩子的领口说："小共匪，喝了什么迷魂汤了，解不到了，你软硬不吃，看有什么好事。"说完，他又叫士兵把那小孩捆起押走了。

不多久，就听人说，马匪把那小孩弄死了。

后来，我才知道，那小孩就是红军。

当时我并不知道红军是干什么的，是怎样的一支队伍，可从那小孩

的身上，我看出：红军是好样的。（杨碧常收集）

选自阿坝藏族羌族自治州文化局编：《红军长征过阿坝革命文化史料汇编》，1996年10月，第275—277页。

山民的觉醒

谢成敬

1935年，麦子在黄的时候，听人说："要来'霉老二'了，霉老二有爪爪，不管你在哪里，都要把你抓到。"听了这些传言，大家都人心惶惶的。

在家里，我是大的，底下还有弟兄姊妹，两个老的就对我说："这家人上有老下有小的，就看到你得力，听到说'霉老二'要来了，你要拿个主意才是。"

以后，越传越凶，越传越神，还说"霉老二"个个都是红胡子、蓝眼睛、长的有獠牙的妖怪，见了鸡、猪、猫、狗都要吃，更不用说是人了。听得多了，心里也拿不定主意，就找村上的伙计们商量。

有的说："管他的，不管来啥子东西，我们都跟他们拼。"有的说："我们拼到容易，只是那些老的老，小的小，咋办呢？"有的说："拼，咋拼嘛，还没等你挨到他，他就把你抓去吃了，不如去躲到山上。"

大家就一致同意躲。

主意一拿定，我就回去对二老说："我们已经商量好了，大家一起躲到山上去。"于是大家扶老携幼，一起躲到了山上。

在山上住了几天后，有人就到山上来喊来了："老百姓，快出来，我们是红军。"

听到有人喊，我就爬到树上去看，一看，山上来了好多背枪的人，只见他们也跟一般的人差不多，也没有什么好吓人的地方。

以后的几天，这些背枪的都在这山上喊，就喊我们回去，不要再藏在山上了。

我就跟伙计们商量：住在这山上也恼火，啥都不方便，不如下山去看看。另外，看那些背枪的人也不凶，这么多天了，都是把枪背在背上，也没见他们乱打。要是他们要乱来，我们藏也藏不住。大家都同意了我的看法，就商量好天黑了下山。

到了山下一看，到处都驻了军队。不过，他们一点儿都没有乱来，又没有抓鸡，又没有拉猪。大家都有点儿奇怪：只说这次是来了啥子队伍，这么清静呢。

心里有了底后，我们又上山去，把亲人们都喊下了山。

一下了山，红军对我们很热情，要我们各自回家，不用害怕，还说红军只打地主老财，不伤害穷人。

我们家里也住有红军，还有一个团长。团长经常跟我摆调，动员我参加红军。

不久红军开始整老财了。这条街上有一个姓吴的地主最可恶，平时就放大利、吃烂钱，养了一大帮打手、流氓，大斗进、小斗出，抓人、整人、派捐、派款无恶不作。老百姓都恨他。红军一来，就没有他的好日子过了。他们把那吴地主抓了起来，给他做了个高帽子，在他脖子上挂上一个牌子，然后叫他敲锣游街。边走边说："众人不要学我姓吴的，吃大利，整穷人！"游街完以后，红军就把这姓吴的地主枪毙了。

那以后，红军打土豪，分田地，还搞开仓放粮，成立了苏维埃。

我见红军一心是为穷人办事，就想参加这样的队伍。跟父母商量，父母都不同意，说我是家中的老大，是顶梁柱，我一走他们没有依靠。

父母都没有说服我，我还是跟红军走了。

在红军中，我既是向导，又是翻译。每到一个地方，若遇老百姓躲藏的事，我就用藏语向老百姓喊话，向他们说明红军的政策，说明红军是穷人的队伍，是专门整有钱人的。老百姓听了我的话后，陆陆续续地回到了村子。团长很高兴，说我一个人胜过一个排。

由于我跟团长比较熟，就经常跟到他，他也常给我讲些道理。什么穷人为什么会穷啦，地主的钱是从哪里来的啦，世上是谁养活谁啦；还讲，今后都是穷人翻身做主，穷人说了话算数；还讲以后大家都要有饭吃、有衣穿，孩子们从小就读书、学文化等等。团长懂得东西真多啊，我问他："团长，你咋啥都晓得呢？"

他笑着说："从书本上学的嘛。"哎，有文化真好。我就是吃了没有文化的亏，大字不识三箩兜。我决心学文化，就请团长当我的老师，团长高兴地答应了。以后，团长就天天教我认字，从"人、手、口、田"学起，光认不行，还得背、写。别看团长平时挺谦和的，可在学习方面，一点儿也不含糊，哪一个字没有写好，他的脸色就会黑，背书打了疙瘩，也通不过，得重来。这样，苦是苦了点儿，可我也认了不少的字。

遗憾的是，我跟红军没住多久，家里带信来，说一家人都得了病，要我快回去。我去跟团长商量，团长说："部队是舍不得你走，我们离不得你这样的人，不过，家里人病了，你该回去看一下。"这样，我含泪离开了红军，回到了家里。

离开红军回到家后，才发现家中的弟妹都病了，母亲因着急，吃不好，睡不好，也喊心口痛。无奈，我只好留在家中。

有一天，我到一棵印（理县一地名）去办点事，路上遇到个人，那人说："你还朝上走，不怕啊？"我说："怕啥呢？"他说："上面住有'霉老二'，见人就要抓。"我说："乱说，啥子'霉老二'，是红军，人家都是些好人，他们只是见不得有钱人。"他说："你维护那些人做啥？人家都说那些人不是好人，你不躲到，还往前走。"我说："我曾跟他们住过一段时间，人家纪律严得很，不准亏待老百姓。"他说："真有这种事？"我说："我哄你干啥。"说完，他半信半疑地离开了我，我仍朝上走，到了目的地办完事后我朝回走，碰上了一个当兵的，他（当时我不知她是女的）对我说："老百姓，我买了一头猪，拉不动，你帮我一下行不？"我说："好嘛。"我与他一同到了卖猪那家。那家人的猪不小，大概有 100 多斤。我说："我们空手，咋样把猪弄起走嘛，不如借根绳子把猪拉起走。"他很高兴地说："哎，还是你有办法。"我们两人在主人那里借了根绳子后，我把绳子套在猪的脖子上，我在前边拉，他在后边吆。我问他："拉到哪里？"他说："送到厂子头。"我不知"厂子"是啥地方，也没问，就按他指的方向走。

拉拉停停我们终于到了。他说的"厂子"，结果就是一棵印下头河边的一个大坝子。

刚一到那里，就围上了好多人，"部长"、"部长"地叫着他。我一听，怎么那些声音都是女兮兮的呢？我有些好笑，但没说什么。

完成任务，往回去的路上，他问我："我们俩一起走了这么久，你晓不晓得我是啥子人哦？"我说："我晓得，你是红军。"他笑着说："我是让你猜猜，我是男的还是女的。"这时，围了许多当兵的，他们（其实她们都是女的，只是我当时不知道）都嘻嘻哈哈地在那里笑。我有些不好意思，但仍鼓起勇气说："那还有啥说的呢，肯定是男的嘛。"我这一说，旁边那些兵更是笑得前仰后合，我也听出声音不对，但没有朝那里（她们是女兵）去想。她揭下帽子，露出齐耳的短发，笑着对我说："你好生看看，我是男还是女。"只见她穿着灰色的二马车衣裳，齐膝的短裤，打着绑腿，脚穿草鞋，个子又高，手脚又粗又大，哪里像个女人？她见我那似信非信的样子，就对那些女兵说："姐妹们，都把帽子揭下来，让这个大哥好好看看，我们究竟是男还是女。"那些女兵一个个都揭下了帽子，露出了齐耳的短发。直到这时，我才晓得，原来她们一个个都是花木兰。

这一下，我不好意思了，恨不得地下有条缝钻进去。

部长走过来，拉着我的手说："不要紧，不要紧，你今天很开通，还帮我们送猪，我们感谢你！"

她这一说，我缓了一口气，就说："送个猪有啥嘛，我晓得你们是啥子队伍。"部长说："好，好，今后你要多宣传，打土豪分田地，弄财主，不是哪一两个人的事，穷人都应该起来，联起手来跟地主斗。"我听了后一个劲地点头。

我准备离开她们了。部长说："你今天帮我们，耽误了时间，我们要给你报酬。"我说："又没有好远，不要报酬了。"她说："要给，我们红军有纪律，不能占穷人的便宜。"我因跟红军住过一段时间，也知道红军的规矩就同意要报酬。她拿了一坨大烟（鸦片）出来，说："把这个给你。"我说："我又不会抽烟。"她说："你拿回去，换两个钱用吧。"我便收下了这坨烟土。（杨碧嫦收集）

选自阿坝藏族羌族自治州文化局编：《红军长征过阿坝革命文化史料汇编》，1996年10月，第278—282页。

我的一段经历

塔尔平（藏族）

1935年农历四月许，传统的木苏庙会把当地群众都吸引到喇嘛庙去了。突有苏永和头人从龙坝衙门派出的拉沙木、泽旺头二人，急急忙忙地来给木苏头人仁真兰木尔甲报信。说的是红军到了茂县后，派来一名军代表和一名通讯员，并已到西北窝寨的龙坝衙门，要和头人们商谈关于红军借路过黑水的事。

这简直是一则爆炸性新闻，人们的注意力一下转向衙门，关心起头人们的动静。拉沙木和泽旺头走后不久，苏永和后妻麻窝太太高丽华，也派有板凳木、兰克斯甲二人来给她父亲仁真兰木尔甲报信。他俩说的是，红军进入茂县后逐渐向黑水靠近，前面的部队已过沙坝到白溪寨了，所过之处又都建立了营地。又说苏永和已给她捎信，商谈借路时红军的熊代表说："我们红军是为打蒋介石路过一下少数民族地方，不是来和你们争地盘的，不会要你们的财物和牲畜，不会动你们一根毫毛。"会谈后，苏永和头人和前妻俄斯密太太派了拉沙木、泽旺头等六人，随熊代表到白溪寨去了。仁真兰木尔甲得到这些消息后焦虑不安，并对身边的人说："怎么苏永和已派人随红军代表去茂县白溪寨去了？前半截的事他都派人来和我商量，为什么后半截的事就不与我商量了哩？既然苏永和派人到茂县去了，那我得赶快派人去赤不苏王包包处，以便商量对策，遇事也好给我通风报信。"（王包包系瓦钵梁子的大乡役）

木苏头人仁真兰木尔甲也开始行动起来了，他传唤六沟的管家和老民在衙门里开了一次紧急会议，一是说明红军即将进入黑水境内，二是商量派人去赤不苏一事。这时社会上议论颇多，说的都是些红军如何不好一类的挖苦话，听起来就叫人毛骨悚然，人人都有害怕红军的心理负担。尽管头人发了话，可在会场上就没有人主动表态愿去赤不苏的。我于 1928 年到木苏衙门做佣人，已和头人家小生活多年，头人的威风我是知道的。起初，我只想当名和尚，不愿别人的掣肘，只因拗不过头人权势，这才逼到衙门服侍高丽华。不过服侍人以来，身价虽低，待遇不薄。考虑到自身的处境,为不使头人难堪,我便主动提出愿受头人差遣。仁真兰木尔甲对我的请求十分满意，当即表态说："那你就带领日十多寨的王英、茸尔甲，俄窝窝寨的日西，大寨子的二木西，罗窝寨的别云西五人，明天出发到赤不苏王包包家住下，有什么重要情况及时报回，并听候新的差使。"

按照头人的吩咐，我便同另五人第二天赶早上路，前往赤不苏。走到两河口遇到王包包手下的几个人，说是来接我们的，大家就在那里休息了一会儿。我问他们眼前"风声"怎样？其中一人答道："龙坝头人派去的人现在还未回来，谁知道又有什么变化？派去的人耽搁时间越久，越叫人放心不下，因为他们的死活都不知道。我看你们就不用去了。"闲谈一阵后我们继续赶路,不到两个钟头便到达王包包家。当晚，苏永和派出的六人也赶到王包包家。见到拉沙木等六人后，我和王包包等人都很想尽快知道他们带回了哪些新情况。拉沙木等人说，他们是护送红军熊代表去白溪的，也顺便观察一下红军的动静。目前，红军又由白溪往前进驻到洼底了，和我们相距不到半天的路程，人数很多，连茂县的人都弄不清有多少人，这一情况须得马上回话给头人才是。经过一番议论，决定将拉沙木等六人分做两起，三人回黑水向头人报信，三人同我们一起留赤不苏，等候头人的新旨意。

红军驻洼底后再未向前推进，我同拉沙木等九人在王包包家一连住了十几天，其间与头人传书带信往返有三四次。头人们通过商量后决定，派人送来了赠给红军的哈达等礼物，安排就由我们九人代表四大头人，速往茂县求见红军大首长敬献礼品，表达对红军的敬意。可我们九人中有不愿去茂县的人说，送礼品用不着这么多人，不愿去的回黑水吧？我说要见到红军大人物后才能回去，不然没法向头人回话。王包包赞同我的意见，他说："既然头人已作了安排，九人都去。只是携带长枪容易引起误会，也不安全。不如把'笨家伙'留在我在里，也许保险得多！"对王包包的建议，没有人提出异议。

我们九人离开赤不苏到洼底那天，红军看见我们就问："你们是黑水苏头人派来的吗？"我们说："是。"红军听见我们的回答后，一下来了很多人主动和我们握手，连说："欢迎，欢迎！"安排我们吃过中午饭后，一位红军招呼我们说："我们的司令部就在坡上的勒达寨，请你们前去见首长吧！"我们如其所指，上山见到了驻军首长。他叫什么名字不知道，一见到我们就说："你们辛苦了，欢迎你们的到来。"那里的红军更加热情地款待了我们，尤其在吃住方面，照顾得特别周到，第二天还派人送我们到沙坝去。

一到沙坝，我们就见到了红四方面军的政治部副主任曾传六。他亲自出门前来迎接我们，见面时我们送给他哈达一条，狐皮一张。他衣着简朴，与战士穿一样的衣服，态度和蔼，给人以亲切的感觉。在沙坝我们住了七天。第五天晚上，红军要在白溪寨举办文艺晚会，曾副主任便提前约我同去观看，我说我不想去。他说："那也好。借晚上清闲，我也好抽空和你聊一聊。"是夜，他以亲切的语气问及黑水的情况，同我作了一次长谈。他宣传共产党的政治主张，解释借路北上不会损害黑水群众的半点利益，反复说明红军不是来抢占地盘的，并特别语重心长地说："不论再过 30 年或 40 年，时局的发展和变化，必然是共产党一定会胜利，国民党一定要失败。只要大家都活着，革命成功后我们还会再次见面，但那再不是历史的重现，是携起手来共同建设新中国。"对于红军首长的教导，当时我还不能理解，甚至认为将来如何？只有大人物才知道，我仅是头人衙门里的一个佣人，哪晓得那些事。他见我手枪不好，当即送了一支20响，子弹50发。第二天，我的伙计们却因此别扭起来，龙坝的拉沙木等三人，见到我都不说话，怀疑我有问题，嫉恨我亲近曾副主任。

曾副主任告诉我们九人：红军首长就要到茂县召开重要会议，现在正是你们前去求见的机会。我们终于盼到了这一好消息，经过商量，决定由我带领二人去茂县，其余六人仍留在沙坝等候。

我们在茂县住了三天，生活上仍受到红军的优待。第一天，未见到首长。第二天是大会日期。吃过早饭后，人群不断涌向会场，要说来了多少人，真是数不清楚。正中午宣布大会开始，总部首长出席并讲了话，但占用时间不长，大会也因此开得简短。首长的名字未公开，称呼时用的是代号。我记得一号是个矮胖子，二号是个瘦高个子，两人穿的衣服与普通战士一样，都很简朴。会后，首长接见了我们三位代表，收下了头人们敬献的礼品：哈达二条，熊胆一个和麝香三两。热情地说："红军收下了你们送来的礼品，谢谢头人们的好意。请转达红军向黑水高头人、苏头人，及全体群众问候！"接着还耐心地谈起关于红军的政治主张、尊重少数民族风俗习惯等，要求头人打消顾虑，支持红军借路北上。态度严肃，气氛十分友好。住了两天后，我们要返回黑水了。临行前，红军特地送给我一匹鞍镫齐备的战马，一箱步枪子弹，送给另二人步枪子弹各250发。回赠给头人们的厚礼是：机枪一挺，子弹一箱，大烟约50斤，织贡呢一匹；另加送太太胶鞋、袜子各一双。安排由八个民工背上，送往黑水。为了我们的安全，首长又派有二名红军战士护送，一切都考虑和安排得十分周到。

正当我们满载红军一片深情和厚礼回到沙坝时，曾副主任为做苏永和的工作，已离开沙坝上赤不苏谈判去了。因未见到他，心里有些不自在。又听说茂县和黑水交界外发生了枪战，更使我的心情沉重起来。

民工负重，行走缓慢，前面的情况正在发生变化，怎么办呢？夜休前，我们几人经过一番商量，又做了新的分工。龙坝三人随民工缓行，负责礼品安全送到黑水；木苏六人兼程先行，尽快和先头部队取得联系。依此方案，我们六人离开沙坝后即飞身往前赶路，殊不知到洼底时，驻防在那里的部队已经换防，执勤人员怀疑我们的身份，不但不让通行，反将我们捆绑起来。所幸曾副主任在事发后不久也回到了洼底，经他听取汇报，问明情况后，立即下令放开我们，并为此进行工作。他严厉批评执勤战士不该如此鲁莽行事，要严肃纪律，追究责任，他向我们边鞠躬赔礼边解释说："我们的战士不了解你们是头人派来的代表，也不知道前面发生枪战的具体情况，这是一场误会，请不要记在心上。"听到如此恳挚的话，我们还有什么想不通呢？他顺便介绍了枪战的事。原来赤不苏谈判结束后，苏永和带的人因为高兴，到半山时边啊嗬边鸣枪，可布防在对面山上的红军不知道这是一种民俗，以为土兵向红军代表开枪了，于是两山之间远距离对射起来，小打一仗，双方无人员伤亡。曾副主任进而对我说："尽管没有造成人员伤亡，但发生这样的事情总是不大好。苏永和上午还和我谈判，下午回去时毕竟向我们开枪了，你是仁真头人的代表，他这次没有到赤不苏来谈判，你回去后可要好好做一下他的工作。这条路一时不能畅通，你们也回不去，只有暂时住下再说。"我听从曾副主任的安排，住的是与他同一幢民房，一下就在洼底住了七天时间。

曾副主任住处设有电台，他和总部每天保持着联系。第六天他告诉我："根据总部指示精神，部队就要出发进黑水了。我们需要你们的配合和帮助，请分头给红军带路，不知愿不愿意？"我向他表示一定配合部队做好工作。过了两天部队开始行动。王英和日西随三十一军出发，走石碉楼方向；不记得茸尔甲和二木西随哪个部队，走什么方向；我与别六西（他任通司）仍随曾副主任及其所带领的部队。

我们由洼底出发后，翻越纳呼山到黑钵寨住了三天。首长向当地少数民族上层王西木、张西木做过工作，但未要我介入，具体情况不知道。离开黑钵寨时可能是一次紧急行动，因出发那天部队一早就全部动身，连夜过赤不苏，后经瓦钵梁子的鱼沙沟、俄口山上，这才下山驻扎到维古。这时，进村后见不到群众，都已隐蔽到深山老林中。民房里空空荡荡，财物也转移干净。而日益增多的伤病员、红军女战士和随军的老根据地群众，却逐渐与首长同一行动在一起。生活上没有粮食吃的，伤病员缺药少医，眼看部队已开始经受饥饿和疾病的折磨，但首长仍教育战士要遵守纪律。在维古住了三天后便向芦花前进，可是只走了十多里路到米尔瓜子天就黑了，便在那里住下，第二天不知何故又返回维古，我实在困惑不解部队哪有这么重的拖累，便向曾副主任提问说，哪有这么多的非战斗人员？曾副主任说："老百姓都希望安居乐业，过上好的生活，但没有当家做主的权利，又哪能有好的生活？这是国民党反动统治造成的痛苦，所以红军一离开根据地，群众就跟着来了。"我随便点了点头，心里仍然不明白。又在维古住了三天，这才来到米尔瓜子。曾副主任了解到我住家就离那里不远时，他问我："现在到了你的家乡，你要回去吗？"我说，山梁后面便是我住家的地方，但不回去，我想继续跟你走。他说："你的想法不错嘛！现在你要喊部分群众回村里来才好。"我想这是对我的信任，也是能够办得到的事，便到村外喊人去了。头天喊回俄木头，第二天一早出去又喊回米尔瓜子的茸尔甲。可茸尔甲的双手红肿着，双臂有绳子捆过的印痕，本人给首长说："是被前面部队的人捆肿了的。"曾副主任对他很友好地说："红军的纪律是严格的，但也难免会出现有违反纪律的人，你受苦了，我感到很抱歉！番汉都是一家人，红军是为群众解除痛苦而来的，请不要有多余的想法。"经过一番安慰后，在生活艰苦的条件下，又叫他吃了一顿好饭，送了一套好衣服。在米尔瓜子住了两天又起程向芦花进发，但未走山上，过的是河坝路，与苏永和的麻窝衙门拉开了最大限度的距离。之后，红军又开始上山，抵芦花附近的竹格都时，部队搭帐篷宿营，听说已有部分中央红军来这里接应了。

当我们到竹格都的第二天晚上，曾副主任对我说："我们就要到毛儿盖去了，你若再跟着去，就会离家越来越远。考虑到你有父母妻子，双方都有牵挂，而你本人又抽大烟，生活也不方便，还是回家的好。为了你的安全，我给你写个条带在身上，遇到红军时你交给他们看一下，保证会让你通行。若是遇到其他人，那就由你自己想办法了！谢谢你与我们合作了这么长的时间。"我感到一股凉意，但即表示同意了。次日早上，曾副主任给了我一张盖有印鉴的字条，并再次对我说："红军迟早是要回来的，共产党必定胜利，国民党必定失败。将来革命成功时，你拿手中的证件来见红军（可惜我未珍藏下这个字条，这是我的一大遗憾），你将受到特别欢迎。若你不在人世了，我的本子上记有你的名字，红军和人民是不会把你搞忘的。"听他说完后，我握着他和在场红军的手依依告别，告别了曾副主任，告别了红军，结束了这段与红军相伴的难忘经历。[崔先友等记录　周礼富（羌族）整理]

选自阿坝藏族羌族自治州文化局编:《红军长征过阿坝革命文化史料汇编》, 1996年10月, 第322—328页。

红军在梭罗沟的宣传活动

蔡金廷

1935 年红军从汶川到理县时，我在梭罗沟放牛。当时，群众听说“霉老二”来了，头上有“八只角角”等谣传后，老百姓全都跑到山上去了。我母亲没有跑。红军张排长、谢营长（谢成功）带部队到梭罗沟时天已黑了。他们宣传“老百姓回来，我们打地主、分田地、分房子”。群众打消顾虑后全部回来了。当晚在牌坊召开了群众大会，红军说：“我们是工农红军，分土地不要怕，要成立苏维埃；成立童子团、少先队、游击队，防止探子破坏。少先队站岗放哨；游击队可以发枪，防止地主捣乱。”我也参加了游击队。参军后，我被调到供给部工作。在杂谷脑开了个大会提出部队要改编，拉到灌县、成都、西藏去。十几天后，中央来了命令，不同意这个安排，要求坚决过草地。9 月份，说是过不了草地，撤了回来。部队也开始乱来了，那都是张国焘干的事。

摘自《红军长征过理县》。

选自阿坝藏族羌族自治州文化局编：《红军长征过阿坝革命文化史料汇编》，1996年10月，第329页。

红军在白羊[1]

郭兆芳

红军来的时候，我在安老爷家里（羌族土司安登榜），当时我还小，只有十几岁，听说红军要来，还说红军杀人、抢人，白羊的老百姓逃跑到北川去了，安家的人都吓得六神无主，这里还有人逃到山林里去了，过几天安老爷带上红军回来了，大家就没慌乱了。安老爷给大家说:“红军是好人，国民党反动派才是坏人，红军是我们羌人的好朋友，大家不要害怕,不要相信国民党反动派胡说八道,大家要帮助红军、参加红军。”

红军队伍驻在我们白羊，现在说老红军，其实当时都很年轻，还有些年轻女红军，每天教我们唱歌，还给我们跳舞（舞蹈)。我们都很高兴。还给我们讲他们打仗的故事，讲革命道理 :“红军是为各族人民谋利益的军队。”当时我很小不懂事，我说 :“我们不是番民，我们这里有的是羌民,有的是汉民。”大家都笑了,一个年龄稍大点的女红军说:“番民、羌民、汉民都是一家人，我们共同的敌人是国民党反动派。”

安老爷回来后精神很好，给全家人讲他参加红军的经过。红军在我们白羊建立了三个苏维埃政权。过了一段时间，我随安老爷、安夫人安廖登洁跟红军到了镇坪，我和安夫人给红军做针线补衣服，缝羊皮褂。安老爷和红军黄主任、魏部长带一些年轻男女做宣传工作，他们唱歌、

① 标题为编者所拟，原标题为《郭兆芳回忆录》。

跳舞、写标语，给群众讲话，还到处去找粮食。后来红军番民游击大队成立，安老爷当了红军领导干部，带队伍到毛儿盖去了，我们就回到了白羊。（杨继宗采访）

选自阿坝藏族羌族自治州文化局编:《红军长征过阿坝革命文化史料汇编》，1996年10月，第330—331页。

徐总住在我家里

马显华

我家当时住在今金川县政府后面的四合院，房子坐西向东，大门也是这个方向，院坝里搭一根十二级的木梯可上房背。在大门左边房背上，有一个敞房。当时我家有双亲（父亲叫马迁良），二哥马显云（红军来的时候他去道孚未归，红军走后一两年才回的金川）、二嫂、二姐和三妹，种了二亩五分地维持生活。坎下是肖家（肖定照）、右邻邹宝德、左邻张伯川。张伯川的房子是长三间，面向东，左侧有一畜圈，从房后的两级石梯上房背，靠在我家这边是竹林和梨树林。梨树林下面有条水沟。徐向前总指挥随红军到金川后，就住在我家正房堂屋，警卫员就住在堂屋左侧房间里。徐总睡眠用的是一架有圆帐的行军软床，铺的一条水獭皮褥子，盖的一床金雕绒大毯子。徐总常爱在堂屋卧室里踱来踱去思考军机大事。徐总平时很少说话，我有时回到家里和徐总摆龙门阵时，他向我指坐，曾问过我的家庭生活情况，问我加入红军没有，我回答说加入了回民独立连。我见徐总平时很少与其他人谈话，我就忍不住问他："总指挥您怎么不大说话呢？"徐总就用手指着头部说："头昏头疼。"他平常休息时，爱到房背上去，警卫员就把行军床给他搬上去。天气很热的时候，徐总喜欢到邻居的树荫下去乘凉，坎上刘汉青家的竹林下，左邻张伯川家的竹林、梨树林水沟边，是徐总常去乘凉休息的地方。徐总的伙食是单独开的，警卫员和他身边的其他同志都和我家里的人合伙吃饭。

在我家正北方向的房背上，徐总他们开会的时候很多。开会时，徐总爱坐木椅，由于条件有限，到会的其他同志都在他身旁一转打起盘脚坐下。徐总在开会时爱听别人发言和摆谈，由于他头疼，很少听到他说话的声音。开会的首长们都很尊敬徐总，每当会一开完，开会的首长们陪同徐总一道回到堂屋（徐总卧室），向徐总敬礼后才告别而去。在红军的教育影响下，我在 1935 年的 10 月间加入了红军回民独立连。每当我在家时，好些时候都是徐总叫我去通知参加开会的人（主要是拿条子去通知，间或口头通知），经回民独立连连长吴玉山的介绍，我才认得一些开会首长，现在我还记得的经常来开会的首长有陈昌浩、周纯全、尹大利、邵式平、肖阿訇（肖桦）等人，有的时候，回民独立连连长吴玉山和副连长马善全也参加会。

由于当时环境恶劣，后山反动（即国民党势力的地方反动武装，我们红军统称他们为“反动”）常有骚扰，为保证首长安全，防止意外发生，我家的警卫很严，得到批准才能进出。一旦有情况，门上的卫兵立即增加。

徐总住在我家里时，同时还来的有 15 个妇女部长，有几个我还记得名字，叫岳顺芳、康自强、李素珍、金翠兰等。这些部长们除了搞宣传工作之外，还常帮我家里做些农活，如帮助择粮食等。他们还在我家的院坝一转支起小锅炒军粮，晚上开会学习后，就在堂屋里唱歌。徐总喜欢听她们唱歌，记得妇女部长们有次唱歌，歌词有：“天上星星没有红军多，……真快乐，真快乐”，大概是唱歌人的口音关系，把“真快乐”唱得使人听起来跟“整拐罗”很相像，徐总笑着说他们唱错了，纠正他们的发音后叫他们单独重唱，唱对时，徐总就拍起巴掌了。这天我正好从连部回到家里，见到这样欢乐有趣的场面，我都忍不住笑了起来。

徐总在我家大门的八字墙上题写过一句：“今年有了徐向前，我们大家过个闹热年！”可惜后来房屋全毁了。

红军要撤离金川前，警卫员们忙着准备干粮，但当时口粮已很紧张了。有一天，他们从外面拿回来了一条大鱼，把鱼切成薄片，他们把门板下了抬到房背上晒鱼片，徐总还去帮助翻晒，当时我不知道晒鱼片做啥用，我边帮他们翻晒，边问徐总，徐总说是做行军干粮用的。那天，徐总还关心地看了看我负了伤的脚（下雨天，我在范家坪和古碉之间护送患重病的战友石正方回家时，摔倒在路坎下的乱石堆里，伤了脚。当时人年轻不在意，一咬牙拐回了连队，隔不久，脚却疼得凶了），询问我脚疼的程度。我心头热烘烘的，徐总指挥真体贴我们红军战士。

遗憾的是，由于我脚伤一直到红军开拔北上时都还没有痊愈，首长肖阿訇和周学民叫我留下，因此我未能和部队一道北上。我就这样依恋不舍地和自己的队伍告别了。但是红军和徐总指挥播下的革命种子，却深深地埋在了我的心底。（张孝忠整理）

选自阿坝藏族羌族自治州文化局编：《红军长征过阿坝革命文化史料汇编》，1996年10月，第358—360页。

回民独立连的战斗生活

马显华

徐总在金川期间，1935 年 10 月间在金川县城老街游府衙门成立了红军回民独立连。独立连是直接由红军首长肖桦（回族，精通伊斯兰教义和阿拉伯文，回族称他为肖阿訇）和周学民同志领导。连长吴玉山，副连长马善全，我在石正才排长的那个排里当班长，以后把我调到骨干培训班里任班长，庆宁的李兆湘，城厢的石正才，杨二姐都还清楚这些事情。

回民独立连每天三次操练，两次上课，每天都要整队点名，训练是很严肃正规的。中午和晚上学习革命知识，由姓朱的红军教员讲解。学习内容主要是各民族统一团结抗战，宣传长征的目的，尊重民族宗教信仰等理论知识，必要时也参加其他活动，如打仗和协助民运。我自己就亲身参加过几次战斗。

一次是反动土匪武装头子王如茂的儿子（王云和）带领股匪准备骚扰县城根据地，上级命令我连去半途阻击匪徒。我们接到命令后，由吴玉山、马善全带领，半夜出发，急行军直到恶坡，我们迅速占领了垭口的有利地势，以逸待劳，当时我们连队的指战员们斗志旺盛，匪徒做梦也未想到我们会抢在他们前头占领恶坡垭口。当匪徒们发现我们时，就叫喊着向我们扑来，顿时枪声和喊声混杂一片，战斗大约进行只有一顿饭的工夫，匪徒们没有捞到任何便宜，一声呼哨就溃退了。我记得参加这次战斗的有马文常、马光思、李兆湘等人（马文常现在北川县）。

另一次是有天晚上，我们回民独立连正在学习，听朱同志讲革命宗旨，正讲到“土地制”时，突然接到上级命令，叫我们立即准备，待命出发。接近半夜时，我连集合，由红军干部周学民、尹大利和我连的吴玉山、马善全带领我们，向湾沟子出发。当时，反动土匪头子王如茂的分队长唐绍伍带领的土匪已经占领了湾沟子垭口，地形对我不利，而且匪徒们熟悉地形（唐绍伍家就在城厢）不好对付。周学民同志接到侦察员报告后，分析敌情，立即把队伍分为两队，二队由尹大利、马善全带领，从大水沟侧攻土匪；一队由周学民、吴玉山带队，约定抄到土匪背后就“告点子”（即发信号）压下来，两队同时攻击土匪。我在周学民这个队里，从炮台上去，经角木牛，绕道到了杜岗背后山上。当时没顾上缓口气，就立即布置好兵力向一队“告点子”，枪一响，战斗进行得很激烈，枪声、喊杀声接连不断，我们的队伍上压加下攻，好一场激战，未等我们冲拢垭口，唐绍伍就带领匪徒逃跑了。我们冲到垭口搜索时，虽未见到人影，但是到处是血迹斑斑，可见土匪伤亡是严重的，当太阳升起时，我们返回了县城驻地。

令人悲愤的是照壁山事件。那一次我们由周学民、马善全带起，到大照壁去护送粮食。同去的还有一位妇女部长（姓名我不知道），黄昏时，周学民和我们在千总官寨衙门下面仓库里装好了粮，休息了一下就由周学民指挥，把粮食护送回了县城驻地。留下马善全等战友同妇女部长一起到官寨衙门去开展工作，他们一直没有回来，后来我们才知道他们全部遇害了。我们全体同志听到噩耗，悲愤至极，集合发誓：一定要讨还血债，替战友报仇！可是后来由于形势和敌情变化的种种原因，我们的誓言未能实现。（张忠孝整理）

选自阿坝藏族羌族自治州文化局编：《红军长征过阿坝革命文化史料汇编》，1996年10月，第360—362页。

我跟红军干革命

马显文

1935年阴历九月二十四（公历10月21日），红军在城厢老街水沟边蔡时惠家中商定成立县苏维埃（本来决定是在头天成立的，但是那天来了国民党的飞机，未开成会），由贾进才（现在在中央工作）来喊我去参加会的。成立县苏维埃，有29个委员，其中有土地、劳动、经济、裁判等委员。我先当的裁判委员，丁永宽当的土地委员。当了九天后，又叫我当宣传部长。不到两月，阴历十月二十三（公历11月18日），红军在城隍庙里开群众大会，成立西北联邦政府，大会主持人邵式平在会上提我的名，说我肯跑肯干，坚持原则，叫我当副主席，会上全体同意通过。当时选入的人还多。不久部队开向前方，留在金川的人员还是不少。联邦政府在老街箭道子召开会议，布置保卫苏区，布置武装力量。布置我去克尔马打反动，随同去的领导人有祝玉延（联邦政府内务部长）、潘德成（江油人，县委宣传部长）、傅崇碧（县委书记）、罗青长（大金省委宣传部长）和袁麻子（区委书记）等13人。我们带部队去，赶走了几百名搞骚扰的反动。后来，在炮台（城厢山上）战斗时，我被一个穿黑毯衫的土匪砍了一刀，我当时踢翻了这个土匪枪毙了他。二方面军到甘孜，联邦政府分工，叫我随军部董振堂（五军军长）一路到绰斯甲打通与二方面军会师之路，在绰斯甲将近两个月。在八奈官寨，遇到土匪偷袭我们，我代理排长，坚决固守，我们起了土匪的粮窖，作为红军的给养。我和罗青长一道外出，在山上与匪遭遇，我们20多人去围攻土匪抓了93个土匪，其中有两个是土匪司令，因为两个都是少数民族，我不同意杀掉。我利用这两个土匪司令争取群众，向群众借粮，并争取了一些群众支持我们。我们100多人用木船摆渡时，一船载了48人，到河心时，牛皮保险绳断裂，船遭沉没，我奋不顾身跳河抢救战友，救起了四人，其中44人牺牲，我也因此受冻得病，仍咬牙行军进到崇科、毛日，组织了一个骑兵营。可是，与薛岳的骑兵团遭遇，我骑兵营初建无经验，遭全军覆没。这次失利使打下色尔坝与二方面军会合的目的未能实现，只得撤回金川。回来后，邵式平与查比二姐（杨秀英）结婚，甘孜那边实现二、四方面军会师后，邵式平去了甘孜。1936年阴历五月二十左右，我随董振堂部北上，急速行军到党坝盘龙河，我大病未愈体质弱，身体支持不住而掉队，后来国民党军队重占金川，一片白色恐怖，我只得只身逃避异乡，隐名藏身，以后风声稍松了我才回到家乡。（张孝忠整理）

选自阿坝藏族羌族自治州文化局编：《红军长征过阿坝革命文化史料汇编》，1966年10月，第362—363页。

目睹红军过渠坝

张本君

我家原在渠坝驿开小酒馆为生，红军过渠坝，曾在我家煮过饭。那年我虽然只有 11 岁，但红军印在我心中的印象太深、太深，至今记忆犹新。

1935 年农历九月初一，渠坝驿逢场，虽然秋雨绵绵，赶场的人流仍从四面八方涌来。因多数人戴着斗笠，街上比晴天赶场还要挤。上午 10 点多钟，正是买卖交易高潮时，有一个人气喘吁吁，一头扎进茶馆，找到正在吃茶的渠坝场的保正刘伟宇，对他耳语起来。因此人跑得慌张，呼吸紧迫，话音时高时低，结结巴巴，引起其他吃茶人的注意。只听他对刘保正说："……共 × 从乐道查口岩下来了，要你们做好准备。"刘说："涮潭子，那来的共 ×。"话音未落，叭、叭，响起了枪声。顿时人群大乱，四散躲藏；商店都忙不迭地关门。刘保正跑得最快，眨眼不见踪影。

来的正是红军，一进场就与国民党的"保商队"打起来了。所谓"保商队"，就是国民党的地方杂牌部队，他们对百姓无恶不作，对达官显贵摇尾乞怜，系有钱有势的人豢养的警犬。来渠坝的这支"保商队"，当天由纳溪开来，护送十几担财物去叙永。这批财物是国民党的副团长（有人说是副官长）李铁夫嫁女的陪奁。他们到渠坝后在刘自修开的栈房内歇脚，栈房门口有一个大汉站岗。红军进场后，一部分直扑栈房，站岗大汉见状大惊，呜嘘呐喊往里跑。“保商队”丢下财物不顾，从后门撤出，边跑边开枪还击，妄图反抗。烂娃兵怎抵神兵，被红军打得屁滚尿流，从马号湾力向逃跑，与此同时，一部分红军扑向禹王宫。住禹王宫的是绍坝来的团伙（保安队之流），有十多个人，赶场天只留一个站岗的，其余的都在街上吃茶、赌博……红军向站岗的打了一抢，站岗的还喊：“干啥子的？”回答他的又是叭、叭两枪。站岗的见状不妙，把枪一丢，爬起屁股就往里跑。红军紧迫进去，进行搜索，除了找到几支破枪外，连鬼都没一个。站岗的已从后院鼠窜了。

响枪的时候，满街都听到喊话声：“老乡们，不要怕，我们是红军，是穷人的队伍，专打土豪劣绅，保护正当商人……”枪声停后，胆子大点的人都陆续上街观看。我先从门缝往外瞧，看到街上人很多，一点也不惊慌。就索性打开大门，也上街观看。街上铺面几乎全打开了，人来人往，熙熙攘攘。但街沿坎上坐了很多人引起我的注意，他们穿的便衣，戴斗笠，披蓑衣，除了肩上靠的一支枪和其他武器外，和赶场的农民没什么区别。我奇怪的想，这是什么队伍呢？猛然看到每人手膀上都缠有红布条条，啊！红军、红军，他们是红军！当时还在落雨，红军身上都水淋淋的。他们为什么不进屋？不找个干净的地方休息？我感觉太稀奇了。

正街上有些红军在写标语，还有两个女红军在宣传。听的人越来越多，我也跑去看热闹。我虽年龄小，有些话的意思听不懂，但印象太深了，两个女红军的音容笑貌还在眼前。她们宣传的内容有：打土豪；打倒国民党政府；穷人要团结；要翻身、当红军；跟着共产党走，等等。正在听宣传，又看到刘自修栈房那边刚围了很多人，小孩子爱热闹，我又马上跑过去。挤进去一看，只见街上摆了很多花花绿绿的衣物，五光十色，非常吸引人。听说是国民党官僚的东西（即李铁夫嫁女的陪奁），要全部分给穷人，人群中有人说：“红军得了东西，一点也不要，全部分给穷人，真是打富济贫啊！”

中午，红军在我家煮饭，吃的菜是萝卜炒肉。萝卜是在街上买的，肉是在刘保正家抬来的。饭煮好后抬到街上吃。从始至终，煮饭送饭的只有三个红军进出我家，其余的红军一个也没有进来。吃过饭后，仍然是那三个红军将借用我家的炊具洗得干干净净，如数归还我们，还再三致谢。

红军正在吃饭时，永宁河对面广东坟（地名）响起了枪声，是乐道团阀肖镇南的团丁虚张声势，鸣枪壮胆。红军置之不理，镇静如常，群众的情绪随之稳定。后来听说，红军进场的是少数，大队人马还在渠坝后边灯杆坝那匹埂子上。肖镇南既不敢过河，也不愿过河，因乐道属泸县，渠坝属纳溪县。

红军进场时，打伤了“保商队”一个兵，这个兵不知从哪换上便衣窜进我家，碰到正煮饭的红军。红军见他衣袖上血往外渗，知道他负了伤，送他找红军医生包扎。他见红军对他很好，才说是“保商队”的号兵。红军对他进行一番教育,最后对他说:“愿当红军跟我们走;愿回家，发路费给你。”他表示愿回家，但又怕路上遇到其他红军走不脱。一个红军干部当时写了一张条子并发点银毫给他。他千恩万谢，表示回家当农民，再也不当国民党的兵了。

红军打渠坝并非偶然，是经过侦察或调查研究的。有三件事足可证明：一是进场直扑保安队住地；二是径直走进刘保正家捉刘伟宇（刘逃跑了,但对他家里人毫无伤害,只杀了他家一头肥猪,打烂一部电话机）;三是红军在街上宣传说：“大盐商我们要打，渠坝的盐商张友三我们不打。他是一般商人，是为求生活做生意的，而且也没做坏事；对正当商人，不但不打，还要保护。”

红军在渠坝只停留了短暂的几个小时，可是红军高大的形象，严明的纪律，正确的政策，艰苦的作风和舍己为人，爱护群众的高尚品德，永远铭记在人民心中。国民党诬蔑红军的宣传不攻自破，失掉市场。在很长一段时期内,茶馆酒肆的“龙门阵”都谈论红军,虽不敢公开赞扬，

但绝大多数人说："谁害百姓，谁爱百姓，难道还不清楚吗？"（曹杰秋整理）

选自中国人民政治协商会议四川省纳溪县委员会、纳溪县文史资料研究委员会编：《纳溪县文史资料选辑》第2辑，1984年9月，第14—19页。

红军演出活报剧

肖雨村

红军在（1935 年）阴历九月十五日（公历 10 月 12 日）占领绥靖县城的时候，贴了一张安民布告，上面有红四方面军的印章，大如斗碗，圆形。布告内容是诉说国民党贪官污吏、富豪劣绅剥削贫苦工农的罪恶。徐向前到县城后，建了西北联邦政府，绥靖成了大金省红军根据地，建了法院和保卫局、监狱、国家商店、国家药店，苏维埃设了土地委员给贫民分土地，又动员青年力壮者成立游击队、少先队。

九月二十四（公历 10 月 21 日），红军一个姓涂的干部请我为红军治病。我是中医，红军把我铺面的药材买了，卖给红军国家药店（灯杆坝李姓赞新堂铺内），并叫我也到国家药店上班。第二天，我就去国家药店上班，每天都要诊治八九十人。第五天时，总政治部的周纯全主任向我说红军随军中医有 135 人，由红军医院领导，他叫我去给红军总部干事王仲相治病（他的病只隔一天就明显好转，减轻了痛苦）。几天后，我在政治部吃了午饭回药店，行至观音阁（即今金川中学俱乐部）门前，遇到涂同志，涂约我去参加里面召开的大会。

我同涂走进去见里面搭的戏台上布置有镰刀斧头的红旗一面，但没有什么领袖像，只见一个青年少女在台上布置，戏台屏风当面坐有八个搞音乐的。布置完后，台上这位女青年叫下面的红军战士和群众（近千人）排齐坐下，我听她口音是四川口音，涂向我介绍说她叫李碧桃（伯钊),是专搞宣传工作的。李叫穷苦百姓在红军背后坐下后,在台上宣布:“穷苦老百姓,今天到场开会都不要走,会开完后,还要给穷苦老百姓分粮。”当时台下几位战士就鼓掌欢迎。李教战士唱南下歌,教了三遍,问战士们记住了没有,众答“记住了”。李又通报了当时红军南下克复丹巴、宝兴的战况。然后又请“张主席”讲话,“张主席”就是张国焘。张讲了些打军阀、反恶霸,杀贪官,取消苛捐杂税,杀国民党的收款委员等等革命道理。讲完后大家鼓掌,张走下讲台来到院坝。涂同志就引我去见张国焘,张问了我的工作情况,老涂又向张说我工作比较好。张鼓励我好好工作,并说要给我工资。随后他就随同四个卫兵走了。这时涂同志对我说:“今天开大会放假,你可在此多看一阵,会完还要演戏。”涂有事走了,我一人还在那里看开大会,台上的红军首长接着讲话,内容是征求大家对处置三个在押人的意见,这三个在押人,一个是杜铁樵派回来的探子罗德全、原县衙门的“斗基”黄正友(给县衙收粮的)以及家有枪支被查出的李德全,会上决定杀掉罗德全,劳改黄正友,继续对李德全进行调查。三人处理完后,李伯钊出场讲:“全体红军战士同志们,全体穷苦老百姓群众们,现在我们准备了两个节目,马上就要开演了。头一个是《工农联盟》,第二个是《两大小》。戏演完了,给群众老百姓分粮。”

李伯钊讲完话,台上就音乐声起,开幕了。台上出场的工农兵唱歌。第一个人是木匠,手拿锯子、斧头;第二个是农民装束,肩扛锄头;第三个也是农民,手拿镰刀;第四个是士兵,背上挎枪。在台上边唱边表演。演完这场后,第二场演的是《两大小》,内容是一个富绅宠爱小妇人,大妇人就与富绅、小妇人打架,演得滑稽幽默。演完后,李伯钊走到台中间讲解第一场是工农兵联盟大团结,要坚决与蒋匪、军阀作斗争;第二场是反映官僚、地主老财剥削穷人血汗,来养活他们过腐朽生活。然后,她由台上下来,喊老百姓快来分,说这些粮食是没收地主豪绅的粮。她手拿升子给穷人分粮,每人分小麦两升,玉米两升。我在旁边看,李伯钊叫我拿口袋接粮食，我向她解释“我是医生，在国家药店上班，不能参加分粮”。李伯钊向我说：“我们红军长征到此，沿途红军得流行病的人多，望你们费心治疗，我们红军领导是不会亏待你们技术人员的。”她分粮很忙，我就走了。那天参加分粮的群众有将近 300 人，大约分出的粮有 3000 多斤。

选自阿坝藏族羌族自治州文化局编：《红军长征过阿坝革命文化史料汇编》，1996年10月，第363—365页。

宣传发动群众，建立红色政权

杨海山

1935年10月，红四方面军攻占金川。由于国民党反动势力的欺骗宣传，加上广大群众不了解红军的真实情况，在红军到达我们八步里村前，大家赶忙朝山中逃跑躲避。好多寨子的百姓都跑得差不多了，我们的寨子也一样。因我当时生病而留在家中。

红军来后，我看出他们不像土司头人宣传那样一个个青面獠牙，到处杀人放火。而是一支有纪律、有秩序，处处为我们贫苦“格勒们”着想的队伍。我记得红军中有一个叫李部长的人，对我很是热情。红军发现我后，他叫人给我端茶送水，煮饭熬药，对我精心照料，并向我讲解了红军是解放穷人，为贫苦大众打天下的。就这样，我一点点地接受了红军的思想，并认定“红军是好人”。

在红军的精心照顾下，我的病也日渐好转。由于和他们接触较多，特别是那位搞宣传的李部长见我年轻机灵，汉语和藏语都能说，便格外看重我，有事总把我叫在一路，我也就当了他的临时“通司”，并跟他学到了不少的知识。

大概20天后，有一天他给我讲：“杨海山同志，你也是苦大仇深的‘格勒’，你也看到了红军的言论和行动，为了让更多的格勒同胞知道我们是穷人的队伍，你做我们的宣传委员吧！任务主要是让百姓回到自己的寨子。请他们回家参加生产，安居乐业，和我们红军一道推翻旧的社会制度，建立我们自己的革命政权，让穷人当家做主人。”我接受任务后便参加了红军组织的宣传队学习班的短期学习。

在后来的半月中，我怀里揣一点糌粑面，天天到各处山上喊话。当时人们都躲在高高的森林中和草坡上，开初一见红军的宣传队，便四处奔逃，我喊着，并穿上了红军的衣服，和红军的队伍就像兄弟般。在各处喊话的同时，我便以自己的亲身经历及自己的所见所闻向群众做耐心的宣传。在这十多天中，我们先后到过龙家山、角木牛、石达安、克耳马、马厂、南古坪、石轱碌以及周山部分地区，我们走遍了城关周围的山山水水。在宣传途中，宣传队员常拿出自己仅有的一点青稞面、药物给饿倒、病倒在山上的藏族兄弟们，而自己却吃那又苦又涩的麻菇面。山上的群众从宣传队员的行动和宣传口号中，认识了这支部队，都纷纷回到了家中，和红军一起参加生产，参加活动。李部长对我们的工作十分满意，并给我很高的评价。在动员群众返回家园的过程中，由于我跑得多，见的人多，返回家的群众也都熟悉我，后来我被选为格勒得沙中央政府副主席（后任主席），除了我较早地接受红军思想外，其他和红军一道参加这段时间宣传工作的积极分子也对稳定群众情绪起了很大的作用。

在这段时间里，我和八步里寨子的不少青年人如孟兴发等与红军宣传队的战士们建立了兄弟般的感情，我们一起写标语、贴标语、办墙报、唱新歌、排练文艺节目。红军和我们当地百姓召开联欢会，演出了丰富多彩的文艺节目，和我们寨民们一起跳锅庄。当时，我们大坪每一天都是欢乐的场面和嘹亮的歌声。我还记得当年红军教我们的一支叫作“格勒们”的红军歌曲。我现在都还经常唱。后来，我在离开金川和红军一起北上途中，经过马尔康卓克基时突然生病，便留了下来。（王乾联、兰玉富、蔡强采访记录）

选自阿坝藏族羌族自治州文化局编：《红军长征过阿坝革命文化史料汇编》，1996年10月，第365—367页。

点点滴滴忆红军

陶春德

民国二十四年，红军到了小金的懋功。红军每到一处就宣传：“我们是杀富济贫的，你们不要怕，我们只打那些剥削你们的人，消灭吃人的不合理现象……”经此一宣传，老百姓就给红军凑粮食，红军如数付给粮钱。

当然，在当时老百姓还是有些顾虑，男孩子、小伙子藏到森林里头，老婆子穿起烂衣裳留在屋里（因为听说红军爱穷人，恨富人）用麻布口袋装起豌豆、青稞等杂粮给红军送去，下午回来就说：“他们说红军坏得很，要杀人，乱整，我们看到红军好得很，他们里头还有女的给我们吃玉米汤汤馍馍，还给我们说不要怕，红军也是穷人，你们安心做你们的庄稼，将来还要分土地，人人有地种，有饭吃，不要跟着财人跑。”同时红军还写了很多宣传标语、告示。

不久，小金古守备、古玳板、张茂清、马海椒等人煽动老百姓说红军是“霉老二”，不能信他们的话，今后要把十几岁的小娃娃小伙子拉去给日本人。他们被日本人打狠了，许了日本人的愿，要把拉去的人填坑。老百姓纷纷把年轻人藏到森林头。牛、羊、猪也拉进山林，不敢赶回来。当时我们全家都藏在山上。

有一天，红军在两河口的墨龙沟打了一仗，第二天就到牛场来了。路上正遇到龙家有两个人在烧鸦片，红军开枪投弹，把房子都烧燃了，古守备的兵被打得五死六散。老婆见势就哭了："这下我们回去房子都没有住了，牛羊牲畜都给吆光了……"

可是第二天红军又把牲畜一个没杀全赶回来了。后来安三哥（小金人，参加了红军）摆：我们把牛羊吆回来关起，有个穿水毯毡子的大汉来了，站在柴堆上讲话：我们是打富济贫的，是维护老百姓搞生产的，你们为啥把老百姓的牲畜弄来吃呢？我们又不是土匪、国民党……就这样，牲畜全吆回来了。

红军又终于艰苦地北上了。（汪青玉录音整理）

选自阿坝藏族羌族自治州文化局编：《红军长征过阿坝革命文化史料汇编》，1996年10月，第369—370页。

回忆红军长征到我们寨子[①]

求拖

我亲眼见到红军帮广大藏民收割青稞，他们用银钱和实物换青稞。这些红军穿灰衣裳，戴大帽子（八角帽），官兵一样。他们说话和气，平易近人。他们是好人，根本不是土司头人说的“见人就杀，见女人就抱，见房屋就烧，见东西就拿”的军队。那些都是骗人的鬼话。我还看见红军在房子的门上、柱上、墙上写标语，在路边的大石头上用凿子錾刻标语。一天早上，我去沟边背水，看见许多红军在用盅端水，我情不自禁地说：“红军娘结。”（藏语：红军好可怜啊！）这话被一个懂藏语的红军听见了，便叫：“姨母，把你家的水桶借给我们抬抬水行吗？”他们叫我“姨母”（女同志）好亲近！我说：“好，桶拿去吧。”不到两个钟头，几个红军就把桶给我还到家里来了。有年纪稍大的红军还说了许多“谢谢老乡”的话，还同我拉话：“老乡们哪里去了，不要受土司头人的欺骗，红军是穷人的队伍……”我想：我是个女的，为什么红军一不打、二不骂，更没有把我抱走呢？过了几天，我上山砍柴，对藏在森林里的群众说：“我见到红军了，他们真是好人，有的还懂藏话呢，是我们藏家的军队。”后来，躲在森林里的群众纷纷回到寨子，但是红军早已过安坝桥爬上俄拉山，听说往马尔康大藏寺和金

① 标题为编者所拟，原标题为《求拖老人回忆》。

川观音桥方向去了。

原载《红军长征过阿坝》，第35—36页。

选自阿坝藏族羌族自治州文化局编：《红军长征过阿坝革命文化史料汇编》，1996年10月，第370—371页。

参加脚乌苏维埃乡政权的回忆

尹世福

举世闻名的中国工农红军所创的二万五千里长征，是一部革命的英雄诗。1935 年六月(农历),红军四方面军与红一方面军在懋功会合后，一部分南下，经鱼通河、宂州等地翻马呷梁子进驻岚安。这支部队共在岚安驻扎了 46 天。为期虽短,却留下了许多可歌可泣的革命斗争史迹。至今尚能回忆大略，作为开展革命传统教育的奉献。

1935 年十月初三，正当秋收基本结束，我们看到约一个排的红军战士，他们全是十七八岁的娃娃兵，有的还光着脚，从马呷梁子翻山下来，用密集的枪声追击着国民党二十四军的十几个败逃之兵。残敌被迫到乌泥岗山边的卡子上碉堡里。其中一个军官，在途中差点被活捉，鞋也跑掉了一只，后来才知道是个姓白的副旅长，就这样，红军无丝毫损失就进驻了岚安。与此同时，整个岚安的大小土豪、地主纷纷逃走，躲藏起来。有的逃至康定，到二十四军那里去告状搬兵去了。

“长征是宣言书”、“长征是宣传队”、“长征是播种机”。红军刚驻下立即开展了广泛、深入的多种形式的宣传工作。动员群众起来打土豪、分田地，讲解红军是穷人的军队。号召穷人组织起来建立自己的政权。在岚安写下了几百条标语主要内容有：中国共产党万岁、取消苛捐杂税，打倒土豪劣绅，建立穷人的苏维埃政权等等。昴州大堡子圣谕庙墙上刻写了党的十大政纲。红军的标语留存到解放以后还隐约可见。

红军的干部战士不顾辛劳，分头深入各户发动群众自己起来闹革命求翻身。在作好了较充分的教育、发动工作的基础上，红军在昴州的圣谕庙搭起一个高台，在这里设置会场，召开了整个岚安的群众大会。大会中心内容是讲解红军是共产党领导下穷人自己的队伍，和组织建立穷人自己的政权——苏维埃。大会主讲的是一位红军女干部，听说是徐向前总指挥的妹妹。另外，还有县委姓余的书记也在会上讲了话。

大会上讲的话，句句都说出了我们穷人的心里话，加之有红军的壮胆撑腰，群众很快就发动起来了。分昴乌、昴州、脚乌三处召开了穷人代表会，分别推选出这三个苏维埃乡政权。全岚安还建立了一个区苏维埃政权，区苏维埃主席是龙献福。昴乌苏维埃乡政权主席是周平安、昴州主席是黄清轩，我们脚乌的主席是杨安高。乡政权下设粮食、内务、裁判、土地委员。我当时担任粮食委员兼裁判委员。内务委员负责婚姻问题。粮食委员负责红军的粮饷和给穷人救济粮食。裁判委员调处纠纷，土地委员是管土地分配和阶级成分的。

那时，我才 32 岁。我们这批黄泥巴脚杆的干人被选举当上了乡政权的干部。第一次掌握了印把子，管理起穷人自己的事情。我们脚乌苏维埃乡政府设在大地主高国富家里。岚安苏维埃政权的建立，穷苦农民的觉醒，摧毁了反动的保甲伪政权。穷人抬起了头，直起了腰，扬眉吐气，革命势如破竹，土豪劣绅威风扫地。

40 多天的革命斗争历程，始终是在中国共产党的领导下，在红军的帮助下开展的。县委的余书记首先组织我们乡政权骨干学习党的政纲，要我们加入党组织。我们白天工作，晚上开会，多次会后，给我们规定由三个人介绍履行入党仪式，可惜的是红军匆忙撤退时没能留给我们手续。

脚乌苏维埃乡政权在县委余书记领导和红军帮助下，发动穷人开展了打土豪分田地的斗争。将其粮食、肥猪等财产没收集中起来分给穷人。我的任务是带领穷人去土豪劣绅、地主家里打粮。我们先搞高有发区长家的粮食5000多斤，后又去打王正元、王正昌、李洪章、杨定邦等户的。总共打了五万多斤粮食。除一部分分给穷人外，其余集中两处存放，保证红军吃粮。参加打粮的人一天给三批（21斤）粮食。给红军留的粮食直到撤退时来不及分又被地主收了回去。同时，我们还组织群众为红军打草鞋，这是他们最需要的东西，我们一共征集了八九百双草鞋送给红军战士。

苏维埃乡政权的另一项重要任务是配合红军作战，无论红军南下在五里沟或北去亢州与敌军打仗，都由我们负责送粮，抬伤兵，担任向导。有一次派了几个游击队员配合红军一个班摸黑去亢州，接连拿下三个碉堡，全俘30多个敌兵，缴获了40多支枪和部分子弹充实了红军的武器，狠狠打击了敌人的威风。

乡政权组织了一支游击队，有20多人，游击队副队长是龚万学，后来因县委撤退时，他叛变未遂被处死，游击队的任务是抓土豪、巡逻、防敌探。我们脚乌的游击队曾抓住一个敌探送红军审后枪毙了。

红军在岚安战绩卓著，这当中与我们苏维埃政权和群众紧密配合是分不开的。红军的司令部驻脚乌呷北土豪王正昌家。司令员姓朱，有四把号，我们配合驻脚乌的红军曾打死国民党的一个姓高的团正。还仅以一个连左右的兵力，全歼中央军李抱冰（国民党中央军长）部一个营于匡热坡坡（地名）。当场击歼敌营长。打扫战场时，他的号兵还坐在死营长身边啼哭不止。

红军在岚安的日子里，斗争是相当艰苦的，红军的纪律也是相当严明的，再苦，对老百姓也是秋毫无犯。在短短交往中我被红军为革命不怕死的英勇顽强精神所折服。他们打仗一双草鞋穿不了三天便烂了，常常光着脚。衣服十分破烂，大雪天里仍身着单衣，和我们穷人差不多。日以继夜地紧张，从没睡过几个小时安稳觉。时至今日，想起当年红军同我们共苦难的艰苦历程，历历在目。现在的幸福确是来之不易的啊！

正当红军和苏维埃政权在岚安领导群众打击敌人，取得初步胜利之时，不甘心失败的国民党中央军李抱冰部在那些外逃的土豪劣绅带领下,派了四个团的兵力来“围剿”岚安的红军,妄图将红军消灭于岚安。那是农历腊月初的一天，夜里足足下了七寸厚的大雪，就在这样恶劣气候条件下，在我们乡政权的支援下，红军从大火山、马鞍山，向天全方向撤退。在撤退的头一天还给李抱冰的先头营展开了一场拼搏血战，取得了全歼这个营的胜利。

红军刚退，中央军进驻岚安，岚安的大小土豪劣绅地主随着回乡。他们一还乡，也就立刻开始了对苏维埃干部的血腥镇压。昂乌苏维埃周主席的妻子被打死，他只身脱险远离家乡，他家有条极懂情的狗守着其妻的尸体，几天几夜不吃不喝寸步不离。那些土豪将这条狗也枪杀了。反动势力复辟的手段，实在残酷难忍。昂州主席黄清轩被中央军杀害。家人逃到德威居住，我们脚乌苏维埃主席杨安高当时也可能躲了。我的邻居劝我快走，还未来得及时，已被中央军的一个手枪队包围了我的房子，他们砸开大门，几支手枪对准我，那个湖南口音的连长令士兵搜我的身，幸好我提前把号片（印标志）藏好了。当他们从身上没搜出武器和其他什么证据后，便将我押到薛家门前跪起，要我说出红军把枪藏在什么地方。我说不知道，那个连长不信，派人四处搜寻，连长又命他的士兵抄走了我家的粮食，杀了我的一头肥猪、两只鸡，他没找到和问到枪的下落，气冲冲地叫把我绑起吊在一棵大核桃树上审我。凭我已锻炼的口才与敌连长展开了争辩，“你说你是不是当了粮食裁判委员”？他明知故问，我装作没听懂，没好气地说：“我们只有柴，没有炭。”又问我把土豪们的粮食弄到哪里去了？我说，红军和老百姓吃了，余下的都留给你们。他继续追问：“猪呢？”我说：“猪也杀来吃了，现在家家的猪也都被你们拉去了两抵。”我这样回驳他，他看审不出什么效果，神色很不正地低声吩咐一些士兵，跑步到各处去了，我见状，敏感到势头不好，可能叫土豪或什么人来对证，揭发我后枪毙我，此时此刻看来无救，只是心中挂念我的第一个才满月的孩子。正在这死生关头，我的一个穷朋友叫赵老五，他看到他们把我已吊上树，便飞跑去高区长处，他找到高区长说，你的粮食没啥损失，他们收来放在你家，你何不去救尹世福一命呢。除他以外还有几个与高区长有亲的穷人也纷纷去找他来救我。于是，高区长马上来到核桃树下，把那个连长请到一边耳语一阵后，连长才说："有高区长出保，我们暂时放了你，待查出问题再和你算账。"他们把我吊了约小半天，回到家里，我考虑即使中央军不再来抓我，那些狠毒的土豪们也是不放过我的，还是走为上计。顾不得上吊后浑身的疼痛，摸黑带上妻子和婴儿从瓦斯沟经泸定跑到兴隆山上定居至今。从此一家骨肉分离，丢下弟弟尹世禄一人在岚安。解放时搞土改，工作队带信要我回岚安住，分好田好房给我，我恨透了那些地主的凶残，没有返回岚安居住。

红军在岚安，以及岚安苏维埃政权虽未能坚持多久，但红军的革命精神，苏维埃的革命影响却流传至今，并将流芳百世。将激励下一代青年发扬红军的革命传统，艰苦奋斗，在党的领导下共建四化大业。（尹正康整理）

选自政协泸定县委员会编：《四川省泸定县文史资料选辑》第2辑，1987年2月，第47—51页。

忆陇东区苏维埃政府

张成伦

我是陇东乡老场村青杠组的农民，生于乙卯年，今年 74 岁，老红军来的时候，我 20 岁了。

民国二十四年阴历十月初，红军到了陇东。红军来的那天，有一队红军从毛草坡、江西坪冲上了青杠林。我在金台子看到了他们，红军招呼我："老百姓，过来！"我回答说："下面有人，挓得有枪。"红军叫我给他们带路，12 个红军就捉拿了白军 32 人，缴了 32 支枪，32 袋子弹。红军表扬了我，叫我到老场的红军驻地（地主王槐忠四合院内）。吃了饭后，红军指导员给我谈话，问了我的家庭情况后说："你是苦出身嘛！愿不愿意跟着共产党干革命？"我表示愿意。

阴历十月半间，在陇东开了一个代表会，有几十人参加，其中有李启富、董国清、苟青云、熊兴安和我。会上，宣布陇东区苏维埃政府成立。区苏维埃政府主席郑守强、财办委员张成伦、秘书高德华；陇东乡苏维埃主席李启富、陇东村主席董国清、骆驼山村主席邱进林、山神地村主席陈子云、小沟头村主席刘 ××……区苏维埃政府设在王怀忠院内，乡苏维埃政府设在董廷福家。

苏维埃政府成立后，十月二十几头就开始打土豪，分果实。赶羊沟大土豪、大地主张洪兴逃跑了，在他家没收了用坛子、包子、大碗装的鸦片烟共背了十背，银元 3000 多个，还有铜元背了八九背，全数交给了红军处理;地主邓章润、汪海堂、王怀忠、高祥富几家的20多头肥猪，都吆来杀了;还斗争了小沟头地主刘显明、刘显珍、陈忠顺，经过斗争，刘显明交出了170多个银元；我们到扑踏山抄了恶霸王光云的家，打死了他的老婆；我们同红军宋同志一起抓住了躲藏起来的匪头张绍堂、张家俊，把他们押到老场杀了；我们的游击队同红军一起，抓住了地主周月明的岳母，她是藏族上层人士之女，从坚土司那里得到了很多金银财宝，经过斗争，她交出了四个金窍宝、四个金娃娃，还有散碎银子和银首饰很多。回想起那几个月的苏维埃政府，硬是给老百姓撑了腰，壮了胆；相反，地主、土豪、反动派对我们又怕又恨，他们多数都畏罪逃跑了。

红军来时,在陇东驻扎一营人,到了腊月间,多数红军都开到雅安、名山去了，陇东只留下一排人。红军少了，反动派又嚣张起来了。赶羊沟匪首杨克举、中岗王占云、功果山宋洪春、张福安、陇东刘显明、苟方才、张成松等勾结起来打红军；腊月十八在木里湾头开了火，这一仗打了两天两夜，驻在陇东的一排红军，再也没有回来了。

腊月二十二日，红军又来了一营人驻在陇东，反动派又不敢嚣张了。红军要我们区苏维埃政府给红军办300石干粮、3000套棕嵌肩、15000双草鞋。结果，我们没收地主绅粮的粮食，办够了300石，装了两个大书房的玉米，棕嵌肩只做了300套、草鞋4000双。

民国二十五年正月底，红军队伍开始向懋功退，区苏维埃主席郑守强向我说：“我要跟着红军走了，我们一起走吧！？”我说：“我的老人拿给反动派打成了重伤，我不忍心丢开他走。”郑守强走后，至今都没有音信。

红军走后，我的父亲因伤重死了；反动派还把我的刚半岁的一个儿子娃娃拌死了；我四处躲藏，结果在磨子沟被反动派捉住，把我反起手吊打了一天，还把大石头放在背心里，我的手在20多天后才返过来；挨了一顿吊打，把我关进宝兴监狱头，一天给一块馍馍，一坨豆渣，坐了四年零十天的班房，叫我找了保人，才被放出监狱。

选自中国人民政治协商会议宝兴县委员会文史组编：《宝兴文史资料》第2辑，1989年9月，第56—58页。

卓尼土司杨积庆给红军供粮的回忆

吴国屏

民国二十五年夏（1936年），我从兰州乡村师范肄业回来，经人介绍到杨土司房科（办公室）里工作。大约在农历六月间的一天，下迭八旗仓官杨景华，派心腹玉录、苏奴吾子（这两人是尖尼沟左力寺管家）来博峪衙门给土司杨积庆送信。他们一到，把信交给副官赵希荣，即去木耳村杨景华家里住宿地。赵希荣接到信立即送给杨积庆，杨拆阅后觉得事关重大，即问："送信的人哪里去了？"赵说："他们住在木耳村，准备明天回去，"杨积庆怕他俩泄露来卓的目的，立即命令我到木耳村去把那两人叫回来，并嘱咐我："按天黑叫来，不要从大街上走，顾着林边绕道去经堂院后门口等着，你来报告我……"

我遵命去木耳村找见玉录和苏奴吾子，大约在晚上十点左右，按司令指示的路线把他俩领来，我从前门进去报告司令，这时司令独自一人在他的卧室等候，情绪很紧张，见我来了，即问："叫来了没有？""叫来了，在后门口等候。"他拿起手电和一封信，命三总管包世吉开了后门走出去，这两人见司令来了，趴倒叩头，杨说："再不要叩头，快起来，你们今晚连夜返回，无论如何将这封信交给旦子（杨景华的藏名），不能耽误。"玉录和苏奴吾子满口答应，一定办到。他们走后，我们回到司令的卧室，司令怕他俩再返回木耳村过夜，又派我拿了他的手电去看，一直跑到博峪小沟门，见他俩朝禾驼寺方向走去，我赶上去又叮咛了一番，告别回来报告了司令，他才放心。

这时已到夜里 12 点左右，我到了房科，书记官张志平还没有睡，当我一进门，张志平就问："事情办完了吗？""办完了。"他接着说："这事千万不能外传。"我问："旦子来信说的啥？"张说："红军已到四川的秋季、召藏一带。可能来迭部，请示司令怎么办。司令看了信当时就烧了，我执笔，他口示，写了回信。指示旦子如果红军来了，不要堵击，开仓避之……"

过后不久，大约是农历七月初，红军到了迭部，听说是朱德、徐向前等同志率领的四方面军和二方面军一部，连续走了十几天，约十万人。红军到后，仓官杨景华按照杨积庆的指示，将曹日仓的麦粮暗中开放接济了过境红军。当时这个仓设两个仓库，共装小麦四五十万斤，红军走后，一个仓库内的粮食全部吃用完，另一个仓库里用去了多半仓，红军总政治部在仓板上写下了"此仓内粮是杨土司庄家粮，希望各单位节约用粮"等，还在仓内留下了江西苏维埃纸币两捆，支付粮款。后来土司杨积庆为掩饰开仓接济过境红军的问题，将这些纸币和一些破旧枪支（买的），以堵击红军的战利品，交给了国民党省政府。因国民党省政府在红军过甘前曾命令杨土司堵击。

红军进入岷县，一面和国民党新编十四师鲁大昌打仗。徐向前所属第九军一部沿洮河南岸西进，行至西泥沟河时，奉命把守西泥沟卡子的杨土司纳麻旗长宪褚得胜和民团连长刘双喜统统逃避。刘双喜一直跑到纳浪岳父家里躲起来，红军相继来到纳浪，恰巧也到这里碰上了刘双喜，刘正躺在床上吸大烟。一位红军同志见他身穿军服，地下还立着一支步枪，便问："同志，你是哪一部分的？""我们是卓尼杨土司的部下。"这位红军同志笑着说："杨土司和我们是一家，不要怕，我们红军不扰民，不拿群众一针一线。"接着从衣带里掏出一疙瘩草浆大烟给了刘双喜，并询问路线，继续西进，过羊化桥，翻青石山，经新堡，占领新城。

红军占领临潭县府新城后，杨积庆暗中写了投诚信，命我挑选了两匹好马和六七只肥羊，派张连福子（龙门沟人）和手枪队班长麻丑个星夜到新城红军指挥部呈送书信和礼物，表示友好，互不冲突。信是杨积庆亲自起草，张志平誊写的，信上只签了杨积庆的名，未盖章，信纸和信封都是空白的，没有用印有洮岷路保安司令部衔的信纸和信封，防止泄密。从此后红军和杨土司的关系更密切了，凡是山上插有麻呢旗的村庄，红军不进入。在旧城马步芳匪军马得胜部进攻红军，几次失败，马得胜令杨积庆出兵协助，消灭红军，而杨积庆以种种借口，按兵未动。红军在临潭住了一个多月，于农历八月十三日一部分从石门沟一带东进，一部分由新堡方向原路返回，过洮河羊化桥，焚桥以断敌人追兵，直抵岷县。

从此以后，岷县的鲁大昌以堵击红军有功，得到胡宗南的赏识，报请国民党中央将鲁部改编为中央陆军一百六十五师，归胡宗南指挥。而杨积庆却成了“罪人”，被鲁大昌以“开仓应粮，私通红军”等罪名告在了绥靖公署主任朱绍良处。朱绍良接到状子一面发电谴责，一面派副官班鑫来卓查处。当时杨积庆很发愁，即召集秘书长杨一俊，一团长郝应隆，三团长杨英商议对策。大家认为杨英能说会道，交际也广，推举他先和班鑫谈谈，摸摸底。杨英接受了任务，当晚带了两根金条到后花园班鑫的住处，献上金条并奉承了一番，班鑫收了金条，脸上露出了笑容，态度和气了。第二天杨积庆亲自出面，筹办了洮砚一台，麝香两颗，红花半斤，狐皮两张等礼物送给班鑫，并恳求班在朱绍良处说些好话，“我们没有给红军供粮”，班鑫收了礼物。满口答应“一定办到”，离卓返回。班鑫走后不久，朱绍良调往南京，此事也就没有追究了。可是鲁大昌并吞杨家，图谋卓尼的野心不死，见告不倒杨积庆，就阴谋计划策动和派营长窦得海率队夜间潜入博峪煽动杨的部下姬从周、方秉义，在1937年农历七月十九日杀害了杨积庆。

我还记得，解放后1950年9月下旬，中央派慰问团带了周总理的信来卓慰问，信已遗失，大意是对杨土司当年红军过境时开仓供粮，接济红军，表示感谢。同时给杨复兴及其部属赠送了礼物。给杨复兴送了红、紫色的缎子四板，毛主席丝织像一张；给杨景华、雷兆祥、赵园璋三个团长每人送了丝织杭州西湖景、金笔、笔记本和茶杯；给其他官员每人送了金笔、笔记本、茶杯和纪念章等。

选自中国人民政治协商会议甘肃省委员会文史资料研究委员会编：《甘肃文史资料选辑》第22辑，甘肃人民出版社1985年11月版，第140—143页。

红军在麻子川组织游击队①

万登荣

民国二十五年古历六月间，红军来到岷县。麻子川和岭上都住着红军。麻子川的村主席是曾四，副主席是米成来（外号叫油客），委员有扎有哥、李吴家。红军走后不久，地主的民团在张俊的带领下，把曾四和他前房的儿子郭仁家，还有米成来三人杀害在麻子川。

红军在麻子川组织了游击队，我任第一连连长，连副是王商娃（盘路梁人）；第二连连长刘家存（绿叶村人）；第三连连长由周家（麻子川人）兼任（他是营长）。后来，我们营到了包家族，张明远团长说："我也是岷县人，我们要换防，跟红军一块走。"上级调来了15个老红军，我们跟着从岷县出发，通过老鸦山、闾井、锁龙、鸳鸯镇，以后我就走散了。回家后，鲁大昌匪帮把我抓到了麻子川保公所，家里把三头牛卖了，才把我赎了出来；后来又被抓了几次，为赎我，家里把财产都卖光了。（陈昭友、李述1984年11月9日记录）

选自中共岷县委党史资料征研办公室编：《中共岷县党史资料汇编（1933.5—1949.12）》，第74—75页。

① 标题为编者所拟，原标题为《麻子川村万登荣老人回忆》。

红军进驻麻子川①

雷伦虎

1936年古历六月二十三日，红军驻进麻子川一带。红军大部队主要进攻二郎山和岷县城，一度攻开了三寨子，引得二寨子上的敌人和战壕内的敌人自相残杀。

我们麻子川岭上住的是后勤部。当时我在岭上当主席，雷和生、雷锁荣是委员。麻子川的村主席是曾四，副主席是张钉钉，委员米成来（兼上沟村的主席）。他们负责十个保，任务是给部队筹备粮草。红军走后的第二天，地主张俊带领民团将曾四抓去，在背上扎了几刀，然后推进火里活活地烧死了。米成来被张俊用刀子割了脚筋最后杀害。曾四的儿子郭仁家被张俊活活地用刀子刺死。（陈昭友、李述1984年11月10日记录）

选自中共岷县委党史资料征研办公室编：《中共岷县党史资料汇编（1933.5—1949.12）》，第75页。

① 标题为编者所拟，原标题为《麻子川雷伦虎老人回忆》。

红军到了麻子川[①]

扎世俊

民国二十五年红军到了麻子川，住了有近两个月的时间，把地主的粮食和财物都分给了穷人。麻子川村的苏维埃主席是曾四。岭上村的主席是雷伦虎，现住麻子川四队。

红军走了不久，曾四和他的前房儿子郭仁家都被地主张俊抓去，曾四被张俊在背上戳了几刀。郭仁家和上沟的油客（名字记不清了）也都被杀害了。曾四如果活到现在也是90多岁的人了。（陈昭友、李述1984年11月9日记录）

选自中共岷县委党史资料征研办公室编：《中共岷县党史资料汇编（1933.5—1949.12）》，第73页。

① 标题为编者所拟，原标题为《麻子川村扎世俊老人回忆》。

为红军办事[①]

任贺贤

民国二十五年红军来到了麻子川。曾四（学名省山）是村主席，张钉钉是副主席，扎有哥、李吴家是委员；上沟村副主席是米成来。

红军走后的第二天，地主民团就开始清查为红军办过事的人。地主张俊把曾四抓去杀害了，在背上等处扎了七八刀。曾四的儿子郭仁家被地主张固抓去，割了脚筋和手筋后杀害了。上沟村主席米成来也被张固割去脚筋后活活打死。

我姐姐叫郭丑娃，郭仁家是我的姐夫，由于我们是亲戚关系，将我抓去绑在保公所，我的一个柜子也被砸烂（至今还保存在家）。我姐姐的一个一岁半的小孩被民团活活踏死，我姐姐的婆婆被民团毒打后时间不长就死在娘家里。他们一家被害死了四口人。（陈昭友、李述 1984 年 11 月 11 日记录）

选自中共岷县委党史资料征研办公室编:《中共岷县党史资料汇编(1933.5—1949.12)》,第73—74页。

① 标题为编者所拟,原标题为《麻子川村任贺贤老人回忆》。

红军到了三十里铺村①

王双元

民国二十五年，正是割麦子的时候，红军来了。他们杀猪宰羊，请穷人吃饭，还开会、唱戏，有扮演鲁大昌的。又在这里造了只船。我们村的苏维埃主席是张老五，红军撤走后，被鲁大昌的部队抓去杀在岷县城。张老五在被敌人抓走时对群众说："没关系，就见你们这一回。"被敌人杀害时还唱道："桦柴劈成碌碡极，我为红军当主席。豁出人头手里提，你把爷们阿么呢！"（李述、洪天澍 1983 年 9 月 29 日记录）

选自中共岷县委党史资料征研办公室编：《中共岷县党史资料汇编（1933.5—1949.12）》，第71—72页。

① 标题为编者所拟，原标题为《三十里铺王双元回忆》。

红军成立苏维埃政府[①]

杜申山　杜海青

我们三十里铺村的苏维埃主席是张老五（又名张有才），他当时年约 28 岁，不识字，委员杜得荣、杜干娃、杜杨保存、赵三佛成、宋黑虎存、王子屏、杜 ××（女），是帮助红军收粮，没收地主的庄稼、牛羊供给部队的。群众的东西红军一点也不动，请吃饭也不去，与我们的关系很好。我家也住着红军，他们身体很弱，衣服都烂了，脚上穿着草鞋，饿得皮包骨头，给生洋芋也啃着吃。红军走后，鲁大昌的队伍和民团到处搜捕，杀害为红军办过事的人。张老五去沟里他哥家躲避，鲁大昌的两个便衣装作买药，在其哥家里抓住张老五押往县城。在刑场上，张老五唱着花儿："桦柴劈成碌碡极，我为红军当主席，豁出人头手里提，你把爷啊么呢！"死得很英勇，当时在场的人有的感动得哭了。（李述、洪天澍 1983 年 9 月 29 日记录）

选自中共岷县委党史资料征研办公室编：《中共岷县党史资料汇编（1933.5—1949.12）》，第72页。

① 标题为编者所拟，原标题为《三十里铺村杜申山等人回忆》。

红军路过邓子院[①]

郜三西

我现年 67 岁，住邓子院。

民国二十五年八月，红军从本瓜园来邓子院过路到秦家坝去，在路旁的水泉边歇气喝水时，一位叫秦大姐的老太婆也正好去提水，看见几个带枪的娃娃正在喝水。他们衣裤破烂，面容消瘦，还高兴地有说有笑，觉得奇怪，就顺口开了句玩笑："看你们穿的像叫化子吧！"一个 20 来岁的娃娃调皮地回答说："你别笑我们穿的破烂，打开成县城时，我们顿顿吃的肉，喝的酒。"说得大家都笑开了。说毕，做着操练动作，顺大路下秦家坝去了。

我原住老黄沟，那天下山来办点事，亲耳听了秦大姐和红军说的笑话，也亲眼看见了红军战士。（**根据郜三西 1984 年 10 月 29 日谈话记录整理**）

选自中共略阳县委党史资料征集研究办公室编：《红军长征过略阳》，1986年9月，第61页。

① 标题为编者所拟，原标题为《郜三西回忆》。

红军伤员李作才负伤经过和我养护的情况

陈开昌

我的家原先在水磨关陈家铺院。农业合作化时期迁居窄峡寨。1958年秋天我们楼庄子农业生产合作社的支部书记赵德明，给我捎来了一封从兰州药材公司寄来寻找我的信，他说信在水磨关商店放了很长时间，他判断可能是我的信，就顺便带来了。我不大相信，我半辈子过来了，从来没有给人发过信，也更难相信会有人给我来信，我很疑惑。赵书记当着面拆开信，写信人名叫李作才，信中说红军部队在水磨关的一次战斗中，他右腿负了伤，与部队失去联系掉了队，感谢受到我们一家人的搭救和两月之余的养护之恩，我这才记起了发生在22年前的一段往事。

那是1936年12月，马家队伍重兵配合飞机大炮包围攻打永昌县城，敌人攻城不下，反受红军重创，又从山丹调集了黑马队（敌马志武骑兵团）增援永昌。27日早晨（农历十一月十四日），敌团队向永昌方向行进到红庙墩附近，受到红军的截击后又改道北泉、梅家寺以下红军防地的间隙穿插，绕到水磨关南沿沟南面的元山子山坡上，受到驻守在水磨关王家西新庄、陈家铺院等处庄院的红九军某部派出的三个营的兵力即千余名指战员的阻击，约9点钟左右，红军与黑马队在沿沟滩上展开激战。这时，先伏于元山子怀胞的一部分敌骑全部出动，利用地形开阔，横冲直闯，施展骑兵优势向红军阵地猛扑过来，反复冲杀，红军步兵顽强迎击，双方打得十分激烈，一直持续到下午3时左右，红军无地物掩护，开始撤退。但敌骑紧追不放，直到沿沟庙和何家墩附近一线，坚守在这一线的红军又以机枪密集火力猛烈扫射，才将敌骑击退。这次战斗，虽然击毙击伤了大量敌骑，但是红军自身亦受重大伤亡。红军战士李作才就在这次战斗中右腿负了重伤，流血过多，昏迷在战场。当他苏醒后，战斗早已结束，部队也作了转移。他拖着负伤的肢体，忍着剧烈疼痛，顶着严寒饥饿，朝水磨关方向艰难地挪动爬行到天黑时才到水磨关附近的杨家庄。巧逢我去杨家庄，听到有人叫我，我走近借着月光辨认，是前些日子在我家住过的一个红军，他浑身泥土，满脸血污冻得浑身打战，他说让我把他扶到我的家中帮助包扎一下，我当即把他背扶到自己家中同我的父母三人给他脱去了沾满泥土和冻着血污的衣服，用盐水擦洗净了伤口，做了包扎，然后老母亲又做饭让他吃后，放在热炕上让他休息。

也就在这天夜里，县城、水磨关的红军突出敌人重围，迅速撤离，还在我家休息的李作才及我们全然不知道夜间红军撤离的情况，他从此与部队失散，遗留在我的家里。

第二天天亮后，情况发生了变化，马家队伍接踵而来，军警执法队搜查红军人员和遗留物资，抓捕水磨关上的苏维埃政权的成员和为红军做过事的群众，我们陈家铺院红军驻过，敌人也来检查，就在这万分危急的时候，别的办法已来不及想，只好迅速将衣物和李作才匆忙塞进套间的一个洋芋窖内，窖口盖了几样破家具，让他躲避。幸好我家贫寒，马家军和保政人员从我家没捞得油水，没有引起他们的足够注意。总算第一次安全地躲过了敌人的搜查，水磨关是交通沿线的一个要塞村镇，时有马家军及其辎重队过路、歇息或停留，每遇敌军来，只能白天藏入洋芋窖中，夜间出来睡热炕。为能让他白天晒太阳，一家三口人轮流分别观察外面动静。当时没法解决医药，伤口感染化脓，我们用中草药熬煎水或用盐水擦洗，用麻油调拌豆面糊涂敷伤口，土法治疗。家庭贫穷，没有吃粮，我给地主王中伦家看水磨，还能挣点面粉凑合维持一家糊口和侍候伤员吃喝。就这样秘密养护四五十天，伤口初愈结痂两个月后完全恢复健康。

李作才伤愈后，也许是他看到我家生活本来很困难，生怕给我们再增加负担和累赘，这时他执意决定要走，我们也不再强留，母亲给他做了一条粗布裤和一双新鞋，更换了部分衣服，还准备了一些路途中零用的干粮。

临行前，他为感谢我们一家对他的搭救养护，遂将他身边仅有的一件旧军棉衣、两条干粮袋、两双草鞋、一支钢笔代图章和另一枚方形图章，还有一块鹿茸一定要让我收下，留个纪念，还说了不少感激话，从此离别了水磨关和我的家，以后再未听到过音讯。

没想到22年过去了，对他遗留的纪念物品陆续遗失，失散失传，对这件未被任何人知道的事也随着岁月流逝淡忘了。但他却没有忘掉我们一家对他所做的这件事，这封寥寥数语的短信充满了他的一片深情厚意。（朱新斌整理）

选自中国人民政治协商会议甘肃省金昌市文史资料委员会编:《金昌文史》第3辑，1989年10月，第104—108页。

亲历养护收留红军伤员和失散人员情况回忆

毛培礼

(一)

1936年12月27日（农历十一月十四日）夜间，红西路军总指挥部根据敌人集结重兵，企图围困总部机关的局势，遂做出主动放弃孤守永昌县城，突出重围，全线撤离继续西征的决定。在县城内治疗养护的一批重伤员，由承担城防的红九军一部掩护先前向新城子一线转移。最后的70余名重伤员被安置到南泉王家杏树庄（现焦家庄乡杏树庄村）王之绩（即王八爷）庄院内，之后利用夜间突围出县城，到达南泉梅家寺等处的大部队又遭到敌人的围追堵截，情况万分紧急。为了减轻部队累赘，加快行军速度，不得不将转移出来的伤员做就地安置。28日太阳快落时，红九军的一个领导干部和五六个全副武装背着地图袋、公文包的随行人员来到伤员住处，慰问伤员，传达上级就地集体安置的意图，在发放完银锭、白洋、大烟等安置费用时一齐痛哭流涕，直到夜幕降临时，才难舍难分，挥泪告别。当他们刚走出庄外，集结起来的部队出发了。

（二）

红军走后，凶恶残暴的马家军卷土而来，凡在红军驻守过的村庄，群众家庭进行肆无忌惮的搜查红军人员和遗留物品。29 日天明，先头到达的马家军执法队闯进王之绩庄内伤员住处，不顾伤员死活，翻铺搜身，进行惨无人道的洗劫，将所遗留散发的生活费用全部抢走。随后赶到的敌团长决定也要在王家庄内住宿，令其部下立刻将伤员赶出庄外，还威逼一二十名地方群众把不能动弹的重伤员抬出庄外。这时，性情慈善的老人王之绩见伤员受到草菅折磨，深感不安，顾不了一切，于是叫了几个邻居帮忙速将庄外附近三间的一座草房腾出，铺垫上草铺，总算把伤员全部安置了进去。但是，数九隆冬，滴水成冰的季节，陷于绝境中的这批伤员，有的肢体断离，严重感染化脓，肌肉坏死腐烂发臭；有的因失血过多处在半休克状态，生命垂危；还有的在饥寒交迫下，没有药品治疗，伤势得不到控制，继续在恶化。出于对红军伤员的同情和怜悯，尽快帮助生火取暖，背着敌人给伤员们烧水送饭，王之绩夫妇等一些老人们从家中拿来破布条、盐水、中草药熬煎替伤员擦洗，包扎伤口，度过艰难困境。

最初的半个多月内，伤势得不到控制的重伤员连续死亡 20 余人，有时一夜过来一两个，最多时可达五六个。每遇伤员死亡后，王之绩出面喊叫王万瑞、王家有、李三、毛尚新及毛培礼父子等乡亲们人抬或用自家的骆驼驮、牛车拉把遗体掩埋到古城山岗（现已耕种）。

红军来前，我们父（毛尚新）子已给陈世堂地主家扛长工，看管黄家磨五六年了，红军来时，父子又与红军的姬姓的司务长等人员一起在这座水磨上为部队连续磨面一个多月，相互交往接触，对红军部队产生了一定的感情。这批伤员被留下后，目睹到敌人的残暴和伤员困境，越发感到同情可怜，我父子也与地方群众一起，自觉参加到养护红军伤员的行列中。尤其我有着曾给红军磨面时剩留了一部分麦皮、黑面，水磨与伤员住处靠近，来去看望方便等条件，主动挑起了做饭送饭，抽时间生火担水的担子。口粮不足时，还向磨户讨要一些，我家拿出一些补贴或由王之绩等地方群众捐送一些，一直坚持两三个月，直到侍候到最后一批伤员离开。

刚开始，住宿拥挤，天气寒冷，我还将几个伤员背到水磨房的热炕上让他们睡觉、休息，为了不使有的伤员伤势继续恶化和缓和人多饭不够的矛盾，还将膝关节、腰部受子弹射穿的16岁的小红军战士陈有红（最初化名张义、四川人），被敌骑兵马刀砍伤面部的18岁的魏义德（四川人），小腿负重伤的23岁的任元梦（四川人）三人背回自己家中，让老母亲分担养护。她每天在化脓的伤口上，用麻油拌豆面糊调敷，让狗舔摄脓毒的土办法，为伤员减轻痛苦。在母亲的照料侍候下，他们伤势得到控制。任元梦一直在我家生活了两年，伤愈后自谋生路（现定居青海大通县、现健在）。魏义德在我家生活了三年，以后在杏树庄赘婿成家定居，解放后在煤矿当了工人，以后病故。陈有红伤势严重，一直在我家生活了五年，一次他又患了霍乱病，上吐下泻，昏迷不醒，七天不省人事，我母亲和我一直守护到身边，直到他康复，以后又帮助他与我族侄女结婚后，定居生活在毛卜拉，1979年去世。

1937年四五月间，在毛卜拉家中养护这三人期间，从梨园口战斗中失散小腿负伤的红西路军妇女团副连长龚少敏，女战士龚有才，东返经家中，两人见到被养护的伤员后，也恳求留下养伤，又被收留，养护了半年，直到她后来在当地结婚后，才离开我家（现健在）。

在杏树庄的这批伤员，一直养护到第二年春天，有30余人先后恢复健康，陆续离开东返，每当他们临走时和我们拥抱在一起，含着感激的泪水和心情一再感谢王之绩夫妇和当地广大群众对他们的养护和资助之恩，然后恋恋不舍地离开乡亲们。凡失去东返条件的钟德荣（九军某部干部，遗留后化名李明喜，伤愈后腿跛，地方群众惯叫李跛子）、何德胜等十多名红军人员又在地方群众的掩护下帮助谋生，以后陆续就地成家定居。还有最后仅剩的五六名伤员直到 1937 年四五月间，永昌县旧政府传来集中收容的命令后，由地方群众杨永年等人用牛车送往县城集中。

至此，在地方群众的大力支持下，帮助红军度过了困境，抢救和保全了 50 多名遗留伤员的生命。

（三）

1937 年夏天，被我背到家中养伤的魏义德伤口已愈，欲帮助我家干些事，一天，他赶着家中的几十只羊去放牧，途中碰到西行的四个马家军骑兵，强行抓羊宰杀吃肉。魏义德起初充装哑巴阻拦不允，又被敌军鞭打一顿，惹怒了魏义德，大骂敌军，话刚出口，被听出是四川口音，认定是红军，于是遂将魏绑到我家中，又借故我窝藏红军，“通匪论罪”，以行敲诏勒索之能事，也将我捆绑起来，同被赶往地主保长李善珍家中。李善珍和地方群众闻讯逃跑躲避，越发激怒了敌军，遂将我悬吊在梁上拷打，被打得遍体鳞伤，威胁“共产”娃子抓去当马夫，要我拿出 1500 块白洋赎身。天明如拿不出要杀我剐我，逼迫答应第二天卖了羊再交白洋。一直折磨到半夜，敌军之间耳语了一阵，才把我卸解下来，防止我们逃跑，还将我俩夹在他们中间睡觉。夜间，趁敌白天路途劳累、乏困、睡熟的机会，在魏义德的催促扶助下，翻出庄院，选出虎口，随同全家人一同上山躲避，才避免了一场灾难和不幸。但是敌人自我们逃后，又到家中打家劫舍，拿粮食喂马，麸皮撒得满地，还打破了几件家具，唯将箱内仅有的六块白洋和曾为红军磨面时，姬司务长送给我三岁的儿子毛显荣的一件银锁也遭洗劫。

这次被遭毒打后，休息了十多天，全身褪了一层皮。

（四）

我为红军磨面的那段时间，红军的司务长等人员每天接触，他们向我介绍、宣传红军，我也亲身体验到红军是穷苦人民自己的军队，他们爬冰卧雪，流血牺牲是为普天下受苦受难的穷人的解放、自由和幸福。又目睹了马家军的暴行和处在绝境中的这批伤员，更加加深了对红军的深刻了解，也促进了我对红军伤员的无比同情，在朴素的阶级感情的敦促和同情、怜悯的人道观念的支配下，配合地方群众根据当时所具备的环境条件，为养护伤员做了一些力所能及的事情。然而，全国解放后，党和政府却很重视和关注，1958 年，我受推举，出席了张掖专区召开的表彰保护红军有功人员的万人大会，作为保护红军的有功人员受到党和政府的表彰奖励。（朱新斌整理）

选自中国人民政治协商会议甘肃省金昌市文史资料委员会编：《金昌文史》第3辑，1989年10月，第109—116页。

回忆红军部队西进情形和掩护失散人员的经历

孙世智

红军到永昌的那年，我只有 15 岁，但是已经给地主家开始做活了。由我家的叔父（即孙五爷，已故）的带领下同孙家庄的陈三爷（已故），还有我的一个舅父（杨娃，名已忘，已故），长幼四人同给潘生元家放牧一群羊。牧房住在大黄山北坡的一个山岔口处，这里距大马营约 30 华里路程。

1936 年农历十一月间，已是滴水成冰的季节，整个大马营滩，大黄山是一片白茫茫的雪地，早晨、夜晚更加寒气逼人。然而从永昌出发的红军部队依然冒着严寒，顶着凛冽的西北风浩浩荡荡地向西挺进。除有少量队伍经水泉子、大黄山麓西行外，大部分均沿着毛家庄、八个墩滩，大马营进入山丹县境，这样连续过了四五天时间。

红军过后，我们在放牧中，常常发现红军行走过的路途上有的被严寒夺去生命，躯体被冻得硬邦邦的，也有被凶恶残暴的马家军所杀害，躺在血泊中的凄惨情景。一次，当我们放牧到窑洞沟塌洼的地方，发现了倒在血泊中的几个红军遗体和他们身旁一摊摊的冻凝的血迹，其中有一死者的双眼已被剜出，这些死者周围及雪地上还有浑身滚打和脚踩蹬出的痕迹，显然是被敌人杀害时疼痛所致，几位放牧的老人们见状，激起了对敌人的残暴的愤恨和对红军的无比悲痛。不忍心红军人员暴尸于荒漠之中，第二天我们放牧时就带上了镢头和铁锨，到原地掩埋了红军遗体。

后来很长一段时间，不时碰到红军遗尸于荒漠，但我们也常携带工具，每遇红军遗体、尸骸都做了埋葬，寄托上我们这些贫困老百姓对红军遇难人员的一点同情和哀思。

第二年春天，草芽刚刚出土，转战在高台、临泽及祁连山的红军，作战失败后，红军失散人员三三两两，陆续东返。我们的牧房上常有过路的红军人员寻宿觅食，我们做出了力所能及的帮助。有一天，来了两名佩带手枪的红军，他们很客气地说，同马家军打仗失败了，准备回家。但大黄山里还有些同行的人在等候，他们前来打听情况、问路、找些吃的。尽管他们已是散兵，但仍然保持严格的纪律，对我们说话客气，甚为热情。我们立即给他们做了饭吃，让他们休息。临走时还送给了些口粮，介绍了东返的路线和情况，然后又朝原来的方向走了。

过了六七天后的一个早晨，又来了四名穿着地方老百姓衣服的红军，他们是东返途中，途经牧房寻找食物充饥和顺便打问道路的，我们看到他们面容憔悴，精神疲乏，立即做了饭让他们吃。饭后休息时，正与我们谈得热火的时候，忽然牧狗狂叫起来，当我们去观察时，发现来了一伙骑马的人朝牧房追来，大家立即意识到是马家军，牧工们当机立断将红军人员隐蔽到羊圈东面的一条山沟中，几位老人又商讨了应付敌军的对策。不一会儿，一马三件，气势汹汹的四名敌骑逼近牧房，追问“共产”到那里去了，我们谁也不慌忙，异口同声地说，朝八个墩方向走了。敌军信以为真朝着我们所指的方向走了。在我们的帮助掩护下，四名红军安全躲过敌军的搜捕。

敌人走后，我们赶着羊群，到金鸡沟的木渣泉的一条沙沟崖下找到了红军，又给他们装上背去的干粮，他们带着感激的心情，继续朝东行进了。

以上是我们亲历和掩护红军的一点情况。（朱新斌整理）

选自中国人民政治协商会议甘肃省金昌市文史资料委员会编:《金昌文史》第3辑，1989年10月，第120—123页。

我所亲历王奶奶为过路红军伤员擦洗包扎伤口和留家休养的经过

张国昌

1937年3月间，我在焦家庄地主焦克勤家中扛长工。正值备耕阶段，农民忙乎着镇压耕地的一天早晨约9点多钟，天下着雨雪。我背着草筐到草房背草喂牲口，刚进入草房，听见草堆中有人疼痛地呻吟声，经仔细寻找，发现了两个人不知何时进入草房，钻进草堆避寒，只有头部露出草外。当时，我问，“你们是什么人”？他们两人带着四川口语直截了当地回答说：“是红军”，于是我说我要背草，请你们出来。他们两人很快爬出草堆，我看见两人中除一人没有明显的外伤痕迹外，其余一人左臂受伤很重，还用绷带全部包裹并挎在脖子上，缠裹着绷带的左臂全部被渗出的脓血和尘土结成污垢，还有脓血继续渗流，疼痛难忍。

两名红军人员爬出草堆后，便主动开口对我说：红军西征打了败仗。他们一个负了伤，一同准备东返，但沿途缺吃少喝，疼痛饥饿难忍，要我帮点忙，替他俩找点食物充饥。听完他们的叙说，看到他们饥饿疲惫，受伤者的处境，感觉十分可怜，况且红军离开这一带不久，对他们的情况也十分熟悉、了解，红军对穷人尤为关心爱护，现在他们打仗失利，负了伤，处境又十分困难，也深为同情，于是我让他俩稍候。待我添完牲口的草后，随即将他俩领到草房附近也给地主扛长工当大汉的王录贤的家中，由王的母亲（已60多岁，我们统称王奶奶）见景急忙让他俩进房休息，立即做了饭让饱饱吃了一顿。饭后，王奶奶又主动用一只破盆熬煎了蒲公英中药草汤水，调了少许食盐，亲手为伤员解拆了渗出脓血、沾满血污的绷带，用药汤水擦洗清除了已发臭的脓块瘀血，清洗伤口，新棉花垫在伤口处，用洗净的破布和旧绷带做了包扎，然后又让他俩在家中留宿休养。

这时，未负伤的那位红军也许是为减少敌政人员搜捕的目标或为减轻王奶奶家的生活负担，白天避开王奶奶家到胡家庄等处讨觅食物，晚上归来在一处休息。二三天后，他们东返心切，急于要走，王奶奶再一次为伤员擦洗包扎了左臂，还做了些干粮让伤员带在路途上食用，红军人员再三感谢了王奶奶的养护和帮助就上路了，只是当时也未曾问下这两名红军人员的姓名。

直到 1968 年“文化大革命”中，从兰州部队来了两个军人到焦家庄找王奶奶和我。可是王奶奶早已去逝，向我调查了解当年养护过红军伤员的这件事，专案调查人详细核对了时间、地点与曾受到养护的红军人员的相貌特征和受伤的左臂部位，当时的社会环境，王奶奶帮助擦洗清理血污等情形经过我一一如实做了回忆叙述，尤其对负伤的左臂再三肯定。然后，由他们代笔整理调查证明之后就走了。

当时我诘问曾帮助过的红军人员的姓名，现任职务，但他们两人也不肯透露风声。至今也不知道这两名红军人员的姓名。（朱新斌整理）

选自中国人民政治协商会议甘肃省金昌市文史资料委员会编：《金昌文史》第3辑，1989年10月，第124—126页。

被俘红军吕绍权等十四人受我掩护的情况

陆毓珍

从民团到保安团的演变经过

1936 年 10 月，国民党永昌县政府为抵抗红军也组编了民团。仅在宁远乡就组织了 200 余名团丁在宁远堡集训，11 月的一天县政府传来命令，要我速带团丁守卫永昌县城。当我接到命令后，率丁到河西堡金川峡山口的时候，闻讯红军已克永昌，守城无望，随即遣散团丁，我至此也回到家中，直到 1937 年农历二月间，红军已放弃永昌一线，西进至高台、临泽苦战之际。凉州（武威）马步青之骑五师军法处长袁耀庭到永昌，传朱伯浚，肖光庭（辉祖）、柴自奎和我等人到县政府面授和商议征集壮丁，重建保安团机宜。于是分头行动，不多时间就在原民团的基础上又补充了新壮丁组建了永昌县保安团。以三三编制序列。保安团以下分设三个营。我所在的宁远乡被编为第一营，我任营长。东河片即永安乡为第二营，柴自奎出任营长。城关、五龙乡为第三营，肖光庭为营长。朱伯浚为保安团团长。该团壮丁集中起来后，分别先在各乡所在地集中训练，然后又集结到县城整训，到农历四月份，武威专区六县的保安团要全部集结到武威新城正规整训，这时团、营、连各级都分别安插了马家军的亲信，充任各级正职或副职。这时，我仍出任第一营营长。

掩护营救被俘红军人员始末

红军西征节节失利，被俘人员陆续受审，分别不同情况做出处理。有的被补充到骑五军中，有的审查后陆续转解他处监禁。与此，地方保政人员不时还有在武威一带途中俘获的零散人员送交保安团监禁，以期经“感化”视情况候编。这时，我所在的第一营送来了吕绍权（化名，湖南人），赵保娃（四川人），陈 ××（后改名为潘永义，四川人），张梦熊（四川人），赵庚生（四川人），王六九（四川人）等 14 名被俘红军，被另编一班，交给三连管训。这个班由赵保娃担任班长。

在管训期间，这个班发生了一期吕绍权毁枪事件。一次，我营所驻地附近一农民家死了媳妇，娘家人纠缠不休，聚集闹事，砸烂棺材，抬着死尸各屋游串，然后，又停放到堂屋。自此，这家人说死人“出殃”、“闹鬼”家中不敢住人，央请部队“镇煞”。但其他连队都不去，唯三连要让管训的红军班去住宿。他们去后，在嬉耍中将一支步枪损坏（也许是有意的），被三连连长马成龙（回族）发觉。一口咬定是红军不服管训，毁坏武器，于是马成龙抓住吕绍权不放，大打出手，还要借机枪毙吕绍权，杀鸡儆猴。当时，我营军需跑来报告，我听后，十分恼火，又让军需带了十几个壮丁以我的口气，威胁制止，才未使事态扩大。当时，骑五师派来的这些下级军官，实属马家军的鹰犬，他们来了狂妄高傲，麻木不仁，为非做歹，与我们时有矛盾摩擦。他们不仅随意不经请示，以不服管教的罪名打骂或草菅红军被俘人员，而且连我们也不放在眼里。对保安团的壮丁也可以随便抓住拷打，引起了我们地方势力的反感和痛恨。虽然事情制止了，但马成龙借机杀害吕绍权的可能随时存在，他念念不忘被损枪支。这时我又让他从军需那里的三支步枪中挑选了最好的一支给他做了顶替处理，事件才算平息下来。至此，红军被俘人员对我改变了看法，特别是吕绍权经常与我来往之间相处很好。

直到农历六月中旬，夏收开始前，给保安团壮丁放假三个月回家收割。这时，红军班除已中途逃走两个人外，还有 12 人，我也借机发给与壮丁同等数量，每人每天一斤半面粉和每人一块法币的盘费放他们出走。其中十人都情愿走，唯独吕绍权、陈 ×× 他二人不走。要求和我在一起。当我回家时又把他二人带到宁远堡我的家中，生活了三个月。

这时，我发觉吕绍权已 28 岁，有一定文化程度，肯定他在红军中担任连级以上职务，很精明能干。9 月份保安团壮丁再次集中，骑五军要保安团正式编入正规编制，这时，我也被调为督练处参谋，显然是对我们地方势力的贬低。借整编之机，我想让吕绍权离开骑五军，之前听到武威银行需要人，又经我引见给与我相识的银行的一姓王的行长让吕到那里干事。从此他离开马家军，在那里干得很不错。1938 年后，他又被调到张掖，去张掖途中，他还专程来到宁远堡我家中看望过一次，住了几天就走了。从此再未听到消息，直到 1949 年全国解放后，听说，他又参加了人民解放军，当了师长，以后在西宁市工作。

陈 ××，他也很机灵，也被骑五军参谋长潘亚柏看中，在我离开时，也介绍给潘亚柏做勤务。潘出任永昌县县长时，被潘收为义子，从此改名为潘永义，后来，他也跟潘到永昌县政府做事，以后的情况我就不清楚了。

我所知道姚明云收留过红军人员

1937 年春天，我保安团一营正在组训时，一天，九保（现双湾乡小沟村）的老财姚明云来到我家，吞吞吐吐向我报告说：他家来过红军，问我怎么办？我一向了解姚明云待人处世圆滑，据他的口气判断，也觉诧异。我想，既然你家来了红军，还要留宿，为何不让保甲长抓住送来，还要让我跑上五六十华里路再去抓，所以我不去，他就走了。他走后我反复琢磨，判定是姚明云既已收留红军，又惧怕他人向马家军警和政府告发，以避“窝共”之嫌，推卸责任所玩弄的一种花招。

我在当时所接触，掩护红军被俘人员的真实情况就是以上这些。（朱新斌整理）

选自中国人民政治协商会议甘肃省金昌市文史资料委员会编:《金昌文史》第3辑，1989年10月，第131—136页。

四、红二十五军途经地亲历者回忆

回忆红军过境

焦风翙

童年时代，听得有人说："现在有了红军，到处杀人放火。"但到底是怎样一回事？谁也说不清楚。

我13岁那年在焦村小学读书。也就是1934年10月的一天，我们正在上早课，校门口东边开来部队，向西走去。老师很惊奇，学生也莫名其妙。他们有的还在校门口休息，但都不进学校。约9点左右过来一个骑白马的军人，在校门口停下来，他派人先进校和老师说，他们首长想给学生讲几句话，老师表示欢迎。那骑马人进校走上讲台，我看见他拿根棍子，顶端镶个指南针，作了简短的演说。当时我是个学生，对他说的话似懂非懂，记得有：穷人想吃饱穿暖，就要组织起来打土豪分田地，等等。

当我们放学出校后，看见有人在墙上写大字标语，我记得很清楚，写的是"打倒土豪劣绅，建立苏维埃政权"。冬荒，"开富人的粮仓，救饿肚子的穷人"。后面小书"红宣"又在墙上贴了油印印的红、黄、白不同颜色的宣传单，并把这些小传单散发给老师和大同学。我们十二三岁的小同学都好奇地争着要看，一看才知道这部队是红军二十五军，军领导人是程子华、徐海东。

10月的气候，天已经冷了，这天还下了一点雪，路上也很泥滑，但那些年龄不过20上下的战士们,穿着颜色一致而且非常单薄的衣服,有的还没穿袜子,迈着矫健的步伐,鱼贯而奋勇地前进着。

红军这次经过,烧毁了水丰镇碉楼一座,这个碉楼共三层,是地方民团的据点,顶层是扣押劳动人民的地方。红军这天宿营永丰南湾一带,当晓确实杀了几个人,我知道的有冀寨的冀天芝,据说其他几个是行军途中抓来的土豪劣绅也即后来所说的恶霸。

我亲眼看到,这个部队白天行军,从来不进百姓家的门。晚上宿营,不拿群众一针一线,公值公卖。损坏家具,照价赔偿。因此也引起了许多人的议论:"人不是说红军杀人放火吗?怎么专烧公家的碉楼,不烧百姓的房子。他们杀的几个尽是有钱有势的坏人。"就连我的老师杜尚士先生也叹惜地说:"耳听是假,眼见属实,红军原来不是传说的样子。"

1984年5月18日

选自中国人民政治协商会议陕西省洛南县委员会文史资料研究委员会编:《上洛文史》第2辑,1985年2月,第12—13页。

红二十五军过洛南县[1]

董悦贤等[2]

1934年12月8日（农历十一月初二），红二十五军在洛南县三要司的九泉山打了一仗。战后，捉了16个土豪劣绅，当夜杀了罪大恶极的郭以太。对其他的，徐海东给谈了话，叫以后好好做庄稼，不要再干坏事，谈话后就放了，像张建刚就是谈话后放了的，三要司群众说：穷汉怕的粮价涨，财东怕的共产党，街上杀了郭以太，陪桩的就是张建刚。

1935年4月18日，红军打进洛南县城，当晚住在文庙、天主堂、老爷庙、城隍庙、杨家祠堂和露宿街道两旁。第二天，在城隍庙开群众大会，军政治部宣传队演出《纺线》、《拉兵》等反映穷人受苦和翻身的戏剧。会上，吴焕先政委讲了话，宣传红军的政策。会后，枪决了崔老三、王志彦、王哲新、张善信、雷全娃、李姚真、王新海等18名土豪劣绅，释放了伪政府关押的无辜群众70多人。没收了地主杨秉训以及反动豪绅开的"顺兴恒"、"新成德"、"广开堂"、"永聚成"商店的财物，分给穷苦农民。对正当经商的"致中和"、"天兴春"、"瑞义协"商店，虽然业主弃店逃走，红军不但不予没收，反而加封予以保护。同时，还

---

① 标题为编者所拟，原文为《红军地方工作调查》的第二部分。

② 据董悦贤（洛南县三要司人）、郭向更（洛南县三要司人）、陶承满（洛南县北原人）、张清发（洛南县人，1935年红二十五军进洛南城时曾请其父张德坐在开大会的台子上）、姬松鹤（洛南县城关西街人）1982年11月回忆。

保护了“兰盛德”、“丁裕恒”、“宏盛昌”、“瑞义合”等商店。一个红军战士脚上打了一串泡，担水很吃力，一个农民给帮忙担了一回，他就给了这个农民一串钱。（**中共洛南县委党史办公室调查整理**）

选自中共陕西省委党史资料征集研究委员会编:《鄂豫陕革命根据地的创立和发展》，第389—390页。

红二十五军过商县①

刘新益等②

1934 年 12 月，红军来到北宽坪，惩办了土豪上官玺、反动民团头子姚回回等八人，把他们的粮食、衣物分给了贫苦农民。

红军第一次到杨斜时，因群众不了解红军都跑了。11 岁的女娃刘明月一家跑散了，一个红军战士就把明月背回驻地。明月的妈妈放心不下，晚上偷偷回村打问女儿的下落，当她看到红军精心照管她的女儿时，热泪长流。

红军爱穷人，穷人当红军。现在的东峪公社，当时一次就有 20 多个长工参加了红军，刘新益就是其中的一个。

牛槽秦王山的黄老道（黄照明）以传道为名秘密组织农民起义，红军到后，经过教育，把这股农民编入了三路游击师。（**中共商县县委党史办公室调查整理**）

选自中共陕西省委党史资料征集研究委员会编：《鄂豫陕革命根据地的创立和发展》，第390—391页。

① 标题为编者所拟，原文为《红军地方工作调查》的第三部分。

② 据刘新益（红军战士，商县东裕公社苏家爱湾人）、王希良（商县黑龙口公社人）、郭绪全（商县牛槽公社人）1982年11月回忆。

红二十五军过镇安县①

刘长耀等②

1934年冬，红二十五军到达陕南的消息，在镇安县的穷乡僻壤不胫而走，穷人暗暗高兴。因为，红军是什么样子的队伍，早在1932年，红三军、红四方面军两次从镇安地区过境，就给当地人民留下了良好的影响：红军是咱穷人的队伍。这次，先有一些红军便衣扮成走江湖、耍把戏、卖药的出现在县城及农村的街镇。到腊月初四日（1935年1月8日），红二十五军1000多人果然经柞水、凤镇等地占领了镇安县城。国民党的县长及民团头子等早就闻风丧胆，溜之大吉，地主豪绅躲避殆尽。大军进城时，少数不明真相的生意人也在往城外跑，看到这种情景，红军喊道："老乡们不要跑，我们是红军，是保护穷人的，咱们是一家人！"卖烧饼的刘炳福不听劝阻，撂下烧饼挑子跑了，红军关心地对旁边一个老太婆交代：这是个穷人，你给他把这副挑子拣拾好，不要丢了！老百姓从来没有见过这样体贴百姓的队伍，当天下午刘炳福和乡亲们就陆续回到城里。

红军进城后，纪律严明，秋毫无犯，晚上按点号的房子打地铺，主人腾铺也不住。他们用自己带的粮做饭，好多房东热情端来的菜都

① 标题为编者所拟，原文为《红军地方工作调查》第四部分。

② 据刘长耀（镇安县两河人、红军战士）、刘炳福（镇安县城人，73岁）、马春荣（镇安县城人，70岁）、李文芝（镇安县城人，女，68岁）等1982年、1983年回忆。

付了钱。

镇安县城是红二十五军到陕南后占领的第一座县城。红军是做了充分的准备的，进城后就迅速开展声势强大的政治宣传工作。沿街写了很多革命标语,内容是“工农当家做主”、“打富济贫”、“打倒土豪劣绅”、“废除苛捐杂税”等，张贴了中国工农红军北上抗日第二先遣队司令部、政治部《关于商业政策问题》的布告，特别是于 9 日印发了《中国工农红二十五军为占领镇安县告群众书》。告群众书中号召工农群众团结起来，造成工农贫民自己的镇安县，捉拿党幼楷、湛锦明等保安大队及民团的反动首领，打土豪，分田地，生产兴业，建立自己的政府革命委员会，成立自己的武装“抗捐军”。镇安人民从这些文件中直接了解到共产党和红军的宗旨、政策，到处传播着这些精神，为有这样替工农着想的队伍而欢欣鼓舞。红军走时，城内有些人偷偷地藏起了这些布告、传单，等待革命的成功。

红军进城的当天，打开了伪县政府的监狱，救出了被反动派关押的阮士喜、项能汉等 70 多名“抗捐犯”。他们见了红军说：“这个世道穷人没法过，要不是你们来了，我们简直活不成了！”

接着，红军发动赤贫户，以王跛子为首，去没收了姚家地主的浮财，在城隍庙召开了群众大会，红军在会上讲话、演戏，并将没收地主豪绅的衣物、粮食分给了穷人。会后，红军用饭菜招待了打土豪、分浮财中的积极分子。依靠这些积极分子，进一步发动基本群众，又在城西三官庙召开群众大会，会上请县城青年学生李先德作了“广泛开展抗捐抗款，打土豪，分田地，建立穷人天下”的演讲。李随红军离开县城后回家探亲时遭敌杀害。

同时，红军镇压了 20 多个豪绅恶霸。县城附近民愤大的王天佩、马安余、王期举、胡廷学等就是这次搜捕出来镇压的。群众称赞说:“谁是好人，谁是坏人，红军知道得清清楚楚。”

红军进城后，乘胜追击，还歼灭了城南大坡寨上负隅顽抗的部分保安队，在寨子及城内缴获了保安队和地主豪绅隐藏的一批棉花、布匹等物资，补充了军需。

腊月初七（1935 年 1 月 11 日），红二十五军陆续离开县城，到了县城东南方向的铁厂铺一带。红二十五军政治部副主任郭述申带部队驻两河街及附近的银洞湾，在这里部队又开展了群众宣传工作，当地的白明峻、刘长耀、黄铭章等青年农民就是这个时候参加红军的。

此后，红军在镇安县广大农村开展游击战争，并在县东的店垭子、白塔、米粮川、西沟河，县南的茅坪、潘家河，县西的菩萨店等地建立了根据地。（中共镇安县委党史办公室调查整理）

选自中共陕西省委党史资料征集研究委员会编:《鄂豫陕革命根据地的创立和发展》，第391—394页。

回忆白塔区苏维埃[①]

杨永清等[②]

1935 年 1 月 5 日（民国二十三年农历腊月初一），红二十五军来到镇安县米粮川，打开姚家寨、清水寨、百神洞和西寨，处决了大财东姚建义父子。在米粮川召开群众大会，给穷人分粮分衣服，号召大家起来闹革命，抗粮抗捐，参加游击师，成立苏维埃政权。

首先于 2 月 14 日（民国二十四年农历正月十一日），在花水河洞河垣坪宣布成立了店垭子苏维埃政府。近千人参加了大会，会场的戏楼上贴着“坚决拥护苏维埃政府”的红色大幅标语，陈先瑞司令在会上讲了话，说红军来了就不走了，号召群众自己组织起来，向黑暗社会作斗争。会上宣布了店垭子苏维埃政府干部名单，主席姓李，是红军派下来的，副主席是阮士春、刘蔚瑶。不多天，在文世绪家成立了白塔区苏维埃政府，主席肖登科，副主席文世绪、朱启瑞、张德兴、张盛喜等。区苏维埃政府管辖白塔、青龙、黑龙、西沟、米粮川、花水河、干沟、店垭子等苏维埃。根据地的人口共 23000 多，耕地 47500 多亩。

---

① 标题有改动，原标题为《白塔区苏维埃》。

② 据杨永清（鄂陕游击师总司令部打旗兵）、王先纪（店垭子苏维埃均地委员）、毛全伦（鄂陕五路游击师连部宣传员、店垭子苏维埃秘书兼事务）、朱明朗（白塔区苏维埃政府主席朱启瑞之）、朱明彦（鄂陕五路游击师战士）、闵耀雷（时名文光田，鄂陕五路游击师排长、白塔区苏维埃府副主席文世绪之子）等1982年2月、5月、8月、11月回忆。

苏维埃政府成立后，立即开展了均地运动。在全区范围内丈量了土地，造了分配土地的清册。店垭子苏维埃的均地工作 2 月初开始 3 月底结束，单是二里湾、花水河、柿园子三个村就没收六户地主和黑龙庙庙地 420 多亩，分给了 35 户贫雇农，没收房屋 57 间，分给了 39 户无房的贫苦农民，杋山随地走一起分给了均地户，花水河还烧了地主的契约和债据。西沟苏维埃把两户地主的土地分给了农民，刘尚真、阮英荣等 20 多户红军家属都分到了水田。均地时谁佃种的分给谁，多少相互调剂，地里的庄稼随地走，得地的农民收获了苏维埃政府分配的土地上的第一茬庄稼，由衷地感谢红军和共产党。

为了保卫苏维埃和均地运动，苏维埃政府建立了自己的武装。店垭子的赤卫军有一个连 120 多人，在连长许德志的领导下用一支步枪和大刀长矛活捉了当地民团团长秦有余，还配合五路游击师先攻破毛家洞活捉了大恶霸毛凤仪父子三人，又破了鲁家寨处死了大土豪杨继军、杨继勋等三人。农民不只参加赤卫军，还积极参加红军，胡长明、安继茂等九名回族群众也参加了红军。

白塔区的店垭子苏维埃工作很有成绩，这里成了可靠的根据地，鄂陕特委和鄂陕游击总司令部在这里住过，并多次在此召开五、六、七路游击师师长、政委会议，办过一次干部训练班，还举行过军民联欢会，陈先瑞司令亲自登台演出。

敌人十分仇视这块根据地，7 月，警二旅韩子芳团和米粮区、西口区联保主任卢崇烈、张秀峰，带领匪兵和自卫队分三路来“围剿”。花水河上下 20 多里的 320 多间民房全部被焚为灰烬。区苏维埃政府主席肖登科和副主席朱启瑞，店垭子苏维埃政府副主席刘蔚瑶，花水河农会副主席宁启龙等被杀害。韩子芳刚走，庞炳勋匪兵又来“清剿”，杀害了不少苏维埃干部和赤色群众，仅在店垭子就杀了 20 多人，并押监判刑八人。当地群众说：红军来了发衣发粮，白军来了杀人烧房；民国二十三，红军来镇安，老财不敢见，穷人都喜欢。（**中共镇安县委党史**

办公室调查整理）

选自中共陕西省委党史资料征集研究委员会编：《鄂豫陕革命根据地的创立和发展》，第371—373页。

红二十五军过柞水县①

李春元等②

1935 年 1 月 31 日（民国二十三年农历腊月二十七日），离柞水县城十里的王家河口有户姓徐的大土豪办喜事，不少讨饭吃的人堵着他家的大门要饭吃。当红二十五军二二三团三营的人到达王家河口时，徐家大门口要饭吃的人突然动了手，逮了五个前来送礼的豪绅，原来他们是化了装的红军便衣人员。红军到王家河口的消息马上传到石嘴子镇。石嘴子镇离柞水县城只有五里路，这天逢集，上集的人很多，其中不少是红军的便衣人员，实际上已把镇子控制了。街南头一家杂货铺掌柜的叫吴荣典，是个客帮头，有人对他说红军来了。他说："那没来，我们放的几个探子还没回来。"吴荣典跟前站着的四个人正是红军的便衣，听说吴放探子探红军的消息，就从腰里抽出手枪，把他抓了起来。一时三刻红军把街围了。集炸了，人都乱跑。红军宣传说：我们红军是穷人的队伍，是"打富济贫"的，小商小贩是穷人，不要跑。街静下来了。红军把兰师堂、陈显余两家铺子的布拿出来放在街道上，叫赶集的穷人拿，有些穷人就把布往背笼里一放走了。红军在街上写了"打富济贫"、

① 标题为编者所拟，原文为《红军地方工作调查》第七部分。

② 据李春元（时任红二十五军二二三团三营七连连长）、汪家福（柞水县石嘴子镇人，73岁）、徐世臣（柞水县石嘴子镇人，67岁）、简书民（柞水县城人，64岁）1984年9月回忆。

"打倒土豪劣绅"等标语。

听说石嘴子镇来了红军，柞水县城国民党县府的人员一下子跑光了。县长屈永谦逃跑时把县政府的大印都丢了。红军进城后，打开监狱，放出了"抗捐犯"，有的还给了衣服，给了吃的；查抄了县政府等机关，烧了他们的文书档案；写了"打死狗县长屈永谦"、"救亡图存"等大幅标语，号召人民群众起来革命。红军在城里住了一个晚上，第二天去了蔡玉窑。（中共柞水县委党史办公室调查整理）

选自中共陕西省委党史资料征集研究委员会编：《鄂豫陕革命根据地的创立和发展》，第401—403页。

红二十五军过蓝田县①

王景云等②

1935年2月2日（民国二十三年农历腊月二十九日），蓝田县的葛牌镇逢集，很多人忙着办年货、买年画，不知从哪里来了些打花鼓卖唱的和小商贩，混杂在上集赶会的人群中。打花鼓卖唱的人中，有一个男扮女装的，长得年轻美貌，被民团一分队队长宁平安（草坪人）看中，叫晚上到他队部清唱、烧大烟。这个宁平安，是脚踏蓝田、柞水、商县三县交界的坏蛋。到了晚上，那个男扮女装的卖艺人按时赴约，只作了清唱，拒绝烧烟，并借此机会对分队部作了全面侦察。第二天（腊月三十日）早饭后，红军从葛牌镇周围山上打枪，宁平安带领30余名团丁企图顽抗，刚爬到葛牌镇东面牛家梁山腰，就被对葛牌镇地形了如指掌的红军从山顶冲下来而击溃。

红军进了葛牌街后，天寒地冻，却坐在街道两旁房檐下，听候领导安排。有几个干部，一人在前面打铜锣，锣声一停，另一个大喊：父老乡亲们，我们工农红军，是穷人的队伍，买卖公平，不拿群众一针一线，借东西归还。然后进群众家里，看能住多少人，作了具体安排。红军穿的各色各样，有的还穿着女人的衣服。王景云家住了12名红军，红军一进门就说："你们不要怕，我们都是一家人。"红军吃饭，硬叫王景云

① 标题为编者所拟，原文为《红军地方工作调查》第八部分。

② 据王景云（76岁）、李中山（72岁）、白应盛（70岁）1982年12月6日回忆。

一家人吃。

在这次战斗中，被红军活捉后杀掉的是：民团分队队长宁平安、联保主任鲍学义和蓝田县政府的书收（收粮款的）林博五等。

正月初二，红军在文公岭与敌作战，打得很激烈，枪声从早饭时响到下午，当地群众准备了担架，因红军伤员少，有的担架空着回来。

红军在葛牌镇过春节，吃的是商县“逢元和”在葛牌镇的大商号的粮食，联保主任鲍学义肉店的猪肉猪油（猪油30桶，每桶30斤左右）。正月初一，还把“逢元和”大商号的粮食从仓库里拿出来倒在戏楼前的广场，让群众拿。

红军在葛牌镇驻的几天中，宣传工作做得挺好，天天演戏，就是正月初二在文公岭打仗，也没停演。演的戏，有宣传抗日的，有宣传打富济贫的，还有一出是“杨狗给我们送枪炮”。在墙上写的标语口号有“打倒蒋介石，活捉杨虎城”、“杀恶霸地主土豪劣绅”等。

初四，红军在戏楼前广场召开宽大处理在文公岭战斗中的俘虏大会。会上宣布，愿意加入红军的留下，愿回家的每100里路发四个银元的路费。

初五，红军向柞水方向南去。走时，给群众的水缸担满了水，借用的东西放回原处，把屋子院子打扫得干干净净。

农历三月初六，红二十五军第二次进驻葛牌镇。初七，返回柞水九间房打仗。初八，召开军民大会。初九，红军干部开会一整天，咱群众不知啥会。

这次，红军吃用都是地主周文郁、雷发仓、张老五等人的。镇上的孙牛成母子二人，生活困难，红军给了100多斤粮食。（**中共蓝田县委党史办公室调查整理**）

选自中共陕西省委党史资料征集研究委员会编：《鄂豫陕革命根据地的创立和发展》，第403—405页。

红军过旬阳县①

孙绍和等②

1935 年 2 月 9 日（农历正月初六），红二十五军由郧西庙川首次到达旬阳县潘家河、双河口。以后，鄂陕游击总司令部的第五路、第六路游击师也相继来到旬阳县的潘家河、圣驾河等地进行活动。根据调查，在 1935 年 2 月至 1936 年 10 月的一年多时间里，红军在旬阳与郧西、旬阳、镇安接壤的双河、小河、蜀河、赵湾、甘溪、城关六个区，圣驾、潘家、红军、双河、庙坪、竹筒、西岔、洛河、小河、小岭、康坪、仁河、三河、桐木、赵湾、塘兴、红岩、麻坪、枫树、张坪、大岭、甘溪、羊山、三官、尖山、观音、仙河、蜀河等共 28 个社、镇进行过活动。

1935 年 2 月 22 日，红二十五军到达旬阳小河口的当天，派出宣传队，分散在街头扭秧歌、说快板，吸引群众，广泛地开展各种宣传活动。红军行至三河公社时，徐海东副军长亲自组织军民开会，向群众进行宣传。红军所到之处，在墙头和石头上大量书写标语，张贴布告，广泛宣传我党、我军的宗旨和政策。

经过红军的深入宣传，广大人民群众对共产党和红军有了认识，群

① 标题为编者所拟，原文为《红军地方工作调查》第六部分。

② 据孙绍和（旬阳县庙坪公社人，鄂陕六路游击师战士）、胡海珊（旬阳县红军公社人，71岁）、彭大礼（旬阳县庙坪公社人，68岁）、张成银（旬阳县潘家公社人，女，71岁）、李中澍（旬阳县圣驾公社人，67岁）等回忆。

众由过去恐惧“跑反”转而主动为红军烧水做饭，送递情报，监视豪绅恶霸，军民鱼水关系很快建立起来，新的革命根据地很快地建立起来了。

红二十五军及七十四师在发展和巩固旬阳根据地的过程中，坚持发扬我军的优良传统。红军每到一地，不论干部或战士，见活就做，帮助群众生产，紧紧和群众打成一片，了解社会情况、敌我情况，并用自己的严明纪律影响群众。

红二十五军第一次来潘家河、小河口时，晚上都露宿在群众屋外。红军战士在西岔河吃了吴兴龙家十几个桃子，当即付了七个铜板。有两个红军战士在双河口杨开秀家打了两碗清水鸡蛋（鸡蛋是红军战士自带）充饥，走时硬给了两个铜板的柴水钱。双河口的孙忠亮全家人弃家“跑反”，红军马上便在门上贴了封条加以保护。一次，六路游击师宿营竹筒河柳树沟脑，一个战士晚间奸污了妇女，被发现后，师长肖大喜在第二天清早就召开了军民大会，宣布了那个人的罪状，当场杀了头。

红二十五军及七十四师依靠劳苦大众，发动大家打土豪，分财物，打击封建地主阶级。据不完全统计，在全县的根据地内，将66户土豪劣绅的粮食、衣裳等财物没收分给了穷苦农民。1935年春，红二十五军在双河口多次组织群众，没收了旬阳县东区伪区团长孙绍宏、大地主詹宏顺、谢成安等户的粮食、衣裳、猪肉，分给了300多穷苦农民。在西岔河、潘家河没收了大财主曾明升、曾德财、饶华新的大量粮食、衣物等，分给附近缺吃少穿的农民。1936年5月22日（农历四月二十日），红七十四师派人打开仁河口的“一心寨”，把财主邓远福、邓远和、张昌玉及镇安县的大财主刘正楚在寨上囤积的大量粮食、酒肉、衣裳等，散发给了没吃没穿没用的穷人。

当时，红军对抓起来的土豪劣绅，统称为“案子”。对“案子”，根据在群众中了解的情况，分三种办法处理。一是家庭比较殷实，本人无民愤的，经过审查教育，当即释放。1935年春，在双河口被抓的“案子”中，有一陈明政，家里经营熟食业，生活较为富裕，但本人一贯从事劳动，红军拉至三岔河口经过审查后立即放回。二是家庭豪富，民愤不大，处以罚款，将人放回。圣驾公社伪团总李荫汉，共吃租子 300 多石，由于本人在任伪职中对百姓比较宽容，经审查后，罚款 1000 元（银元），将父子两人放回。三是对家庭豪富，本人罪恶大的，既惩罚又镇压。双河口街的大地主谢成安，西岔河的大财主曾明升，收的租子都在几十石，而且对群众苛刻，民愤极大。红军经过调查，于 1935 年春夏将其处死。桐木沟伪团总徐丹悌，不仅平时欺压百姓，而且在红军来后还给老百姓宣布了五条“斩罪”，即红军来了不跑者斩，给红军报信者斩，给红军管饭者斩，给红军带路者斩，穿红者斩。1936 年 5 月 28 日（农历四月初八），红七十四师按照群众的要求，镇压了这个反动至极的大坏蛋。据调查,红军在旬阳县共处死了 64 名死有余辜的土豪劣绅，为人民除了祸害，使穷苦百姓扬眉吐气，使恶霸豪绅心惊胆破，纷纷逃往敌占区求以保护。双河口的大恶霸孙克忠、谢伯亚等都逃往当时国民党驻有军队的蜀河口，几年不敢返回。

红军在旬阳转战的一年多时间里，旬阳县根据地的人民群众积极起来参军参战，保卫根据地，做出了重大贡献，以至付出生命。在根据地内，到处出现人民群众为红军带路探敌情和掩护伤员、互争参军的动人情景。桐木沟战斗一开始，长工黄进魁就主动为红七十四师带路两天。战斗中，一红军战士右腿受重伤，长工刘应有发现后，即趁天黑无人时将其背回掩护起来养伤，后害怕被敌发现，又背进深山沟脑岩洞内，请医生徐光润上草药治疗。在刘的精心照护下,这个战士的伤情逐渐好转。

圣驾河、潘家河、竹筒河等地的 27 名青年参加了红军。圣驾河的赵义礼参军后，被敌人诱至镇安县地界惨遭杀害。谌世银参军后，妻、子被敌迫害无家可归，讨饭死在异乡。孙绍和参加红军回家后，其族兄孙绍宏（伪旬阳东区区团长）说他“通红匪，叛祖宗”，硬要组织同族人将他活埋，逼得孙绍和四处逃跑，并摔断了腿。此后，孙绍宏并没放过他，继而将其送了壮丁。红二十五军及七十四师离开陕南后，敌人对我根据地人民进行疯狂的镇压，伪团总李中勤、李和银等派人在旬郧、旬镇边区进行搜山和屠杀，搞“大卸八块”、“头悬高杆”、“腰斩三节”、“斩草除根”，残忍至极。李中勤还亲自到郧西东川抓杀了我均地委员华德金。（中共旬阳县委党史办公室调查整理）

选自中共陕西省委党史资料征集研究委员会编：《鄂豫陕革命根据地的创立和发展》，第396—401页。

回忆红岩寺区苏维埃①

黄凤海等②

1935 年 2 月 11 日（农历正月初八），红二十五军在柞水县红岩寺街宣布成立了红岩寺区苏维埃政府。区苏维埃政府先设在红岩寺街周启文家，后迁移到谷子沟口石家大院子。区政府主席王海清，副主席陈新焕（负责党的工作），秘书谢昌华，财粮委员张绪堂，土地委员谢光华。区武装力量有三个连 200 多人，一连连长鲁盛忠，二连连长李金庭，三连连长翁炳山。区下有七个乡苏维埃政府，19 个村政府，选举出 22 名正副区、乡主席，26 名正副村长，55 名土地和财粮委员，30 多名武装干部。各地政府还成立有童子团、洗衣组等。没收了廖维岗、周军兴、王迪祯、余秀英、蔡乐伟、蔡道德、陈应瑞、卢良田、谭世奎、徐玉进等 20 多户恶霸地主的土地 530 多亩，分给了 58 户无地的贫苦农民，没收粮食 4.2 万多斤、腊肉 3100 多斤、肥猪 13 头、漆油 1200 多斤。这些物资大部分给了群众，少部分支援了红军和游击队。全区人口 1.5 万，耕地 20000 多亩，参加红军和三路游击师的共达 300 余人。

1935 年 7 月中旬，红军主力北上，8 月中旬敌人乘机进行反扑，敌警二旅韩子芳（韩剥皮）团、朱志荣团和当地地主民团相互勾结，“围剿”

---

① 标题有改动，原标题为《红岩寺区苏维埃》。

② 据黄凤海（红军班长）、贺德茂（黄土墒乡苏维埃副主席）、熊福礼（大沙河苏维埃委员）、石长旺、徐光杰等1979年和1983年1月两次回忆。

红岩寺各级苏维埃政府。苏维埃政府游击队、赤卫军配合三路游击师在红岩寺、袁家沟口、蔡玉窑、丰沟、宝登山、柳木沟、凤凰嘴、九间房、太坪邱、莲花寨、九华山、谷子沟、玉皇顶等地，和敌人展开了多次激战，终因敌强我弱力量悬殊未能取胜。农历八月底，苏维埃政权遭到破坏，敌人以百倍的疯狂对我苏维埃根据地的广大干部群众进行残酷的迫害。惨遭杀害的达 119 人，受害群众达 1836 人，其中 227 人被关押，受尽严刑拷打，被逼外逃 372 人。（中共柞水县委党史办公室、柞水县民政局调查整理）

选自中共陕西省委党史资料征集研究委员会编:《鄂豫陕革命根据地的创立和发展》，第369—370页。

“红军德莫大焉”

陈仕庆

我当年住的杨地乡店垭子，是个人烟稀少、道路崎岖、地瘠民贫、文化落后的高寒小山村。有幸的是，民国二十四年(1935)，正月十二日，徐海东领导的红二十五军，到了我们店垭子，给人民带来了生机和希望。

过去，这里人把国民党的中央军叫“刮民党的遭殃军”。“遭殃军”到哪里，哪里“闹得鸡飞狗上墙，牛羊猪禽一扫光，姑娘妇女山里躲，小伙子跑上屋后梁”。

这次新到的头戴五角星、身穿灰军装的队伍截然两样，见了长者，爷爷奶奶、叔叔婶婶；见了青年，哥哥弟弟、姐姐妹妹，见了小孩抱抱逗逗，好像久离家门刚回来的亲人一样亲热。放下背包，拿起扫帚扫地、挑水、劈柴、舂米，如同自己人在干自己家务活啊！一些年长的主动找村里的老者坐在阳光下，促膝谈心，问寒问暖，像是特别知己的亲友见了面，说个没完。令人更激动的是邻居陈新财的独生子拴牢，一连几天发高烧昏迷不醒，奄奄一息，全家哭成泪人，红军医生赶去，扎针、服药、抢救、护理到半夜，孩子的烧退了，逐渐恢复了健康，全家人转忧为喜，感恩不尽，全村人都议论说红军是“神人”。我因为能识几个字，最爱看红军写标语。红军一到村，一些青年战士端上墨水盆，提上石灰桶，就在墙壁、石礅、树上到处都写上了词句新颖、含意深远、关心穷人的话。“穷人要吃饭，跟上红军干”、“打倒土豪劣绅，穷人才能翻身”……我由店垭子一直看到三里湾，被这些为穷人撑腰壮胆的豪言壮语鼓起了勇气，心花怒放，从心窝里感到红军是穷人的军队。他们越过万水千山，来到穷山沟，帮助穷人闹翻身，真是恩深似海，德高如天，我激动地接过刷子，在墙上写了“红军德莫大焉”六个醒目大字。有人不完全理解这六个大字的意思，我说，它，标志着红军与国军有天渊之别。国军奸淫掳掠，红军不拿百姓一针一线，帮助穷人闹革命，求解放，没有比这样的恩泽再大的了。

人们为了纪念红军莫大的恩德，以后在这里流传了一首“唱红军”的赞歌，歌词如下：

唱红军

鼓儿咚咚嘞锣儿响哟，
我心情激动开了腔。
一不唱历代帝王和将相，
二不唱绿林豪杰聚山岗。
专唱红军为穷人，
山南海北打蒋帮。
红军好来红军亲，
党领导穷人的子弟兵。
爱穷人来保穷人，
帮助穷人闹翻身，
土豪劣绅要打倒，
给穷人出气把腰撑。
不拿穷人一根柴，
不轻易穿穷人一只鞋。

老人面前称长辈，
对青年称兄道弟很亲热。
打仗似神兵从天降，
敌人一见如筛糠。
马儿峡一仗打得美，
柳彦彪一旅垮个光。
山里穷人喜洋洋，
红军恩德永不忘。（张发机整理）

选自中国人民政治协商会议陕西省山阳县委员会文史资料研究委员会编：《山阳县文史资料》第2辑，1986年12月，第89—92页。

回忆袁家沟口区苏维埃①

任守成等②

1935 年 2 月 15 日，红二十五军二次到山阳县袁家沟口，派夏云廷（云飞）、王义庆、吴华昌（振挺）和一部分红军伤员组建苏维埃。2 月 17 日，袁家沟口区苏维埃政府成立，主席程家盛，副主席阮英豪，委员有许祖德、张广义、陈家川、李万民、杜荣茂、韩学斗、张智仁、詹发堂、牛福蛟，文书舒在怀，事务长薛广永。区苏维埃管辖泰山庙、小河口、袁家沟口、娘娘庙、牛槽沟、杜家沟、关帝庙、海棠岔等八个乡苏维埃政府。同时成立了农会、妇女会等群众组织。农民革命热情高涨，在区苏维埃政府门上贴着“斧头劈开新世界，镰刀割断旧乾坤”的对联。瓦沟口还送来木匾一面，上刻“工农专政”，挂在屋当中。泰山庙乡苏维埃是吴华昌带领党代表桂国仁、吕新文、王荣兴组建的。成立时，杀猪三头，招待穷人 100 多，选出主席陈世泽，副主席王迪升、张同云、陈宏恩、张文凤、余正山。乡苏维埃下成立一个游击中队，共 150 名队员。下辖四个村政府。在全区范围内分配了土地，把地主、土豪种的麦地、旱玉米地、罂粟地分给了穷苦农民，宣布谁佃种的地就分给谁。分配后，插上红旗，栽上界石。当时提出苏维埃的三大任务是：打倒帝国主义，铲除封建势力，

---

① 标题有改动，原标题为《袁家沟口区苏维埃》。

② 据任守成（红军战士）、何永福（红军战士）、曾咸章（四路游击师传令兵）、徐修德（四路游击师便衣队员）、王开甲（苏维埃政府炊事员）、曾咸恩、舒端初、白锦西等1960年回忆。

实行土地革命。

4 月，阮英臣率四路游击师随红二十五军去作战，敌庞炳勋部来剿，杀了阮英臣之兄阮英龙和三个群众。18 天后，四路游击师又回到袁家沟口，并在黑山街、葛牌镇、凤凰嘴、漫川关等地活动。有位被尊称为“红军干妈”的丛大娘，精心护理了吴华昌等四名伤员。

6 月，群众喜气洋洋收了分配土地后的第一料庄稼。泰山庙乡苏维埃政府高兴地把 1200 斤粮食、900 斤腊肉、300 斤清油上缴到区政府。

全区人口九万，耕地 15 万亩。

7 月中旬，夏云廷、阮英臣率领四路游击师随红二十五军进军关中，留下王义庆、吴华昌等党员干部坚持保卫苏维埃的斗争。9 月，吴华昌、王义庆率一连武装去找鄂陕游击总司令部。敌军和地方民团又来剿袁家沟口，敌人把东起色河铺，北至红岩寺、黑山街，西到凤凰嘴的地区称为“匪区”，烧毁村庄，把庄稼喂了马，杀了游击小队长杜英周、土地委员胡定宽父子等。但是，区苏维埃政府主席程家盛等仍坚持斗争。（**中共山阳县委党史办公室调查整理**）

选自中共陕西省委党史资料征集研究委员会编：《鄂豫陕革命根据地的创立和发展》，第374—378页。

红二十五军路过上沙窝情况[①]

刘培德[②]

民国二十四年二月间，徐海东带领红军由龙草坪来到上沙窝住了一晚上，上了天华山，听说以后从厚畛子去了。红军很规矩，简直和农民一样坐下，就和你闲聊，人家胆子很大。住在那里群众还在到处乱窜，人家不闻不问，有活了 70 多岁没有见过这样好的队伍。人家随到就挖了一个厕所，第二天走后，这一万多人，住过的房前屋后，没有看到一点大粪，到处扫得非常清洁，我觉得很怪，以后才看见地边挖有一个粪坑。

原载佛坪县委办公室7号卷87页。

选自中共佛坪县党史研究室编:《红旗耀山城》, 1999年11月, 第178页。

---

① 标题有改动, 原标题为《刘培德谈红二十五军路过上沙窝情况》。

② 刘培德, 上沙窝人, 采访时为公社干部, 已退休。

红军过宁陕县①

刘梧山等②

1935年2月26日（农历正月二十三日）红二十五军从镇安出发，经安康王家坪进入宁陕的火镰砭，随即占领了泰山庙区公所，敌保安队不战而溃，活捉敌区长柯卫华、区团长莫子著等24人。入夜，又经龙王沟、贾营、关口到达宁陕县城（老城）。伪县长呼延震东和保安大队副队长莫清高弃城跳跑了。27日清早，红军进城后，把大财主廖兴楼、廖金元、周良玉、周玉书、周和清的粮食和衣物拿出来，堆放在县衙门前的戏台前，动员穷苦百姓都来背。开始由红军人员给分，后来来的人多了，就随便背。县衙门的“恶差”陈升，那天背粮最多，还拿衣服、被子。陈升的行动引起了红军的怀疑。一个红军问他叫啥？他说：叫陈升。又问他是干啥的？他说：在县衙门干小小的公差，收小小的款，还会看牙病。那位红军说：我们营长牙痛，你去给看一看。就把陈升带走了。不一会儿就杀了。

红军走后，呼延震东被伪省政府撤职了。

同年3月，红军在江口打垮保安团100余人，镇压了江口分县县长等40余人。

1935年12月26日（农历腊月初一），红七十四师经梁家庄、察沟

① 标题为编者所拟，原文为《红军地方工作调查》第九部分。

② 据刘梧山、汪成业、刘家述、张永谋、李正元等1982年回忆。

到宁陕县老城已半夜时分。战斗四个小时，第二天拂晓攻进城内，全歼敌保安队300余人，获枪300余支。惩办了敌县长剧文绍等20多名反动分子。没收豪绅财物，分配给贫苦农民。还召开群众大会，郑位三讲了话。他说：我们是穷人的队伍，我们要打倒国民党蒋介石政府。穷人为什么穷？就是国民党政府和地主老财剥削穷的。只有打倒了国民党政府，穷人才得翻身。会后，在县衙门口、南门里、北门三处分了地主的粮食。

12月29日，红七十四师派出200多名红军，分头到贾营、关口、瓦子沟、沙坪等地做群众工作。在贾营成立了宁陕土地委员会，由贾营镇的邓大海、瓦子沟的张朝阳、沙坪的卢贺德、吴兴泉和十多名红军战士组成。

土地委员会成立后，在贾营、瓦子沟、沙坪没收了邓多祥、杨锡玉等十户地主的土地200余亩，分配给47户无地少地的农民。

此时，王本善领导北沟的群众组成了"抗捐军"，有七八十人。（中共宁陕县委党史办公室调查整理）

选自中共陕西省委党史资料征集研究委员会编：《鄂豫陕革命根据地的创立和发展》，第405—407页。

忆梨园岔苏维埃的斗争

王占魁①

1935年5月，红军大部队来到我们这深山老林。红军一到村里就摸底，他们对苦大仇深的人，分外亲热，而且纪律严明，公买公卖，没有首长批准，百姓家里谁也不敢进去。那个时候，我33岁，一家六口人，上无片瓦，下无立锥之地，因交不起地租，哥哥给地主扛长工还债，被活活折磨死了。我一看红军这么好，就主动接近红军。18、19两日，红军召开群众会，宣传党领导红军的革命任务。22日，正式成立梨园岔区苏维埃。在2000多人的大会上，我被选为苏维埃主席。副主席李吉广，总土地委员何吉时，副土地委员李邦正、何远柏、朱善升、张福学，秘书余明才，都是经过选举的。指导员姓沈，是部队派的，人们都叫他大指导员。负责在我们这一带建立苏维埃的领导人有郑位三、方升普。

我们苏维埃成立后，任务很重。一是马上建立武装，名字就叫赤卫军；二是打土豪，分田地；三是建立基层苏维埃政府，一天忙得热火朝天。

梨园岔组建了一个赤卫军中队，中队长李邦正，副队长何远柏，共有队员60多人。武装一组织起来，就进行土地革命，将恶霸、土豪屈春朝、孙龙绵、朱华锦、裴元章、甘新迪、曹振太等20多户1300多石稞子的土地和财产分给了贫苦农民。对一点土地都没有的赤贫户，尽量

① 王占魁，曾任乡农会主席、公社党委书记，采访时已退休。

多分配好地。由于时间紧迫，土地分配办法，以稞石计算，插旗为标记，很快就完成了均地任务。

为了保卫胜利果实，一面积极开辟苏区，一面进行游击战，除红军配给赤卫军部分枪支、弹药外，我们攻打地方恶霸弄了18支枪，把赤卫军武装得很像个样子，少数没有枪的，配有大刀、长矛和齐眉棍。这样，打大仗配合红军，不打大仗，我们赤卫军就专门对准国民党的地方保甲队，先后在桃坪、峦庄、毛河、腰庄、北赵川等地把保甲队打得差不多快完了。大恶霸朱华锦，就是被我们捉住杀掉的。刘家花屋苏维埃的赤卫军，战斗力也很强，他们活动在腰庄、清油、清泉、试马等地，打了很多小胜仗。与此同时，建立了祝家店、沙坪两个苏维埃政权。这样，以刘家花屋、梨园岔两个大苏维埃为中心，东西、南北各100余里的苏区连成一片。

我带赤卫军配合红军打过两次仗。一次是破坏国民党通讯联络，将铁峪铺上下十余里的电杆全部毁掉。第二次是国民党为了报复，赶到梨园岔来"围剿"，赤卫军配合红军主力，一下子就把国民党的部队给打下去了。大家直追到武关，才收兵回营，每个人都高兴极了。

红军在我们这里开辟苏区，还建立四个游击大队，每个大队都在百人以上。

我红军主力西征后，这年的8月下旬，国民党就派大部队来"围剿"我们苏区，在油瓶沟脑激战一天之后，当晚红军就撤走了，我们各苏维埃政府领导着赤卫军与敌周旋，坚持战斗在深山老林。9月，我与刘家花屋主席石长安，以及李高升带的人，会合于毛河杨树沟。经过商议，在这里将各路人马整编为游击中队，李春银任中队长，下设三个分队，李高升任一分队长，二分队长由老红军小指导员担任，三分队长姓周，连同我们苏维埃政府干部，共计110多人，50余支长短枪，坚持开展游击活动。当我们从漫坪、胭脂河、朱阳关、大河面等地转战二次回到杨树沟，在开晚饭时，突然被国民党的正规军和地方民团1000多人包围，好在天黑，干部们紧急研究决定，敌强我弱，迅速化整为零，各自突围出去找红军。我突围后，就过着日隐夜出的生活。12 月的一天晚上，伸手不见五指，我离开家乡和女人孩子，逃到唐家岔那个深山无人烟的地方隐蔽起来，晚上种地，白天就在山棚里睡觉，随后，暗地里把女人和孩子接来，定居在这里，与世隔绝达五年之久。

红军走了，赤卫军失利之后，国民党军队和地方民团保甲在苏区大肆抢劫、奸淫、烧杀，无所不为。我的女人和孩子被关打 20 多天。我们的赤卫队长李邦正，副队长何远柏等全家被杀，总土地委员何吉时被拉到北赵川十八盘岭上剁了三截。有的虽幸免，但在各种残忍的酷刑下，也是九死一生，不是坐监，就是罚款，倾家荡产，卖儿卖女，家破人亡，终身残疾。那些跑掉的恶霸、民团头子贺元治、黄明堂、甘先迪、王孟斋一群吃人的豺狼，纠集在一起，到处搜捕我苏维埃政府领导人和赤卫军武装，下令通缉：谁要活捉住王占魁，赏粮八石，现洋一封（100 块钢洋），并许下愿供，在梨园岔庙演三天大戏。由于红军播下的种子深深扎根在千千万万人民之中，在人民群众的掩护下，敌人的妄想终于失败了。解放战争一开始，我又与游击队长蔡兴运、胡金声取得联系，帮助买粮、送菜、侦探敌情，一直干到解放。（**根据王占魁 1983 年 2 月访问谈话整理**）

选自中共陕西省委党史资料征集研究委员会编：《鄂豫陕革命根据地的创立和发展》，第291—295页。

回忆刘家花屋区苏维埃[①]

石常安等[②]

1935年5月18日（农历四月十六），郑位三、方升普在商南县刘家花屋召开了有油瓶沟、梨园岔、腰庄、七盘磨等方圆50里地的群众大会。郑位三在大会上讲，红军的任务是打倒帝国主义，铲除封建势力，实行土地革命；红军是穷人的队伍，打富济贫，打土豪，分田地，杀恶霸，保护穷人的利益。方升普讲了建立革命根据地的重要意义。

5月19日，召开了刘家花屋附近村民大会，宣布成立刘家花屋区苏维埃政府，选举姚启才为主席（不久因男女关系被处死，由秘书石常安代主席），石常安、刘举廷、刘先学、姚声亮、姚声玉、余从海、郑老二、孙绍有、聂先知、朱寿谦、朱寿保为土地委员。28日，成立祝家店苏维埃，主席李老四（不久因贪污打土豪的财物被处死，由秘书祝世英继任主席），副主席何兴时、吴霞祥，土地委员侯克永、侯克加、祝世群、吴长秀、胡敦良。6月18日，成立沙坪苏维埃，主席万文华，副主席万文耀，土地委员李金顺、张国正。刘家花屋区苏维埃负责领导祝家店、沙坪苏维埃政府的工作。

在苏维埃政府成立的同时，还成立了刘家花屋、祝家店、沙坪等四

---

① 标题有改动，原标题为《刘家花屋区苏维埃》。

② 据石常安（苏维埃主席）、王占魁（苏维埃主席）、李高升（赤卫军队长）、朱知发（第四游击大队秘书）等1982年5月回忆。

个赤卫军近 200 人。其任务是：1. 保卫苏维埃政府；2. 打土豪，抓恶霸；3. 收集情报；4. 保卫胜利成果；5. 配合红军作战。他们经常活动在两岔、腰庄、梨园岔、桃坪、七盘磨、清油河、清泉、曹营等地。

刘家花屋苏维埃政府发动群众，把 27 户地主收 1355 石地租的土地，分配给 500 多户无地或土地很少的贫苦农民。分配办法：插旗为标，旗上写明租石多少，亩数，得地户主姓名，四邻连界。这年秋，农民们在苏维埃政府领导下获得了大丰收。

根据地人口七万，耕地十万亩。

后来，豫陕游击司令部在赤卫军的基础上，选拔精干，成立了两支武装：一支叫赤卫军游击队，63 人，队长李高升，始终和红军“老八连”并肩作战。一支叫商洛游击第四大队，80 余人，大队长（姓杨）和指导员（姓沈）都是司令部派的，秘书朱知发，传令兵明昌武。曾攻打过北赵川恶霸屈春朝、何双焰，活动于洛南、商南、卢氏三县边界。

赤卫军游击队，商洛游击第三、四大队，于 8 月下旬接到豫陕游击司令部方升普司令指示，计划 9 月初到东小岭整编，建立红军营。各路游击队行至中途，敌庞炳勋部三路“围剿”红军。形势紧急，司令部立即改变计划，进行反“围剿”战斗。

豫陕游击司令部走后，国民党军队一次又一次地“清剿”根据地。刘家花屋地区被枪杀、刀砍、活埋、剥皮的人数达 28 名；游击第四大队事务长田锡金被敌人用开水烫死；14 户得地户被抄家，两户被迫卖掉儿女；敌人抢走耕牛 141 头，抢杀猪羊 85 头。

9 月，刘家花屋区苏维埃主席石常安、梨园岔区苏维埃主席王占魁和赤卫军游击队长李高升，把各地苏维埃幸存的人员召集一起，编为游击小分队，坚持在七盘磨、玻璃庙、官坡、毛河一带深山老林活动，终因弹尽粮绝而化整为零找红军。李高升经商县、山阳、镇安、长安、柞水六个县，找寻红军，到柞水时，身患重病，只得卖短工，当长工，直到 1949 年，柞水解放后，当了民兵连长，以后回到商南刘家花屋。（中

共商南县委党史办公室调查整理）

选自中共陕西省委党史资料征集研究委员会编:《鄂豫陕革命根据地的创立和发展》，第379—382页。

红军过引镇回忆

刘文礼

民国二十四年（1935）六月十三日，是引镇逢集的一天，也是农村过“忙罢会”的日子。市上赶集、买菜、割肉的人特别多。到中午集市正盛时，从人群中传出红军来了的消息，接着乱嚷嚷：“快往枣园坡上（在引镇东约二里处）看红军走，于是人们就像蚂蚁穿线线一样向坡拥！”到了坡上，大家一看，果然红军来了。这时，街上的商店有的打（关）门，人们也纷纷走散。

顷刻，红军便到了引镇区公所（在街西龙渠西边）。区长倪性初（宝善）和一个保长赵成吉没有逃脱。红军对区长说，“你可给西安打电话，就说红军到了！”区长照办，和西安通了电话，但西安的答复是：“无兵可调。”在这忙乱之际，区长便乘机就往东头土地庙（现派出所驻地）后边逃跑。但他向后一看，见有人紧追，就跳进庙后那个大涝池里（现已建起引镇医院）。经几次上下翻腾后，终于被红军打捞了上来。虽把倪放在碌碡上淌了半天水，但没有活过来。当红军进入区公所时，一些赶集绅士，正在打麻将，内有厘金局局长宋运生（都叫宋四少爷）等人，其中惠甘亭跳墙跑了。对被抓获的人逐一审问，将龙渠王大少爷（性初）、北留村王大先生（卓儒）放了回去，把罪大恶极的宋运生和沿途逮捕的九个劣绅枪毙在伪区公所西墙的下边。

到了下午，又在街上先后逮住了牲畜税局局长姬棣笙（树堂），为富不仁的巩三，以及放高利贷的张学谦。再去西街杂货铺“永德裕”逮住了劣绅王日中和一贯横行尹村的恩老八等四个人。到天才黑时，红军传呼群众到菜市（现基督堂东面）开大会，人们提灯、掌蜡前去参加。看到有些红军押着一个串脸胡髭的人，背上缝了一块白布，上写着“白匪警备一旅旅长唐嗣同”的黑色大字。唐低头站在会场旁边，先由红军领导人讲了话，后把收来“水顺生”、“大丰亨”等巨商的布匹及其他东西分给到会的人们，起初人们尚有顾虑，经红军详为解释，才都拿走，边走边说：“谁说红军是红发吃人、共妻共产的，今天见到他们，跟咱们一模一样。不拉夫、吃饭给钱，还给咱分东西，哪里有这样好的军队！”

第二天天快明时，没听到吹号，也没听到喧嚷，红军向西南开走了，到子午镇把拉去那四个人杀了，把唐嗣同也杀了，把唐的头挂在城门楼上示众。

红军走后，人们都拥到区公所门前去看墙上贴的用白山纸油印的布告，其大意是红军北上抗日路过此地，打土豪劣绅，大家不要惊慌，后边印着总指挥徐海东、政治委员程子华（详细内容记不清了，不知这部队的番号，统称红军）；又在土地庙墙上和南街盐店站台上用墨写了“枪口对外，一致抗日！”“联合起来，打回老家去！”等大幅标语。群众看着并互相议论说：“这几天街上卖油茶的、人市上赶工的人多了，哪都是红军的‘探子’，人家（指红军）早把啥都弄清了，你看后墙根打的、拉走的，哪有一个好人。人家一到，就给大壕上（引镇西原上）把哨放上了。”

这支红军在引镇只住了一个晚上，他们的行动使人明白了国民党地方政府反动宣传纯属欺骗，认识到红军是打日本的，并不是骚扰百姓。从此“红军好”在群众中广为流传。这里当时有这样一段民谣：“民国廿四年六月十三，红军出南山，在姚家寨借绳（距引镇不到一里），到尹家街（引镇）就把巩三拴。”由于红军热爱群众，纪律严明，行动机密迅速，给人们留下了深刻的印象。

选自中国人民政治协商会议陕西省长安县委员会编:《长安文史资料选》,1991年5月,第155—157页。

跟随红军干革命①

宋登贤②

因生活困难所迫，六岁时，我就跟父亲一块劳动，靠仅有的两亩菜地维持全家人生活。在半封建半殖民地的旧中国，除没有力量抵抗水、旱、病、虫等自然灾害所造成的歉收外，还因通货膨胀、钞票值不断下跌之原因，使我始终在饥饿中度日。后来跟别人学泥水匠手艺。在此期间，河南连年遭灾，使许多人撂下自己的房屋财产外出逃命，我因舍不得丢去自己的穷家破产，又跟宋广生学厨糊口。谁知，在那年头，穷人过红白喜事都是自己随便做点比平常好的饭菜，一吃了事，有钱有势的人，有事都是在城镇馆子里请好厨师做，不找我们庄稼汉厨师。因此，靠做厨吃饭又成了泡影，即使有人请，家里人还是照样饿着。于是，我从 18 岁起就在潼关、西安一带，靠着一辆独轮车给商人推货，挣脚力钱生活。为了多挣钱，我不分天晴下雨、春夏秋冬，脚不停手不住地颠簸在商道上。推脚除受奸商的欺骗外，在城里还常常因走得慢或者歇车位置不当受到警官的打骂，有时怕花钱，住在别人的屋檐下，就这也被万恶的警官赶东撵西，甚至会搜身拘留。就这样，我在打骂声中担惊受怕地又熬了几年。这时，我又认识到繁华的城市也不是穷苦人的活命之

① 标题为编者所拟，原标题为《宋登贤谈话记录》。本文为中共宁陕县委党史办公室根据宋登贤1960年5月19日访问谈话记录整理。原记录存长安县档案馆。

② 宋登贤，原名宋合辰，曾用名宋国庆。1890年生，河南新郑县梅河乡宋庄村人。

地，才离开西安，来到终南山下的天子峪口。来后，先是担柴、挖药、卖山货，后又担油挑子，游转在沿山各村，凭着忠诚老实、勤俭朴素之优点，与当地人们相处很好，大家对我也非常热情，见我是外乡人，在此地无亲无故，有的就借给我房子，使我有了立足之地，随着生意的好转，并安了家。

1922年，匪军吴新田的部队，一行十几人，闯入我家，用刀把我刺伤，昏迷之后，洗劫了我的家产。等我醒来，家里乱七八糟，一片惨景。我怒气至极，难以忍受，发誓报仇。可是，一时又无力实现目的。参军吧？国民党部队和土匪一样，从而又幻想学一套不怕枪、不怕刀、敌人捉不住的神法。伤愈后，我仍回到河南，听村里老人说，离不远的东小袁庄有一个高福本，会法会咒，一喝符纸水，一念咒语，任何人的刀就砍不进，枪打不入，若把他关在屋子里，他在墙上刻个门，朝门吹口气，就出去了。因我报仇心切，立即去拜他为师，经他许可后，我就跟他学法念咒。凭着我对他的尊敬、忠实、勤劳、听话，他对我学法要求很严。在双方的努力下，我很快学会了念咒画符。他见我忠厚老实，便吐出了真言，说排刀、排枪全是假的，在练习时，因枪里装的是高粱秆灰，所以打不伤人，给刀刃上镀的是白泥金，看上很硬，其实是软的，当砍到肉上时，只要不拉，直上直下，这样就砍不伤人，别人不知真情，都认为他会排刀、排枪，有神法。当我明白真相后，非常失望，凭这假把戏怎么能报仇呢？如果敌人拿上真枪真炮，自己不是白送死吗？于是，我又回到家里做庄稼，因自然灾害，颗粒无收，我在别无熟人的情况下，又第二次来到陕西天子峪口，靠大家的帮助，在这里又摆摊、设店卖杂货。谁知，这里的土匪仍然甚多，常在通往四川的山道上抢人打人，就连那些绅士们也心惊胆战，不得安宁。他们为了维护自己的利益，便组织了一个神团，从商州请来了老师，进行训练。我虽然知道神团是假的，但心想能吓唬土匪，对地方治安有好处，于是也没有传扬神团的本质。可是，这位老师见机取财，要现洋，绅士们以维护地方治安为名，向群众派了一大笔款，就连我这个小摊子也得交出十几块现洋。我觉得这是变相抢人，不愿拿，绅士姬老八就警告我说："你不愿拿出现洋，影响了社会治安，一切后果由你负责。"我听了非常气愤，心想："这位老师竟敢用迷信来欺骗大家，诈取钱财，我让你阴谋得逞？"就毛遂自荐地说："我在河南也是教神团的，只要念动咒语也一样能使枪打不进，刀砍不入，关不住，绑不住，想走就走……"这样，他们非要我试一下，我就大胆地叫绅士到处去贴告示，要大家来看我排刀、排枪。我把刀枪经过处理之后，在一次会上装腔作势，假念咒语，然后让另一个人来砍我、打我，经过这人的几次实验，我没任何反应，毕了我大吹了一番，得到了他们的赞扬，就非让我教不可。于是，我提出了三点：一是，我教神团，组织练刀练枪是为的打土匪，政府不得干涉；二是，当地一切捐税我不出；三是，这里进城的来往车辆必须给我捎货，并不出脚力钱。他们答应后，我就开始教神团。西从秦镇、大峪口，南到宁陕江口，北到黄金、斗门镇，有几千人投奔我的神团。从此，我"宋老师"之名就在方圆百里传开了，说我有神法，会排刀、排枪，手下无敌。

事隔不久，几个农民来报信说，鸡窝子有股土匪，让我带人去消灭。可我心里明白，神团是假的，这次遇了真枪真炮我咋办呢？不去吗？农民纷纷要求，绅士们也说养兵千日用兵一时，到用的时候了贪生怕死，学徒们也要求去拼一下，说死了也不悔。我见徒弟们个个斗志昂扬，又想到他们虽有洋枪，但必定是土匪，不是正义的，如果一打他们就会跑的，何况又只有 20 几人。我便带了 100 多人，拿上刀矛，两路进攻。我带冯祝义、尚贾行等五十多人从前子峪上，李克勤、尚七娃带 40 多人从石砭峪口上。我们刚上鸡窝子梁上，就碰见土匪的哨兵，被尚贾行一下子戳死了，得了一支快枪，我不准他开枪，但他兴趣很大就打了一枪，结果把土匪全吓跑了，连衣服都没有穿，直往梁上爬，刚上梁就碰上我们。他们发现有人，又往山下滚，被我们那一路人挡住，20 来个土匪都被消灭，我们得了 21 支枪，返回，群众大为称赞。这批枪，长安县伪政府要收回去，我们不同意，说要留它维护地方治安，伪政府便同意我们组成一个保安队，由冯祝义和粉店刘先生的二儿子两人当队长。但他们后来和地主勾结起来，成了欺压贫民、保卫地主的武装组织。

打这之后，我又回到家里做生意。1933年，国民党反动派在石砭峪开了一个合作社，卖洋货与我竞争，我的生意就萧条冷落了。这时，我又改变经营方式，在江口一带来回搞行商，贩山货。1935年，有一次我到江口去买猪苓，钱没带够，就到江口利经局，找局长（河南人，凭老乡关系）借钱。借到后，刚走出门就被红军七十四师的人抓住，拉到一个屋子里查问了我一番，接着他们又派人在天子峪口查，查明后，该师部刘守斋主任亲自给我谈话，道歉说把我误认为是利经局长，才绑了的。通过几次的谈话，使我进一步了解了红军，证实了我过去听人说红军对穷人很好的说法，红军决不冤枉好人。经他们的教育，我坚定信心要参加红军，可这一次因其他原因，未批准我立即入伍。刘守斋主任给了我50块现洋和一个委任状，要我继续在天子峪口一带以做生意为名动员人们参军，扩大红军力量。红七十四师走后，我又回到天子峪，到西安、斗门镇、周至、户县、蓝田、临潼等地卖货联络人。因我教过神团徒弟多，在群众中又有威信，凡我去过的地方，青年人都喜欢和我打交道，我就动员他们，说谁能组织一连人谁就当连长，谁能组织一排人谁就当排长，这样就很快组织了许多人，除农民青年积极参加外，还有斗门镇、秦镇等镇子的相公也来了几十人（斗门镇油房相公王顺行组织来的）。他们问我组织队伍干什么？我说："为人民，打土匪，凡是好事都做，不讲升官发财。只要你们好好干将来亏不了你们。"就这样，经过了几个月的宣传鼓舞，从1936年3月起到8月份就发展了400余人，驻扎在塔子沟。用红军给的50块钱做买卖，现已有了800多块，养活部队。在塔子沟住了一段时间，大家说"塔子沟"这个名字不好，一听就成了"塌死沟"。我看这里也无法活动，部队就迁到观音沟。在观音沟，我们一面生产，一面打小股土匪和零散的伪军。玉皇寺有十几个土匪，经常在沣峪口、秦镇一带拉票子抢东西，把当地的农民拉去用火烤，用铁丝穿锁子骨、耳朵，大雪天把你衣服脱光捆在树上冻，逼得家里人带上钱粮等物去赎人，使这一带的人不敢外出，开铺子的不敢开门。当农民反映了情况之后，我带着100多人，经过沣峪口，在修械所（农民开的铁铺，修理枪支）拿了两支枪，跑步上山。一会儿，他们都累得上气不接下气，我只好一人冲在前头，正巧遇见一个放哨的，他挡住我说："你姓啥，要干什么？"我说："我叫宋老师，要找你们头头。"因为他们都知道我宋老师有法，是刀枪不入，就允许我一人进去，不能带任何武器，我本身也没有武器，只给后面的人安排了一下。进去后，土匪们见我是宋老师，态度非常热情，他们的头头说："这里有烟土、银子和枪，你要什么，我给什么，可千万不要伤害我和其他兄弟。"我听到这话，就叫来了我们的谢秘书和通讯员，把他们的财产进行了登记，并征求他们的意见，进行收编，其中有部分人不愿参加我们的队伍，我们按路程的远近给了路费，并让董汉玉带人送他们出山。董汉玉把这些人送到抱龙口，怕他们参加别的队伍，然后回来报仇，就全杀掉了。

因我在修械所拿的枪是保安队的，怕他们借故来打我们，我们又从观音沟转到宁陕的江口、沙沟、旬阳坝等一带山区，打土匪，维护了大峪、小峪、石砭峪、天子峪、沣峪的治安，人们可以安心地生产和经商。大家为了感谢我们，给我们赠送了50多面"为民除害"、"开路先锋"、"打富济贫"等荣誉旗。

1936年10月，红七十四师又一次来到江口。起初，他们怕我们变坏了，就把我们包围起来，进行调查，结果群众对我们反映很好，陈先瑞师长才把我部集合起来，讲了一次话，宣传红军政策，会后给我了一支手枪，给部队了两架坏机枪和每人一元钱。他们走时，我们要求和他们一块走，编为正规红军，他们不同意，说我们在当地群众基础好，可以大力发展人力，然后活动到商县、宝鸡一带，教育群众抗日，协助正规红军，并给我们取名为"抗款抗捐军"，派李教练来指导我们的工作。

红七十四师走后，我们就按照他们的指示活动，可这个李教练有“左”倾盲动主义，我部有个连副（姓何，石砭峪蔡家坪人）本人表现很好，就因是从国民党方面过来的，他就把何的枪收了。后来，他把去西安搬子弹的几个人打死了①,这些人带有安康警察局护照和25带（2500发）子弹。红七十四师从河南南阳一带打了胜仗回来后，得了许多枪支，就是缺子弹，我们把子弹又交给了红七十四师，发挥了很大作用。

1936年12月，红七十四师从小峪回来，路过石砭峪时，我们不知道情况，都隐藏起来了，有一个海娃躲在石头后边放冷枪，被他们打死，等我们双方弄明真情时，他们很后悔，特意买了木枋把他埋在石砭峪口。事后，红七十四师把我们编为补充团，我任团长。在大峪口集训半年，他们给我们讲中国革命史、军事技术、帝国主义的真相等。

1937年6月，我由团政委彭华钦、教导员阎德旺二同志介绍加入中国共产党。后部队准备开到抗日前线，因我们团是新兵，所以只挑了几个干部随大部队到了云阳，其余的全到了陕北。到陕北后，把我们干部抽到抗大学习，期满后把我分在警备四团民运股任股长，后转战到大别山、太行山、华北平原，在战斗中曾三次受伤，一只脚被截去（评为二级残废），这时才转到地方，历任新郑县县长（地下工作）、专署党支部书记等职务。

选自中共陕西省委党史资料征集研究委员会编:《鄂豫陕革命根据地的创立和发展》，第355—364页。

① 据原中共西北特支负责人谢华回忆，中共西北特支派住何振亚部的政治干部，被宋登贤误杀。

回忆灰池子区苏维埃①

孟兴德等②

1935年4月间，红军成立了灰池子区苏维埃，主席李朝元（红军派的，24岁），委员有孟新银、朱金贵、田科明、褚春和、李老好、韩成治、李高升。

苏维埃成立后，在腰庄、灰池子、回龙、街子沟、蟒岭、会仙台等地成立了农民协会，共有会员400多人。

根据地人口四万，耕地6.5万亩。

苏维埃政府组织灰池子、蟒岭等地农协会员百十人，到马宗岭、塔儿坪夺回大地主汪兴魁、周兴太、陈义发、陈恒生的粮食和财物，担到会仙台，召开了400人参加的农协会员大会，宣传参加农协会的好处和意义，鼓励各地大力发展会员，分了粮食和财物。给地主扛长工的不干了，给人放羊的不放了，参加了农协会，闹革命。8月，敌人来“围剿”，一些苏维埃干部和农协会员跟红军走了，没走的，有的逃往他乡。苏维埃土地委员李老好被敌人拉到街坪用刀刺死，蟒岭农协会干部朱同善、潘金顺、周明启遭敌杀害。（**中共丹凤县委党史办公室调查整理**）

---

① 标题有改动，原标题为《灰池子区苏维埃》。

② 据孟兴德、孟玉和、郭汉江、孟兴彦、韩可理、施太银、桂顺发、方传梅（女）1982年8月回忆。

选自中共陕西省委党史资料征集研究委员会编:《鄂豫陕革命根据地的创立和发展》,第378—379页。

回忆孙家山区苏维埃[①]

贺生荣等[②]

1934 年 12 月，红二十五军路过蔡川、孙家山时，留下一批伤员，由穷苦农民秘密护理。红军主力南下后，留下手枪团二分队，到处宣传红军是穷人的军队，打土豪，分田地。红军在这一带杀的土豪劣绅有：蔡川的何鸣章、何成章、何振川、何德让，回头山的周文澜、周善为、张生礼、陈此明、张方娃，齐家河的滕大义、何德仁（乡长），上庄坪的张福来，庾家河的黄鹏举、黄开策，庵底的何正典，蔡凹的阮太宗、魏此有。

1935 年端阳节（6 月 5 日），成立了孙家山区苏维埃，主席周安仁（红军走后叛变），副主席贺正源，委员有汪正有、孙福林、周明臣、张金万、贺正举（兼秘书）、张铁锤、王周娃、杨焕章、周显常、孙继维、张元方、陈金才、刘兆乾、许根案、陈丁子、张福印。

孙家山区苏维埃所管的地区是庵底、蔡川、蔡凹、界岭、楸树坪、两岔口、娘娘庙、留仙坪、上庄坪、庾家河。苏维埃设有游击司令部，司令是红军派来的，副司令是贺正源，率领 100 多人的游击队伍，打死了界岭反动团总王之正和庵底反动团总刘金元。苏维埃领导农民打土豪

① 标题有改动，原标题为《孙家山区苏维埃》。

② 据贺生荣（红二十五军侦察员）、孙继维（苏维埃委员）、周显常（苏维埃委员）、王维正等1982年8月回忆。

分土地，把土豪周安训的七石多粮食和家具分给了贫苦农民。

根据地人口五万，耕地九万亩。

8 月初，国民党地方团队王孟斋的分队长张开甲来孙家山，杀害红军伤员三人，苏维埃委员张金万、杨焕章被活埋。（中共丹凤县委党史办公室整理）

选自中共陕西省委党史资料征集研究委员会编：《鄂豫陕革命根据地的创立和发展》，第383—384页。

记干板坡的一次战斗

徐勇富

1935 年的 10 月间，那时我们家住在干板坡沟底的小路对面，因我是个十几岁的小孩，出于好奇，亲自目睹了红军和敌伪军在这里的一次战斗。

有一天的中午，先看见国民党部队的一小股敌伪军，大概有一二百人，正急急忙忙从西安方向过来，朝干板坡的山坡走去，可能是赶向佛坪追击红军的吧！没想到这时，干板坡的山顶上出现了红军，他们正好是迎面碰上，敌伪军乱作一团，枪响了，双方打起来了。因红军占了有利地形，打得很猛，在小沟里的伪军顺着河道往下逃跑，在半山腰敌伪军就急忙举起枪投降，红军的人多，把投降的伪军团团围住，取了他们的枪。有的还在追敌人，而领导不让他们去追，所以就把那些投降的伪军押着，另外还抬了一个红军战士，朝着我家住的地方来了。坡上打死的伪军有七八个人，然后就把这 30 几个俘虏外边的衣服脱了，关在我们家一间空房里（也就是当时的环房）。有几个红军在外面站岗，其余的红军正围着一名战死的红军脱帽致哀。这时房子突然着火了，敌伪军还想逃跑，红军把他们一个一个地逮住，把他们押向前边的一棵大柿子树下，说给你们活路你们不走，想逃跑赶死路。所以一阵枪响后就把那 30 几个人给枪杀了，红军把敌伪军的尸体几人一堆，用土一埋，就又来到我们家，有些红军把战死的红军抬到后山上去埋了，还有些红军正在商议，这房子能值多少钱，怎样给我们赔偿，刚好有个当地的农民问：哟！把徐保长家的房子给烧了。红军听到这里，就过来对我们家人说：“我们正好要找徐保长算账，今天又正好烧了他家的房，所以也就将功折罪，房也不赔了，我们也就不找他算账了，让他以后少干坏事。”最后红军走了，还在底下的树上贴了个布告，大概意思也就是烧房子将功折罪的事。

选自中共佛坪县党史研究室编：《红旗耀山城》，1999年11月，第112—113页。

佛坪人民热爱红军、支援红军[①]

李润生　翟登娥　徐远成

红二十五军第一次解放佛坪，由于国民党反动宣传，群众不了解红军，所以群众跑了。后红七十四师于1935年10月第一次奇袭占领佛坪县城和1936年8月二次解放佛坪以后跑的多是财主，穷人没有一人跑了，群众不但不跑还给红军反映情况，支援红军。如红军来连菜都找不到，吃白饭，群众自动给红军背菜，背去后红军给钱，农民再三不要，但红军纪律严明，都照价付了款。再如妇女自动帮助红军缝衣服，做鞋底上袜子。如翟登娥，红军几次去她家，她都帮助缝衣服上袜子，红军给她报酬她都拒绝，红军见她诚意不要才送给她补衣服的土布四尺。男的方面自动去抬担架，如农民索老四见红军有个病号他自动地去给抬担架，回来红军给他钱他硬不要，结果送给他土布一丈二尺，大米五升。总之，以后红军来，群众是送菜、送柴和红军像一家人一样。红军每次来总给穷人分粮食分衣服，由于红二十五军来时群众分了粮食被国民党烤、打、罚，红七十四师来后分粮食群众不敢要了，但还是有胆大的人去背粮，先后分了几百斤粮食。

---

① 标题是编者所拟，原标题为《佛坪人民热爱红军、支援红军的情况》。

原载佛坪县委办公室0007号长期卷，第82页。

选自中共佛坪县党史研究室编：《红旗耀山城》，1999年11月，第178—179页。

我给红军带路的情况

张志强

我叫张志强，今年 80 多岁了，老家在周至县哑柏，解放前就经常来佛坪县城做小生意以养家糊口。

在民国二十几年，有一次我正在周至县哑柏家里时，那里住了许多红军部队，因红军要到佛坪县又不熟悉这路上的情况，红军深入群众了解，老乡们说我熟悉，便找到我，叫我给他们带路。我说："家穷、又有老人，不能出远门。"这时红军给我开了一张条子，让我在哑柏粮站上领了一些粮食，安顿了家里的母亲以后，就领他们顺黑河进山。当走到沙梁子时，河对面有个碉堡，人们说那里有国民党的驻军，我说这一路我经常走，不怕，红军用机枪掩护，我就过桥去看，一看碉堡，里面的人早吓走了。我向后一招手，队伍顺利前进。到佛坪县城时，在河边打了几枪，没见到一个人就到了县政府。当时县政府的人和一些大财主都跑了，红军让我打锣召集群众到关帝庙开会。红军在八亩田李家让给李家做活的人拿出李家的粮食、大肉，做了些饭菜招待红军。（1993 年 9 月 10 日华明哲、王建林调查记录）

选自中共佛坪县党史研究室编:《红旗耀山城》，1999年11月，第179—180页。

红军过佛坪县①

吕洪禄等②

1935年农历正月二十九日（阳历3月4日），红二十五军经宁陕的四亩地，进入佛坪的陈家坝。又经三郎沟、桃园子，到离佛坪县城八华里的王家湾，兵分两路，急奔县城袁家庄。红军未到县城前，国民党向群众宣传说，红军来了要把老年人杀完，把青年人拉去当兵，小孩子插到竹竿上耍把戏。由于群众从来没有见过红军，加之土匪众多，到处抢人，群众听了伪政府的反动宣传大都跑了，国民党的县政府和保安团也闻风弃城逃跑了。谁知红军到了袁家庄，非常规矩，根本不拿群众一针一线，对年纪大的老婆、老汉非常尊重，待人和气，不到老百姓家去，不拉兵、不拉夫，群众很快就回来了。红军在袁家庄的第二天，打开伪政府的仓库，没收了李志甲、李雅川、李雪波、陈太明、李鸿林、李鸿举、刘洪发、詹成举、蔡略荃等土豪劣绅家里的粮食36000多斤和大量衣物油肉，设七个点，分给175户穷苦农民。这次红军来时，除沿途杀了伪团头刘福全、坏蛋王三圣外，走时还拆了伪县政府的房子，拉走了李鸿业、李治林、王恩培、李鸿钧、周才洪、詹成明等九个恶霸地主和罪恶多端的伪保甲人员，经石堰沟、龙潭子、岳坝去了洋县华阳。红军这次

① 标题为编者所拟，原文为《红军地方工作调查》第十部分。

② 据吕洪禄、李润生、刘培德、袁景春、高树楠、李鸿禔、陶兴吉、陈顶天、王德元、张升、翟凤清、翟登娥、高维秀、王怀洲、董永威、张德义、赵朝科回忆。

在袁家庄住了三天。国民党反动政府回来后，说背了粮食，分得衣物油肉的农民都投了红军，进行吊打，把张别娃拉去背“火石背笼”残酷刑讯。穷苦农民对地方反动势力恨之入骨，日日夜夜盼红军再次来袁家庄。

1935 年农历十月十三日（阳历 11 月 8 日），红七十四师由陈家坝到佛坪（袁家庄）。伪政府和伪保安大队 100 多人，在伪县长李慧亭、大队长李志甲带领下弃城溃逃，跑到了街西山上。红军在东山庙垭的机枪掩护下，从后沟里分路包围了敌人占的山头，打死了伪兵张孬娃、何定成两人，击伤欧开诚、欧开典等十几人，把李慧亭衣袖上的棉花打出来了，吓得他如软面一样，把屎拉在裤裆里，由护兵翟凤清连背带拖逃走。从此李慧亭被吓得辞了县长职务回家去了。红二十五军 1935 年正月第一次打下佛坪时，由于国民党反宣传，群众不了解红军大都跑了，这次红七十四师奇袭占领佛坪县城，穷人没有一人跑的。群众不但不跑，还给红军反映情况，支援红军。红军来找不着菜吃白饭，群众自动给红军背菜，红军给钱，农民再三不要，但红军纪律严明，都照价付了款。妇女自动帮助红军洗浆，缝补衣服，做鞋底、袜子。翟登娥给红军缝补衣服绱袜子时，红军给她报酬，她不要，最后还是硬给了缝补衣服用的四匹土布。农民索老四见有个病伤员自动给抬担架，红军硬给了他一丈二尺土布、五升大米。这次红七十四师来佛坪仍然住了三天，再次分了李志甲、李鸿林、李雅川、李鸿举等几户土豪劣绅的粮食、衣物、钱财。由于第一次红二十五军走后国民党拷打罚赔分过粮食、财物的农民，这次红七十四师分粮食时，有的人不敢要了，但也有不少胆大的人去背粮。红军对群众很好，杀了地主豪绅家的猪，在街上做酒席，请了许多老百姓去吃，吃毕后还在关帝庙开了个群众大会，红军领导给大家讲了话。（中共佛坪县委党史办公室调查整理）

选自中共陕西省委党史资料征集研究委员会编：《鄂豫陕革命根据地的创立和发展》，第407—410页。

回忆菩萨店区苏维埃[1]

葛子承等[2]

1935 年 11 月，红七十四师来到镇安县月河乡菩萨店，政委李隆贵建立了菩萨店区苏维埃政府。主席胡德清，宁陕县六里沟人；副主席陈少堂，宁陕县反阳坡人；妇女主席陈光玲，镇安县鸳鸯池力元沟人。

这个红色政权所辖范围包括镇安县鸳鸯池、菩萨店、月河及柞水县两河和宁陕县的小竹山沟、黄金美沟、沙洛、小川等地，并在这些地方普遍建立了农协会。如宁陕小川农协会有会长、副会长、武装部长、妇女主任等六名干部，会长是何义清。黄金美沟农协会会长是胡医忠。小竹山沟农协会会长是段明清。有条件的农协会还建有游击队，如黄金美沟里的小岔沟游击队有 36 条枪，都是红军给的。陈家福、陈家贵、田明清、田明发等都是游击队员。

由于红七十四师在这里纪律严明，秋毫无犯，不拿群众的一针一线，对老百姓很爱护，加之，张贴了很多反映农民群众要求的标语，如“打土豪、除劣绅、镇狗官、救穷人”等，因而军民关系密切，群众热情支持红军，为部队筹粮做饭，安排住宿。葛子承等青年参加了红军。1935 年冬，红七十四师从宁陕县城转来，师部住阳坡湛明道家，这时

---

① 标题有改动，原标题为《菩萨店区苏维埃》。

② 据葛子承（兰州军区离休老红军）、张长治（镇安县月河人）、陈家升（镇安县月河人）等1983年、1984年回忆。

一些伤员就安排到鸳鸯池一带养伤。张长治老人留红军戴排长在家养伤寒病达两月之久，为他请医煎药，直到当年腊月病愈回到师部。1936 年，红七十四师又三次到菩萨店、鸳鸯池一带驻扎。

菩萨店区苏维埃政府从 1935 年 11 月创立，到 1936 年底红军离开这个地区，历时一年多，在当地群众中留下了深刻影响。（中共宁陕县委党史办公室、中共镇安县委党史办公室调查整理）

选自中共陕西省委党史资料征集研究委员会编：《鄂豫陕革命根据地的创立和发展》，第385—386页。

给红军带路

王怀洲

我名王怀洲，男，75 岁，现住本县西岔河乡三教店村，全家五口，以农为业。

解放前，我是一个受压迫受剥削的贫苦百姓，也是一个老当兵的人，自幼务农，民国二十五年八月二十二日，帮人到洋县秧田坝购买草鞋。红军游击队长孙光，由洋县杨庄河到秧田坝，命我给部队带路到袁家庄，因我也是回袁家庄即满口答应情愿带路。既到西岔河，我不幸将腿跌伤，无法行走，红军自己到了袁家庄（这是红军第三次到袁家庄打土豪）。红军由西岔河走后，当时西岔河团局队长韩启顺闻讯我给红军带路，说我投了红军，将我关押，即向县保卫团团副李志甲汇报，前来捉拿，回信叫押送上县，行至安子沟口，我叔父王锦春得悉，邀约群众作保。本应将我处死，无奈保状有案，将我责打，拘押销罪，才得免死。

选自中共佛坪县党史研究室编：《红旗耀山城》，1999年11月，第180—181页。

我所知道的密峰岭战斗①

张星贤②

我们家原住谢家院子，那里上密峰岭不远。民国二十五年十月间，有一支红军部队在岭上和国民党的队伍打了一仗，这次红军打了败仗，吃亏不小。过去，红军从密峰岭上路过有好几次，但是在岭上打仗只有这一次，所以给我的印象很深。大概情况是：

民国二十五年农历十月初或是十几（具体日子记不清了，反正是天气开始变冷，旋的柿饼已挂起来并开始上霜了），有一支红军由大河坝那边上来，住在秧田上块的张家庄。同时，国民党有一个连的人从洋县给佛坪的队伍送子弹，晚上住在周家坎的老爷庙里边。红军打探到这一消息后，当晚就去踏国民党队伍的营，想弄些子弹。红军把周家坎包围起来打了一阵子，由于国民党的队伍把得严，火力猛，红军未能攻进去就原路撤回去了。第二天上午，这支红军翻齐家山上了密峰岭，大概是准备在岭上设伏，乘敌人过岭时缴敌人的子弹。谁料国民党从佛坪那边过来了一两个营的兵力来接子弹，当地吃早饭时间（上午10点左右）和红军在梁顶上相遇。红军的大部队还在半山腰，上边已打起来了。敌人从上边朝下打，形势有利，而且火力很猛。红军抵挡不住，就从山上朝下撤。红军从密峰岭上撤下来后，就从半山腰的小路朝南向站房、大

① 标题为编者所拟，原标题为《张星贤的回忆》。

② 张星贤，1914年生，采访时为洋县周台村三组村民。

河坝方向去了。由于红军撤得很猛,敌人怕中埋伏,所以没有马上追赶。晌午过的时候，国民党的队伍才从密峰岭上下来走大路到周家坎去了。他们走到我们院子，见到屋檐下和树上挂的柿饼，用刺刀挑下来就吃。

第二天，我们院子不少人上密峰岭去看，我也去了。半山腰上不少的刺架都被红军给踏平了。我们上边的钟家湾死了一个红军，是谢芪等人去把他掩埋了。没埋的时候我去看了，这个人伤得很重，肠子露在外边，可能是流血过多，又喝了冷水，就死在钟家湾的水池边上。

解放后，土改工作队叫当地的大地主刘兴汉置了一副棺材，把这个红军的尸骨起出来葬在上沟的倒坐庙后边。由于谢芪原来掩埋这位红军时脱了红军的一件毛衣，取了红军带的怀表，所以在安葬时让谢芪给这位红军披麻戴孝。那件毛衣很厚也挺结实，解放后谢芪还穿在身上的。

（根据张星贤 1987 年 4 月 27 日口述记录整理）

选自中共佛坪县党史研究室编:《红旗耀山城》,1999年11月,第125—127页。

红军转战周家坎①

魏树林②

我今年80岁，在周家坎住了80年，可算是这里的老住户。我们家从民国二十二年在周家坎街上开染坊，以染布为业。过去，这里是洋、佛两县马路的必经之地，所以街上有开客栈的，也有做生意的，曾红火过一阵子。

民国二十五年农历十月初，有一支红军到我们这里来，住在离秧田坝不远的张家庄。一天（具体日子记不清了）早饭时候，红军的探子老熊经周家坎到碗牛坝去打探情报。这个姓熊的民国二十四、二十五年常到周家坎来，和我很熟，无话不说。大约在当天晌午的时候，老熊从碗牛坝转来，见我正在晾晒当天染好的土布，就对我悄声说："老魏，你赶快把布收起来，能背走的背走，背不走的藏起来。"我问他有啥要紧的事？老熊把我拉到屋里低声告诉我："国民党有一个连的人从洋县转来到袁家庄去，他们领的有军饷和子弹，今晚上肯定要住在你们这儿，我们的人就住在张家庄，晚上我们要来收拾他们。"我问他："你们有多少人？"老熊说："我们的人多得很，有一千多人。"说完，老熊再三叮咛：这事不能对任何人说，露出去不得了。老熊在我这儿停了约一袋烟的工夫就匆匆上张家庄去了。老熊走后，我很快把布收起来，装了几背篓，

---

① 标题为编者所拟，原标题为《魏树林的回忆》。

② 魏树林，1909年生，采访时为洋县周台村四组村民。

背到河对面的树林里藏了起来。这天下午，打麻子影的时候，国民党的队伍由碗牛坝方向上来。让老熊说准了，他们就是要住在周家坎。他们是袁家庄的国民党队伍，是到洋县去领棉衣、银饷和武器弹药的。有近200人的样子，听说里边还有一个营长压阵。国民党的队伍把他们领的主要东西，如棉衣、银元、武器等都集中放在下街头的老爷庙里面。在老爷庙门口架了两挺轻机枪。那个营长就住在庙里，其他的人分散住在街上群众的家里及店子里。

当晚点灯时分，红军由张家庄下来，从周家坎背后东、南、北三面将敌人包围。周家坎三面环山，西面傍水，当时小镇上住着20多户人家，镇上年轻力壮的人听说国民党的队伍来了，都提前跑出去躲起来了。一时间，红军的喊杀声响成一片，只听红军战士喊“杀呀！”“冲呀！”“缴枪不杀！”等。听喊声红军的人很多，但红军打的枪并不多。而国民党的队伍拼命地朝山上打枪。红军的“杀”声，敌人的枪声响彻整个山谷。尤其是老爷庙门口的两挺机枪不停地吼叫，吐着长长的火舌，住在街上的敌人跑得满河坝都是。当时红军好像没有手榴弹，如果有手榴弹，从山上朝老爷庙里轰肯定能得手。战斗打了一个时辰的样子，红军没有攻进老爷庙，只在镇子的外围缴获了些小东西。由于敌人的火力很足，红军没有久战，约在人睡定的时候（按当地群众习惯约是晚上11点左右），红军撤回去了。国民党的队伍当晚仍然住在周家坎。

第二天早晨，红军从张家庄沿齐家山上密峰岭。在密峰岭上又同从袁家庄过来接应领军饷的这个连的敌人打了一仗。这一仗红军吃亏不小，伤了不少人。红军由密峰岭上撤退下来后，向站房、大河坝方面去了。

从红军在周家坎踏营和在密峰岭打仗以后，我就再没见到老熊到我们这儿来过了。（根据魏树林1987年2月18日口述记录整理）

选自中共佛坪县党史研究室编：《红旗耀山城》，1999年11月，第121—123页。

红军激战密峰岭[①]

何春花[②]

我娘家在秧田坝上边的张家庄。过去，由于家里很穷，民国十一年当我九岁的时候就给到密峰岭山脚下的石门子翟易元家当童养媳。我今年 76 岁了，这么多年我一直在这块住。

红军在密峰岭上和国民党队伍打仗时我才 23 岁。记得是一个冬天，天气开始变冷，大概是农历的十月前后（具体日子记不清了）。一天，石门子的何成海家嫁女，家里人都送亲去了，让我帮忙招呼门户。那天一大早从齐家山那边上来了一支队伍，有好几百人。队伍从石门子路过时，我见了就赶快朝屋里躲。他们见我害怕的样子就对我说："这位大姐不要怕，我们是红军。"我见他们对老百姓很和气，就不再怕了，在外看着他们朝密峰岭上去。当时，我们这里的柿饼都挂在屋檐下或树上，已开始上霜了。红军从柿饼串下过没有一个人随便摘下吃的。红军上去时间不长，大约有一顿饭的工夫，山上突然响起了枪声。我想可能是红军和国民党的队伍打起来了，听枪声双方打得很厉害。打了好一阵子，红军开始从密峰岭上朝下撤，我还站在何成海门上看，撤下来的红军对我说："你赶快到屋里去，上面在打仗，以免飞子儿把你打了。"红军撤退得很快，有的从大路上下来，有的从树扒里钻出来，有的负了伤，被几个人架着撤下来。红军大队人马撤下来后沿着石门下边半山腰的小

① 标题为编者所拟，原标题为《何春花的回忆》。

② 何春花，女，1913年生，采访时为洋县周台村一组村民。

路朝五台山、碾盘那边去了。从碾盘村下去不远就是大河坝。

红军大部队过去不久，约早饭过一点从山上下来了一个军官模样的红军，戴的大盖帽，穿得也好，他负了重伤，肠子被打出来了。他用手把肚子捂着，满身是血，行走很困难。他走到石门子何成海家门前见我站在门口，就向我打听了先撤退下来的红军去的方向，我给他指了。他按我给指的方向朝下走。走的大约有两里多路的样子，到了钟家湾一个水池边由于伤势太重，可能又喝了冷水，就死在那里了。第二天，谢家院子的谢芪、张星贤他们上山去看场子（战场），在钟家湾水池边发现了这位红军的尸体，就地掩埋了。当时，谢芪家里很穷，他把这位红军身上穿的一件毛衣脱下来，还取下了一块怀表。解放后，土改工作队在这里查了这件事，让当地的大地主刘兴汉给置了一副棺材，把这位红军的尸骨从钟家湾迁葬到倒坐庙。安葬时让谢芪给红军披麻戴孝。

红军大部队撤退之后，约晌午时分，国民党的部队从密峰岭上下来追击撤退的红军。他们见到屋外挂的柿饼用刺刀割下来就吃。（根据何春花 1987 年 4 月 28 日口述记录整理）

选自中共佛坪县党史研究室编:《红旗耀山城》，1999年11月，第123—125页。